신이 주신 언어 구조

다중구조
영문법

류 종 열 지음

- 단일형식 문장구조!
- 5형식은 잊어라!
- 목적어와 보어는 더 이상 필요없다!
- 문장은 4가지 요소로만 구성된다!
- 문장속에 문장이 다중으로 반복된다!

도서출판 류연

By 연순자

헌정사(獻呈辭)

올해 따사로운 봄날 사랑하는 아내가 천국여행길을 떠났습니다.

아내는 낯선 천국 초행길 분향소에서 아내와의 헤어짐을 하염없이 슬퍼하는 남편에게 평소 가장 좋아하는 나리꽃 두 송이를 힘찬 떨림으로 흔들어 주었습니다.
죽지 않고 천국에서 살아있음을 온 힘을 다해 사랑하는 남편에게 알려서 오히려 가족들을 위로하고 그리움을 이겨내며 살아갈 수 있도록 사랑과 기적의 증표를 보여주었습니다.

길지 않은 세상을 살면서 아들을 포함한 모든 장애인과 약자를 위해 무한한 참사랑을 실천한 사랑하는 아내는 하나님 최고의 훈장인 천사의 날개를 달고 고향인 천국으로 돌아갔습니다.

아내는 생전에 '신이 주신' 이라는 말을 이 책의 제목에 사용했으면 하고 바랐습니다. 오히려 아내가 저에게 있어서 '신의 선물'임을 알게 되었습니다. 전지전능하신 신은 제가 받은 최고의 선물인 사랑하는 아내를 신의 뜻대로 아름다운 천국으로 데려가시면서, 대신 인류간에 서로 언어로 지혜롭게 소통하라는 뜻으로 '다중 구조 영문법'을 주셨습니다.

나는 사랑하는 아내를 통해서 이 세상을 떠나는 것은 단지 육체의 옷을 벗을 뿐이며 우리들 영혼은 영롱한 무지개 빛이 가득한 행복한 천국으로 돌아간다는 사실과 하나님을 믿는 모든 사람들은 오로지 믿음으로 인하여 천국으로 돌아가 영생을 누린다는 사실을 더욱 흔들림 없이 믿게 되었습니다.

항상 바라건대, 사랑하는 아내가 천국에서 행복하게 지내도록 기원하며 이를 허락해주신 하나님께 감사의 기도를 드립니다.

천국에서 행복하게 지내고 있는 사랑하는 아내 연순자와 열심히 젊은 삶을 살아가고 있는 두 아들 지용, 지왕 그리고 오래 전에 천국으로 가신 아버님과 치매와 싸워가면서 지금까지 자식들의 곁을 지켜주고 계시는 자비로우신 어머니 그리고 두 형님과 두 형수님의 가족들, 누님과 자형을 비롯한 모든 가족에게 이 책을 헌정합니다.

또한, 함께 장애인 아이를 키우면서 가족처럼 서로 의지하며 살아오다가 지난해 천국으로 먼저 떠난 착하고 멋진 아우 이봉기와 꿋꿋하게 열심히 살고 있는 그의 아내인 심미숙님과 두 아들 해찬, 해성에게 부족하나마 이 책을 헌정합니다. 소중한 이 가족의 꿈이 풍성하게 이루어져서 행복한 삶이 끝없이 펼쳐지기를 기원합니다.

아울러, 평생 곁에서 변하지 않는 우정을 함께 해 준 친구 남기곤, 방한국 그리고 본서의 집필에 조언을 아끼지 않고 큰 힘이 되어준 친구 송금석 그리고 그 동안 살아오면서 기쁨과 슬픔을 함께 해온 남성초등학교 친구들, 이리중학교 친구들, 전주고등학교 친구들, 연세대학교 친구들 그리고 사회에서 만난 모든 친구들에게 감사의 마음으로 이 책을 헌정합니다. 그리고 더불어 함께 살아나가는 덕을 베풀어주신 세계로 시스템의 진병식 대표님께 감사의 마음을 표하며 이 책을 헌정합니다. 그 동안 아내를 비롯하여 우리 모든 가족을 사랑해주시고 아껴주신 각계의 모든 지인들께도 지면을 빌어 감사함을 표하며 이 책을 헌정합니다.

"참사랑을 실천한 신의 선물 연순자,
천사의 날개를 달고 천국으로 돌아가다."

2021년 7월　저자 류 종 열

By 연순자

머리말

언어를 잘 배운다는 것은 습관을 잘 익히는 일입니다.
그 습관을 가장 빠르게 익힐 수 있도록 해주는 것이 가장 좋은 언어 교재입니다.

시대의 발전에 따라 언어를 습득하는 방법도 발전해야 합니다.
일제시대부터 내려온 구시대적 5형식 영문법을 탈피하여 새로운 시각에서 쉽게 공부할 수 있는 길을 제시합니다.

이 책은 처음으로 영어를 접하는 분, 다년간 영어 공부를 해왔지만 그 언어 구조가 정확하게 이해되지 않는 분, 또는 영어를 곧잘 구사하더라도 구조의 원리적인 이해가 아쉬운 분들에게 체계적으로 영어의 구조를 이해할 수 있도록 도움을 드리기 위해 영어와 한국어의 상호 구조 관계를 비교 분석하여 설명한 학습서입니다.

독자 여러분,
영어 뿐만 아니라 독일어, 스페인어, 러시아어, 따갈로그어 등 많은 언어의 구조 분석을 통해서 원리적으로 탄생한 '다중구조 영문법'을 믿고 이를 따라서 학습한다면 완벽하게 영어를 배우거나 또는 다른 외국어를 익히는 데에 있어서도 크게 도움이 될 것입니다.

2021년 7월 저자 류 종 열

이 책은 저작권법에 의해 보호를 받는 저작물이므로 무단전재 및 복제를 금지하며,
이 책 내용의 전부 및 일부를 이용하려면 반드시 저자의 서면동의를 받아야 합니다.

탄생배경

어린 아이가 영어를 배워나가듯이,
생각을 물 흐르듯 표현하면 영어가 됩니다.

미국의 어린아이가 자연스럽게 영어를 말하게 되는 것처럼 영어를 익히는 것이 영어를 국어로 사용하지 않는 우리들에는 최선의 방법입니다.

영어권의 어린아이는 자신의 생각을 표현하기 위해서 영어라는 언어를 사용합니다.
의사소통을 해야만 살아갈 수가 있기 때문입니다.

이와 같이 어른들은 어린아이가 살아가기 위해서 영어를 익히는 그 규칙과 방식대로 자연스럽게 표현을 따라 하기만 한다면 영어가 익혀지게 됩니다.
바로 그 영어의 표현 방법을 찾아내는 것이 바로 영문법입니다.

하지만 기존의 그 방식이 너무 복잡하고 비논리적이기 때문에 논리에 길들여진 어른들이 쉽게 익히기가 어려운 것입니다,

반면에 논리라는 것을 잘 모르는 어린아이들은 오히려 더욱 쉽게 언어를 습득하게 되는 것입니다.

그렇다고 해서 영어를 익히는 방식인 영문법 논리가 어린아이들에게 없다는 것이 결코 아닙니다.
아직 그 정확한 실체를 찾아내지 못했다는 것입니다.
만일 방식을 완벽하게 찾아내기만 한다면 논리로 중무장된 어른들도 쉽게 언어를 익힐 수가 있게 됩니다.

신은 인류에게 체계적이고 공통적인 표현 방식을 갖도록 언어**를 주셨습니다.**
인류 모두가 서로 소통하고 교류하여 화합하고 번성하고 번창하도록 하기 위해서입니다.

이제 그 정확하고 완벽한 언어 구조의 핵심을
'다중구조 영문법'이 최초로 제시합니다.

아무러한 논리와 지식이 습득되지 않은 상태의 어린아이가 생각을 표현하는 방식을 이해하면 영어가 똑같이 익혀질 뿐만 아니라 노력한다면 더욱 화려하고 멋진 영어를 습득할 수 있게 됩니다.

다중구조 영문법의 특징

기존 영문법은 문장의 5형식을 기반으로 하여 더욱 많은 형식으로 확장되기도 하며, 문장의 내용에 충실하기 보다 동사의 의미에 따라 목적어와 보어를 지정하여 문장을 이해하는 것을 더욱 복잡하게 만들 뿐입니다. 또한 여러 가지의 문장구조로 인하여 자연스럽게 언어를 습득하고 표현하려면 많은 암기력을 필요로 합니다. 이러한 암기에 의한 언어 습득은 암기 능력이 떨어지거나 기억력을 잃게 되면 다시 새롭게 암기하고 익혀야 하는 어려움이 반복되어 생기게 됩니다. 이러한 것들이 기존 영문법으로 언어를 익히고 배울 때 마주치게 되는 한계점입니다.

본서인 '다중 구조 영문법'에서는 구태의 기존 영문법에 의한 언어 학습법을 탈피하여 오로지 단 하나의 원리적인 언어 구조를 확립하고 정립하여 익힘으로써 기본적인 언어의 표현 방식을 이해하고 또한 더 나아가 그 구조를 확장시켜서 더욱 복잡한 표현의 문장까지도 쉽게 이해하고 습득할 수 있도록 하였습니다.

또한, 이 책은 영어에 관한 모든 영역을 세세하게 다루고 설명한 것은 아닙니다.
지면상 제한적인 이유로 인하여 영어에 대하여 모든 표현 영역을 수록한 것은 아니지만, 영어를 비롯하여 독일어, 스페인어, 러시아어, 따갈로그어 등 지구상의 어떠한 영역의 언어적 표현이라고 할지라도 그 문장의 구조를 쉽게 이해하고 응용할 수 있는 능력의 기반을 갖추도록 만든 교재입니다.
역으로, 영어를 사용하는 사람들이 한국어를 쉽게 배울 수 있도록 언어간 구조적인 연관성을 설명하였습니다.

본서인 '다중구조 영문법'은 오로지 하나의 문장형식만을 가지고 있으며 그 하나의 문장형식은 다중으로 문장 안에 포함되어 일관성 있는 표현 방식으로 문장을 완성하게 됩니다.

본서의 내용처럼 가장 단순한 문장형식 하나만을 익혀나가면 영어권 어린이가 영어를 배우는 것과 동일하게 쉽고 확실히 영어를 배울 수 있게 될 것입니다.

세상의 모든 언어는 약간씩은 다르지만 저마다의 구조적 원리를 가집니다.
이것이 바로 언어의 특색이며 그것은 문장요소의 나열방법과 적절한 변화가 언어의 특징을 결정합니다.

영어를 비롯한 세상의 모든 언어를 잘 배우고 습득하는 최고의 비결은, 문장태를 구성하는 4요소 (연결태, 주어태, 동작태, 설명태)를 잘 파악하고 이해하며 능숙하게 구별하는 능력을 갖춰나가는 것입니다.

'다중구조 영문법'은 ,

　　　　목적어와 보어의 구분이 없으며,

　　　　오직, 단 한 개의 문장 형식만이 다중 반복적으로 존재합니다.

목차 개요

본서는 크게 4개의 단원으로 나눠져 있습니다.

전반부는 '상황표현' 과 '8품사'로 구성되어 있습니다.

* '상황표현'은 어린아이가 언어를 배워나가는 단계를 고려하여 아주 쉬운 문장부터 설명하였습니다.

A-1(단순 표현), A-2(복합 표현), A-3(의문 표현), A-4(부정 표현), A-5(연결 표현), A-6(특별 표현/도치,강조,생략,삽입), A-7(가정 표현), A-8(시제 표현) 등 간단하게 배워나가는 문장 표현의 구조를 설명하였습니다.

* '8품사'는 명사,대명사,동사,형용사,부사,전치사,연결사,감탄사의 기본 개념을 설명하였습니다.

반드시 전반부 A-1. ~ A-8을 숙지하도록 하십시오. 너무 간단하고 평이하다고 해서 소홀하게 지나치지 마시고 다중 구조 영문법의 구조 원리를 완벽하게 이해하시기를 바랍니다. 이 부분이 숙지된다면 영어의 완벽한 이해가 완성될 것입니다.

후반부는 '어법구조'와 '다중구조 영문법 탐구'로 구성되어 있습니다.

* '어법구조'는 부정사,동명사,구,절,태,분사,보조동사,전치사,관계대명사,관계부사,시제 일치,화법,특수구문의 내용을 다중 구조 영문법으로 설명하였습니다.

* '다중 구조 영문법 탐구' 는 새로운 다중 구조 원리를 상세하고 정확하게 이해할 수 있도록 하였습니다. 여기에서는 수직구성도, 삼각배열도, 입체분해도를 이용하여 영어 문장태, 한국어 문장태 나열 순서를 상세히 설명하여 영어 문장과 한국어 문장의 변환 관계를 명확하게 이해하고 작문과 독해가 용이하도록 하였으며, 스페인어와 독일어를 예로 들어 설명하면서 세계의 모든 언어구조에 대한 이해를 한층 높였습니다.

본서는 언어의 다중구조 원리를 설명하는 데에 큰 목적을 갖고 있습니다.
반복적인 훈련 목적상 지면이 부족한 관계로 기본적인 문장만을 예로 들어서 설명하였으며, 많은 단어와 다양한 예문들을 충분히 소개하지 못한 점이 매우 안타깝고 죄송스러운 마음입니다.
하지만 본서를 통해서 언어의 구조에 대해 완전한 이해를 얻는다면 영어뿐만 아니라 어떠한 언어라 할지라도 쉽게 익히고 숙달할 수 있는 커다란 깨달음을 얻을 수 있을 것입니다.

* 다양한 예문과 어휘를 위해서 기존의 영문법, 영어 교재 및 어휘에 관한 도서를 적절하게 함께 병행하면서 학습하는 것도 좋은 방법이 될 것입니다.

By 연순자

다중 구조 영문법 - 목차

A. 상황 표현 영어

A. 상황 표현 영어

   A-1. 단순 표현1 (상태)
   A-1. 단순 표현2 (동작)
   A-1. 단순 표현3 (진행)
   A-1. 단순 표현4 (보조동사 / 조동사)
   A-1. 단순 표현5 (명령, 감탄, 비교)

   A-2. 복합 표현1 (문장태 사용)
   A-2. 복합 표현2 (과거분사 / 반문장태 사용)
   A-2. 복합 표현3 (to동사 / 반문장태 사용)
   A-2. 복합 표현4 (동사ing / 현재분사 / 반문장태 사용)

   A-3. 의문 표현1 (상태 질문, 동작 질문, 상세 설명 질문)
   A-3. 의문 표현2 (의문대명사 / 6하 원칙에 따라 모르는 것을 물어봅니다.)
   A-3. 의문 표현3 (의문부사 / 6하 원칙에 따라 모르는 것을 물어봅니다.)

   A-4. 부정 표현 (동작 부정, 상태 부정)

   A-5. 연결 표현 (단순 연결, 종속 연결)

   A-6. 특별 표현 (도치, 강조, 생략, 삽입)

   A-7. 가정 표현 (과거, 현재, 과거완료, 미래)

   A-8. 시제 표현 (과거, 현재, 미래, 완료, 진행)

B-1. 8품사

B-1. 8품사

   0. 개요

   1. 명사
   2. 대명사
   3. 동사
   4. 형용사
   5. 부사
   6. 전치사
   7. 연결사
   8. 감탄사

B-2. 어법 구조

B-2. 어법 구조
   1. 부정사
   2. 동명사
   3. 구.절.태
   4. 분사
   5. 보조동사
   6. 전치사
   7. 관계대명사
   8. 관계부사
   9. 시제일치
   10. 화법
   11. 특수구문
      (1) 도치   (2) 강조   (3) 생략   (4) 삽입   (5) 동격   (6) 수의 일치   (7) 부정

C. 다중 구조 영문법 탐구

C. 다중 구조 영문법 탐구
   1. 인류의 표현 수단으로서의 언어
   2. 다중 구조 영문법
      1) 영어 문장태의 구조 다이어그램
      2) 한국어 문장태의 구조 다이어그램
      3) 다중 구조 영문법 탄생 의의
      4) 다중 구조 영문법 의 탄생이 추구하는 가치
   3. 주요표기 및 도해
      1) 문장태와 4요소
      2) 문장태 구조 도해 방식
         (1) 입체분해도
         (2) 수직구성도
         (3) 삼각배열도
   4. 다중 구조 영문법의 문장태
      1) 구조 개요
      2) 문장태의 4요소와 3가지 특징
      3) 문장태 종류
      4) 문장태의 4요소
      5) 품사태
      6) Be 동사의 역할
      7) 문장태 간의 상호 기능
      8) 오로지 1개 뿐인 문장 형식
   5. 영어 문장 구조 도해 (예문,풀이)
   6. 삼각배열도를 통해서 본 한국어 문장에서 영어 문장으로의 번역 원리 설명
   7. 삼각배열도를 통해서 본 영어 문장에서 한국어 문장으로의 번역 원리 설명
   8. 삼각배열도를 통해서 다중 복합문장태가 생성되는 원리 설명
   9. 다층 입체분해도를 통해서 영어 문장이 생성되는 원리 설명
   10. 영어 문장태 나열순서 - 다중 삼각배열도
   11. 한국어 문장태 나열순서 - 다중 삼각배열도
   12. 기타 외국어의 문장태 구조원리 적용 사례 - 스페인어
   13. 기타 외국어의 문장태 구조원리 적용 사례 - 독일어
   14. 수직구성도를 통해서 영어 문장이 한국어 문장으로 변환되는 원리 설명
   15. 입체분해도를 통해서 한국어 문장이 영어 어순으로 변환되는 원리 설명
   16. 입체분해도를 통해서 영어 문장이 한국어 어순으로 변환되는 원리 설명
   17. 입체분해도를 통해서 한국어 문장과 영어 문장간 상호 변환 관계 설명

A. 상황 표현 영어

A-1. 단순 표현1

단순 표현 1: ~입니다. (상태 표현)

A-1. 단순 표현1

당신은　　　소녀입니다.　　　" ~은　　　　　~입니다."
당신은 영리한 소년입니다.　　" ~은　　　~한 ~입니다."

나는 매우 친절한 소년이었습니다. " ~은 ~하게 ~한 ~이었습니다."

당신은　　　키가 큽니다.　　" ~은　　　　~입(합)니다."
당신은 매우　키가 큽니다.　　" ~은 ~하게　　~입(합)니다."

그는　　　늦을 것입니다.　　" ~은　　　　~일 것입니다."

A-1. 단순 표현1

1-1 "나는 ~합니다.", "나는 ~입니다."

'나는 예쁩니다'
'나는 소년입니다' 라는 표현을 해봅니다.

예쁜 -> pretty (형용사)
소년 -> boy   (명사)

나는 ~상태입니다,   I am ~ .   (주어태) + (동작태) + ~.

```
    (연결태)    I      am      ~.
             (주어태) (동작태) (설명태)
             -------------------------
                     (문장태)
```

하나의 문장은 문장태라고 부르며,

"(연결태) + (주어태) + (동작태) + (설명태)" 로 구성됩니다.

설명태에 내용을 표현하여 문장을 만듭니다, (여기에서는 연결태가 사용되지 않았습니다.)

'am' -> '입니다' => '동격, 동일함'을 의미합니다.

'am'은 (동작태)이며 그 의미는 "(주어태)는 (설명태)와 동격임, 즉 동일함" 을 표현합니다.

'am'이 (동작태)로 사용된 문장에서는 "(주어태) = (설명태)" 가 되는 것입니다.

   ('am, are, is, was, were'는 동작태로서 'be동사'라고 부릅니다.)

'be동사'는

   '같다' 또는 '=' 또는 '~상태임'

을 의미합니다.

설명태에는 형용사가 올 수도 있고 명사가 올 수도 있습니다.

A-1. 단순 표현1

1-1 "나는 ~합니다.", "나는 ~입니다."

(연결태)	(주어태)	(동작태)	(설명태)		
	I	am	pretty.	(나는 예쁩니다.)	I = pretty
	You	are	happy.	(당신은 행복합니다.)	You = happy
	I	am	a teacher.	(나는 선생님입니다.)	I = a teacher
	This	is	a bottle	(이것은 병입니다.)	This = a bottle
	It	is	a peace.	(그것은 평화입니다.)	It = a peace
	I	was	a so kind boy.	(나는 매우 친절한 소년이었습니다.)	I = a so kind boy
	You	are	a clever boy.	(당신은 영리한 소년입니다.)	You = a clever oy
	You	were	very smart.	(당신은 매우 현명했습니다.)	You = very smart

'a clever boy', 'a kind boy', 'very smart ', 'a so kind boy'는 설명태입니다.

**설명태가 형용사이면 주어태의 추상적인 상태를 표현하며,
명사이면 실제의 사물이거나 또는 지위 자격 등의 명칭을 표현합니다.**

Be동사는 주어태와 설명태 사이에서 사용되며 이 두 가지가 서로 동일하다는 것을 의미합니다.

즉, "A is B." 는 'A와 B는 동일합니다.' 또는 'A = B'를 의미합니다.

'be동사'는 동작이나 상태를 표현하는 '동작태'이며 그 다음에는 어떠한 표현이 오는 것도 가능하며 이것이 설명태입니다.

영어를 잘하기 위한 비법은 문장태의 4요소(연결태, 주어태,동작태,설명태)를 쉽게 구별하는 능력을 갖추는 것입니다.

문장태 4요소 구분 훈련을 많이 하시기 바랍니다.

A-1. 단순 표현1

* 당신은 행복합니다.

〈수직구성도〉

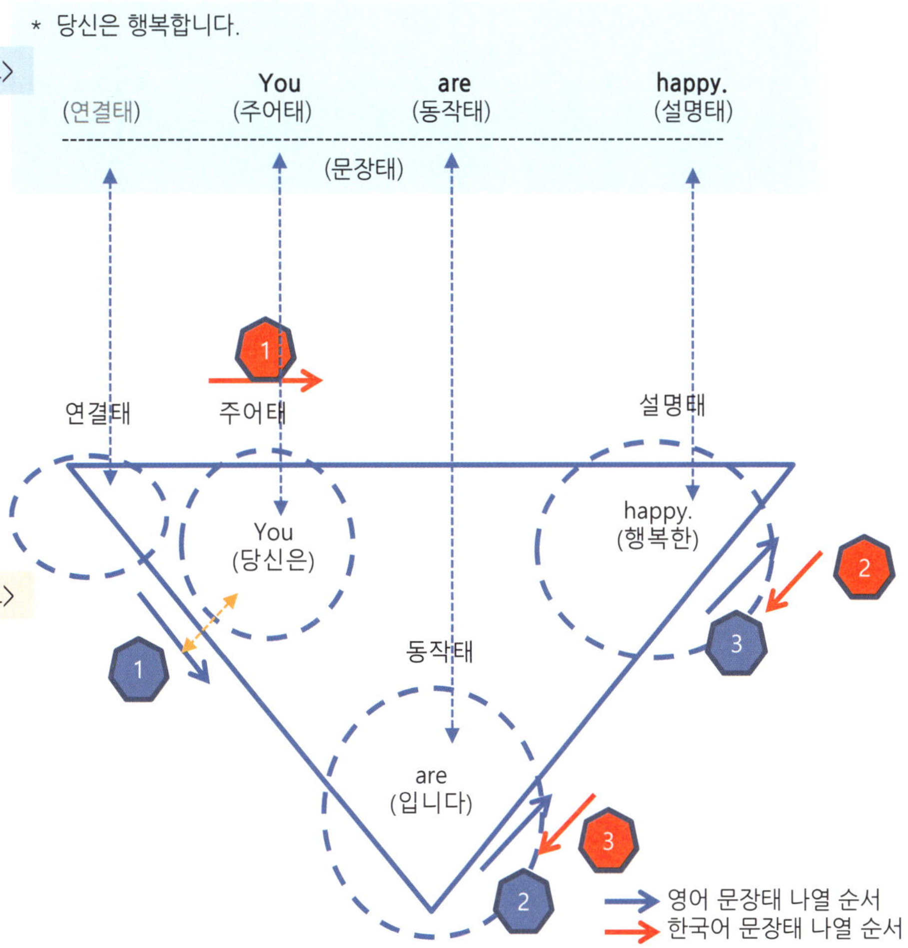

| (연결태) | You (주어태) | are (동작태) | happy. (설명태) |

(문장태)

〈삼각배열도〉

영어 문장태 나열 순서
한국어 문장태 나열 순서

〈입체분해도〉

이렇게 영어 문장에서는 주어에 대해서 그 다음에 오는 동작태가 상태를 표현할 것임을 나타내고, 그 다음의 설명태에서 상세내용을 설명합니다.

여기에서는 당신은 '행복한' 상태임을 의미합니다.
즉, '당신은 행복한 상태입니다.' -> '당신은 행복합니다.' 를 의미합니다.

be동사 'are' 는 '같다'를 의미합니다.
'당신' = '행복한 상태'

과거의 시제의 문장태는 동사를 과거형으로 바꾸어서 사용하면 됩니다.

"You were happy."

A-1. 단순 표현1

* 당신은 소녀입니다.

〈수직구성도〉

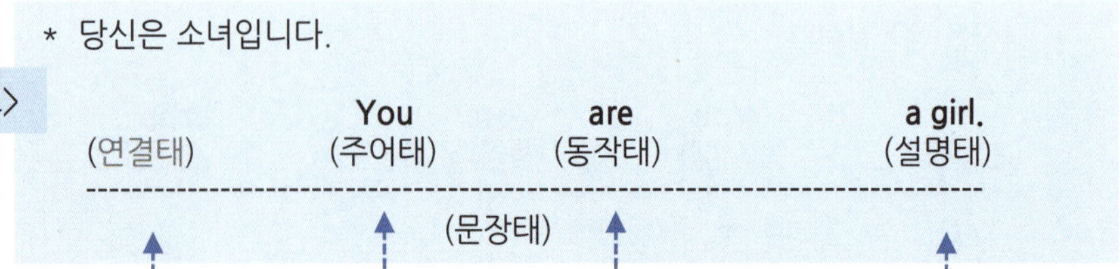

| (연결태) | You (주어태) | are (동작태) | a girl. (설명태) |

(문장태)

〈삼각배열도〉

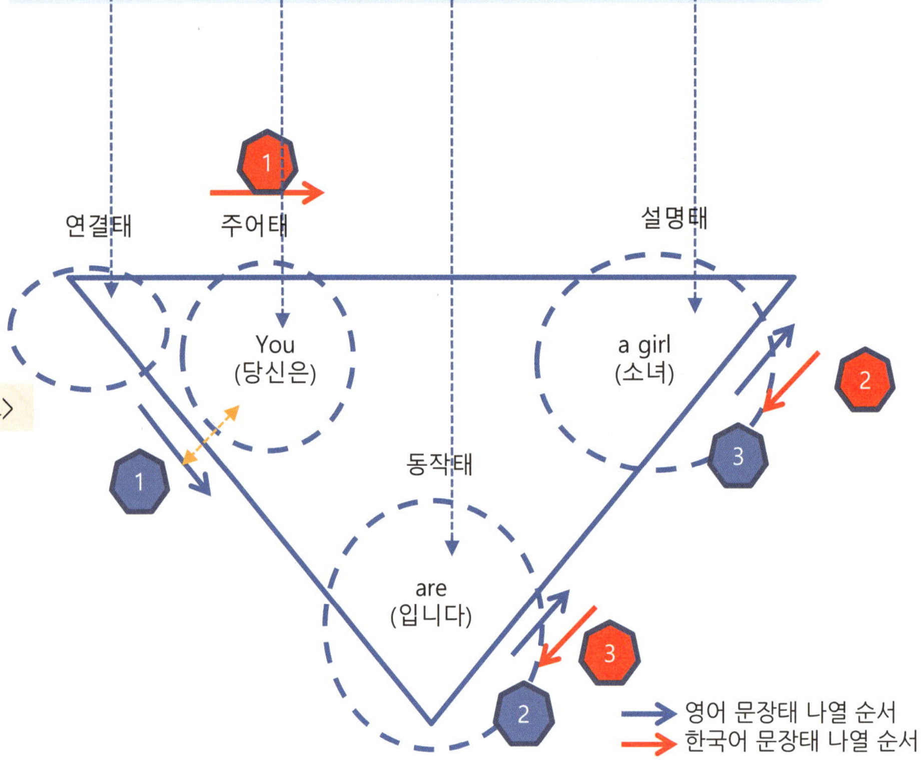

연결태 　 주어태 　 　 설명태

You (당신은)　　a girl (소녀)

동작태

are (입니다)

→ 영어 문장태 나열 순서
→ 한국어 문장태 나열 순서

〈입체분해도〉

이렇게 영어 문장에서는 주어에 대해서 그 다음에 오는 동작태가 상태를 표현할 것임을 나타내고, 그 다음의 설명태에서 상세내용을 설명합니다.

여기에서는 당신은 '소녀'의 상태임을 의미합니다.
즉, '당신은 소녀의 상태입니다.' -> '당신은 소녀입니다.' 를 의미합니다.

be동사 'are' 는 '같다'를 의미합니다.
'당신' = '소녀의 상태'

과거의 시제의 문장태는 동사를 과거형으로 바꾸어서 사용하면 됩니다.

"You were a girl."

A-1. 단순 표현1

* 당신은 영리한 소녀입니다.

〈수직구성도〉

| (연결태) | You (주어태) | are (동작태) | a smart girl. (설명태) |

(문장태)

〈삼각배열도〉

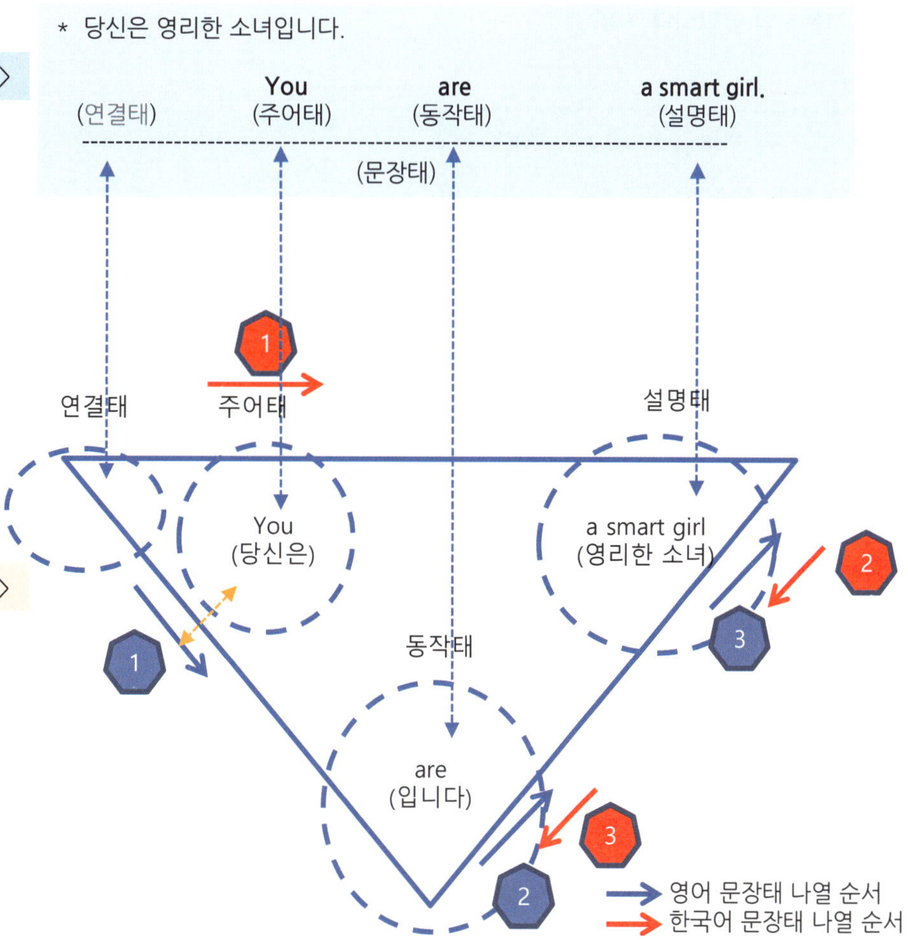

연결태 — 주어태 — 설명태
You (당신은)
a smart girl (영리한 소녀)
are (입니다)
동작태

 영어 문장태 나열 순서
한국어 문장태 나열 순서

〈입체분해도〉

You — are — a smart girl.

이렇게 영어 문장에서는 주어에 대해서 그 다음에 오는 동작태가 상태를 표현할 것임을 나타내고, 그 다음의 설명태에서 상세내용을 설명합니다.

여기에서는 당신은 '영리한 소녀'의 상태임을 의미합니다.
즉, '당신은 영리한 소녀의 상태입니다.' -> '당신은 영리한 소녀입니다.' 를 의미합니다.

'당신' = '영리한 소녀의 상태'

과거의 시제의 문장태는 동사를 과거형으로 바꾸어서 사용하면 됩니다.

"You were a smart girl."

A-1. 단순 표현1

1-2 그는 ~일 것입니다. (미래)

* 그는 ~ 일 것입니다.

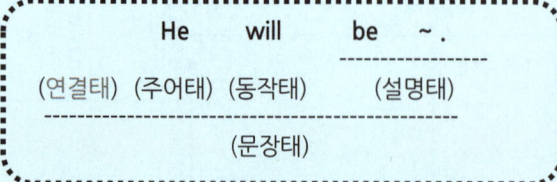

이렇게 'be ~ '는 '동작태 + 설명태' 의 형태이며 이것은 'will'의 설명태 역할을 합니다.

* 그는 늦을 것입니다.

'be late' 늦다.
'be late'는 '늦은 상태', '늦다'를 의미합니다.

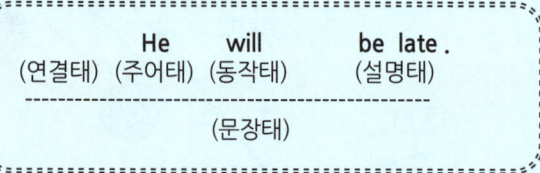

이렇게 표현하는 구조도를 '수직구성도'라고 합니다.
'be late'는 설명태안에서 표현되며 'will'을 상세설명하고 있습니다.
즉, 그는 미래에 'be late '가 될 것이다` 라는 의미를 나타냅니다.
'late'는 'be'의 설명태입니다. 이것은 '동작태(be) + 설명태' 형태를 가집니다.

'will'은 '~할 것이다'의 동작태이고 'be late'는 설명태로서 그 상세한 설명을 표현합니다.

'He will' + be + 'late'.
'He will' = 'late'.
"그는 ~ 할 것입니다" = "늦다"

즉, "그가 ~할 것인데 그것은 '늦다'와 동일한 내용이라는 의미입니다.
'be동사'는 무조건 (주어태)와 (설명태)가 동일하다는 것, '~상태라는 것'을 의미합니다.

주어태 = 설명태
주어태는 '설명태'의 상태입니다.

꼭! 기억하세요~

하나의 문장에는 하나의 동사만이 필요합니다.
그래서 먼저 나오는 'will' 이 동작태가 되고, 'be late'는 설명태가 됩니다.

이렇게 다중구조 영문법에서는 두 번째로 나오는 be동사부터는 무조건 설명태가 됩니다.

A-1. 단순 표현1

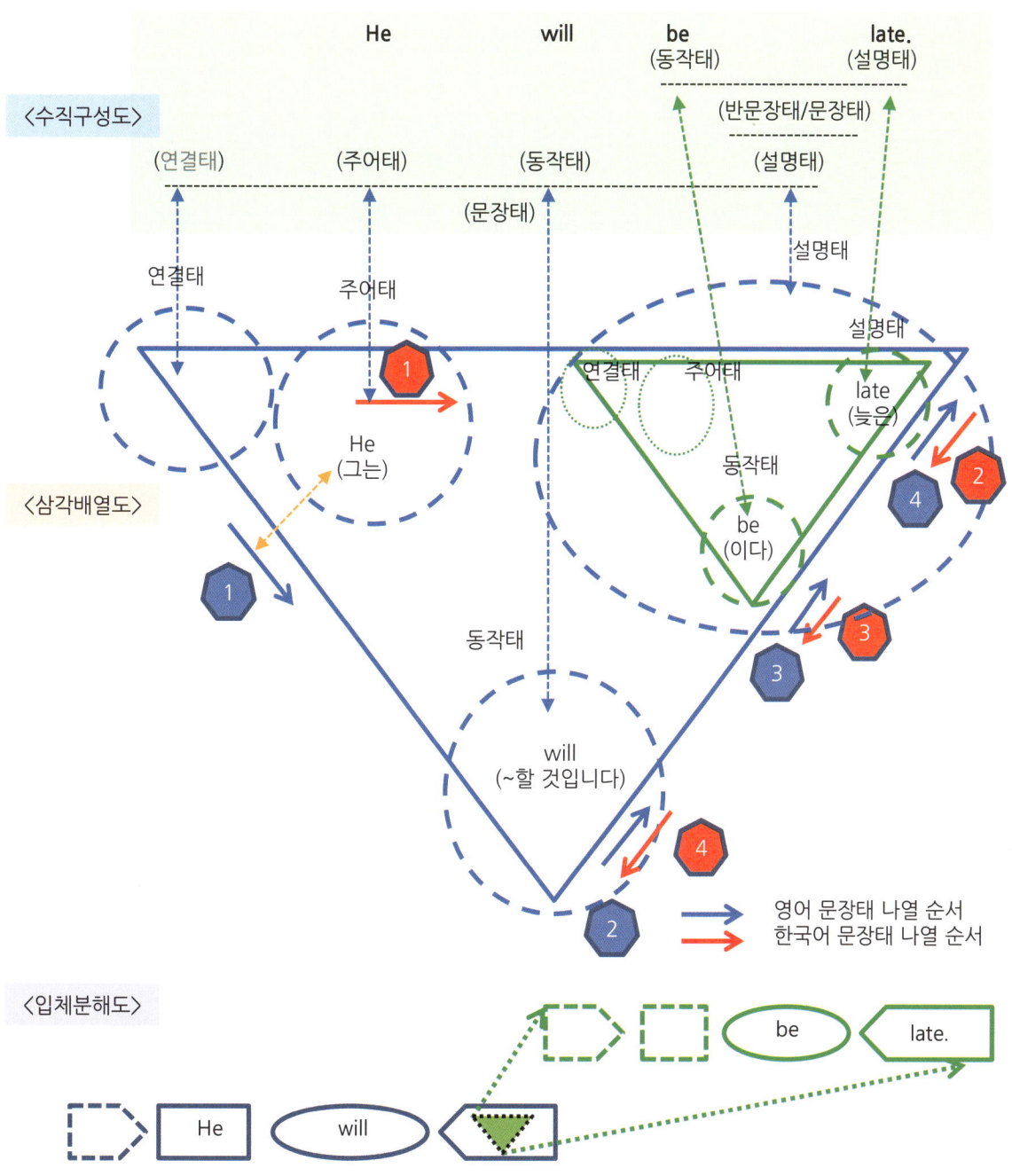

'He will ~' 그는 ~할 것입니다.
그 상세 설명은 'be late' 입니다.
'be late'는 설명태이며 'be'는 동작태이므로 그 안에서 하나의 반문장태(문장태)를 형성합니다.

또한 'late'는 'be'의 설명태입니다.

이렇게 문장의 다양한 표현은 문장태의 다중 표현으로 가능해집니다.
(C.다중 구조 영문법탐구 참조)

A-1. 단순 표현1

* 기초 단어 익히기

< 인칭대명사 >

나는 I	나의 my	나에게(나를) me	나의 것 mine
너는 you	너의 your	너에게(너를) you	너의 것 yours
그는 he	그의 his	그에게(그를) him	그의 것 his
그녀는 she	그녀의 her	그녀에게(그녀를) her	그녀의 것 hers
그것은 it	그것의 its	그것에게 it	
우리들은 we	우리들의 our	우리들에게(우리들을) us	우리들의 것 ours
너희들은 you	너희들의 your	너희들에게(너희들을) you	너희들의 것 yours
그들은 they	그들의 their	그들에게(그들을) them	그들의 것 theirs

< Be 동사의 시제형 >

	(현재) ------------ 입니다	(과거) ------------ 이었습니다	(과거분사) ------------ 이었던
나는 당신은	am are	was were	been been
그는 그녀는 그것은	is	was	been
우리들은 당신들은 그들은	are are are	were were were	been been been

A-1. 단순 표현1

*** 예문**

	연결태	주어태	동작태	설명태
(1)		I	am	a teacher.
(2)		You	are	a students.
(3)		He	is	a doctor.
(4)		She	is	a pianist.
(5)		It	is	a chair.
(6)		We	are	schoolgirls.
(7)		You	are	baseball players.
(8)		They	are	police officers.
(9)		I	am	young.
(10)		You	are	diligent.
(11)		He	is	kind.
(12)		She	is	famous.
(13)		It	is	old.
(14)		We	are	cheerful.
(15)		You	are	healthy.
(16)		They	are	brave.
(17)		I	am	a young teacher.
(18)		You	are	a diligent students.
(19)		He	is	a kind doctor.
(20)		She	is	a famous pianist .
(21)		It	is	an old chair.
(22)		We	are	cheerful schoolgirls.

(1) 나는 선생님입니다.
(2) 당신은 학생입니다.
(3) 그는 의사입니다.
(4) 그녀는 피아니스트입니다.
(5) 그것은 의자입니다.
(6) 우리들은 여학생들입니다.
(7) 당신들은 야구선수입니다.
(8) 그들은 경찰관들입니다.

(9) 나는 젊습니다.
(10) 당신은 부지런합니다.
(11) 그는 친절합니다.
(12) 그녀는 유명합니다.
(13) 그것은 낡았습니다.
(14) 우리들은 발랄합니다.
(15) 당신들은 건강합니다.
(16) 그들은 용감합니다.

(17) 나는 젊은 선생님입니다.
(18) 당신은 부지런한 학생입니다.
(19) 그는 친절한 의사입니다.
(20) 그녀는 유명한 피아니스트입니다.
(21) 그것은 낡은 의자입니다.
(22) 우리들은 발랄한 여학생입니다.

A-1. 단순 표현1

* 예문

	연결태	주어태	동작태	설명태
(23)		You	are	healthy baseball players.
(24)		They	are	brave police officers.
(25)		I	was	a young teacher.
(26)		You	were	a diligent students.
(27)		He	was	a kind doctor.
(28)		She	was	a famous pianist.
(29)		It	was	an old chair.
(30)		We	were	cheerful schoolgirls.
(31)		You	were	healthy baseball players.
(32)		They	were	brave police officers.
(33)		I	am	so young.
(34)		You	are	so diligent.
(35)		He	is	a very kind doctor.
(36)		She	was	a so famous pianist.
(37)		It	was	an so old chair.
(38)		We	were	so cheerful schoolgirls.
(39)		You	were	so healthy baseball players.
(40)		They	were	very brave police officers.
(41)		He	will	be surprised.
(42)		She	will	be so late.
(43)		They	will	be frozen up.
(44)		He	will	be a smart member.

(23) 당신들은 건강한 야구선수입니다.
(24) 그들은 용감한 경찰관입니다.
(25) 나는 젊은 선생님이었습니다.
(26) 당신은 부지런한 학생이었습니다.
(27) 그는 친절한 의사였습니다.
(28) 그녀는 유명한 피아니스트입니다.
(29) 그것은 낡은 의자였습니다.
(30) 우리들은 발랄한 여학생이었습니다.
(31) 당신들은 건강한 야구선수였습니다.
(32) 그들은 용감한 경찰관이었습니다.

(33) 나는 매우 젊습니다.
(34) 당신은 매우 부지런합니다.
(35) 그는 매우 친절한 의사입니다.
(36) 그녀는 매우 유명한 피아니스트였습니다.
(37) 그것은 아주 낡은 의자였습니다.
(38) 우리들은 매우 발랄한 여학생이었습니다.
(39) 당신들은 매우 건강한 야구선수였습니다.
(40) 그들은 매우 용감한 경찰관이었습니다.

(41) 그는 놀랄 것입니다.
(42) 그녀는 매우 늦을 것입니다.
(43) 그들은 얼어붙을 것입니다.
(44) 그는 현명한 회원이 될 것입니다.

A-1. 단순 표현2

단순 표현 2: ~합니다. (동작 표현)

A-1. 단순 표현2

당신은　　　달립니다.　　　" ~은　　　~합니다."
당신은 빠르게 달립니다.　　　" ~은 ~하게 ~합니다."

당신은　　　달렸습니다.　　　" ~은　　　~하였습니다."
당신은 빠르게 달렸습니다.　　　" ~은 ~하게 ~하였습니다."

당신은　　　달릴 것입니다.　　　" ~은　　　~할 것입니다."
당신은 빠르게 달릴 것입니다.　　　" ~은 ~하게 ~할 것입니다."

나는　　꽃을　　좋아합니다.　　" ~는 ~을 ~합니다."

나는 예쁜 꽃을 매우 좋아합니다.　　" ~는 ~한 ~을 ~하게 ~합니다."

당신은　　하늘을　　볼 것입니다.　　" ~는 ~을 ~할 것입니다."0

A-1. 단순 표현2

2-1. 당신은 ~합니다.

"당신은 달립니다."   You run.

문장 안에는 주어(당신)가 있고 그 주어가 행하는 동작을 표현하는 동사(달리다)가 있습니다.

```
              You      run.
    (연결태)  (주어태) (동작태) (설명태)
    ----------------------------------------
                    (문장태)
```

          당신은 (동작태)를 합니다.   => 당신은 (동작태)의 상태입니다.
=>   당신은 (달린다)를 합니다.   => 당신은 (달린다)의 상태입니다.
=>   당신은 달립니다.

여기에서 동작태(run)는 동작의 상태를 나타냅니다.

동작태 'run'은 '달린다'를 의미하는 동작태이며,
적절한 다양한 동작태(동사)를 사용하여 동작을 표현하여 문장을 만듭니다.

주어에 해당하는 (주어태)가 (동작태)의 상태임을 표현하는 것입니다.

"당신은 달립니다 + 빠르게."   => "당신은 빠르게 달립니다."

        You   run   fast.

'빠르게(fast)'는 동작태(run)를 부연 설명하는 역할을 하는 설명태입니다.

```
              You    run    fast.
    (연결태) (주어태) (동작태) (설명태)
    ----------------------------------------
                    (문장태)
```

          당신은 (동작태)를 합니다 그런데 (설명태)가 더 자세하게 설명합니다.
=>   당신은 (달린다)를 합니다. 그런데 (빠르게) 상태입니다.
=>   당신은 달립니다 빠르게
=>   당신은 빠르게 달립니다.

**여기에서 동작태(run)는 동작의 상태를 나타내며,
그 상세한 설명은 그 뒤의 설명태 안에서 다양하게 표현할 수 있습니다.**

이처럼 설명태는 '빠르게(fast)'와 같이 동작태(run)를 상세하게 부연 설명하는 데 사용합니다.

A-1. 단순 표현2

"You run." 이라는 문장을 통해서 세가지의 구조도를 살펴봅니다.

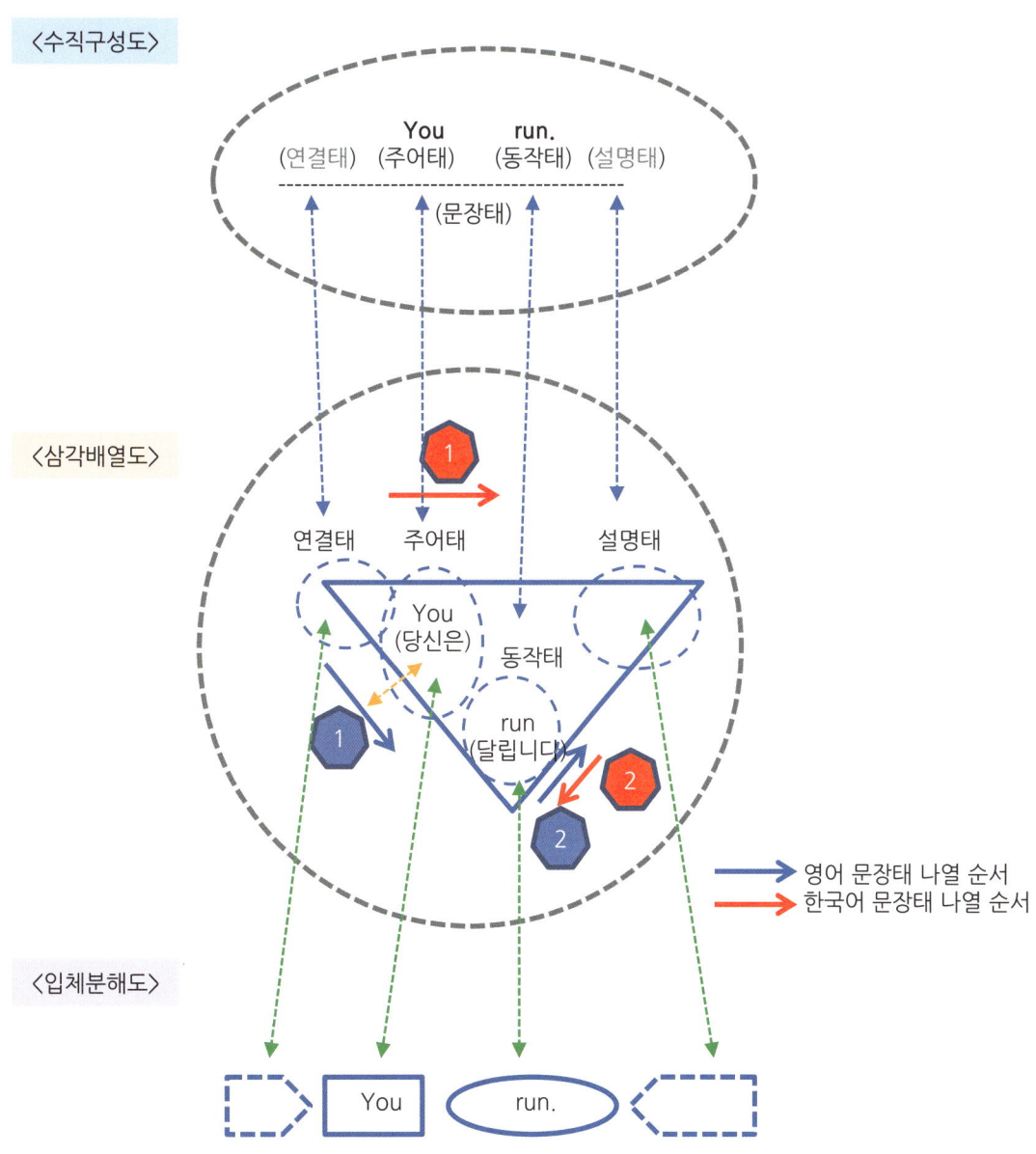

상기 세 가지의 구조도는 다중구조 영문법에서 가장 중요한 핵심입니다.
삼각배열도에서 삼각형은 하나의 문장태입니다.

C.다중 구조 영문법탐구 **참조**

A-1. 단순 표현2

"You run fast." 이라는 문장을 통해서 세 가지의 구조도를 살펴봅니다.

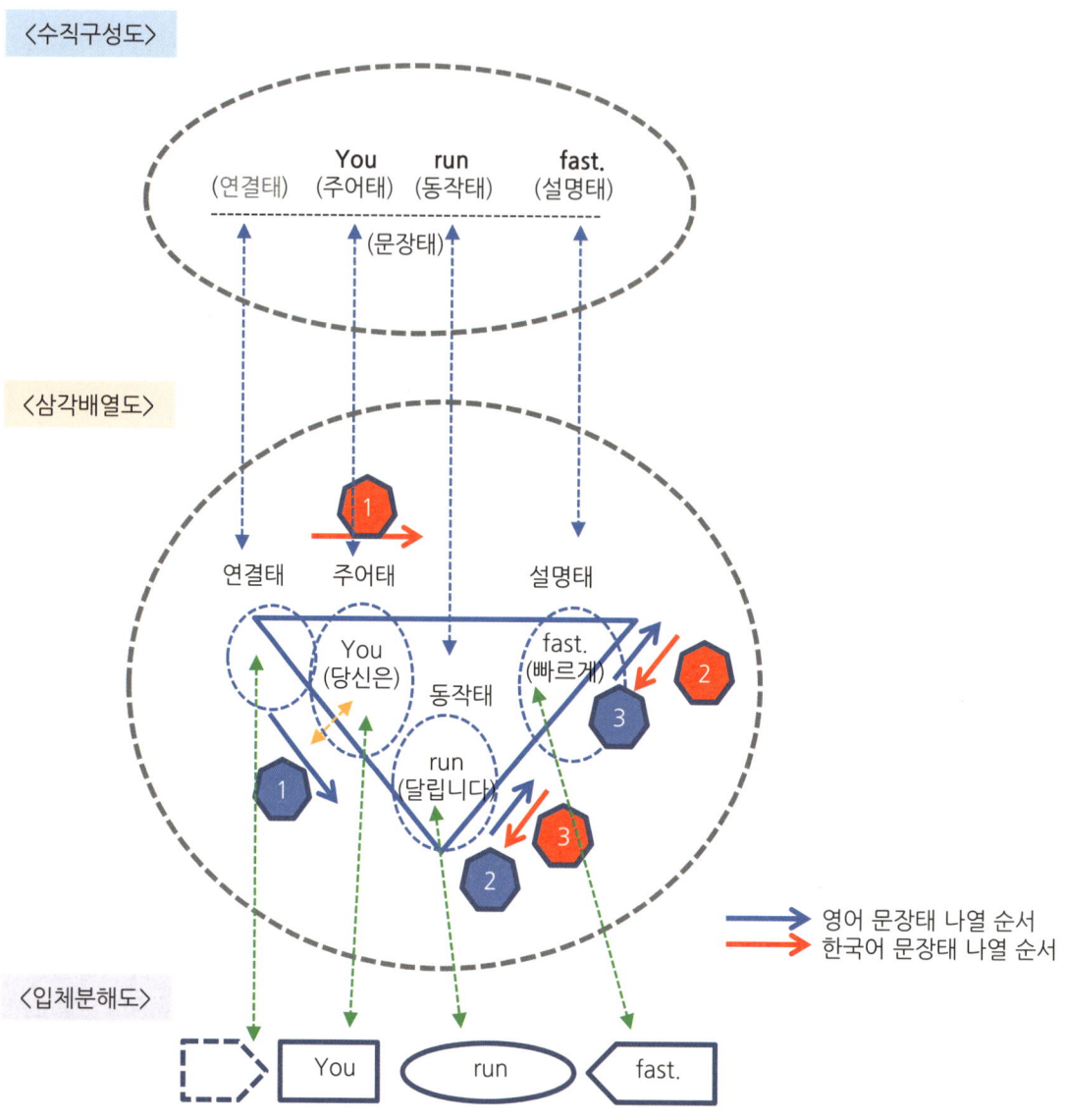

삼각배열도(단일, 다중)에서 점선의 타원은 수직구성도에서의 4개 구조 요소와 대응됩니다.

삼각배열도에서 왼쪽에서부터 순서대로 나열하면 영어문장이 만들어지게 되며, 파란색의 번호는 영어 문장의 순서를 나타내고 빨간색의 번호는 한국어 문장의 순서를 나타냅니다.
상기 예문에서는 연결태와 설명태는 사용되지 않았습니다.

과거의 시제의 문장은 동사를 과거형으로 바꾸어서 사용하기만 하면 됩니다.
"You ran."
"You ran fast.

C.다중 구조 영문법탐구 참조

A-1. 단순 표현2

2-2 당신은 ~할 것입니다.

"~할 것입니다" = " will ~ "

"당신은 ~할 것입니다."   You will ~ .

```
        You    will    ~.
    (연결태) (주어태) (동작태) (설명태)
    ----------------------------------------
                 (문장태)
```

"당신은 달릴 것입니다."

표현하고자 하는 설명태의 내용은 'run(달리다)'입니다.

```
        You    will    run.
    (연결태) (주어태) (동작태) (설명태)
    ----------------------------------------
                 (문장태)
```

'will'은 미래를 나타내는 보조동사이며 동작태입니다.

" (연결태) + (주어태) + (동작태) + (설명태)" 이 4개의 구조 요소를 잘 기억하세요 !!!!!!

A-1. 단순 표현2

수직구성도와 삼각배열도를 비교해봅니다.

'run'은 'will'을 부연설명하는 설명태입니다.

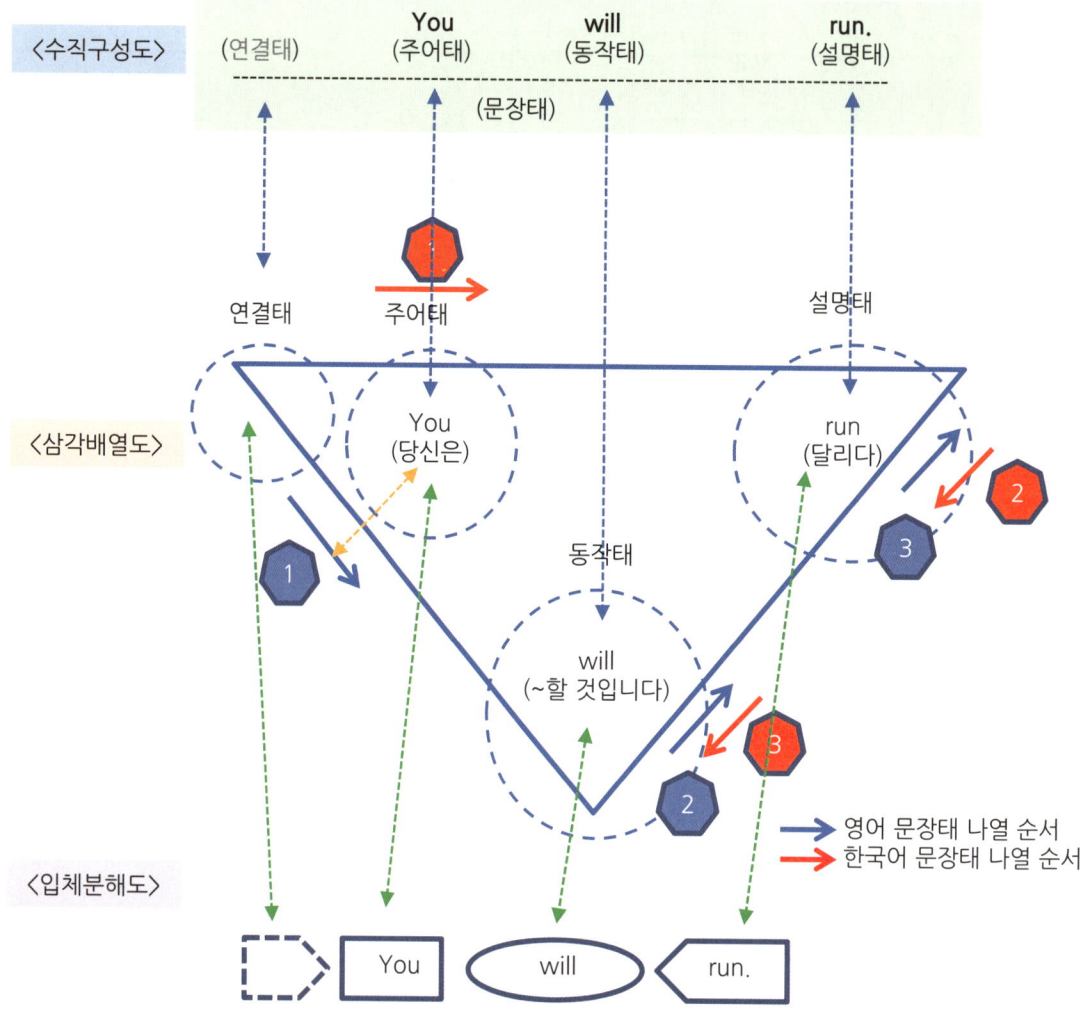

즉, 삼각배열도에서 왼쪽에서부터 순서대로 영어단어를 나열하면 영어문장이 만들어지게 됩니다. 파란색의 번호가 그 순서를 나타냅니다.

그리고 빨간 번호의 순서대로 한국어 단어를 나열하면 한국어 문장이 만들어집니다.

즉, 영어문장은 시계반대방향으로 회전하는 것을 알 수가 있고, 한국어 문장은 시계방향으로 회전하는 것을 알 수가 있습니다.

C.다중 구조 영문법탐구 **참조**

A-1. 단순 표현2

하나의 문장에는 하나의 동작태만이 필요합니다.

그런데 'will' 도 동사이며 'run' 도 동사입니다.
하나의 동사가 있으면 하나의 문장이 만들어지는데, 'run' 하나만으로도 문장태가 만들어집니다.

다만 (연결태), (주어태), (동작태) 가 생략된 것뿐입니다.

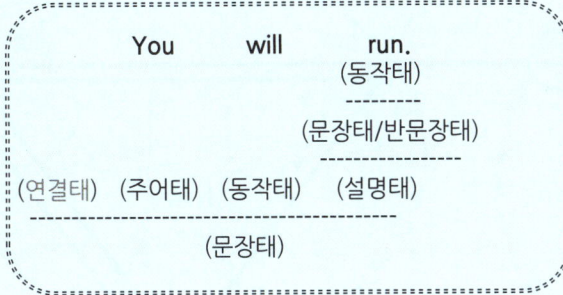

이렇게 설명태 안에 있는 'run' 하나 만으로도 하나의 문장태가 만들어지며, 주어가 되는 주어태가 없으므로 반문장태라고 부릅니다.

그러므로 보조동사와 실제동사가 동시에 사용되는 미래형 문장은 반드시 그 설명태 안에 문장태가 존재한다는 것입니다.

A-1. 단순 표현2

수직구성도, 삼각배열도, 입체분해도를 사용하여 비교해봅니다.

'run'은 설명태 안에서 하나의 문장태를 구성합니다.

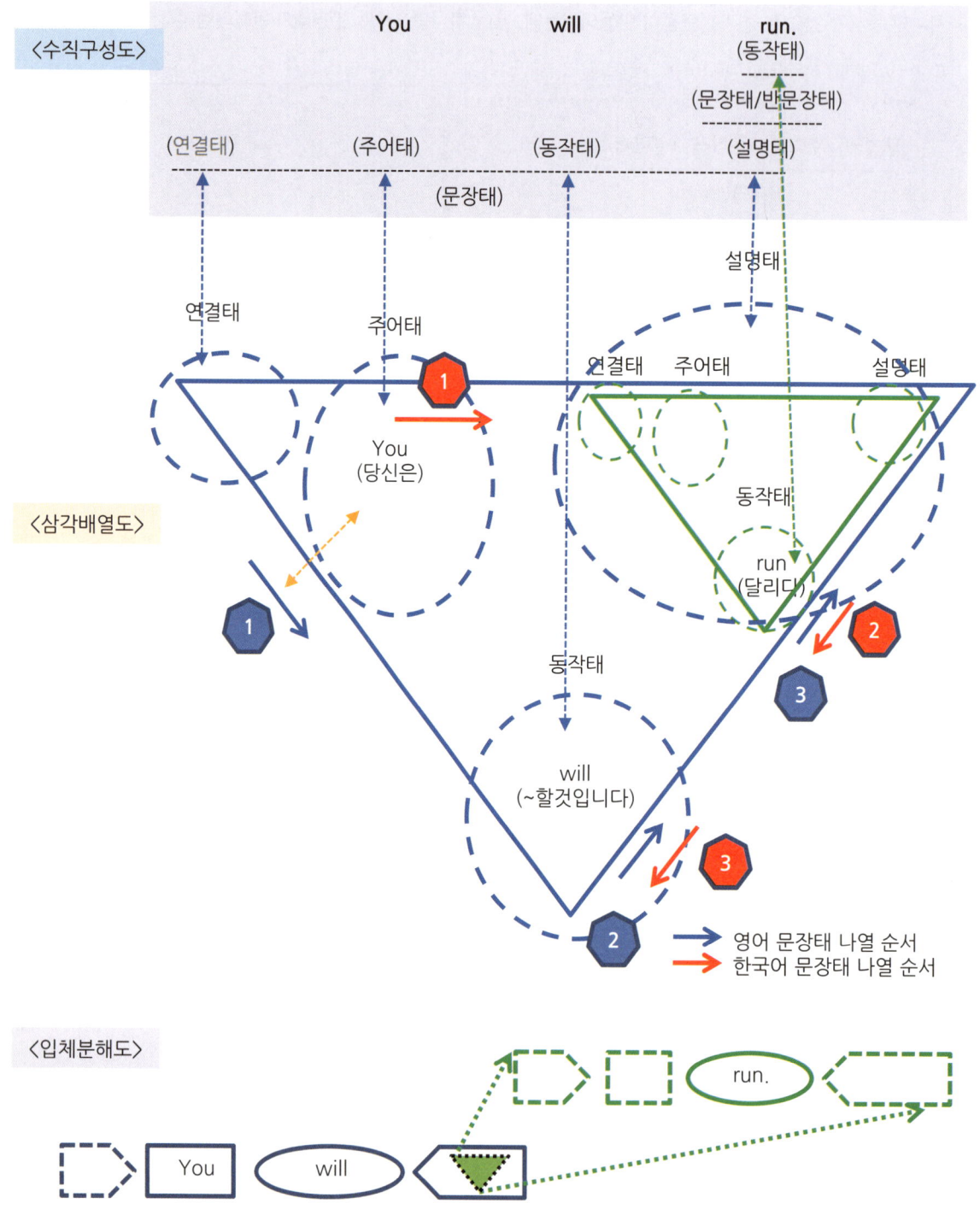

A-1. 단순 표현2

2-3 나는 ~하게 ~할 것입니다.

앞에서 설명한 바와 같이 미래에 대한 표현 문장에서 부사 'early'를 사용하는 방법도 동일합니다. 미래형 문장을 수직구성도, 삼각배열도, 입체분해도를 설명합니다.

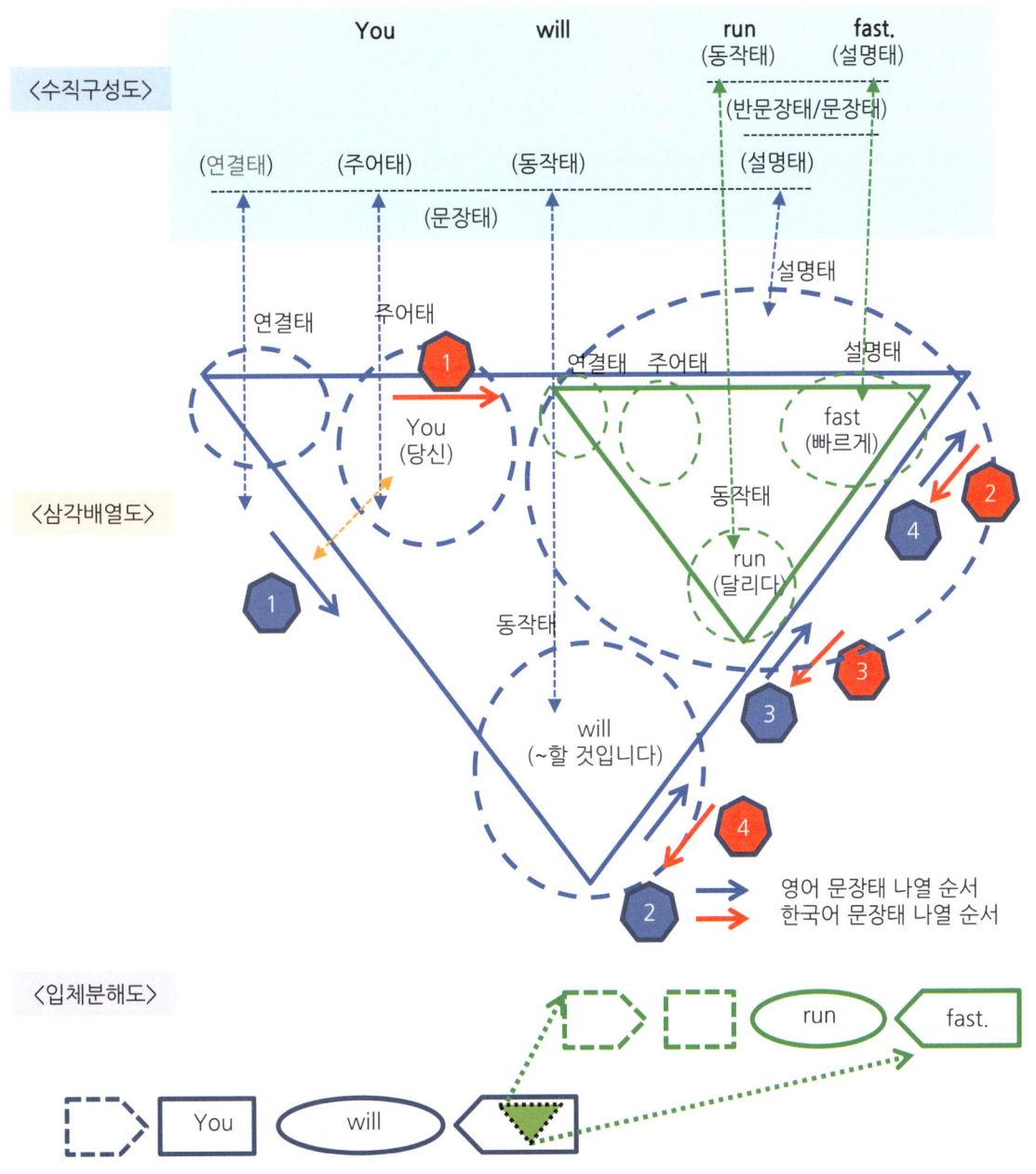

설명태 안에는 'run'라는 동작태(동사)가 있으므로 하나의 문장태를 형성합니다.
동사와 부사(fast)로만 구성되므로 반문장태라고도 부르며, 이것도 역시 문장태이며 연결태와 주어태가 생략된 문장태입니다.
또한 설명태안에 포함된 문장태이므로 부속문장태라고도 부릅니다.
동작태(run)를 꾸며주는 부사(fast)는 설명태가 됩니다.

A-1. 단순 표현2

앞에서 어느 정도 수직구성도, 삼각배열도, 입체분해도를 이해하셨을 것입니다.

어린아이가 말을 배워나가는 과정처럼 여기에서는 "나는 꽃을 좋아합니다." 라는 문장을 만들어 봅니다.

하나씩 상세설명의 내용이 추가되면서 그 문장의 구조가 발전됩니다.

문장은, '연결태(연결/접속사) + 주어태(주어) + 동작태 (동사)+ 설명태(내용)' 로 구성됩니다.

* 나는

```
              I
 (연결태)   (주어태)   (동작태)   (설명태)
 ---------------------------------------
                    (문장태)
```

아직 아무러한 내용의 설명이 없는 상태로서 오직 'I'만 존재합니다.

* 나는 좋아합니다.

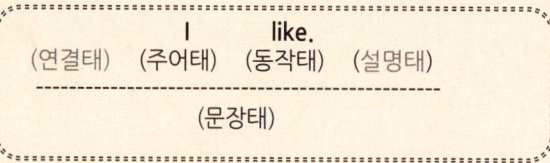

* 나는 좋아합니다. 꽃을 => 나는 꽃을 좋아합니다.

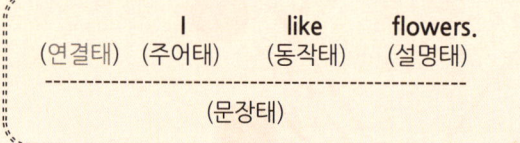

동작태인 'like'에 대한 상세한 설명내용은 'flowers' '꽃'이라는 내용이며 이것이 설명태입니다.

A-1. 단순 표현2

2-4 나는 ~을 ~합니다.
   나는 ~을 ~(행동/동사) 합니다. (현재/과거)

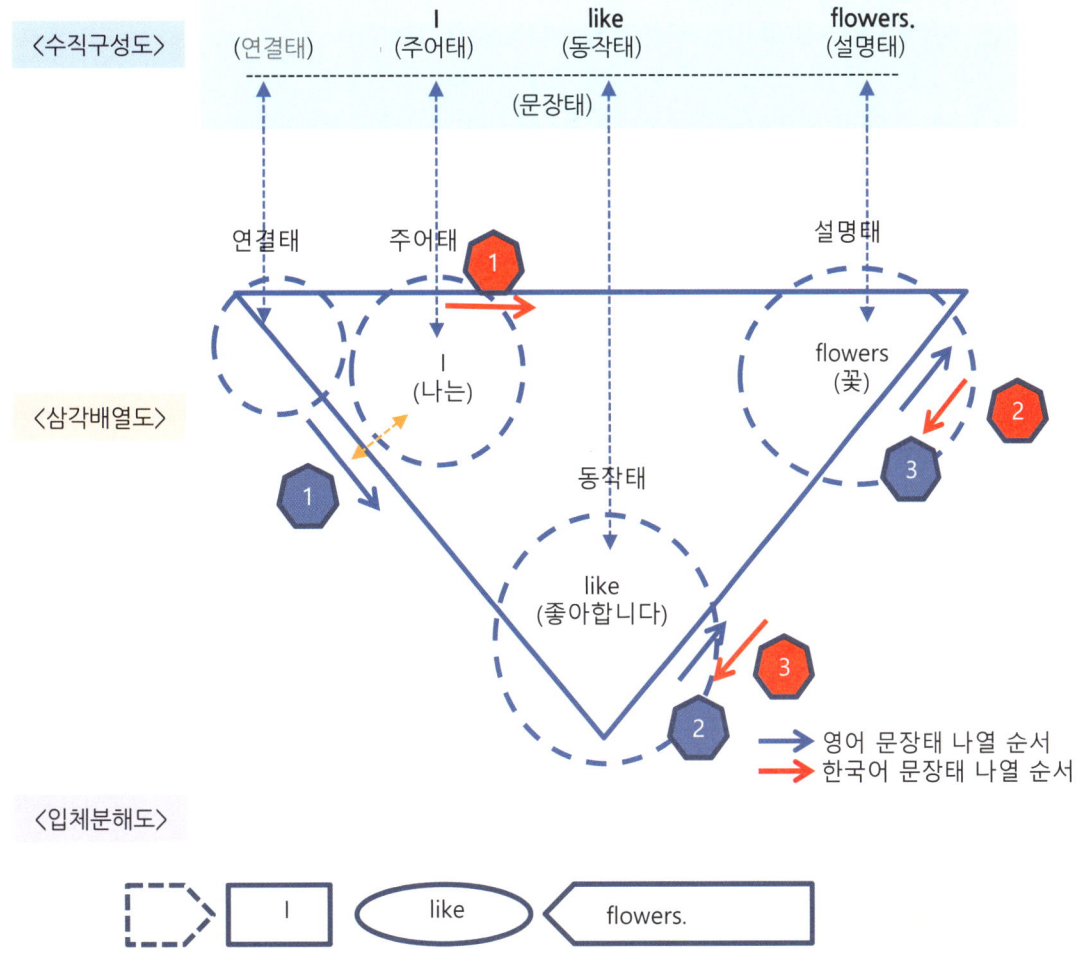

기존의 영문법에서는 'like'를 목적어를 갖는 타동사라고 말하고 'flowers'를 목적어라고 말합니다.
이렇게 타동사와 목적어를 정해놓고 언어를 배우고 구사하는 것은 언어를 습득하는데 있어서 더욱 어렵고 복잡한 일이 될 것입니다.

영어 언어권에서 태어난 아이가 영어를 배우면서 이러한 타동사, 목적어를 따져왔다면 쉽게 언어를 배울 수 없을 것입니다.

아이는 태어나 소리를 듣게 되는 순간부터 부모나 가족으로부터 그들이 배운 동일한 방식대로 그들이 들려주는 문장의 나열 규칙을 서서히 반복해 익혀서 언어를 배우게 되는 것입니다.

다중 구조 영문법에서는 단지 주어의 역할을 하는 주어태와 동작을 표현하는 동작태,
그리고 그 내용을 설명하는 설명태가 나열되어 문장을 형성할 뿐입니다.
다중 구조 영문법에서는 목적어와 보어가 중요하지 않습니다. 목적어와 보어는 문장내에서 상황 판단의 결과에 불과합니다.

C.다중 구조 영문법탐구 참조

A-1. 단순 표현2

2-5 나는 (~한)~을 (~하게)~합니다.
   나는 ~한(형용사) ~을(명사) ~하게(부사) ~(행동/동사) 합니다.

여기에서는 형용사로 명사를 꾸며주고 부사로 동사를 꾸며주는 내용을 배워봅니다.

나는 예쁜 꽃을 무척 좋아합니다.

```
                    I        like              ~ .
                                         ----------------------
(연결태)   (주어태)   (동작태)            (설명태)
            ---------------------------------------------
                              (문장태)
```

'I like ~' 나는 좋아합니다.

그 상세 내용은 "예쁜 꽃", "무척"이며 설명태에 표현됩니다.
(pretty flowers so much)

```
                    I        like       pretty flowers  so  much.
                                         ----------------------------
(연결태)   (주어태)   (동작태)            (설명태)
            ---------------------------------------------
                              (문장태)
```

A-1. 단순 표현2

영어 문장태, 한국어 문장태 나열 순서

* 예문 *   나는 무척 예쁜 꽃을 무척 좋아합니다.
I like pretty flowers so much.

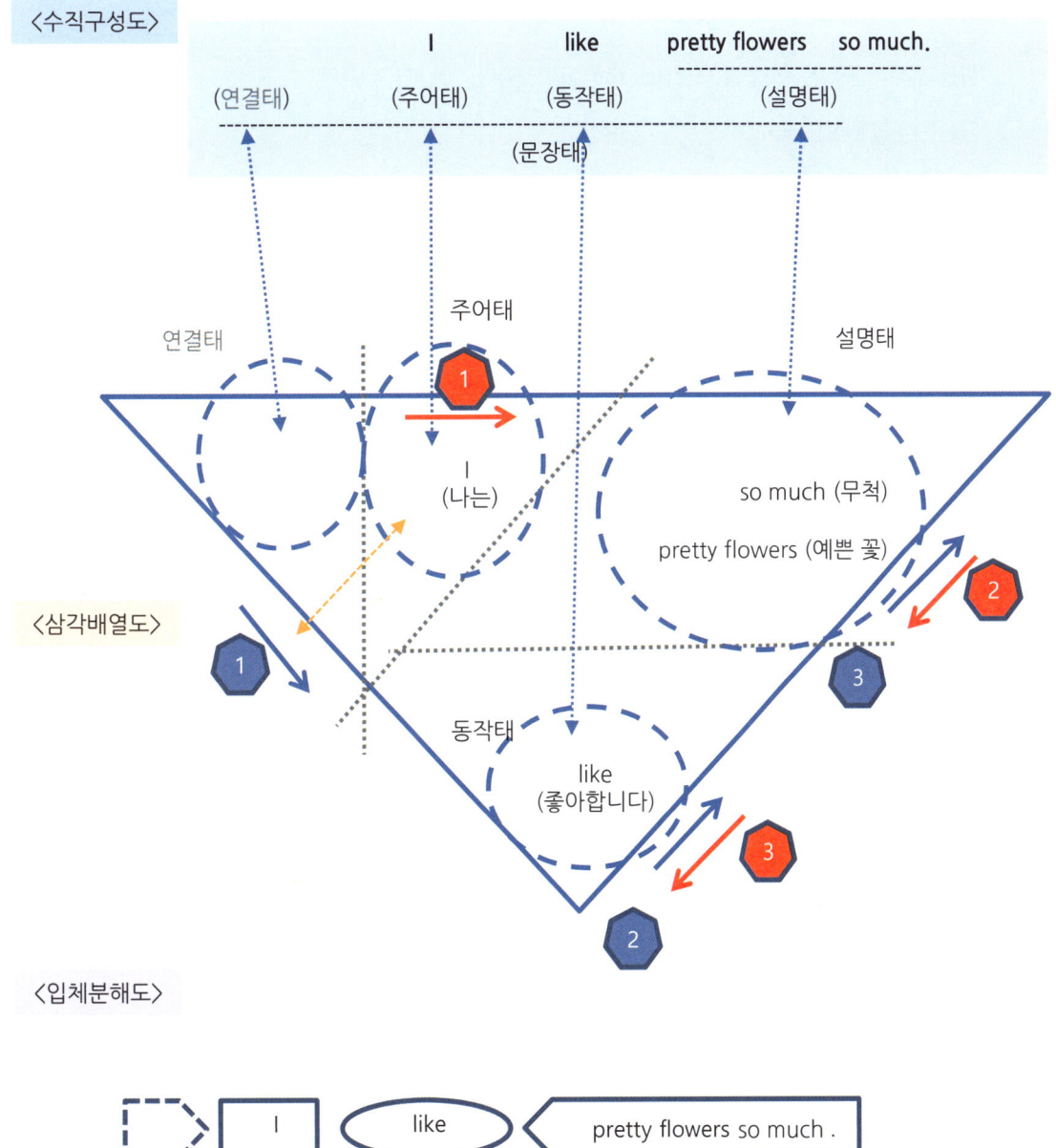

'pretty flowers so much'는 하나의 설명태이며 문장태의 구조를 위와 같이 나타낼 수 있습니다.
삼각배열도 내부에 있는 점선으로 된 직선은 4개 요소의 대략적인 영역을 나타냅니다.

A-1. 단순 표현2

2-6 당신은 ~을 ~할 것입니다.
　　　당신은 ~을 ~(행동/동사) 할 것입니다. (미래)

이번에는 '당신은 하늘을 볼 것입니다.' 라는 문장을 미래형 문장을 만들어 봅니다.

"당신은 ~을 ~할 것입니다."
설명태(상세설명)는 "하늘을 보다(see the sky)"입니다.

당신은 하늘을 볼 것입니다.

* 당신은 ~을 할 것입니다.

```
        You    will      ~.
     (연결태) (주어태) (동작태) (설명태)
     -------------------------------------
                    (문장태)
```

* 당신은 하늘을 보는 것을 할 것입니다. => 당신은 하늘을 볼 것입니다.

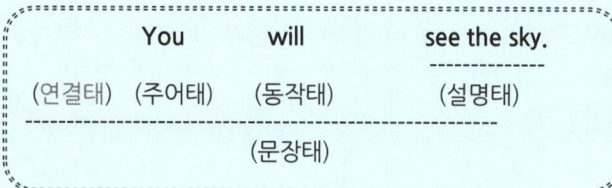

```
        You       will        see the sky.
     (연결태)  (주어태)   (동작태)    (설명태)
     -----------------------------------------
                       (문장태)
```

'You will ~ ' 당신은 (미래에) ~할 것입니다.
그런데 그것은 '하늘을 보는 것'입니다.
'You will … …   see the sky.'

'see the sky' 전체가 설명태입니다.
이 안에는 'see'라는 동사가 포함되어 있습니다.
그래서 이것을 하나의 문장태라고 간주하며 주어태가 빠져있으므로 반문장태라고 부릅니다.

(연결태) + (주어태) + (동작태) + (설명태)" 이 4개의 구조 요소를 잘 기억하세요 !!!!!!

A-1. 단순 표현2

2-6 당신은 ~을 ~할 것입니다.
당신은 ~을 ~(행동/동사) 할 것입니다. (미래)

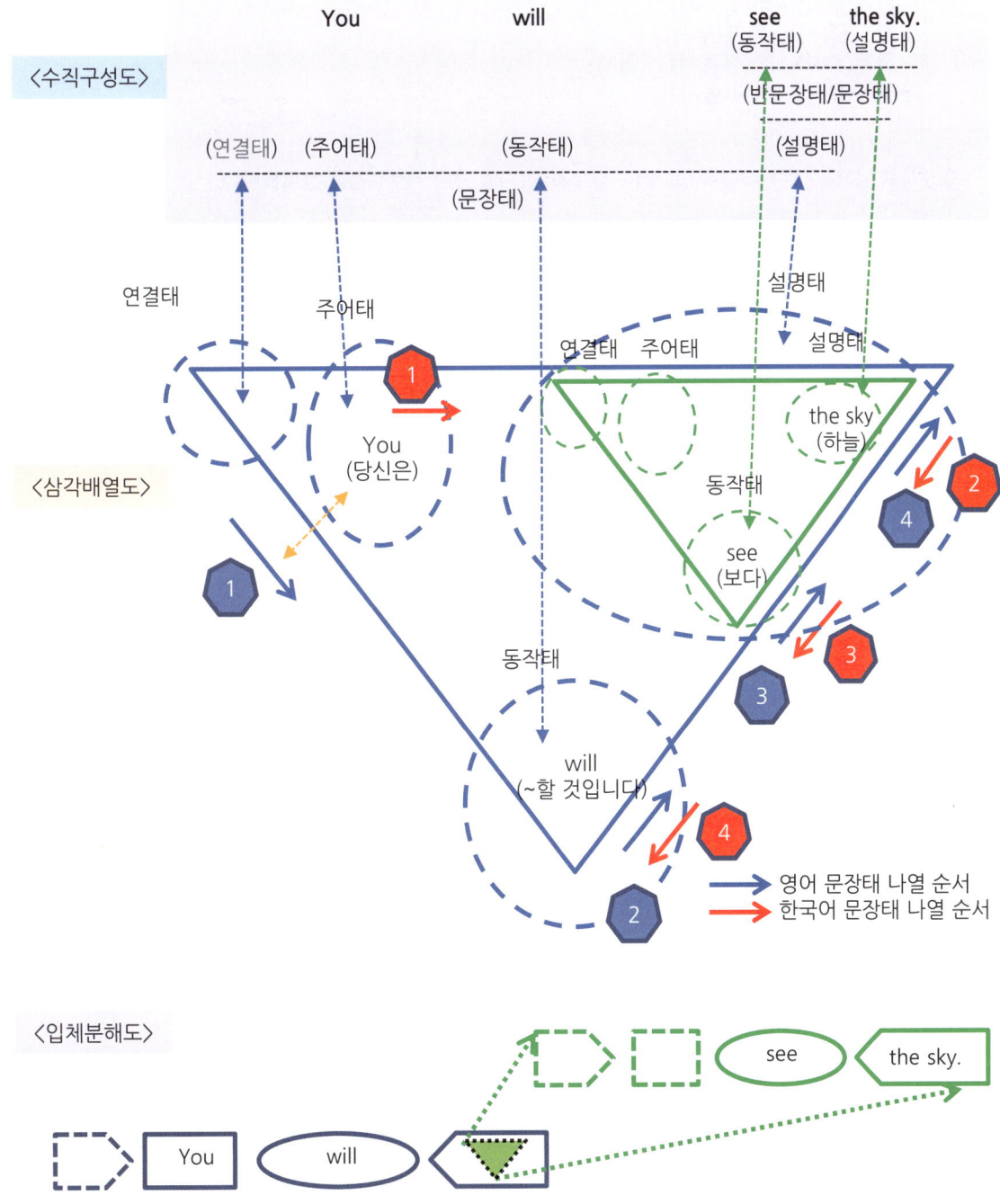

A-1. 단순 표현2

2-7 ~한 ~, ~하게 ~ 한, ~하게 ~하다

~한(형용사) ~(명사)
~하게(부사) ~한(형용사)
~한 (형용사) ~하게(부사)
~하게(부사) ~한(형용사) ~(명사)
~하게(부사) ~하다(동사)

형용사로 명사를 꾸며주고 부사로 형용사, 부사, 동사를 꾸며주는 내용을 살펴봅니다.

우리말과 마찬가지로 영어에서도 형용사로 명사를 수식하는 방식은 동일합니다.
또한 부사로 형용사를 수식하거나 부사로 부사를 수식하거나 부사로 동사를 수식하는 방식도 동일합니다.
단, 부사가 동사를 수식할 경우에는 뒤에 있는 부사가 앞의 동사를 수식하는 것이 보통입니다.
종종 뒤에서 앞으로 수식하는 경우도 있습니다.

〈형용사 + 명사〉
   높은 하늘 -> high sky
   잘생긴 소년 -> handsome boy

〈명사 + 형용사〉
   무엇인가 부드러운 -> something smooth

〈부사 + 형용사〉
   매우 빠른 -> very fast

〈부사 + 형용사 + 명사〉
   매우 키 큰 소년 -> very tall boy

〈부사 + 부사〉
   매우 빠르게 -> very fast

〈부사 + 부사 + 형용사〉
   매우 놀랍게 영리한 -> very surprisingly clever

〈부사 + 부사 + 형용사 + 명사〉
   매우 놀랍게 영리한 소년 -> very surprisingly clever boy

〈동사 + 부사 + 부사〉
   매우 천천히 다가가다 -> go very slowly

〈동사 + 부사〉
   쉽게 던지다 -> throw easily
   빠르게 움직이다 -> move fast

〈부사 + 파생동사〉
   조용하게 날아가는 -> quietly flying

〈파생동사 + 부사〉
   무겁게 누르는 -> pressed heavily

A-1. 단순 표현2

*** 기초 단어 익히기**

⟨ 일반 동사 'do'의 시제형 ⟩

	(현재)	(과거)	(과거분사)
	~합니다	~했습니다	~한
나는 당신은	do do	did did	done done
그는 그녀는 그것은	does	did	done
우리들은 당신들은 그들은	do	did	done

⟨ 일반 동사 'have'의 시제형 ⟩

	(현재)	(과거)	(과거분사)
나는 당신은	have have	had had	had had
그는 그녀는 그것은	has	had	had
우리들은 당신들은 그들은	have	had	had

A-1. 단순 표현2

* 예문

```
        연결태    주어태   동작태      설명태
        --------  --------  --------    ---------
(1)               I         study.
(2)               You       sleep.
(3)               He        throws.
(4)               She       makes.
(5)               It        rolls.
(6)               We        start.
(7)               You       want.
(8)               They      like.

(9)               I         studied.
(10)              You       slept.
(11)              He        threw.
(12)              She       made.
(13)              It        rolled.
(14)              We        started.
(15)              You       wanted.
(16)              They      liked.
```

(1) 나는 공부합니다.
(2) 당신은 잠을 잡니다.
(3) 그는 던집니다.
(4) 그녀는 만듭니다,
(5) 그것은 구릅니다.
(6) 우리들은 시작합니다.
(7) 당신들은 원합니다.
(8) 그들은 좋아합니다.

(9) 나는 공부했습니다.
(10) 당신은 잠을 잤습니다.
(11) 그는 던졌습니다.
(12) 그녀는 만들었습니다,
(13) 그것은 굴렀습니다.
(14) 우리들은 시작했습니다.
(15) 당신들은 원했습니다.
(16) 그들은 좋아했습니다.

A-1. 단순 표현2

* 예문

	연결태	주어태	동작태	설명태
(17)		I	shall	study.
(18)		You	will	sleep.
(19)		He	will	threw.
(20)		She	will	make.
(21)		It	will	roll.
(22)		We	will	start.
(23)		You	will	want.
(24)		They	will	like.
(25)		I	study	hard.
(26)		You	sleep	deeply.
(27)		He	throws	far.
(28)		She	makes	well.
(29)		It	rolls	fast.
(30)		We	start	promptly.
(31)		You	want	heartily.
(32)		They	like	truly.

(17) 나는 공부할 것입니다.
(18) 당신은 잠을 잘 것입니다.
(19) 그는 던질 것입니다.
(20) 그녀는 만들 것입니다,
(21) 그것은 구를 것입니다.
(22) 우리들은 시작할 것입니다.
(23) 당신들은 원할 것입니다.
(24) 그들은 좋아할 것입니다.

(25) 나는 열심히 공부합니다.
(26) 당신은 깊이 잠을 잡니다.
(27) 그는 멀리 던집니다.
(28) 그녀는 잘 만듭니다,
(29) 그것은 빠르게 구릅니다.
(30) 우리들은 곧바로 시작합니다.
(31) 당신들은 진심으로 원합니다.
(32) 그들은 진실로 좋아합니다.

A-1. 단순 표현2

* 예문

	연결태	주어태	동작태	설명태
(33)		I	like	dogs.
(34)		You	eat	bread and butter.
(35)		He	enjoys	hot coffee.
(36)		She	uses	my pen.
(37)		We	have	an interesting plan.
(38)		They	move	a big box suddenly.
(39)		I	liked	dogs.
(40)		You	ate	bread and butter.
(41)		He	drank	hot coffee.
(42)		She	used	my pen.
(43)		We	had	an interesting plan.
(44)		They	moved	a big box suddenly.
(45)		He	will	like cars.
(46)		You	will	get an advantageous terms.
(47)		She	will	use my pen at last.

(33) 나는 개를 좋아합니다.
(34) 당신은 버터 바른 빵을 먹습니다.
(35) 그는 뜨거운 커피를 즐깁니다.
(36) 그녀는 내 연필을 사용합니다.
(37) 우리들은 재미있는 계획을 가지고 있습니다.
(38) 그들은 커다란 상자를 갑자기 움직입니다.

(39) 나는 개를 좋아했습니다.
(40) 당신은 버터 바른 빵을 먹었습니다.
(41) 그는 뜨거운 커피를 즐겼습니다.
(42) 그녀는 내 연필을 사용했습니다.
(43) 우리들은 재미있는 계획을 가지고 있었습니다.
(44) 그들은 커다란 상자를 갑자기 움직였습니다.

(45) 그는 자동차를 좋아할 것입니다.
(46) 당신은 유리한 조건을 얻을 것입니다.
(47) 그녀는 결국 내 연필을 사용할 것입니다.

A-1. 단순 표현3

단순 표현3: ~하는 중입니다. (진행중)

A-1. 단순 표현3

나는　　　 공부하고 있는 중입니다.　　 " ~는　　 ~하는 중입니다."

나는 영어를 공부하고 있는 중입니다.　　 " ~는 ~을 ~하는 중입니다."

나는 영어를 공부하고 있는 중이었습니다. " ~는 ~을 ~하는 중이었습니다."

나는 영어를 공부하고 있는 중일 것입니다. " ~는 ~을 ~하는 중일 것입니다."

A-1. 단순 표현3

3-1 나는 ~(동사)하고 있는 중입니다. (현재 진행)
    나는 ~(동사)하고 있는 중이었습니다. (과거 진행)

언어를 점차 습득해가면서 진행중이라는 표현을 사용해야 하는 상황이 생깁니다.

'I am ~', 즉 '나는 ~ 상태입니다.'를 나타냅니다.

"나는 ~과 동일합니다." <==> "나" = "~"   'am'은 동일함을 의미합니다.

나는 공부를 하고 있는 중(상태)입니다.

```
           I      am     studying.
        (연결태) (주어태) (동작태)    (설명태)
        ---------------------------------------
                      (문장태)
```

나는 ~상태입니다. 그런데 그 상태는 '공부를 하고 있는 중'입니다.
동사에 'ing'를 추가하여 'studying'로서 진행의 의미를 갖는 동작태가 됩니다.
'studying' = '공부하고 있는 중'
"나는 ~과 동일합니다."   <==> "나" = "~"
"나는 'studying'과 동일합니다."   <==> "나" = "studying"
"나" am "studying"   <==> "I am studying"
                                <==> "나는 공부하고 있는 중과 동일합니다."
                                <==> "나는 공부하고 있는 중입니다."

현재의 상태를 설명하는데 그 상세한 내용이 진행중이라는 것입니다.

```
           I      am          studying.
                         (동작태/파생동사/동사ing)
                         ---------------------------
                               (반문장태)
                               ----------
        (연결태) (주어태) (동작태)    (설명태)
        ---------------------------------------
                      (문장태)
```

이렇듯 다중구조 영문법에서는 파생동사도 하나의 동작태로 생각하고 별개의 문장태를 구성합니다. 이 때 주어가 생략된 상태이므로 반문장태라고 부릅니다.

기존의 영문법에서는 이것을 현재분사라고 부르고 다중 구조 영문법에서는 (동사+ing) 파생동사라고 부릅니다.

이렇게 'studying'은 기본동사의 형태가 아니면서 동사(study)의 내용을 포함하고 있습니다.

'am'은 현재의 상태임을 나타내는 역할을 하고, 'studying'은 그 상태의 내용을 표현하는 설명태의 역할을 합니다.

A-1. 단순 표현3

3-1 나는 ~하고 있습니다. / 나는 ~(동사)하고 있습니다. (현재 진행)
　　나는 ~하고 있었습니다. / 나는 ~(동사)하고 있었습니다. (과거 진행)

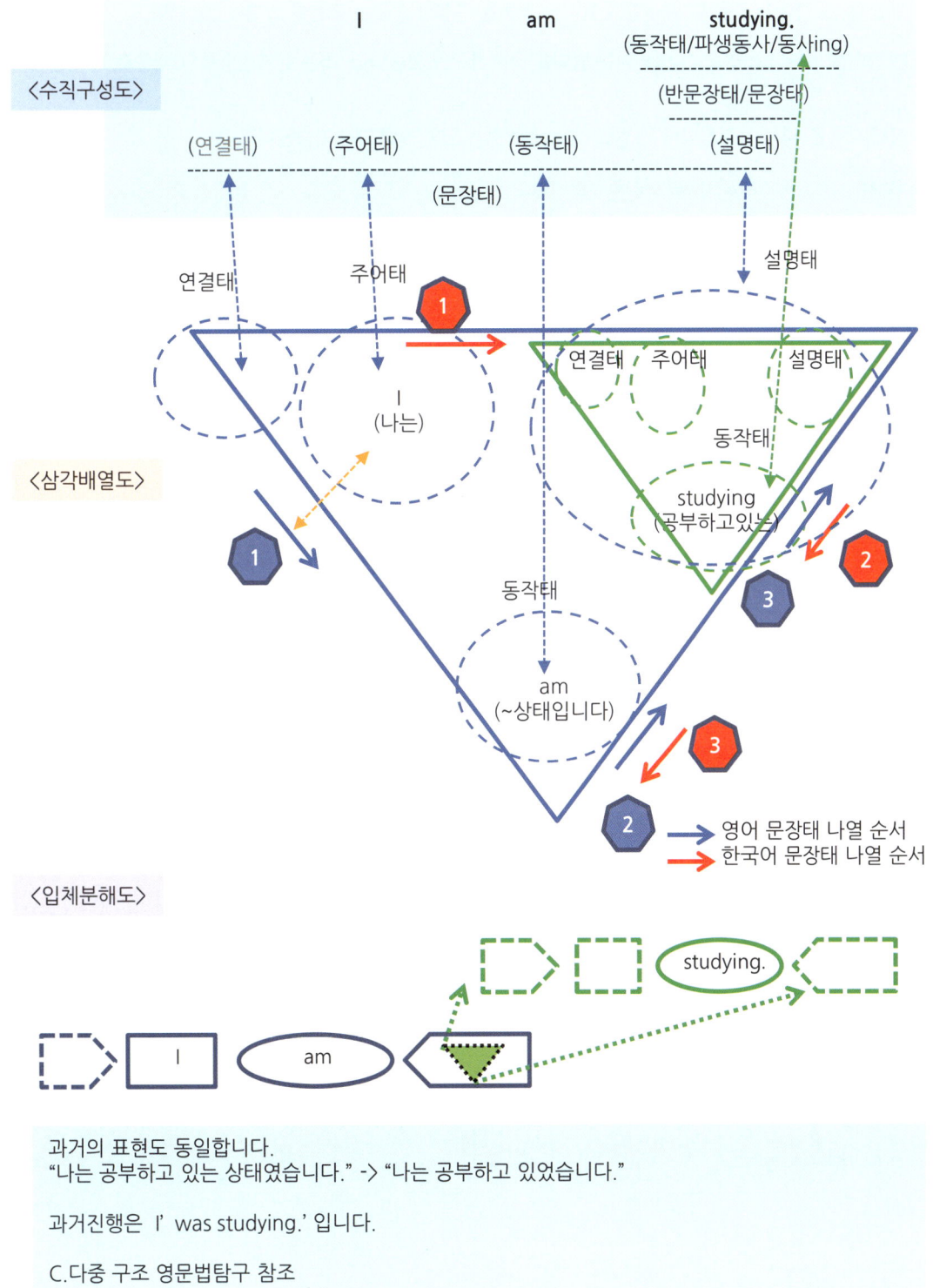

과거의 표현도 동일합니다.
"나는 공부하고 있는 상태였습니다." -> "나는 공부하고 있었습니다."

과거진행은 'I' was studying.' 입니다.

C.다중 구조 영문법탐구 참조

A-1. 단순 표현3

3-2 나는 ~을 ~하고 있습니다. / 나는 ~(명사)를 ~(동사)하고 있습니다. (현재 진행)
    나는 ~을 ~하고 있었습니다. / 나는 ~(명사)를 ~(동사)하고 있었습니다. (과거 진행)

여기에서는 동작태가 조금 더 상세한 구체적인 행동을 진행하고 있는 표현을 살펴보겠습니다.

'나는 영어를 공부하고 있습니다'와 '나는 영어를 공부하고 있었습니다' 라는 현재진행중인 내용과 과거 진행 중인 내용을 말해봅시다.
'I am~ ' 나는 ~상태입니다.
그 상세 내용은 '나는 공부합니다', 'I study English'로서 뒤의 설명태에 기술됩니다.

즉, I am   +   I study English.로 표현됩니다.

```
                    I        am       I      study      English.
                                    (주어태) (동작태)    (설명태)
                                    -------------------------------
                                              (문장태)
                                              ---------
      (연결태)     (주어태)    (동작태)           (설명태)
      --------------------------------------------------------
                              (문장태)
```

설명태안에는 하나의 문장태가 들어있습니다.
여기에서 study는 진행을 나타내는 파생동사인 studying 으로 변경됩니다.
'I'는 동일한 주어가 반복되므로 생략합니다.

"나는 영어를 공부하고 있습니다."의 다층구조도는 아래와 같게 됩니다.

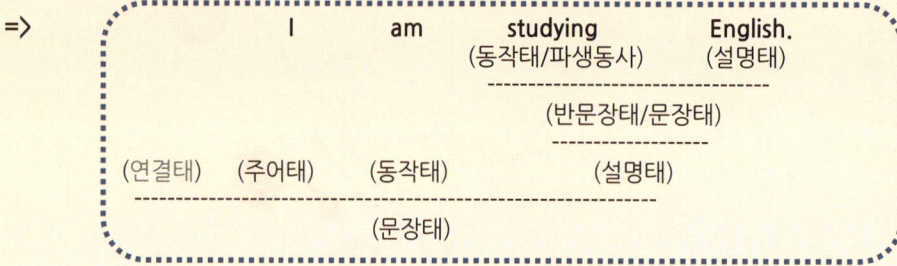

설명태 안에 있는 studying은 동사의 역할을 하며 그 상세 내용인 English는 설명태입니다.
즉, 설명태 안에서 하나의 문장태가 포함된 것과 동일한 것입니다.

다중구조 영문법에서는 러시아의 마트로시카 인형처럼, 문장태는 그 안에 또 다른 문장태를 포함하는 구조를 가지고 있습니다.
이러한 구조를 가짐으로써 더욱 정교하고 상세한 내용을 표현할 수가 있게 됩니다.
과거진행의 표현도 동일합니다.

'~상태입니다.' 를 나타내는 'am' 대신에 '~상태이었습니다.' 를 표현하는 'was'를 사용하면 됩니다.
be동사 'am'을 과거형인 'was'로 변경하기만 하면 되는 것입니다.

I was studying English.

A-1. 단순 표현3

3-2 나는 ~을 ~하고 있습니다. / 나는 ~(명사)를 ~(동사)하고 있습니다. (현재 진행)
    나는 ~을 ~하고 있었습니다. / 나는 ~(명사)를 ~(동사)하고 있었습니다. (과거 진행)

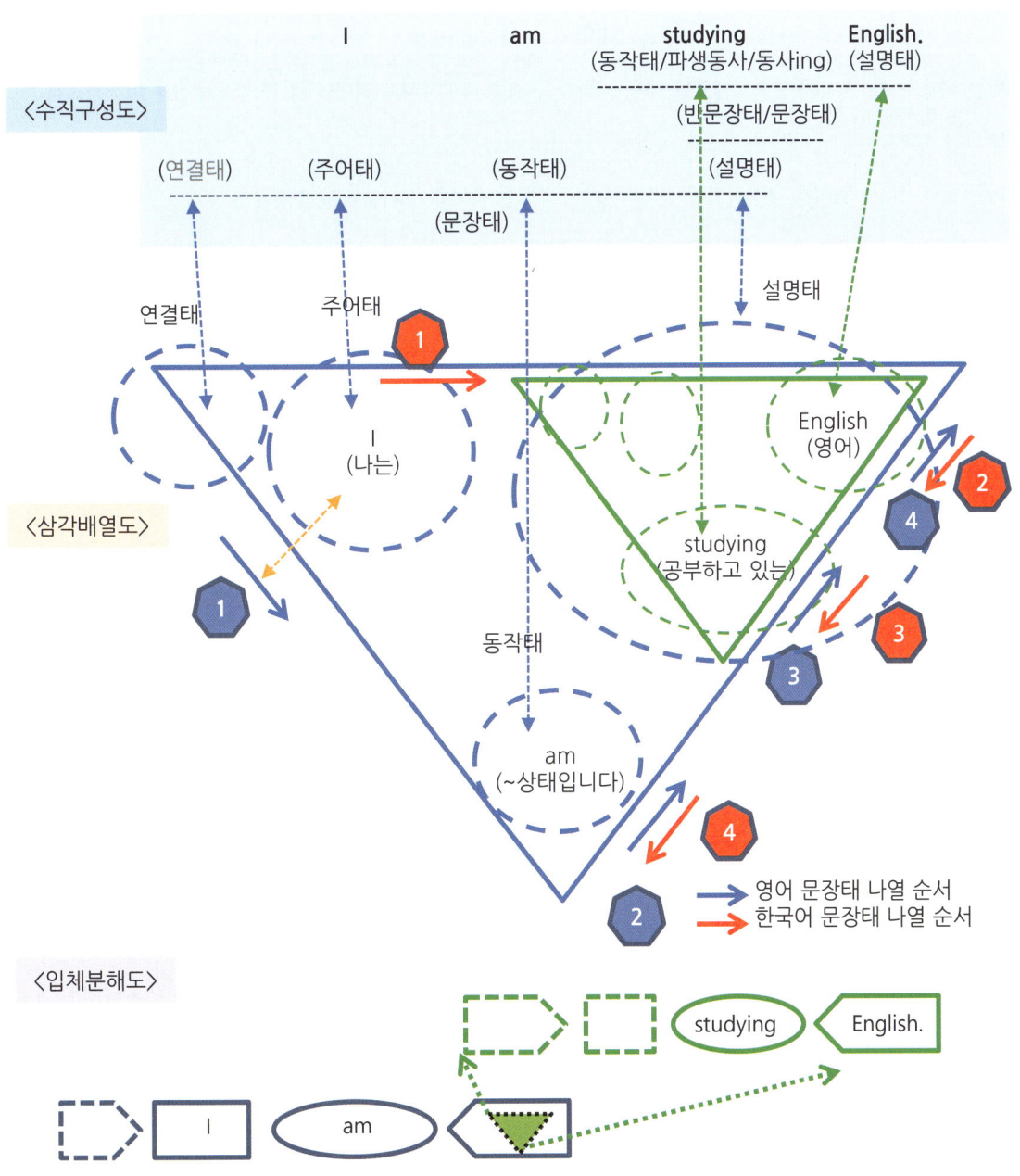

'I am ~' 나는 ~상태입니다.
그 상태의 상세 설명은 'studying English'라는 설명태입니다.
'studying'은 설명태안에 있는 파생동사(동작태)이며 'English'라는 설명태를 가집니다.
'studying'은 파생동사이므로 하나의 반문장태(문장태)를 형성합니다.
다중삼각배열도의 생성기준은 그 구조 안에 동사의 의미가 존재하는가 여부입니다.
즉, 동사의 의미를 갖는 단어가 존재하면 문장태를 구성하게 되는 것입니다.
이렇게 문장의 다양한 표현은 문장태의 다중 표현으로 가능해집니다.

A-1. 단순 표현3

3-2 나는 ~을 ~하고 있습니다. / 나는 ~(명사)를 ~(동사)하고 있습니다. (현재 진행)
    나는 ~을 ~하고 있었습니다. / 나는 ~(명사)를 ~(동사)하고 있었습니다. (과거 진행)

여기에서는 '구조도의 축약'이라는 내용을 설명하도록 하겠습니다.
'구조도의 축약'은 하나의 "동작태"와 그 동작태의 설명태 안에 있는 동작태를 복합시켜서 다소 복잡해질 수 있는 다층구조도와 다중삼각배열도를 더욱 간략한 구조로 축약시켜서 더욱 쉽게 언어와 문장을 이해하도록 고안된 방식입니다.
이렇게 축약시켜 만들어진 동작태를 '복합동작태'라고 부릅니다.
이렇게 만들어 내부의 삼각배열도가 없어지게 됨으로써 단순한 삼각배열도로 변하게 되는 것입니다.
예를 들어, "나는 영어를 공부하고 있습니다."의 구조도를 축약하면 다음과 같습니다.

'am' 과 'studying'은 문장태를 이루는 각각의 동작태이지만 연결태와 주어태가 없고 설명태인 'English'만 있으므로 축약이 가능합니다.

결과적으로 'am studying'이라는 다중동작태가 만들어지고 그 설명태는 'English'입니다.

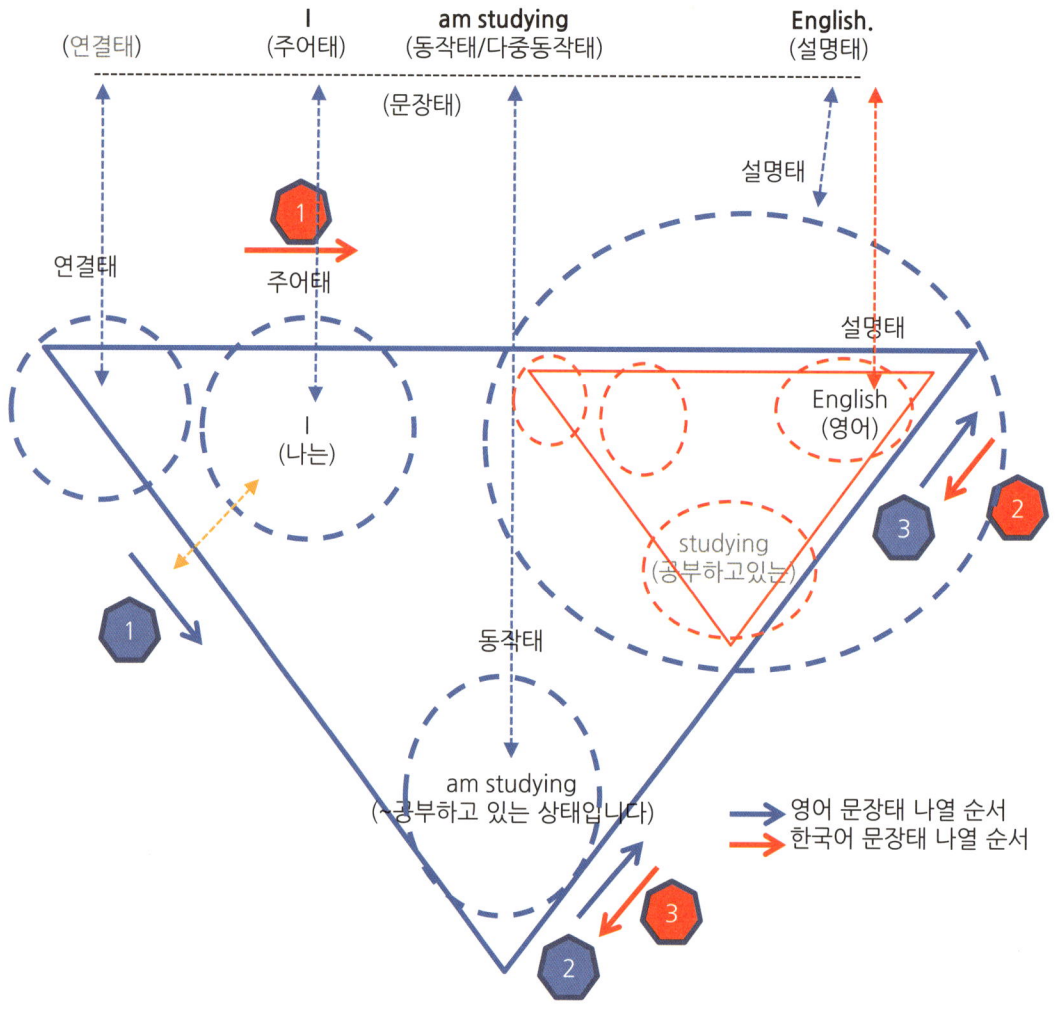

A-1. 단순 표현3

3-2 나는 ~을 ~하고 있습니다. / 나는 ~(명사)를 ~(동사)하고 있습니다. (현재 진행)
나는 ~을 ~하고 있었습니다. / 나는 ~(명사)를 ~(동사)하고 있었습니다. (과거 진행)

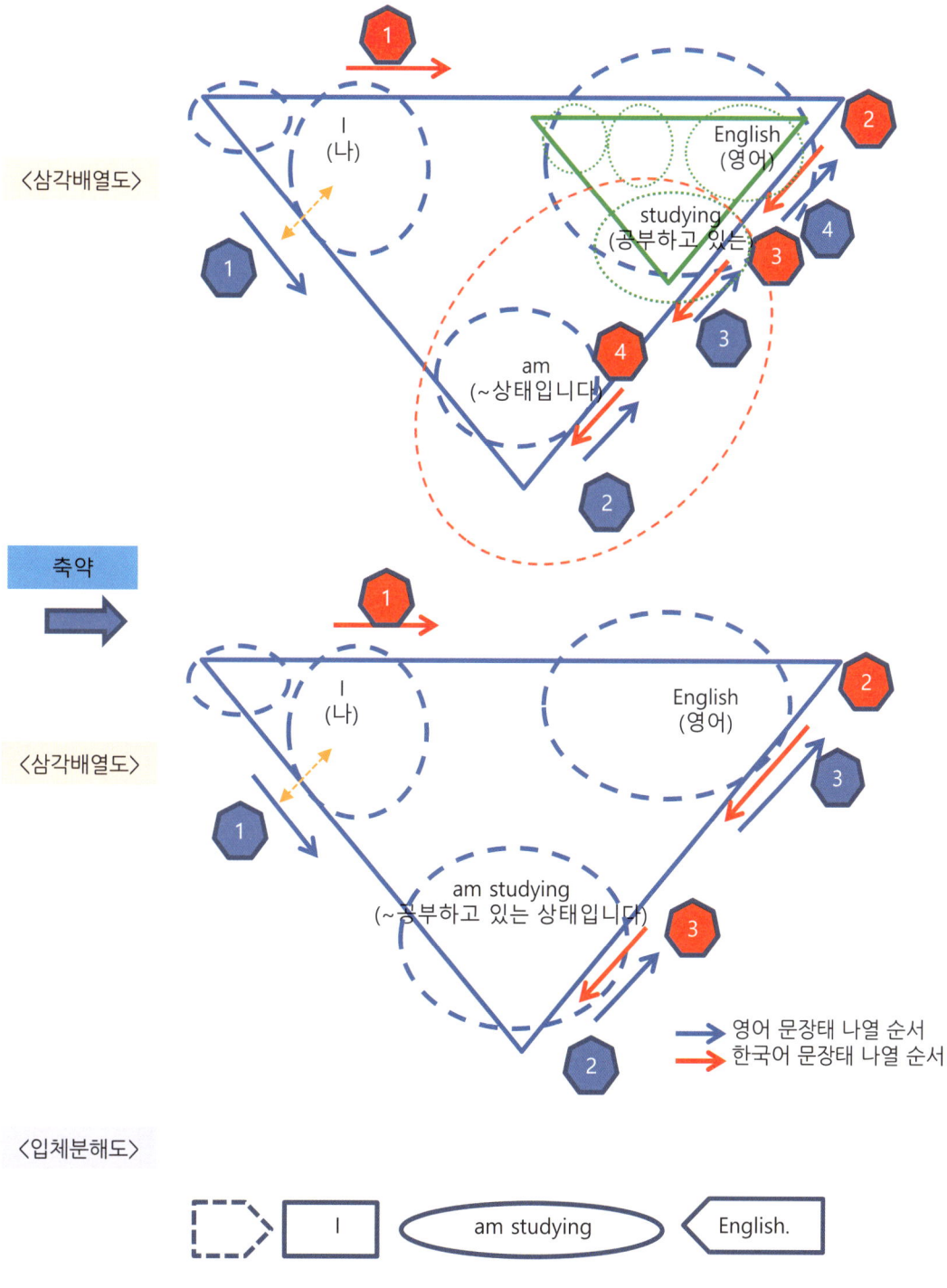

지금까지의 설명은 "매우 간단한 내용이며 평이하고 당연하다"는 생각을 할 수도 있습니다. 하지만 더욱 견고하고 확실하게 다중 구조 영문법을 이해할 수 있는 핵심 내용입니다. 꼭 인내하면서 반복하여 익히시기를 바랍니다.

A-1. 단순 표현3

3-3 나는 ~을 ~하고 있을 것입니다. / 나는 ~(명사)를 ~(동사)하고 있을 것입니다. (미래 진행)

지금부터는 '나는 영어를 공부하고 있을 것입니다' 라는 미래 진행중인 내용을 말해봅시다.

나는 영어를 공부하고 있을 것입니다.

```
        I      shall      be      studying      English.
                                (동작태/파생동사)   (설명태)
                                ------------------------
                                    (반문장태/문장태)
                                -------------------
                            (동작태)        (설명태)
                            ------------------------
                                (반문장태/문장태)
                            -------------------
     (연결태) (주어태) (동작태)      (설명태)
     -----------------------------------------
                        (문장태)
```

I shall ~ . "나는 (미래에) ~ 할 것입니다."
'shall'은 동작태이며 그 다음에 상세 내용으로서 설명태 'be studying English'가 옵니다.

앞에서 설명했듯이 설명태인 "영어를 공부하고 있습니다"는 'be studying English'입니다.
'be studying English' 즉, '영어를 공부하고 있는 것'으로서 하나의 문장태입니다.

'be studying English'을 살펴보면,
'be'는 동작태로서 '~상태'를 나타내며 하나의 문장태입니다.
그 내용은 설명태인 'studying English' 입니다.
'studying'은 동작태이며, 'English'는 설명태입니다.

이렇게 미래를 표현하는 문장은 여러 개의 동사가 존재합니다.
          (shall, be, studying)
즉 여러 개의 문장태가 다중으로 존재하는 것입니다.
상세한 부연 설명을 하는 설명태안에 동작태를 사용함으로써 다양한 표현이 가능해집니다.
여기에서 중심 동사는 'shall' 이므로 이것만이 변화가 가능하며, 다른 동사인 be는 원형을 사용해야 합니다.
중심동사(주동사)의 역할과 특징은 바로 시제에 따라 변화를 한다는 것입니다.
미래진행의 문장태 안에는 그 안에 또 다른 문장태가 다중으로 여러 번 포함된다는 사실입니다.

동작태가 연이어 나열되는 것을 '다중동작태'라고 말하며,
이 다중동작태는 그 뒤에 설명태를 가지게 되며, 그 결과 간결한 구조의 문장이 가능해집니다.

A-1. 단순 표현3

3-3 나는 ~을 ~하고 있을 것입니다. / 나는 ~(명사)를 ~(동사)하고 있을 것입니다. (미래 진행)

이제 '나는 영어를 공부하고 있을 것입니다' 라는 미래 진행중 문장의 다층 수직구성도와 다중 삼각배열도를 비교하여 살펴보겠습니다.

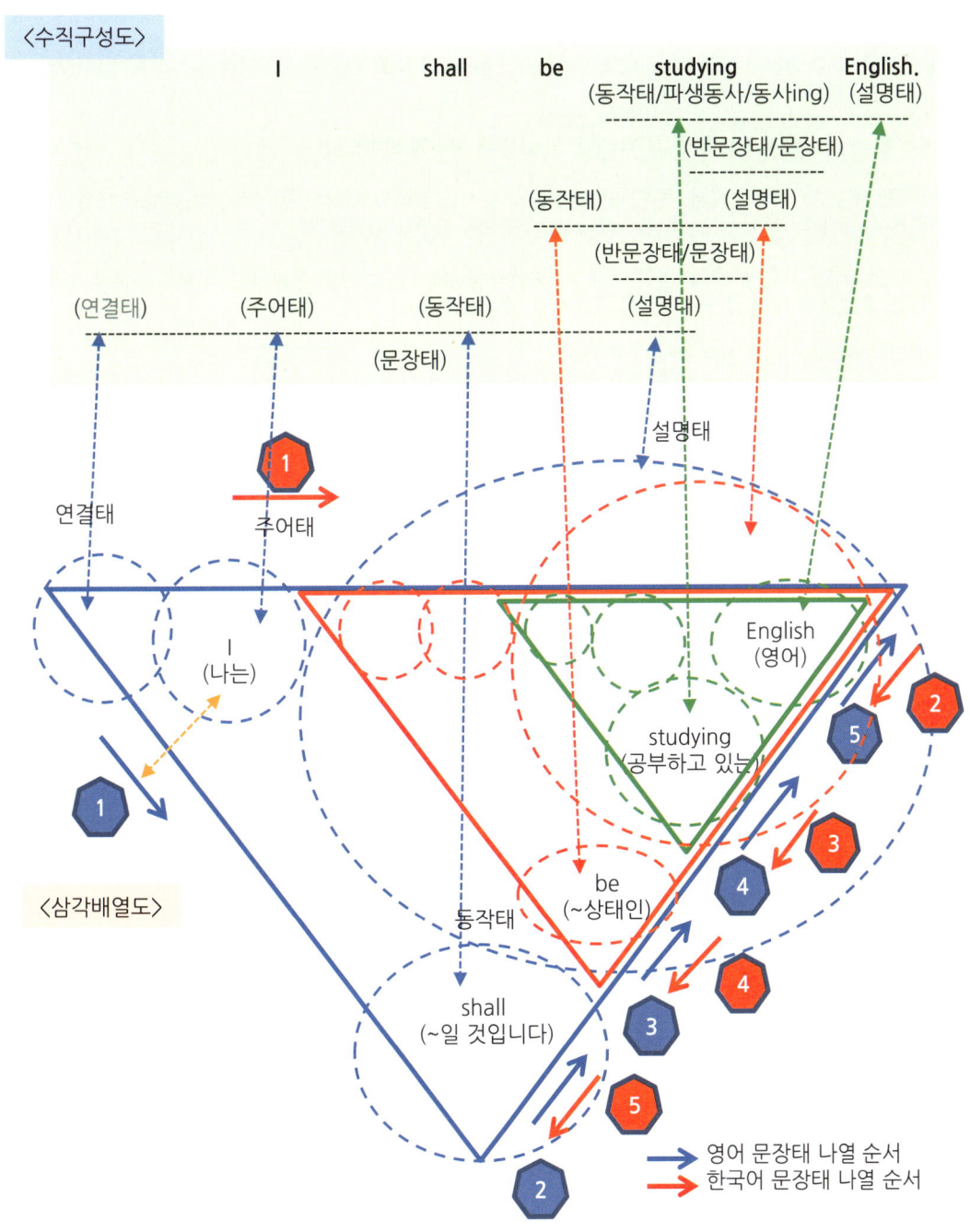

A-1. 단순 표현3

영어 문장태, 한국어 문장태 나열 순서(다중삼각배열도)

위 구조도에는 shall, be, studying 3개의 동작태가 있습니다.

그러므로 다중 삼각배열도는 삼각배열도 3개가 중첩되어 표현되며, 다층 수직구조도는 3층의 구조가 형성됩니다.
'shall'은 가장 외부 삼각배열도의 동작태에 위치하고, 'be'는 그 바로 내부의 동작태에 위치하고, 'studying'은 가장 내부 삼각배열도의 동작태에 위치합니다.
'be studying English' 설명태 자리에 위치합니다.
'English'는 가장 내부에 있는 다중삼각배열도의 설명태 자리에 위치합니다.

영어의 문장태는 'V' 형태의 순서, 즉 시계반대방향의 순서(연결태->주어태->동작태->설명태)로 나열되며, 내부의 다중 삼각배열도를 만나면 그 안에서 다시 'V' 형태의 순서로 나열됩니다.

한국어의 문장태는 시계방향의 순서(주어태->설명태->동작태->연결태)로 나열되며, 내부의 다중 삼각배열도를 만나면 그 안에서 다시 같은 시계방향의 순서로 나열됩니다.

이렇게 다중 삼각배열도를 보면 알 수 있듯이,
'be studying English'는 'shall'의 다음에 오는 설명태로서 반문장태이고,
'studying English'는 'be'의 다음에 오는 설명태로서 반문장태이며,
'English'는 'studying'의 다음에 오는 설명태입니다.

이것이 다중 구조 영문법의 특징입니다.

A-1. 단순 표현3

3-3 나는 ~을 ~하고 있을 것입니다. / 나는 ~(명사)를 ~(동사)하고 있을 것입니다. (미래 진행)

여기에서는 구조도의 축약을 살펴보겠습니다.
연이은 여러 개의 동작태를 축약하여 다중동작태로 변형합니다.

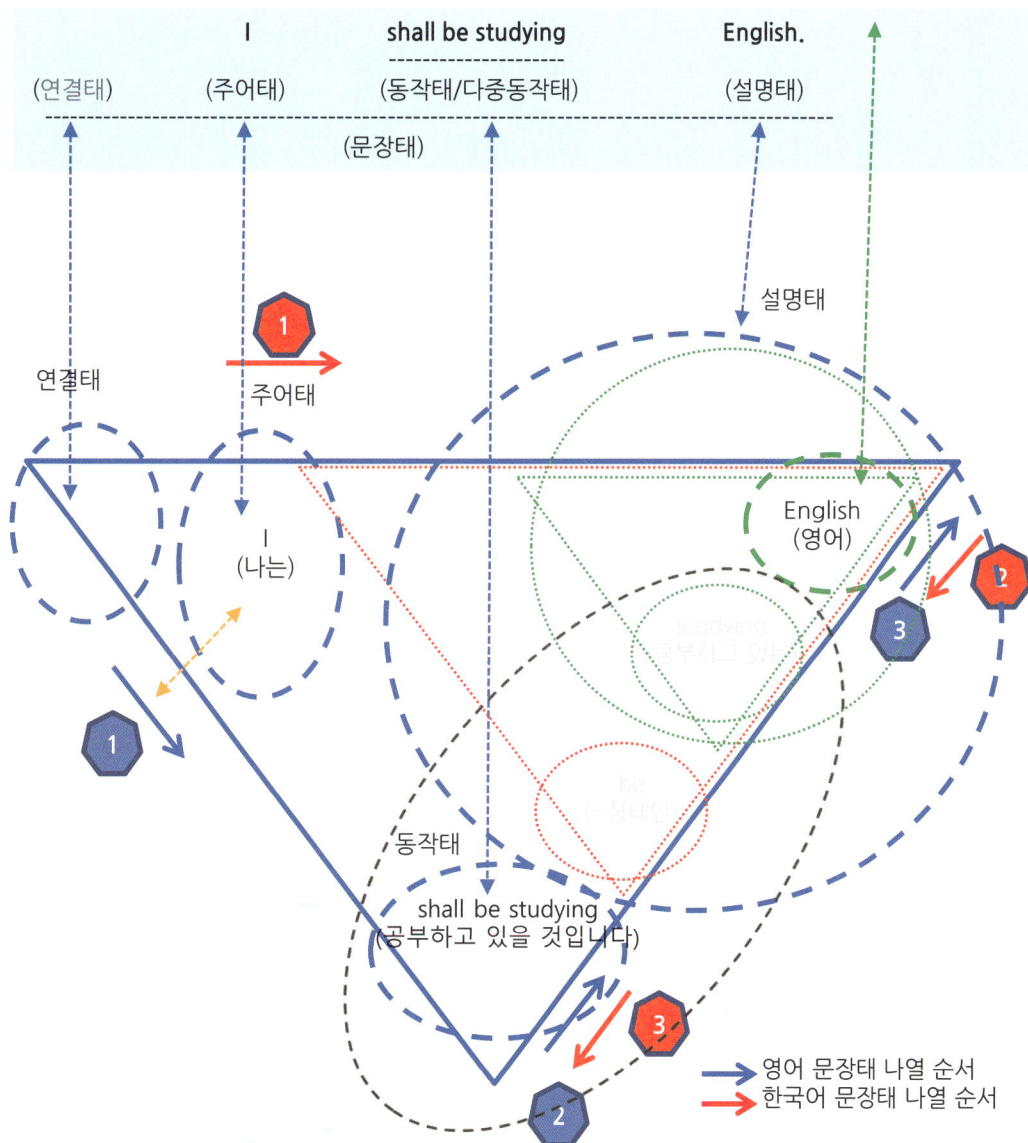

설명태 안에는 'English'만 남아있으며 shall, be, studying 은 하나의 동작태를 다중으로 구성하게 됩니다.
다중동작태가 만들어짐으로써 삼각배열도는 단순삼각배열도가 되어 문장 구조가 간단하게 변경된 것을 알 수 있습니다.

A-1. 단순 표현3

* 예문

	연결태	주어태	동작태	설명태
(1)		I	am	doing my homework at home.
(2)		You	are	drawing a picture.
(3)		He	is	baking In the oven,
(4)		She	is	cooking hard.
(5)		I	was	listening to the music.
(6)		They	were	jogging in front of us.
(7)		You	will	be crossing the river.

(1) 나는   집에서   숙제를   하고 있는 중입니다.
(2) 당신은   그림을   그리고 있는 중입니다.
(3) 그는   오븐으로   빵을 굽고 있는 중입니다
(4) 그녀는   열심히   요리를 하고 있는 중입니다.
(5) 나는   음악을   듣고 있는 중이었습니다.
(6) 그들은   우리 앞에서   조깅을 하고 있는 중이었습니다.
(7) 당신들은   그 강을   건너고 있는 중일 것입니다.

A-1. 단순 표현4

단순표현4: 보조동사 (조동사)

A-1. 단순 표현4 (보조동사 / 조동사)

    나는　수영　　　을 할 수 있습니다.
==> 나는　수영하는 것을 할 수 있습니다.　　　" ~는　~하는 것을　할 수 있습니다."

    당신은 이 방을　사용　　　 해도 됩니다.
==> 당신은 이 방을　사용하는 것을 해도 됩니다.　" ~는　~하는 것을　해도 됩니다."

    당신은 그 차를　닦아　　　야만 합니다.
==> 당신은 그 차를　닦는 것을　해야만 합니다.　" ~는　~하는 것을　해야만 합니다."

    당신은 늦게까지 일하　　　곤 했습니다.
==> 당신은 늦게까지 일하는 것을 하곤 했습니다.　" ~는 ~하는 것을 하곤 했습니다."

    당신은 일할　　　필요가 없습니다.
==> 당신은 일을 하는 것이 필요가 없습니다.　　" ~은 ~하는 것이 필요 없습니다."

A-1. 단순 표현4

4-1 나는 ~할 수 있습니다. / 나는 ~하는 것을 할 수 있습니다. (can)

'can ~ '   '~ 할 수 있습니다.'

나는 할 수 있습니다 + 문장태 (나는 수영합니다.)

I can + I swim (문장태)

==〉 I can swim.

나는 할 수 있습니다. 그것은 수영하는 것입니다. ==〉 나는 수영하는 것을 할 수 있습니다.
　　　　　　　　　　　　　　　　　　　　　==〉 나는 수영할 수 있습니다.

```
          I      can    +    (I)      swim.
                              (주어태) (동작태)
                              --------------------
                              (문장태/부속문장태)
                              -----------
        (연결태)(주어태)(동작태)        (설명태)
        -----------------------------------------
                         (문장태)
```

주어태 'I'가 동일하므로 생략합니다.

==〉

```
          I      can           swim.
                                (동작태)
                                ----------
                                (반문장태)
                                -----------
        (연결태)(주어태)(동작태)        (설명태)
        -----------------------------------------
                         (문장태)
```

나는 수영하는 것을 할 수 있습니다.   ==〉 나는 수영을 할 수 있습니다.

'I swim'에서 'I'는 중복되므로 생략됩니다.
'can'은 동작태이면서 보조동사입니다.

swim은 설명태에 속하며 그 안에서 표현되는 동작태입니다.
'can swim'은 두 개의 동작태(동사)가 연이은 형태입니다.(동작태 축약)

즉, 영어 문장에서는 연이은 동사를 이용하여 유연한 표현을 가능하게 합니다.
'할 수 있다' + '수영하다' 의 형태로 두개의 동작태를 연이어 나열하여 표현합니다.
이것이 기존 영문법에서 조동사로 부르지만 다중구조 영문법에서는 보조동사라고 부릅니다.

한국어에서는 '수영'이라는 단어를 명사로 판단하고 뒤에 '~할 수 있다' 라는 동사와 결합을 하여 표현합니다.

A-1. 단순 표현4

4-1 나는 ~할 수 없습니다. / 나는 ~하는 것을 할 수 없습니다. (can not / can't)

"~을 할 수 없습니다." 는 " ~을 할 수 있습니다"의 부정표현입니다.

"I can ~ ."   나는 할 수 있습니다.
"I can not.~ " 나는 할 수 없습니다.
"I swim." 나는 수영합니다.

나는 할 수 없습니다 + 문장태 (나는 수영합니다.) => 나는 수영을 할 수 없습니다.

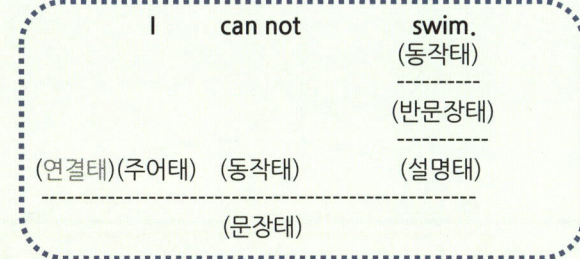

나는 수영하는 것을 할 수 없습니다.   ==> 나는 수영을 할 수 없습니다.   ==> 나는 수영을 못합니다.
'not'은 동작태 'can'의 뒷주머니입니다.

또는,

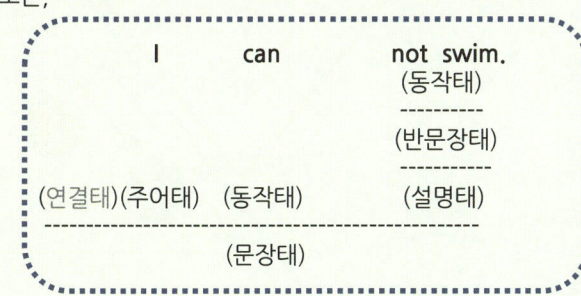

나는 수영 못하는 것을 할 수 있습니다.   ==> 나는 수영을 못합니다.

'not'은 설명태안의 동작태 'swim'의 앞주머니입니다.

'can' 과 같은 보조동사의 부정 표현은 동작태의 뒷주머니에 'not'을 추가하거나,
뒤에 나오는 동작태의 앞주머니에 'not'을 추가하여 표현합니다.

A-1. 단순 표현4

4-1 나는 ~할 수 있습니다. / 나는 ~하는 것을 할 수 있습니다. (can)

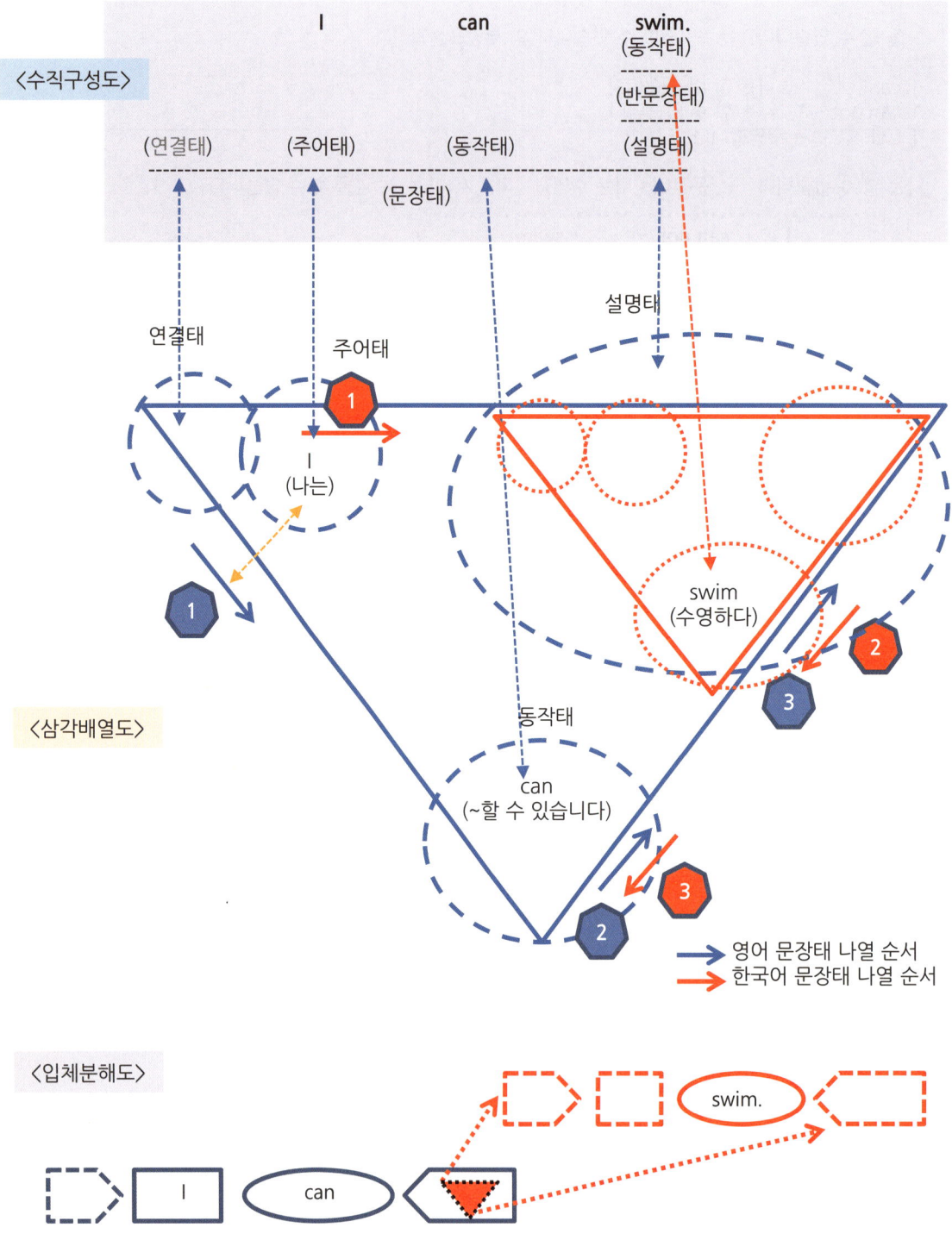

A-1. 단순 표현4

4-1 can , may, must 다양한 사용법

"can ~ " ~ 해도 좋습니다.

　* 당신은 여기에서 담배를 피워도 좋습니다.

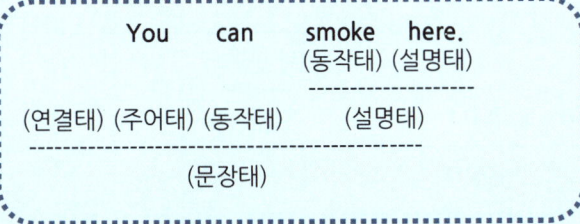

" can not ~ " ~ 일리가 없습니다.

　* 그것은 사실일 리가 없습니다.
　　It can not be true.

" can not help ~ing " ~하지 않을 수 없습니다.

　* 나는 그 광경을 보고 놀라지 않을 수 없습니다.
　　I can not help wondering at the scene.

"may ~ " ~ 해도 좋습니다.

　* 당신은 여기에 앉아도 좋습니다.

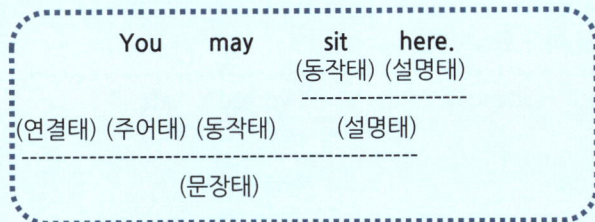

" may ~ " ~ 일 지도 모릅니다.

　* 그는 늦을 지도 모릅니다.
　　He may be late.

" may ~ " ~를 바랍니다.

　* 당신에게 신의 축복이 있기를 바랍니다.
　　May God bless you !

A-1. 단순 표현4

"must ~" ~해야만 합니다.
  * 당신은 그 차를 세차해야 합니다.

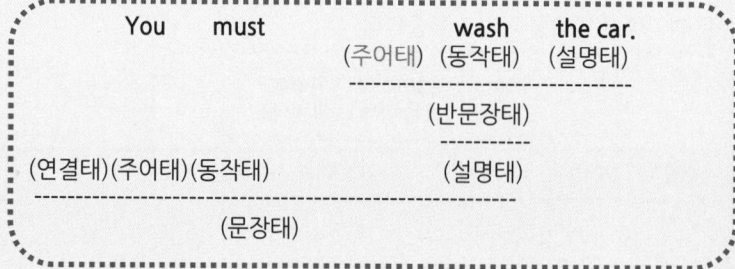

"must ~" ~ 임에 틀림없습니다.
  * 그는 도적임에 틀림이 없습니다.

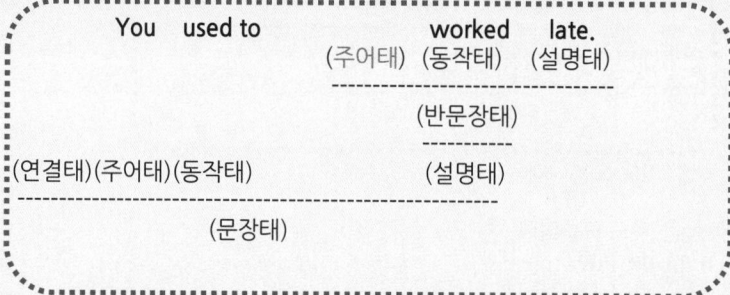

"used to ~" ~하곤 했습니다.
  * 당신은 늦게까지 일을 하곤 했습니다.

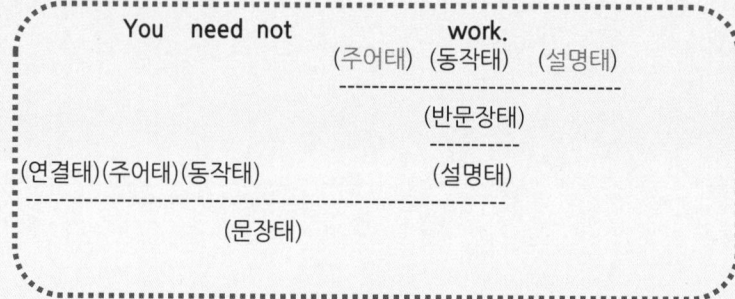

"need not ~" ~할 필요가 없습니다.
  * 당신은 일할 필요가 없습니다.

A-1. 단순 표현5

단순표현5 : 명령, 감탄, 비교

A-1. 단순 표현5 (명령, 감탄, 비교)

조용히 하세요.　　　　　　　　 "Be quiet."

그는 어찌나 현명한지!　　　　 "How smart he is!"
그것은 어찌나 달콤한 사탕인지! "What a delicious candy it is!"

그는 당신만큼 영어를 잘합니다. "He speaks English as well as you."

A-1. 단순 표현5

5-1 ~은 ~하세요. (명령문)

"당신은 다시 오세요!"라는 명령문을 만들어봅니다.

"당신은 다시 옵니다" 라는 뜻의 "You come again." 라는 문장태가 있습니다.

```
                You    come   again.
        (연결태) (주어태) (동작태) (설명태)
        ------------------------------------
                      (문장태)
```

이 문장을 명령문으로 표현하면, "당신은 다시 오세요!"가 됩니다.

이 문장에 대해서 다중구조영문법에서의 명령문은

"Do + (문장태)" 이며 이것은 "you come again"을 행하라 입니다.

```
                Do    you  come  again !
                      ------------------------
                            (문장태)
                      ---------
  (연결태)  (주어태)   (동작태)   (설명태)
  --------------------------------------------------
                      (문장태)
```

여기에서 'Do'는 명령을 강조하는 의미를 가집니다.

'Do'는 동작태이며 그 다음의 설명태에 상세내용을 표현합니다.

'Do' 만을 생략하거나 'you'만을 생략하거나 또는 둘 다 생략하거나 둘 다 사용합니다.

```
                    Do   You  come again !
또는                Do        come again !
또는                     You  come again !
또는                          Come again !
                             ------------------------
                                  (문장태)
                             ---------
  (연결태)  (주어태)   (동작태)   (설명태)
  --------------------------------------------------
                      (문장태)
```

이렇게 명령문의 해당 내용은 설명태안에 표현되는 것을 확인할 수 있습니다.

A-1. 단순 표현5

5-1 ~은 ~하세요. (명령문)

명령문의 내용은 문장태 안에 있는 설명태가 그 내용입니다.

명령문은 주로 동작태로 시작하지만 특별하게 대상을 지정할 때는 주어태가 맨 앞에 오기도 합니다.

* 기본적인 명령 표현은   "(주어태) + 동작태 + 설명태" 입니다.

   여기로 오세요! =>   (You)   Come   here. (주어태 you 생략)

* 강조 명령문은   "Do + 반문장태 (동작태 + 설명태)" 입니다.

   꼭 다시 오세요! =>   Do   come   again!
                 =>   Come   again !

* 부정 명령문은   "Do not + 반문장태(동작태)" 입니다,

   또는 "Do + not 반문장태(동작태)" 입니다,

   움직이지 마세요! => Do not   move!
                  => Do   not move!

                     Do not   move !

                                 (반문장태)

   (연결태) (주어태)   (동작태)   (설명태)

                         (문장태)

* 권유 명령문은   Let + 문장태 (주어태 + 동작태 + 설명태)

   마실까요 ?   =>   Let   us   have   a drink.
                =>   Let's   have   a drink.

   여기에서 주어태는 주격(we) 대신에 목적격(us)을 사용합니다.

                       Let   us   have a drink !
                              (주어태) (동작태) (설명태)

                                         (문장태)

   (연결태) (주어태)   (동작태)   (설명태)

                         (문장태)

* 예의적 명령문은   "Please + 반문장태(동작태 + 설명태)" 입니다.

   여기에서 기다려주세요. => Please,   wait   here.

반문장태는 문장태에서 주어태가 생략된 것을 말합니다.
이렇게 명령문의 해당 내용은 설명태안에 표현되는 것을 확인할 수 있습니다

A-1. 단순 표현 5

5-2 얼마나 ~한지 ! / (감탄문)

감탄문은 사물의 특성 또는 동작에 대해서 과한 감정을 표현하는 문장을 말합니다.

사물의 특성은 부연 설명하는 형용사를 또는 형용사를 이용한 명사를 감탄의 대상으로 삼을 수 있습니다.
또한 사물의 동작을 부연 설명하는 부사를 감탄의 대상으로 하여 감탄 표현을 합니다.
이러한 형용사, 형용사+명사, 부사는 설명태 안에 있으며
'형용사와 부사는 How'를 이용하고
형용사+명사는 'What'을 이용합니다.
이렇게 감탄하는 내용이 주어태의 앞으로 이동합니다.
그리고 연결태는 뒤에서 (주어태 + 동작태)의 내용으로 부연 설명됩니다.

* 형용사를 감탄 대상으로 한 감탄문

〈 How + 형용사 + 주어태 + 동작태 ! 〉

그녀는 예쁩니다 ==〉 얼마나 예쁜지 그녀가 ==〉 그녀는 얼마나 예쁜지!

```
                        She      is        pretty.
                     (주어태) (동작태)  (설명태/형용사)

=>                      She      is      (how)    pretty.
                     (주어태) (동작태)          how + (설명태/형용사)

=>   How        pretty        she     is !
     ----------------------
     how + (설명태/형용사)
     ----------------------
        (연결태)            (주어태) (동작태)
```

A-1. 단순 표현5

5-2 얼마나 ~한지 ! / (감탄문)

* 형용사 + 명사를 감탄 대상으로 한 감탄문

〈 What a + 형용사 + 명사 + 주어태 + 동작태 ! 〉

그녀는 예쁜 소녀입니다 ==〉 어찌나 예쁜 소녀인지 그녀가 ==〉 그녀는 어찌나 예쁜 소녀인지!

         She is a pretty girl.
       (주어태) (동작태) (설명태/형용사+명사)

=〉   She is (what) a pretty girl.
       (주어태) (동작태) what + (설명태/형용사+명사)

=〉 What a pretty girl she is !

  What + (설명태/형용사)

    (연결태)   (주어태) (동작태)

* 동작태를 수식하는 부사를 감탄 대상으로 한 감탄문

〈 How + 부사 + 주어태 + 동작태 ! 〉

그는 빠르게 달립니다. ==〉 어찌나 빠르게 그가 달리는지 ==〉 그는 어찌나 빠르게 달리는지!

         He runs fast.
       (주어태) (동작태) (설명태/부사)

=〉   He runs (how) fast.
       (주어태) (동작태) how + (설명태/부사)

=〉 How fast he runs!

  How + (설명태/부사)

    (연결태)   (주어태) (동작태)

A-1. 단순 표현5

5-3 ~만큼 ~한 / (비교문/동등급)

〈 동등급 만드는 법 〉

동등급은 둘 사이에 동등한 것을 표현입니다.
즉 '같은 정도의 ~인' 를 의미합니다.

부연설명은 그 다음에 옵니다.
  'as she'   그녀처럼
  'as our teacher' 우리 선생님처럼

예문)

당신은 그녀만큼 친절합니다.

"You are ~ "   당신은 ~ 상태입니다.
그 상태는 '같은 정도의 친절한' " as kind " 입니다.
그리고 그 상세 설명은 '그녀처럼' ' as she '입니다.

"You are as kind as she."   당신은 그녀(가 친절한 것)만큼 친절합니다.

"as she"에서 'as'는 연결태이며 "as she is kind " 의 줄임 표현입니다.

```
┌─────────────────────────────────────────────┐
│         You    are     as kind   as she.    │
│                                 ─────────── │
│ (연결태) (주어태) (동작태)        (설명태)    │
│ ─────────────────────────────────────────── │
│                    (문장태)                  │
└─────────────────────────────────────────────┘
```

==>

```
┌─────────────────────────────────────────────┐
│         You    are    as kind   as  she  is  kind. │
│                                (연결태)(주어태)(동작태)(설명태) │
│                                ─────────────────── │
│                    (전) (형)         (부속문장태)  │
│                                ─────────────────── │
│ (연결태) (주어태) (동작태)        (설명태)    │
│ ─────────────────────────────────────────── │
│                    (문장태)                  │
└─────────────────────────────────────────────┘
```

상기 구조에서 설명태는 문장태를 포함하고 있습니다.

예문)

Tom은 그이 만큼 빠르게 달릴 수 있습니다.   Tom can run as fast as he.
가능한한 많은 책을 읽으세요.   Read much books as soon as possible.

A-1. 단순 표현5

5-4 ~보다 더 ~ 한 / (비교문/비교급)

비교문은 둘 이상의 사물간에 형용사적 또는 부사적 특성을 비교하여 우위 순위를 표현하는 방법입니다. 두개의 사물을 비교했을 때는 서로가 비슷하거나 또는 한쪽이 더 강할 것입니다. 이때는 비교급을 사용합니다.
둘 밖에 없으므로 비교급만 사용해도 둘 가운데에서 차별화를 할 수가 있기 때문입니다.

셋 이상의 사물을 비교했을 때는 셋 중에 가장 강한 것이 존재할 것입니다. 이 때는 최상급을 사용합니다. 셋 이상의 무리에서 가장 강한 것이므로 최상급으로 표현하는 것입니다.

〈 비교급 만드는 법 〉

형용사 + er,   부사 + er
more + 형용사   more + 부사 (2음절이상의 단어)
불규칙 비교급 형용사   불규칙 비교급 부사
단, 예외는 존재합니다.

〈 비교급의 표현 방법 〉

비교급은 두 개의 사물간에 비교를 하는 표현입니다.
즉 '~보다' 를 의미하는 'than'을 사용합니다.
'than ~' ~보다
부연설명은 그 다음에 옵니다.
   'than you' 당신보다
   'than Tom' Tom보다

예문)
   나는 당신보다 더 나이가 많습니다.

"I am ~ "   나는 ~ 상태입니다.
그 상태는 '더 나이가 많은 상태'입니다. "I am older "
'older'는 설명태입니다.
여기에 상세 내용이 뒤에 덧붙여집니다.
'than you' 당신보다
"I am older than you."   나는 당신보다 더 나이가 많습니다.

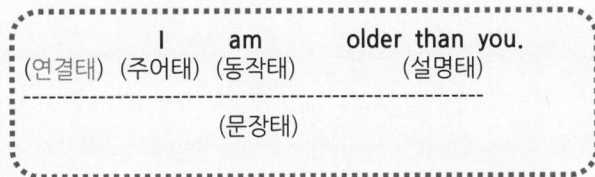

```
        I     am        older than you.
   (연결태) (주어태) (동작태)      (설명태)
   ------------------------------------------
                   (문장태)
```

형용사나 부사의 비교급, 최상급 만들기를 연습해야 합니다.
그 방법은 일정한 규칙을 갖거나 또는 관습적으로 사용합니다.

예문)
   이것은 저것보다 낫다.   This is better than that.
   Tom은 둘중에 더 크다.   Tom is taller of the two.

A-1. 단순 표현5

5-5 가장 ~ 한 / (비교문/최상급)

〈 최상급 만드는 법 〉

최상급은 세 개 이상의 사물간에 정도가 비슷하거나 동등한 것을 표현입니다.
즉 '같은 정도의 ~인' 를 의미합니다.
앞에 'the'를 붙입니다. 'The' + 최상급

부연설명은 그 다음에 옵니다.
    'among us'   우리들 가운데에서
    'in the world' 세상에서

예문)

당신은 우리들 가운데에서 가장 키가 큽니다.

"You are ~ " 당신은 ~ 상태입니다.
그 상태는 '가장 키가 큰 상태'입니다. "the tallest"
'우리들 가운데에서' 'among us'

'the tallest among us' 는 설명태이며 "우리들 가운데 가장 키가 큰"을 의미합니다.

```
        You    are    the tallest among us.
     (연결태) (주어태) (동작태)      (설명태)
     ------------------------------------------
                     (문장태)
```

예문)

그는 반에서 가장 키가 큰 소년입니다.   He is the tallest boy in the class.
대부분의 사람들이 넘어졌습니다.   Most people fell down.

A-1. 단순 표현5

5-6 비교문 응용표현

다양한 예문을 통해서 응용 표현을 익혀봅니다.

* 많을수록 좋습니다.　The more, the better.

* ~에 불과한　　　He is　　no better than a baby.　(그는 아기에 불과합니다.)

* 고작해야　　　You have not more than 10 dolllars.　(당신은 고작해야 10달러 밖에 없습니다.)

* 적어도　　　I have　　not less than 1000 dollars.
　　　　　　　　　　　　　　　　　　　　(나는 적어도 1000달러를 가지고 있습니다.

* ~밖에　　　He has　　no more than 10 dollars.　(그는 10달러 밖에 없습니다.)

* ~만큼이나　　　He has　　no less than 10 dollars .　(그는 10달러 만큼이나 가지고 있습니다.)

* 조만간　　　He will be back sooner or later.　　(그는 조만간 돌아올 것입니다.)

* ~을 최대한 이용하다.　You must make the most of your abilities.
　　　　　　　　　　　　　　　(당신은 능력을 최대한 이용해야 합니다.)

* ~하는 한　　I will stay here as long as you help me.
　　　　　　　　　　　　　　(당신이 나를 돕는 한 나는 여기에 머무르겠습니다.)

* 이것은 내가 구경해본 (최고의) 경치입니다.　This is the best scene I have ever seen.

* 나의 집은 너의 집보다 (훨씬 큽)니다.　My house is much bigger than yours.

* (나중에) 만납시다.　　　See you later.

* 그녀는 예쁘기(보다는) 귀엽습니다.　She is more cute than pretty.

* 그는 둘 중에 키가 (더 큽)니다.　He is the taller of the two,

* 그는 교실에서는 (가장 말이 많)습니다.　He is most talkative in the classroom.

* 그는 교실에서 (가장 말이 많습)니다.　He is the most talkative in the classroom.

* (가능한 한) 빨리 집으로 돌아오세요.　Please come back home as soon as possible.

* 그가 나를 돕는 (한) 나는 여기에서 기다리겠습니다.　I will wait here as long as he helps me.

* 나는 영어(뿐만 아니라) 독일어도 말할 수 있습니다.　I can speak German as well as English.

* 그는 행정가(라기보다는) 정치인입니다.　He is not so much a administrator as a politician.

* 그는 그의 전화번호를 기억하는 것 (조차도) 할 수 없었습니다.
　　　　　　　　　　　He can not so much as remember his phone number.

A-1. 단순 표현5

* 예문

	연결태	주어태	동작태	설명태
(1)		I	can	play the piano.
(2)		You	can	stay at this hotel.
(3)		You	can not	steal the book.
(4)		I	can not	help laughing at the dog.
(5)		You	may	take a walk after meal.
(6)		He	may	have a car.
(7)		She	must	clean the room.
(8)		He	must	be a famous musician.
(9)		I	used to	listening to the music on the bench.
(10)		You	need not	take off the bus.
(11)			Close	the door behind you.
(12)	How honest	she	is!	
(13)	What a clever boy	he	is!	
(14)		She	is	as rich as he.
(15)		He	is	taller than I.
(16)		She	is	the kindest in her class.

(1) 나는 피아노를 연주할 수 있습니다.
(2) 당신은 이 호텔에 머물러도 좋습니다.
(3) 당신은 그 책을 훔칠 리가 없습니다.
(4) 나는 그 개를 보고 웃지 않을 수 없습니다.
(5) 당신은 식사 후에 산책을 해도 됩니다.
(6) 그는 자동차를 가지고 있을지도 모릅니다.
(7) 그녀는 그 방을 청소해야만 합니다.
(8) 그는 유명한 음악가임에 틀림없습니다.
(9) 나는 벤치에서 음악을 듣곤 했습니다.
(10) 당신은 버스에서 내릴 필요가 없습니다.

(11) 들어온 뒤에 문을 닫으세요.
(12) 그녀는 얼마나 정직한지!
(13) 그는 얼마나 영리한 소년인지!
(14) 그녀는 그녀만큼 부자입니다.
(15) 그는 나보다 더 키가 큽니다.
(16) 그녀는 학급에서 제일 친절합니다.

A-2. 복합 표현1

복합표현1: (문장태 사용)

A-2. 복합 표현1 (문장태 사용)

그가 쓴 그 책은 오래되었습니다.　　" ~(~가 ~ 한)은 ~입니다."

이 케익은 내가 만든 것입니다.　　"~은 (~가 ~한) ~입니다."

나는 당신이 거기에 가기를 원합니다. " ~는 (~가 ~하기)를 ~합니다."

A-2. 복합 표현1

1-1 ~(~가 ~ 한)은 ~입니다.

여기에서는 조금 더 복합된 표현을 하는 문장을 익혀보도록 합니다.

그 책(그 사람이 쓴)은 오래되었습니다.

The book is old. (그 책은 오래되었습니다.)
He wrote . (그가 썼습니다.)

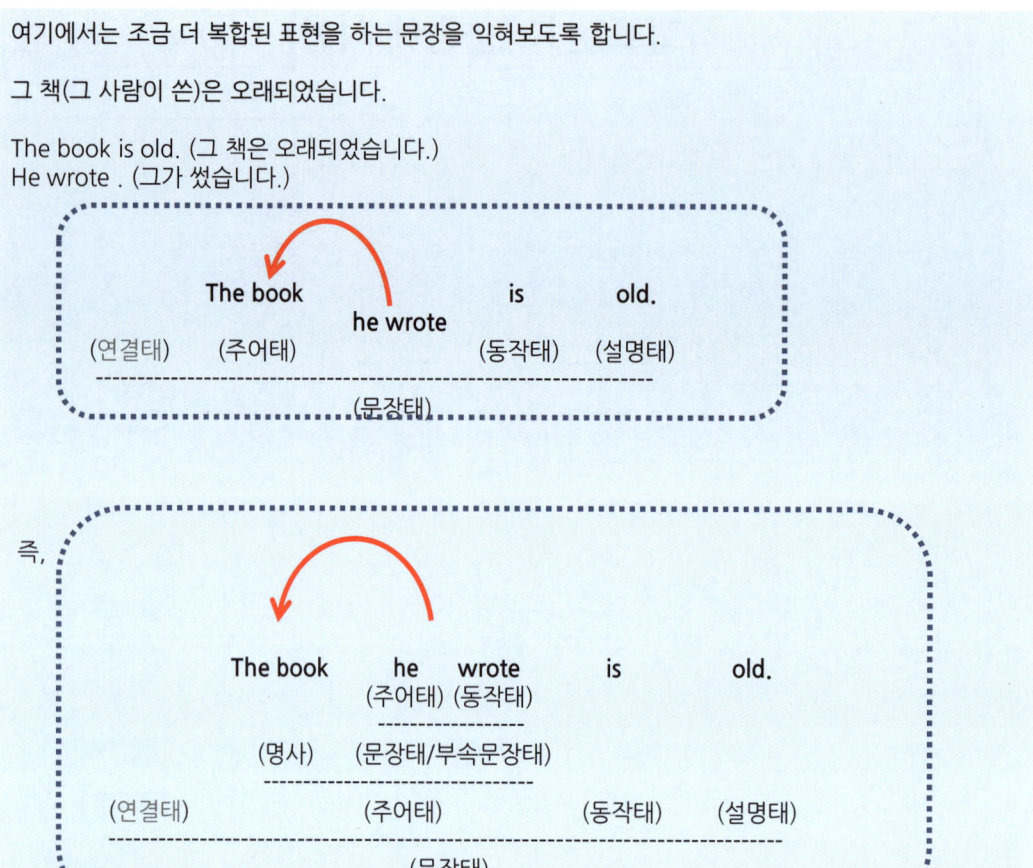

'he wrote'는 앞의 'The book'을 부연설명합니다.
즉, 'The book'을 부연설명하고자 하면 그 뒤에 표현을 추가하면 됩니다.
위 예문에서 주어태는 '명사 + 문장태'로 구성되는 것을 알 수 있으며, 주어태의 안에 포함되어 있으므로 부속문장태라고 부릅니다.

A-2. 복합 표현1

영어문장 한국어문장의 나열 순서

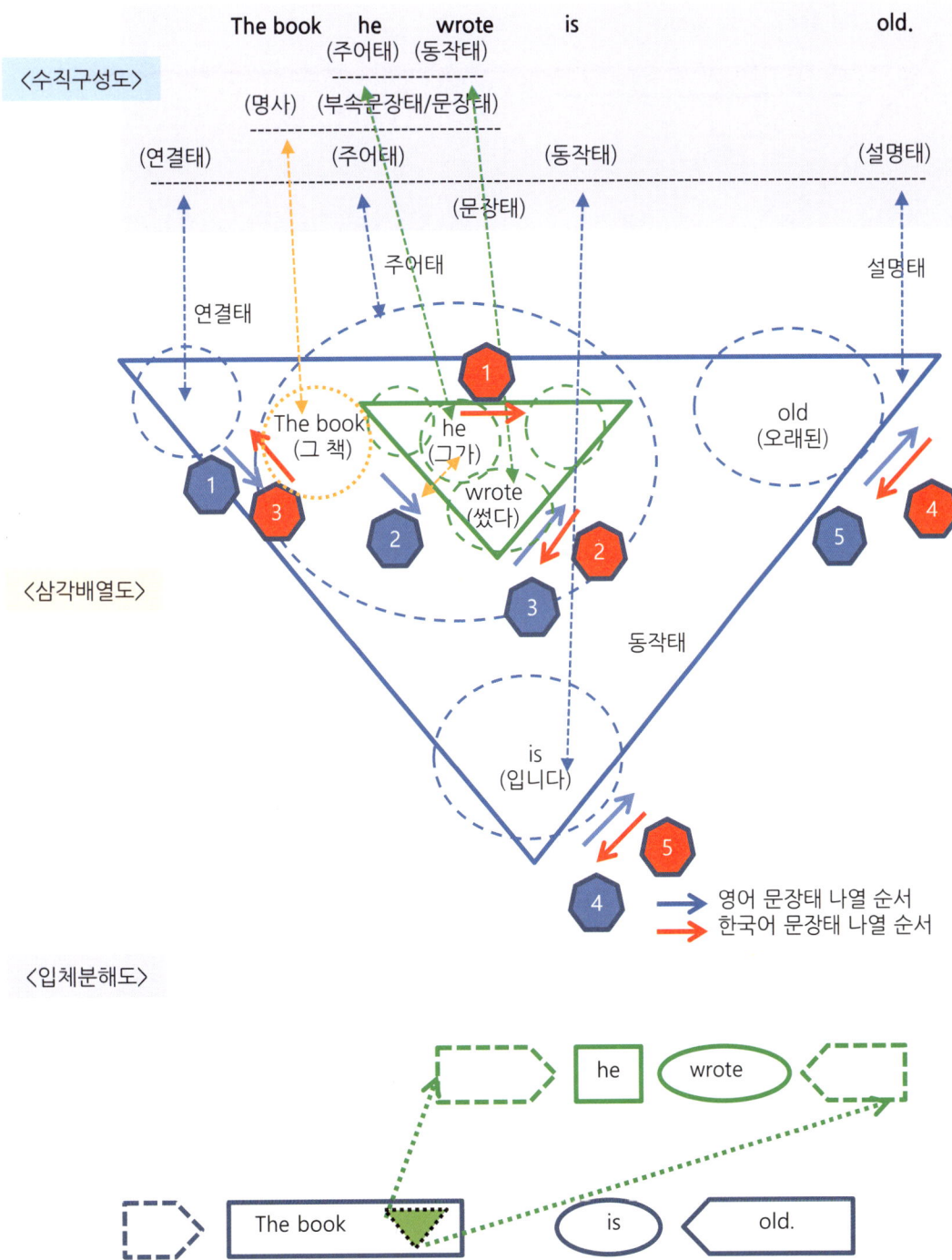

A-2. 복합 표현1

삼각배열도 개념

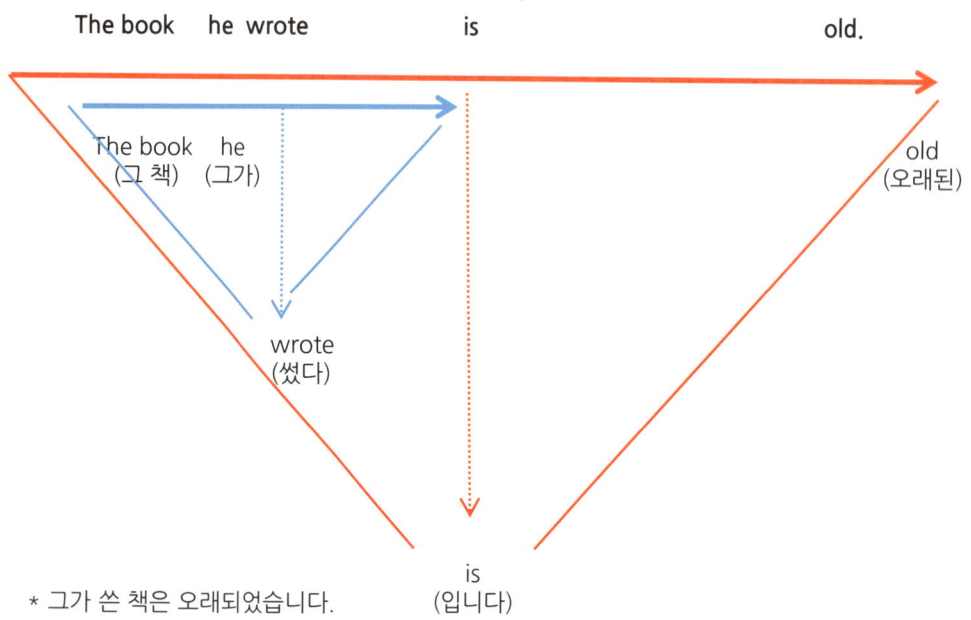

* 그가 쓴 책은 오래되었습니다.

삼각배열도 생성원리는 동작태를 찾아서 아래로 내려서 삼각형을 만드는 것입니다.
삼각형은 하나의 문장태 형식입니다.
문장태가 되는 부분에 밑줄을 긋고 그 안의 동작태를 찾아서 아래로 내려서 삼각형을 만듭니다.
삼각형 안에는 연결태, 주어태, 동작태, 설명태를 표현하는 위치가 정해져 있습니다.0

A-2. 복합 표현 1

1-2 ~은 (~가 ~한) 입니다. - 1

여기에서는 문장태안에 있는 설명태가 문장태로 구성된 경우를 살펴보도록 합니다.
이 과자는 내가 만든 것입니다. 라는 표현을 해봅니다.

1) 연결태 'what'을 사용하기

This cake is ....   이 과자는 ~ 상태입니다.
I made.   내가 만들었습니다.

이 과자는 무슨 상태이냐면(내가 만든) 상태입니다.
이 과자는 what (내가 만들었다) 상태입니다.

```
┌─────────────────────────────────────────────┐
│           This cake    is    what ……        │
│  (연결태)   (주어태)  (동작태)  (설명태)      │
│  ------------------------------------------  │
│                    (문장태)                  │
└─────────────────────────────────────────────┘
```

설명태는 'what'로 시작하며 '내가 만들었다' 라는 설명하는 내용(I made)이 표현됩니다.

```
┌─────────────────────────────────────────────┐
│           This cake    is    what I made    │
│  (연결태)   (주어태)  (동작태)   (설명태)     │
│  ------------------------------------------  │
│                    (문장태)                  │
└─────────────────────────────────────────────┘
```

'what'은 주로 '무엇'이라는 뜻으로 사용되지만. 연결태로서의 사용은 '~인 것'의 의미로 사용됩니다.

'what I made' 내가 만든 것

'This cake' = 'what I made' 인 것입니다.

만일 'be동사'가 아닌 일반동사라고 한다면 동사에 따라서 특별한 관계의 의미를 가지는 상황이 됩니다.

A-2. 복합 표현1

1-2 ~은 (~가 ~한) 입니다. - 1

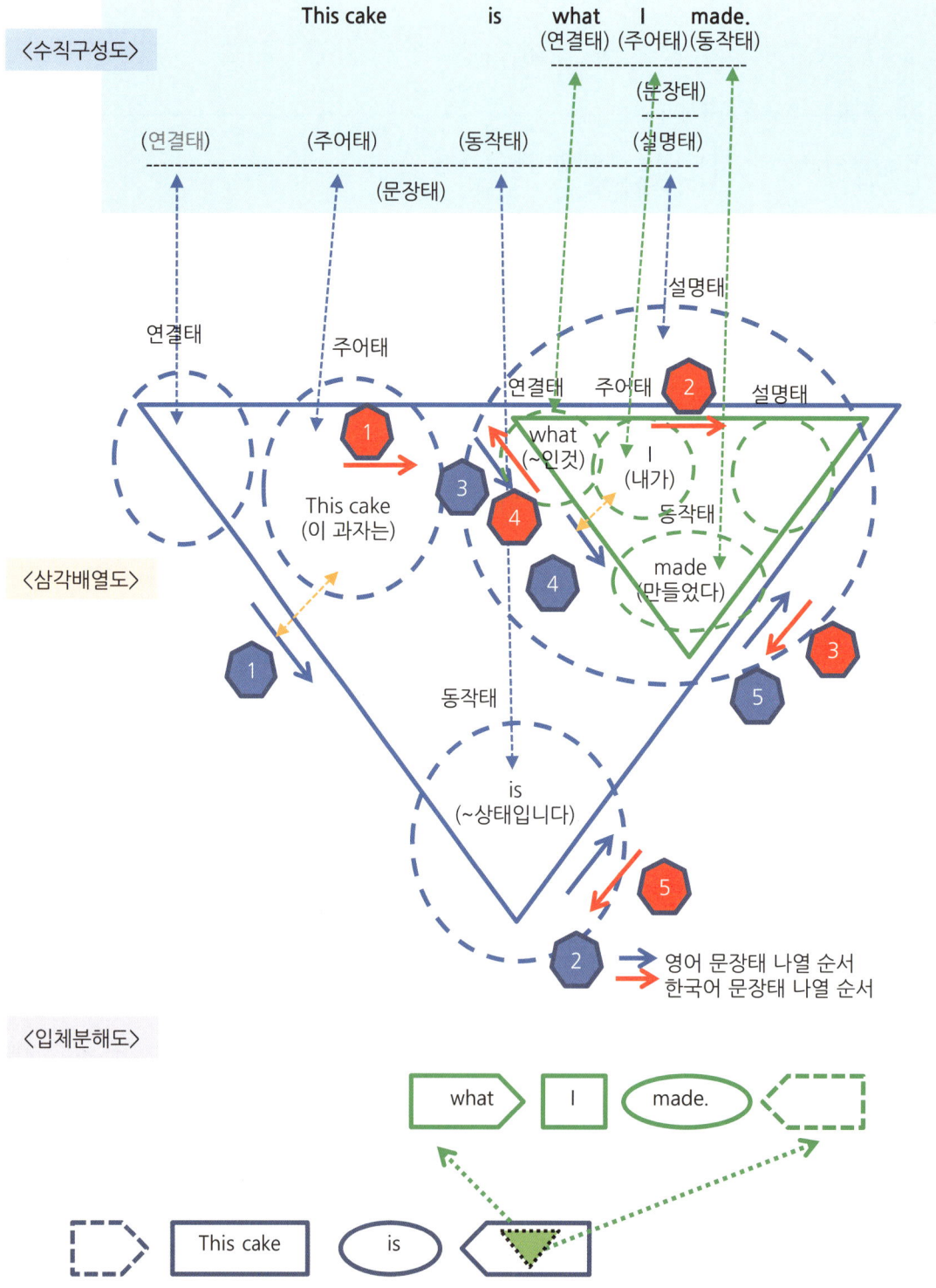

A-2. 복합 표현1

1-2 ~은 (~가 ~한) 입니다. - 2

(2) 'what'를 설명태 도치된 연결태로 사용하기

기존영문법에서는 'what'를 관계대명사라고 부릅니다.
'it' 가 'what'로 대체되면서 앞쪽의 연결태 위치로 이동하였습니다.

문장태의 완성 단계 과정은 다음과 같습니다.

```
This cake is   ....        I made it.
This cake is      +        I made what.
This cake is      +   what   I made.
```

삼각배열도 개념

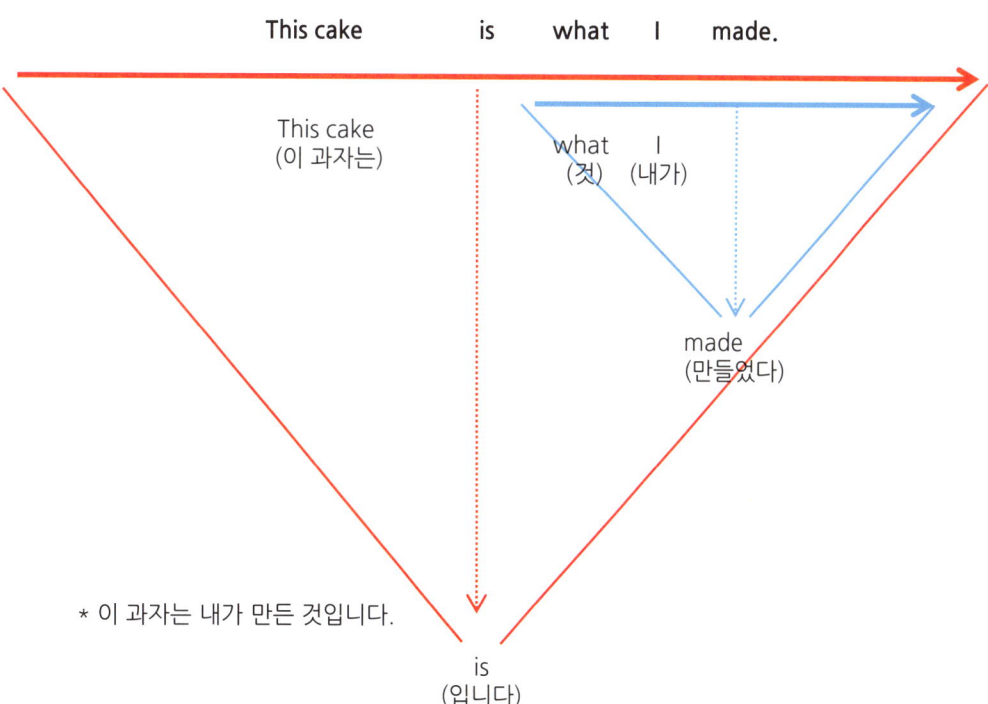

* 이 과자는 내가 만든 것입니다.

A-2. 복합 표현1

1-3 ~는 (~가 ~하기)을 ~합니다.

여기에서는 설명태 안에 문장태가 포함되어 있는 경우를 공부해봅니다.

나는 (당신이 거기에 가기)를 원합니다. 라는 표현을 해봅니다.

'나는 원합니다 (.... 그 내용은 '당신이 거기에 가는 것'입니다.)
나는 그것(that) (당신이 거기에 가는 것)을 원합니다.

'I want that .... you go there.'

```
         I      want      that  you go there.
                                ---------------------
      (연결태) (주어태) (동작태)     (설명태)
      ------------------------------------------
                        (문장태)
```

'that'는 설명태를 묶는 역할을 하며, '~라는 것'을 의미합니다. (생략도 가능합니다.)
'that' 는 부연설명을 하기위해서 사용하거나 또는 문장태를 이루기 위해 맨 앞에 사용하는 연결태입니다.

'I'와 'that you go there'는 'want'라는 동작태를 통해서 연결되어 있습니다.

```
                I      want    that    you      go     there.
                              (연결태) (주어태) (동작태) (설명태)
                              ---------------------------------
                                      (문장태/부속문장태)
                                      ---------------------
   (연결태) (주어태) (동작태)            (설명태)
   -----------------------------------------------------
                        (문장태)
```

A-2. 복합 표현1

영어 문장태, 한국어 문장태 나열 순서

나는 당신이 거기에 가기를 원합니다.

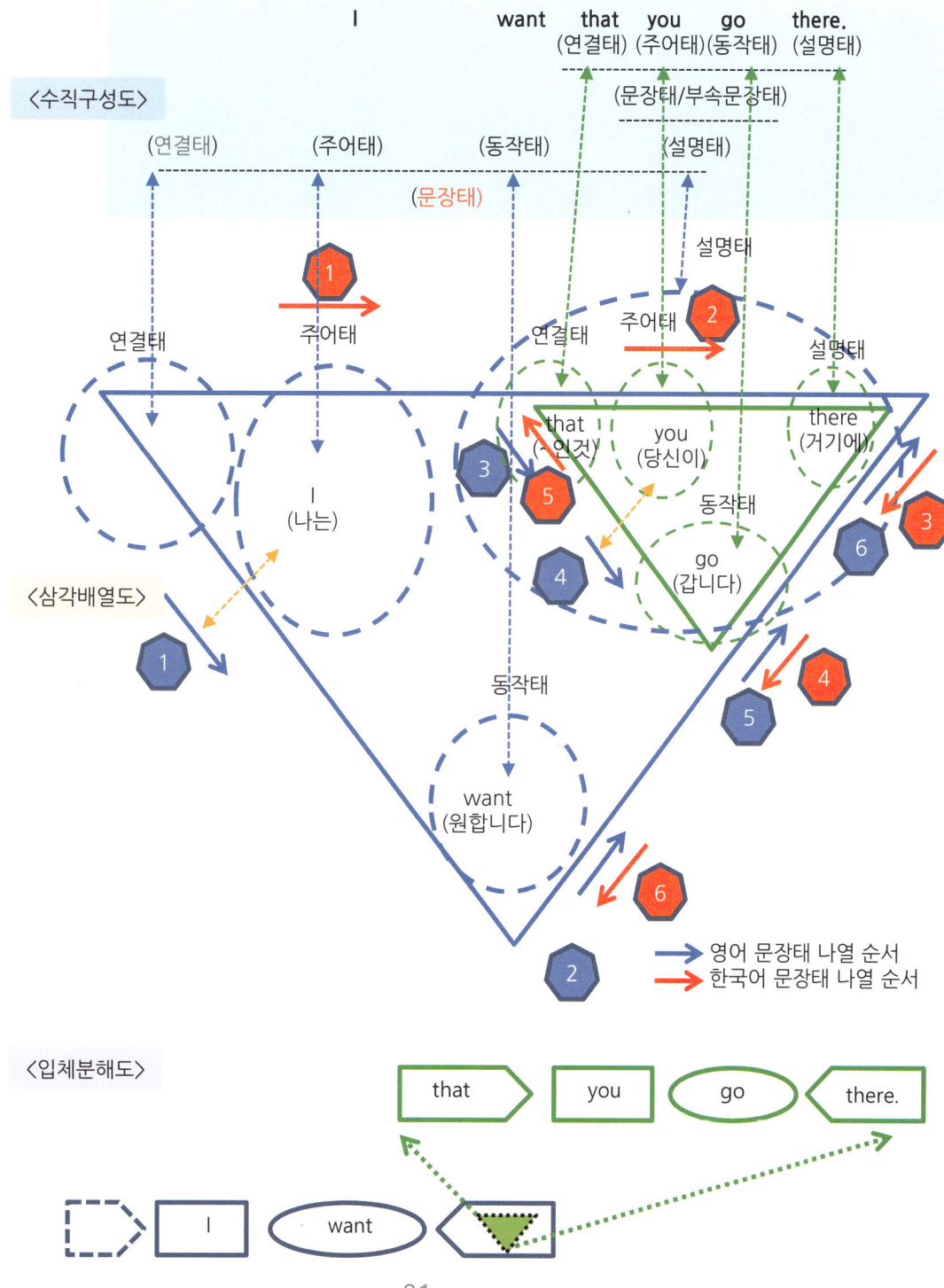

A-2. 복합 표현1

* 예문

	연결태	주어태	동작태	설명태
(1)		The bag I bought yesterday	is	very big.
(2)		The coffee you gave me	was	so delicious.
(3)		The glasses you wear	look	so brilliant.
(4)		The company	is	what my father has established.
(5)		This grammar book	is	what I wrote ten years ago.
(6)		I	believed	that he was innocent.
(7)		He	prayed	that she would come back home soon.

(1) 내가 어제 산 그 가방은 매우 큽니다.
(2) 당신이 나에게 준 그 커피는 매우 맛있습니다.
(3) 당신이 쓰고 있는 안경은 매우 빛납니다.
(4) 이 회사는 나의 아버지께서 설립한 것입니다.
(5) 이 문법책은 10년 전에 내가 쓴 것입니다.
(6) 나는 그가 결백하다고 믿었습니다.
(7) 그는 그녀가 조만간 집에 돌아오기를 기원했습니다.

A-2. 복합 표현2

복합표현2: (과거분사/반문장태 사용)

A-2. 복합 표현2 (과거분사 / 반문장태 사용)

그에 의해서 쓰여진 그 책은 낡은 상태입니다. "~에 의해 ~하여진 ~는 ~입니다."
(The book written by him is old.)

나는 부서진 창문을 보았습니다.　　　　　　" 나는 ~된 ~을 ~했습니다."
 (I saw a broken window.)

나는 내 머리를 깎았습니다.　　　　　　　　" 나는 ~을 ~해지도록 ~했습니다."
 (I had my hair cut.)

놀라서 나는 컵을 떨어뜨렸습니다.　　　　　"~해서 ~했습니다."
(Being surprised, I dropped the cup.)

A-2. 복합 표현2

1-1 ~(~에 의해 ~하여진)는 ~입니다. (반문장태 사용하기/과거분사/수동태)

여기에서는 부연 설명하는 설명태안에서 주어 역할을 하는 주어태가 생략되는 문장을 살펴보겠습니다.

그 책 (그 사람에 의해 쓰여진)은 오래되었습니다. 라는 표현을 해봅니다.

The book(that is written by him) is old.

'The book' 과 'that'는 동일하므로 생략하고 'is'도 반복되므로 생략합니다.
즉, "that is ....", '그것은 ... 상태입니다.' 라는 표현이 됩니다.

 'that is'는 설명을 하기 위한 형식적인 주어(주어태)와 동사(동작태)이므로 생략이 가능합니다.
또한 'is'가 없어도 'written'만 있으면 의미가 전달됩니다.

```
        The book    (that    is )    written      by him      is      old.
                                    (동작태/파생동사) (설명태)
                                    ------------------------------
                                             (반문장태)
                                             ----------
                    (주어태) (동작태)          (설명태)
                    ------------------------------------
         (주어태)              (반문장태)
         --------------------------------------
(연결태)              (주어태)                              (동작태) (설명태)
---------------------------------------------------------------------
                              (문장태)
```

이렇게,
The book written by him is old. 가 됩니다.

```
        The book    written      by him       is      old.
                   (동작태/파생동사) (설명태)
                   ---------------------------
         (주어태)     (반문장태/문장태)
         --------------------------------
(연결태)              (주어태)                (동작태) (설명태)
-----------------------------------------------------------
                              (문장태)
```

A-2. 복합 표현2

1-1 ~(~에 의해 ~하여진)는 ~입니다. (반문장태 사용하기/과거분사/수동태)

그에 의해서 쓰여진 그 책은 낡은 상태입니다.

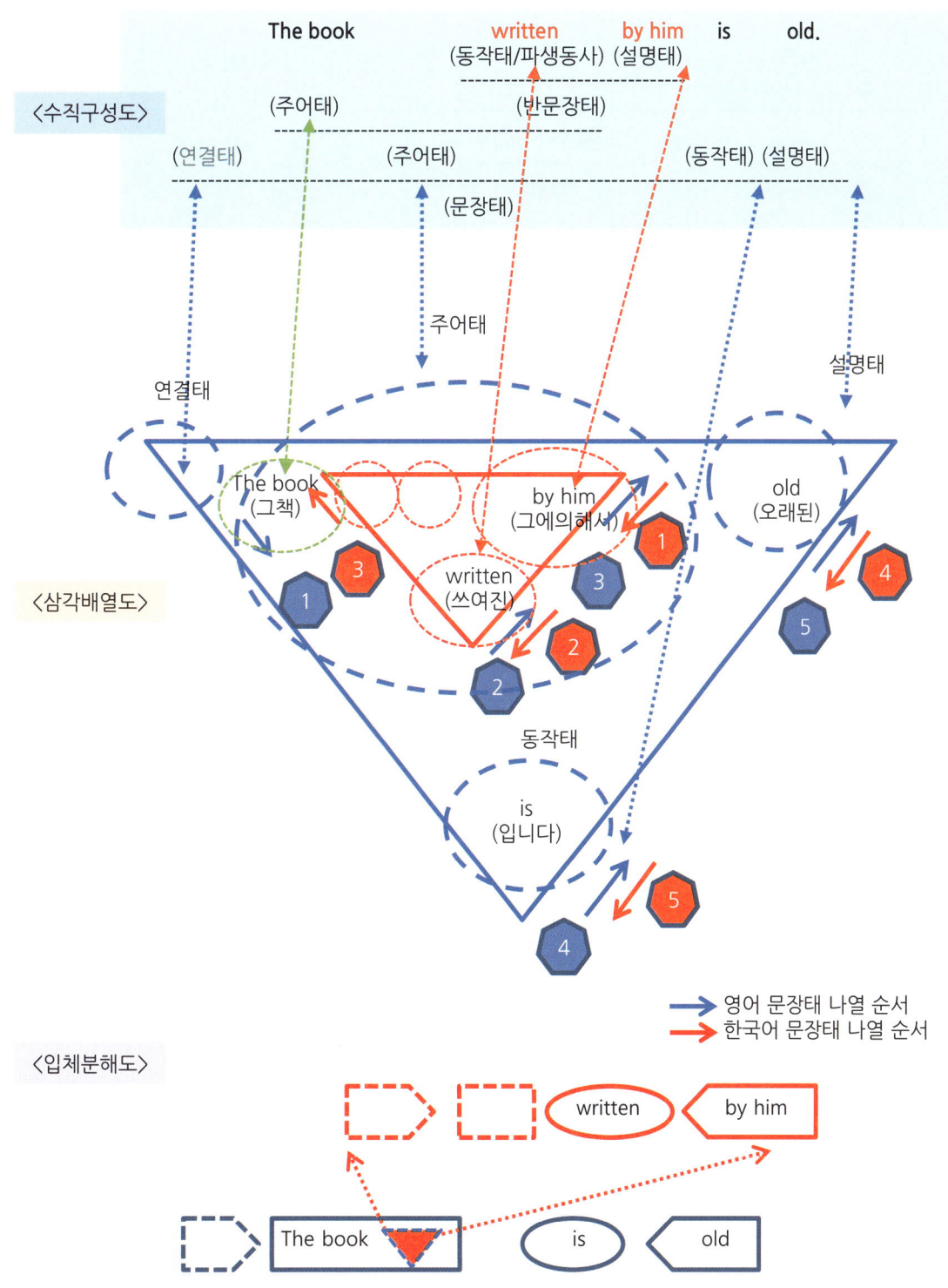

A-2. 복합 표현2

1-2 ~(~에 의해 ~하여진)는 ~입니다. (과거분사)

* 나는 부서진 창문을 보았습니다.   " 나는 ~된 ~을 ~했습니다."
  (I saw a broken window.)

```
              I        saw      a broken  window.
                                -----------------------
  (연결태)   (주어태)  (동작태)        (설명태)
  ---------------------------------------------------
                        (문장태)
```

'broken'은 과거분사로서 형용사의 역할을 하고 있습니다.

* 나는 내 머리를 깎았습니다.   " 나는 ~을 ~해지도록 ~했습니다."
  (I had my hair cut.)

```
              I        had        my hair    cut.
                                 (주어태)   (동작태)
                                 -----------------------
                                        (반문장태)
                                             ------------
  (연결태)   (주어태)  (동작태)          (설명태)
  ---------------------------------------------------
                        (문장태)
```

'cut'는 과거분사로서 사역의 의미를 가집니다.

* 놀라서 나는 컵을 떨어뜨렸습니다.   "~해서 ~했습니다."
  (Being surprised, I dropped the cup.)

```
                Being   surprised,          I    dropped    the cup.
  (연결태) (주어태) (동작태) (설명태)    (연결태)  (주어태)  (동작태)  (설명태)
  -----------------------------------     ---------------------------------------
              (반문장태)                            (문장태)
```

'surprised'는 과거분사로서 피동을 의미하는 형용사의 역할을 합니다.

A-2. 복합 표현3

복합표현3 : (to 동사/반문장태 사용)

A-2. 복합 표현3 (to 동사 / 반문장태 사용)

나는 당신이 거기에 가기를 원합니다.　"~하기를"
(I want you to go there.)

그는 강에서 수영을 하려고 합니다.　"~하려고"
(He is going to swim in the river.)

미끄러지지 않도록 조심하세요.　"~하도록"
(Be careful not to slip.)

이 물은 마시기에 너무 뜨겁습니다.　"~하기에는"
(This water is too hot to drink.)

나는 마실 물이 필요합니다.　"~할"
(I need some water to drink.)

달리는 것은 쉽지 않습니다.　"~하는 것은"
(To run is not easy.)

A-2. 복합 표현3

1-1 ~는 (~가 ~하기)을 ~합니다. (반문장태 사용하기/ to 동사)

나는 당신이 거기에 가기를 원합니다. 라는 표현을 만들어 봅니다.

'나는 원합니다. 그 내용은 당신이 거기에 가는 것입니다.

'I want ……….. you go there.'

다중구조 영문법에서의 문장형식은,
'연결태 + 주어태 + 동작태 + 설명태' 입니다.

    동작태인 'want'가 필요로 하는 부연설명 내용은 설명태에 들어갑니다.

```
                I      want      that      you       go       there.
                                (연결태)   (주어태)  (동작태)  (설명태)
                                --------------------------------------
                                              (반문장태)
                                         ---------------------
(연결태) (주어태)  (동작태)                      (설명태)
----------------------------------------------------------------
                              (문장태)
```

간결한 표현을 위해서 설명태 안에 있는 동작태를 파생동사(to go)로 표현합니다.

```
                I      want              you       to go      there.
                                       (연결태)   (주어태) (동작태/파생동사) (설명태)
                                       --------------------------------------
                                                     (반문장태)
                                                ---------------
(연결태) (주어태)  (동작태)                           (설명태)
----------------------------------------------------------------
                              (문장태)
```

A-2. 복합 표현3

1-2 ~는 (~가 ~하기)을 ~합니다. (반문장태 사용하기/ to 동사)

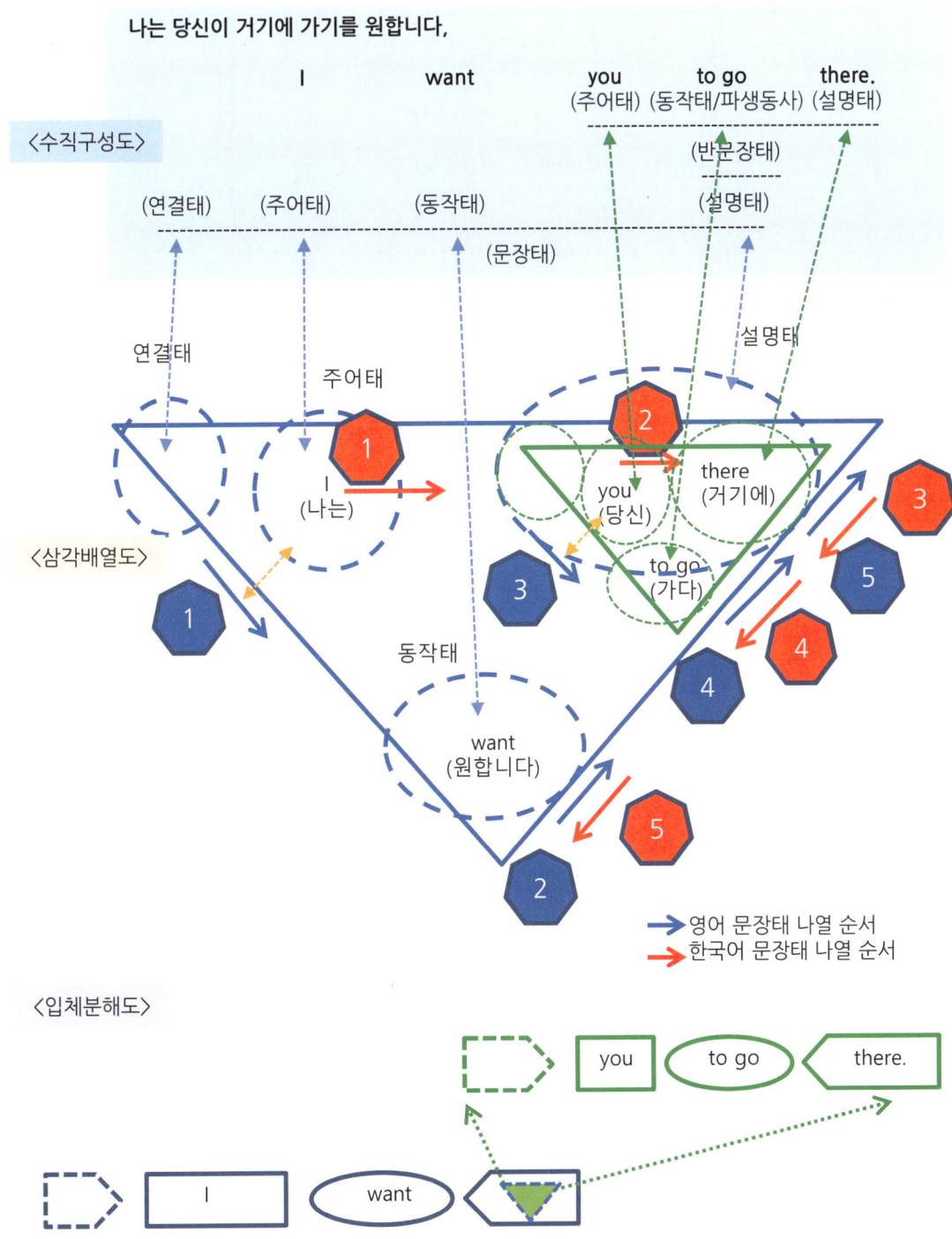

A-2. 복합 표현3

1-3 ~할, ~하도록, ~하기에, ~할, ~하는 것 (반문장태 사용하기/to 동사)

* 그는 강에서 수영을 하려고 합니다.   "~하려고"

```
           He    is going   to swim  in the river.
                            (동작태)  (설명태)
                            -------------------
                                (반문장태)
                            ----------
(연결태) (주어태) (동작태)    (설명태)
         ----------------------------------------
                        (문장태)
```

* 미끄러지지 않도록 조심하세요.   "~하도록"

```
                Be    careful    not to slip.
                                 -------------
                                   (동작태)
                                 ----------
                         (형)     (반문장태)
                                 -------------
(연결태) (주어태) (동작태)        (설명태)
         ----------------------------------------
                        (문장태)
```

* 이 물은 마시기에 너무 뜨겁습니다.   "~하기에는"

```
          This water  is    too hot    to drink.
                                       ----------
                                        (동작태)
                                       ----------
                            (부)(형)   (반문장태)
                                       -----------
(연결태) (주어태) (동작태)              (설명태)
         ----------------------------------------
                        (문장태)
```

90

A-2. 복합 표현3

1-3 ~할, ~하도록, ~하기에, ~할, ~하는 것 (반문장태 사용하기/to 동사)

* 나는 마실 물이 필요합니다.　　　　　"~할"

```
            I      need    some water    to drink.
                                        -----------
                                          (동작태)
                                        ---------
                          (형)   (명)     (반문장태)
                                  ---------------------------
(연결태) (주어태) (동작태)            (설명태)
-----------------------------------------------------------
                        (문장태)
```

* 달리는 것은 쉽지 않습니다.　　　　　"~하는 것은"

```
              To run      is not      easy.
            ----------
             (동작태)
            -----------
             (반문장태)
            ------------
(연결태) (주어태)        (동작태)     (설명태)
-----------------------------------------------------
                       (문장태)
```

A-2. 복합 표현4

복합표현4 : (동사 ing/ 반문장태 사용)

A-2. 복합 표현4 (동사ing / 현재분사 / 반문장태 사용)

나는 길 위를 달리고 있는 개를 보았습니다.   "~하고 있는"
(I saw a dog running on the street.)

그는 군중을 보면서 서있었습니다.   "~하면서"
(He stood watching the crowds.)

왼쪽으로 돌면 은행을 볼 것입니다.   "~하면"
(Turning to the left, you will see the bank.)

A-2. 복합 표현3

1-1 ~는 (~가 ~하는 것)을 ~합니다. (반문장태 사용하기/ 동사ing)

나는 개가 길 위를 달리는 것을 보았습니다. 라는 표현을 해봅니다.

'나는 보았습니다. 그 내용은 한 마리의 개가 길 위를 달리고 있는 것입니다.

'I saw .... a dog runs on the street.'

다중구조 영문법에서의 문장 형식은,
'연결태 + 주어태 + 동작태 + 설명태' 입니다.

동작태인 'saw'가 필요로 하는 부연설명 내용은 설명태에 들어갑니다.

```
              I      saw      that    a dog       ran      on the street.
                             (연결태) (주어태) (동작태/파생동사)   (설명태)
                             ------------------------------------------------
                                              (부속문장태)
                             -----------
         (연결태) (주어태) (동작태)                    (설명태)
         ------------------------------------------------------------
                                  (문장태)
```

간결한 표현을 위해서 설명태 안에 있는 동작태를 파생동사(running)로 표현합니다.
' 동사ing'는 진행중의 의미가 있습니다.

```
              I      saw              a dog      running   on the street.
                                    (연결태) (주어태) (동작태/파생동사)   (설명태)
                                    ------------------------------------------------
                                                     (부속문장태)
                                    -----------
         (연결태) (주어태) (동작태)                    (설명태)
         ------------------------------------------------------------
                                  (문장태)
```

A-2. 복합 표현4

1-1 ~는 (~가 ~하는 것)을 ~합니다. (반문장태 사용하기/ 동사ing)

* 나는 한 마리의 개가 길 위를 달리는 것을 봤습니다.

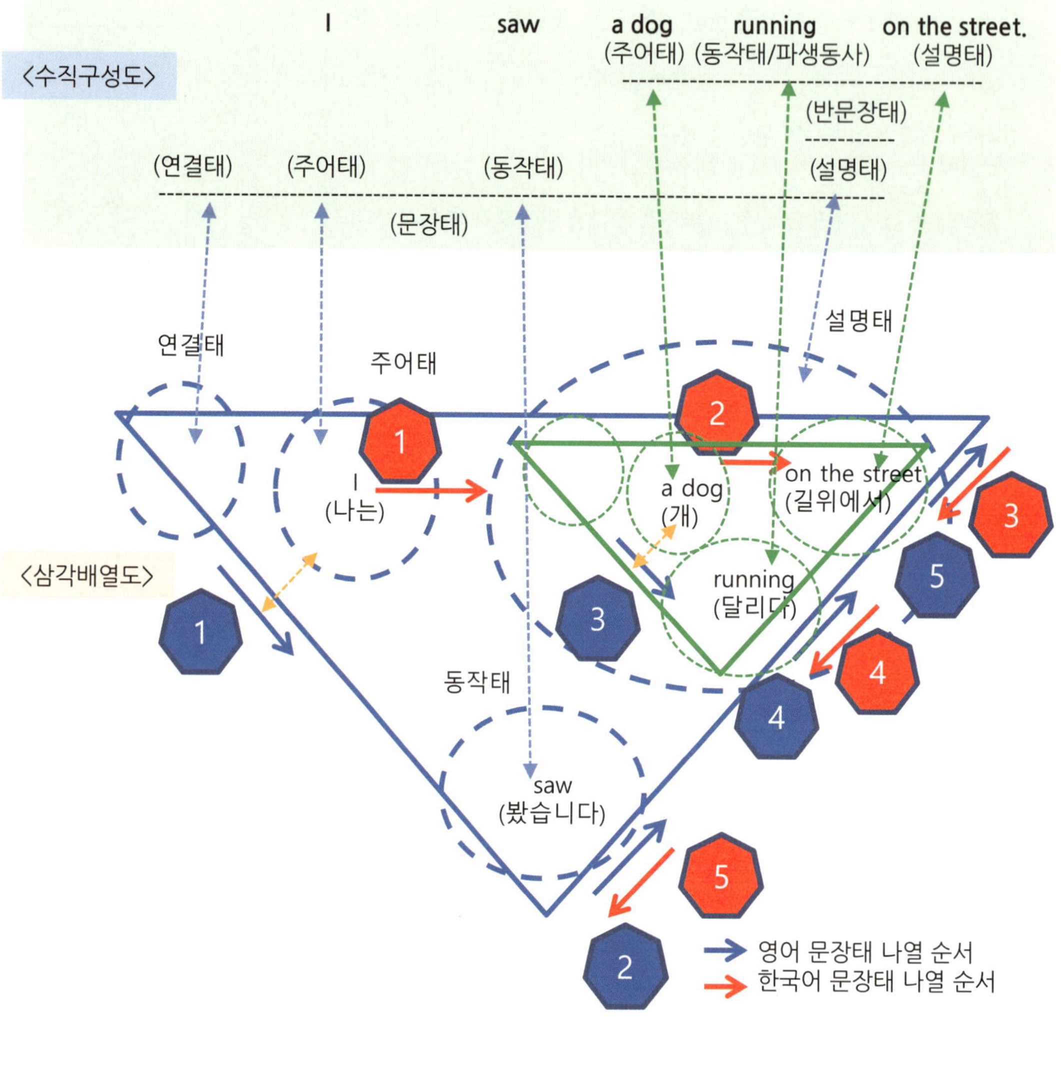

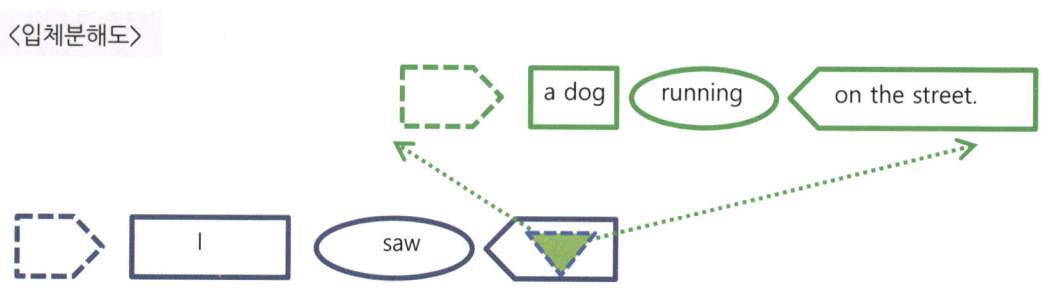

A-2. 복합 표현4

1-2 ~하면서, ~하면 (반문장태 사용하기/동사 ing)

* 그는 군중을 보면서 서있었습니다.   "~하면서"

```
            He      stood        watching            the  crowds.
                              (동작태/파생동사)        (설명태)
                              ------------------------------------
                                              (반문장태)
                                              ----------
   (연결태) (주어태) (동작태)                  (설명태)
   ----------------------------------------------------
                         (문장태)
```

* 왼쪽으로 돌면 은행을 볼 것입니다.   "~하면"

```
            Turning     to the left,        you    will    see    the bank.
                                                        (동작태)   (설명태)
                                                        ------------------
                                                              (반문장태)
                                                              ----------
  (연결태)(주어태)(동작태/파생동사)  (설명태)     (연결태)(주어태)(동작태)   (설명태)
  --------------------------------------         ---------------------------------
              (문장태)                                      (문장태)
```

* 예문

	연결태	주어태	동작태	설명태			
(1)		The ball hit by him	flew	away.			
(2)		The salad cooked by her	moved	my heart.			
(3)		I	expected	you to win the game easily.			
(4)		That dog running	is	very scary.			
(4)		I	was	surprised	at	his	smiling.
(5)		She	is	curious	on	his easy	jumping.
(6)		I	am	disappointed	with	your	giving up.

(1) 그가 친 공은 멀리 날아갔습니다.
(2) 그녀가 요리한 샐러드는 나를 감동시켰습니다.
(3) 나는 당신이 쉽게 우승할거라고 예상했습니다.
(4) 달리고 있는 저 개는 매우 무섭습니다.
(5) 나는 그가 미소 짓는 것에 놀랐습니다.
(6) 그녀는 그가 쉽게 뛰는 것을 신기하게 생각합니다.
(7) 나는 당신이 포기하는 것에 실망입니다.

A-3. 의문 표현

의문표현1: ~입니까?(상태 질문), ~합니까? (동작 질문)

A-3. 의문 표현1

당신은　　　　행복합니까 ?　　　" ~은　　　~입니까?"　(상태를 질문)

당신은　　　　공부합니까 ?　　　" ~은 ~을 ~합니까 ?"　(동작을 질문)

당신은 영어를 공부합니까 ?　　　" ~은 ~을 ~합니까 ?"　(동작과 상세설명을 질문)

A-3. 의문 표현1

1-1 ~입니까? (상태의 여부를 물어봅니다.)

의문문은 궁금한 사항을 물어보는 것입니다.
모르는 내용이 있을 때는 의문사를 사용합니다.

의문사를 사용하지 않는 의문문은 설명태를 포함한 동작태(동사)의 여부를 물어보는 것입니다.
문장태에서 'Be'동사가 사용된 경우에는 'Be동사 ~(문장태)~ ?' 하고 물어봅니다.

You are happy.
'are'는 be동사이므로 동사를 그대로 사용해서 "Are ~ ?" 라고 물어봅니다.

Are   you are happy ?
'are'가 두번 존재하므로 두번째 'are'를 생략합니다.
Are   you are happy ? ==> Are you (are) happy ?

상기 예문은 결과적으로 볼 때 의문문은 도치중심을 기준으로 좌우 내용을 교환한 것과 동일합니다.

```
            You         are       happy.
(연결태)    (주어태)    (동작태)   (설명태)

==>

            Are         you       happy  ?
(연결태)    (동작태)    (주어태)   (설명태)
            ------------------------------------
                        (문장태)
```

'연결태 + 주어태 + 동작태 + 설명태' 를
'연결태 + 주어태 + 동작태 + 설명태' 로 순서를 바꾼 것과 동일합니다.

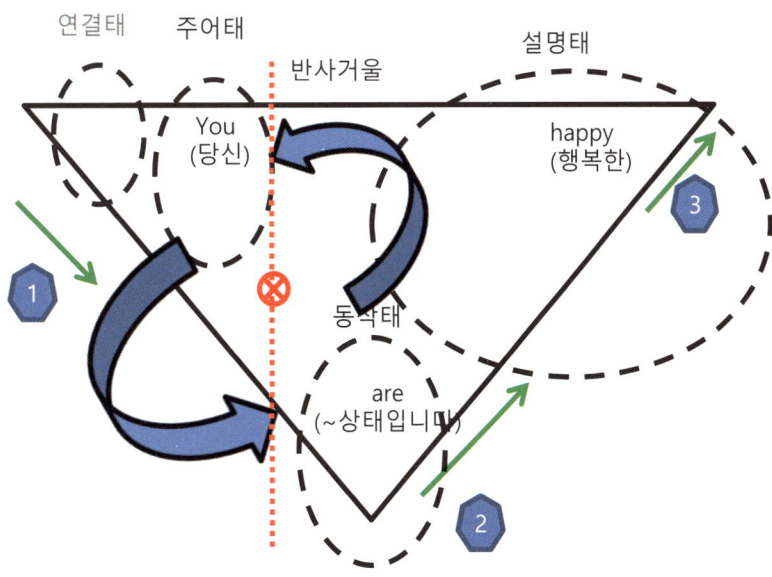

즉, 주어태와 동작태는 그 사이에 반사 거울로 인하여 서로 도치되는 것과 같습니다.

A-3. 의문 표현1

1-2 ~합니까? (동작의 여부를 물어봅니다.) -1

여기에서는 일반동사가 사용된 의문문을 설명합니다.

당신은 영어를 공부합니까 ?

문장태에서 일반동사가 사용된 경우에는 'Do ~ ?' 하고 물어봅니다.
('Do'는 일반동사를 대표하는 형태이기 때문입니다.)

"You study English.(당신은 영어를 공부합니다.)" 문장태의 의문문을 만들어 봅니다.

Do + 물어보고자 하는 원래 문장 (you study English) ?
Do   you study English ?

이렇게 일반동사 문장태의 의문문은 맨 앞에 'Do'를 표시하고 마지막에 '?'를 표시하면 의문문이 완성됩니다.

단지 고려할 것은 'Do', 'Does', 'Did' 를 잘 선택하여 사용하고,
원래 문장 안에 있던 동사는 기본형으로 바꿔줍니다.
즉, 3인칭(he, she, it)은 'Does'를 사용하고, 그 외는 'Do'를 사용합니다.
그리고 과거일 때는 'Did'를 사용합니다.

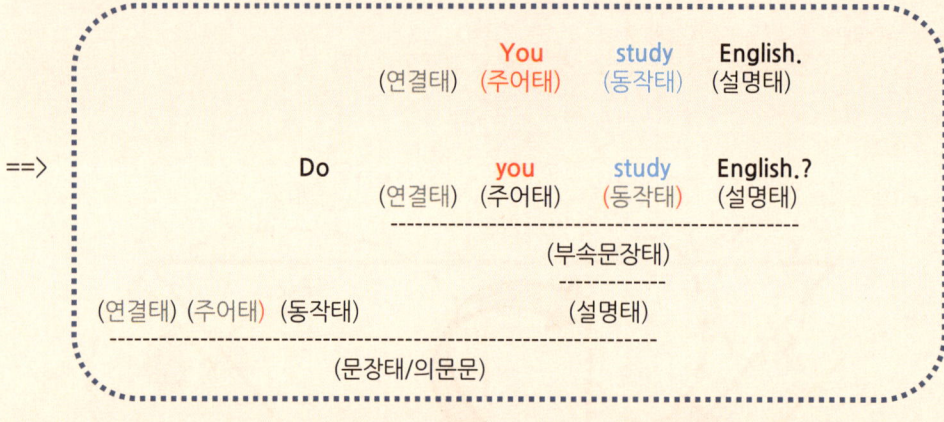

Do you study English ? (당신은 영어를 공부합니까 ?)

A-3. 의문 표현1

1-2 ~합니까? (동작의 여부를 물어봅니다.) -2

* 당신은 영어 공부를 합니까? (당신은 영어를 공부합니까?)

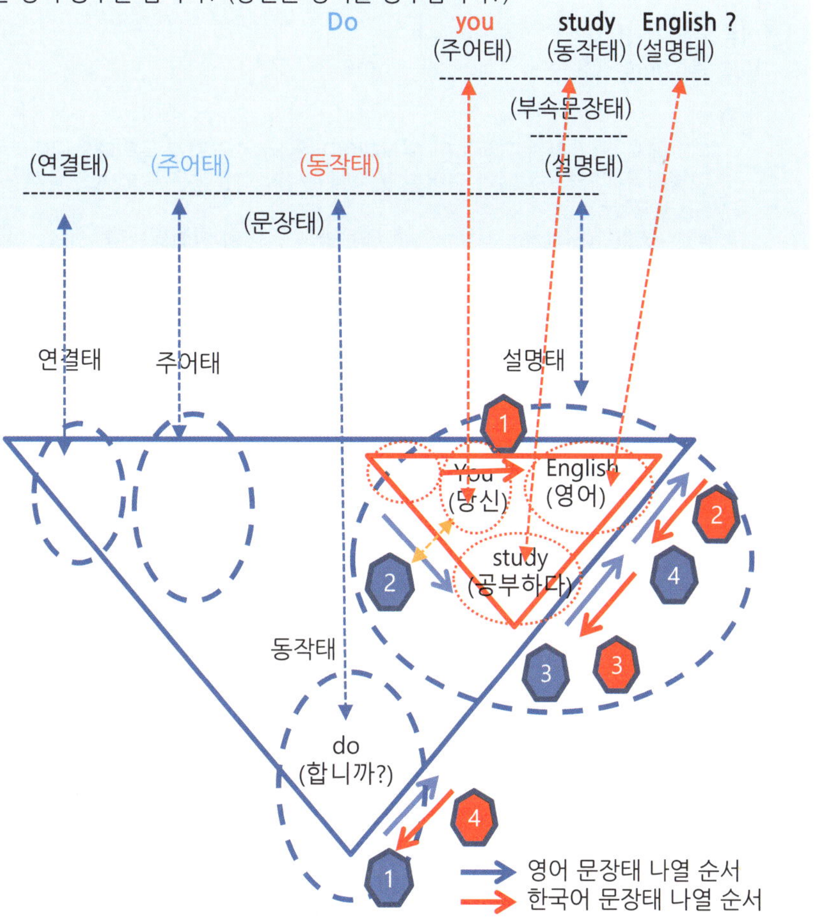

〈수직구성도〉

Do you study English ?
(주어태) (동작태) (설명태)
(부속문장태)

(연결태) (주어태) (동작태) (설명태)
(문장태)

〈삼각배열도〉

연결태 / 주어태 / 설명태 / 동작태

You (당신) / English (영어) / study (공부하다) / do (합니까?)

→ 영어 문장태 나열 순서
→ 한국어 문장태 나열 순서

〈입체분해도〉

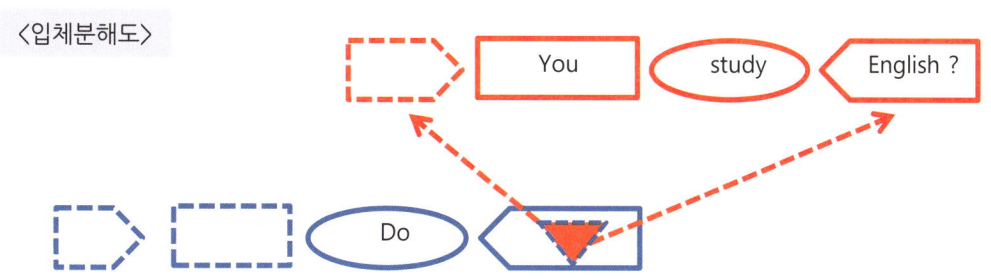

A-3. 의문 표현1

1-3 ~할 것입니까? (보조동사를 사용한 문장태의 의문문)

보조동사를 동작태로 사용한 문장의 의문문을 만들어 봅니다.

* 그이가 올까요? (미래시제)

그이는 ~할 것입니다.   He will ~ .
그이는 올(come)것입니다.   He will come.

방법1)
　　여기에서 'will' 은 보조동사인 동작태이며 'come'도 역시 동작태입니다,
　　이렇게 두 개의 동작태가 이어진 문장태에서의 의문문은 앞의 보조동사를 맨 앞으로 이동합니다.
　　He will come.
　　==> Will he come ?   (가존 영문법의 간단한 방법입니다.)

방법2)
　　~할 것인가요 ?   Will ~ ?
　　'will'은 동작태이며 '~할것인가요?'의 의미를 가집니다.
　　 Will + (문장태) ? ==> (문장태) 할 것인가요?
　　문장태의 내용이 '그가 옵니다' 'he comes' 일 경우에,
　　Will + he comes ? ==> Will he come ?

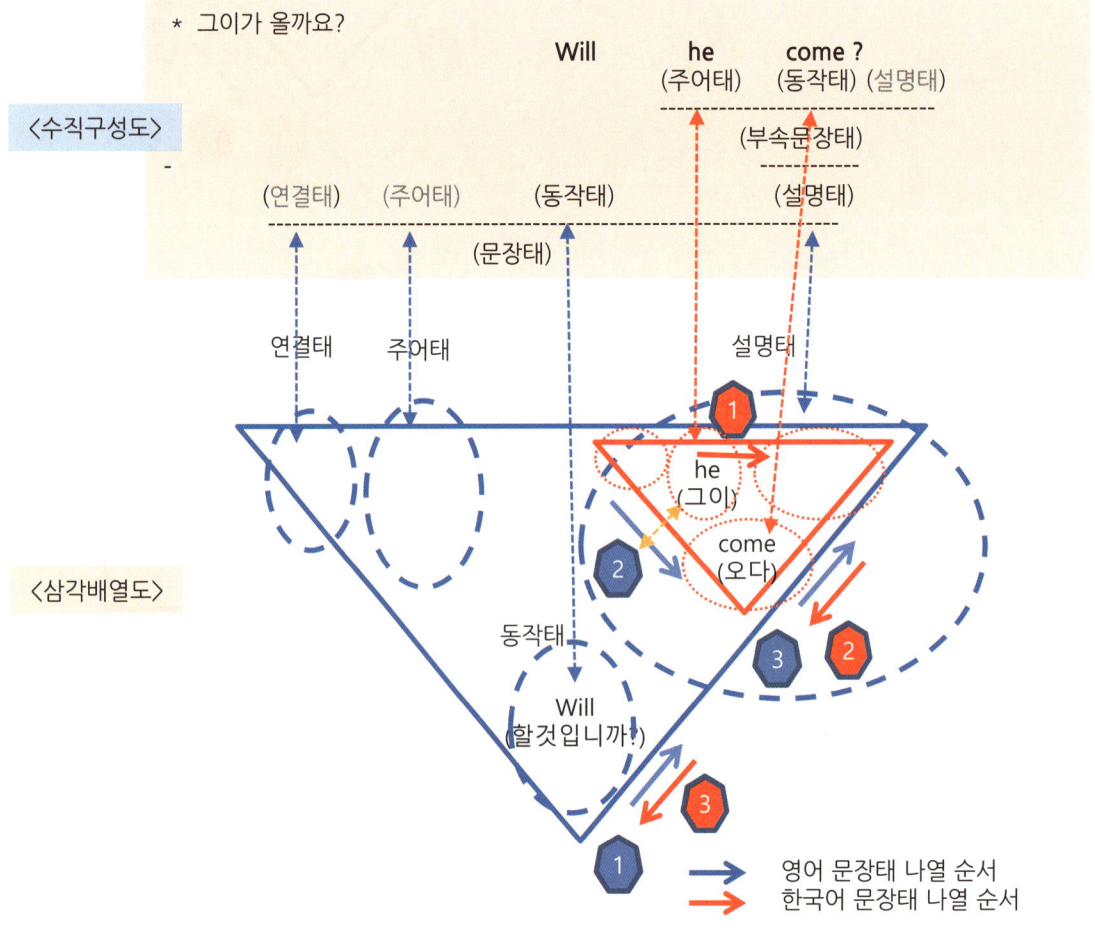

A-3. 의문 표현1

1-3 ~할 것입니까? (보조동사를 사용한 문장태의 의문문)

어떤 보조동사(can, may, must. shall)에 대해서도 동일합니다.

* 당신은 수영할 수 있습니까?
   Can + (문장태) ? ==> (문장태) 할 수 있습니까?

   Can + (you swim) ? ==> (you swim) 할 수 있습니까?
==> Can   you swim ? (수영할 수 있습니까?)

```
              Can     you   swim ?
                     (주어태) (동작태)
              -----------------------
                       (부속문장태)
                       -------------
(연결태) (주어태) (동작태)      (설명태)
------------------------------------------
                   (문장태)
```

* 나는 당신을 도와드려도 됩니까?
   May + (문장태) ? ==> (문장태) 해도 됩니까?

   May + (I help you) ? ==> (I help you) 해도 됩니까?
==> May   I help you ? (도와드려도 될까요?)

```
              May      I    help   you ?
                    (주어태) (동작태) (설명태)
                    -------------------------
                          (부속문장태)
                          -------------
(연결태) (주어태) (동작태)         (설명태)
------------------------------------------
                   (문장태)
```

동작을 묻는 의문문은 동작태로 시작한다는 사실을 기억하면 됩니다.
부속문장태도 문장태입니다.

A-3. 의문 표현1

1-3 ~할 것입니까? (보조동사를 사용한 문장태의 의문문)

* **부가의문문**

그녀는 예쁩니다, 그렇지요? (안 그래요?)	She is pretty, isn't she?
그녀는 예쁘지 않습니다, 그렇지요? (안 그런가요?)	She isn't pretty, is she?
그는 빠르게 달립니다, 그렇지요?	He runs fast, doesn't he?
그는 빠르게 달리지 않습니다. 그렇지요?	He doesn't run fast, does he?
그는 올 것입니다. 그렇지요?	He will come, won't he?
그는 오지 않을 것입니다, 그렇지요?	He won't come, will he?

〈수직구성도〉

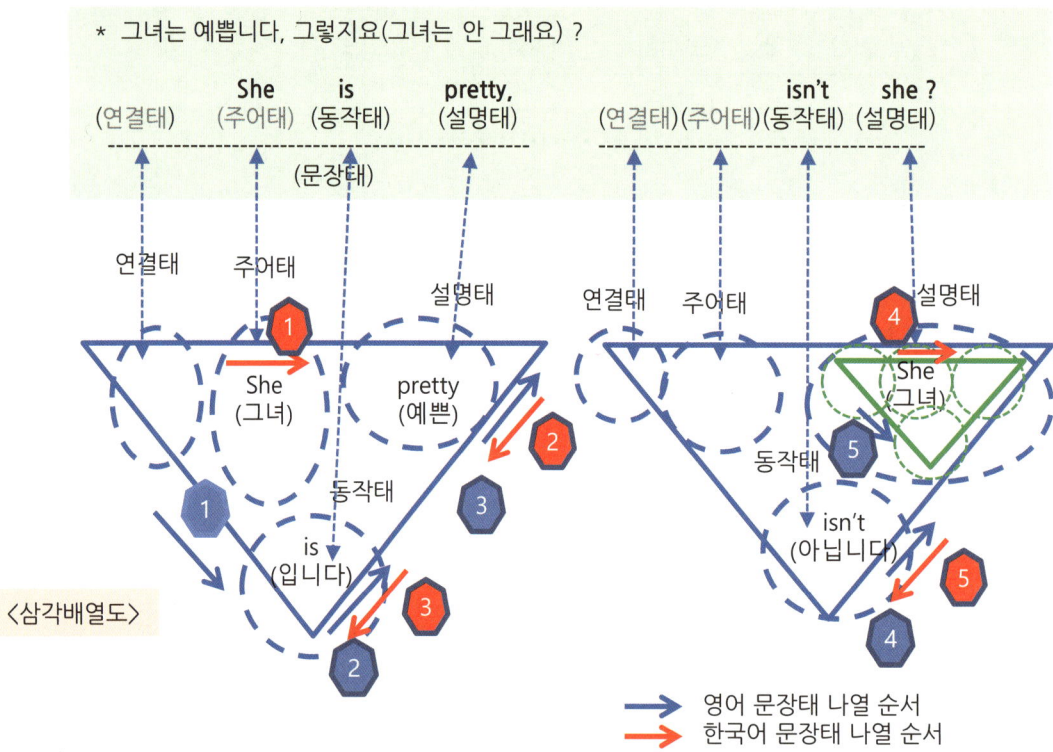

〈삼각배열도〉

부가의문문은 앞의 문장태에서는 서술문을 사용하고, 뒤의 문장태에서는 반대 내용의 의문문을 사용합니다.
앞쪽 문장이 긍정문이면 뒤쪽 문장은 '안 그래요?' 라고 부정문으로 묻고,
앞쪽 문장이 부정문이면 뒤쪽 문장은 '그렇지요?' 라고 긍정문으로 묻는 것이 영어에서의 관습입니다.
즉, 부가의문문은 하나의 의문문이 뒤에 따라오는 형태인 것입니다.

상기 예에서 뒷 문장태의 'she'는 설명태 안에 있는 부속문장태의 주어태입니다. 이때 동작태 'is'는 생략이 되었습니다.
관용적으로 익혀도 좋습니다.

A-3. 의문 표현1

  * 예문

(1) Are you tired ?
(2) Is the bag heavy ?
(3) Is she pretty ?

(4) Is this blue ?
(5) Did you have lunch ?
(6) Did he pass the exam ?
(7) Does the bus stop here?
(8) Does the show start today?
(9) Can you draw a horse ?
(10) Will it be realized ?
(11) May I have this book ?
(12) It's cold, isn't it?
(13) It's scary, isn't it?

(1) 당신은 피곤합니까 ?
(2) 가방은 무겁습니까 ?
(3) 그녀는 예쁩니까?

(4) 이것은 파랗습니까?
(5) 당신은 점심을 먹었습니까 ?
(6) 그는 시험에 합격했습니까 ?
(7) 그 버스는 여기에서 정차합니까 ?
(8) 공연은 오늘 시작합니까 ?
(9) 당신은 말을 그릴 수 있습니까 ?
(10) 그것은 실현이 될까요 ?
(11) 이 책을 가져도 됩니까 ?
(12) 춥네요, 그렇지요?
(13) 무섭네요, 그렇지요?

A-3. 의문 표현2

의문표현2: 의문부사

A-3. 의문 표현2 (6하 원칙에 따라 모르는 것을 물어봅니다.) - 의문부사

당신은　　　　　　　언제 일어납니까 ?　" ~은　　　　　　언제　~합니까 ? "
당신은 일어나는 것이　언제입니까 ?　　　" ~은　~하는 것이　언제입니까 ? "

당신은　　　　　　　어디에서 삽니까 ?　" ~은　　　　　　어디에서　~합니까 ? "
당신은 사는 것이　　어디입니까 ?　　　" ~은　~하는 것이　어디입니까 ?"

당신은　　　　　　　어떻게 학교에 갑니까 ?　" ~은　　　　　어떻게 ~합니까?"
당신은 학교에 가는 것이 어떻게 입니까? (방법)　" ~은 ~하는 것이　어떻게 입니까 ?"

시간은　　　　　　　얼마나 걸립니까?　" ~은　　　　　　얼마나 ~합니까?"
시간은 걸리는 것이　얼마나 입니까? (양)　" ~은 ~하는 것이　얼마나 입니까 ?"

당신은　　　　　　　왜 움직입니까?　" ~은　　　　　　왜 ~합니까?"
당신은 움직이는 것이　왜 입니까?　　" ~은 ~하는 것이　왜 입니까 ?"

당신은　　　　　　　몇 살 입니까?　　" ~은　　　　　　(얼마) ~입니까?"
당신은 몇 살인　　　입니까?　　　　" ~은 ~인 것이　　얼마 입니까 ?"

A-3. 의문 표현2

2-1 '언제', '어디서', '어떻게', '얼마나' '왜' ~합니까?
(6하 원칙에 따라 모르는 것을 물어봅니다.) -   의문부사

언제(시간) 인지가 궁금한 의문문은 "When do (문장태) ?" 로 표현하면 됩니다. "언제 ~~을 합니까?"
어디(장소) 인지가 궁금한 의문문은 "Where do (문장태) ?" 로 표현하면 됩니다. "어디에서 ~~을 합니까?"
어떻게(방법) 인지가 궁금한 의문문은 "How do (문장태)?" 로 표현하면 됩니다. "어떻게 ~~을 합니까?"
얼마나(양) 인지가 궁금한 의문문은 "How long do (문장태) ?" 로 표현하면 됩니다. "얼마나 오래 ~~을 합니까?"
왜(이유) 인지가 궁금한 의문문은 "Why do (문장태) ?" 로 표현하면 됩니다.   "왜 ~~을 합니까?"

여기에서는 일반동사로 표현되는 문장태를 표현합니다.
일반동사이므로 'Do'를 사용합니다.

언제 당신은 일어납니까?
여기에서 궁금한 것은 '언제'라는 시간인 것입니다.

'당신은 7시에 일어납니다' 라는 문장이 있습니다.
'당신은 일어납니다.' You get up.
'당신은 일어납니다 7시에.' You get up at 7.

```
                You           get          up at 7.
(연결태)       (주어태)      (동작태)      (설명태)
        -----------------------------------------------
                          (문장태)
```

          You get up at 7.   그런데 여기에서 궁금한 것은 일어나는 시간 'at 7' 입니다.
          You get up when.   궁금한 'at 7' 을 '언제' 를 표현하는 'when'으로 대체합니다.
       Do you get up when ?   get 앞에 의문문을 만드는 'do'(동작태)를 추가하고 ?을 맨 뒤에 추가합니다.
   When do you get up?   의문사 'when'(즉, 궁금한 것)은 'do'의 앞주머니로 이동합니다.

이렇게 "When do you get up ?" 문장이 만들어집니다.
궁금한 사항을 물어보고자 한다면 그 내용을 의문사로 변경하여 맨 앞으로 이동하여 표현합니다.

여기에서 'do'는 1인칭, 2인칭, 그리고 복수에서 사용됩니다.
3인칭에서는 'does'를 사용합니다.
과거의 내용이면 인칭에 관계없이 'did'를 사용합니다.

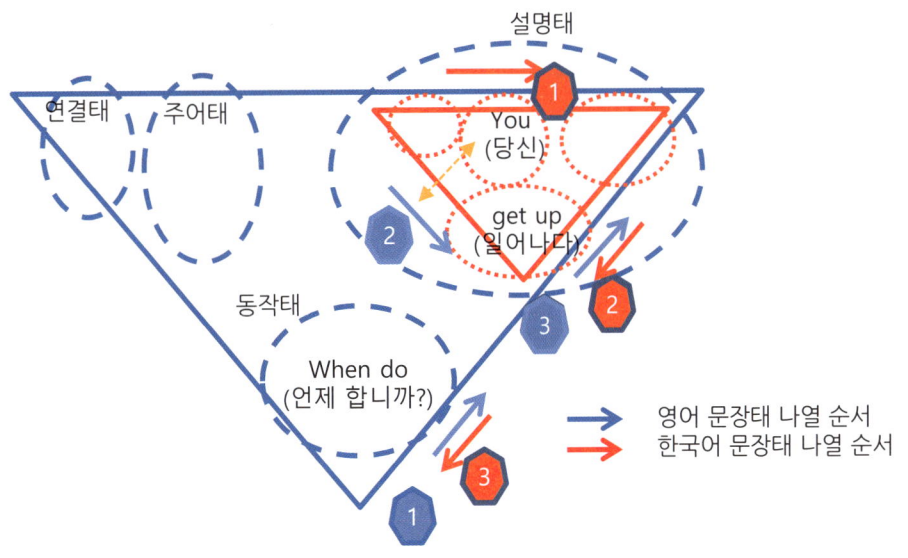

105

A-3. 의문 표현2

'당신은 6시에 일어납니다.' You get up at 6.

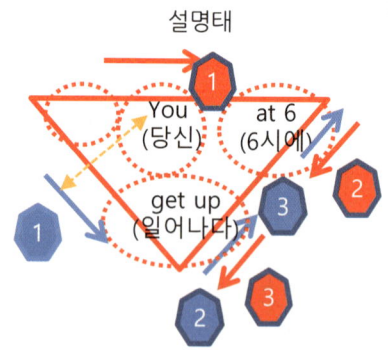

'당신은 6시에 일어납니까?' Do you get up at 6 ?

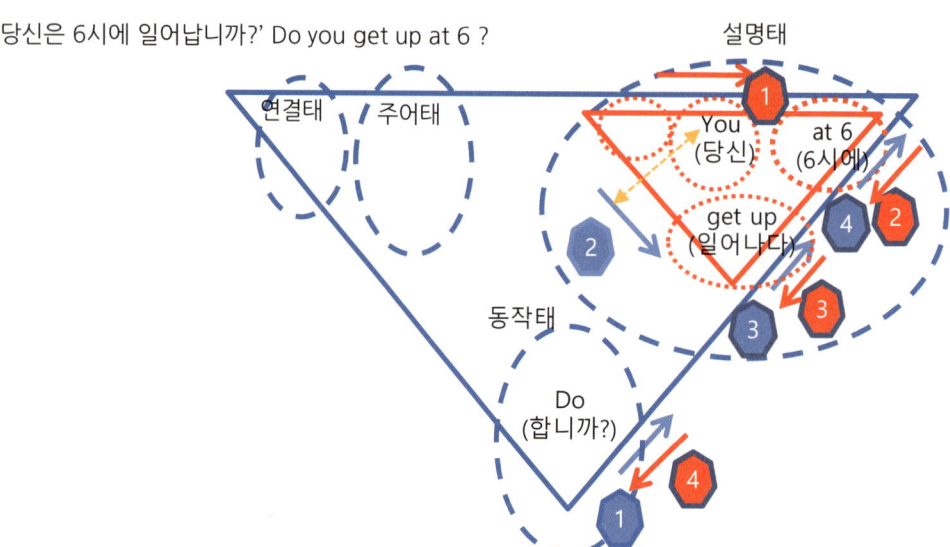

'당신은 일어나는 것을 언제 합니까?' ==> "당신은 언제 일어납니까?" When do you get up ?

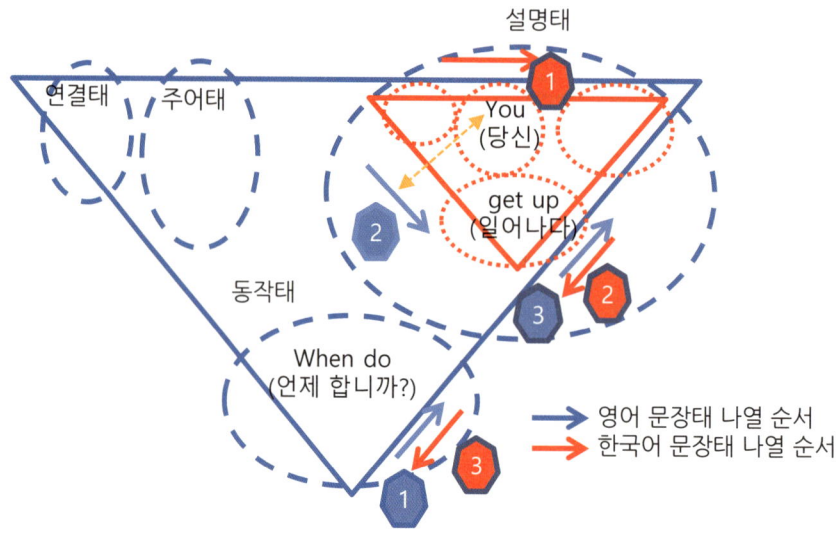

A-3. 의문 표현2

- **당신은 어디에서 살고 있습니까 ?**
  'where'는 동작태 'do'의 앞주머니에 위치합니다.

```
                    Where  do      you       live ?
                                  (주어태)  (동작태)  (설명태)
                                  ----------------------------------
                                              (문장태)
                                  ----------
   (연결태)   (주어태)   (동작태)              (설명태)
   ----------------------------------------------------------
                         (문장태)
```

* **당신은 어떻게 학교에 갑니까? (방법)**
  'How'는 동작태 'do'의 앞주머니에 위치합니다.

```
                    How  do       you       go      to school ?
                                 (주어태)   (동작태)    (설명태)
                                 ----------------------------------
                                              (문장태)
                                 ----------
   (연결태)   (주어태)   (동작태)              (설명태)
   ----------------------------------------------------------
                         (문장태)
```

* **(시간이) 얼마나 걸립니까 ? (양)**
  'How long '는 동작태 'does'의 앞주머니에 위치합니다.

```
                    How long does    it      takes    (3 hours) ?
                                   (주어태)  (동작태)    (설명태)
                                   ----------------------------------
                                              (문장태)
                                   ----------
   (연결태)   (주어태)   (동작태)              (설명태)
   ----------------------------------------------------------
                         (문장태)
```

* **당신은 왜 움직입니까?**
  'why'는 동작태 'do'의 앞주머니에 위치합니다.

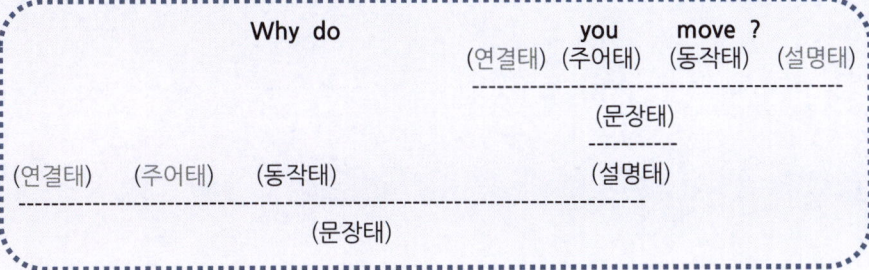

A-3. 의문 표현2

2-2 얼마나 ~입니까? (6하 원칙에 따라 모르는 것을 물어봅니다.) - 얼마나(의문부사)

여기에서는 양이나 수치가 '얼마나'되는가를 물어보는 표현을 익혀봅니다.

여기에서는 Be동사로 표현되는 문장태를 표현합니다.

주로 '얼마나'의 내용은 설명태 안에서 표현된 형용사 내용들입니다.
예를 들어 '얼마나 긴', '얼마나 오랜', '얼마나 키가 큰', '얼마나 먼' 등의 특징을 묘사하는 표현을 물어보는 것입니다.

이러한 내용들은 설명태 안에서 표현되는 내용들이며 'How'의 뒤에 따라나와서 의문문을 이루게 됩니다.
"How old ~ ?" 얼마나 나이가 든?
"How long ~ ?" 얼마나 먼 ?   How long does it take ? (얼마나 걸립니까?)
"How many ~ ?" 얼마나 많은 ?   How many books ~~~~ ? (얼마나 많은 책을 ~~)?

당신은 20살 입니다. ==> You are 20 years old.
20 years ==> 20살

예문) 당신은 몇 살입니까 ?

How old are ~~ ?
How old + are + (문장태) ?
How old   are you ?

여기에서 궁금한 것은 '어떻게'라는 나이 숫자입니다. (20 years)

'How old'는 동작태 'are'의 앞주머니에 위치합니다.

```
              How old are    you      (are) ?
                            (주어태)  (동작태)  (설명태)
                            ---------------------------
                                     (문장태)
                                     ----------
 (연결태)   (주어태)    (동작태)         (설명태)
 ------------------------------------------------
                        (문장태)
```

A-3. 의문 표현2

* 예문

	연결태	주어태	동작태	설명태
(1)			When do	you leave work ?
(2)			When does	he go to sleep?
(3)			Where do	you learn English?
(4)			Where was	she born?
(5)			How do	you make a bike?
(6)			How was	the building moved?
(7)			How expensive is	this cake?
(8)			How big is	his house?
(9)			Why is	she crying?
(10)			Why didn't	you shout?

(1) 당신은 언제 퇴근합니까 ?
(2) 그는 언제 잠을 자러 갑니까 ?
(3) 당신은 어디에서 영어를 배웁니까 ?
(4) 그녀는 어디에서 태어났습니까 ?
(5) 당신은 어떻게 자전거를 만듭니까 ?
(6) 그 건물은 어떻게 옮겨졌습니까 ?
(7) 이 케익은 얼마나 비쌉니까 ?
(8) 그의 집은 얼마나 큽니까 ?
(9) 왜 그녀는 울고 있습니까 ?
(10) 당신은 왜 소리치지 않았습니까 ?

A-3. 의문 표현3

의문표현3 : 의문대명사

A-3. 의문 표현3 (6하 원칙에 따라 모르는 것을 물어봅니다.) - 의문대명사

    당신은　　　누구입니까 ?　　　　　　" ~은　　　누구입니까 ? "

    누(구)가　　　학생입니까 ?　　　　　" 누(구)가　　~ 입니까 ? "

    당신은 누구를 만납니까 ?　　　　　　" ~은 누구를 ~합니까 ? "
    당신이 만나는 것은 누구(를) 입니까 ?　" ~이 ~하는 것은 누구(를) 입니까 ? "

    당신은 무엇을 공부합니까 ?　　　　　" ~은 무엇을 ~합니까 ? "
    당신이 공부하는 것은 무엇(을) 입니까 ?　" ~이 ~하는 것은 무엇(을) 입니까 ? "

    당신은 (직업이) 무엇입니까 ?　　　　" ~은 (직업이) 무엇입니까 ? "
    당신이 인 것은 (직업이) 무엇입니까?　" ~이 인 것은 (직업이) 무엇입니까 ? "

A-3. 의문 표현3

3-1 ~은 누구(무슨 이름)입니까? (6하 원칙에 따라 모르는 것을 물어봅니다.)
      (여기에서 누구는 설명태입니다)

여기에서는 '누구'를 물어보는 표현을 익혀봅니다.

당신은 누구입니까?
(여기에서 '누구'는 이름을 의미합니다.)   [도치중심]

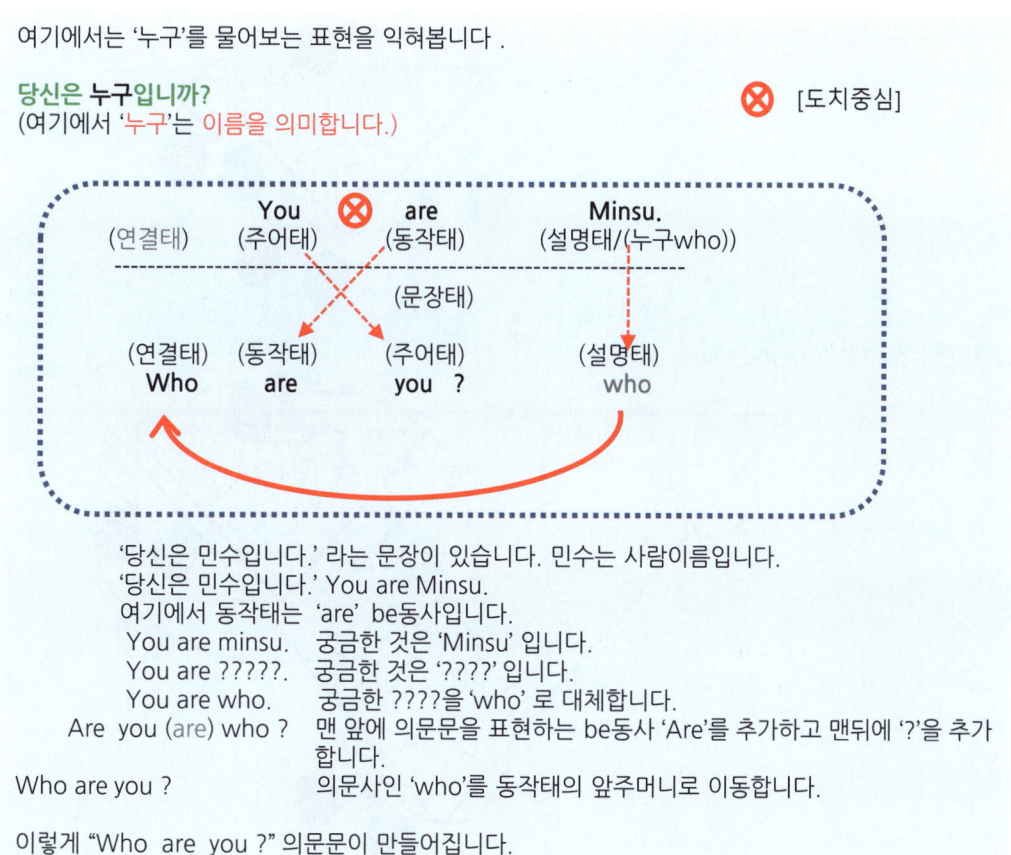

'당신은 민수입니다.' 라는 문장이 있습니다. 민수는 사람이름입니다.
'당신은 민수입니다.' You are Minsu.
여기에서 동작태는 'are' be동사입니다.
　You are minsu.　　궁금한 것은 'Minsu' 입니다.
　You are ?????.　　궁금한 것은 '????' 입니다.
　You are who.　　궁금한 ????을 'who' 로 대체합니다.
Are you (are) who ?　맨 앞에 의문문을 표현하는 be동사 'Are'를 추가하고 맨뒤에 '?'을 추가
　　　　　　　　　　합니다.
Who are you ?　　　의문사인 'who'를 동작태의 앞주머니로 이동합니다.

이렇게 "Who are you ?" 의문문이 만들어집니다.

A-3. 의문 표현3

3-1 ~은 누구(무슨 이름)입니까? (6하 원칙에 따라 모르는 것을 물어봅니다.)
(여기에서 누구는 설명태입니다.)

삼각배열도를 통해서 설명합니다.

'당신은 민수입니다.' You are Minsu.

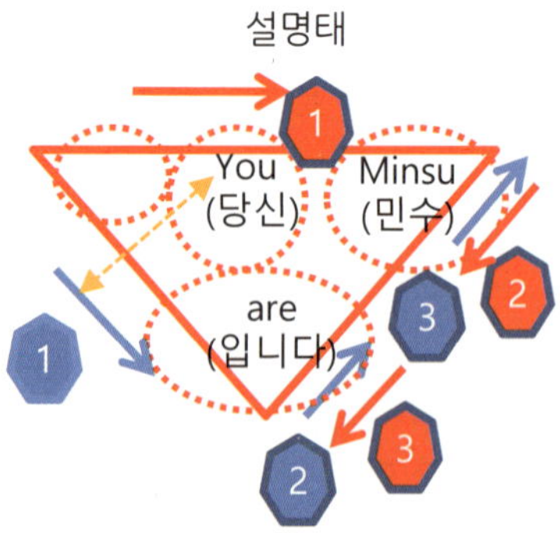

'당신은 민수입니까?' Are you Minsu ?

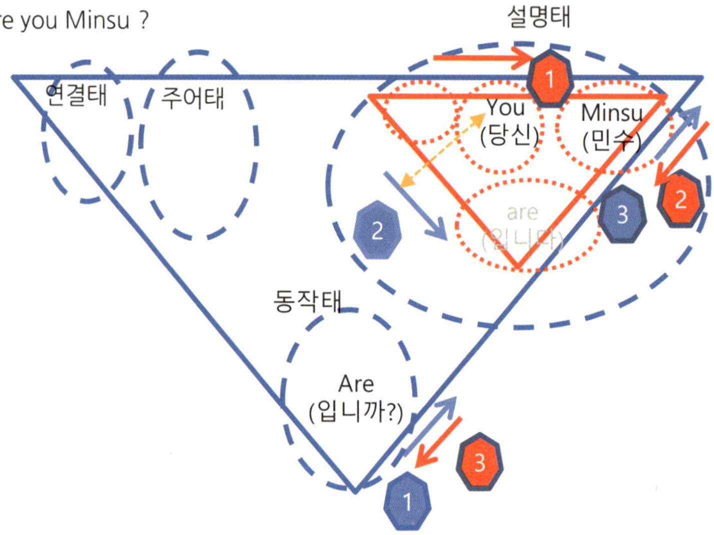

"당신은 누구입니까? " Who are you ?

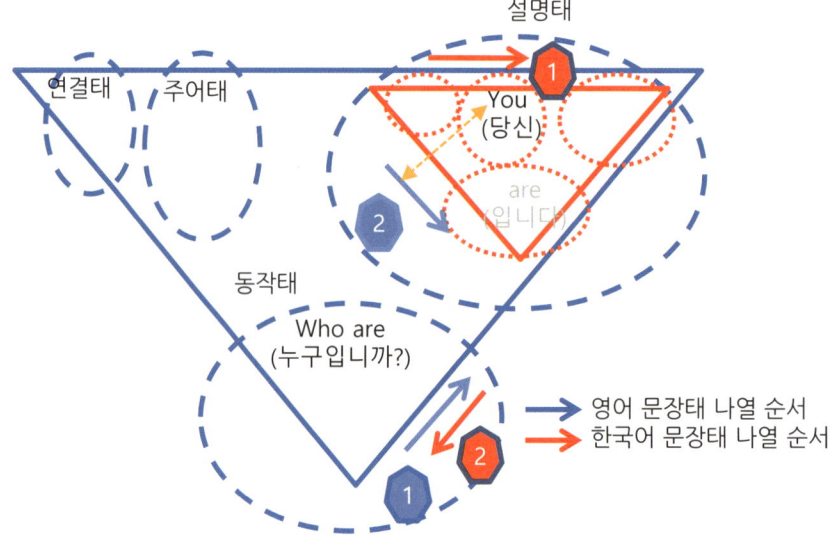

여기에서 'who'는 동작태 'are'의 앞주머니에 위치하여 'are'와 함께 움직이며 해석됩니다.

A-3. 의문 표현3

3-2 누구가 ~직업입니까? (6하 원칙에 따라 모르는 것을 물어봅니다.)
(여기에서 누구는 주어태입니다)

여기에서는 주어태안의 '누구'를 물어보는 표현을 익혀봅니다

누가 학생입니까?

여기에서 궁금한 것은 '누구'라는 존재입니다.

'그는 학생입니다.' 라는 문장이 있습니다.
'그는 학생입니다.' He is a student.

```
                He        is       a student.
(연결태)       (주어태)  (동작태)   (설명태)
         -----------------------------------------
                        (문장태)
```

He is a student.   궁금한 것은 'He' 입니다.
Who is a student.   궁금한 'He'를 '누구' 를 표현하는 'who'로 대체합니다.
Who is a student?   의문사인 'who' 가 맨앞에 있으므로 주어태와 동작태의 위치를 서로 바꿀 필요가 없습니다.

이렇게 'Who is a student ?' 문장이 만들어집니다.

'who'를 주어태로 보고 연결태가 생략된 것으로 간주합니다.

```
                Who       is       a student ?
(연결태)      (주어태)  (동작태)   (설명태)
         -----------------------------------------
                        (문장태)
```

A-3. 의문 표현3

3-3 누구를 ~합니까? (6하 원칙에 따라 모르는 것을 물어봅니다.)
(여기에서 '누구를'은 설명태(목적격)입니다)

여기에서는 '누구를'을 물어보는 표현을 익혀봅니다

누구를 당신은 만납니까? => 당신이 만나는 사람은 누구입니까?
여기에서 궁금한 것은 '누구를'이라는 만나는 대상의 존재입니다.
'당신은 그녀를 만납니다.' 라는 문장이 있습니다.
'당신은 만납니다.' You meet.
'당신은 그녀를 만납니다.' You meet her.
'Do ~~~~?' ~~합니까?
"Do (문장태) ?" 문장태를 합니까?

Whom + do (문장태) ? ==> 누구를 (문장태)합니까?
Whom   do   you (반문장태) ? ==> 당신은 누구를 (반문장태) 합니까?
Whom   do   you meet ? ==> 당신은 누구를 만납니까?

```
              You         meet          her.
        (연결태)  (주어태)   (동작태)    (설명태/누구/목적어)
        -----------------------------------------------
                           (문장태)
```

         You   meet her.   궁금한 것은 'her' 입니다.
         You   meet whom.   궁금한 'her'를 '누구를' 을 표현하는 'whom'으로 대체합니다.
         Do you   meet whom?   주어태인 'you'와 동작태인 'do'를 순서를 바꿉니다.
Whom   do you   meet?   의문사인 'whom'을 맨앞으로이동합니다.

이렇게 "Whom do you meet ?" 문장이 만들어집니다.

'Whom'은 의문사로서 설명태안의 단어를 대신하여 동작태의 앞주머니로 이동하여 의문문을 형성합니다.

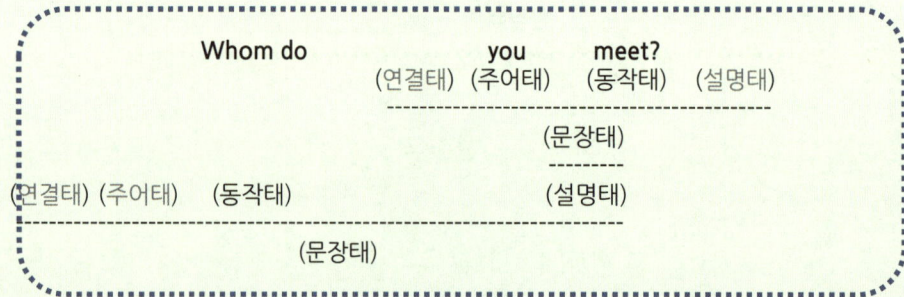

당신이 만나는 것은 누구를 하는(만나는) 것입니까? => 당신은 누구를 만납니까?

A-3. 의문 표현3

3-4 ~에게 ~합니까? (6하 원칙에 따라 모르는 것을 물어봅니다.)
(여기에서 '누구에게'는 설명태(여격)입니다)

여기에서는 '누구에게'를 물어보는 표현을 익혀봅니다
여격은 '누구에게 주는 것'을 의미합니다.

그 책을 누구에게 줍니까?
여기에서 궁금한 것은 '누구에게'라는 대상입니다.
'당신은 그에게 그 책을 줍니다.' 라는 문장이 있습니다.
당신은 줍니다.' You give.
'당신은 그에게 줍니다.' You give him.
'당신은 그에게 책을 줍니다.' You give him the book.

'Do ~~~~?" ~~합니까?
"Do (문장태) ?" (문장태)를 합니까?
Whom + do (문징태) ? ==> 누구에게 (문장태)합니까?
Whom   do you (반문장태) ? ==> 당신은 누구에게 (반문장태) 합니까?
Whom   do you give ? ==> 당신은 누구에게 줍니까?

```
            You      give    him   the book.
                                   --------------------
       (연결태)  (주어태)  (동작태)   (설명태)
       ----------------------------------------------
                          (문장태)
```

You give him   the book.   궁금한 것은 'him','그에게'입니다.
You give whom the book.   궁금한 'him'을 '누구에게' 를 표현하는 'whom'으로
                             대체합니다.
    Do you give whom the book?   맨 앞에 의문문을 만드는 'do'를 추가합니다.
Whom do you give   the book?   의문사인 'whom'을 앞으로 보냅니다.
이렇게 'Whom do you give the book?' 문장이 만들어집니다.
의문사 'whom'은 주문장태의 동작태 앞주머니로 이동하여 의문문을 형성합니다.

```
              Whom do          you     give    the book ?
                            (연결태) (주어태) (동작태)  (설명태)
                            ------------------------------------
                                        (반문장태)
                                        ----------
 (연결태)   (주어태)    (동작태)              (설명태)
 ----------------------------------------------------------------
                          (문장태)
```

당신이 그 책을 주는 것은 누구에게 하는 것입니까 ? ==> 당신은 그 책을 누구에게 줍니까?

A-3. 의문 표현3

3-5 무엇을 ~합니까? (6하 원칙에 따라 모르는 것을 물어봅니다.) - 무엇을(설명태/목적격)

여기에서는 '무엇'를 물어보는 표현을 익혀봅니다

당신은 무엇을 공부합니까?
여기에서 궁금한 것은 '무엇'라는 대상인 것입니다.

'당신은 역사를 공부합니다.' 라는 문장이 있습니다.
'당신은 공부합니다.' You study.
'당신은 역사를 공부합니다.' You study history.

'Do ~~~~?' ~~합니까?
"Do (문장태) ?" (문장태)를 합니까?
What + do (문장태) ? ==> 무엇을 (문장태)합니까?
What   do you (반문장태) ? ==> 당신은 무엇을 (반문장태) 합니까?
What   do you study ? ==> 당신은 무엇을 공부합니까 ?

```
              You        study       history.
(연결태)    (주어태)    (동작태)    (설명태)
        -------------------------------------------
                        (문장태)
```

    You study history.   궁금한 것은 설명태 안에 있는 'history' 입니다.
    You study what.   궁금한 'history'를 '무엇' 를 표현하는 'what'으로 대체합니다.
    Do You study what ?   study 앞에 'do'를 추가하여 의문문을 만들고 맨 뒤에 '?'을 추가합니다.
    What do you study?   의문사인 'what'를 맨앞으로이동합니다.

이렇게 "What do you study ?" 문장이 만들어집니다.
'What'는 의문사로서 설명태안의 단어를 대신하여 앞에 있는 동작태의 앞주머니로 이동하여 의문을 해결해주는 역할을 한 것으로 볼 수 있습니다.

```
                     What   do              you     study ?
                                        (연결태)(주어태)(동작태)(설명태)
                                        -------------------------------------
                                                    (문장태)
                                                    ----------
(연결태)    (주어태)      (동작태)               (설명태)
-----------------------------------------------------------------
                        (문장태)
```

당신은 공부하는 것은 무엇을 하는 것입니까? ==> 당신은 무엇을 공부합니까?

A-3. 의문 표현3

3-6 ~은 무엇(무슨 직업)입니까? (6하 원칙에 따라 모르는 것을 물어봅니다.) - 무엇인

여기에서는 주어태가 '무엇'인가 물어보는 표현을 익혀봅니다

당신은 (직업이) 무엇입니까?
여기에서 궁금한 것은 '무엇'라는 직업인 것입니다.

'당신은 선생님입니다.' 라는 문장이 있습니다.
'당신은 선생님입니다.' You are a teacher.'

```
              You      are      a teacher.
     (연결태)  (주어태)  (동작태)   (설명태)
     ----------------------------------------
                      (문장태)
```

```
     You   are   a teacher.    궁금한 것은 'teacher' 입니다.
     You   are   what.         궁금한 'teacher'를 '무엇' 를 표현하는 'what'으로 대체합니다.
     Are you (are) what ?      앞에 'Are'를 추가하여 의문문을 만들고 맨 뒤에 '?'을 추가합니다
                               원래의 'are'는 생략합니다.
What are you ?                 의문사인 'what'을 맨앞으로이동합니다.
```
이렇게 의문문 "What are you ?" 가 만들어집니다.
마치 'what' 가 주어인 것 같지만 설명태인 'what'이 의문사가 되어 문장태의 앞으로 이동한 것입니다.

이렇게 'What are you ?' 문장이 만들어집니다.

'What'는 의문사로서 설명태안의 단어를 대신하여 동작태의 앞주머니로 이동하여 의문문을 구성해주는 역할을 하고 있습니다.

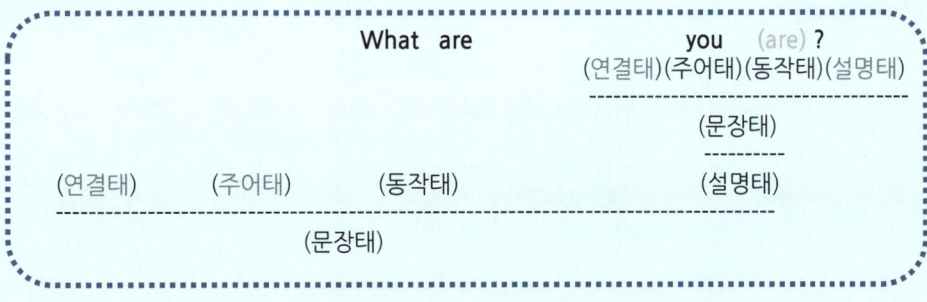

당신은 무엇입니까 > ==> 당신의 직업은 무엇입니까?

A-3. 의문 표현3

3-6 ~은 무엇(무슨 직업)입니까? (6하 원칙에 따라 모르는 것을 물어봅니다.) - 무엇인

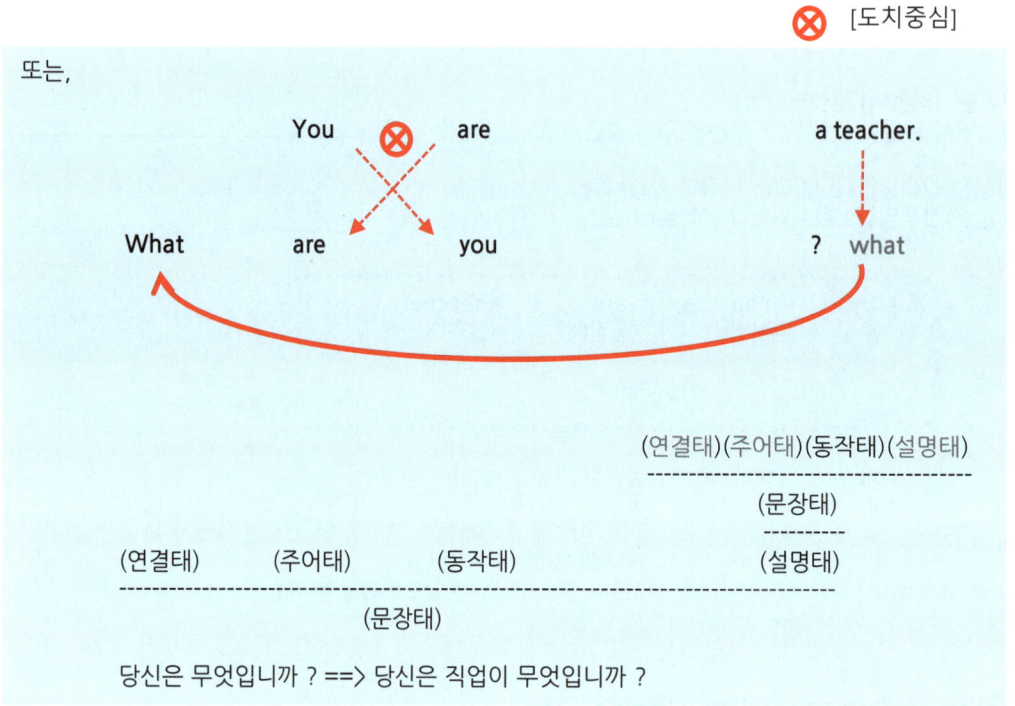

당신은 무엇입니까 ? ==> 당신은 직업이 무엇입니까 ?

* 예문

	연결태	주어태	동작태	설명태
(1)			Who is	he?
(2)			Who is	the owner of this house?
(3)			Who do	you support?
(4)			What did	he take ?
(5)			What is	her job?

(1) 그는 누구입니까 ?
(2) 누가 이 집의 주인입니까 ?
(3) 당신은 누구를 지지합니까 ?
(4) 그는 무엇을 가지고 갔습니까?
(5) 그녀는 직업이 무엇입니까?

A-4. 부정 표현

> # 부정표현: ~이 아닙니다.　　(상태를 부정)
> # ~을 하지 않습니다. (동작을 부정)

A-4. 부정 표현

나는	슬프지 않습니다.	" ~는　~하지 않습니다. "	(상태를 부정)
나는	학생이 아닙니다,	" ~는　~이 아닙니다."	
나는	가고 있는 중이 아닙니다.	" ~는 ~하고 있는 중이 아닙니다."	
나는	울지 않습니다.	" ~는 ~하지 않습니다."	(동작을 부정)
나는	차를 가지고 있지 않습니다.	" ~는 ~을 ~하지 않습니다."	
나는	수영을 할 수 없습니다.	" ~는 ~하는 것을 ~하지 않습니다."	

A-4. 부정 표현

1-0 부정문이란

부정문은 내용을 부정하는 문장을 말합니다.
부정하는 내용은 설명태를 말하기도 하며 또는 동작태를 부정하기도 합니다.

우리말의 "~입니다." 를 부정합니다.
"안 ~ 입니다." ===> "~아닙니다."

영어에서 부정을 나타내는 'not', 'no', 'never' 등의 단어는 동작태의 앞주머니 또는 뒷주머니에서 동작태와 한 덩어리가 되어 동작태를 부정합니다.

또는 설명태의 앞주머니에서 설명태 전부를 부정하기도 합니다.

A-4. 부정 표현

1-1 ~이 아닙니다. (be동사의 상태를 부정합니다.)

부정문은 기본적으로 동작태 또는 설명태를 부정하는 것입니다.

부정을 나타내는 'not'와 결합하는 단어가 정식 동사입니다.
'not'은 동작태 뒷주머니입니다.
나는 슬프지 않습니다. 라는 표현을 해봅니다.
나는 학생이 아닙니다. 라는 표현을 해봅니다.
'나는 슬픕니다.' 는 'I am sad.' 입니다.
'나는 학생입니다.' 는 'I am a student.' 입니다.

'I am ~' '나는 ~ 상태입니다.' 라는 의미입니다.

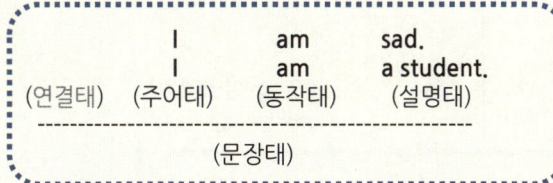

I am sad.   '나는 sad 상태입니다.'
I am a student.   '나는 a student 상태입니다.'

부정문의 표현은 기본적으로 동사의 다음에 'not' 등의 부정을 의미하는 단어를 사용합니다.
(동작태 뒤에 오는 not은 동작태의 뒷주머니입니다.)

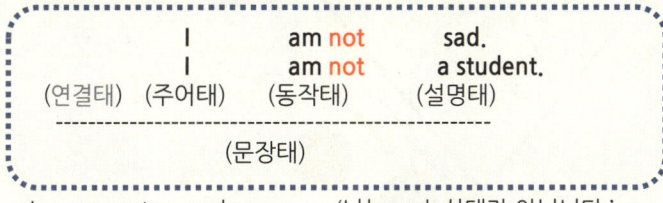

I am not   sad.   '나는 sad 상태가 아닙니다.'
I am not   a student   '나는 a student 상태가 아닙니다.'

I am not sad.   '나는 슬프지 않습니다.'
I am not a student.   '나는 학생이 아닙니다.'

또는,
'not'은 설명태의 앞주머니에 위치하여 설명태의 전부를 부정하는 뜻으로 사용됩니다.

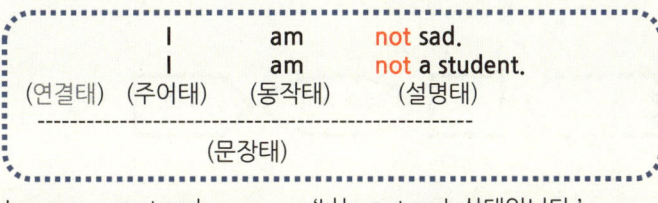

I am   not sad.   '나는 not sad 상태입니다.',
I am   not a student   '나는 not a student 상태입니다.',

설명태의 내용을 부정하는 것도 문맥상 자연스럽고 정확한 의미를 표현할 수도 있습니다.
이렇게 부정의 표현은 동작태에 포함되거나 또는 설명태에 포함될 수 있습니다.

A-4. 부정 표현

영어 문장태, 한국어 문장태 나열 순서

〈수직구조도〉

〈삼각배열도〉

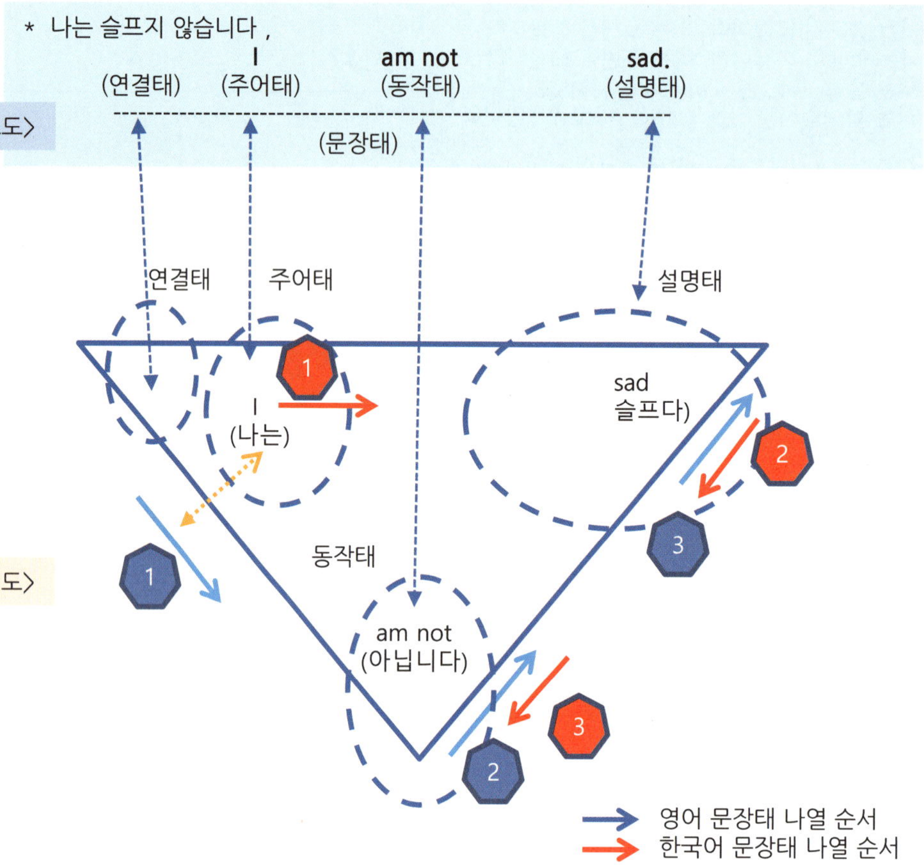

* 나는 슬프지 않습니다 ,
I
am not
sad.
(연결태)
(주어태)
(동작태)
(설명태)
(문장태)
연결태
주어태
설명태
I
(나는)
sad
슬프다)
동작태
am not
(아닙니다)
1
2
3
영어 문장태 나열 순서
한국어 문장태 나열 순서

〈입체분해도〉

I
am not
sad.

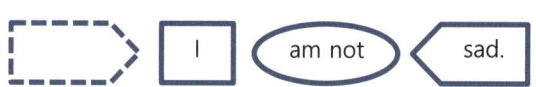

A-4. 부정 표현

영어 문장태, 한국어 문장태 나열 순서

〈수직구조도〉

〈삼각배열도〉

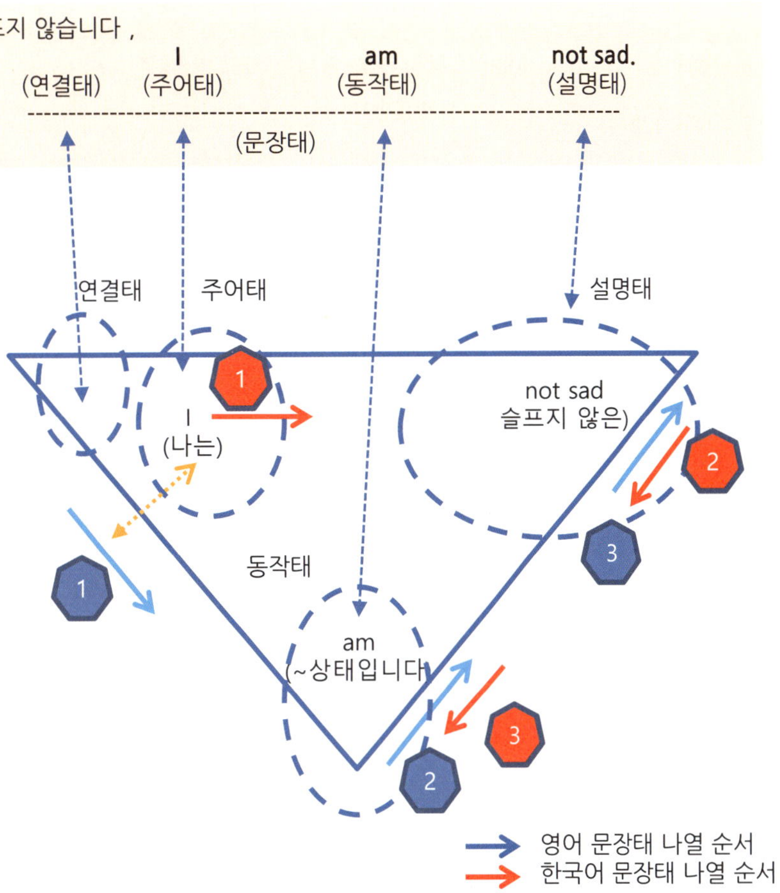

* 나는 슬프지 않습니다 ,
I
am
not sad.
(연결태)
(주어태)
(동작태)
(설명태)
(문장태)
연결태
주어태
설명태
1
I
(나는)
not sad
슬프지 않은)
2
3
동작태
1
am
(~상태입니다)
3
2
영어 문장태 나열 순서
한국어 문장태 나열 순서

〈입체분해도〉

I
am
not sad.

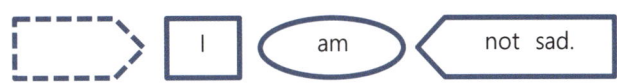

A-4. 부정 표현

1-1 ~이 아닙니다. (be동사의 상태를 부정합니다.)

나는 가고 있지 않습니다. 라는 표현을 해봅니다.

I am going.   나는 going 상태입니다. -> 나는 가고 있습니다.

I am not going.

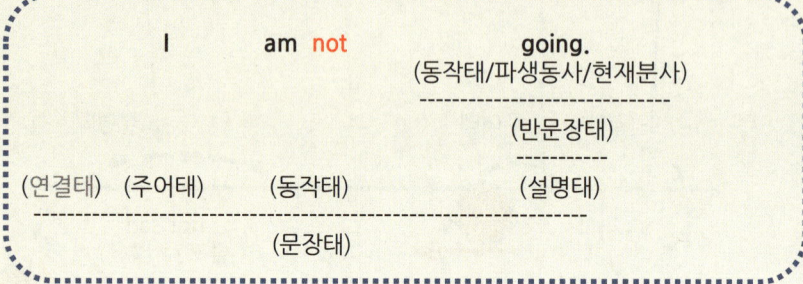

상기 예문의 구조는,
'나는 going가 not 상태입니다.' -> 나는 가고 있지 않습니다.
'am not' 이므로 동작태의 내용을 부정하고 있습니다.
여기에서의 'not'은 동작태의 뒷주머니로 간주한 것입니다.

또 다른 구조를 설명하면,

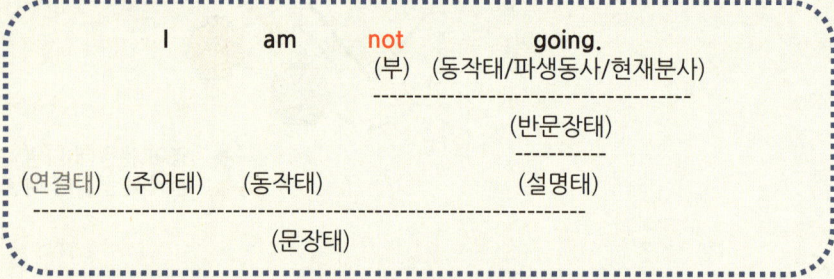

'나는 not going 상태입니다.' -> 나는 가고 있지 않습니다.
'not going'이므로 설명태의 내용을 부정한 것을 의미합니다.
여기에서의 'not'은 설명태(앞주머니)에 포함된 것입니다.

이렇게 be 동사가 사용된 문장의 부정문은 'be 동사'의 다음에 'not'를 추가하여 표현하거나, 설명태의 앞에 부정을 의미하는 'not'을 추가합니다.

'going'은 'go'의 의미를 가진 동작태의 역할을 하는 파생동사입니다.

A-4. 부정 표현

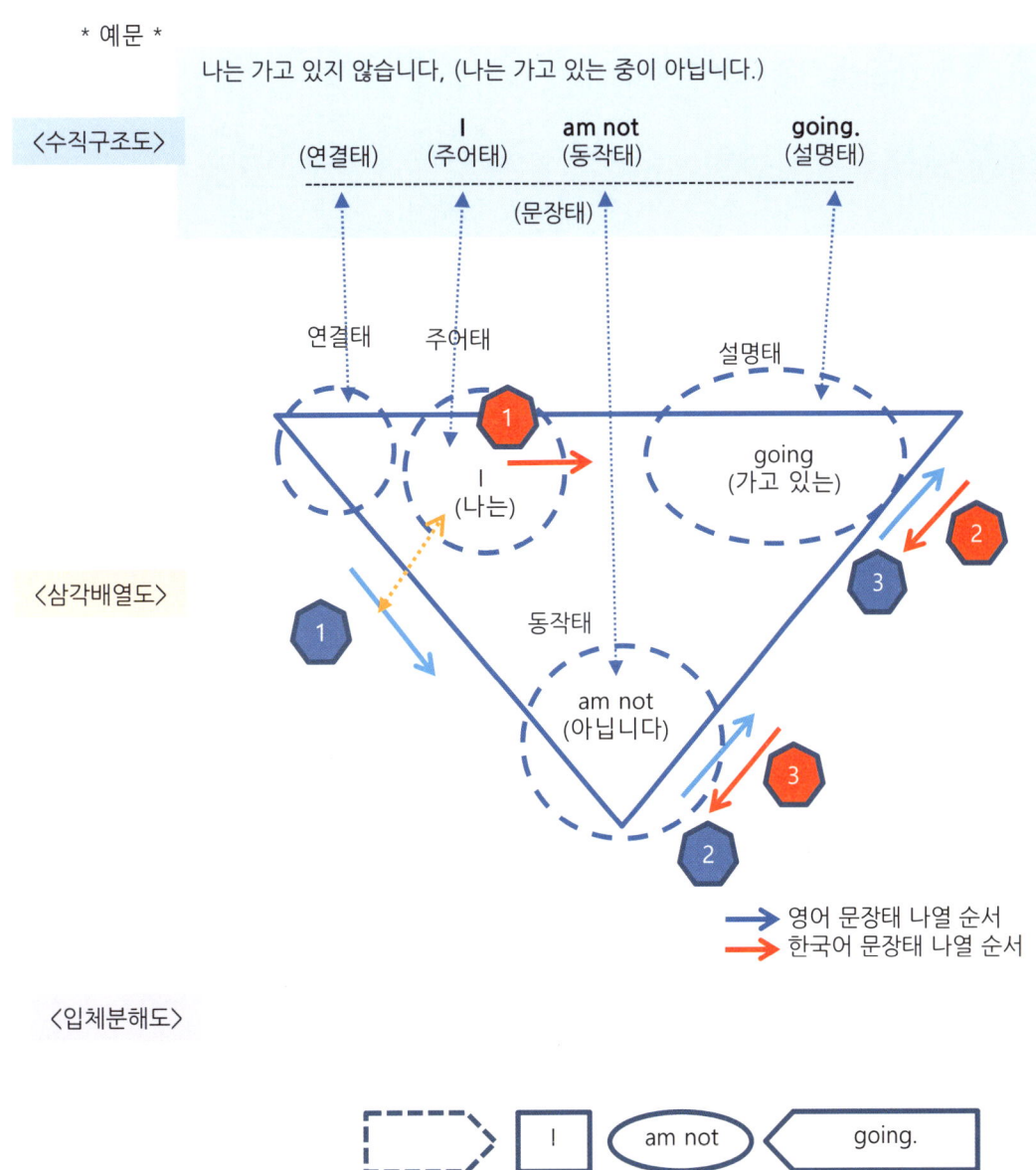

A-4. 부정 표현

영어 문장태, 한국어 문장태 나열 순서

* 예문 *

나는 가고 있지 않습니다.

〈수직구조도〉

I	am	not going.
(연결태)	(주어태)	(동작태)	(설명태)

(문장태)

〈삼각배열도〉

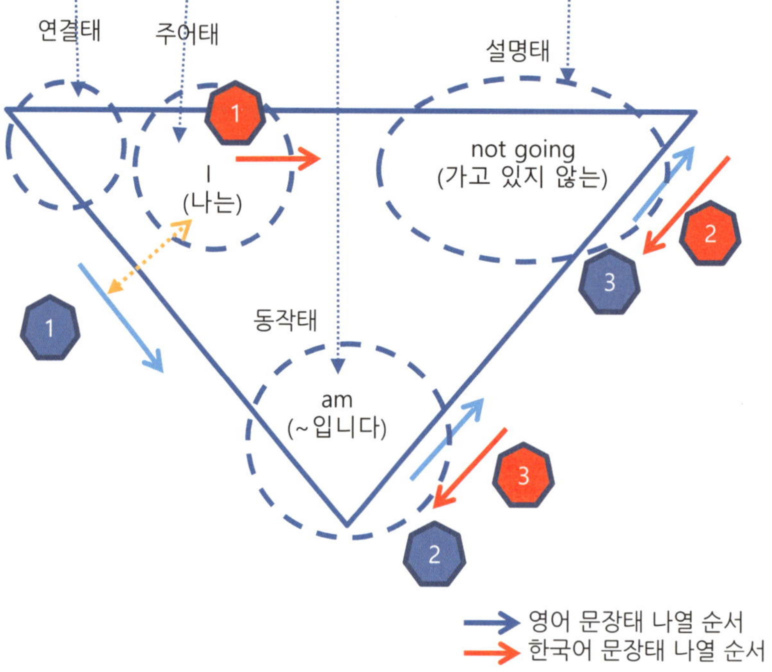

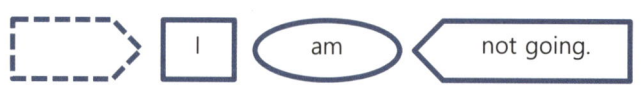
영어 문장태 나열 순서
한국어 문장태 나열 순서

〈입체분해도〉

A-4. 부정 표현

1-2 ~하지 않습니다. (행동 또는 동작을 부정합니다.)

* 나는 울지 않습니다. 라는 표현을 해봅니다.   '나는 웁니다.' 는 'I cry.'입니다.

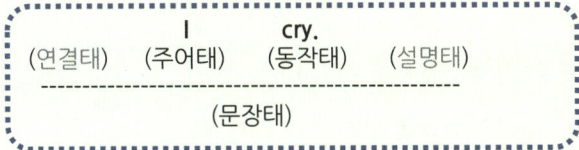

I cry.   나는 웁니다. 현재의 동사는 'cry'입니다.
I do cry. 동사 'cry' 앞에 보조동사 'do'를 추가합니다. 'do'는 강조의 의미를 갖기도 합니다.
       그러므로 동작태는 'cry'가 아닌 'do'가 됩니다.

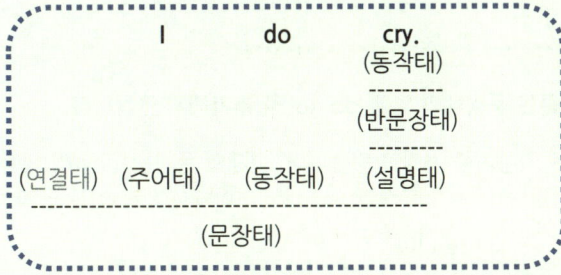

* 부정문을 만들기 위하여 동사인 'do'의 다음에 'not'을 추가합니다.

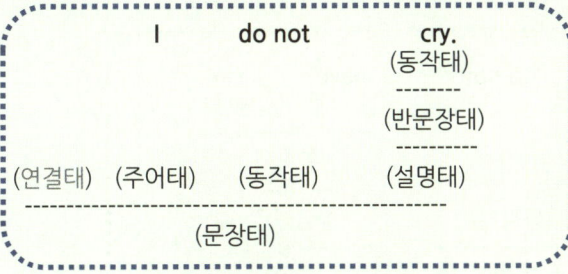

여기에서 'not'은 동작태(뒷주머니)에 포함되어 있습니다.
즉, 'do not ~' '~을 하지 않는다'를 표현합니다.

* 또는, 부정문을 만들기 위하여 'cry'의 앞에 'not'을 추가합니다.

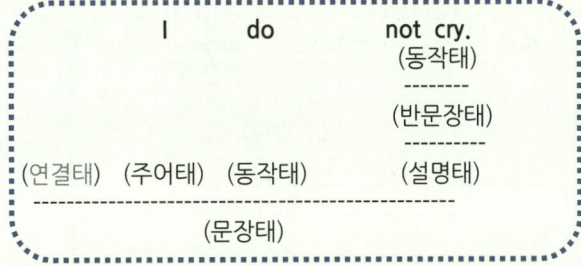

여기에서 'not'은 설명태에 포함되어 있습니다.
정확하게는 설명태 안에 있는 반문장태의 동작태인 'cry'의 앞주머니에 위치하고 있습니다.
"나는 'not cry'를 하고 있습니다." -> '나는 울지 않는 것을 하고 있습니다.'
              -> "나는 울지 않습니다."

* 이렇게 부정문에 동사가 2개 존재한다면 반드시 반문장태가 존재하게 됩니다.
 이처럼 반문장태의 사용은 편리하고 간결한 표현을 만들어줍니다.

A-4. 부정 표현

1-3 ~하지 않습니다. (행동 또는 동작을 부정합니다.)

* **동작태의 부정은 동작태 + not , never + 동작태, hardly +동작태 등으로 표현합니다.'**
이 때에는 not은 동작태에 포함됩니다.

동작태에 not이 포함되는 경우는 동작태를 부정하는 것입니다.

나는 차를 가지고 있지 않습니다. 라는 표현을 해봅니다.
'나는 차를 가지고 있습니다.' 는 'I have a car.' 입니다.

```
              I        have      a car.
(연결태)   (주어태)   (동작태)   (설명태)
          -----------------------------------
                      (문장태)
```

* **be 동사가 아닌 동작태에서의 부정문은 동작태의 앞에 'do not'을 추가해서 만듭니다.**

  I   have a car.   나는 자동차를 가지고 있습니다. 현재의 동사는 'have'입니다.
  I do not have a car.   'do not'을 'have' 앞에 추가합니다. 'not'은 동작태 'do'의 앞주머니
                            입니다.
  'I do not ~'   나는 ~하지 않습니다.
  'I do not   have a car.' '나는 차를 가지고 있는 것을 하지 않습니다.'

  'have a car' 는 동작태와 설명태가 있는 반문장태입니다.

```
              I      do not        have      a car.
                                 (동작태)   (설명태)
                                 --------------------
                                      (반문장태)
                                 ------------
(연결태)  (주어태)  (동작태)        (설명태)
------------------------------------------------------
                      (문장태)
```

또는,

'not'이 설명태에 포함하는 것으로 볼 수도 있습니다.

```
              I       do        not have     a car.
                                (동작태)    (설명태)
                                ---------------------
                                      (반문장태)
                                 ------------
(연결태)  (주어태)  (동작태)         (설명태)
------------------------------------------------------
                      (문장태)
```

나는 'not have a car' 하는 것을 합니다.
　　-> 나는 차를 가지고 있지 않는 것을 합니다.
　　-> 나는 차를 가지고 있지 않습니다.

'not'은 'have'의 앞주머니이거나 앞에서 동작태를 수식하는 부사입니다.

A-4. 부정 표현

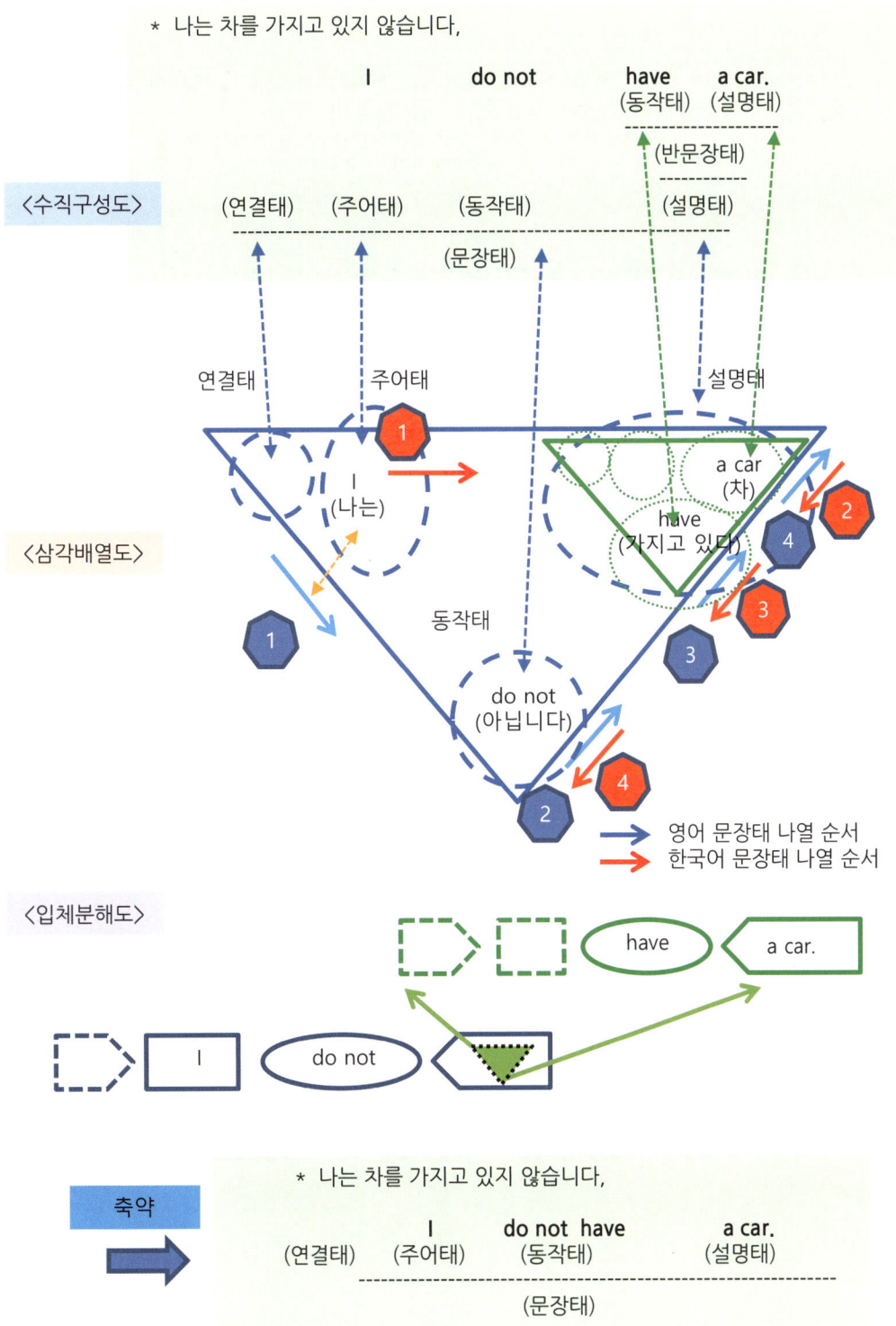

A-4. 부정 표현

1-3 ~하지 않습니다. (행동 또는 동작을 부정합니다.)

예외적인 상황으로,
영국식 영어에서는 '가지고 있다' 라는 의미의 'have' 동사에 대해서는 'be동사'와 마찬가지로 동사의 다음에 'not' 추가함으로써 부정문을 만들기도 합니다.

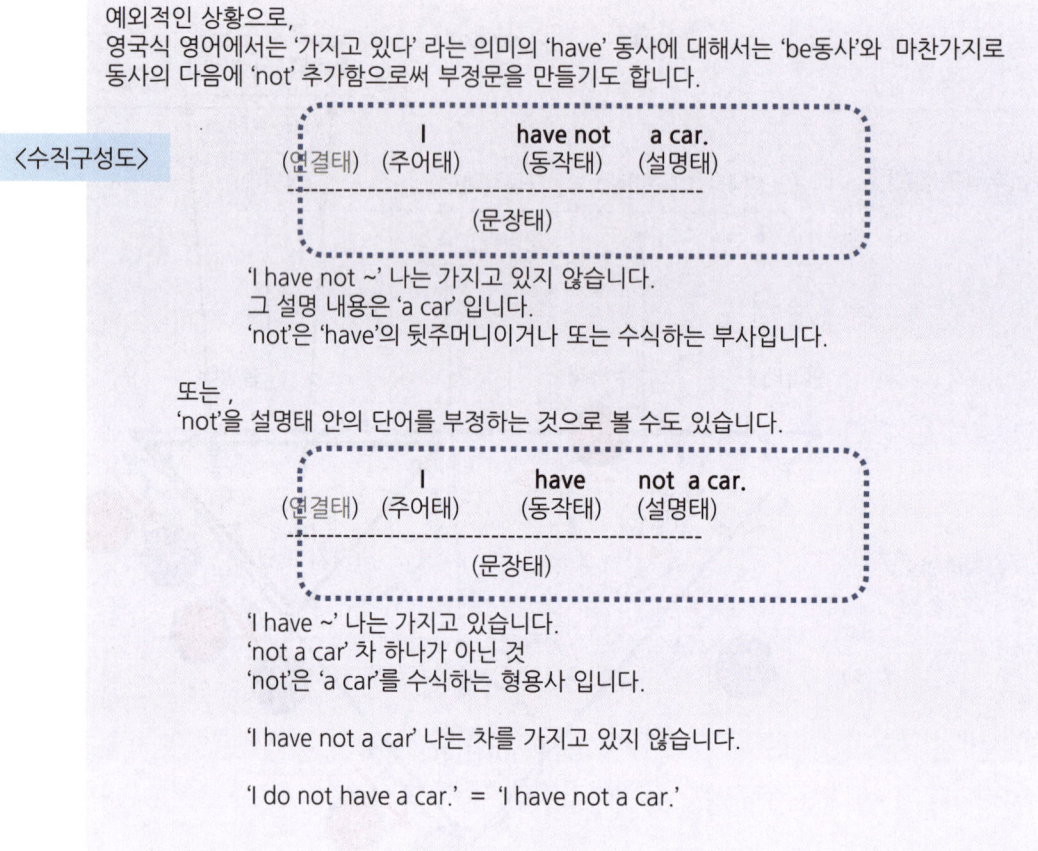

⟨수직구성도⟩

'I have not ~' 나는 가지고 있지 않습니다.
그 설명 내용은 'a car' 입니다.
'not'은 'have'의 뒷주머니이거나 또는 수식하는 부사입니다.

또는,
'not'을 설명태 안의 단어를 부정하는 것으로 볼 수도 있습니다.

'I have ~' 나는 가지고 있습니다.
'not a car' 차 하나가 아닌 것
'not'은 'a car'를 수식하는 형용사 입니다.

'I have not a car' 나는 차를 가지고 있지 않습니다.

'I do not have a car.' = 'I have not a car.'

⟨입체분해도⟩

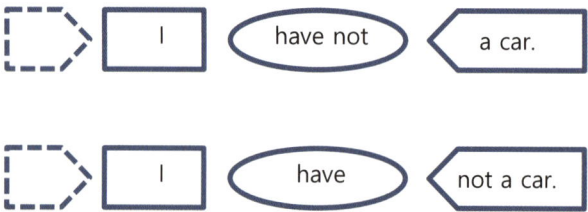

A-4. 부정 표현

1-4 ~하지 않습니다. (보조동사를 부정합니다.) (can의 부정)

'나는 수영을 할 수 없습니다.' 라는 표현을 해봅니다.

'할 수 있습니다' 라는 표현에서는 'can'을 사용합니다.
'can'은 보조동사라고도 하며 동사입니다. 그래서 동작태의 역할을 합니다.

'나는 할 수 있습니다.' 는 'I can   ~ .' 입니다.
'나는 할 수 없습니다.' 는 'I can not ~ .' 입니다.

그 상세 내용이 'swim'이면,

    '나는 수영을 할 수 있습니다.' 는 'I can   swim.' 이고,
    '나는 수영을 할 수 없습니다.' 는 'I can not swim.' 입니다.

can도 동작태이고 swim도 동작태입니다.

두 개의 동사, 즉 두 개의 동작태가 나열되어 있으며 앞의 동사(can)는 동작태가 되고,
뒤의 동사(swim)는 설명태가 됩니다.

이렇게 뒤에 나오는 동사(swim)는 설명태가 되면서
그것은 설명태 내부에서 반문장태를 이루게 됩니다.

(방법1)
    'can' 과 같은 동작태(보조동사/조동사)가 사용된 문장에서 부정문은
        그 동작태의 다음에 'not'을 사용합니다.
        'not'은 동작태 'can'의 뒷주머니입니다.

```
          I         can not           swim.
                                     (동작태)
                                    ----------
                                     (반문장태)
                                    -----------
      (연결태)   (주어태)   (동작태)   (설명태)
      -------------------------------------------
                         (문장태)
```

'I can not ~' 나는 ~할 수 없습니다.
그 상세 내용은 그 다음의 설명태 안에 표현합니다.
"I can not   swim."   'swim'은 설명태입니다.

A-4. 부정 표현

1-4 ~하지 않습니다. (보조동사를 부정합니다.) (can의 부정)

(방법2)

또 다른 형식을 예를 들면,

'I can ~' 나는 ~ 할 수 있습니다.

그 다음에는 상세 내용을 설명하는 설명태가 옵니다.

'I can   not swim.' 설명태는 'not swim'입니다.

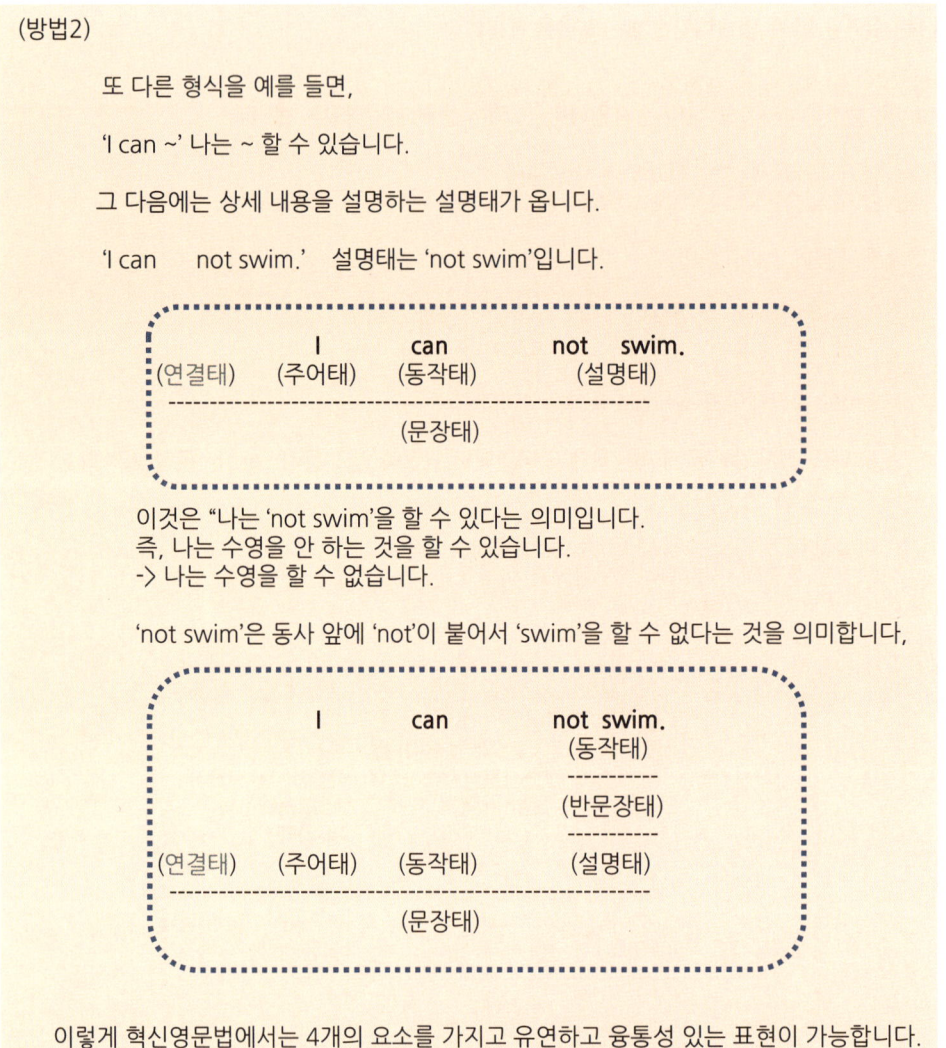

이것은 "나는 'not swim'을 할 수 있다는 의미입니다.
즉, 나는 수영을 안 하는 것을 할 수 있습니다.
-> 나는 수영을 할 수 없습니다.

'not swim'은 동사 앞에 'not'이 붙어서 'swim'을 할 수 없다는 것을 의미합니다.

이렇게 혁신영문법에서는 4개의 요소를 가지고 유연하고 융통성 있는 표현이 가능합니다.

A-4. 부정 표현

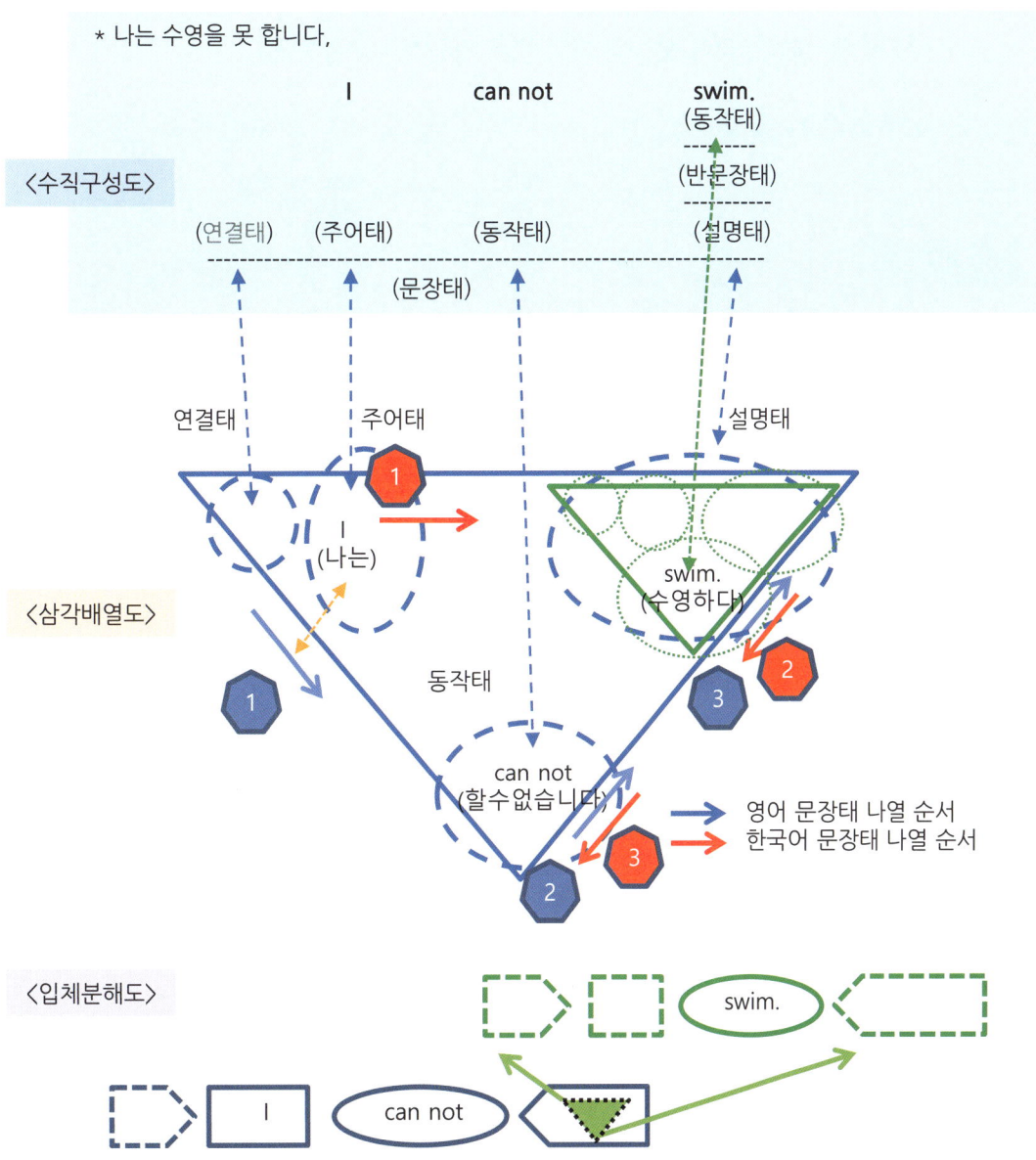

위 예문에서 'can not'은 동작태입니다.
'swim'은 설명태안의 동작태로서 다중삼각배열도를 이루는 하나의 반문장태입니다.
다중삼각배열도 안에 또 다른 작은 다중삼각배열도가 존재하는 것은 문장태가 다중으로 포함된 것을 의미합니다.
러시아의 전통인형인 마트로시카 인형을 열면 반복적으로 그 안에 더 작은 다른 마트로시카 인형이 들어있는 것과 마찬가지 입니다.

영어의 문장태는 번호 순서대로 'V' 형태의 순서(연결태->주어태->동작태->설명태)로 나열되며,
내부에 있는 작은 다중삼각배열도를 만나면 다시 'V' 형태의 순서로 나열됩니다.
한국어의 문장태는 번호 순서대로 (연결태->주어태->동작태->설명태)로 나열되며,
내부에 있는 작은 다중삼각배열도를 만나면 다시 동일한 형태의 순서로 나열됩니다.

A-4. 부정 표현

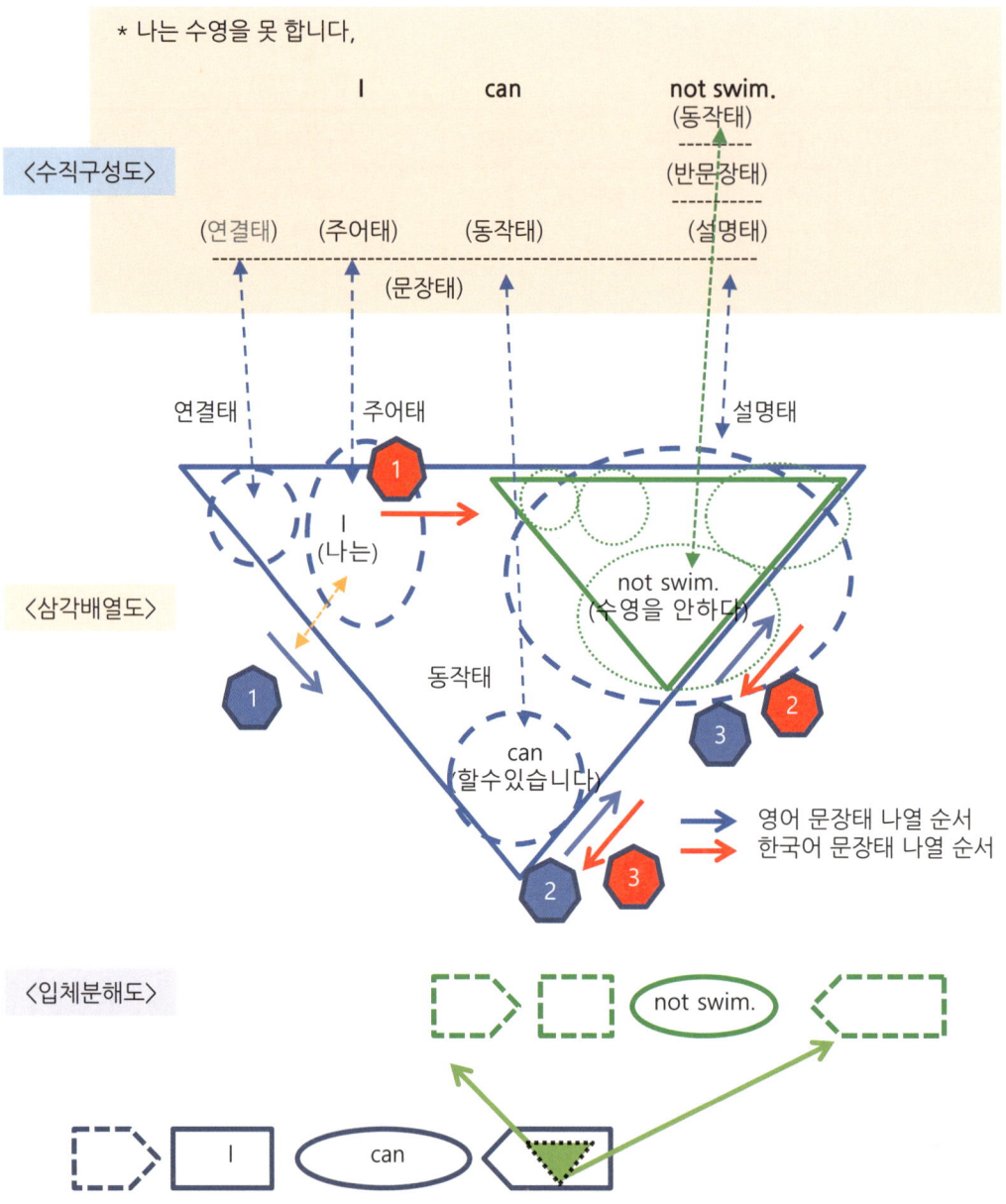

위 예문에서 'can'은 동작태입니다.
'swim'은 설명태안의 동작태로서 설명태 내부에 하나의 반문장태인 삼각배열도를 이루고 있습니다.
'not swim'은 동작태 'swim'의 부정을 의미합니다.

문장태의 표현은 동일하지만 'not'은 동작태의 뒷주머니에 올 수도 있고 설명태의 앞주머니에 올 수도 있습니다.

A-4. 부정 표현

* 예문

	연결태	주어태	동작태	설명태
(1)		I	am	not scared.
(2)		You	are	not fat.
(3)		He	is	not a professor.
(4)		She	is not	a stewardess.
(5)		They	were	not brothers.
(6)		I	am not	driving.
(7)		I	didn't	fight.
(8)		You	did not	cut the tree.
(9)		He	shouldn't	go home.
(10)		You	do not	need to do cleaning.
(11)		I	didn't	have dinner.
(12)		I	can't	fly drones.

(1) 나는 무섭지 않습니다.
(2) 당신은 뚱뚱하지 않습니다.
(3) 그는 교수가 아닙니다.
(4) 그녀는 스튜어디스가 아닙니다.
(5) 그들은 형제가 아니었습니다.
(6) 나는 운전하는 중이 아닙니다.
(7) 나는 싸우지 않았습니다.
(8) 당신은 나무를 베지 않았습니다.
(9) 그는 집에 가면 안됩니다.
(10) 당신은 청소를 할 필요가 없습니다.
(11) 나는 저녁식사를 하지 않았습니다.
(12) 나는 드론을 날릴 줄 모릅니다.

A-5. 연결 표현

연결표현1 - 단순연결

A-5. 연결 표현1

1. 단순연결 (등위접속사) 나열사

너와 나는 친구입니다.	" ~와 ~는"
그는 작지만 강합니다.	" ~하지만"
시골이 아니면 도시가	" ~이 아니면 ~이 "
그와 나 둘 다	" ~와 ~ 둘 다 "
당신 뿐만 아니라 나도	" ~뿐만 아니라 ~도 "
클 뿐만 아니라 잘생기기 까지	" ~뿐만 아니라 ~하기까지 "
너와 나 둘 중 한 명은 우승합니다.	" ~와 ~ 둘 중 하나 "
그의 여동생도 남동생도 모두 오지 못합니다.	" ~도 ~도 모두 ~ 못하는 "

A-5. 연결 표현1

1 단순연결 (등위접속사) 나열사

단순연결을 위한 나열사는 문장태와 문장태 또는 동일한 품사의 단어를 나열하는 역할을 합니다.

(1) 너와 나는 친구입니다. (and)

```
           You      and      I       are      friends.
           (명)    (나열사)  (명)
                   ---------------------------
          (연결태)        (주어태)       (동작태)    (설명태)
          ------------------------------------------------
                              (문장태)
```

'and'는 나열사로서 단순하게 나열하는 역할을 합니다.
주어태안에서 '명사'와 '명사'가 사용되었으며 두 명사를 나열사 'and'가 연결합니다.
'나열사'는 단순하게 앞 뒤를 나열하여 연결해주는 역할을 합니다.

(2) 그는 작지만 강합니다. (but)

```
              He      is      small    but    strong.
                           (명(형)부전문)(나열사)(명(형)부전문)
                           -------------------------------------
          (연결태) (주어태) (동작태)           (설명태)
          ----------------------------------------------
                              (문장태)
```

설명태 안의 'but'는 나열사로서 두개의 형용사를 단순 연결하고 있습니다.
' ~ but - '는 '~하지만 - 한 ' 의 의미를 가지고 있습니다.
'(명(형)부전문)' 은 '(형용사)' 입니다.

(3) 당신은 시골이 좋습니까 아니면 도시가 좋습니까? (or)

```
          Do     you     like    the countryside   or   the city?
                                ((명)형부전문)   (나열사) ((명)형부전문)
                                ---------------------------------------
                         (동작태)                (설명태)
                         ----------------------------------
                                       (반문장태)
                                       -----------
          (연결태) (동작태) (주어태)              (설명태)
          -------------------------------------------------
                              (문장태)
```

'or'는 나열사로서 설명태 안에서 명사와 명사를 연결해주는 역할을 합니다.
설명태는 'like'로 시작하며 반문장태로 되어있습니다.
의문문은 주어태와 동작태가 순서를 바꾸어 위치합니다.
'((명)형부전문)' 은 '(명사)'입니다.
you like -> you do like -> Do you like ?

A-5. 연결 표현1

1 단순연결 (등위접속사) 나열사

(4) 그와 나 둘 다 경찰입니다. (both A and B)

```
        Both    you   and    he    are    police officers.
       (나열사) (명사) (나열사) (명사)
       ----------------------------
(연결태)       (주어태)        (동작태)      (설명태)
       ------------------------------------------------
                        (문장태)
```

주어태 안에 나열사와 명사가 이어져서 주어태를 이루고 주어의 역할을 하고 있습니다.

Both A and B -> A와 B 둘 다
동등한 관계로 나열되어 있습니다.

(5) 당신 뿐만 아니라 나도 즐겁습니다. (as well as)

```
        You    as well as    I    are    happy.
       (명사)   (나열사)    (명사)
       ----------------------------
(연결태)      (주어태)         (동작태)   (설명태)
       ------------------------------------------------
                        (문장태)
```

주어태 안에는 나열사와 명사가 이어져서 주어태를 이루고 주어의 역할을 하고 있습니다.

A as well as B -> A뿐만 아니라 B도
동등한 관계로 나열되어 있습니다.

(6) 그는 키가 클 뿐만 아니라 잘생기기 까지 했습니다. (not only A but also B)

```
         He    is    not only    tall    but also    hansome.
                    (나열사)   (형용사)   (나열사)   (형용사)
                    ------------------------------------------
(연결태) (주어태) (동작태)              (설명태)
         ------------------------------------------------------
                            (문장태)
```

설명태 안에 나열사와 형용사가 연결되어 있습니다.
not only A but also B -> A뿐만 아니라 B도
동등한 관계로 나열되어 있습니다.

A-5. 연결 표현1

1 단순연결 (등위접속사) 나열사

(7) 너와 나 둘 중 한 명은 우승합니다.　　　　　(either A or B)

```
        Either   you    or     I     win      the prize.
        (나열사) (명사) (나열사)(명사)
        ------------------------------------
        (연결태)       (주어태)        (동작태)   (설명태)
        ------------------------------------------------------
                            (문장태)
```

주어태 안에 나열사와 명사가 반복하여 이어져서 주어태를 이루고 주어의 역할을 하고 있습니다.
either A or B -> A와 B 둘 중 하나
동등한 관계로 나열되어 있습니다.

(8) 그의 여동생도 남동생도 모두 오지 못합니다.　　(neither A nor B)

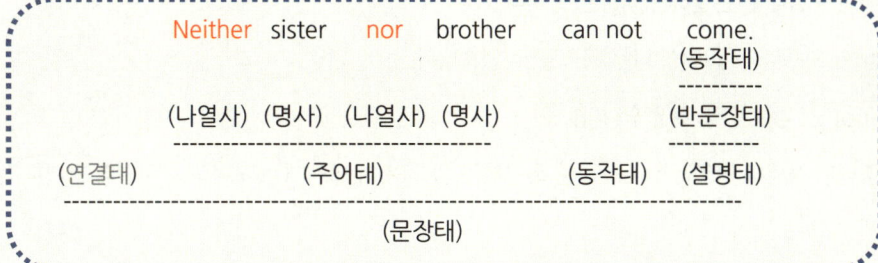

주어태 안에는 연나열사와 명사가 이어져서 주어태를 이루고 주어의 역할을 하고 있습니다.
'can not'은 '할 수 없습니다' 를 의미하는 동작태이며 'come'은 설명태입니다.
'can not come' -> 올 수 없습니다.

neither A nor B -> A와 B 둘 다 아닌
동등한 관계로 나열되어 있습니다.

〈입체분해도〉

A-5. 연결 표현1

1 단순연결 (등위접속사) 나열사

(9) 배가 고파서 나는 움직일 수가 없었습니다.   이유 (so)

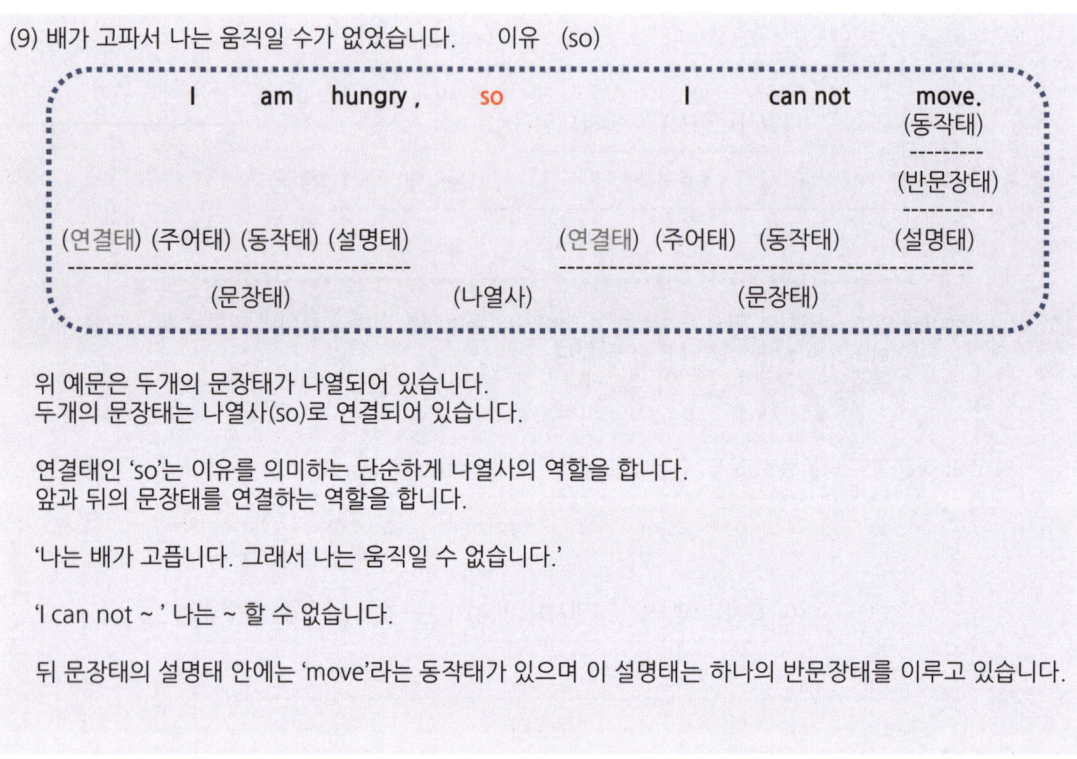

위 예문은 두개의 문장태가 나열되어 있습니다.
두개의 문장태는 나열사(so)로 연결되어 있습니다.

연결태인 'so'는 이유를 의미하는 단순하게 나열사의 역할을 합니다.
앞과 뒤의 문장태를 연결하는 역할을 합니다.

'나는 배가 고픕니다. 그래서 나는 움직일 수 없습니다.'

'I can not ~ ' 나는 ~ 할 수 없습니다.

뒤 문장태의 설명태 안에는 'move'라는 동작태가 있으며 이 설명태는 하나의 반문장태를 이루고 있습니다.

〈입체분해도〉

A-5. 연결 표현1

*예문

	연결태	주어태	동작태	설명태
(1)		I	like	apples and pears.
(2)		You	are	a woman,
		but you	are	strong.
(3)		I	will	go on a trip
		or go		to school.
(4)		Both he and she	are	healthy.
(5)		I	like	baseball as well as golf.
(6)		He	speaks	not only English but also Spanish.
(7)		You	will	need to buy either a car or a bicycle.
(8)		He	is	not good at singing and dancing.
(9)		I	am	a coward
	,	so I	don't	watch that movie.

(1) 나는 사과와 배를 좋아합니다.
(2) 당신은 여자이지만 힘이 셉니다.
(3) 나는 여행을 가든지 아니면 학교에 갈 것입니다.
(4) 그이와 그녀 둘다 건강합니다.
(5) 나는 골프 뿐만 아니라 야구도 좋아합니다.
(6) 그는 영어뿐만 아니라 스페인어도 잘합니다.
(7) 자동차와 자전거 둘 중에 하나는 구입해야 합니다.
(8) 그는 노래도 춤도 모두 잘 못합니다.
(9) 나는 겁쟁이입니다, 그래서 나는 그 영화를 보지 않습니다.

상기 예문에서 ,
(2) 의 주어태 'but you'는 'but'은 'you'의 앞주머니입니다.
그 이유는 한국어로 해석할 때 'but'는 주어태 'you'의 앞에서 해석되기 때문입니다.

(9)의 주어태 'so I'는 'so'는 'I'의 앞주머니입니다.
그 이유는 역시 한국어로 해석할 때 'so'는 'I'의 앞에서 해석되기 때문입니다.

이것이 단순연결의 특징입니다.

A-5. 연결 표현

연결표현2 - 종속연결

A-5. 연결표현2

2. 종속연결 (종속접속사) 연결태

* **명사**

　　그가 올 거라는 것은 확실합니다. " ~할거라는 것 "
　　그가 성공할 것이라는 것은 확실합니다. " 그것이 ~이라는 것 "
　　나는 그에게 차를 버렸는지 아니면 팔았는지 물었다. " ~인지 아니면 ~인지 "

* **부사**

때,	우리가 출발했을 때 눈이 내렸습니다. (~할 때)
	여행을 하는 동안에 영화를 봤습니다. (~하는 동안에)
	도착하자마자 그는 쓰러졌습니다. (~하자마자)
장소,	부주의가 있는 곳에 위험이 있습니다. (~ 하는 곳에)
	그녀가 어디를 가든지 팬들이 가득합니다. (어디를 ~하든지)
이유,	비가 많이 내려서 강의가 취소되었습니다. (~해서)
	돈이 없으니까 우리는 여행을 취소합니다. (~하니까)
결과,	그는 아주 미남이어서 어려 보입니다. (~해서 그래서)
	그는 늦게 잠을 자서 그래서 학교에 늦었습니다. (~해서)
목적,	그들은 집을 사기 위해서 열심히 일하고 있습니다. (~하기 위해서)
	학교에 늦지 않도록 서두르세요. (~하지 않도록)
조건,	만약 네가 옳다면 계속 진행하십시오. (만약 ~하다면)
	다른 의견이 없다면 여행을 계속하겠습니다. (~이 없다면)
	당신이 앉아 있는 한 넘어지지 않을 것입니다. (~하는 한)
양보,	비록 그들이 부자이지만 행복하지 않았습니다. (비록 ~이지만)
	그것이 사실이지만 그는 사과하지 않았습니다. (비록 ~ 하지만)
	그가 아무리 부자일지라도 그는 행복하지 않았습니다. (아무리 ~할지라도)
	어디를 가더라도 그는 즐거웠습니다. (어디를 ~하더라도)
	무슨 일이 일어나더라도 나는 공부를 하겠습니다. (무슨 일이 ~하더라도)
	누가 방해하더라도 나는 포기하지 않겠습니다. (누가 ~하더라도)
	어느 쪽이 이기더라도 나는 관심이 없습니다. (어느쪽이 ~하더라도)
	당신이 원하던지 않던지 우리는 전진합니다. (~하던지 않던지)
	그의 재능에도 불구하고 그는 성공하지 못했습니다. (~에도 불구하고)
비교,	어린 것처럼 행동하지 마세요. (~처럼)
	그녀는 백설공주 만큼 예쁩니다. (~만큼 ~한)

A-5. 연결 표현2

2-1 종속연결 (종속접속사) 연결태 / 명사적인 사용

종속연결을 위한 나열사는 다중삼각배열도를 형성합니다.
연결태를 통해서 하나의 문장태는 다른 문장태를 꾸며주거나 또는 문장태의 안에서 어떤 특정 요소를 수식하는 역할을 합니다.

(1) 그가 올 거라는 것은 확실합니다. (that)

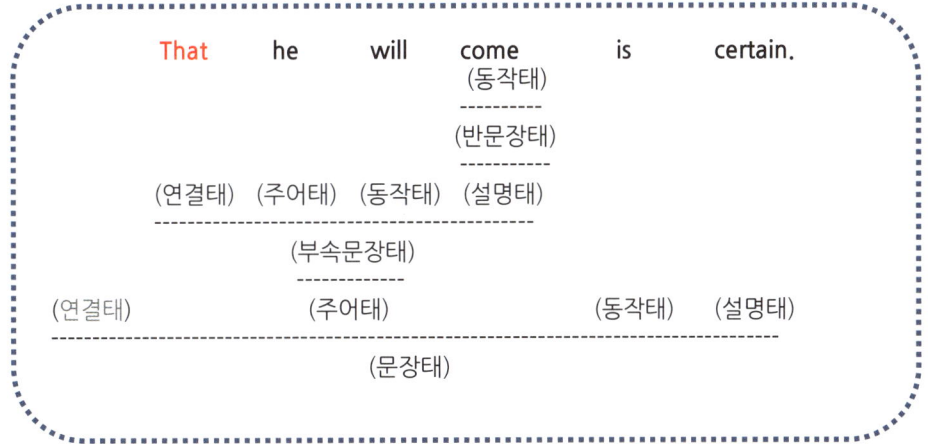

문장태안의 주어태 속에 부속문장태가 들어있습니다.

부속문장태 전체는 주어(주어태)의 역할을 합니다.
또한, 부속문장태는 'that' 라는 연결태를 가지고 있습니다.
문장태 전체를 하나로 묶고자 할 때 'that'라는 연결태를 사용합니다.
'that ~ ' 는 상세 내용을 표현할 때 사용합니다. '~라는 것'을 표현합니다.
'That' 와 'he will come'은 동격으로써 같은 내용입니다.

부속문장태 안에는 연결태가 있지만, 문장태에는 연결태가 생략되어 있음을 알 수 있습니다.
'that'로 시작하는 문장태(부속문장태)는 'will'이 동작태이며 'come'은 설명태입니다.
또한 'come'은 동작태이므로 반문장태를 형성합니다.

연결태는 뒤의 진문장태(주어태 + 동작태 + 설명태)를 전체적으로 관리하고 표현합니다.
즉, 연결태의 상세설명은 뒤의 진문장태에서 이루어집니다.
이와 같이 영어에서는 4개의 요소 각각은 반드시 그 뒤에서 부연설명 또는 상세설명이 이루어집니다.

A-5. 연결 표현2

영어 문장태 문장태 나열 순서(다중삼각배열도)

* 그가 올 거라는 것은 확실합니다. (that)
  That he will come is certain.

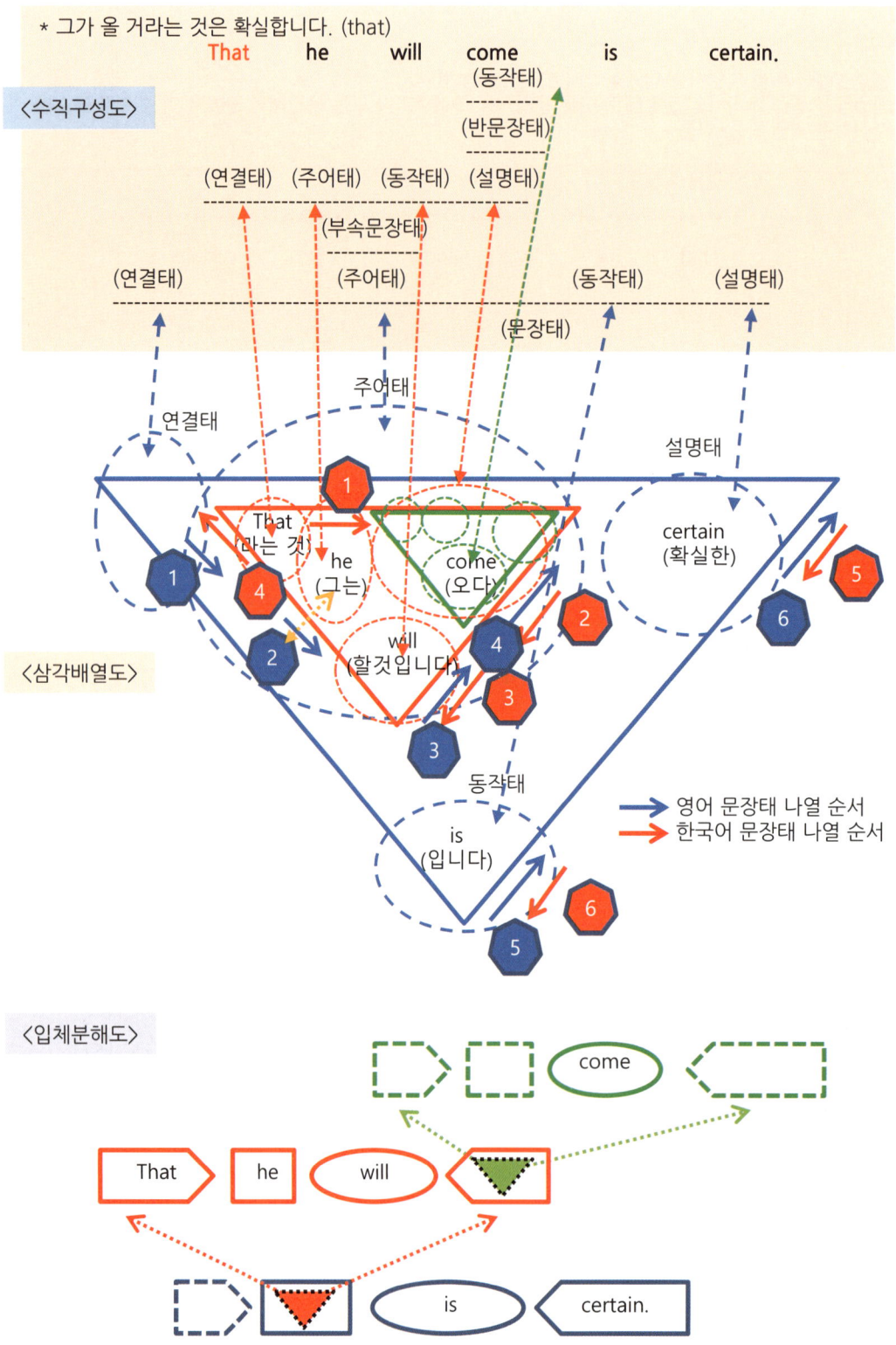

A-5. 연결 표현2

위 예문은 주어의 역할을 하는 주어태 안에 다중삼각배열도가 존재하고 있습니다.
주어태의 앞 부분에는 동격을 나타내는 연결태인 'that'가 있으며 이것은 뒤에 나오는 'he will come'을 의미합니다.

이 문장태는 'come'이라는 설명태를 가지며 이것은 역시 반문장태를 형성합니다.
이 예문에서는 2개의 삼각배열도가 다중으로 표현되어 있습니다.
이 예문에서 주어태는 'that' + 문장태로 되어 있으며 순서대로 나열됩니다.

영어의 문장태는 순서대로 'V' 형태의 순서(연결태->주어태->동작태->설명태)로 나열되며,
내부에 있는 작은 다중삼각배열도를 만나면 다시 'V' 형태의 순서로 나열됩니다.

한국어 문장태에서는 (주어태->동작태->설명태-연결태) 순서로 나열됩니다.

A-5. 연결 표현2

영어 문장태 문장태 나열 순서(다중삼각배열도)

* 그가 올 거라는 것은 확실합니다. (that)

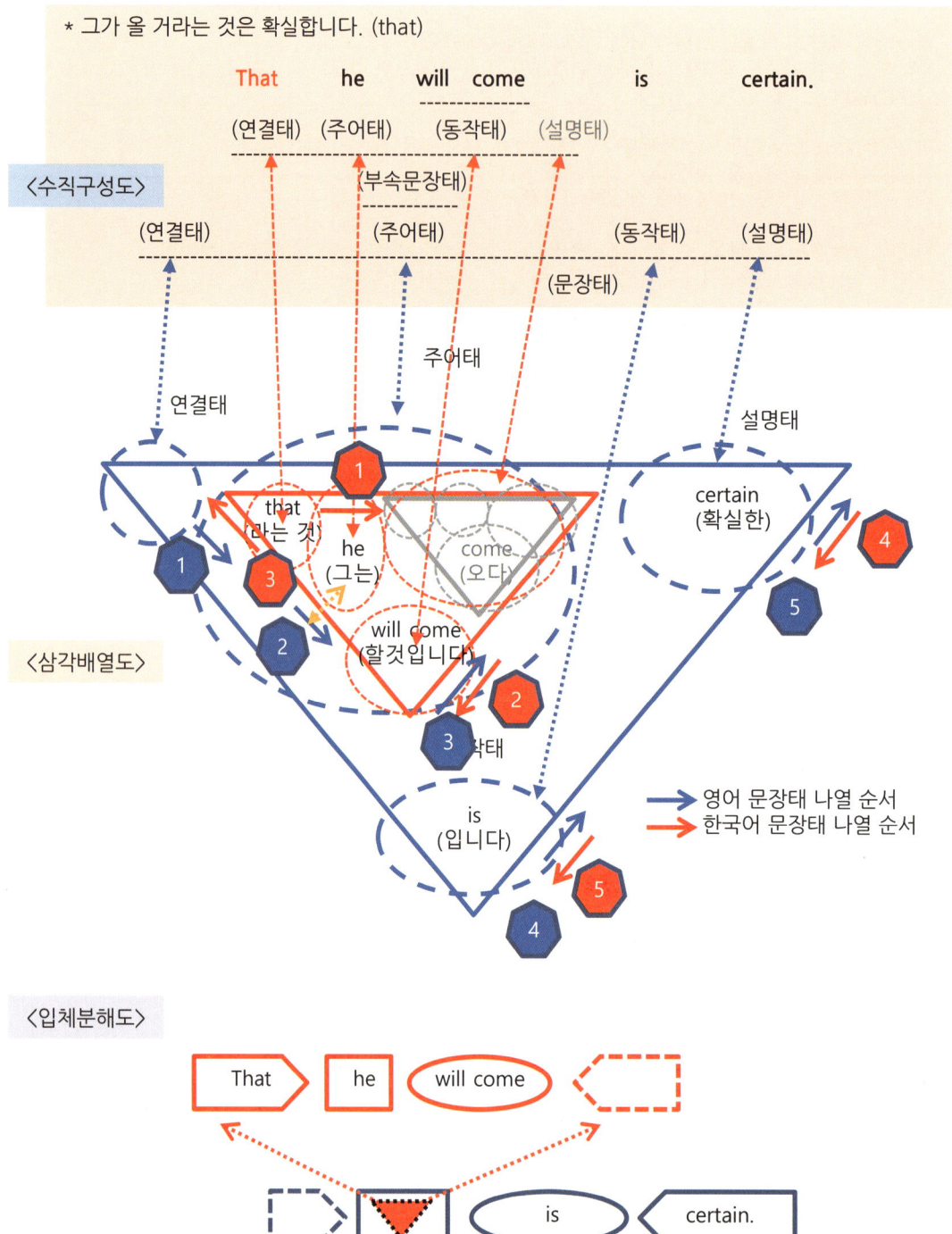

위 예문은 다중 다중삼각배열도로 되어 있습니다.
주어태의 안에 있는 문장태의 동작태는 'will' 과 'come'이 결합하여 'will come'으로 축약되었습니다.

A-5. 연결 표현2

2-1 종속연결 (종속접속사) 연결태 / 명사적인 사용

(2) 그가 성공할 것이라는 것은 확실합니다. (it is ~ that)

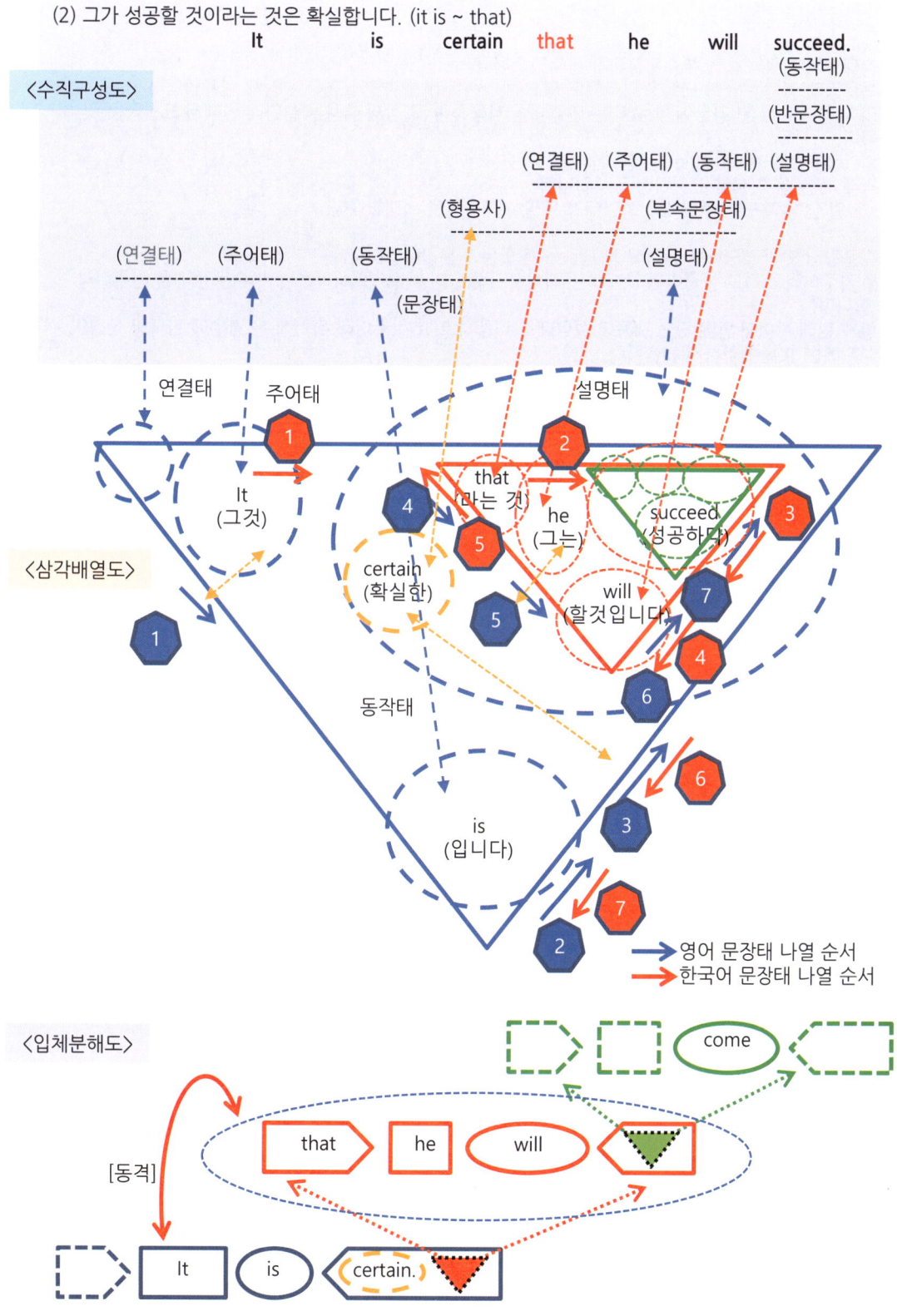

A-5. 연결 표현2

문장태안의 설명태 속에 부속문장태가 들어있습니다.
부속문장태 전체는 'it'의 내용을 나타내고 있으며, 'certain'를 부연설명하는 상세 내용입니다.
'it'의 내용이 너무 긴 경우에 'that'라는 연결태를 사용하여 그 상세 내용을 설명태 안에서 표현하는 것입니다.
'it'와 'that', 'he will succeed'는 동격입니다.
동작태 'is'는 동격(=)을 표현하는 동사입니다.
즉, 'is'의 앞 뒤에 있는 주어태와 설명태가 동일한 내용임을 의미합니다.

부속문장태 안의 설명태는 동작태 'succeed'가 있는 반문장태입니다.
it를 가주어라고 하고 한국어 문장에서는 해석하지 않으며 'that' 로 시작하는 '부속문장태'를 진주어라고 합니다.
이렇게 원래 주어태 안에 있던 내용이 설명태로 이동하고 'it'가 주어태 위치에 온 경우에 한국어 문장의 해석시에는 'it'를 해석하지 않습니다.

하지만 해석을 하더라도 약간은 어색할 수도 있겠지만 크게 무리는 없을 것입니다.

  "그것은 말입니다, ⋯ 그가 성공할 것이라는 것은 확실합니다."

A-5. 연결 표현2

2-1 종속연결 (종속접속사) 연결태 / 명사적인 사용

(3) 나는 그에게 차를 버렸는지 아니면 팔았는지 물었다. (whether ~ or)

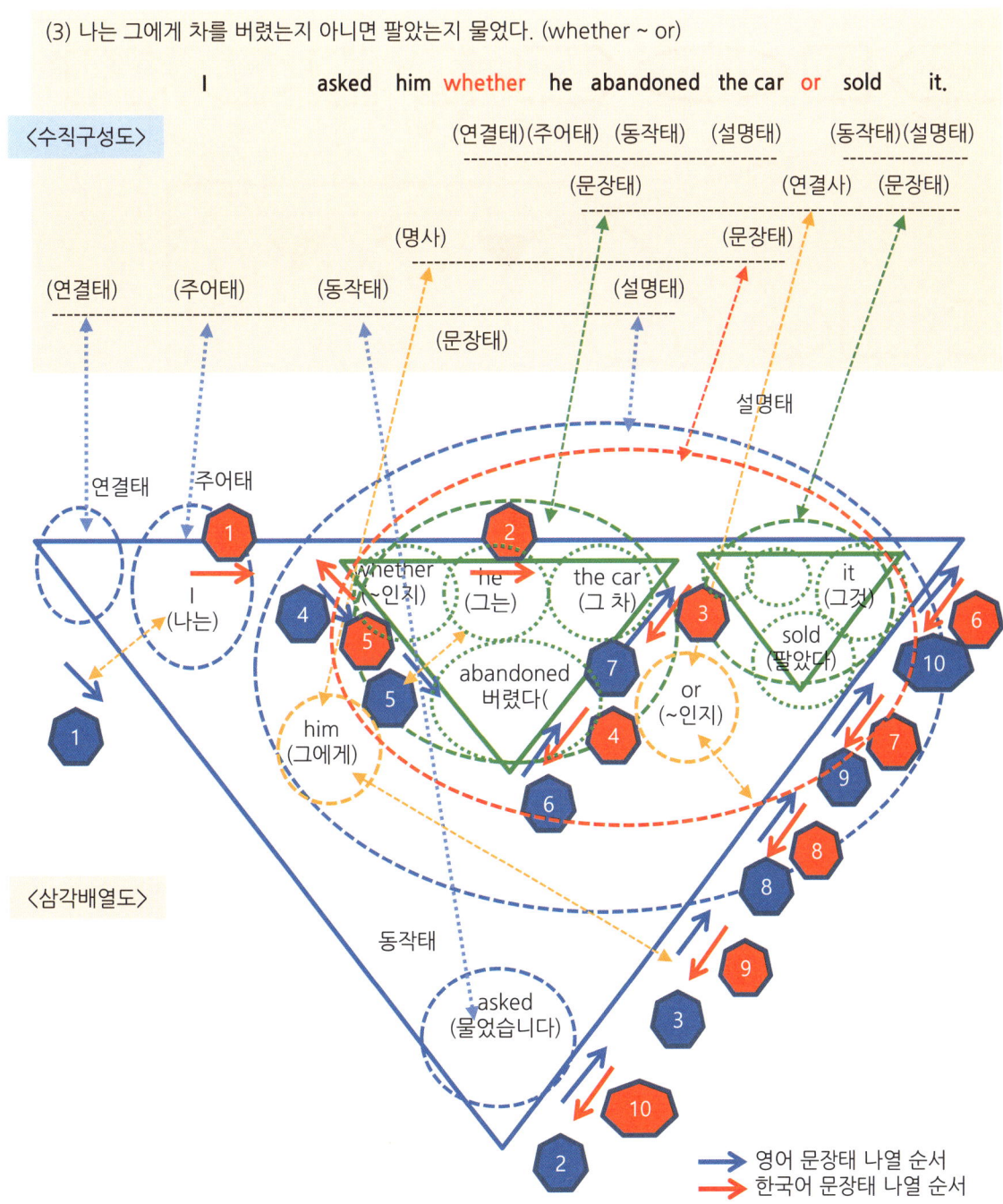

A-5. 연결 표현2

<입체분해도>

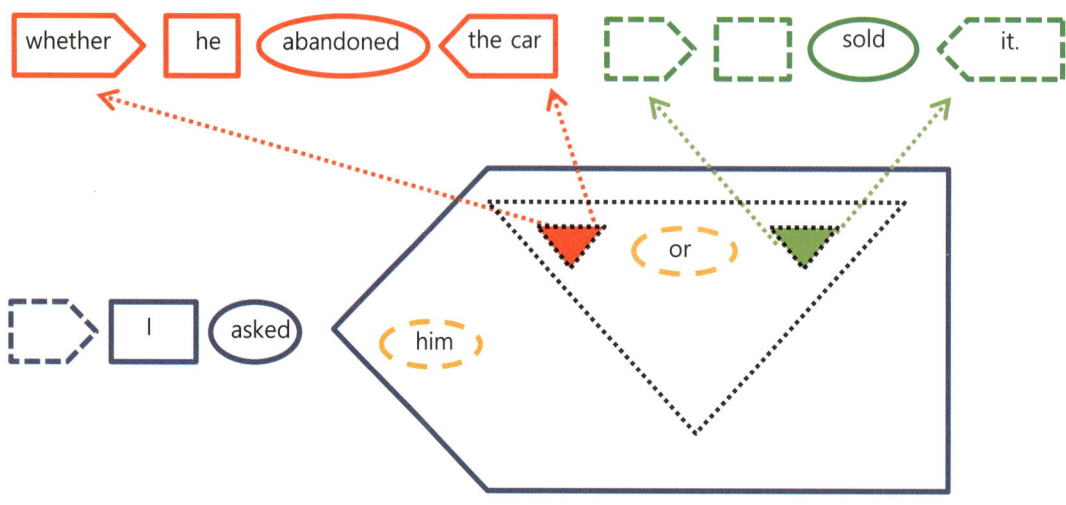

문장태 안의 설명태 안에는 'him'이라는 대명사와 'whether'로 시작하는 부속문장태가 있습니다.
그에게 물어본 것은 모두 부속문장태의 내용이며,
그 내용이라는 것은 모두 명사적인 것을 의미합니다.
~인지 아닌지, a인지 b인지, ~ 라는 것 -> 모두 명사적인 것을 의미합니다.

부속문장태 안의 'or'는 'abandoned the car' 와 'sold it' 를 나열하는 역할을 합니다.
이처럼 설명태 안에는 문장태가 올 수도 있으며 명사, 형용사, 부사. 전치사 도 올 수가 있습니다.

whether A or B -> A인지 또는 B인지
'whether' 는 '~인지' 의 상세 내용을 표현하고자 할 때 사용합니다.

설명태 안에는 'him', 문장태, 'or', '문장태' 의 4개 품사가 있습니다.
여기에서 " '문장태', 'or', '문장태' " 하나의 문장태를 이루고 있어서 한국어 문장에서는 앞에 있는 명사인 'him' 보다 먼저 해석합니다.
그리고 두개의 문장태는 동등한 조건으로 나열되어 있으므로 순서대로 해석합니다.
그래서 설명태 안에서 가장 나중에 해석되는 내용은 'him' 입니다.

A-5. 연결 표현2

2-1 종속연결 (종속접속사) 연결태 / 명사적인 사용

문장태 안의 설명태안에는 'him'이라는 대명사와 'whether'로 시작하는 부속문장태가 있습니다.
그에게 물어본 것은 모두 부속문장태의 내용이며,
그 내용이라는 것은 모두 명사적인 것을 의미합니다.
~인지 아닌지, a인지 b인지, ~ 라는 것 -> 모두 명사적인 것을 의미합니다.

부속문장태 안의 'or'는 'abandoned the car' 와 'sold it' 를 나열하는 역할을 합니다.
이처럼 설명태 안에는 문장태가 올 수도 있으며 명사, 형용사, 부사. 전치사 도 올 수가 있습니다.

whether A or B -> A인지 또는 B인지
'whether' 는 '~인지' 의 상세 내용을 표현하고자 할 때 사용합니다.

설명태 안에는 'him', 문장태, 'or', '문장태' 의 4개 품사가 있습니다.
여기에서 " '문장태', 'or', '문장태' " 하나의 문장태를 이루고 있어서 한국어 문장에서는 앞에 있는 명사인 'him' 보다 먼저 해석합니다.
그리고 두개의 문장태는 동등한 조건으로 나열되어 있으므로 순서대로 해석합니다.
그래서 설명태 안에서 가장 나중에 해석되는 내용은 'him' 입니다.

A-5. 연결 표현2

2-2 종속연결 (종속접속사) 연결태 / 부사적인 사용 (시간) -1

(4) 우리가 출발했을 때 눈이 내렸습니다. ~할 때 (when)

〈수직구성도〉

When (연결태)　we (주어태)　started (동작태)　(설명태)
(문장태/연결문장태)

the snow (주어태)　fell. (동작태)　(설명태)
(연결태)　(문장태/주문장태)

〈삼각배열도〉

→ 영어 문장태 나열 순서
→ 한국어 문장태 나열 순서

〈입체분해도〉

When > we > started, ⟩ ⟨ the snow > fell. ⟩

문장태 두 개가 연결되어 있습니다.
앞의 문장태는 연결문장태이며 뒤의 문장태는 주문장태입니다.

이렇게 연결문장태로만으로는 완전한 문장이 될 수 없으며 주문장태가 반드시 있어야 합니다.

여기에서 연결문장태는 의미적으로 부사의 역할을 하여 주문장태를 수식하는 역할을 합니다.
 ~할 때, ~ 했을 때 .... 이렇게 표현을 위해서 도입을 하는 경우에 연결 'when' 을 사용합니다.
연결태 'when'의 상세설명은 'we started'입니다.

A-5. 연결 표현2

2-2 종속연결 (종속접속사) 연결태 / 부사적인 사용 (시간) -1

(5) 여행을 하는 동안에 영화를 봤습니다. ~하는 동안 (while)

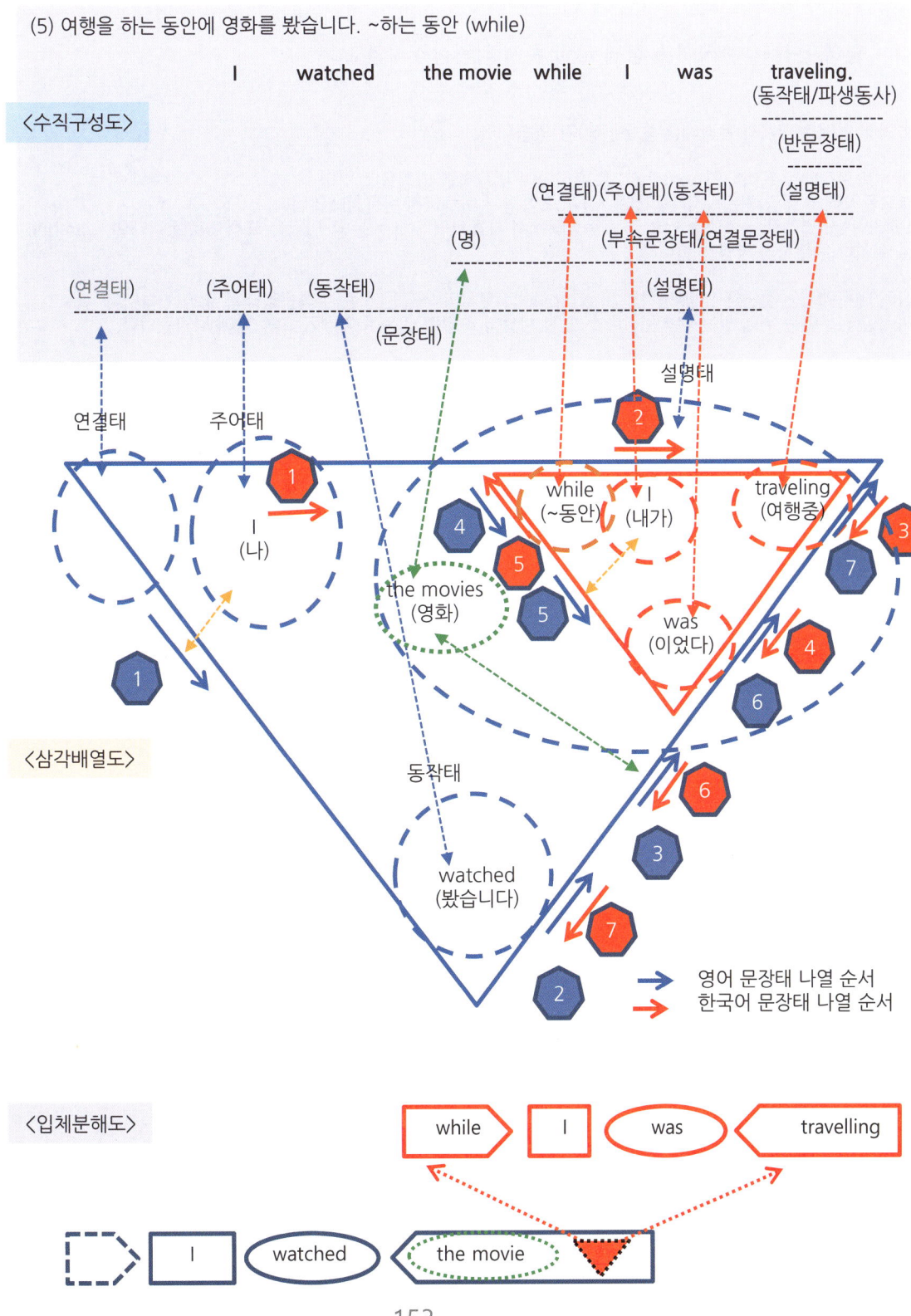

A-5. 연결 표현2

영어 문장태, 한국어 문장태 나열 순서(다중삼각배열도)

설명태 안에는 명사와 문장태(부속문장태)가 있습니다.

이 부속문장태는 동작태인 'watched'를 수식하여 부사적인 기능을 합니다.
부속문장태의 설명태는 동작태(파생동사)가 포함되어 이루어진 반문장태입니다.
'while'은 연결태로서 설명태 안의 부속문장태에서 사용되어 '~하는 동안' 이라는 표현으로 동작태인 'watched' 를 수식하는 부사의 역할을 합니다.

상기 예문에서는 설명태 안에 명사인 'the movie'와 부사의 역할을 하는 부속문장태가 함께 있습니다.
이러한 경우에는 뒤에 있는 부속문장태를 먼저 나열하고 앞에 있는 주어태가 그 다음에 나열됩니다.

다중삼각배열도는 내부가 먼저 나열되고 마지막에 외부가 나열됩니다.

A-5. 연결 표현2

2-2 종속연결 (종속접속사) 연결태 / 부사적인 사용 (시간) -2

(6) 도착하자마자 그는 쓰러졌습니다. ~하자마자 (as soon as)

<수직구성도>
```
            As soon as   he      arrived    ,          he    fell.
            (연결태)   (주어태)  (동작태)  (설명태)   (연결태) (주어태) (동작태) (설명태)
            ------------------------------------       --------------------------------
                        (연결문장태)                              (주문장태)
```

<입체분해도>

앞의 문장태는 연결문장태이고 뒤의 문장태는 주문장태입니다.
앞의 연결문장태는 뒤의 주문장태 전체를 수식하는 부사의 기능을 합니다.
'as soon as' 는 단어가 조합하여 연결태의 역할을 하고 있습니다.
대부분의 연결문장태는 주문장태를 수식하는 부사의 역할을 합니다.
'as soon as' 는 '~ 하자마자' 를 표현하며, 다음에 문장태 형식으로 그 상세 내용이 표현됩니다.

A-5. 연결 표현2

2-3 종속연결 (종속접속사) 연결태 / 부사적인 사용 (장소)

(7) 부주의가 있는 곳에 위험이 있습니다. ~한 곳에 (where)

<수직구성도>

```
Where    there    is    carelessness,          there    is    a danger.
(연결태) (주어태) (동작태)   (설명태)           (연결태) (주어태) (동작태) (설명태)
------------------------------------------     ------------------------------------
            (문장태/연결문장태)                           (문장태/주문장태)
```

<입체분해도>

앞은 연결문장태이고 뒤는 주문장태입니다.

앞의 연결문장태는 뒤의 주문장태 전체를 수식하는 부사의 기능을 합니다.

'where ~' '~한 곳에' 라는 표현을 할 때 사용합니다.
'where' 만으로는 어떠한 곳인지 알 수가 없습니다.

그래서 그 다음에 상세 설명하는 내용을 문장태로 표현하면 됩니다.

'where'의 내용은 그 다음의 문장에 상세 설명되어 있습니다.

A-5. 연결 표현2

2-3 종속연결 (종속접속사) 연결태 / 부사적인 사용 (장소)

(8) 그녀가 어디를 가든지 팬들이 가득합니다. 어디라도 (wherever)

```
              She    is    always    filled    with fans  wherever  she  goes.
                                                (연결태) (주어태) (동작태) (설명태)
                                                ------------------------------------
                                     (부사태)              (부속문장태)
                                     ------------------------------------
                          (동작태)               (설명태)
                          ------------------------------------
                 (부사)              (반문장태)
                 ------------------------------------
<수직구성도>
(연결태)  (주어태) (동작태)     (설명태)
-----------------------------------------------
                  (문장태)
```

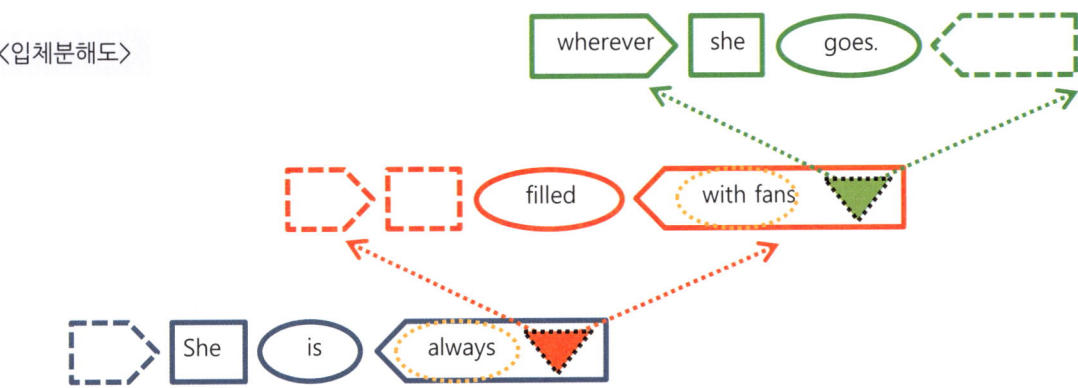

<입체분해도>

설명태 안에 부사, 반문장태와 연결문장태(부속문장태)가 있으며, 부사는 반문장태를 수식하고 연결문장태도 반문장태를 수식하고 있습니다.
 이 설명태 전체는 동작태 'is'를 상세설명하는 것이며 주어태인 'she'와 동격 즉, 같은 내용인 것입니다.

be 동사가 사용된 문장태에서는 주어인 주어태와 설명태는 동격, 즉 같은 내용입니다.

'She is ~' 그녀는 ~인 상태입니다.
그 상태는, 'always filled with fans'상태입니다.
'always'는 'filled'를 수식하므로 'always filled'로 묶여집니다.
 'wherever she goes' -> '그녀가 어디를 가더라도' 라는 표현입니다.
한국어 문장에서 'where'는 원래의 위치인 설명태 안으로 이동하여 해석됩니다.

설명태 안에는 부사, 반문장태. 연결문장태가 있습니다.
이렇게 설명태 안에는 다양한 요소가 함께 표현될 수 있습니다.

이 예문은 이야기를 해나가면서 추가로 문장을 덧붙이는 방식을 보여줍니다.
'filled'는 과거분사이며 파생동사입니다.
동작태의 일종이므로 반문장태를 형성합니다.

A-5. 연결 표현2

2-3 종속연결 (종속접속사) 연결태 / 부사적인 사용 (장소)

(8) 그녀가 어디를 가든지 팬들이 가득합니다. 어디라도 (wherever)

<수직구성도>

```
        She      is        always filled   with fans   wherever  she   goes.
                                                       (연결태)  (주어태)(동작태)(설명태)
                                                       ------------------------------
                                           (부사)          (부속문장태)
                                 -----------------  ----------------------
                                     (동작태)                (설명태)
                                        -------------------------
                                              (반문장태)
                                              -----------
       (연결태)   (주어태)  (동작태)           (설명태)
       -------------------------------------------------
                            (문장태)
```

<입체분해도>

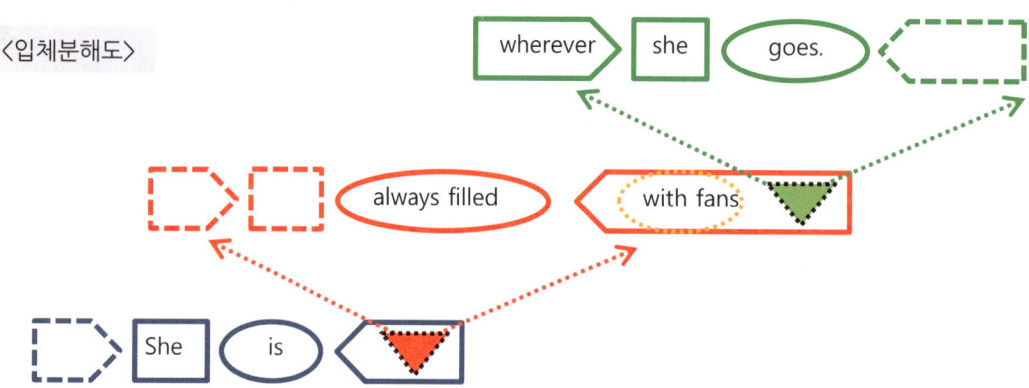

설명태 안의 반문장태는 동작태와 설명태로 구성되어 있으며,
동작태는 'always filled'이고,
'always'는 'filled'의 앞주머니입니다.
'with fans'는 설명태 안에 있는 부사입니다.

A-5. 연결 표현2

2-3 종속연결 (종속접속사) 연결태 / 부사적인 사용 (장소)

(8) 그녀가 어디를 가든지 팬들이 가득합니다. 어디라도 (wherever)

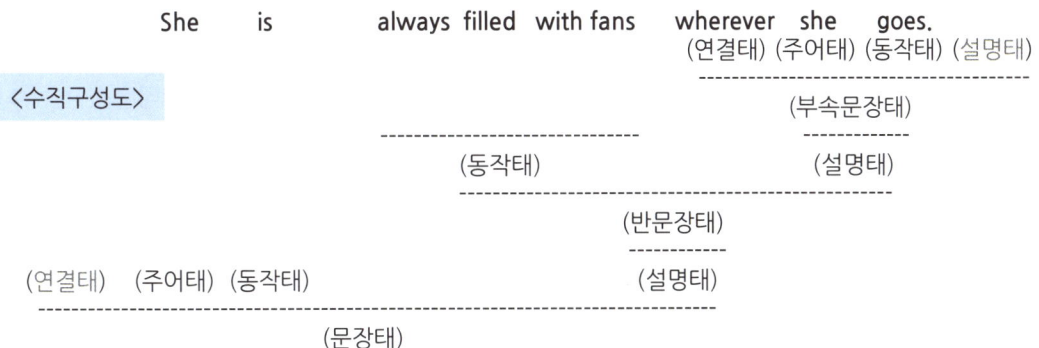

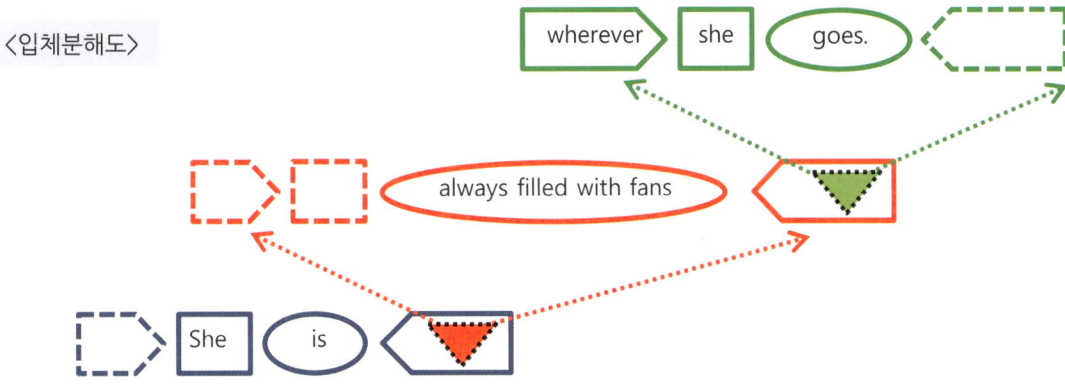

설명태 안의 반문장태는 동작태와 설명태로 구성되어 있으며,
동작태는 'always filled with fans'이고,
'always'와 'with fans'는 각각 'filled'의 앞주머니와 뒷주머니입니다.
또한 이것은 동작태 'filled'를 앞 뒤에서 수식하는 부사이기도 합니다.

A-5. 연결 표현2

2-4 종속연결 (종속접속사) 연결태 / 부사적인 사용 (이유) -1

(9) 비가 많이 내려서 강의가 취소되었습니다. 이유 (because)

```
        The lecture  was    canceled    because    it    rained   a lot.
                 (동작태/파생동사) (연결태)  (주어태) (동작태) (설명태)
                 ------------           ----------------------------------
                   (반문장태)              (연결문장태/부속문장태)
                 --------------------------------------------------
 (연결태)   (주어태)  (동작태)                    (설명태)
 ------------------------------------------------------------
                            (문장태)
```

설명태 안에 연결문장태(부속문장태)가 있으며 이것은 동작태 'was'를 수식하는 역할을 합니다.

"그 강의는 ~인 상태입니다. 그것은, 'canceled'상태입니다.
상세설명은 그 다음에 표현되며 'because it rained a lot' 입니다.
'because' 는 직접적인 이유를 표현합니다.

이렇게 문장태의 설명태 안에 다른 문장태(연결문장태)가 포함된 것은 문장의 '다중 원칙' 입니다.

설명태 안에는 '명사' ((명)형부전문), '형용사' (명(형)부전문), '부사' (명형(부)전문), '전치사' (명형부(전)문) 뿐만 아니라 다양한 형태의 '문장태' (명형부전(문)) ,(문장태, 반문장태, 부속문장태, 연결문장태 등) 가 표현될 수 있습니다.

A-5. 연결 표현2

2-4 종속연결 (종속접속사) 연결태 / 부사적인 사용 (이유) -2

(10) 돈이 없으니까 우리는 여행을 취소합니다. 이유 (since)

* 연결문장태가 앞에 온 경우

```
Since   we   do not   have money ,        we  cancel  the trip.
                (동작태)  (설명태)
             --------------------
                (반문장태)
             ----------
(연결태)(주어태)  (동작태)   (설명태)      (연결태)(주어태)(동작태)(설명태)
-------------------------------------   ----------------------------------
          (연결문장태/문장태)                        (문장태)
```

'have money'는 설명태이면서 그 안에 have라는 동사를 가지고 있습니다.
부정문은 반드시 반문장태를 갖게 됩니다.
즉, 반문장태의 형식입니다.
'do not'에서 'not'은 뒷주머니입니다.
'since' 는 이유를 나타내며 그 상세 내용이 그 다음에 'we do not have money' 라고 표현됩니다.
그리고 주문장태는 '우리는 the trip을 cancel 합니다." 입니다.

* 연결문장태가 뒤에 온 경우

```
       We  cancel  the trip,    since   we   do   not   have  money.
                                            (부) (동작태)(주어태)
                                         ------------------------
                                                (반문장태)
                                         ------------------------
(연결태)(주어태)(동작태) (설명태)    (연결태)(주어태)(동작태)   (설명태)
-----------------------------------   ----------------------------------
          (문장태)                           (연결무장태/문장태)
```

이 예문은 문장태와 연결문장태로 되어 있습니다.
연결문장태는 이유를 나타내는 'since'를 연결태로 하여 부사처럼 앞의 문장태를 수식하고 있습니다.
연결문장태는 부정문이기 때문에 설명태 안에 반문장태가 존재합니다.
"우리는 cancel 합니다. 그것은, 'the trip'이며 , 'since we do not have money' 이기 때문입니다." 라는 표현입니다.

이렇게 주된 주문장태를 표현하고 'since'를 통해서 그 이유를 상세설명하고 있습니다.

A-5. 연결 표현2

2-5 종속연결 (종속접속사) 연결태 / 부사적인 사용 (결과)

(11) 그는 아주 미남이어서 어려 보입니다. 결과 ~ (so ~ that)

<수직구성도>

               He   is   so   handsome   that   he   looks   young.
          (연결태)(주어태)(동작태)   (설명태)   (연결태) (주어태) (동작태) (설명태)
          ---   --
                  (문장태/주문장태)   (문장태/연결문장태)

<입체분해도>

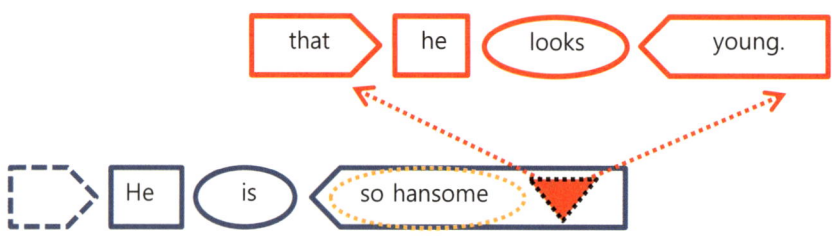

위 예문은 두개의 문장태로 이루어져 있습니다.
앞은 주문장태인 문장태이며 뒤는 연결문장태인 문장태입니다.
'He is ~' 그는 ~상태입니다.
'He is so handsome ~' 그는 'so handsome' 상태입니다.
'so handsome that ~'
"그는 ~인 상태입니다. 그것은, 'so hansome'상태인데, 그 상세 내용은 'that he looks young.'입니다.

여기에서는 부연설명을 의미하고 있습니다.
영어에 있어서 부연 설명을 하고자 할 때, 그 다음에 that로 시작하는 문장태를 사용하면 됩니다.
여기에서는 부연설명이면서 '그 결과' 또는 '그 만큼' 이라고 해석할 수 있습니다.

"그는 아주 미남입니다. 그 결과 젊게 보입니다."
 ==〉" 그는 그가 젊게 보이는 것 만큼 미남입니다."

이렇게 영어에서는 그에 대한 상태를 이야기하면서 부연 설명할 생각을 자연스럽게 이어나가는 것입니다.

A-5. 연결 표현2

2-5 종속연결 (종속접속사) 연결태 / 부사적인 사용 (결과)

(12) 그는 늦게 잠을 자서 그 결과 학교에 늦었습니다. (so that)

〈수직구성도〉

```
           He      slept    late ,              so that  he       was      late for school.
         (연결태)(주어태)(동작태)(설명태)  (연결태)  (주어태)  (동작태)      (설명태)
         ------------------------------------    -------------------------------------------------
                    (문장태/주문장태)                         (문장태/연결문장태)
```

〈입체분해도〉

위 예문은 두 개의 문장태로 이루어져 있습니다.
앞은 주문장태인 문장태이며 뒤는 연결문장태인 문장태입니다.
'He slept ~' 그는 ~잤습니다.
'He slept late' 잠을 잔 상태를 그 바로 뒤에 'late'라고 표현하고 있습니다.
그리고 상세 부연설명을 합니다.
'so that' 에서 'so'는 '그래서'를 의미하며 'that'는 그 상세 내용입니다.
'so that'는 단순한 부사태이며 문장태의 연결태로서 종속적인 연결을 의미하는 것이 아닙니다.
결과의 내용을 문장태로 표현하고자 하는 것입니다.
(즉, 이 부사태적인 표현은 결과를 중요시한 표현입니다.)

'so that'는 연결태처럼 보이지만 단순한 부사태의 역할을 하는 경우에는 이 내용은 주어태 'he'의 앞부머리에 들어가게 됩니다.
즉, 형태로는 연결태(접속사)인 것으로 보이지만 실질적인 기능은 한국어 문장의 해석시에 주어태의 앞에서 뒤의 문장태를 부사로서 수식하는 역할을 하는 것입니다.

여기에서 'so that' 앞에 콤마가 있습니다.
콤마가 있으므로 'so that'는 '그래서' 또는 '그 결과' 라고 해석합니다.

예문) He slept so late that he was late for school.
위 예문에서는, "그는 매우 늦잠을 자서 그 결과 (그래서) 학교에 늦었습니다." (결과의 표현입니다.)

'so'는 'late'를 수식하고, 'that'는 '그래서'를 의미합니다.

A-5. 연결 표현2

2-6 종속연결 (종속접속사) 연결태 / 부사적인 사용 (목적) -1

(13) 그들은 집을 사기 위해서 열심히 일하고 있습니다. ~하기 위해서 (so that)

```
         They  are    working    hard  so that  they  could  buy  their house.
              (동작태/파생)(설명태)              (동작태)      (설명태)
              ----------------------                 --------------------
                  (반문장태)                            (반문장태)
         ----------                           ----------
   (연결태)(주어태)(동작태)(설명태)        (연결태)(주어태)(동작태)(설명태)
   ---------------------------------        ---------------------------------
         (문장태/주문장태)                      (문장태/연결문장태)
```

위 문장태는 와 연결문장태의 두 개의 문장태로 구성되어 있습니다.
두 문장태의 설명태 안에는 반문장태가 포함되어 있습니다.
동사의 파생형태가 사용되었기 때문입니다.
'They are ~ ' 그들은 ~ 상태입니다.
그 상태는 설명태 안에 'working hard' 라고 표현되고 있습니다.
그들은 'working hard' 인 상태입니다.

그런데 그 목적은 '그들의 집을 살 수 있는 것' 입니다.

이렇게 한 문장에 대해서 그 목적을 이야기하고 싶은 경우에는,
'so that' 를 사용합니다.

so   : 그렇게
that ~ : ~ 되도록

so that ~ : 그렇게 ~ 되도록

그리고 그 상세한 내용은 그 다음에 문장태(that ~~)로 표현합니다.
문장태는 말하는 사람이 표현하고자 하는 내용을 상세하게 포함하고 있습니다.
문장태는 동사를 포함하는 문장의 단위입니다.

'so that' 은 여기에서는 문장의 목적이 됩니다.
여기에서 'so that' 앞에 콤마가 없습니다.
콤마가 없으므로 '~하기 위하여' 를 표현하며 그 결과는 어찌 되었는 가는 알 수가 없는 것입니다.

A-5. 연결 표현2

2-6 종속연결 (종속접속사) 연결태 / 부사적인 사용 (목적) -2

(14) 학교에 늦지 않도록 서두르세요. ~하지 않도록 (lest ~ should)

```
                    Hurry       up      lest    you   should   be  late for school.
                                                               (동작태)  (설명태)
                                                               ------------------------
                                                               (반문장태/부속문장태)
                                                               ------------------------
<수직구성도>                              (연결태)(주어태)(동작태)      (설명태)
                                         ----------------------------------------------
                            (전치사)                     (부속문장태)
                                         ----------------------------------------
             (연결태)(주어태)(동작태)                  (설명태)
             ----------------------------------------------------
                              (문장태)
```

<입체분해도>

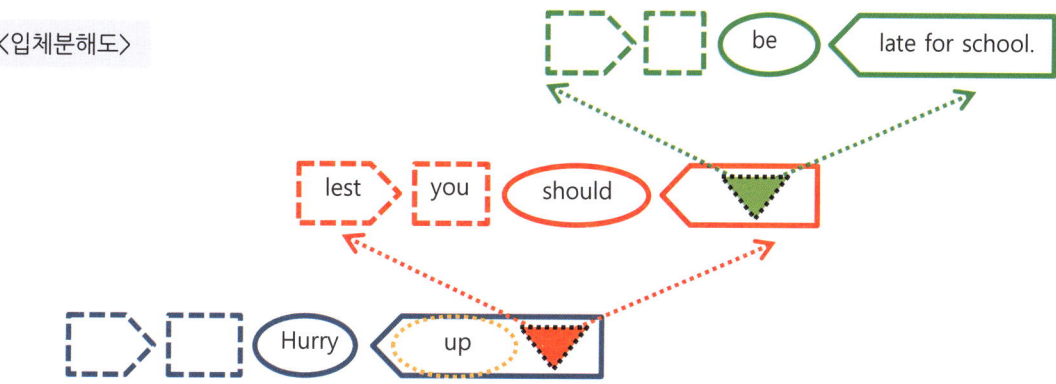

위 예문은 설명태안에 부속문장태가 포함되어 있습니다.
이 설명태는 동작태(hurry)를 상세 설명하고 있습니다.
문장태에 주어태가 없으므로 명령문입니다.
또한 뒤의 연결문장태안의 설명태 안에는 반문장태가 있습니다.
'you should ~' 는 '당신은 ~해야 합니다,' 의 표현입니다.
'lest you should ~' 는 '당신은 ~하지 않도록 해야 합니다,' 의 표현입니다.
그 상세한 내용은 그 다음에 반문장태로 표현됩니다.
'be late for school' 는 동사를 포함한 반문장태입니다.

기존 영문법에서는 조동사를 동사를 보조하는 것으로 단정짓습니다.
이러한 방식은 영어 문장의 구조를 복잡하게 만드는 원인이 되고 있습니다.
여기에서는 조동사를 보조동사라고 표현하며 동사의 역할을 하는 동작태입니다.

즉, 혁신영문법에서는 보조동사의 다음에 나오는 동사는 설명태안에 포함되며 '반문장태'의 시작을 나타내는 '동작태'가 됩니다.

'hurry up' 과 같이 전치사를 수반하는 동사에서, 전치사(up)를 동작태(hurry)의 뒷주머니로 볼 수도 있고 설명태의 일부분인 앞주머니로 볼 수도 있습니다.
'up'과 같은 다양한 전치사에 따라 '동사'에 다양한 의미를 부여하게 됩니다.

A-5. 연결 표현2

2-6 종속연결 (종속접속사) 연결태 / 부사적인 사용 (목적) -2

(14) 학교에 늦지 않도록 서두르세요. ~하지 않도록 (lest ~ should)

```
                    Hurry up            lest    you   should    be   late for school.
                                                                (동작태)    (설명태)
〈수직구성도〉                                                   ---------------------------
                                                                (반문장태/부속문장태)
                                                                ---------------------------
                                      (연결태)(주어태)(동작태)         (설명태)
                                      ---------------------------------------------------
                                                       (부속문장태)
                                                       --------------
          (연결태)(주어태)    (동작태)                   (설명태)
          ------------------------------------------------------------
                              (문장태)
```

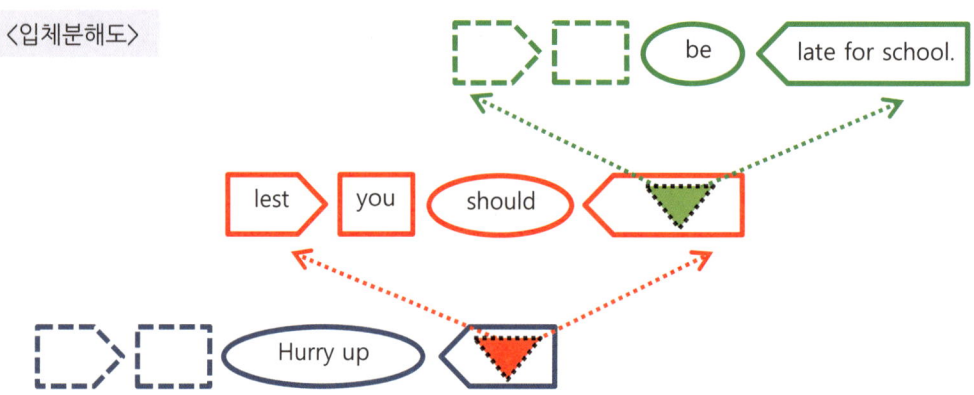

〈입체분해도〉

위 예문의 구조도에서는,

'Hurry up' 은 동작태이며 'up'은 동작태의 뒷주머니로 간주하였습니다.

A-5. 연결 표현2

2-7 종속연결 (종속접속사) 연결태 / 부사적인 사용 (조건) -1

(15) 만약 네가 옳다면 계속 진행하십시오. (if)

```
      If        you       are      right,              continue.
   (연결태)   (주어태)  (동작태)  (설명태)      (연결태) (주어태)  (동작태)    (설명태)
   ----------------------------------------      ----------------------------------------
              (문장태/연결문장태)                          (문장태/주문장태)
```

위 예문에서는 두 개의 문장태, 연결문장태와 문장태로 구성되어 있습니다.
앞의 연결문장태는 뒤의 문장태를 단지 부사처럼 수식하는 역할을 합니다.
'if' 는 조건을 나타냅니다.

(16) 다른 의견이 없다면 여행을 계속하겠습니다. (unless)

```
   Unless  there    is    any other opinion,       we     will continue our trip.
                                                                (동작태)   (설명태)
                                                                        ------------------
                                                                           (반문장태)
                                                                        ----------
   (연결태)(주어태)(동작태)     (설명태)         (연결태)(주어태)(동작태)    (설명태)
   ----------------------------------------      ----------------------------------------
              (문장태/연결문장태)                          (문장태/주문장태)
```

위 예문에서는 두 개의 문장태, 연결문장태와 문장태로 구성되어 있습니다.
주문장태의 설명태는 반문장태를 포함하고 있습니다.
앞의 연결문장태는 뒤의 문장태를 단지 부사처럼 수식하는 역할을 합니다.
'unless' 는 부정의 조건을 나타냅니다. ~이 없다면

'we will ~' 우리들은 ~할 것입니다.
그 상세 내용은 그 다음에 오는 반문장태에 표현되고 있습니다.
즉, 그 상세 내용은 'trip our trip' ,우리들의 여행을 계속하는 것입니다.

A-5. 연결 표현2

2-7 종속연결 (종속접속사) 연결태 / 부사적인 사용 (조건) -2

(17) 당신이 앉아 있는 한 넘어지지 않을 것입니다. (so long as)

```
So long as    you    sit ,           you    will  not  fall  down.
                                                         (동작태)(설명태)
                                                         -----------------
                                            (부)    (반문장태)
                                                    -----------------
(연결태) (주어태)(동작태)(설명태)   (연결태) (주어태) (동작태)    (설명태)
------------------------------------   ------------------------------------
       (문장태/연결문장태)                    (문장태/주문장태)
```

위 예문은 연결문장태와 주문장태, 두 개의 문장태로 되어있습니다.
앞의 연결문장태는 뒤의 문장태를 단지 부사처럼 수식하는 역할을 합니다.
' so long as'는 '~하는 한' 을 의미합니다.
그 내용은 다음에 표현됩니다.
즉, 'you sit' , '당신이 앉아있는 한' 이 됩니다.

주문장태안의 설명태 안의 'fall down'은 'you fall down'의 반문장태이며 바로 앞의 부사인 'not'는 뒤의 반문장태의 'fall'을 부정합니다.

'you will ~' 당신은 ~할 것입니다.
그 상세 내용은 그 다음에 표현되며, 'not fall down'입니다.
즉, 당신은 'not fall down' 할 것입니다. 라는 표현입니다.

* 또 다른 설명으로는 'not'을 'will' 뒤에서 부정을 나타내는 부사로 보는 것입니다.

```
So long as    you    sit ,           you    will not  fall  down.
                                                         (동작태)(설명태)
                                                         -----------------
                                                    (반문장태)
                                                    -----------
(연결태) (주어태)(동작태)(설명태)   (연결태) (주어태) (동작태)    (설명태)
------------------------------------   ------------------------------------
       (문장태/연결문장태)                    (문장태/주문장태)
```

'you will not ~' 당신은 ~하지 않을 것입니다.
그 상세 내용은 그 다음에 표현되며, 'fall down'입니다.
즉, 당신은 'fall down' 할 것입니다. 라는 표현입니다.
'will not'에서 'not'은 동작태 'will'의 뒷주머니입니다.

이렇게 동작태를 부정하는 'not'은 동작태 안에 포함될 수도 있고 또는 설명태 안에 포함될 수도 있습니다.
의미는 동일하다고 할 것입니다.

A-5. 연결 표현2

2-8종속연결 (종속접속사) 연결태 / 부사적인 사용 (양보/아쉬운 반전)

(18) 비록 그들이 부자지만 행복하지 않습니다. 비록 ~할지라도 (although)

```
Although  they   are   rich ,           they   are not   happy.
(연결태)  (주어태)(동작태)(설명태)         (연결태) (주어태) (동작태)   (설명태)
-------------------------------------   ---------------------------------------
         (문장태/연결문장태)                       (문장태/주문장태)
```

위 예문은 연결문장태와 주문장태, 두 개의 문장태로 되어 있습니다.
'Although' 는 비록이라는 의미로 아쉬움의 심경의 표현을 하면서 반전의 표현을 시작하는 연결태 입니다.

'they are ~' 그들은 ~ 상태입니다.
그 상세설명이 다음에 나오는 'rich' 입니다.
'they are rich', '그들은 부자인 상태입니다' -> 그들은 부자입니다.

뒤에 나오는 주문장태에서는 'they are not ~' 그들은 ~ 상태가 아닙니다.
they are not 'happy' -> 그들은 'happy' 상태가 아닙니다.
'are not'에서 'not'은 동작태 'are'의 뒷주머니입니다.
혁신영문법에서는 단어에 관한 상세 설명이 그 다음에 표현되는 구조입니다.

(19) 그가 아무리 부자일지라도 그는 행복하지 않았습니다. 아무리 ~하지만 (however)

```
However  rich   he   might   be,           he   was not   happy.
                            (동작태)
                            ----------
                            (반문장태)
                            ----------
(연결태)   (주어태)(동작태)  (설명태)  (연결태)(주어태)   (동작태)    (설명태)
-------------------------------------   ---------------------------------------
         (문장태/연결문장태)                       (문장태/주문장태)
```

위 예문은 연결문장태와 주문장태, 두 개의 문장태로 되어 있습니다.
'however' 는 '~일지라도' 의 아쉬운 반전을 나타냅니다.
'he might ~' 그는 ~ 지도 모릅니다.
그 상세설명이 다음에 나오는 'be' 입니다.
그는 ~ 일지도 모릅니다.

원래는 그 다음에 상세설명의 설명태가 와야 합니다.
여기에서는 'rich'이지만 강조를 위한 'however'에 연결되기 위하여 앞으로 이동하여 도치되었습니다.
'might' 가 동작태며, 'be'는 설명태에 포함됩니다.
he might be rich -> he might be however rich
           -> however rich he might be
        (양보와 반전의 내용을 끌고 앞으로 이동하였습니다.)

'was not'에서 'not'은 동작태 'was'의 뒷주머니입니다.

A-5. 연결 표현2

2-9 종속연결 (종속접속사) 연결태 / 부사적인 사용 (양보/무제한 상황)

(20) 어디를 가더라도 그는 즐거웠습니다. (wherever)

```
Wherever  he    might    go,           he    was    pleased.
                        (동작태)
                        --------
                        (반문장태)
                        -----------
    (연결태) (주어태)(동작태) (설명태)   (연결태) (주어태)(동작태)   (설명태)
    ---------------------------------   ---------------------------------
              (문장태/연결문장태)                  (문장태/주문장태)
```

위 예문은 연결문장태와 주문장태, 두 개의 문장태로 되어 있습니다.

'wherever' 는 'where' + 'ever' 의 결합이며, 어디든지 라는 의미입니다.
'he might ~' 그가 ~일(할)지라도
설명은 다음에 표현되는데, go라는 동사를 사용하였습니다.
즉, 반문장태로 표현하였습니다.

he might go where -> he might go wherever
                  -> wherever he might go
        (양보와 무제한 상황의 내용을 끌고 앞으로 이동하였습니다.)

'go' 는 설명태 안의 동작태로서 반문장태를 구성합니다.

'~든지' 라는 표현을 하기 위하여 의문사와 'ever' 의 결합을 사용합니다.

어떠한 상태에 처하더라도 제한을 받지 않는 상황을 표현합니다.

A-5. 연결 표현2

2-9 종속연결 (종속접속사) 연결태 / 부사적인 사용 (양보/무제한 상황)

(21) 무슨 일이 일어나더라도 나는 공부를 하겠습니다. (whatever)

```
    Whatever  may   happen,        I    shall   study continuously.
                   (동작태)                  (동작태)   (설명태)
                   ----------                 --------------------
                   (반문장태)                  (반문장태)
                   ----------                 ----------
   (연결태) (주어태) (동작태)   (설명태)  (연결태)(주어태)(동작태)    (설명태)
   --------------------------------------  --------------------------------------
              (문장태/연결문장태)                  (문장태/주문장태)
```

위 예문은 연결문장태와 주문장태, 두 개의 문장태로 되어 있습니다.
'whatever' 는 'what' + 'ever' 의 결합이며, 무엇이든지 라는 의미입니다.
'whatever' 는 연결태와 주어태의 두가지 역할을 하고 있습니다.
바로 주어태와의 결합으로 주어의 역할을 동시에 하는 것입니다.
'whatever may ~' 무엇이든지 ~할지라도
상세 내용은 그 다음에 나오는 'happen' 입니다.
'may'와 'shall'은 보조동사(조동사)로서 동작태의 역할을 하며 'happen'과 'study'는 설명태입니다.

'happen'과 'study'는 설명태 안에서 반문장태를 형성하고 있습니다.

보조동사가 사용되면 다른 동사가 존재하며 이것은 반문장태를 이루게 됩니다.

'shall'은 '~하겠습니다' 를 표현하며 그 다음에 문장태로 상세 내용을 표현하고 있습니다.

즉, 그 상세 내용은 'study continuously' 입니다.

A-5. 연결 표현2

2-9 종속연결 (종속접속사) 연결태 / 부사적인 사용 (양보/무제한 상황)

(22) 누가 방해하더라도 나는 포기하지 않겠습니다. (whoever)

```
Whoever        may  interfere,      I   will not    give   up.
                    (동작태)                        (동작태)(설명태)
                    ----------                     ----------------
                    (반문장태)                      (반문장태)
                    ------------                   -----------
(연결태) (주어태)(동작태)  (설명태)    (연결태)(주어태)(동작태)  (설명태)
------------------------------------  ------------------------------------
         (문장태/연결문장태)                    (문장태/주문장태)
```

위 예문은 연결문장태와 주문장태, 두 개의 문장태로 되어 있습니다.
'whoever' 는 'who' + 'ever' 의 결합이며, 누구든지 라는 의미입니다.
'whoever' 는 연결태와 주어태의 두가지 역할을 하고 있습니다.
바로 주어태와의 결합으로 주어의 역할을 동시에 하는 것입니다.
'whoever may ~' 누구든지 ~할지라도
상세 내용은 그 다음에 나오는 'interfere' 입니다.
'may'와 'will'은 보조동사(조동사)로서 동작태의 역할을 하며 'interfere'와 'give up'은 설명태입니다.

'interfere'와 'give up'은 설명태 안에서 반문장태를 형성하고 있습니다.

보조동사가 사용되면 다른 동사가 존재하며 이것은 반문장태를 이루게 됩니다.

'will not'은 '~하지 않겠습니다' 를 표현하며 그 다음에 문장태로 상세 내용을 표현하고 있습니다. 'not'은 앞주머니입니다.

즉, 그 상세 내용은 'give up' 이며 반문장태를 형성합니다.

'will not'에서 'not'은 동작태 'will'의 일부로 볼 수도 있고 설명태의 일부로 볼 수도 있습니다.

설명태의 일부로 볼 경우,
'not give up' 은 부사로서 설명태 안에서 'give up'을 부정하는 표현이 되며,
'not'은 'give'의 앞주머니, 'up'은 뒷주머니가 됩니다.

A-5. 연결 표현2

2-9 종속연결 (종속접속사) 연결태 / 부사적인 사용 (양보/무제한 상황)

(23) 어느 쪽이 이기더라도 나는 관심이 없습니다. (whichever)

```
Whichever      may    win the game,      I    am not    interested in it.
                    (동작태)(설명태)                            (동작태)(설명태)
                    ------------------                         ------------------
                       (반문장태)                                  (반문장태)
                    ------------
(연결태)(주어태)(동작태)    (설명태)      (연결태)(주어태)(동작태)    (설명태)
----------------------------------------   ----------------------------------------
            (문장태/연결문장태)                        (문장태/주문장태)
```

위 예문은 연결문장태와 주문장태, 두 개의 문장태로 되어 있습니다.
'whichever' 는 'which' + 'ever' 의 결합이며, 어느것이든지 라는 의미입니다.
'whichever' 는 연결태와 주어태의 두가지 역할을 하고 있습니다.
바로 주어태와의 결합으로 주어의 역할을 동시에 하는 것입니다.

'whichever may ~' 어느것이든지 ~할지라도
상세 내용은 그 다음에 나오는 'win the game' 입니다.
may는 보조동사(조동사)로서 동작태의 역할을 하며 'win the game'은 설명태이면서 반문장태입니다.
'may' 등의 보조동사가 사용되면 다른 동사가 존재하며 이것은 반문장태를 이루게 됩니다.

'may'는 '~할지라도' 를 표현하며 그 다음에 문장태로 상세 내용을 표현하고 있습니다.
'win'과 'interested'은 설명태 안의 동작태며 반문장태를 형성하고 있습니다.

주문장태에서, 'I am not ~' 은 '나는 ~ 상태가 아닙니다' 를 표현하고 있습니다.
'am not'에서 'not'은 'am'의 뒷주머니로서 'am'을 부정하고 있습니다.

그 상세 내용은 바로 뒤에 나오는 'interested in it' 으로써 반문장태입니다.

'not'을 주문장태의 설명태 안에 있는 것으로 간주할 수도 있으며,
'not interested in it' 형식으로 'interested'를 부정하는 역할을 한다고 볼 수도 있으며 내용은 동일합니다.
'not interested' 또는 'not interested in'을 동작태로 볼 수도 있습니다.

혁신영문법에서는 상세한 설명을 하기 위해서 동사가 들어가있는 문장태를 사용합니다.

그래서 항상 기본적인 문장태를 잘 구사할 수 있다면 어떠한 내용의 문장이라고 해도 정확하게 표현할 수가 있습니다.

A-5. 연결 표현2

2-9 종속연결 (종속접속사) 연결태 / 부사적인 사용 (양보/무제한 상황)

(24) 당신이 원하던지 않던지 우리는 전진합니다. ~하던지 안 하던지 (whether ~ or not)

```
Whether   you    want   it   or   not,        we    will    go    ahead.
                       ----------------                          (동작태)(설명태)
                                                                 ----------------
                                                                     (반문장태)
                                                                     ----------
(연결태) (주어태)(동작태)    (설명태)        (연결태)(주어태)(동작태)    (설명태)
-------------------------------------        -------------------------------------
         (문장태/연결문장태)                          (문장태/주문장태)
```

위 예문은 연결문장태와 주문장태, 두 개의 문장태로 되어 있습니다.
'whether' 는 '~하던지' 의 의미입니다.
그 상세 내용을 'you want it or not' 이며 '당신이 그것을 원하던지 아니던지' 입니다.
'it or not'은 설명태이며, 'or not'은 'or you do not want it' 의 줄임입니다.

'whether' 이라는 연결태의 다음에 문장태를 표현함으로써 정확한 의미를 전달하는 것입니다.
엄밀하게는 'not' 의 내용이 문장태의 내용을 포함한다고 볼 수 있습니다.

이렇게 '~하던지 안 하던지' 의 표현은 'whether ~ or not' 을 사용합니다.

뒤에 나오는 주문장태의 설명태 안에는 반문장태가 포함되어 있습니다.
보조동사(조동사) will은 그 뒤에 동사가 존재합니다.
그래서 반문장태를 이루고 더욱 정확한 표현이 가능해지는 것입니다.

A-5. 연결 표현2

2-9 종속연결 (종속접속사) 연결태 / 부사적인 사용 (양보/무제한 상황)

(25) 그의 재능에도 불구하고 그는 성공하지 못했습니다. (in spite of)

```
              In spite of his talents, he      didn't    succeed.
                                                         (동작태)
                                                         ----------
                                                         (반문장태)
                                                         ----------
         (연결태)        (주어태)         (동작태)    (설명태)
         --------------------------------------------------------
                                  (문장태)
```

'in spite of ~' 는 '~에도 불구하고' 의 의미입니다.
연결태의 위치에 있지만 부사태의 역할을 하고 있습니다.

기존의 영문법에 의하면 연결태(접속사)로 볼 수 있습니다.

그러나 한국어 문장으로 해석시에 연결태를 먼저 해석해야 하는 예외가 발생합니다.
그러므로 'in spite of'는 부사태로서 주어태인 'he'의 앞주머니에 위치하여 주어태와 함께 해석되어야 합니다. 그래야만 매끄러운 해석이 가능합니다.
'he didn't'는 '그는 ~하지 않았습니다' 이며 그 상세 내용은 다음의 설명태인 'succeed'입니다.
설명태 안에는 'succeed' 로 구성된 반문장태가 있습니다.

또는,

다음과 같이 분석할 수도 있습니다.

```
              In spite of his talents,              he    didn't    succeed.
                                                                    (동작태)
                                                                    ----------
                                                                    (반문장태)
                                                                    ----------
   (연결태)(주어태)(동작태)      (설명태)        (연결태) (주어태)  (동작태)  (설명태)
   --------------------------------------      ------------------------------------
              (문장태)                                        (문장태)
```

상기 예문은 두 개의 문장태로 되어있습니다.
앞의 문장태는 'in spite of his talents'라는 내용의 설명태만 존재하며 부사로서 뒤의 문장태 전체를 수식하고 있습니다.

A-5. 연결 표현2

2-10 종속연결 (종속접속사) 연결태 / 부사적인 사용 (비교)

(26) 어린 것처럼 행동하지 마세요. ~처럼 (as)

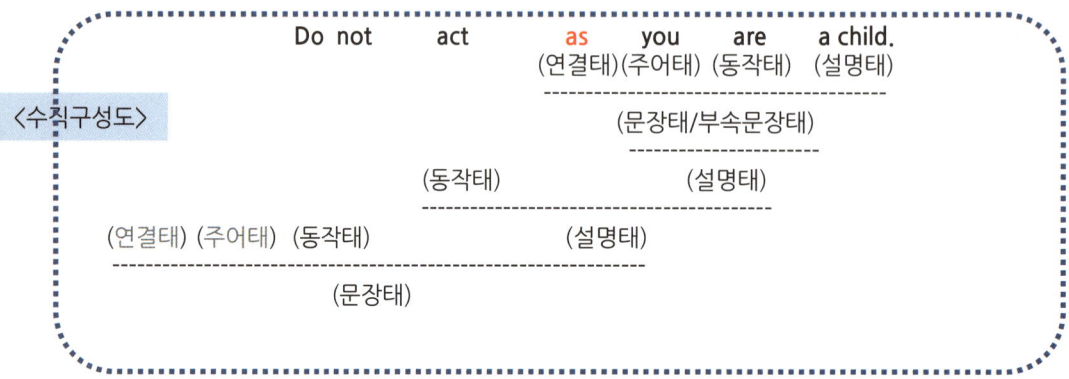

〈수직구성도〉

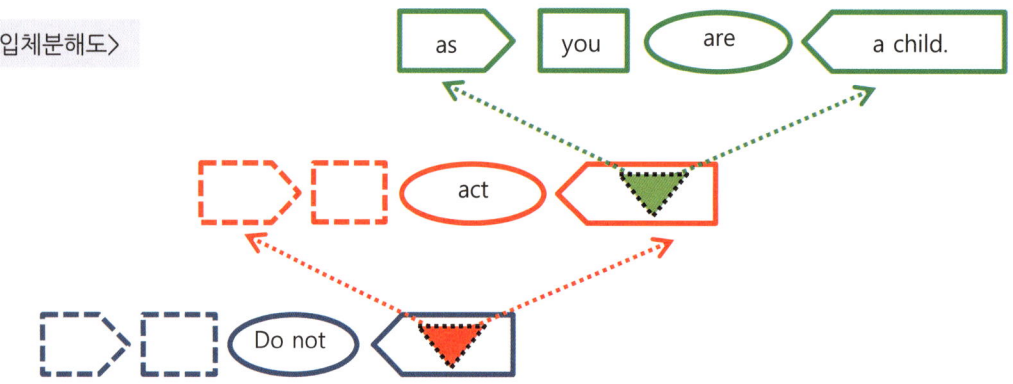

〈입체분해도〉

위 예문은 주문장태의 설명태 안에 부속문장태가 포함되어 있습니다.
주문장태 안에서 동작태로 시작하므로 명령문입니다.
'do~' 는 '~하라' 입니다.
'do not ~'은 ~하지마라' 입니다.
'not'은 'Do'의 뒷주머니일 수도 있으며 또는 'act'의 앞주머니일 수도 있습니다.
그 상세 설명은 그 다음의 반문장태에 표현됩니다.
'not act'는 'do'의 상세 내용입니다. 즉, '행동하지 말라.' 입니다.
또는 'do not ~' '~하지 마라' 입니다. 'act ~ '가 그 상세 내용이 됩니다.

'as'는 연결태로서 '~처럼'의 의미를 가집니다.
 그 상세 부연 설명은 그 다음의 문장태인 'you are a child.' 입니다.

'you are a child' -> '당신은 어린아이입니다.'

이렇게 다중구조 영문법의 구조는 상세한 내용을 단어의 다음에 표현합니다.
그 편리한 방법은 바로 문장태를 이용하는 것입니다.

A-5. 연결 표현2

2-10 종속연결 (종속접속사) 연결태 / 부사적인 사용 (비교)

(27) 그녀는 어머니가 연기를 잘하는 만큼 노래를 잘합니다. -처럼 그만큼 ~한
(as ~ as -)

```
         She    is    as good at singing    as   her mother   is    good at acting.
                     (연결태)              (주어태)        (동작태)        (설명태)
                                          -----------------------------------------
                                                        (부속문장태/연결문장태)
                                                                       ------------
                      (전)(형)(전)(동작태)              (설명태)
                      --------------------------------------------
                                   (반문장태)
                                   ------------
         (연결태) (주어태) (동작태)              (설명태)
                 ----------------------------------------------
                                   (문장태)
```

위 예문은 설명태가 다중 문장태로 구성되어 있습니다.

'She is ~' 그녀는 ~ 상태입니다.
'as good at singing as ~' 은 ' ~ 만큼 노래하는것에잘하는' 의 의미입니다.
'at singing' 은 전치사와 명사가 결합이지만 'singing'은 명사의 역할을 하는 파생동사입니다.
'at singing' 은 부사의 역할을 합니다.
'as good at singing' '노래하는데 있어서 잘하는' 을 의미합니다.

위의 문형 구조에서는 'singing'과 'acting'을 명사로 사용하였습니다.
동사에 ing를 붙이면 명사의 역할을 하기도 하며, 진행중인 것을 표현하기도 합니다.

연결문장태의 연결태 'as'는 '~처럼' 을 의미합니다.
그 내용은 그 다음의 문장태에 표현합니다.
'as ~ as - ' 는 '-처럼 그만큼~한' 을 의미합니다.
'as ~ as' 에서 뒤에 있는 as가 연결태입니다.

이것은 관습적으로 함께 사용됩니다.

A-5. 연결 표현2

2-10 종속연결 (종속접속사) 연결태 / 부사적인 사용 (비교)

(27) 그녀는 어머니가 연기를 잘하는 만큼 노래를 잘합니다. -처럼 그만큼 ~한
　　　　　　　　　　　　　　　　　　　　　　　　　　　　(as ~ as -)

```
        She      is    as good  at  singing     as   her mother   is     good at acting.
                                                  (연결태)   (주어태)  (동작태)    (설명태)
                                                  -----------------------------------------
                       (전)(형) (전) (명)                   (부속문장태/연결문장태)
                       ---------------------------------------------------------
(연결태) (주어태) (동작태)                        (설명태)
-----------------------------------------------------------------
                              (문장태)
```

여기에서는 'singing'을 단순 명사로 간주해봅니다.
'at singing'은 단순 부사태가 되어 앞에 있는 'good'을 수식합니다.

설명태는 (전치사)(형용사)(전치사)(명사) 와 부속문장태로 구성되어 있습니다.

A-5. 연결 표현2

2-10 종속연결 (종속접속사) 연결태 / 부사적인 사용 (비교)

(28) 바람이 부는 것을 보니 비가 올 것 같습니다.   상황파악 (for)

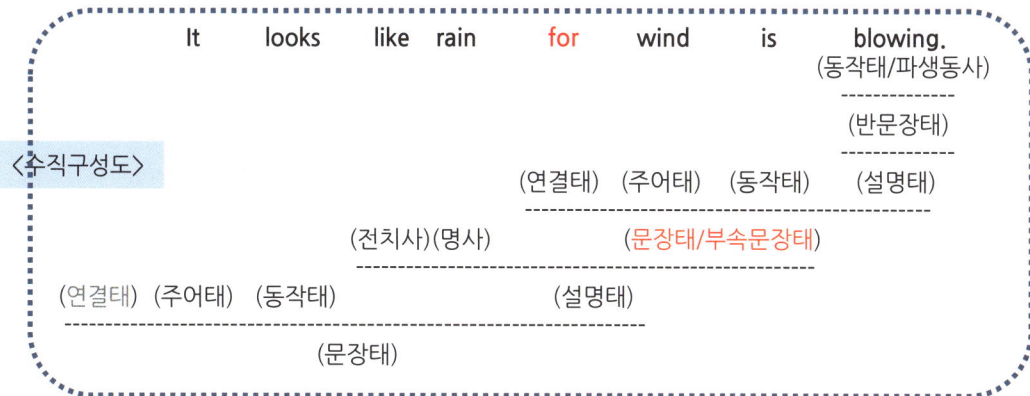

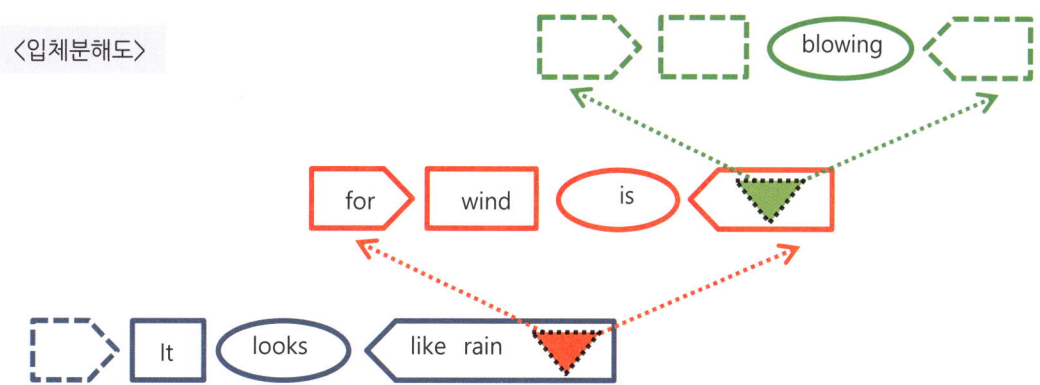

이 예문에서는 주문장태안의 설명태에 문장태가 다중으로 배열되어 있습니다.
연결태인 'for'는 부속문장태를 이루며 상황의 내용을 주문장태와 연결하는 역할을 합니다.
문장태의 설명태 안에는 'like'라는 전치사와 그 뒤에 'rain'이라는 명사는 'like rain'으로 'looks'를 상세 설명하고 있습니다.

'it looks ~' '그것은 ~게 보입니다.' 의미이지만 관용적으로 날씨를 나타내기도 합니다.
그 상세 내용은 'like rain'입니다. 즉, '비와 같은' 의 의미입니다.
'It looks like rain' -> '비가 올 것같이 보입니다.'
뒤에 나오는 연결문장태는 'for'라는 연결태로 시작하여 상황파악의 이유를 나타냅니다.

'for ~' ~하는 것을 보니
'blowing'은 현재분사로서 동작태의 변형인 파생동사입니다.
하지만 이것도 동작태의 하나이며, 반문장태를 형성합니다.

다중구조 영문법에서는 정확한 표현을 하기 위해서 동작태가 포함된 문장태를 사용합니다.

A-5. 연결 표현2

* 예문

	연결태	주어태	동작태	설명태
(1)		It	is	certain that my son will win.
(2)	No wonder	she	will	be married this spring.
(3)		I	wonder	if he bought a house or not.
(4)	When	he	got	home,
		it	rained.	
(5)		I	drank	coffee while doing my homework.
(6)		He	shouted	as soon as he saw me.
(7)		A marathon	was	held where we met.
(8)	No matter where	he	repairs,	
		he	is	not good at singing or dancing.
(9)		I	am	a coward,
		so I	don't	watch the movie.
(10)		I	worked	hard to pass that test.
(11)			Be	careful not to slip.
(12)	If	he	is	honest
		the promise	will	be kept.
(13)	If	you	don't	have money,
			don't	buy the house.
(14)	As long as	you	study	hard,
		there	will	be no failure.
(15)	Although	he	is	poor,
		he	is	honest.

(1) 나의 아들이 우승할 것이라는 것은 확실합니다.
(2) 올해 봄에 그녀가 결혼할 것이라는 것은 당연합니다.
(3) 그이가 집을 샀는지 안 샀는지가 궁금합니다.
(4) 그가 집에 도착했을 때 비가 내렸습니다.
(5) 숙제를 하는 동안에 커피를 마셨습니다.
(6) 그는 나를 보자마자 소리쳤습니다.
(7) 우리가 만남을 하는 곳에서 마라톤 경기가 개최되었습니다.
(8) 그이가 어디를 수리하더라도 그는 노래도 춤도 모두 잘 못합니다.
(9) 나는 겁쟁이여서 그래서 그 영화를 보지 않습니다.
(10) 나는 그 시험을 통과하기 위해서 열심히 공부했습니다.
(11) 미끄러지지 않도록 조심하세요.
(12) 만약 그가 정직하다면 약속은 지켜질 것입니다,
(13) 가진 돈이 없다면 그 집을 사지 마십시오.
(14) 당신이 열심히 공부하는 한 실패는 없을 것입니다.
(15) 그가 비록 가난하지만 그는 정직합니다.

A-5. 연결 표현2

* 예문

	연결태	주어태	동작태	설명태
(16)	Although	he	passed	the test,
		he	was	not happy,
(17)	No matter how famous	she	was,	
		she	wasn't	arrogant.
(18)	Wherever	he	lived,	
		he	helped	his neighbors.
(19)	No matter	what	happens,	
			study	hard.
(20)	No matter	who	hates	me,
		I	will not	hurt him.
(21)		Whichever	contact	me,
		I	will	not respond.
(22)	Whether	she	ate or not	
		we	set off.	
(23)	Even though	he	started	running earlier,
		he	didn't	finish first.
(24)		He	acted	like he was fair,
		but people	didn't	believe him.
(25)		Your head	Is	soaring
	as		Einstein.	

(16) 비록 그 시험을 통과했지만 그는 행복하지 않았습니다.
(17) 그녀가 아무리 유명할지라도 그녀는 거만하지 않았습니다.
(18) 어디에서 살더라도 그는 이웃을 도와주었습니다.
(19) 무슨 일이 생기더라도 열심히 공부를 하세요.
(20) 누가 나를 미워하더라도 나는 그를 해치지 않겠습니다.
(21) 어느 쪽이 나에게 연락하더라도 나는 답변하지 않겠습니다.
(22) 그녀가 식사를 했던지 안 했던지 우리는 출발합니다.
(23) 그이가 더 먼저 달리기 시작했음에도 불구하고 그는 1등을 하지 못했습니다.
(24) 공정한 것처럼 행동했지만 사람들은 그를 믿지 않았습니다.
(25) 당신은 아인슈타인 만큼 머리가 비상합니다.

종속연결은 한국어로 해석할 때 가장 마지막에 해석됩니다.
이것이 종속연결의 특징입니다.

A-6. 특별 표현

특별표현 - (도치, 강조, 생략, 삽입)

A-6. 특별 표현

  도치
  강조
  생략
  삽입

A-6. 특별 표현

6-1 도치 (습관적 도치)

도치는 정상적인 어순을 벗어나 순서가 바뀌어진 어순을 말합니다. 도치는 강조를 의미합니다.

정산적인 어순은,

　　(연결태) (주어태) (동작태) (설명태) 이지만,

관습적이거나 강조를 위하여 정상을 벗어나 배열이 되는 어순을 말합니다.

(1) 거실에 TV가 있습니다.

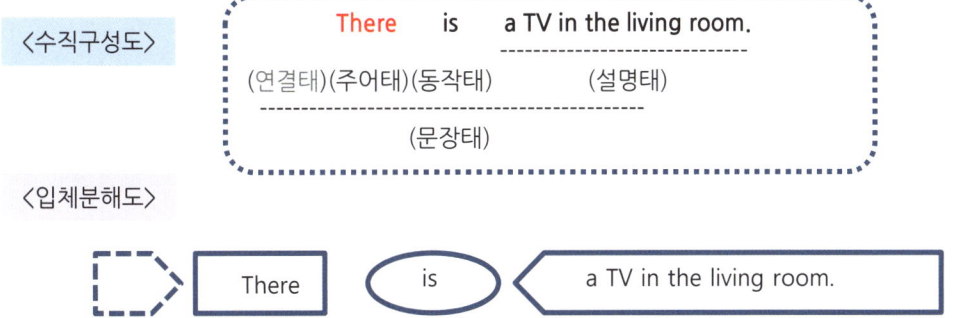

〈수직구성도〉

〈입체분해도〉

'there'는 '거기에' 라는 의미이지만 해석하지 않습니다.
'there is ~'는 '(거기는) 어떤 상태입니다.' 라는 의미입니다.
'there' 는 의미상 주어가 아니면서 주어태인 주의 역할을 하고 있습니다.
그리고 다음의 설명태안에 그 상세 내용을 기술합니다.
설명태안에는 '명사', '형용사', '부사', '전치사', '문장태' 가 어우러져서 내용을 표현합니다.

'a TV'　'a TV'가 있습니다.
'a TV is ~ '　'a TV의 상태는 ~ 입니다.
그 상세 설명은 'in the living room' 입니다.
a TV is in the living room.
그런데 'is'는 동격을 의미하므로 'a TV' = 'in the living room' 이어야 합니다.
하지만 내용상 동격은 성립되지 않으며 단지 상황을 설명해주는 설명태의 역할만을 하고 있습니다.
이렇게 상황만을 강조하기 위해서 'in the living room'이 '거기'를 의미하는 'there'로 복제되어 'a TV'와 서로 위치를 교환합니다.
즉, "There is a TV in the living room." 이 되어 마치 'There'가 주어태인 것처럼 의미상 도치된 것을 의미합니다.

도치된 문장을 다시 설명하면,

There -> (거기)
There is ~ -> (거기의) 상태는 ~합니다.
There is a TV ~. -> 그 상세설명은 "(거기) 상태는 'a TV'입니다."
게다가 'a TV'를 덧붙여 부연 설명한다면 'in the living room'입니다.
즉, "(거기의) 상태는 거실에 TV상태입니다." -> "(거기에) 거실에 TV가 있습니다."
　　　　　　　　　　　　　　　　　　-> "거실에 TV가 있습니다.

이 예문은 내용상 의미적으로 'a TV' 가 주어인 주어태의 역할을 해야 하지만 설명태의 안에 들어가 있으며, 이것은 관습적인 도치의 결과입니다.
'There'가 문장태의 맨 앞에 나오면 '거기'라는 의미를 포함하지 않으며 우리말로는 해석을 하지 않습니다.

A-6. 특별 표현

6-1 도치 (습관적 도치)

(2) 나도 그렇습니다.

'I am so' 는 '나는 그렇습니다 ' 입니다.

⟨수직구성도⟩

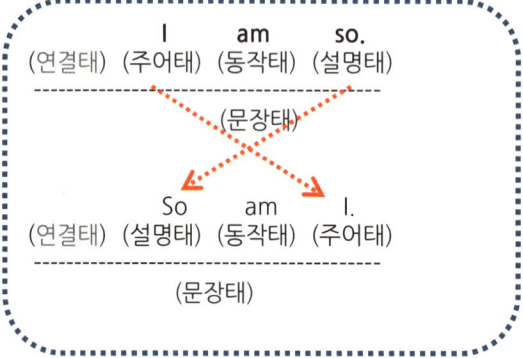

⟨입체분해도⟩

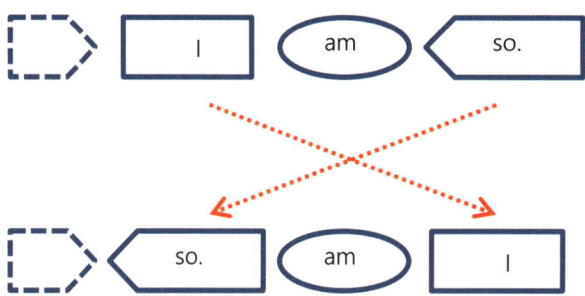

주어태와 설명태의 위치 교환이 이루어집니다.

원래는 'I am so' '나도 그렇습니다 ' 입니다.
여기에서 '그렇습니다' 라는 'so' 를 두드러지게 표현하기 위하여,
'so'를 맨 앞으로 이동하고 'I'를 맨 뒤로 이동하여 위치를 서로 바꿉니다.
(설명태) 'so' 와 (주어태) 'I' 가 위치가 서로 바뀌었습니다.
그래서 'So am I.' '나도 그렇습니다' 가 됩니다.

'So I am.' 은 '그래서 나는 그러합니다.' 라는 다른 의미가 됩니다.

A-6. 특별 표현

6-1 도치 (습관적 도치)

(3) 그는 나이가 많지만 그는 힘이 셉니다.

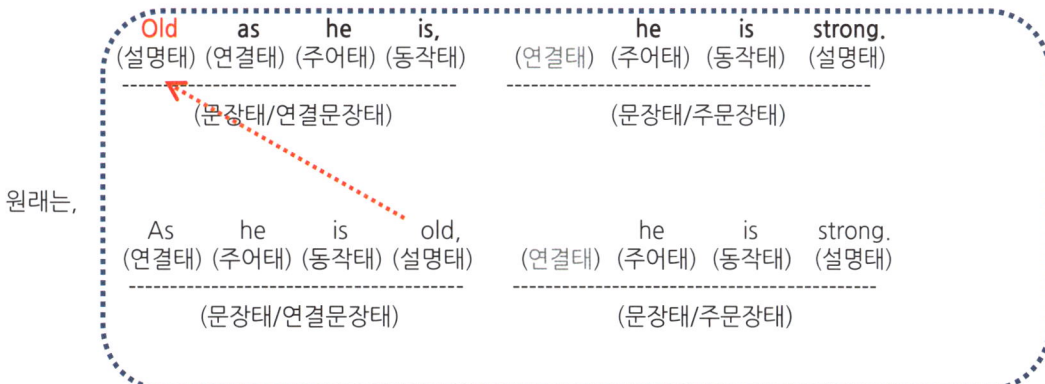

'As' ~하지만
이렇게 언어를 말할 때 중요한 것을 먼저 이야기 하다 보면 자연스럽게 도치가 이루어지는 것입니다.

원래의 문장은 'As he is old, he is strong.'입니다.
old를 중요시하여 가장 먼저 표현하면서 도치가 이루어집니다.
연결문장태 안의 '설명태'가 '연결태'의 앞으로 이동합니다.
'old'라는 표현이 예상을 벗어나는 내용이고 그 상반되는 결과가 다음 문장에 표현되는 경우에 사용합니다.

(4) 내가 만일 새라면 너에게 날아갈텐데.

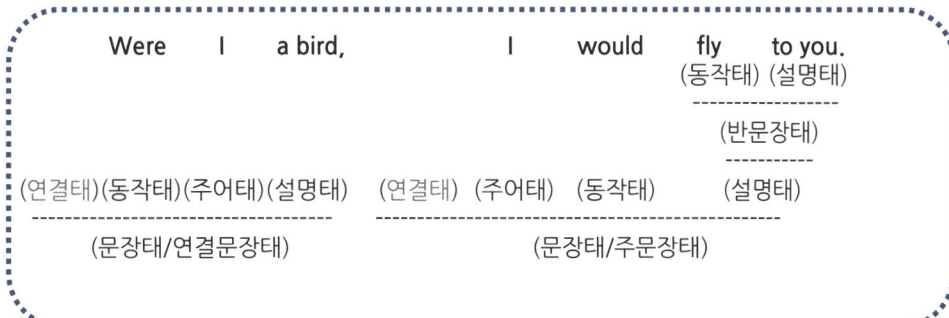

연결문장태에서 'if I were a bird' 는 'if'가 생략되고 (동작태)가 (주어태)와 위치를 바꾸었습니다.
문장태안의 설명태는 'fly to you'라는 반문장태를 포함하고 있습니다.

보조동사(조동사) 다음에 나오는 동사는 반문장태를 구성하는 '동작태'입니다.

'보조동사 + 동사'는 동사가 중복되는 것이므로 '반문장태'가 만들어집니다.

A-6. 특별 표현

6-1 도치 (강조적 도치)

(5) 용기 있는 사람은 행복합니다. (설명태안의 형용사 강조)

* 원래의 문장은 "The man who is brave is happy." 입니다.

```
        The man        who    is    brave    is    happy.
                      (연결태) (주어태) (동작태)  (설명태)
                      ------------------------
          (명사)              (부속문장태)
                      ------------------------
    (연결태)        (주어태)                  (동작태) (설명태)
    -----------------------------------------------------
                              (문장태)
```

'the man' 다음에 있는 'who is brave' 는 'the man' 에 대한 상세부연 설명입니다.
혁신영문법에서 단어에 대한 상세설명이 그 다음에 표현되어 강조됩니다.
이렇게 수식된 'the man' 은,
'the man (………) is ~ ' 그 사람은 (………) ~한 상태입니다.
그리고 그 다음의 설명태에 'happy'라고 표현됩니다.
'the man (………) is happy.' 가됩니다.

여기에서 설명태와 주어태가 동작태를 사이에 두고 도치됩니다.

* 도치된 문장은 다음과 같습니다.

```
        Happy    is   the man       who    is    brave.
                                   (연결태) (주어태) (동작태) (설명태)
                                   ------------------------
                     (명사)              (부속문장태)
                                   ------------------------
    (연결태) (설명태) (동작태)         (주어태)
    -----------------------------------------------------
                              (문장태)
```

주어태 안의 부속문장태는 앞의 명사인 'the man'을 꾸며줍니다.

그리고 설명태의 'happy'를 강조하기 위하여,
'연결태+주어태'+'동작태'+'설명태' 의 순서가 '연결태+설명태'+'동작태'+'주어태'로 도치합니다.

이렇게 강조하고 싶은 경우에는,
가장 강조하고 싶은 'happy'라는 단어를 말하고 주어태와 설명태를 서로 도치합니다.

A-6. 특별 표현

영어 문장태, 한국어 문장태 나열 순서

* 용기 있는 사람은 행복합니다. (설명태안의 형용사 강조)

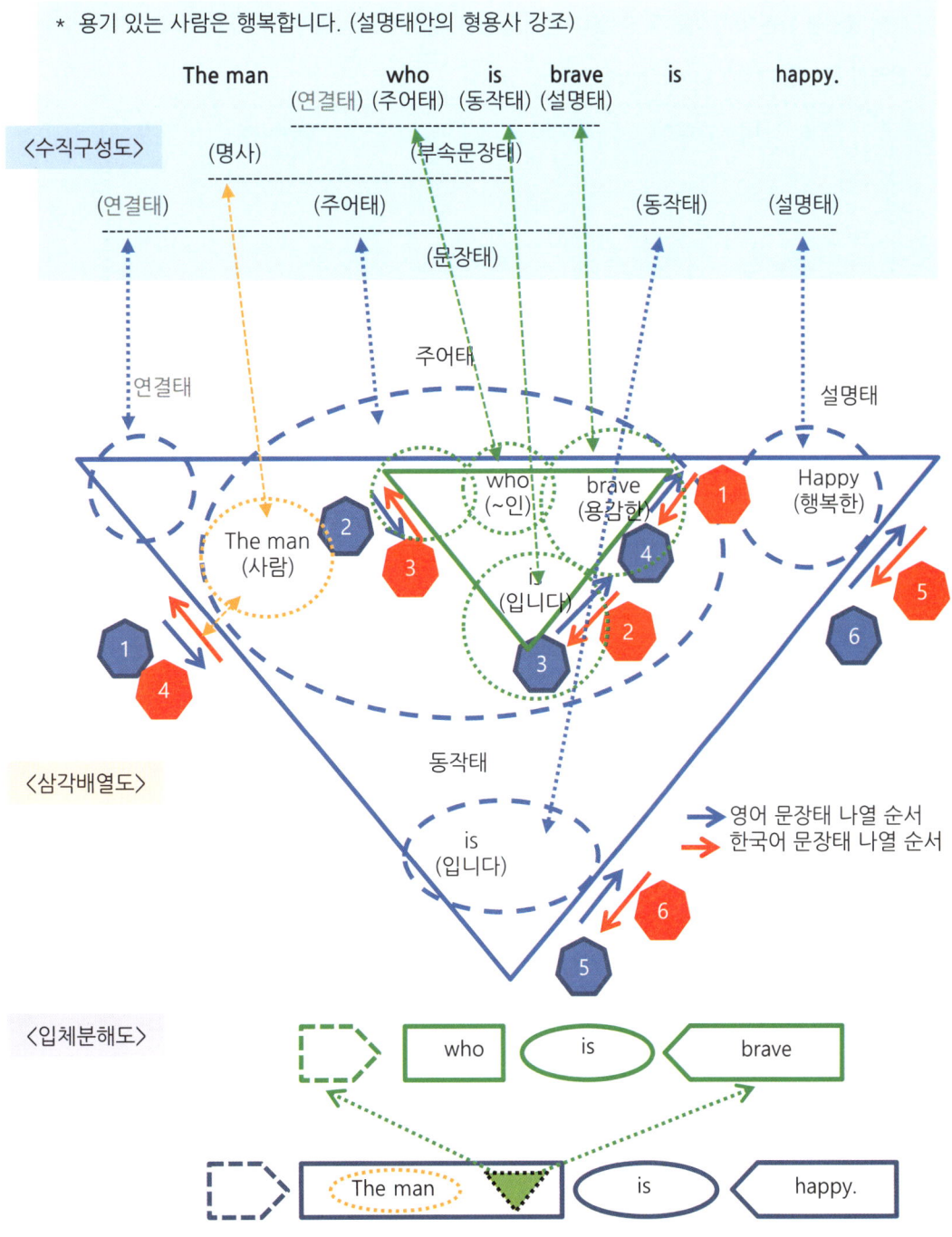

위 예문에서 내부의 다중삼각배열도(who is brave)는 하나의 문장태이자 주어태의 일부로서 실질적인 주어에 해당하는 'The man'을 상세설명하고 있습니다.
여기에서는 '용기 있는'를 '용기 있다' 라는 내부문장태로 간주하였습니다. '사람'은 선행사가 됩니다.

'who'는 형식적인 연결태이며 'the man'이라는 선행사를 가지므로 한국어 문장태에서는 생략됩니다.
즉, 한국어문장태 에서는 선행사가 마지막으로 나열되며,
내부의 문장태 'who is brave'는 왼쪽 앞에 있는 단어를 'the man'을 수식합니다.

A-6. 특별 표현

6-1 도치 (강조적 도치)

(6) 그녀의 몸짓을 나는 잊기 어렵다. (설명태 안의 명사를 강조)

* 원래의 문장은 'I can't forget her gesture.' 입니다.

```
            I        can't      forget         her          gesture.
                                                (형)          (명)
                                                ------------------------
                                (동작태)                  (설명태)
                                --------------------------------
                                          (반문장태)
                                          ------------
(연결태)   (주어태)  (동작태)             (설명태)
------------------------------------------------------
                          (문장태)
```

> 설명태 안의 반문장태는 동작태와 설명태를 포함하고 있습니다.
> "can't" 가 동작태며 'forget' 는 설명태에 포함됩니다.
> 여기에서는 반문장태 안의 설명태의 일부인 'her gesture'를 강조하기 위하여 그 설명태의 일부를 문장의 맨 앞쪽 주어태의 앞주머니로 이동하여 도치합니다.
> 즉, 설명태 안에 있는 일부의 단어만을 도치시킵니다.
> 이것은 가장 간단한 도치의 형태입니다.

* 도치된 문장은 다음과 같습니다.

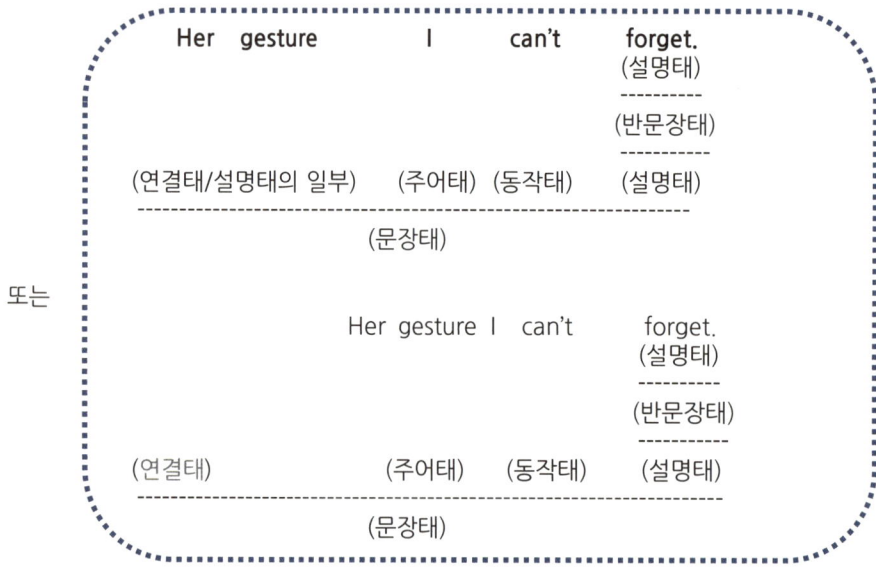

> 이렇게 설명태 안의 반문장태 안에 있는 단어 일부를 도치하여 주어태의 앞의 위치로 이동하여 강조를 할 수가 있습니다.
> 'her gesture'는 설명태의 일부이지만 도치되어 강조를 표현하는 연결태의 역할을 하게 됩니다.
> 또는,
> 두번째 구성도에서 'her gesture'는 주어태 'I'의 앞주머니에 위치하여 한국어의 해석시에 유연한 표현이 가능해집니다.

A-6. 특별 표현

6-1 도치 (강조적 도치)

(7) 우리가 그 방을 나오자마자 그가 웃는 소리를 들었다. (설명태안의 부사 강조)

* **원래의 문장은,**

"We left the room no sooner than we heard his laugh." 입니다.

```
           We    left   the room   no sooner   than           we   heard  his laugh.
                                                           (연결태)(주어태)(동작태) (설명태)
                                                           ------------------------------------
                         (명)         (부)      (전)               (부속문장태)
                         ------------------------------------------------------
(연결태) (주어태)(동작태)                          (설명태)
------------------------------------------------------------------------
                              (문장태)
```

'we left ~' 우리는 떠났습니다.
그 상세 설명은 'the room no sooner than ~'
'~ 보다 더 빠르지 않게 그 방을'

* **도치된 문장은,**

```
           No sooner  we    left       the room     than          we   heard  his laugh.
                                                              (연결태)(주어태)(동작태) (설명태)
                                                              ------------------------------------
                         (명)          (전)                         (부속문장태)
                         ------------------------------------------------------
(연결태)    (주어태)     (동작태)                     (설명태)
------------------------------------------------------------------------
                              (문장태)
```

문장태 안의 설명태의 일부인 'no sooner'를 강조하기 위하여 주어태의 앞으로 이동하여 도치시켰습니다.

가장 강조하고 싶은 'no sooner'라는 단어가 주어태의 앞주머니에 위치합니다.

영어에서는 가장 강조하고 하는 내용을 가장 앞 위치인 주어태의 앞주머니로 이동하여 도치시킵니다.

A-6. 특별 표현

6-2 강조

(1) 그 종을 어제 울린 사람은 그였습니다. (it is ~ that ~) (주어태) 주어 강조

* 원래의 문장은 'It was he that rang the bell yesterday.' 입니다.

```
        It      was      that      he      rang      the bell yesterday.
              (연결태)   (주어태)  (동작태)            (설명태)
        -------------------------------------------------
                            (연결문장태)
                            -------------
  (연결태)(주어태)(동작태)              (설명태)
  ----------------------------------------------
                    (문장태)
```

'it was ~' 그것은 ~ 이었습니다.
'it was that ~' 그것은 'that' 이었습니다.
그 상세 내용은 다음의 설명태 안에 있습니다.
'he rang the bell yesterday.' 그가 어제 그 종을 울렸습니다.
'that' 는 ~한 사실을 이야기하고자 할 때 사용하며 뒤에 나오는 내용과 동격입니다.

* 'he' 가 강조된 문장은 다음과 같습니다.

```
        It      was      he      that      rang      the bell yesterday.
              (주어태)  (연결태) (동작태)            (설명태)
        -------------------------------------------------
                            (연결문장태)
                            -------------
  (연결태)(주어태)(동작태)              (설명태)
  ----------------------------------------------
                    (문장태)
```

'he' 를 강조하기 위하여 he를 연결문장태 내에서 가장 앞으로 이동합니다.

'it is ~ that ~' 에서 설명태 안의 연결문장태에서 주어태인 'he'가 강조되면서 연결태의 앞으로 이동하여 도치가 발생합니다.

'it was he ' 그것은 그였습니다.
그 상세 설명은 그 다음의 내용입니다.
'that rang the bell yesterday'
여기에서의 'that'은 '~라는 사실'을 말합니다.

A-6. 특별 표현

6-2 강조

(2) 그가 어제 울린 것은 종이었습니다. (it is ~ that ~) (설명태) 명사 (목적어) 강조

* 'the bell' 이 강조된 문장은 다음과 같습니다.

```
         It    was    the bell    that    he    rang    yesterday.
                    (설명태앞부분)  (연결태)(주어태)(동작태)   (설명태)
                    ----------------------------------------------------
                                    (연결문장태)
                                    -------------
(연결태)(주어태)(동작태)              (설명태)
------------------------------------------------
                    (문장태)
```

설명태 안의 연결문장태 안의 설명태에 있는 목적어인 '명사' 'the bell'이 강조되면서 연결태의 앞으로 이동하여 도치가 발생합니다.

(3) 그가 종을 울린 것은 어제였습니다. (it is ~ that ~) (설명태) 부사 강조

* 'yesterday' 가 강조된 문장은 다음과 같습니다.

```
         It    was    yesterday    that    he    rang    the bell.
                    (설명태앞부분)  (연결태)(주어태)(동작태)   (설명태)
                    ----------------------------------------------------
                                    (연결문장태)
                                    -----------
(연결태)(주어태)(동작태)              (설명태)
------------------------------------------------
                    (문장태)
```

설명태 안의 연결문장태 안의 설명태에 있는 부사인 'yesterday'가 강조되면서 연결태의 앞으로 이동하여 도치가 발생합니다.

A-6. 특별 표현

6-2 강조

(4) 그는 매일 영어 공부를 한다. (do를 이용한 강조)

* 원래의 문장은 'He study English everyday'입니다'.

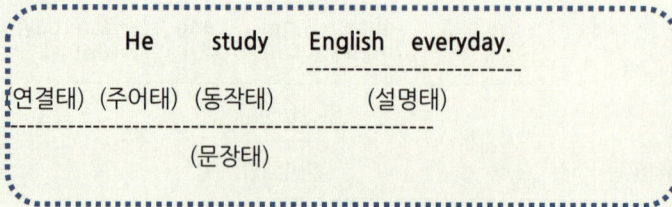

* 동사를 강조를 하는 문장은 다음과 같습니다.

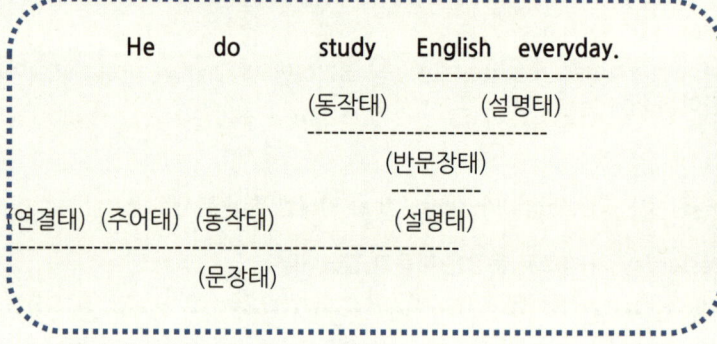

동사를 강조할 때는 동사 앞에 do를 사용합니다.
그러면 'do'가 동작태가 되고 처음의 동사는 설명태의 일부가 됩니다.
이렇게 하면 원래의 동사는 반문장태를 이루게 됩니다.

'He do ~' 그는 ~을 합니다. (강조하는 표현입니다.)
그 상세 내용은 다음의 문장태로 표현합니다.

이렇게 혁신영문법은 표현하고자 하는 내용을 문장태의 형식으로 표현합니다.

A-6. 특별 표현

6-2 강조

(5) 도대체 어떻게 당신은 그렇게 빨리 뛰었습니까? (부사태를 이용)

* 원래의 문장은 다음과 같습니다.

(의문문을 구성하는 연결태인 'how' 가 사용됩니다.)

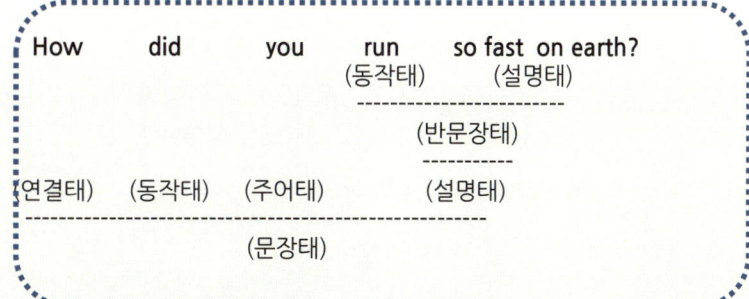

의문문을 구성하는 연결태인 'how'가 맨앞에 위치한 의문문입니다.
의문문이므로 주어태와 동작태가 서로 도치가 됩니다.
'on earth'는 '도대체'라는 의미입니다

* 'on earth' 를 강조하기 위한 문장은 다음과 같습니다.

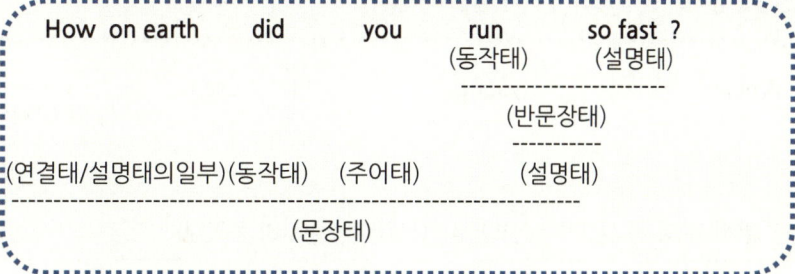

설명태 안의 'on earth' 를 동작태의 앞으로 이동 도치하여 강조합니다.

(6) 그는 그 책을 읽고 또 읽었습니다. (반복에 의한 강조)

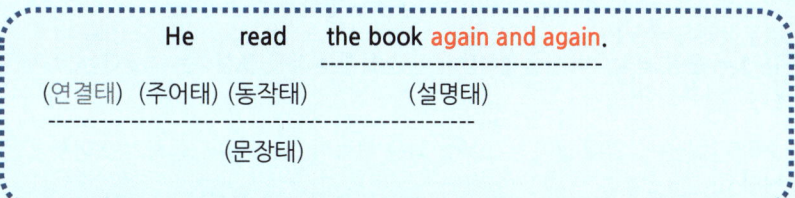

위 예문은 정상적인 순서를 갖고 있습니다.
'again' 을 반복 사용하므로써 강조를 이루고 있습니다.

'again'을 나열사 'and'를 사용하여 반복함으로써 강조하였습니다

A-6. 특별 표현

6-3 생략

(1) 나는 자전거가 두 대 있습니다. 당신은 몇 대를 가지고 있습니까?   (반복으로 인한 생략)

```
              I      have   two bicycles.
           (연결태) (주어태) (동작태)   (설명태)
           ---------------------------------------
                        (문장태)
```

위 문장에서는 설명태 안에 'bicycle'을 표현하였습니다.

'two bicycle'이 언급되었습니다.
그래서 뒤의 의문문에서는 'bicycle'을 생략할 수 있습니다.

'How many bicycles do you have?'

-> 'How many   do you have?'

이렇게 생략을 하여도 의미 전달이 가능한 경우에는 생략을 통하여 간결하게 표현합니다.

(2) 내가 어렸을 때 나는 벽에 그림을 그리곤 했습니다.

(연결문장태와 문장태의 주어가 같은 때 생략)

```
   When            young,         I      used       to paint      on the wall.
                                                (동작태/파생동사)   (설명태)
                                                ------------------------------
                                                         (반문장태)
                                                         ----------
(연결태) (주어태) (동작태) (설명태)   (연결태) (주어태)(동작태)       (설명태)
-----------------------------------   ----------------------------------------
        (연결문장태/반문장태)                    (문장태/주문장태)
```

위 예문은 연결문장태와 주문장태, 두 개의 문장태로 되어있습니다.

연결문장태의 'when young'은 'when I was young'에서 'I was' 가 생략된 형태입니다.
연결문장태의 주어태와 주문장태의 주어태는 동일하게 'I' 입니다.
연결문장태에서는 'I was ~' 의 표현을 사용하여 'I' 의 상태를 나타내고 있습니다.
이렇게 두 문장태의 주어가 동일하면서 단순하게 상태를 표현하는 경우에는 주어태와 동작태를 생략할 수가 있습니다.

주문장태에서는 설명태 안에 'to paint' 라는 부정사 형태의 파생동사가 있어서 반문장태를 형성하고 있습니다.

'I used ~ ' 나는 ~하고 했습니다.
그 상세 내용은 그 다음에 표현됩니다.
'to paint on the wall' '벽에 그림을 그리는 것' 입니다.

혁신영문법에서는 전하고자 하는 내용을 그 다음에 반문장태로 표현합니다.

A-6. 특별 표현

6-3 생략

(3) 예외 없는 규칙은 없습니다. (가주어, 형식상 주어의 생략)

```
         No rule    without exceptions.
         --------   --------------------
         ((명)형부)      (명형(부)전문)
                    --------------------
(연결태) (주어태) (동작태)       (설명태)
         ------------------------------------
                        (문장태)
```

위의 예문은 설명태로만 문장태를 이루고 있습니다.
형식적인 주어와 단지 상태만을 표현하는 'be'동사는 함께 생략이 가능합니다.
의미 전달이 훼손되지 않기 때문입니다.

원래의 문장은,

       'There is no rule without exceptions.'입니다.

```
        There    is    no rule without exceptions.
                       (부) (명)   (전)    (명)
                       ------------------------------
(연결태) (주어태) (동작태)         (설명태)
        ----------------------------------------------
                        (문장태)
```

설명태 안에는 다양한 품사의 단어가 있습니다.
명사, 형용사, 부사, 전치사, 문장태 등이 있습니다.

    이들은 서로 꾸며주고 수식하면서 설명태안에서 다양한 표현을 만듭니다.

6-4 삽입

(1) 그 회사는 그러므로 그 약속을 포기했다. (부사태의 삽입)

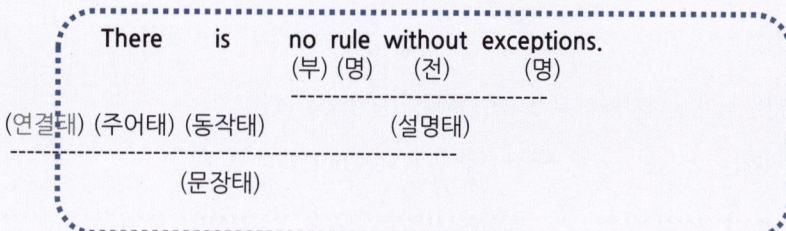

'부사태'가 '주어태' 의 뒤에 또는 동작태의 앞주머니에 이동 삽입하여 '문장태'를 수식하며 강조를 합니다.
원래는 'Therefore the company gave up the promise.' 또는
'The company gave up the promise therefore.' 로서 문장태의 앞이나 뒤에서 표현될 수 있습니다.

A-6. 특별 표현

6-4 삽입

(2) 그가 미국으로 간 것을 어떻게 생각하십니까? (문장태의 삽입)

Why he went abroad ? + do you think ?

(3) 그 경기는 네가 알다시피 매우 뜨거웠습니다. (문장태의 삽입)

원래는 As you know, the match was very hot. 입니다.

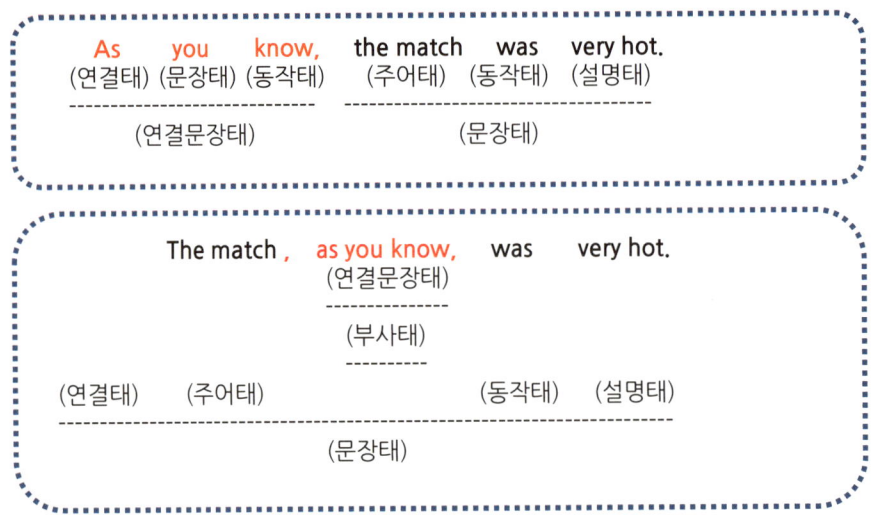

연결문장태가 문장태 안의 동작태 앞으로 이동 삽입되어 부사처럼 동작태를 수식합니다. 문장태의 삽입은 다양한 위치에 삽입이 가능합니다.

A-6. 특별 표현

* 예문

	연결태	주어태	동작태	설명태
(1)		There	lived	a good giant.
(2)		It	was	like that.
(3)		He	is	good,
		but he	is	poor.
(4)	If	you	are	the boss,
		I	will	accept your offer.
(5)		The righteous person	is	lonely.
(6)		His kindness	cannot	be ignored.
(7)	As soon as	she	finished	eating,
		it	started	to rain.
(8)		It	was	he who broke the window yesterday.
(9)		What he broke up yesterday	was	the window.
(10)		It	was	yesterday that he broke the window.
(11)		He	goes	for a walk every morning.
(12)			How on earth did	you write so many books?
(13)		He	experimented and did	It again.
(14)		I	was	walking,
		so I	did not	receive a letter.
(15)		There	is	no success without effort.
(16)		She	therefore left	the company.
(17)			How do	you feel about how he got rich?
(18)	As	you	expected,	
		the show	was	cancelled.

(1) 착한 거인이 살았습니다.
(2) 그도 그랬습니다.
(3) 그는 착하지만 그는 가난합니다.
(4) 당신이 사장이라면, 나는 당신의 제안을 받아들이겠습니다.
(5) 의로운 사람은 외롭습니다.
(6) 그의 친절함을 무시할 수 없습니다.
(7) 그녀가 식사를 마치자마자 비가 내리기 시작하였습니다.
(8) 어제 창문을 깬 사람은 그였습니다.
(9) 그가 어제 깬 것은 창문이었습니다.
(10) 그가 창문을 깬 것은 어제였습니다.
(11) 그는 매일 아침 산책을 합니다.
(12) 도대체 어떻게 당신은 그렇게 많은 책을 썼습니까?
(13) 그는 실험을 하고 또 했습니다.
(14) 산책하고 있어서 나는 편지를 받지 못했습니다.
(15) 노력이 없으면 성공이 없습니다.
(16) 그녀는 그러므로 회사를 떠났습니다.
(17) 그가 어떻게 부자가 된 것을 어떻게 생각합니까 ?
(18) 당신이 예상한 것처럼 그 공연은 취소되었습니다.

A-7. 가정 표현

가정표현

A-7. 가정 표현

(1) '(지금 현재) **내가 키가 크다면**, 농구를 잘 할 텐데.' (**가정법 과거**)

(2) '(조금 전 과거에) **내가 조금 더 기다렸었다면**, 그를 만날 수 있었을 텐데.' (**가정법 과거완료**)

(3) '(지금이나 앞으로나 불확실하지만, 지금이나 조금 후 불확실한 미래를 상상해본다면)
내일 비가 온다면, 나는 오지 않을 것입니다.' (**가정법 현재**)

(4) '(지금이나 앞으로나 거의 실현성이 없지만, (지금이나 미래에 그럴 리가 없겠지만)
그녀가 온다면, 그녀를 체포해야만 합니다.' (**가정법 미래**)

(5) 다양한 표현

I wish + (**가정법 과거**)
'< 지금 절대 그럴 수는 없지만>'(지금 현재) 내가 부자라면 좋겠는데'

I wish + (**가정법 과거완료**)
'<이미 시간이 지나버렸지만> (조금 전 과거에) 내가 그를 만났더라면 좋았을텐데.'

as if + (**가정법 과거**)
'< 지금 절대 그럴 수는 없지만>'(지금 현재) 그 학생은 선생처럼 행동합니다.'

as if + (**가정법 과거완료**)
'<이미 시간이 지나버렸지만> (조금 전 과거에) 그는 대통령이었던 것처럼 이야기 했습니다.'

A-7. 가정 표현

*** 가정 표현이란 ?**

(1) 현재 (불가능한) 사실과 반대되는 가정이나 상상을 나타낼 때 씁니다. (**가정법 과거**)

   '〈지금 절대 그럴 수는 없지만〉(지금 현재) **내가 키가 크다면**, 농구를 잘 할 텐데.'

(2) 과거의 사실과는 반대되는 가정이나 상상을 나타냅니다. (**가정법 과거완료**)

   '〈이미 시간이 지나버렸지만〉(조금 전 과거에) **내가 조금 더 기다렸었다면**, 그를 만날 수 있었을 텐데.'

(3) 현재 또는 미래의 불확실한 일을 상상 가정하는 표현입니다. (**가정법 현재**)

   '〈지금이나 앞으로나 불확실하지만〉(지금이나 조금 후 불확실한 미래를 상상해본다면)
   내일 비가 온다면, 나는 오지 않을 것입니다.'

(4) 현재 또는 미래에 관한 매우 강한 의혹이나 상상을 나타냅니다. (**가정법 미래**)

   '〈지금이나 앞으로나 거의 실현성이 없지만〉(지금이나 미래에 그럴 리가 없겠지만)
   그녀가 온다면, 그녀를 체포해야만 합니다.'

(5) 다양한 표현

   I wish + **가정법 과거**

   '〈 지금 절대 그럴 수는 없지만〉(지금 현재) 내가 부자라면 좋겠는데'

   I wish + **가정법 과거완료**

   '〈이미 시간이 지나버렸지만〉 '(조금 전 과거에) 내가 그를 만났더라면 좋았을텐데.'

   as if + **가정법 과거**

   '〈 지금 절대 그럴 수는 없지만〉(지금 현재) 그 학생은 선생처럼 행동합니다.'

   as if + **가정법 과거완료**

   '〈이미 시간이 지나버렸지만〉 '(조금 전 과거에) 그는 대통령이었던 것처럼 이야기 했습니다.

A-7. 가정 표현

1-1 현재 (불가능한) 사실과 반대되는 가정이나 상상을 나타낼 때 씁니다. **(가정법 과거)**

과거의 표현으로 '그랬었다면'의 표현은,

지금 현재의 상황을 과거로 표현함으로써 과거이므로 결코 되돌이켜서 이루어질 수가 없는 현재 상황임을 의미합니다. (그래서 가정법 과거)

(과거에 그랬던 것으로 표현한 것이므로, 지금 현재는 당연히 불가능한 사실입니다.)

(1) 내가 (과거에 키가 컸다면) (그 결과의 반대인 현재) 키가 크다면, 농구를 잘 할 텐데.

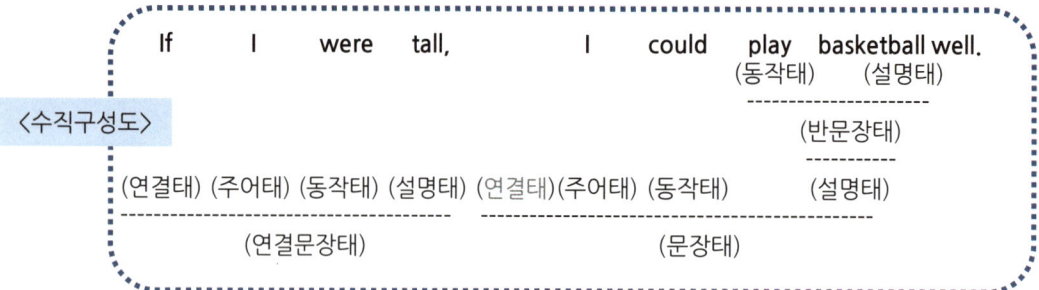

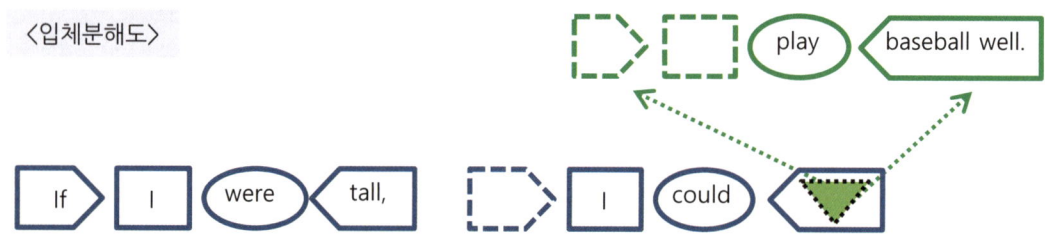

'be'동사일 경우 무조건 'were'를 사용합니다.
누구에게나 일어날 수 없는 과거의 표현이므로 'are' 의 과거형인 'were'를 사용합니다.
문장태 안의 설명태는 반문장태를 포함하고 있습니다.

'I could ~.' 나는 ~할 수 있었습니다.
그 상세 내용은 'play basketball well' 입니다.

'if'는 연결태로서 가정적인 표현을 시작하는 역할을 합니다.
과거로 문장을 표현하면서 현재의 상황이 불가능하다는 것을 나타낸 것입니다.

A-7. 가정 표현

(2) 당신이 (과거에 그를 찾았다면) (그 결과의 반대인 현재) 그를 찾는다면, 나는 당신에게 아이스크림을 주겠습니다.

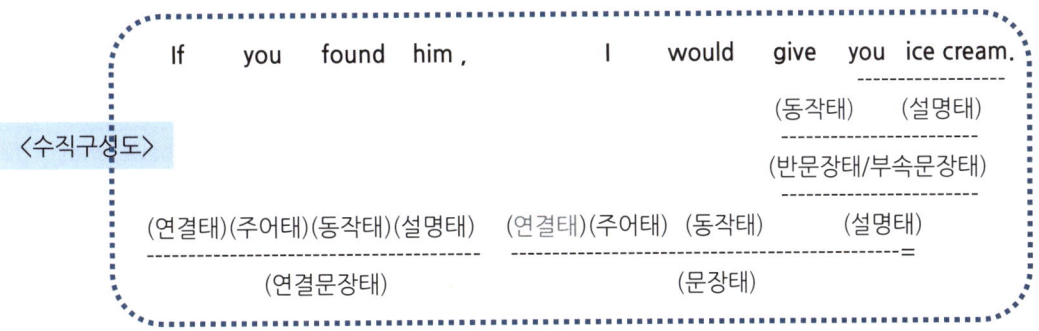

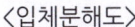

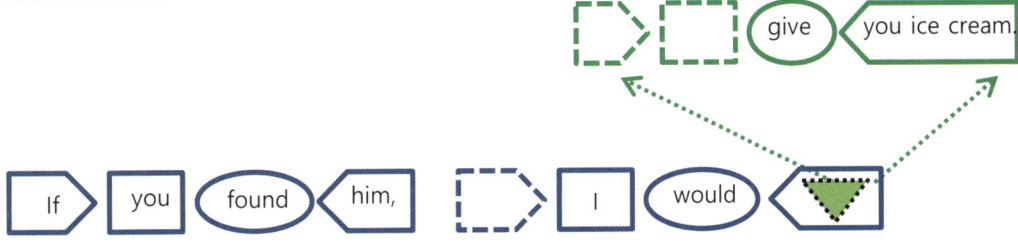

'found'는 'find'의 과거입니다.
문장태 안의 설명태는 반문장태의 형식을 가지고 있습니다.

'I would ~.' 나는 ~했을 것입니다.
그 상세 내용은 그 다음에 나오는 반문장태입니다.
즉, 'give you ice cream' 가 상세 내용입니다.
표현하고 싶은 내용을 반문장태로 표현합니다.
과거로 문장을 표현하면서 현재의 상황이 돌이킬 수 없음을 나타낸 것입니다.

A-7. 가정 표현

1-2 과거의 사실과는 반대되는 가정이나 상상을 나타냅니다. (가정법 과거완료)

〈이미 시간이 지나버려서 과거에 이미 완료되어버린 것인데〉
과거에 이미 완료되어버려서 결코 되돌릴 수 없는 상황을 표현합니다. (그래서 가정법 과거완료)

(과거에 이미 해버린 일로 표현한 것이므로, 돌이킬 수 없는 과거, 즉 과거 사실과 반대되는 가정이나 상상을 표현합니다.)

(1) 내가 조금 더 기다렸었다면, 그를 만날 수 있었을 텐데.

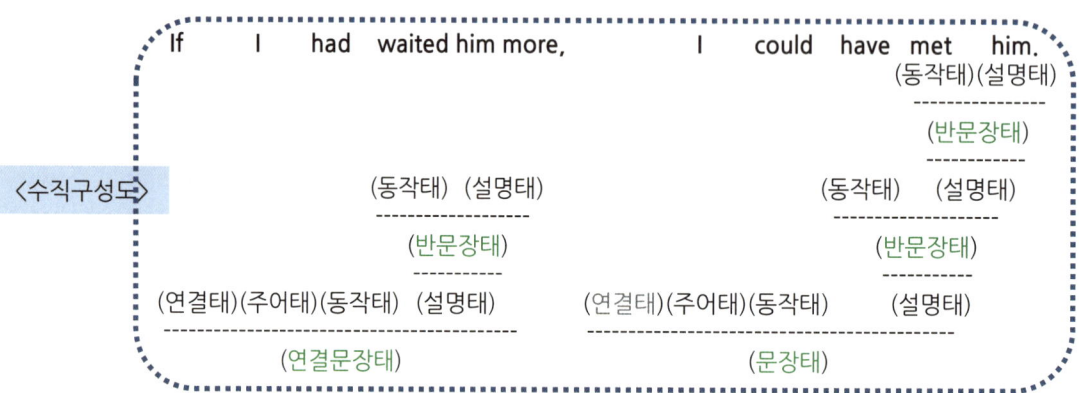

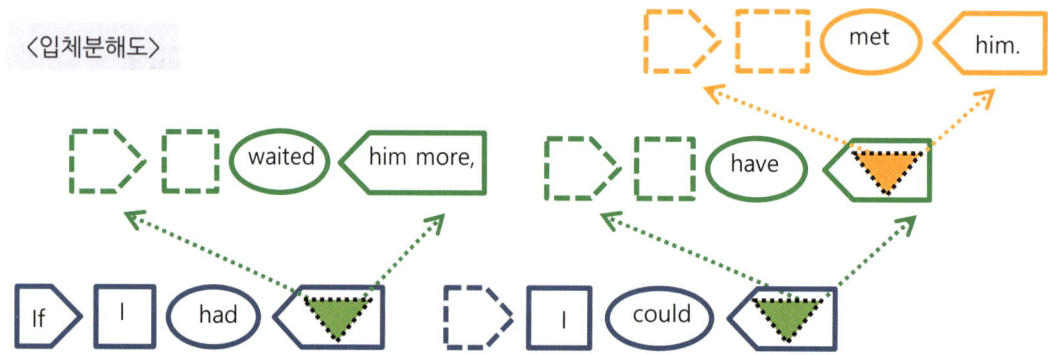

연결문장태 안의 설명태인 'waited him more'는 '반문장태'입니다.
문장태안의 설명태인 'have met him' 역시 '반문장태'이며,
그 안에 또 다른 반문장태인 'met him'을 포함하고 있습니다.
문장태 안의 'could'가 동작태입니다.

이렇게 가정법 과거완료는 이미 완료되어버린 과거의 일을 표현하여 과거 사실과 반대되는 가정이나 상상을 나타냅니다.

다중구조 영문법에서는 동사의 변형이 연속되는 경우 뒤에 나오는 동사는 모두 반문장태로 간주합니다.
문장태 안에 문장태 그 안에 또 문장태 … 이렇게 다중으로 문장태가 만들어집니다.

이렇게 하여야만 복잡한 내용을 정확한 표현으로 구현할 수가 있게 되는 것입니다.

러시아의 인형인 마트로시카 인형처럼 인형 안에 또 다른 인형이 들어가 있는 것과 동일합니다.

A-7. 가정 표현

1-3 현재 또는 미래의 불확실한 일을 상상 가정하는 표현입니다. (가정법 현재)

'〈지금이나 앞으로나 불확실하지만〉(지금이나 조금 후 불확실한 미래를 상상해보는 것입니다.)

표현시점이 현재이므로 아직 일어난 일은 아니므로 지금 당장이나 미래에 일어날 것을 불확실하게 상상하는 것입니다.   (그래서 가정법 현재입니다.)

(1) 내일 비가 온다면, 나는 오지 않을 것입니다.

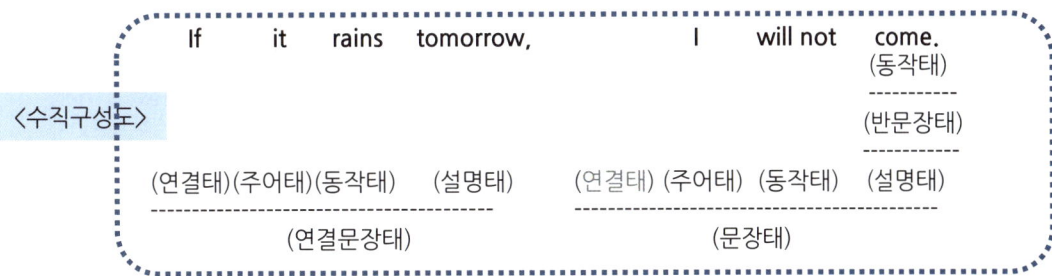

<수직구성도>

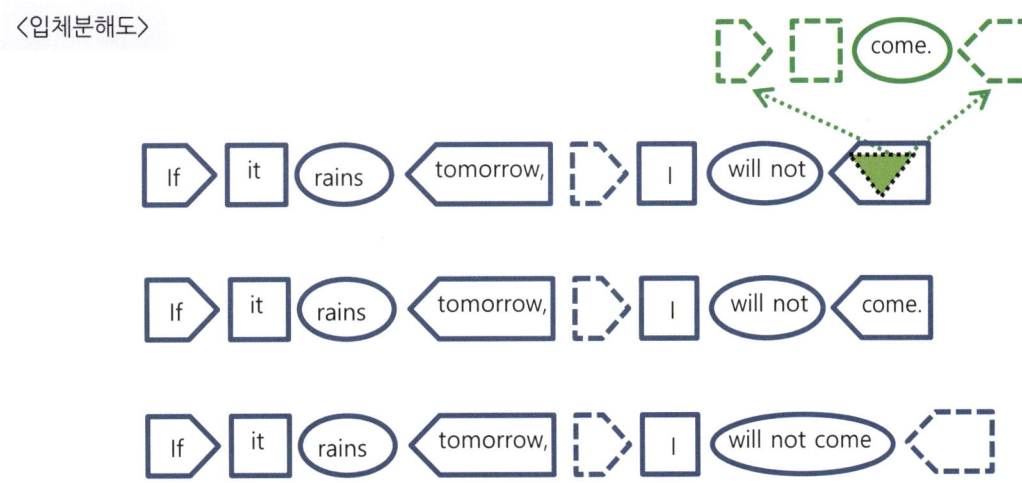

<입체분해도>

'I will not ~ .' 나는 ~하지 않을 것입니다.
'will not'은 동작태입니다. 'not'은 동작태 'will'의 뒷주머니이거나 'come'의 앞주머니입니다.
문장태의 설명태는 'come'이며 반문장태입니다.
그것은 'come' 즉, '오지 않는다'는 내용입니다.
이렇게 가정법 현재는 현재시점이므로 아직 일어난 일은 아니며, 지금 당장이나 미래에 일어날 것을 불확실하게 상상하는 것입니다.

아직 일어난 일이 아닌 조만간 일어날 일이라면 '가정법 현재'를 사용하면 됩니다.

A-7. 가정 표현

1-4 현재 또는 미래에 관한 거의 실현성이 없는 일을 가정할 때 사용하는 표현입니다.
(가정법 미래)

〈 지금이나 앞으로나 거의 실현성이 없지만 〉, 〈지금이나 미래에 그럴 리가 없겠지만〉

표현시점이 미래이므로 아직 일어난 일은 아니지만 지금 당장이나 미래에 거의 확실하게 일어날 수 없는 것을 가정하는 것입니다.   (그래서 가정법 미래입니다.)

(1) 그녀가 온다면, 그녀를 체포해야만 합니다.

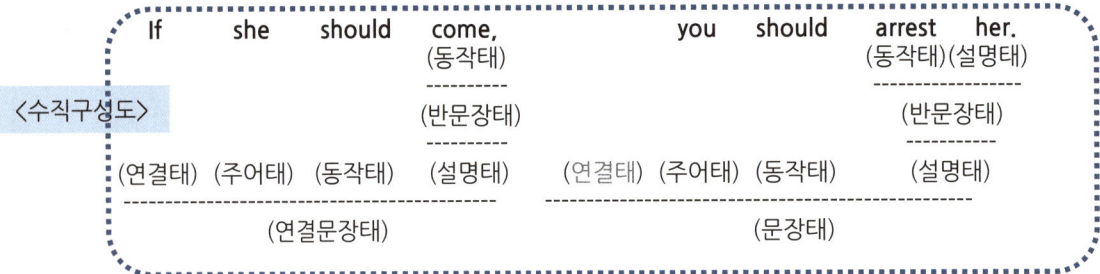

〈입체분해도〉

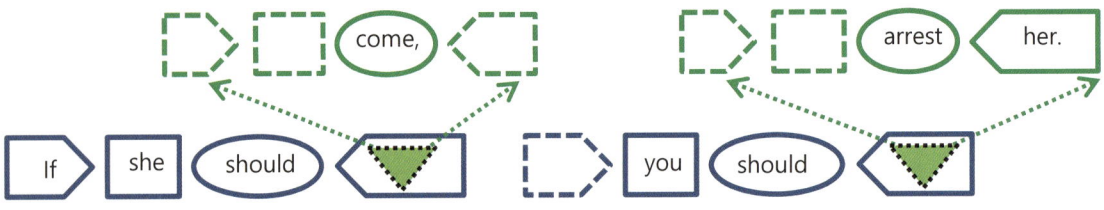

연결문장태 안의 설명태인 'come'은 '동작태'이면서 '반문장태'입니다.
'should'는 동작태며 그 다음에 설명태로 표현합니다.
'she should ~' 그녀가 ~할거라면.
다음에 그 내용을 설명합니다.
'she should come' 그녀가 올 거라면
문장태안의 설명태인 'arrest her'는 '반문장태' 입니다.
'arrest her' 는 동작태와 설명태로 구성된 반문장태입니다.

이렇게 가정법 미래는 표현 시점이 미래이므로 아직 일어난 일은 아니지만 지금 당장이나 미래에 거의 확실하게 일어날 수 없는 것을 가정하는 것입니다.

아직 일어난 일이 아니면서 거의 일어날 가능성이 없다면 '가정법 미래'를 사용하면 됩니다.

A-7. 가정 표현

1-5 I wish + 가정법 과거

지금 현재의 상황을 과거로 표현함으로써 과거이므로 결코 되돌이켜서 이루어질 수가 없는 현재 상황을 소망하는 것입니다.

I wish + 가정법 과거 완료
  과거에 이미 완료되어버려서 결코 되돌릴 수 없는 상황을 소망하는 것입니다.

(1) 내가 부자라면 좋겠는데.

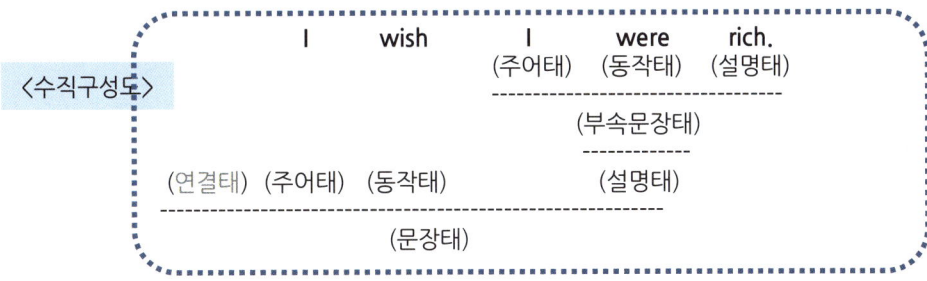

〈수직구성도〉

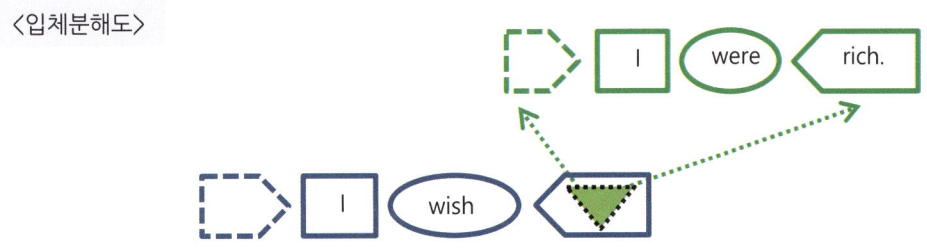

〈입체분해도〉

예문은 하나의 문장태이며, 설명태 안에 부속문장태가 존재합니다.
'I were rich'는 현재 이루어질 수 없는 사실이며, 'I wish'는 이것을 소망하는 문장입니다.

'I wish ~' 나는 ~을 원합니다.
그 원하는 내용은 다음의 설명태에 있습니다.

상기 예문은 'I wish that I were rich.' 와 동일합니다.

A-7. 가정 표현

1-5 I wish + 가정법 과거

지금 현재의 상황을 과거로 표현함으로써 과거이므로 결코 되돌이켜서 이루어질 수가 없는 현재 상황을 소망하는 것입니다.

I wish + 가정법 과거 완료
과거에 이미 완료되어버려서 결코 되돌릴 수 없는 상황을 소망하는 것입니다.

(2) 내가 경기를 이겼었다면 좋을 텐데.

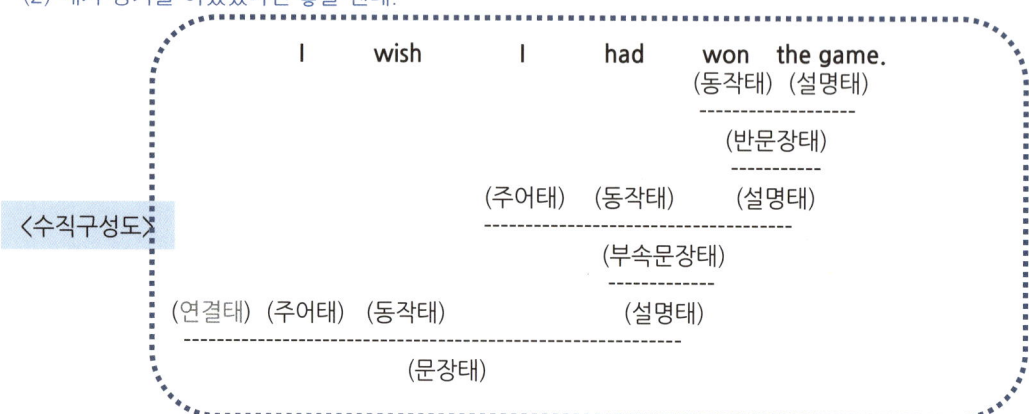

〈수직구성도〉

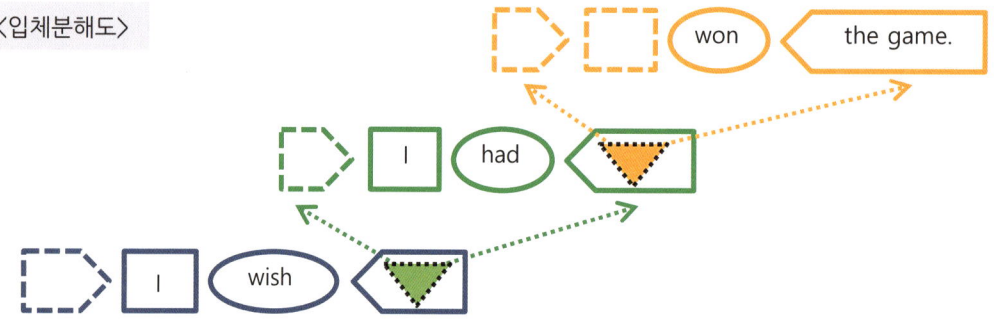

〈입체분해도〉

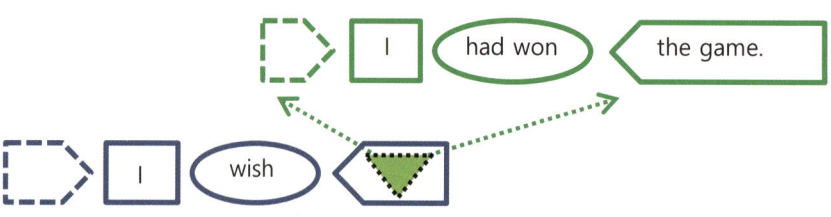

예문은 하나의 문장태이며, 설명태 안에 부속문장태가 존재합니다.

부속문장태는 주어태, 동작태, 설명태로 구성되어 있으며 설명태는 '반문장태'이고, 동작태와 설명태로 나뉘어집니다.

이미 지나간 과거의 일로서 결코 이루어질 수 없는 상황을 'wish' 하는 것입니다.

A-7. 가정 표현

1-5 as if + 가정법 과거

지금 현재의 상황을 과거로 표현함으로써 과거이므로 결코 되돌이켜서 이루어질 수가 없는 것을 마치 그런 것처럼 행동하는 것입니다.

as if + 가정법 과거 완료
과거에 이미 완료되어버려서 결코 되돌릴 수 없는 것을 마치 그런 것처럼 행동하는 것입니다.

(1) 그는 마치 부자인 것처럼 행동합니다.

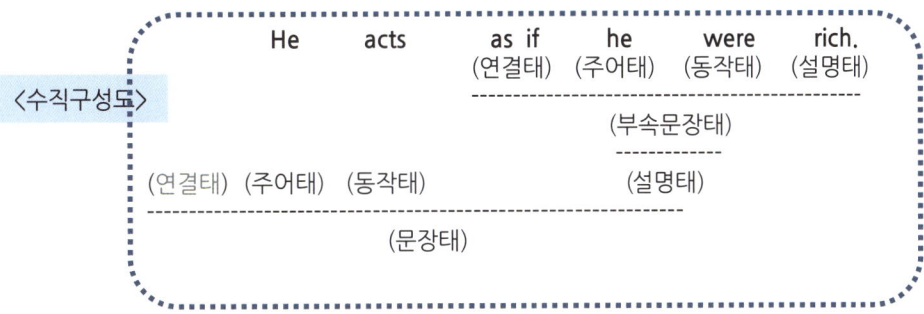

〈수직구성도〉

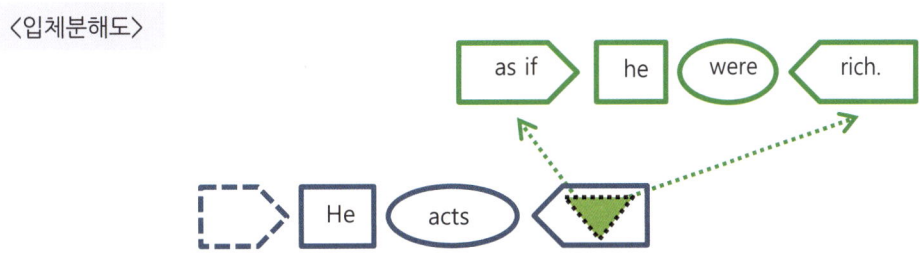

〈입체분해도〉

예문은, 하나의 문장태이며, 설명태 안에 연결문장태가 존재합니다.
'부속문장태는' 설명태로서 'acts'의 내용을 상세하게 설명합니다.
이 부속문장태는 'as if' 라는 연결태를 포함하고 있습니다.
현재 그렇지 않은데 과거에 그런 것처럼 표현하여, 현재 마치 그런 것처럼 행동하는 것입니다.

A-7. 가정 표현

1-5 as if + 가정법 과거

지금 현재의 상황을 과거로 표현함으로써 과거이므로 결코 되돌이켜서 이루어질 수가 없는 것을 마치 그런 것처럼 행동하는 것입니다.

as if + 가정법 과거 완료
과거에 이미 완료되어버려서 결코 되돌릴 수 없는 것을 마치 그런 것처럼 행동하는 것입니다.

(2) 그는 싸우지 않았던 것처럼 앉아 있었습니다.

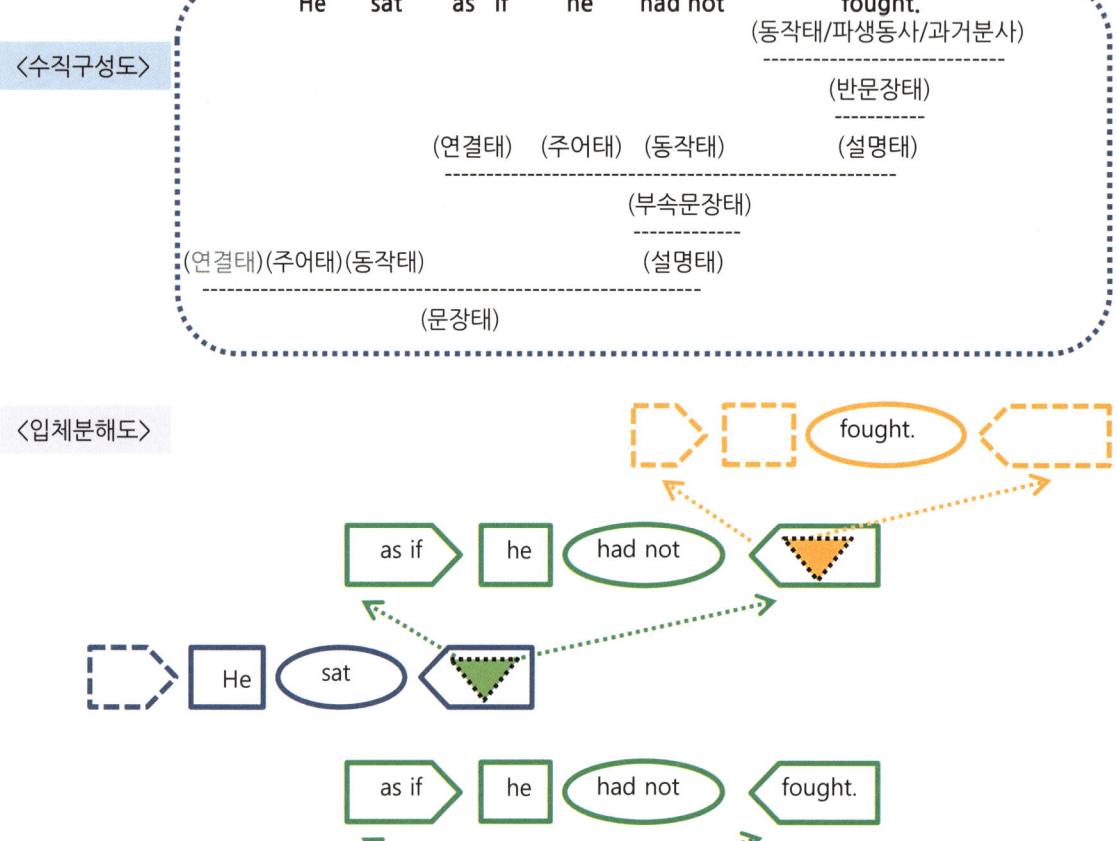

〈수직구성도〉

```
           He    sat    as if    he    had not    fought.
                                              (동작태/파생동사/과거분사)
                                              ----------------------------
                                                      (반문장태)
                                                      -----------
                (연결태)  (주어태)  (동작태)           (설명태)
                --------------------------------------------------
                                   (부속문장태)
                                   --------------
(연결태)(주어태)(동작태)              (설명태)
---------------------------------------------------------
                            (문장태)
```

〈입체분해도〉

'as if'는 '마치 ~인 것처럼'이라는 표현으로 문장을 연결해주는 역할을 합니다.
예문은 하나의 문장태이며, 설명태 안에 연결태를 포함하는 부속문장태가 있습니다.
그 부속문장태 안에도 'fought'라는 '반문장태'가 존재합니다.
이미 지나간 과거의 일로서 결코 이루어질 수 없는 상황인데, 마치 그런 것처럼 행동하는 것입니다.

'had not'에서 'not'은 동작태 'had'의 뒷주머니입니다. 또는 'fought'의 앞주머니입니다.

A-7. 가정 표현

* 예문

	연결태	주어태	동작태	설명태
(1)	If	my eyes	are	big,
		I	would	be a great actor.
(2)	If	I	had	studied hard,
		I	would	have been able to become a scientist.
(3)	If	it	snows	tomorrow,
		I	will	go skiing.
(4)	If	you	become	the president of this country,
		I	will	make the best clothes.
(5)		I	wish	I was a doctor.
(6)		I	wish	I had taken that bus.
(7)		He	orders	expensive food as if he was rich.
(8)		She	sang	rhythmically as if she was a popular singer

(1) 내 눈이 크다면 멋진 배우가 될 텐데.
(2) 공부를 열심히 했었더라면 과학자가 될 수 있었을 텐데.
(3) 내일 눈이 내린다면, 나는 스키를 타러 갈 것입니다.
(4) 당신이 이 나라의 대통령이 된다면, 나는 최고의 옷을 만들어 주겠습니다.
(5) 내가 의사라면 좋겠는데.
(6) 내가 그 버스를 탔었더라면 좋겠는데.
(7) 그는 부자인 것처럼 비싼 음식을 주문합니다.
(8) 그녀는 인기 가수이었던 것처럼 율동적으로 노래를 불렀습니다.

A-8. 시제 표현

시제표현

A-8. 시제 표현
 0. 시제란
 1. 기본시제
    현재　나는 학생입니다. 　　　　　　　　　(~ 는 ~ 입니다.)
        　나는 행복합니다.
        　그녀는 매 주말 테니스를 합니다. 　　(~ 는 ~ 합니다.)
        　지구는 태양의 주위를 돕니다.
        　그는 다음달에 여행을 떠납니다.
    과거　그는 축구 선수였습니다. 　　　　　　(~ 는 ~ 이었습니다.)
        　그녀는 예뻤습니다.
        　그 버스는 매일 아침에 도착했습니다.
        　나는 그가 돌아오리라고는 전혀 생각하지 못했습니다. (~ 는 ~ 했었습니다.)
        　그는 파티를 준비하고 나서 마을을 떠났습니다.

    미래　나는 곧 좋아질 것입니다. 　　　　　　(~ 는 ~ 일 것입니다.)
        　당신은 오늘 오후 바쁠 것 같습니까? 　(~는 ~ 할 것입니다.)

 2. 완료시제
    현재완료
        (~ 는 방금 ~을 (완료)하였습니다.)
        (~ 는 현재 ~결과가 되었습니다.)
        (~ 는 현재까지 ~경험을 했습니다.)
        (~ 는 현재까지 계속 ~하고 있습니다.)
    과거완료
        (~ 는 (과거 당시를 기준으로) ~완료 해버렸습니다.)
        (~ 는 (과거 당시를 기준으로) ~해버렸고 그것이 당시의 결과였습니다.)
        (~ 는 (과거 당시를 기준으로) ~경험을 했었습니다.)
        (~ 는 (과거 당시를 기준으로 계속) ~하고 있었습니다.)
    미래완료
        (~ 는 미래 시점에 ~할 것입니다.)
        (~ 는 미래 시점에 ~한 결과가 될 것입니다.)
        (~ 는 미래 시점에 ~경험이 될 것입니다.)
        (~ 는 미래 시점에 계속 ~하고 있을 것입니다.)

 3. 진행시제
    현재진행 (~하고 있는 중입니다.)
    과거진행 (~하고 있던 중입니다.)
    미래진행 (~하고 있는 중일 것입니다.)
    현재완료진행 (현재 ~해버리고 있는 중에 있습니다.)
    과거완료진행 (당시를 기준으로 ~해버리고 있는 중이었습니다.)
    미래완료진행 (미래 시점에 ~하고 있는 중일 것입니다.)

A-8. 시제 표현

0. 시제란

시제란,

동사는 동작이 일어나는 시점을 나타내기 위하여 적절한 변화를 갖게 됩니다.
이러한 형식을 '시제'라고 말하며 모두 12가지의 시제가 존재합니다.

기본시제로서 3가지가 있습니다.
        (과거, 현재, 미래)
완료시제는 각각의 기본시제에 대하여 3가지가 존재합니다.
        (과거완료, 현재완료, 미래완료)

또한 상기 6가지의 시제에 대하여 각각의 '진행 시제'가 존재합니다.
        (과거진행, 현재진행, 미래진행)
        (과거완료진행, 현재완료진행, 미래완료진행)

전체적으로 총 12가지의 시제가 있습니다.

시제는 동사에 관련된 형식이며 해당 동작태로써 문장태를 형성합니다.

A-8. 시제 표현

1. 기본시제

1) 현재시제 -1

현재시제는 '현재의 동작이나 상태'를 표현합니다.

* **나는 행복합니다.** (현재의 상태)

```
         I      am     happy.
     (연결태) (주어태) (동작태) (설명태)
     ---------------------------------
                  (문장태)
```

동작태 'am'은 현재의 상태를 표현합니다.
그 상세한 내용은 그 뒤의 설명태에 표현됩니다.

* **나는 학생입니다.** (현재의 상태)

```
         I      am    a student.
     (연결태) (주어태) (동작태) (설명태)
     ---------------------------------
                  (문장태)
```

동작태 'am'은 현재의 상태를 표현합니다.
그 상세한 내용은 그 뒤의 설명태에 표현됩니다.

* **그녀는 매 주말에 테니스를 합니다.** (현재의 반복)

```
            She    plays    tennis  every weekend.
                                      (형)    (명)
                                    ---------------
                             (명)      (부사태)
                                    ---------------
     (연결태) (주어태) (동작태)         (설명태)
     -------------------------------------------------
                         (문장태)
```

동작태 'plays'는 현재를 표현합니다.
그리고 그 다음의 설명태에 상세 설명이 표현됩니다.
'tennis' 를 'every weekend' 매 주말에

* **지구는 태양의 주위를 돕니다.**(시간에 무관한 진리)

```
            Earth   revolves   around   the sun.
                                (전)    ((명)형부전문)
                              ----------------------
     (연결태) (주어태) (동작태)         (설명태)
     -----------------------------------------------
                         (문장태)
```

설명태는 동작태 'revolves'에 대한 상세설명을 합니다.
'around'는 'the sun'에 대한 공간의 위치를 표현합니다.
즉, '태양의 둘레' 를 표현합니다.
항상 지구는 태양의 둘레를 회전하는 진리이기 때문에 현재로 표현합니다.

A-8. 시제 표현

1. 기본시제

1) 현재시제 -2

* 그는 다음달에 여행을 떠납니다. (**미래표현**)

```
      He      travels    next month.
(연결태) (주어태)  (동작태)    (설명태)
------------------------------------------
                  (문장태)
```

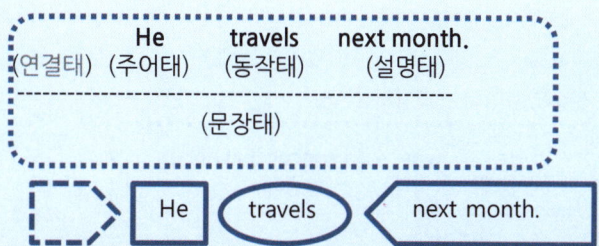

'설명태'에 미래를 나타내는 내용이 있으면 동작태를 현재시제로 표현합니다.
예정이 확실한 경우에 현재시제로 미래를 표현합니다.
'next month' 는 동작태인 'travels' 를 상세 설명하고 있습니다.

'travels'처럼 단순한 동작을 표현하는 동작태에 있어서,
그 다음의 설명태는 그 동작태를 부사처럼 수식하는 역할을 합니다.

2) 과거시제 -1

* 그는 축구 선수였습니다. (**과거의 상태**)

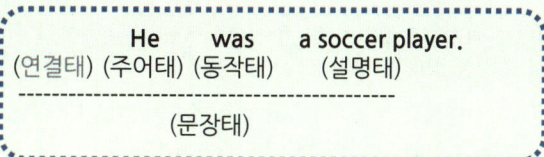

동작태는 상태의 과거시제를 나타내며 그 다음에 상태를 표현하고 있습니다.
그는 'soccer player' 상태이었습니다.

* 그녀는 예뻤습니다. (**과거의 상태**)

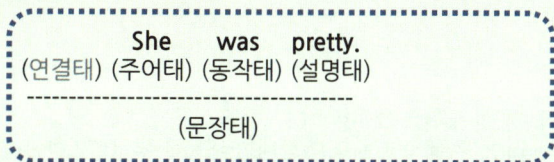

동작태는 상태의 과거시제를 나타내며 그 다음에 상태를 표현하고 있습니다.
그 상태는 'pretty' 예쁜 상태입니다.

* 그 버스는 매일 아침에 도착했습니다. (**과거의 반복 동작**)

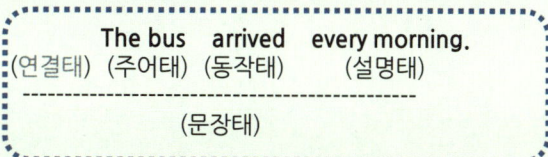

동작태인 'arrived'는 과거시제의 동작을 표현합니다.
그 뒤에 나오는 'every morning'은 동작태에 대한 상세한 내용을 부연설명하고 있습니다.
설명태는 자연스럽게 동작태를 수식하는 부사의 역할을 하고 있습니다.
동작태가 의미상 더 이상의 목적어를 필요로 하지 않는 경우 설명태는 부사로서 역할을 합니다.

A-8. 시제 표현

1. 기본시제

2) 과거시제 -1

* 그는 축구 선수였습니다. (과거의 상태)

>   He was a soccer player.
> (연결태) (주어태) (동작태) (설명태)
> ---
>   (문장태)

동작태는 상태의 과거시제를 나타내며 그 다음에 상태를 표현하고 있습니다.
그는 'soccer player' 상태이었습니다.

* 그녀는 예뻤습니다. (과거의 상태)

>   She was pretty.
> (연결태) (주어태) (동작태) (설명태)
> -------------------------------------
>   (문장태)

동작태는 상태의 과거시제를 나타내며 그 다음에 상태를 표현하고 있습니다.
그 상태는 'pretty' 예쁜 상태입니다.

* 그 버스는 매일 아침에 도착했습니다. (과거의 반복 동작)

>   The bus arrived every morning.
> (연결태) (주어태) (동작태)   (설명태)
> ---
>   (문장태)

동작태인 'arrived'는 과거시제의 동작을 표현합니다.
그 뒤에 나오는 'every morning'은 동작태에 대한 상세한 내용을 부연설명하고 있습니다.
설명태는 자연스럽게 동작태를 수식하는 부사의 역할을 하고 있습니다.
동작태가 의미상 더 이상의 목적어를 필요로 하지 않는 경우 설명태는 부사로서 역할을 합니다.

A-8. 시제 표현

* 나는 그가 돌아오리라고는 전혀 생각하지 못했습니다.(현재완료 대용)

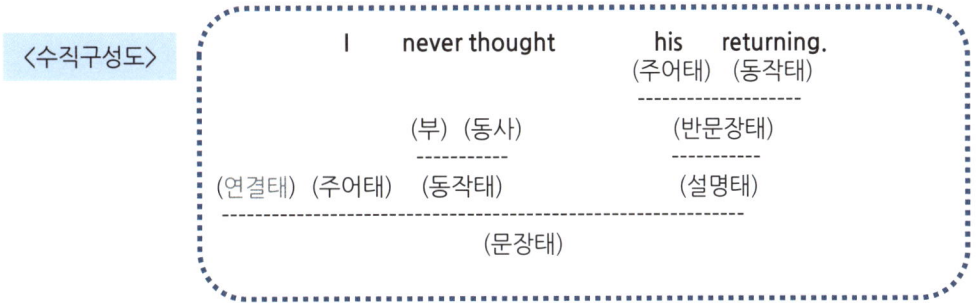

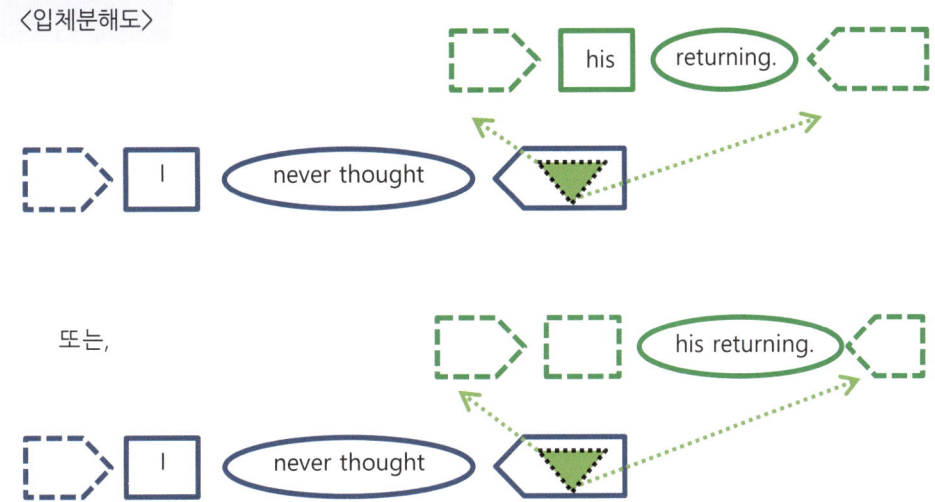

설명태안에는 반문장태가 있습니다.
문장태가 상세 내용을 설명하고 있는 것입니다.
'his' 는 소유격이지만 대명사입니다.
비록 소유격일지라도 그 뒤에 나오는 파생동작태의 주격 역할을 합니다.
'returning'이라는 동작을 한 주어가 무엇인가를 나타내는 것이 대명사의 목적입니다.
즉, 'his'는 'he'라는 '주어태' 역할을 하고 있으며 'returning'은 파생동사로서 '동작태'의 역할을 하고 있습니다.
'his returning'은 내용상 'he returns'을 표현하고 있습니다.
문장태의 동작태는 'never thought'이며 'never'는 부사로서 동사인 'thought'를 수식하는 역할을 합니다.
동작태의 앞주머니에 위치하여 'thought'를 수식하고 있습니다.

또는, 두 번째의 입체분해도를 보면,
'his'를 'returning'의 앞주머니로 볼 수도 있으며 'he returns'와 동일한 의미를 표현한다고 간주할 수 있습니다.

영어에서는 이러한 표현 방식이 많이 사용되고 있습니다.
이렇게 동작태는 그 내부에 동사를 수식하는 단어를 가질 수가 있는 것입니다.

A-8. 시제 표현

1. 기본시제

2) 과거시제 -2

* 그는 파티를 준비하고 나서 마을을 떠났습니다. (과거완료 대용)

```
After    he    prepared    the party,        he    left    the town.
(연결태) (주어태) (동작태)   (설명태)      (연결태) (주어태) (동작태) (설명태)
----------------------------------------     ----------------------------------------
            (연결문장태)                                    (문장태)
```

연결문장태와 문장태가 같은 과거이지만, 'after'가 들어간 상황을 파악해보면, '그가 파티를 준비' 한 시점이 더 오랜 과거임을 알 수가 있습니다.

그래서,

"After he had prepared the party , he left the town." 이 원래의 문장입니다.

A-8. 시제 표현

1. 기본시제

3) 미래시제
미래시제는 아직 오지 않은 시점의 동작이나 상태를 표현합니다.
미래에 어떠한 일이 생기게 되거나 어떤 상태가 될 것이라는 것을 표현합니다. (단순미래)

* 나는 곧 좋아질 것입니다.

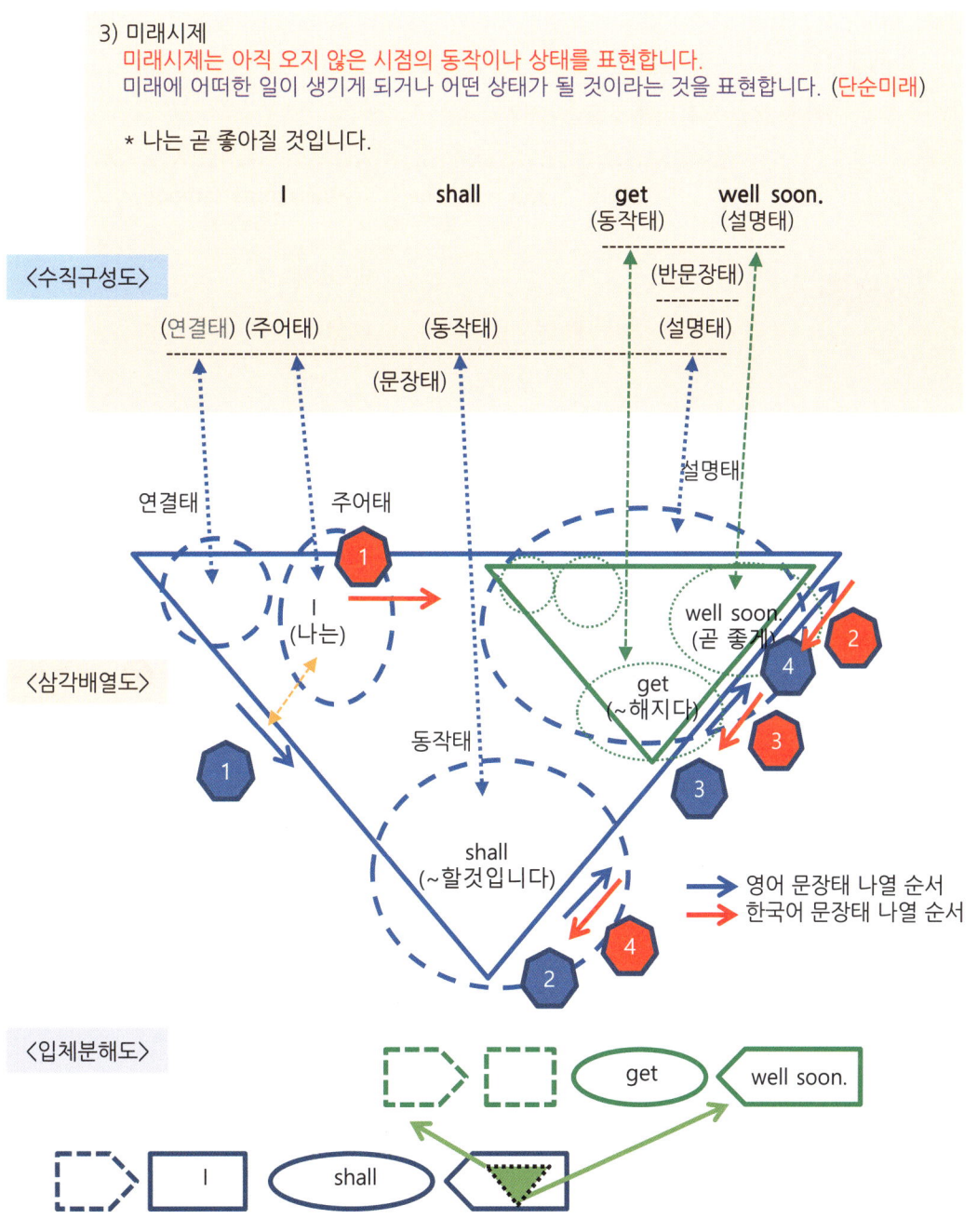

여기에서의 동작태는 'shall' 입니다.
동작태 다음에는 설명태가 표현됩니다.
설명태 안에는 'get'을 동작태로 하는 반문장태가 있으며 'soon'은 'get'을 수식합니다.
또한 'get'의 다음에는 설명태 'well'이 표현됩니다.
'soon'은 부사로서 앞의 반문장태를 수식합니다.
'get well soon' 조만간 좋아집니다.

A-8. 시제 표현

1. 기본시제

3) 미래시제

* 당신은 오늘 오후 바쁠 것 같습니까?

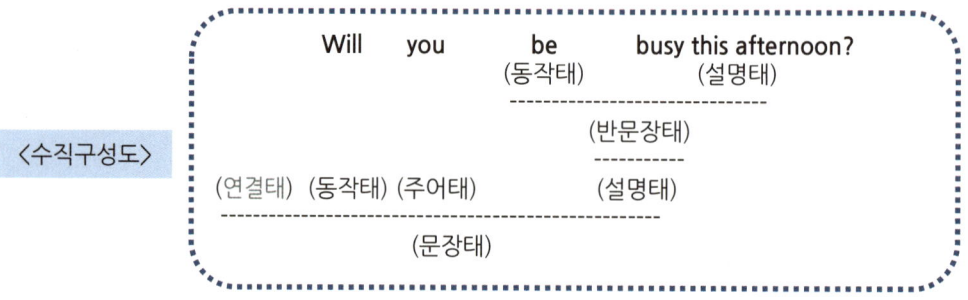

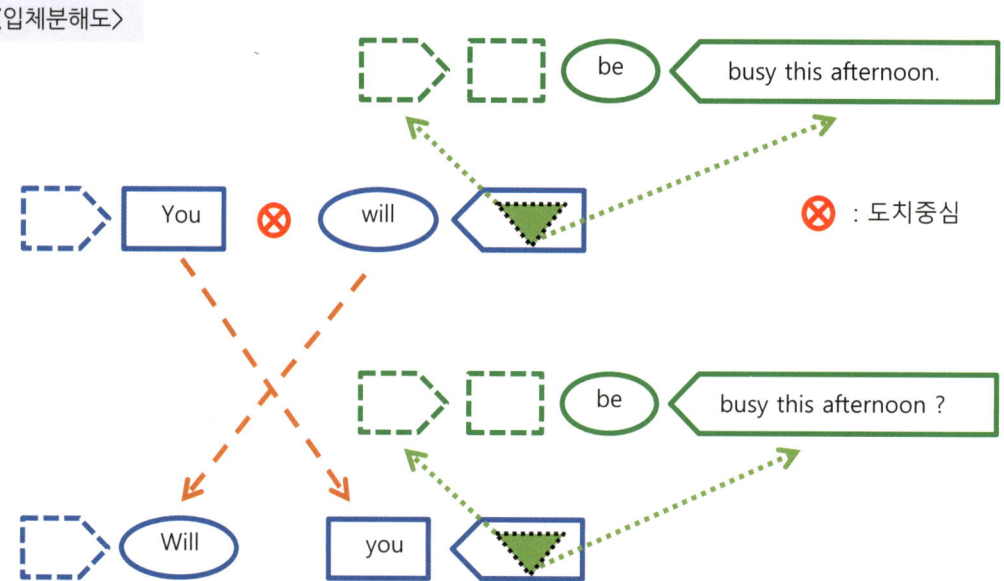

동작태 'will' 과 주어태 'you'는 의문문이 되기 위해서 서로 도치 되었습니다.
설명태는 '반문장태'의 형식입니다.
'will you ~?' 당신은 ~일것입니까?
평서문이 의문문이 되기 위한 도치중심은 주어태(you)와 동작태(will)의 사이입니다.
그래서 의문문에서는 도치중심 양쪽 두 개의 요소가 서로 도치됩니다.

'be busy ~' 바쁠 것입니다.
'this afternoon' 오늘 오후에
'be'는 설명태 안의 반문장태 안의 동작태입니다.
반문장태 안의 설명태는 형용사와 명사가 함께 사용되어 어우러져 있습니다.
단순하게 미래에 어떻게 될 것 같은가를 물어보는 표현입니다.

A-8. 시제 표현

2. 완료시제

1) 현재완료시제(1)

현재완료시제는 '과거에 시작한 행동, 상태'가 방금 완료된 것을 표현합니다.
(have(has)+ 과거분사)

* 나는 방금 영어공부를 마쳤습니다. (현재까지의 완료)

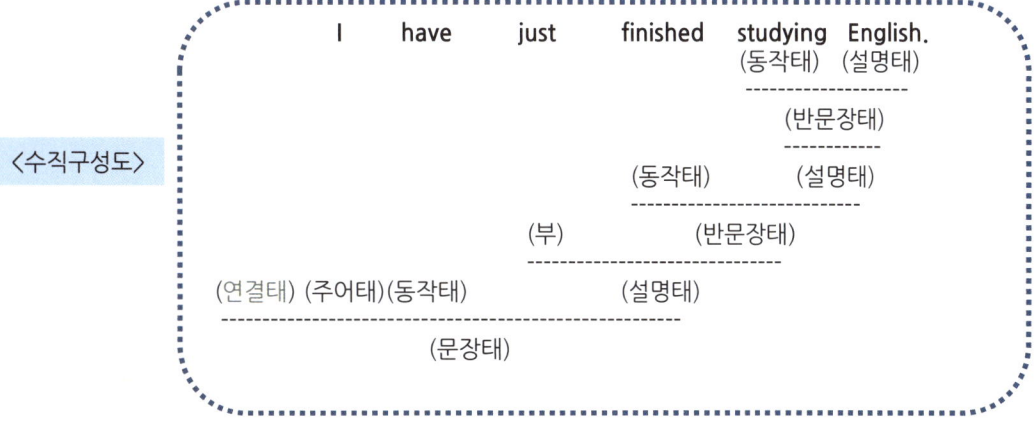

<수직구성도>

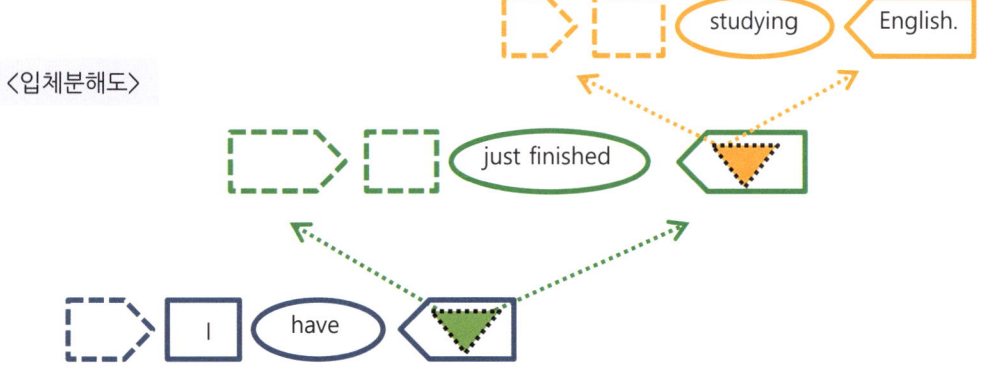

<입체분해도>

'I have ~' 나는 ~ 상태를 가지고 있습니다.
'just finished'는 '막 끝난 상태'를 표현하는 반문장태입니다.
'just'는 부사로서 동작태의 앞주머니에 위치하여 동작태안에서 'finished'를 수식합니다.

'finished'는 과거분사로서 반문장태를 형성하는 파생동사입니다.
이 반문장태는 'finished' 뒤에 부연설명을 하는 설명태를 가집니다.
즉, 'finished'는 'studying English'을 'finished' 했다는 의미입니다.

'studying English'는 반문장태 형식의 설명태입니다.
'I have ~'는 'just finished'를 완료했다는 상세 설명을 수반하고 있습니다.
즉, 문맥상 '결과'를 표현하고 있습니다.

A-8. 시제 표현

2. 완료시제

* 겨울이 왔습니다. (현재까지의 결과)

<수직구성도>

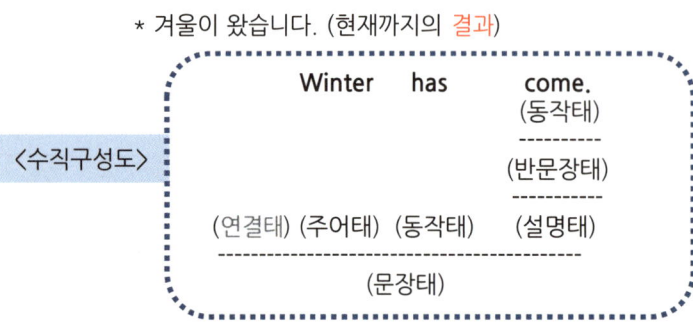

<입체분해도>

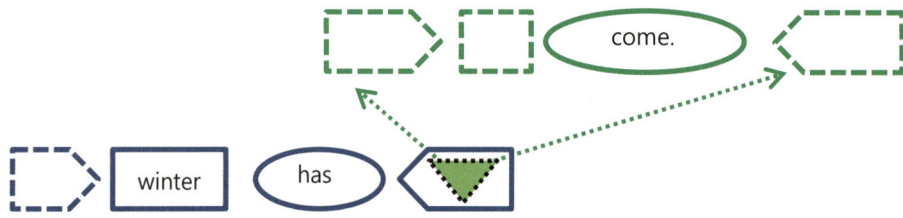

'has'는 동작태입니다. ~상태를 가지고 있다.
'come'은 'come'의 과거분사이면서 설명태이고 반문장태 안에서 동작태입니다.
이미 겨울이 되어서 현재 겨울이라는 의미입니다.
'겨울은 와버린 상태를 가지고 있습니다.' -> '겨울이 왔습니다.'
즉, 문맥상 '결과'를 표현하고 있습니다.

A-8. 시제 표현

2. 완료시제

1) 현재완료시제(2)
   * 나는 미국에 가본 적이 있습니다. (현재까지의 경험)

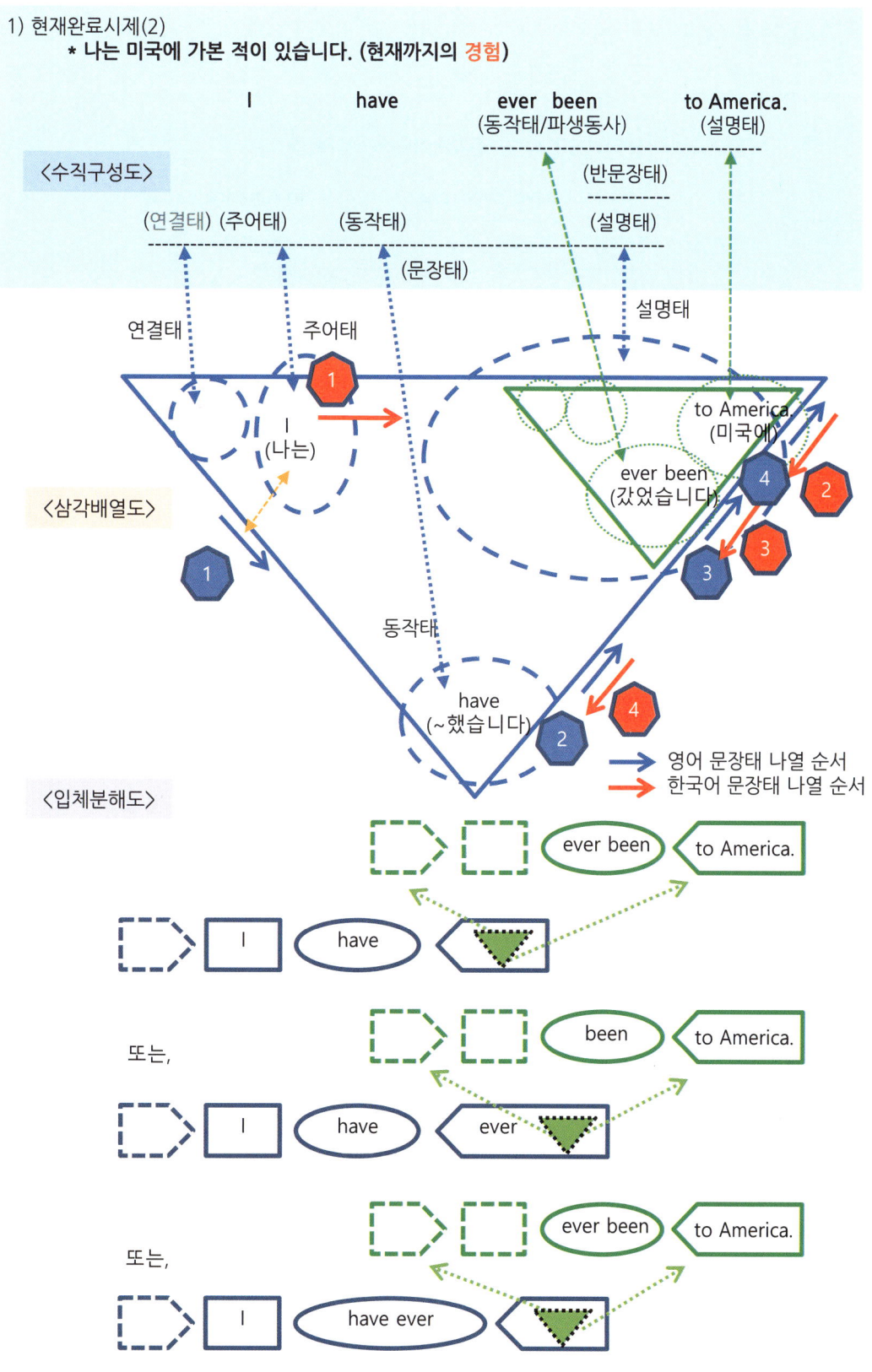

A-8. 시제 표현

2. 완료시제

1) 현재완료시제(2)

* 나는 미국에 가본 적이 있습니다. (현재까지의 경험) - 축약

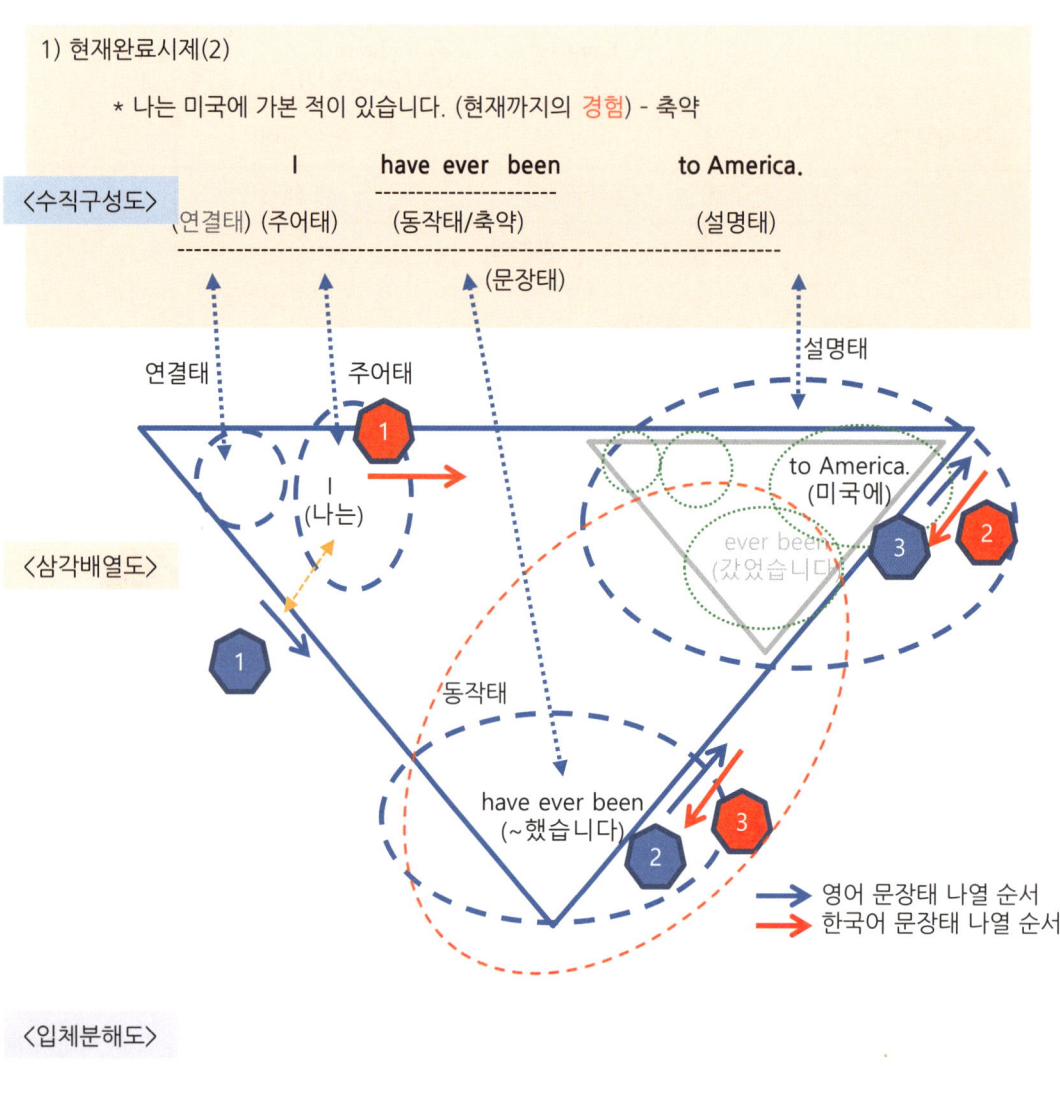

위 예문의 설명태안에는 'to America'라고는 부사태만 남고, 'have' 와 'ever been'은 'have ever been' 하나의 동작태로 축약됩니다.
'ever'는 'have'의 뒤주머니이거나 또는 'been'의 앞주머니입니다.

즉, 위 문장태는 하나의 삼각배열도로 축약됩니다.

A-8. 시제 표현

2. 완료시제

상기 예문에서 'I have ~' 나는 ~ 상태를 가지고 있습니다.
'ever been '있어본' 상태, 즉, 문맥상 '경험'을 표현하고 있습니다.
'ever'는 동작태 'been'의 앞주머니에 있습니다.
'been'은 동작태이자 과거분사이며 파생동사이고 '있어본'을 의미합니다.
설명태 안에는 이렇게 반문장태가 존재하며,
'ever been to America'는 설명태이면서 반문장태로서 'have'를 상세 부연 설명하고 있습니다.

상기 삼각배열도에서,
영어 문장태는 'V' 형태로 나열하여 문장을 완성합니다.
설명태안에는 '명사, 형용사, 부사, 전치사, 문장태' 등이 올 수 있습니다.

한국어 문장태는 주어태(1), 설명태(2,3), 동작태(4)의 순서로 나열하여 문장을 완성합니다.

입체분해도의 첫 번째에서는,
부사 'ever'는 동작태 'been'의 앞주머니에 위치하여 'been'을 수식하고 있으며

두 번째에서는,
부사 'ever'는 설명태의 맨 앞에 위치하여 반문장태 'been to America'를 수식하고 있습니다.

세 번째에서는,
부사 'ever'는 동작태 'have'의 뒷주머니에 위치하여 설명태안의 반문장태 'been to America'를 수식하고 있습니다.

이렇게 부사는 앞주머니와 뒷주머니를 이용하여 다양한 위치에서 수식하는 역할을 합니다.

A-8. 시제 표현

2. 완료시제

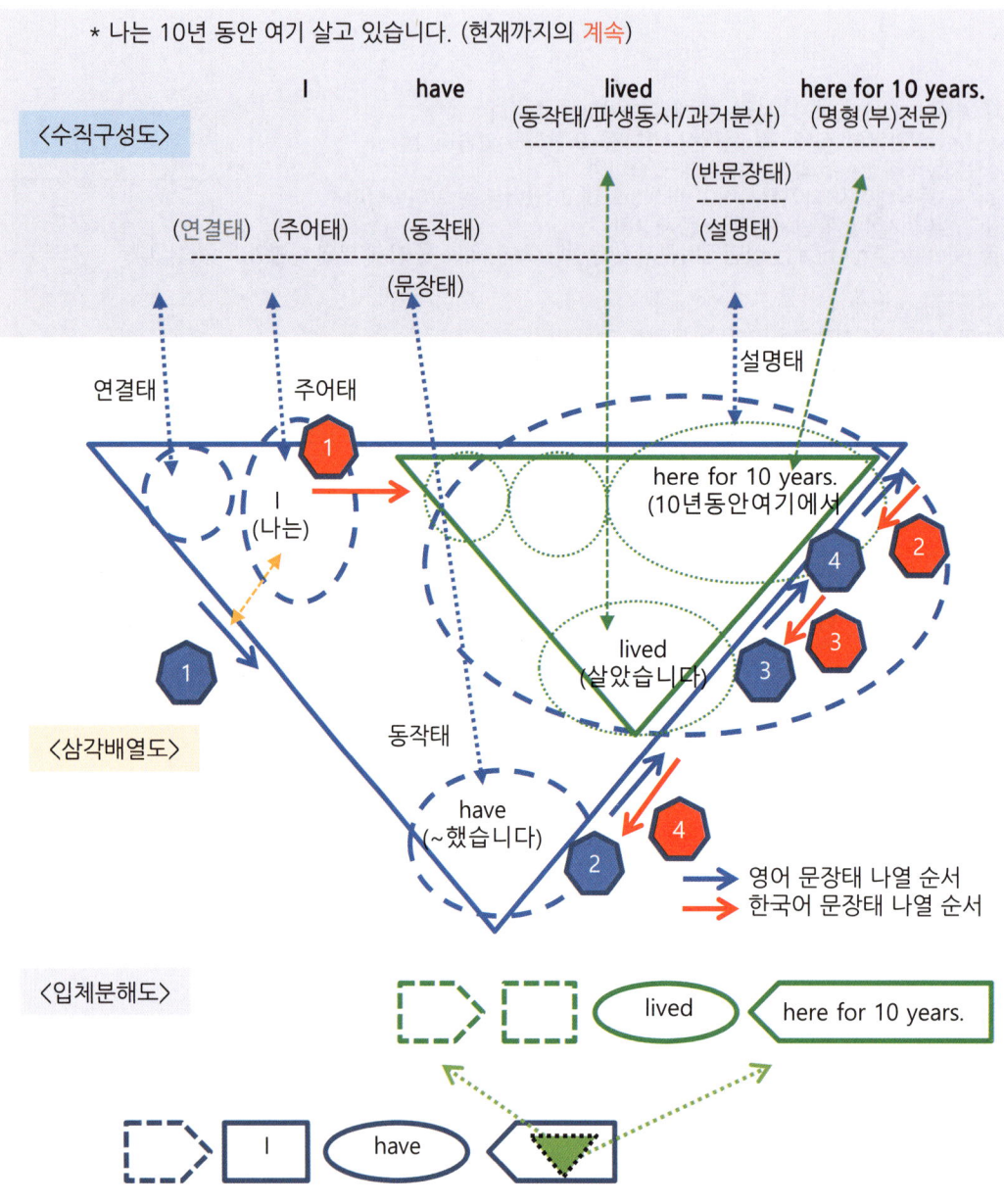

설명태는 반문장태를 포함하고 있습니다.
'lived'는 과거분사이면서 동작태입니다.
과거분사는 원동사에서 파생되었으므로 파생동사라고 합니다.
'I have ~' 나는 ~ 상태를 가지고 있습니다.
그 상세 설명은 다음에 나오는 설명태, 'lived here for 10 years' 입니다.
즉, '여기에서 10년 동안 산' 계속적인 상태를 가지고 있습니다.

즉, 문맥상 '계속'을 표현하고 있습니다.
완료시제는 무조건 '반문장태'를 포함하고 있습니다.

A-8. 시제 표현

2. 완료시제

2) 과거완료시제(1)
　　　과거의 일부 구간을 표현합니다.
　　　과거의 어느 시점을 기준으로 (완료, 결과, 경험, 계속) 을 표현합니다.
　　(had + 과거분사)

* 그들이 버스에 올라탔을 때 막 눈이 오기 시작했습니다. (과거 어느 시점에서의 완료)

```
They      had      got     on the bus    when    it    started    to snow.
                                                                  (동작태/파생)
                                                                  -------------
                                                                  (반문장태)
                                                                  -----------
                             (연결태)(주어태)  (동작태)      (설명태)
                             -------------------------------------------
                             (부사태)            (부속문장태)
                             -------------------------------------------
           (동작태)                    (설명태)
           -------------------------------------
                        (반문장태)
                        -----------
(연결태) (주어태) (동작태)       (설명태)
-----------------------------------------------
                (문장태)
```

〈수직구성도〉

〈입체분해도〉

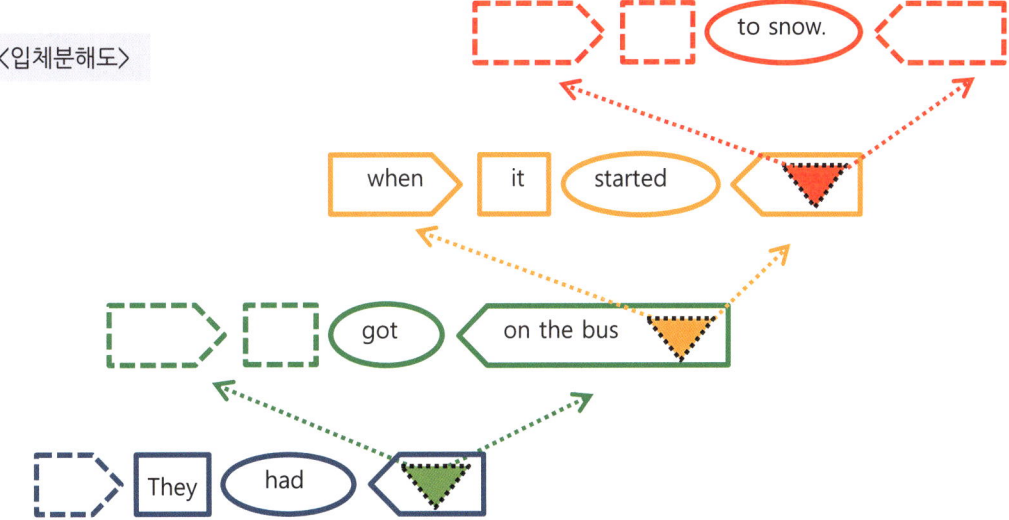

문장태는 설명태 안에 다중의 문장태를 포함하고 있습니다.
완료시제 에서는 'had' 또는 'have' 의 다음에 오는 동사가 '반문장태'를 만들고 있습니다.
과거의 일부 구간에서 그 끝마침이 '완료'의 의미를 가지고 있습니다. (완료)
'he had ~' 그는 완료하였습니다.
그 상세한 내용은 'got on the bus' 입니다.
'when'은 시점을 나타내는 부사로서 부속문장태를 시작하는 연결태입니다.
'it started ~' 시작하였습니다.
그 상세한 내용은 'to snow' 입니다.

앞의 문장태는 과거완료이므로 뒤의 문장태가 일어나기 전에 먼저 발생한 것입니다.
즉, 그가 버스에 먼저 올라탄 뒤에 눈이 내리기 시작한 것입니다.

A-8. 시제 표현

2. 완료시제

2) 과거완료시제(2)

* 졸업 후 3년 뒤에 그는 신사가 되어 있었다. (과거 어느 시점에서의 결과)

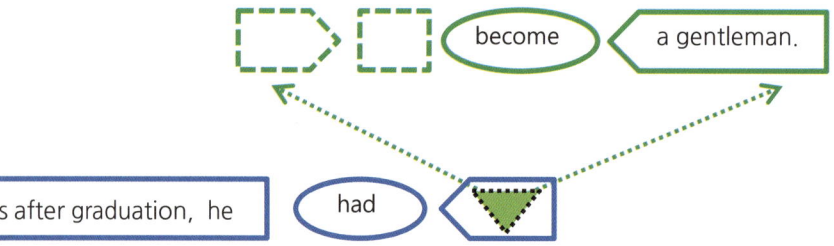

<수직구성도>

In 3 years after graduation, he   had   become a gentleman.
(동작태) (설명태)
(반문장태)
(연결태) (주어태) (동작태) (설명태)
(문장태)

<입체분해도>

'In 3 years after graduation'은 연결태가 아니라 주어태의 앞주머니에 위치하며 부사태의 역할을 하고 있습니다.
이렇게 주어태의 앞주머니로 간주하는 것은 한국어 문장의 해석시에 주어태의 앞에서 주어태와 함께 해석되어야 하기 때문입니다.
(단지 영어 문장태의 형태로만 보면 연결태의 역할을 하는 것으로 볼 수도 있을 것입니다.)

'he had' 는 '그는 ~ 상태를 이미 만들었었다는 의미입니다.'
즉, 과거의 한 시점에 이미 결과가 만들어진 상황을 표현하는 것입니다.
그 상태는 'become a gentleman', 즉 신사가 되어버렸다는 것을 의미합니다.

문장태는 설명태 안에 반문장태를 포함하고 있습니다.
완료시제 에서는 'had' 또는 'have' 의 다음에 오는 동사가 '반문장태'를 만들게 됩니다.
'become a gentleman' 는 반문장태입니다.
동작태와 설명태로 구성되어 있습니다.

과거의 일부 구간에서 그 끝마침이 만들어졌으며 '결과'를 의미하고 있습니다. (결과)

A-8. 시제 표현

2. 완료시제

2) 과거완료시제(3)

과거의 일부 구간을 표현합니다.
과거의 어느 시점을 기준으로 (완료, 결과, 경험, 계속) 을 표현합니다.
(had + 과거분사)

* 나는 서울에 가기 전까지 영화를 본 적이 없습니다. (과거 어느 시점에서의 경험)

```
            I      had not    seen   a movie    till    I    visited  Seoul.
                                                (연결태) (주어태)(동작태)(설명태)
                                                -------------------------------------
⟨수직구성도⟩                             (명사)            (문장태/부속문장태)
                                      -------------------------------------------
                                     (동작태)                (설명태)
                                      -------------------------------------
                                                    (반문장태)
                                                    -----------
     (연결태)   (주어태)   (동작태)              (설명태)
              -----------------------------------------------------
                                  (문장태)
```

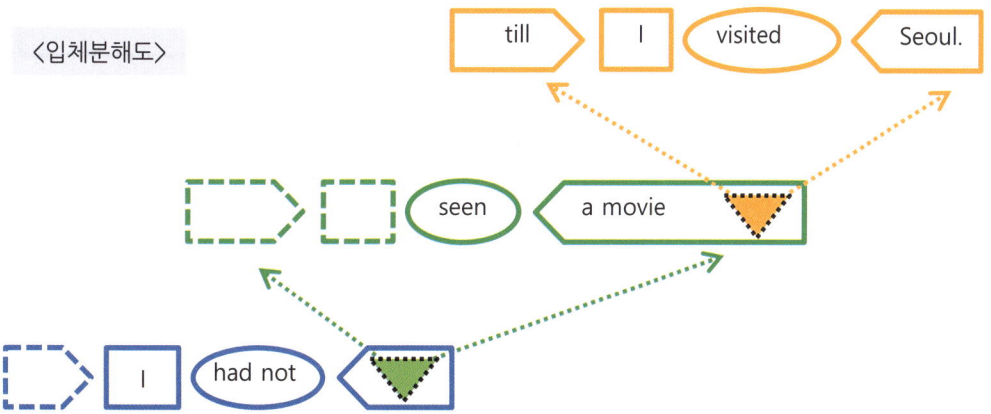

⟨입체분해도⟩

문장태의 설명태 안에는 다중의 문장태가 포함되어 있습니다.
'had not'은 동작태며 그 뒤에 'seen a movie' 라는 설명태를 가집니다.
완료시제에서는 'had' 또는 'have' 의 다음에는 반드시 동사가 있으며 이 동작태는 설명태에 속하면서 반문장태를 구성합니다.

'I had not ~' '나는 ~ 상태를 가지고 있지 않습니다.' 그것은 내용상 경험으로 판단이 됩니다.
'not'은 동작태 안에서 뒷주머니에 위치하여 부정을 나타냅니다. 또는 'seen'의 앞주머니이기도 합니다.
그 상태라는 것은 'seen a movie' 즉, '영화를 보는 것' 이며
'나는 영화를 본 상태를 가지고 있지 않았습니다.' 라는 경험을 표현하는 것입니다.

'seen' 은 'see'의 과거분사이지만 동작태의 역할을 하는 파생동사이며 반문장태를 구성합니다.
뒤에 나오는 문장태는 'till'이라는 연결태로 시작합니다.
'till ~' ~할 때까지
그 다음에는 상세한 내용이 옵니다.
'I visited Seoul' 나는 서울을 방문했습니다.
'till I visited Seoul' 서울을 방문할 때까지

A-8. 시제 표현

2. 완료시제

2) 과거완료시제(4)

* 나는 그 전날부터 줄곧 집에서 있었습니다. (과거 어느 시점까지의 계속)

<수직구성도>

```
            I      had      been              at home since the day before.
                         (동작태/파생동사)              (설명태)
                         --------------------------------------------------
                                              (반문장태)
                                              ----------
         (연결태) (주어태) (동작태)              (설명태)
         --------------------------------------------------
                              (문장태)
```

<입체분해도>

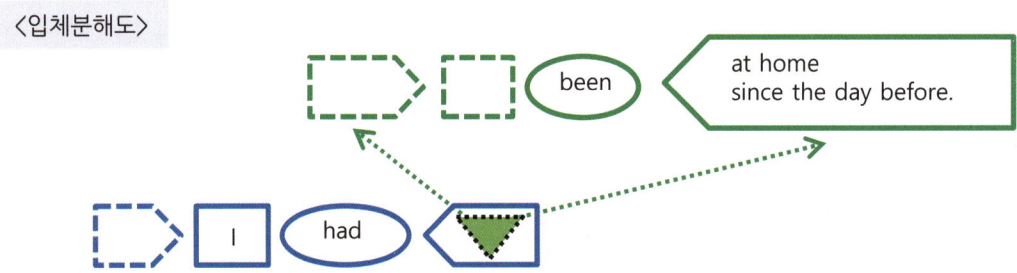

설명태 안에 반문장태가 포함되어 있습니다.
'been'은 'be'의 과거분사 즉, 파생동사입니다.
'been'의 내용을 설명해주는 설명태는 'at home since the day before' 입니다.
'I had ~' '나는 ~ 상태를 가지고 있었습니다.' 그것은 내용상 계속인 상태로 판단이 됩니다.
그 계속인 상태라는 것은 'been at home' 즉, '집에 있었던' 이며 'since the day before' 그 전날 이후 계속하여 '과거 어느 시점까지'라는 의미입니다.
설명태는 반문장태를 포함하며 그 반문장태는 설명태를 포함하고 있습니다.
'at home'은 상태를 나타내는 형용사의 역할을 합니다.
'since the day before'는 부사의 역할을 합니다.
이렇게 설명태 안에는 명사, 형용사, 부사, 전치사, 문장태 등이 어우러져서 서로 수식하고 있습니다.

A-8. 시제 표현

2. 완료시제

3) 미래완료시제(1)

미래의 어느 시점을 기준으로 (완료, 결과, 경험, 계속) 을 표현합니다.
(will have(has) + 과거분사)

* 그들은 내가 강의가 끝날 때까지는 도착할 것입니다. (미래 어느 시점에서의 완료)

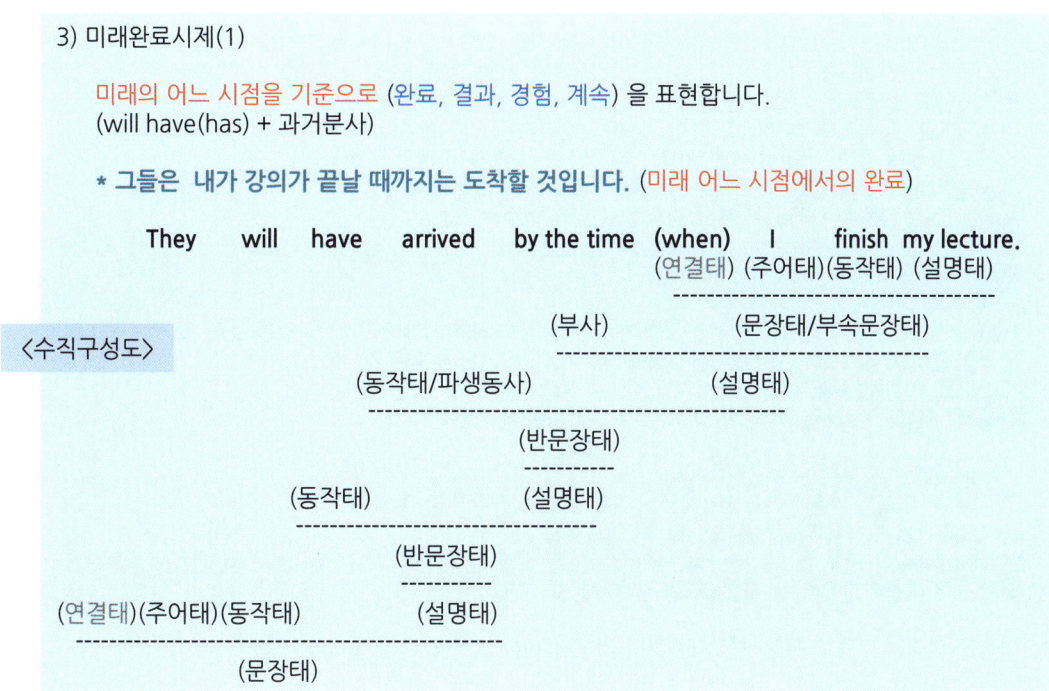

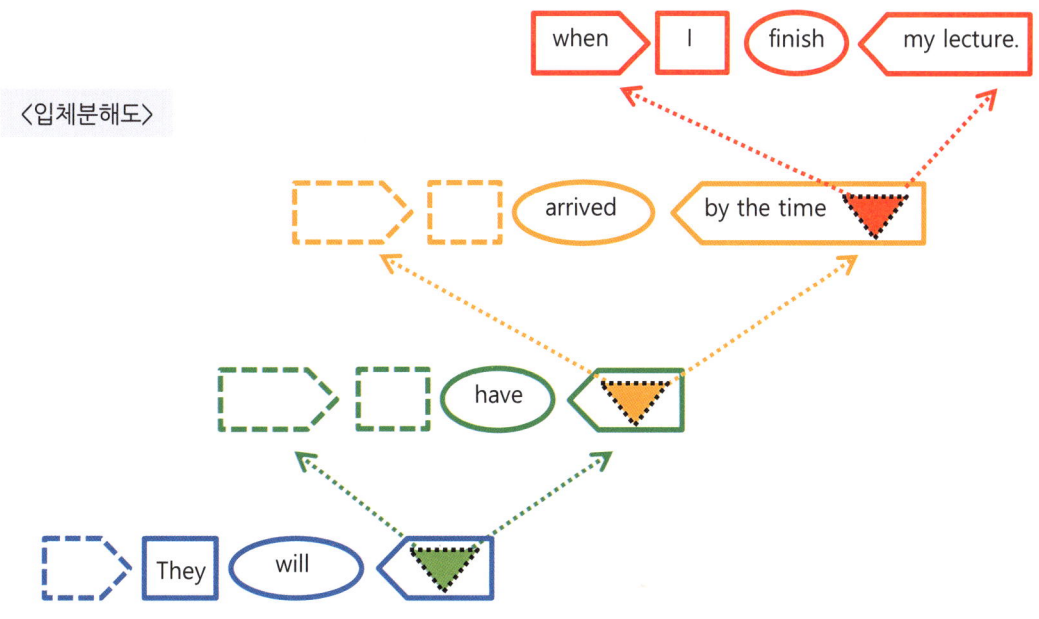

A-8. 시제 표현

2. 완료시제

상기 예문에서,

문장태안의 설명태는 다중의 문장태를 포함하는 문장태입니다.
이 설명태는 동작태와 설명태로 되어 있으며 설명태는 또한 arrived로 시작하는 반문장태입니다.
그리고 그 반문장태 안의 설명태 안에는 부사와 또 다른 문장태가 포함되어 있습니다.
가장 정확한 표현을 하기 위해서는 문장태가 필요하기 때문입니다.
'by the time' 은 부사태로서 부사의 역할로 앞의 'arrived'를 수식하며,
뒤에 있는 문장태인 'I finished my lecture'는 연결태인 'when'이 생략된 형태로서 'the time'과 동격으로 그 내용을 상세 부연 설명하고 있습니다.

'by the time'을 연결태라고 간주한다면 한국어 문장의 해석시에 원만하지 않은 것을 알 수 있습니다.
한국어 문장에서의 해석 순서는 연결태를 마지막에 해석하기 때문입니다.
그러므로 연결태(관계부사) 'when'이 생략된 상황임을 알 수 있습니다.
이렇게 설명태 안에서는 다양한 요소가 수식을 하는데 사용됩니다.

'They will ~" 그들은 ~ 할 것입니다.
그런데 '~' 이라는 것은 'have arrived by the time'이라는 내용입니다.
즉, '그때까지 도착을 완료하는 것' 을 의미합니다.
'have arrived by the time I finish my lecture'는 모두 설명태의 내용이며 많은 동사들을 포함하고 있으므로 다중의 문장태를 포함하고 구성하게 됩니다.

이렇게 영어는 다중의 문장태를 사용하여 더욱 상세한 표현을 하게 됩니다.

A-8. 시제 표현

2. 완료시제

3) 미래완료시제(2)

미래의 어느 시점을 기준으로 (완료, 결과, 경험, 계속) 을 표현합니다.
(will have(has) + 과거분사)

* 당신이 다음에 여행을 할 때 당신은 전문가가 되어 있을 것입니다.
  (미래 어느 시점에서의 결과)

```
When    you    travel there next,    you    will    have  been  an expert.
                                                         (동작태) (설명태)
                                                         -----------------
                                                              (반문장태)
                                                              ----------
                                                         (동작태)  (설명태)
                                                         ----------------------
                                                                (반문장태)
                                                                ----------
(연결태)(주어태)(동작태)(설명태)  (연결태)(주어태)(동작태)   (설명태)
----------------------------------  ---------------------------------------
          (연결문장태)                         (문장태)
```

상기 문장은 두개의 문장태로 되어 있습니다.
앞의 문장태는 'when' 이라는 연결태를 가지고 자연스럽게 문장을 시작해줍니다.
뒤의 문장태는 설명태가 반문장태로 되어 있습니다,
즉, 그 설명태 안에 또 다른 동작태가 있으며 그 설명태는 또 다른 반문장태를 포함합니다.

'you will ~" 당신은 ~ 할 것입니다.
그런데 '~' 할 것이라는 것은 'have been an expert'이라는 내용입니다.
즉, '전문가가 되어버렸다' 를 의미합니다.

'have', 'been' 모두 동사입니다. 그래서 다중으로 문장태를 형성하는 것입니다.
'have been an expert'는 'you will'의 다음에 설명태의 위치에서 will의 내용을 보충설명하고 있는 것입니다.
즉, 상기 예문에서는 어느 미래시점에서의 '결과'를 표현합니다.

미래완료처럼 여러 개의 동사가 사용되는 문장은 다중의 문장태가 포함됨을 의미하며,
더욱 상세하고 정확한 표현을 가능하게 만드는 것입니다.

혁신영문법의 문장태 구조는 바로 러시아의 마트로시카 인형과 동일한 구조입니다.

A-8. 시제 표현

2. 완료시제

3) 미래완료시제(3)

미래의 어느 시점을 기준으로 (완료, 결과, 경험, 계속) 을 표현합니다.
(will have(has) + 과거분사)

* 나는 한번 더 그의 논문을 읽으며 네 번을 읽는 것이 됩니다.
  (미래 어느 시점에서의 경험)

```
If    I    read  his paper,      I     will  have   read    it four times.
                                                   (동작태)   (설명태)
                                                   ----------------------
                                                         (반문장태)
                                              ------------------------------
                                              (동작태)      (설명태)
                                              --------------------------------
                                                      (반문장태)
                                                      ----------
(연결태)(주어태)(동작태)(설명태) (연결태)(주어태)(동작태)     (설명태)
------------------------------   ------------------------------------------
            (문장태)                           (문장태)
```

상기 문장은 두개의 문장태로 되어 있습니다.
앞의 문장태는 'if'라는 연결태를 포함하여 '만약'이라는 문장표현을 시작합니다.
뒤의 문장태는 그 설명태 안에 'have'로 시작하는 반문장태를 가지고 있습니다.
역시 이 반문장태는 'read it four times'라는 설명태를 가지고 있습니다.
그 안에도 역시 동작태인 'read'가 있으며 반문장태를 이루고 있습니다.

'I will ~" 나는 ~ 할 것입니다.
그리고 '~' 할 것이라는 것은 'have read it four times'이라는 내용입니다.
즉, '그것을 네 번 읽어버렸다' 를 의미합니다.

'have read it four times'는 'I will'의 다음에 나오는 설명태로서 will의 내용을 보충설명하고 있는 것입니다.

즉, 상기 예문에서는 어느 미래시점에서의 '경험'를 표현합니다.
'have'는 완료를 의미하며, 'read'는 'have'의 상세 내용을 설명하고 있습니다.
즉, '읽음' 을 완료한 것을 의미합니다.
그리고 읽음 'read'에 대한 상세 내용은 'read' 의 다음에 있는 'it for times'입니다.

A-8. 시제 표현

2. 완료시제

3) 미래완료시제(4)

미래의 어느 시점을 기준으로 (완료, 결과, 경험, 계속) 을 표현합니다.
(will have(has) + 과거분사)

* 나는 다음주면 5년 동안 외국에 머물러 있은 것이 됩니다.
  (미래 어느 시점에서의 계속)

<수직구성도>

```
        I    will   have   been   stayed  abroad  for 5 years by next week.
                                         -------------------------------------
                                  (동작태)          (설명태)
                                         ---------------------------------
                                          (반문장태)
                                          -----------
                            (동작태)       (설명태)
                                  -------------------------------
                                   (반문장태)
                                   -----------
                    (동작태)        (설명태)
                            -------------------------------
                             (반문장태)
                             -----------
(연결태)(주어태)(동작태)      (설명태)
---------------------------------------------
              (문장태)
```

<입체분해도>

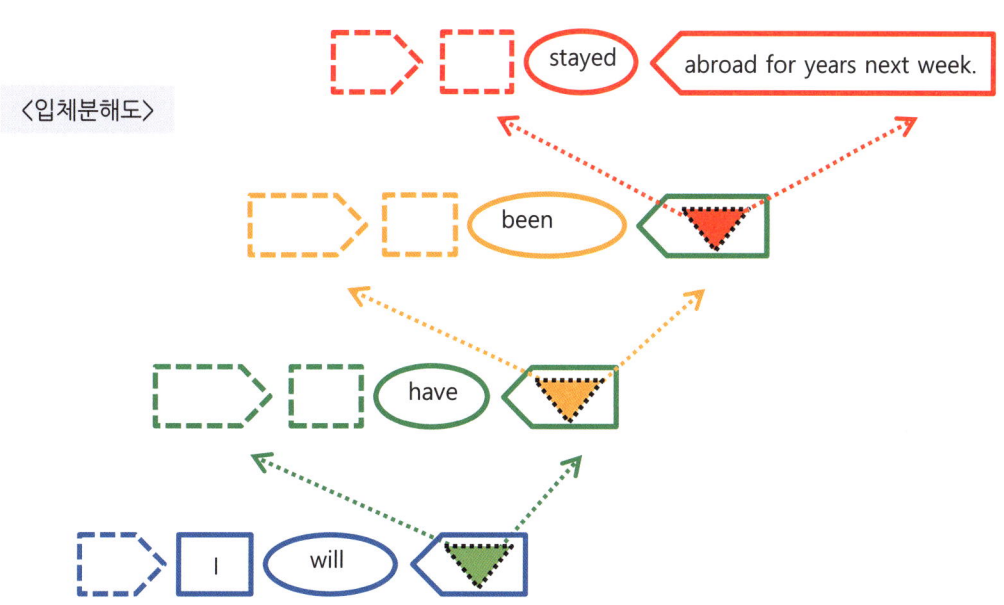

A-8. 시제 표현

2. 완료시제

상기 문장은 하나의 문장태로 되어 있지만 설명태 안에 다중의 '반문장태'가 다중으로 포함되어 있습니다.
'미래 완료' 시제이기 때문에 많은 동사가 사용되었기 때문입니다.
'I will ~" 나는 ~ 할 것입니다.
그리고 '~' 할 것이라는 것은 'have been stayed ~'이라는 내용입니다.
문장태의 동작태는 'will'입니다.
'have'는 'will'을 상세 설명하는 설명태입니다.
'been'은 'have'를 상세 설명하고 있으며,
'stayed'는 'been'을 설명하고 있습니다.
이렇게 많은 동작태(과거분사, 현재분사 등의 파생동사)를 포함하는 문장은 그 만큼의 문장태를 포함하고 있는 것을 의미합니다.
'stayed'는 'abroad for 5 years by next week' 를 설명태로 가지며 그 'stayed'의 상세 내용을 표현하고 있습니다.
즉, 문맥상 '5년 동안 계속 머무르게 될 거라는' 것을 의미합니다.

상기 예문에서는 어느 미래시점에서의 '계속'을 표현합니다.

이렇게 다중의 문장태는 더욱 상세한 표현을 가능하게 합니다.

A-8. 시제 표현

3. 진행시제

1) 현재진행 -1

(are(is) + 동사 ing)

현재의 시점에서 진행 중이거나 계속 중인 동작이나 상태를 나타냅니다.

* 그들은 운동장에서 야구를 하고 있습니다.

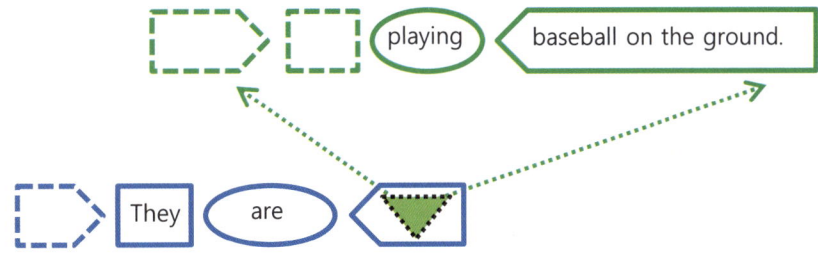

설명태 안에는 반문장태가 포함되어 있습니다.
진행형 문장은 'be 동사' 다음에 'playing' 과 같이 동작태(파생동사)가 있으므로 반문장태가 반드시 존재하게 됩니다.

'They are ~', '그들은 ~ 상태입니다.'
그 상태는 다음에 오는 설명태인 'playing baseball on the ground' 입니다.
설명태 안에는 'playing'이라는 동작태가 있으며 반문장태를 형성합니다. 'baseball on the ground'는 'playing'의 설명태입니다.

'동사 ing'는 진행중을 의미하는 동작태입니다.
그들은 운동장에서 야구를 진행 중입니다.

A-8. 시제 표현

3. 진행시제

* 그녀는 항상 영어를 공부하곤 합니다.

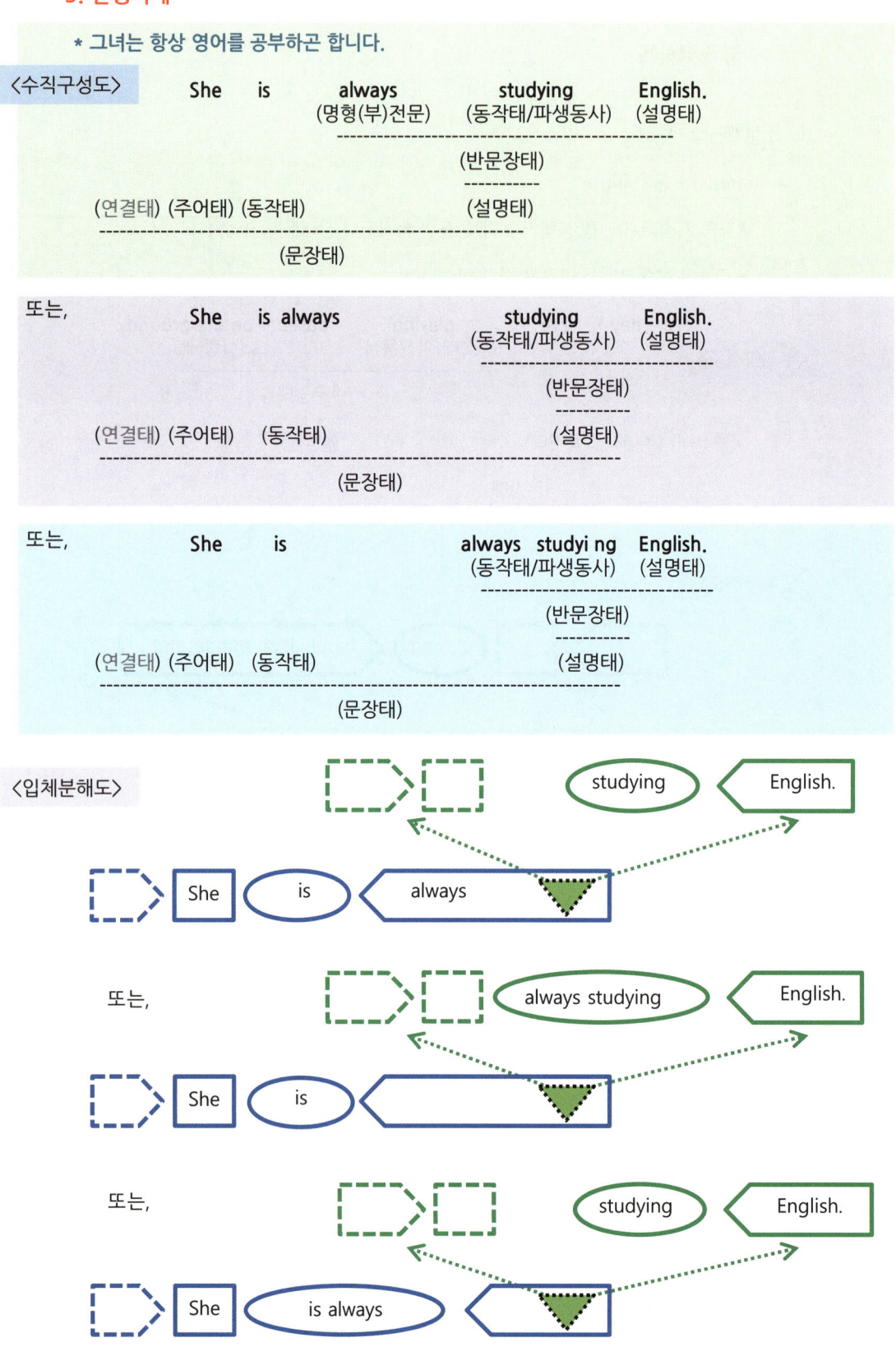

A-8. 시제 표현

3. 진행시제

설명태 안에 반문장태가 있습니다.
'She is ~' 그녀는 ~ 상태입니다.
'always studying English' 항상 영어를 공부하고 있는 상태를 표현합니다.
그녀는 항상 영어를 습관으로 공부합니다.
'명형부전문' 은 명사, 형용사, 부사, 전치사, 문장태를 의미합니다.
'명형(부)전문' 은 그 가운데에서 부사를 의미합니다.

'always'는 동작태 'is'의 뒷주머니이거나 또는 'studying'의 앞주머니이거나 또는 설명태 안의 단순한 부사일 수 있습니다.

A-8. 시제 표현

3. 진행시제

1) 현재진행 -2

* 그는 곧 도착합니다. (가까운 미래)

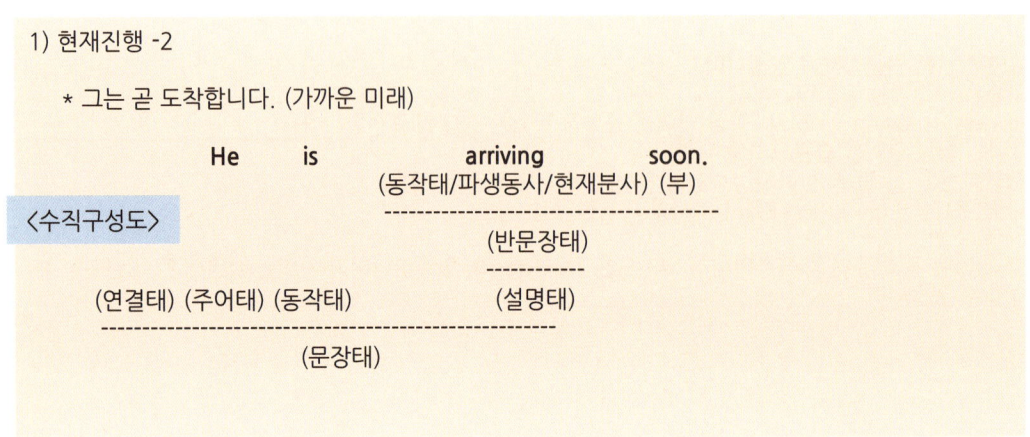

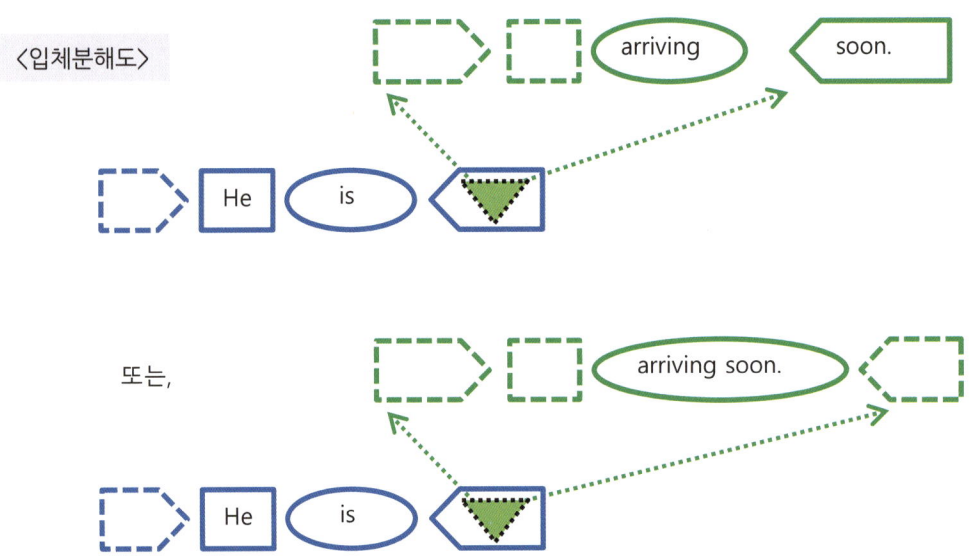

위 문장은 설명태 안에 반문장태가 존재합니다.
'He is ~' 그는 ~ 상태입니다.
그 상태는 설명태인 'arriving soon'입니다.
설명태는 동작태인 'arriving' 과 설명태인 'soon'으로 되어 있습니다.
'arriving' 은 현재분사이지만 동사의 역할을 하는 동작태입니다.
동사는 문장의 표현을 더욱 상세하게 만들어줍니다.
'arriving soon' 에서 'soon'은 동작태 'arriving'의 뒷주머니 내용이라고 볼 수도 있습니다.

다중구조 영문법에서는 문장태를 다중으로 사용하므로써 더욱 상세한 표현을 가능하게 합니다.

상기 예문은 현재 진행되는 내용을 표현하고 있지만, 가까운 미래에 일어날 내용을 표현하기도 합니다.

A-8. 시제 표현

3. 진행시제

2) 과거진행

(were(was) + 동사 ing)

과거 어느 시점에 진행 중이었던 동작이나 반복되었던 동작을 나타냅니다.

* 그날 아침은 눈이 내리고 있었습니다.

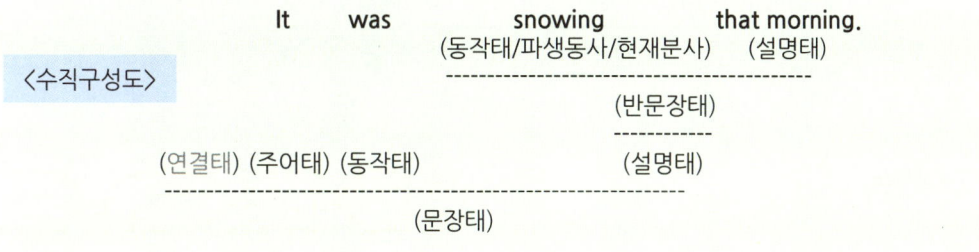

〈수직구성도〉

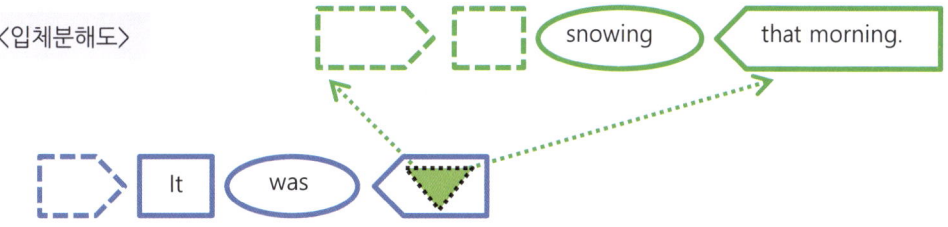

〈입체분해도〉

설명태 안에는 반문장태가 포함되어 있습니다.
진행형 문장은 'be 동사' 다음에 동작태(파생동사)가 있으므로 반문장태가 반드시 존재합니다.
'It was ~', '상태는 ~이었습니다.'
그 상태는 'snowing that morning' 이었습니다.
'snowing'은 파생동사로서 동작태로서 반문장태를 형성합니다.

동작태의 역할을 하는 것은 동사의 의미를 포함하는 것이면 가능하며 적절한 형식을 취할 수 있습니다

A-8. 시제 표현

3. 진행시제

* 그녀는 나를 보면 항상 울곤 했습니다.

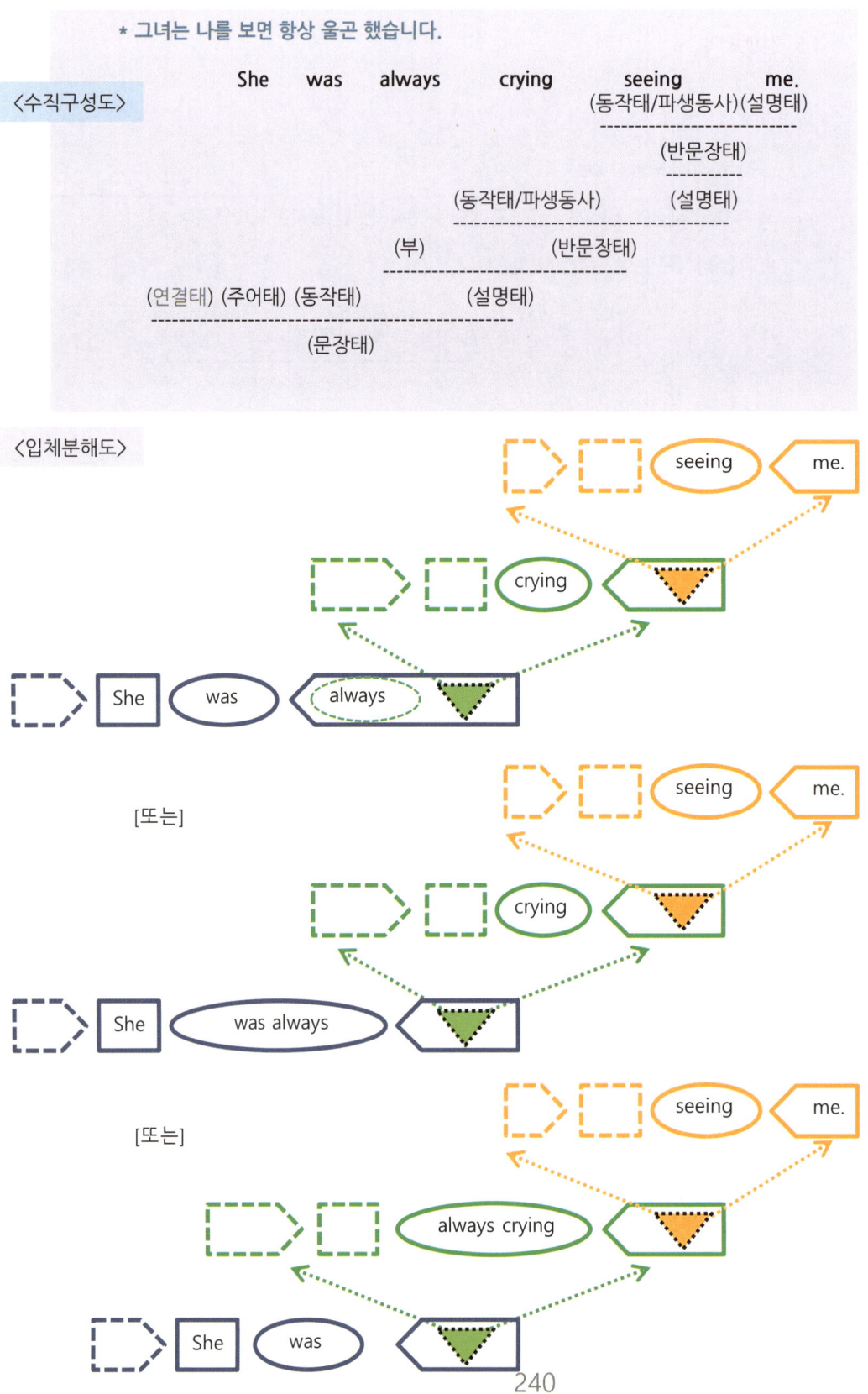

A-8. 시제 표현

설명태 안에 반문장태가 있고 그 안의 설명태에 또 반문장태가 있습니다.
'She was ~' 그녀는 ~ 상태이었습니다.

'always'는 'was'의 뒷주머니이거나 또는 'crying'의 앞주머니이거나 또는 설명태 안의 단순 부사로 볼 수도 있습니다.
이것은 뒤에 나오는 반문장태를 수식하고 있습니다.

'always crying' 항상 울고 있었습니다.
'crying' 하는 상세설명은 'seeing me' 입니다.
즉, crying 하는데 부연설명이 바로 'seeing me' 입니다.
우는데 '나를 보면' 이라는 의미입니다.

A-8. 시제 표현

3. 진행시제

3) 미래진행

(will be + 동사 ing)

미래의 시점에서 진행 중이거나 계속 중인 동작이나 상태를 나타냅니다.

* 그는 부엌에서 요리를 하고 있을 것입니다.

He　　will　　be　　　　cooking　　in the kitchen.
　　　　　　　　　　　　(동작태/파생동사)　(설명태)

　　　　　　　　　　　　　　　　(반문장태)

〈수직구성도〉

　　　　　　　　　(동작태/파생동사)　　(설명태)

　　　　　　　　　　　　　　(반문장태)

(연결태) (주어태) (동작태)　　　(설명태)

　　　　　　　　　　　(문장태)

〈입체분해도〉

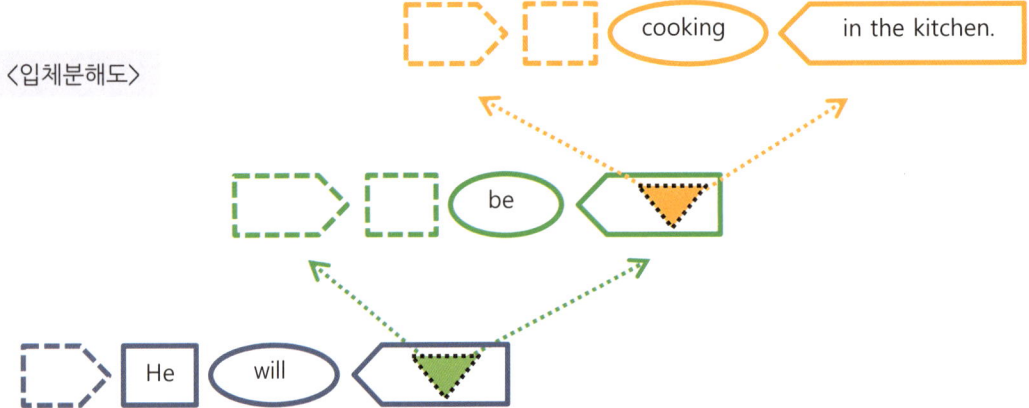

설명태는 반문장태이며 그 안에 다중의 문장태가 포함되어 있습니다.
진행형 문장은 'be 동사' 다음에 'cooking' 과 같이 동작태(파생동사)가 있으므로 반문장태가 반드시 존재합니다.

'will' 은 동작태입니다.
'He will ~', '그는 ~ 할 것입니다.'
그 상세 설명은 'be cooking in the kitchen' 입니다.
'그는 부엌에서 요리를 진행 중 일 것입니다.'

'cooking'은 설명태 안의 동작태이며 자신의 설명태를 가집니다.
여기에서 'cooking'의 주어는 생략되어 있습니다. 그 이유는 주어가 무엇인지 알 수 있기 때문입니다.
'cook'에 대한 상세설명은 'in the kitchen'입니다.

혁신영문법에서는 문장태를 이용하여 상세한 설명을 설명태를 통하여 표현합니다.
문장태를 이용하므로써 더욱 상세하고 정확한 표현을 가능하게 만드는 것입니다.

A-8. 시제 표현

3. 진행시제

4) 현재완료진행

(have(has) been + 동사 ing)

과거 어느 시점에서 현재까지 어떤 동작이나 행동이 진행 중이라는 것을 표현합니다.

* 우리는 3년 동안 한국 역사 연구를 계속해 오고 있습니다.

```
        We      have      been      studying      Korean history for 10 years.
                                   (동작태/파생동사)        (설명태)
                                   ------------------------------------------
                                                 (반문장태)
                                   ----------
                    (동작태/파생동사)              (설명태)
                    ----------------------------------------
                                (반문장태)
                                ----------
        (연결태)(주어태)(동작태)                    (설명태)
        ----------------------------------------------------
                              (문장태)
```

〈수직구성도〉

〈입체분해도〉

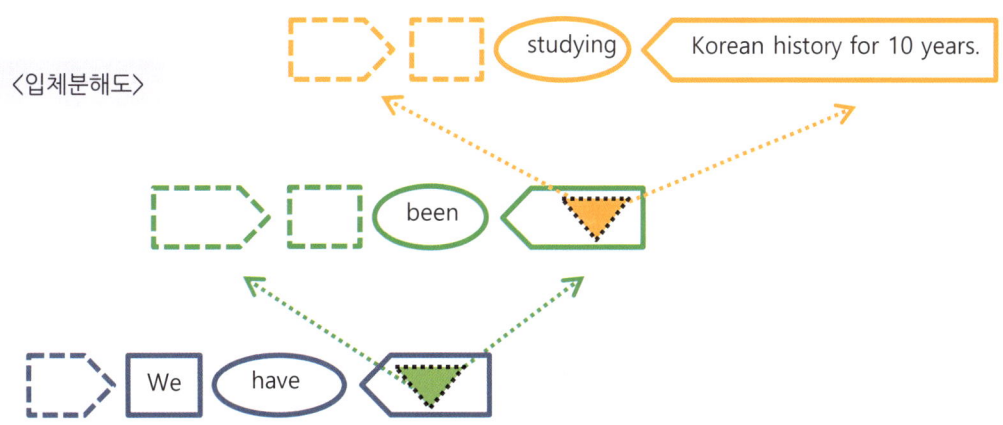

설명태 안에는 반문장태이며 그 안에 다중의 문장태가 포함되어 있습니다.
진행형 문장은 'be 동사' 다음에 동작태(파생동사)가 있으므로 반문장태가 반드시 존재합니다.
'We have ~', '우리들은 ~을 가지고 있는 상태입니다.'
그것은 'been' , '~인' 상태입니다.
그 'been'을 설명하는 내용은 그것의 설명태인 'studying Korean history for 10 years' 입니다.
'studying' 은 동작태이며 주어태가 생략된 반문장태를 이루고 있고 그 상세 설명은 'Korean history for 10 years' 입니다.

혁신영문법에서는 이렇게 설명태 안에 반문장태를 포함하고 그 반문장태 안에 또 다른 반문장태를 포함하여 다중의 문장태를 포함하는 구조로서 다양하고 상세한 표현을 만들어 내는 것입니다.

A-8. 시제 표현

3. 진행시제

5) 과거완료진행

(had been + 동사 ing)

과거 어느 시점까지 동작이나 행동이 진행 중이었다는 것을 나타냅니다.

* 그날 아침은 눈이 내리고 있었습니다.

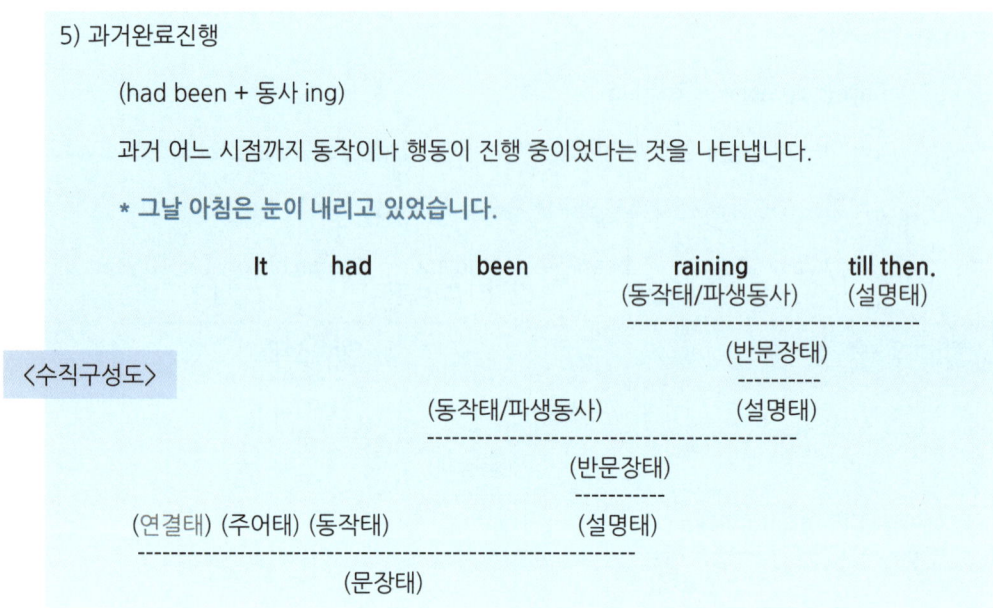

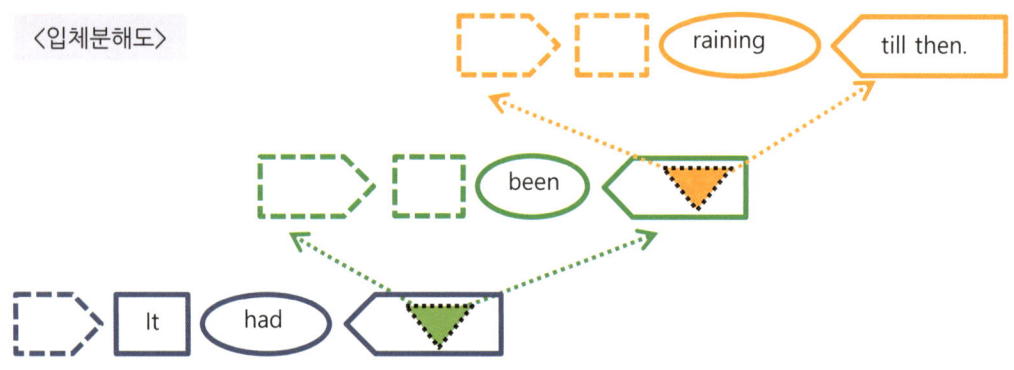

설명태는 반문장태이며 다중의 문장태로 되어 있습니다.
진행형 문장은 be동사 다음에 동작태(파생동사)가 있으므로 반문장태가 반드시 존재합니다.
'It had ~', '그것은(형식주어) ~을 가지고 있었던 완료상태입니다.'
그 상태는 'been' , '~인' 상태입니다.
그 been을 설명하는 내용은 다음에 나오는 설명태인 'raining till then' 입니다.
'raining'은 동작태로서 반문장태를 이루고 있으며 주어태는 불필요하므로 생략되어 있습니다.
즉, 'raining till then' , '그때까지 비가 내리고 있는' 상태를 표현한 반문장태입니다.

이렇게 설명태 안에 반문장태를 포함하고 그 반문장태 안에 또 다른 반문장태를 포함하여 다중의 문장태를 포함하는 구조로서 다양한 의사를 표현합니다.

A-8. 시제 표현

3. 진행시제

6) 미래완료진행
  (will(shall) have been + 동사 ing)
  미래의 어느 시점에서 어떤 동작이나 행동이 진행 중이라는 것을 표현합니다.

  * 그는 다음달이면 5년 동안 계속 여행을 계속하는 것이 됩니다.

```
        He    will    have    been    traveling   Europe for 10 years.
                                     (동작태/파생동사)    (설명태)
                                     --------------------------------
                                              (반문장태)
                                              ----------
                              (동작태/파생동사)    (설명태)
                              ------------------------------------
                                         (반문장태)
                                         ----------
                      (동작태)              (설명태)
                      ------------------------------
                               (반문장태)
                               ----------
       (연결태)(주어태)(동작태)         (설명태)
       --------------------------------------------
                           (문장태)
```

〈수직구성도〉

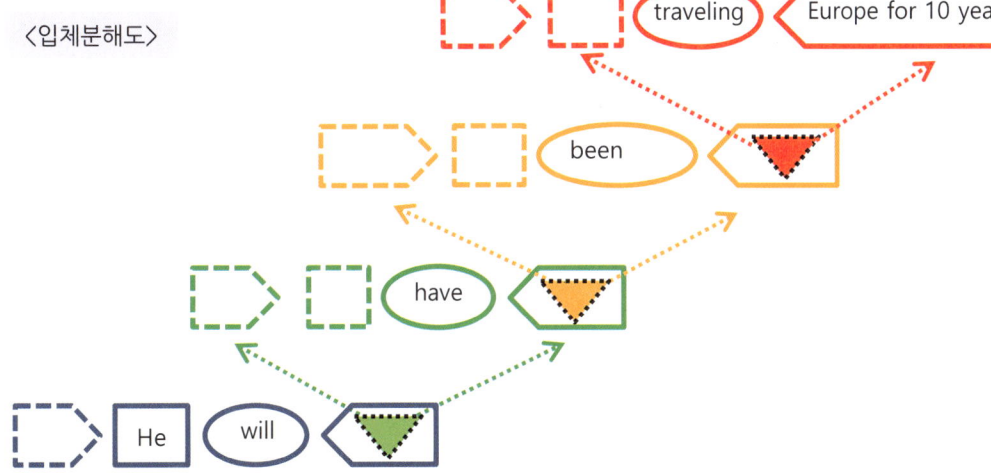

〈입체분해도〉

상기 예문에서 설명태는 다중의 문장태로 되어 있습니다.
미래시제 문장은 'will(shall)'의 보조동사가 있고 그 다음의 설명태는 'have' 동사가 있습니다.
'have'동사는 'been'이라는 파생동사를 설명태로 가지며 'been'은 'traveling'이라는 현재분사형의 동작태를 설명태로 가집니다.
'He will ~', '그는 ~할 것입니다.'
그 상세 내용은 'have'이며 이것은 '해버렸다'는 것을 의미합니다.
그리고 '해버린 것'에 대한 상세내용은 'have'의 설명태인 'been traveling Europe for 10 years' 입니다.
이것 역시 'been' 이라는 동작태가 'traveling Europe for 10 years' 라는 설명태를 가지고 있습니다.
이 설명태 또한 'traveling'이라는 동작태로 인하여 반문장태를 구성합니다.
그 상세 설명은 'Europe for 10 year' , '10년 동안 유럽을' 이라는 내용입니다.

즉, '10년동안 유럽을 여행하고 있는 상태가 된 것을 가지고 있을 것입니다.'를 의미합니다.

이렇게 설명태 안에 반문장태를 포함하고 그 반문장태 안에 또 다른 반문장태를 포함하여 다중의 문장태를 포함하는 구조로서 다양한 의사를 표현하는 것입니다.

A-8. 시제 표현

* 예문

	연결태	주어태	동작태	설명태
(1)		He	is	a baseball player.
(2)		She	is	cute.
(3)		I	take	a walk every morning.
(4)		The sun	rises	from the east.
(5)		She	is	traveling abroad this summer.
(6)		I	was	a table tennis player.
(7)		He	was	very slim.
(8)		The train	left	every night.
(9)		She	didn't	run well.
(10)		You	have	made a great house.
(11)		You	will	be taller.
(12)			Shall	she call tomorrow?
(13)		I	just wrote	a letter.
(14)		Spring	has	passed.
(15)		I	have	been to Europe.
(16)		She	has	been a theater actress for 10 years

(1) 그는 야구선수입니다.
(2) 그녀는 귀엽습니다.
(3) 나는 매일 아침에 산책을 합니다.
(4) 해는 동쪽에서 떠오릅니다.
(5) 그녀는 이번 여름에 해외여행을 떠납니다.

(6) 나는 탁구 선수였습니다.
(7) 그는 매우 날씬했습니다.
(8) 기차는 매일 밤에 떠났습니다.
(9) 그녀는 잘 뛰지 못했습니다.
(10) 당신은 멋진 집을 만들었습니다.

(11) 당신은 키가 더 클 것입니다.
(12) 그녀는 내일 전화를 할까요 ?

(13) 나는 방금 편지를 썼습니다.
(14) 봄이 지나갔습니다.
(15) 나는 유럽에 간 적이 있습니다.
(16) 그녀는 10년간 연극 배우를 했습니다.

A-8. 시제 표현

* 예문

	연결태	주어태	동작태	설명태
(17)	When	the dog next door	started	building,
		the child	stopped	crying.
(18)		I	hadn't	been swimming until I first saw the sea.
(19)	Since	I	first met him,	
		I	have	always dreamed of becoming a movie star.
(20)		He	will	be building a castle until his son grows up and becomes an adult.
(21)	When	I	meet	you again,
		you	will	be a great musician.
(22)	If	she	comes	here ,
		she	will	be coming here 5 times.
(23)		I	am	watching TV.
(24)		I	was	drawing a picture.
(25)		He	may	be swimming.
(26)		I	have	been building buildings for 5 years.
(27)		He	had	been cleaning the room until then.
(28)		She	will	be painting the picture for 10 years.

(17) 옆집의 개가 짓기 시작했을 때 아이는 울음을 멈췄습니다.
(18) 바다를 처음 구경해보기 전까지 나는 수영을 해본 적이 없습니다.
(19) 그 친구를 처음 만난 이후 줄곧 나는 영화 배우가 되려는 꿈을 줄곧 가졌습니다.

(20) 그는 아들이 커서 어른이 될 때까지 성을 짓고 있을 것입니다.
(21) 내가 당신을 다시 만날 때는, 당신은 훌륭한 음악가가 되어 있을 것입니다.
(22) 그녀가 여기를 온다면 그는 여기에 5번 오는 것이 될 것입니다.
(23) 나는 TV를 보고 있는 중입니다.
(24) 나는 그림을 그리고 있던 중이었습니다.
(25) 그는 수영을 하고 있는 중일 것입니다.
(26) 나는 5년 동안 건물을 계속 지어오고 있는 중에 있습니다.
(27) 그는 그때까지 방을 계속 청소하고 있었던 중이었습니다.
(28) 그녀는 10년 동안 그 그림을 계속 그리고 있는 것이 될 것입니다.

B-1.

8품사

B-1. 8품사

8품사
B-1. 8품사 0. 개요 1. 명사 2. 대명사 3. 동사 4. 형용사 5. 부사 6. 전치사 7. 연결사 8. 감탄사

B-1. 8품사

0. 품사란

품사는,

전달하고자 하는 내용을 표현하기 위해서 문장 안에서 사용되는 단어를 기능적으로 분류한 것입니다.

일반적으로 8가지의 품사로 분류합니다.

중요 품사는 명사 동사 형용사 부사 전치사입니다.

사물이거나 행동의 주체 역할을 하는 (명사),
명사를 대신하는 (대명사) (잘 모르는 것은 의문대명사)
주체가 하는 동작 또는 행동인 (동사),
주체를 묘사하는 (형용사),
행동을 묘사하는 (부사),
주체의 위치, 속성 또는 동사의 방향을 가리키는 (전치사),
단어 또는 문장을 연결해주는 (연결사/접속사)
감정을 표현하는 (감탄사)

B-1. 8품사

1. 명사

1) 명사

   명사는 형체를 가지고 눈에 보이는 사물이거나 또는 형체 없이 눈에 보이지 않는 정의로 표현되는 것을 말합니다.

   명사는 본래명사와 생성명사로 나눌 수 있습니다.
   본래명사는 원래 세상에 존재하는 물체를 부르는 이름으로 나무 'tree', 물 'water', 사랑 'love', 가족 'family', 어머니 'mother', 링컨 'Lincoln' 등이 있습니다.
   생성명사는 기존의 다른 단어를 이용하여 만들어진 명사를 말합니다.
   달리기 'running', 내가 원하는 것 'what I want' 등이 있습니다.
   행동의 주체는 '명사'입니다.
   대신하는 것은 대명사, 잘 모르는 것은 의문대명사입니다.

(1) 본래명사

   원래 하나의 단어로 구성되는 명사입니다.

   * 가시명사 (만져지는 실체) : 공간을 차지하고 있는 실체를 말합니다.
     - 보통명사(셀 수 있음) : 하나 씩 분리되어 셀 수가 있습니다.
        가방 'bag', 사과 'apple', 책 'book'
     - 물질명사(셀 수 없음) : 하나씩 분리할 수가 없으며 셀 수도 없습니다.
        그렇지만 하나로 합쳐질 수가 있습니다.
        우유 'milk', 공기 'air', 종이 'paper'

   * 불가시명사(만져지지 않는 허상) : 공간을 차지하지 않으면서 보이지 않습니다.
     - 추상명사(개념명사) : 인간의 지능으로 생각되어지는 생각과 감성
                            그리고 개념과 정의를 나타냅니다.
        음악 'music', 정치 'politics', 학교 'school'
     - 조직명사(사회적 정의) : 사람이나 사물의 집합체를 나타냅니다.
        가족 'family', 군대 'army'

   * 호칭명사
     가시명사이면서 불가시명사입니다.
     다른 것과 항상 구별되어 부를 수 있습니다. 이름이 바로 그것입니다.
        'Tom', 'Jane', 'Ryu'
     고유명사라고도 합니다.
     그 존재는 공간을 차지하여 만질 수 있어서 '가시명사'이지만 개념적으로 다른 것과
     구별하기 위하여 불리우도록 지정된 이름은 불가시명사입니다.

(2) 생성명사
   * 파생명사
     다른 품사로부터 만들어져서 명사 또는 명사의 역할을 하는 것입니다.
      'studying' : 공부하기, 'running' : 달리기
   * 조합명사
     둘 이상의 단어로 만들어져서 명사의 역할을 하는 것입니다.
     'to study English' : 영어 공부 하기
     'what I want' : 내가 원하는 것
     'that we must do it' : 우리가 그것을 해야만 하는 것

B-1. 8품사

1. 명사

2) 명사의 수

명사는 셀 수 있는 경우가 있습니다. 이렇게 1개는 단수, 2개 이상을 복수라고 합니다. 명사를 복수의 형태로 만드는 방법은 여러 가지가 있습니다.

(1) 규칙 변화

* 대부분의 단어에 's'를 붙입니다.
  car(자동차) -> cars, book(책) -> books , cap(모자) -> caps

* '모음+y'로 끝나면 's;를 붙입니다.
  boy (소년)-> boys , day(날) -> days

* '자음+y' 로 끝나는 단어는 'y'를 'ie'로 고치고 's'를 붙입니다.
  lady (숙녀)-> ladies, city(도시) -> cities

* -s, -ss, -ch, -sh, -x, -o 로 끝나는 단어는 'es'를 붙입니다.
  bus(버스) -> buses, fox(여우) -> foxes, tomato(토마토) -> tomatoes

* -f, -fe 로 끝나는 단어는 '-f', '-fe' 를 '-v', '-ve' 로 바꾸고 's'를 붙입니다.
  knife(칼) -> knives, leaf(나뭇잎) -> leaves

(2) 불규칙 변화

* -a- 는 -e- 로, -oo- 는 -ee- 로 변합니다.
  man(남자) -> men, tooth(이) -> teeth

* -en을 추가합니다.
  ox(황소) -> oxen

* 항상 단수 또는 항상 복수 형태가 있습니다.
  dear(사슴), sheep(양), fish(물고기)

(3) 특수 변화

* 합성 명사는 원래 명사의 일부 또는 전부를 복수형으로 바꿉니다.
  sister-in-law(형수) -> sisters-in-law

(4) 단수 복수의 의미가 다른 명사

good(이익) -> goods(상품), saving(저축) -> savings(구조)

B-1. 8품사

1. 명사

3) 명사의 성

영어에서의 명사의 성은 그 명사를 다른 명사 즉, 대명사로 호칭하는 경우에 표현하기 위해서 알아야 합니다. 즉, 명사를 'he', 'she', 'it' 로 표현해야 하기 때문입니다.

(1) 남성 명사
 man, father, brother, son, 강한 명사(sun, mountain)

(2) 여성 명사
 woman, mother, sister, daughter, 가련한 명사(moon, peace)

(3) 중성 명사
 rock, tree, house

(4) 양성 명사
 child, parents,

(5) 남성 여성 구별 명사 만들기
 actor(남자배우) -> actress(여자배우), price(왕자) -> princess(공주)
 man-servant(남자하인) -> maid-servant(여자하녀)

B-1. 8품사

1. 명사

4) 명사의 격

영어에서의 명사의 '격'이란 문장내에서 어떠한 역할을 하는가에 따라서 일컫는 말입니다.
즉, 주격, 소유격, 목적격, 소유대명사의 역할을 하는 것입니다.
일반적인 명사의 경우에는 주격과 목적격은 명사를 그대로 사용합니다. 명사의 소유격 표현은 ' 's ' 또는 ' ' '를 붙여서 표현합니다.
명사의 성은 그 명사를 다른 명사 즉, 대명사로 호칭하는 경우에 표현하기 위해서 알아야 합니다.
즉, 명사를 'he', 'she', 'it' 로 표현해야 하기 때문입니다.

(1) 주격

문장 내에서 주어의 역할을 합니다.
* 이 책은 오래되었습니다.

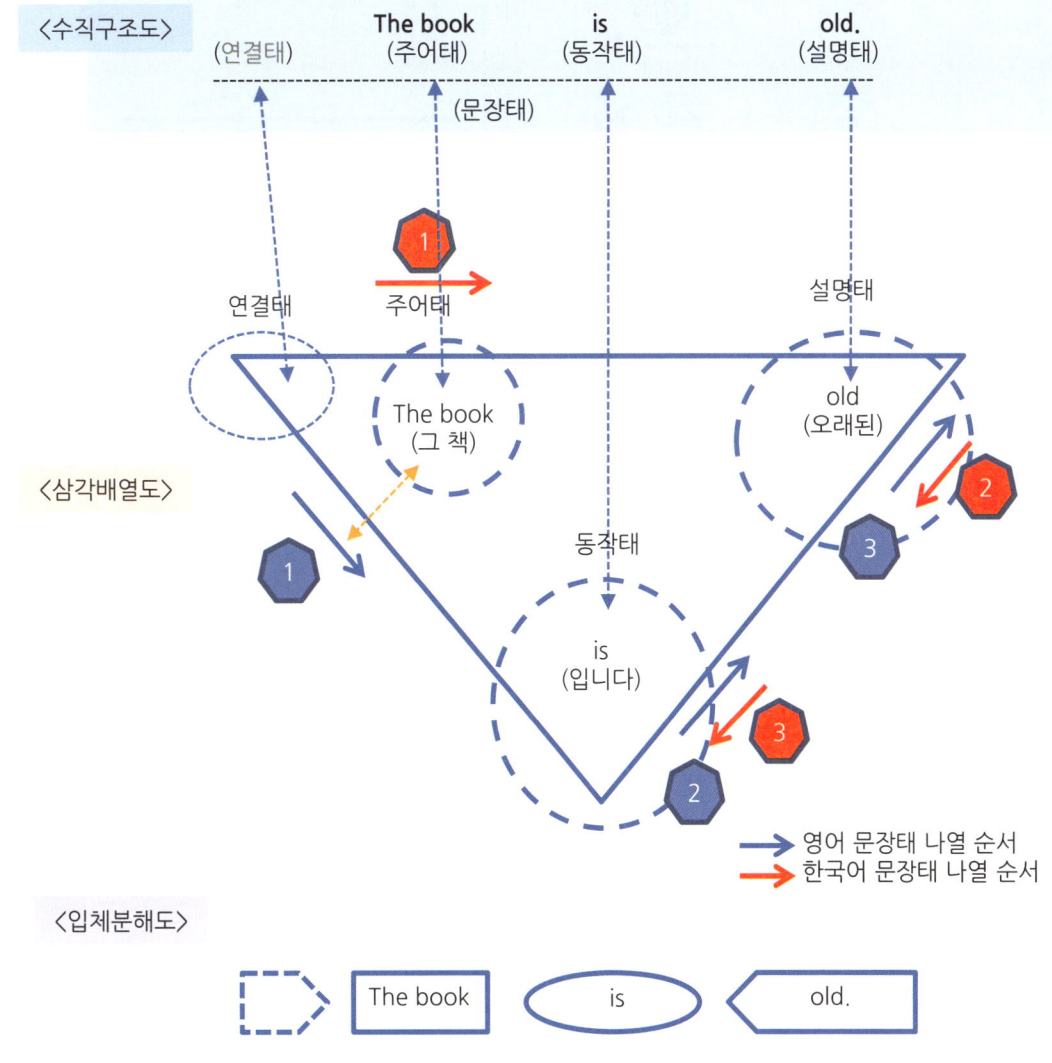

B-1. 8품사

1. 명사

(2) 소유격
* 이것은 탐의 집입니다.

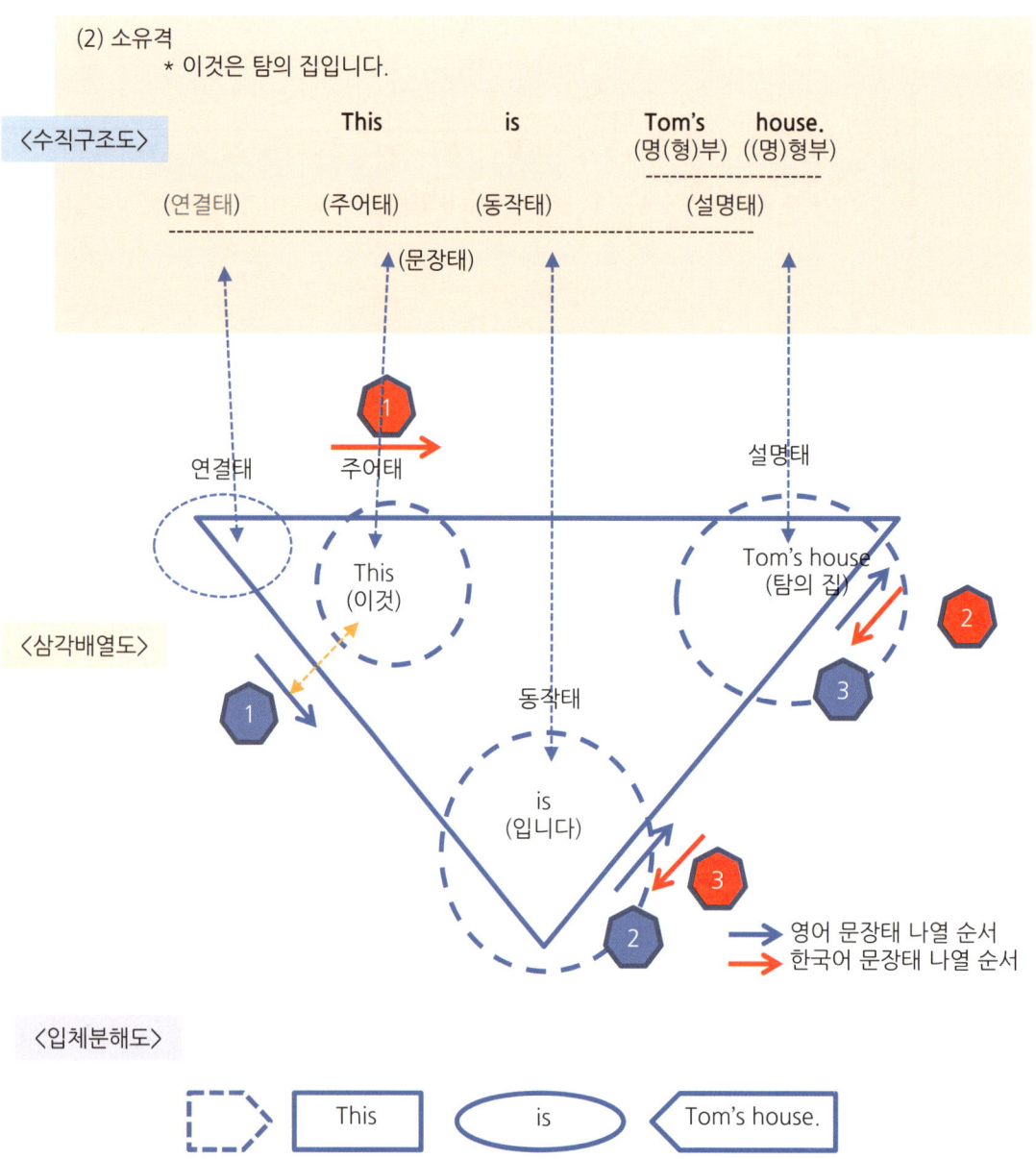

설명태 안에 'Tom's house'가 있습니다.
'Tom'의 집을 의미하며 'Tom'의 소유를 의미합니다.

만일 's 표현이 없이 'Tom House' 라고 한다면, 'Tom'이 살았던 집인지, 'Tom'이 빌린 집인지, 'Tom'의 옆집인지 알 수가 없는 것입니다.
그래서 정확하게 소유를 의미하는 표현을 해야 합니다.
'Tom's' 는 설명태 안에서 형용사의 역할을 하며 'house'라는 명사를 수식합니다.

B-1. 8품사

1. 명사

(3) 목적격

목적격은 명사 형태를 그대로 사용합니다.
* 나는 탐을 좋아합니다.

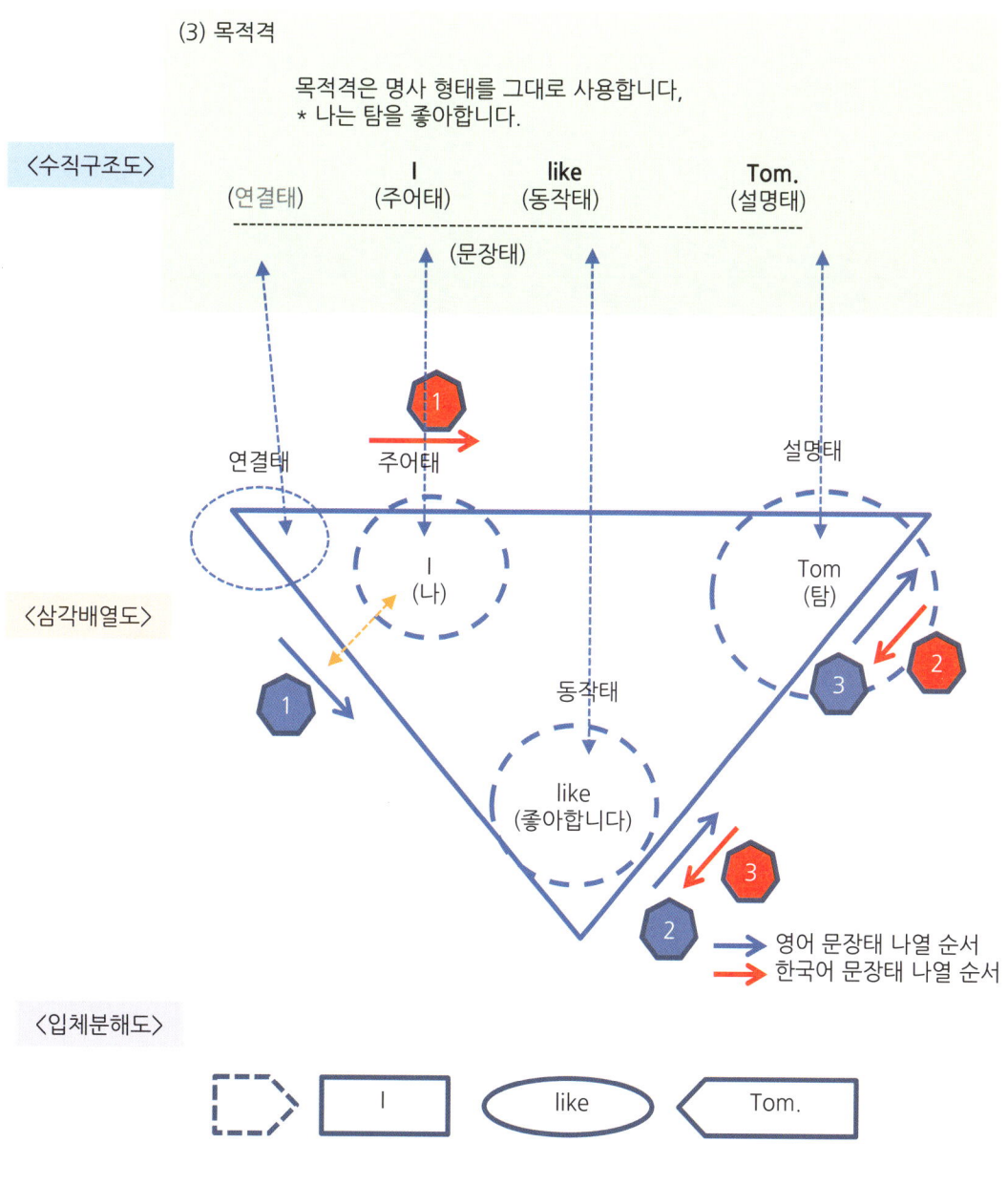

설명태 안의 'Tom'은 'like' 라는 동사에 의해서 목적어가 됩니다.

B-1. 8품사

1. 명사

(4) 소유대명사

소유대명사는 소유격과 그 대상을 합한 표현입니다.
* 이것은 탐의 소유(것)입니다.

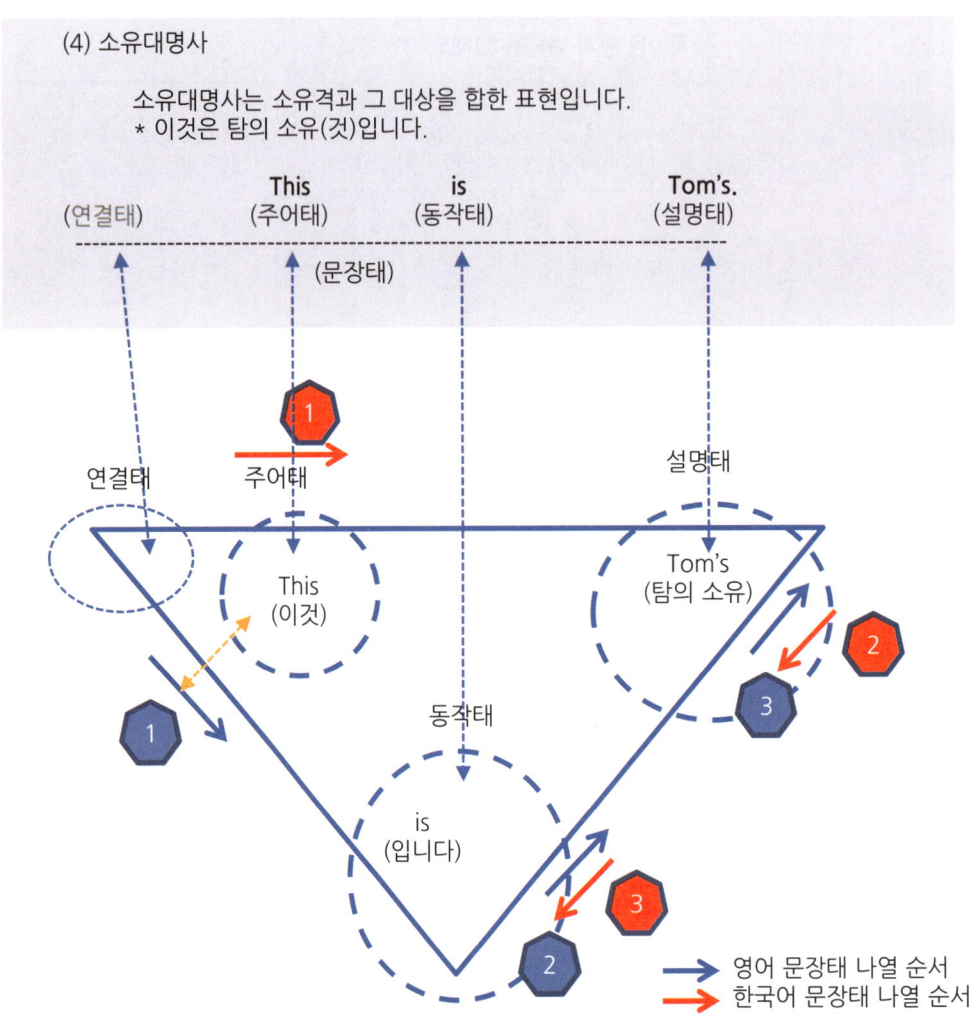

설명태 안의 "Tom's"는 'Tom의 것'이라는 의미를 표현하고 있습니다.

B-1. 8품사

1. 명사

5) 주어태란?

주어태는 주어의 역할을 합니다. 주어의 역할을 하는 품사는 명사입니다.
주어의 역할을 하는 명사는 주어태가 됩니다.

* 원숭이는 바나나를 좋아합니다.

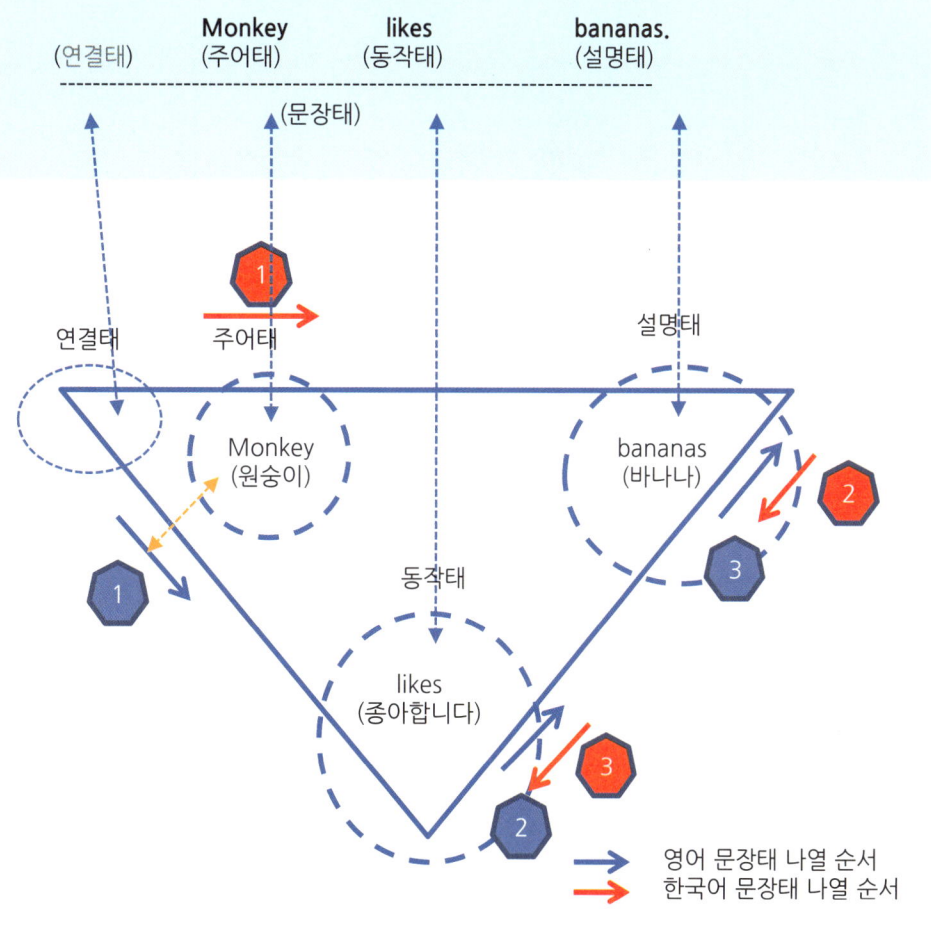

B-1. 8품사

1. 명사

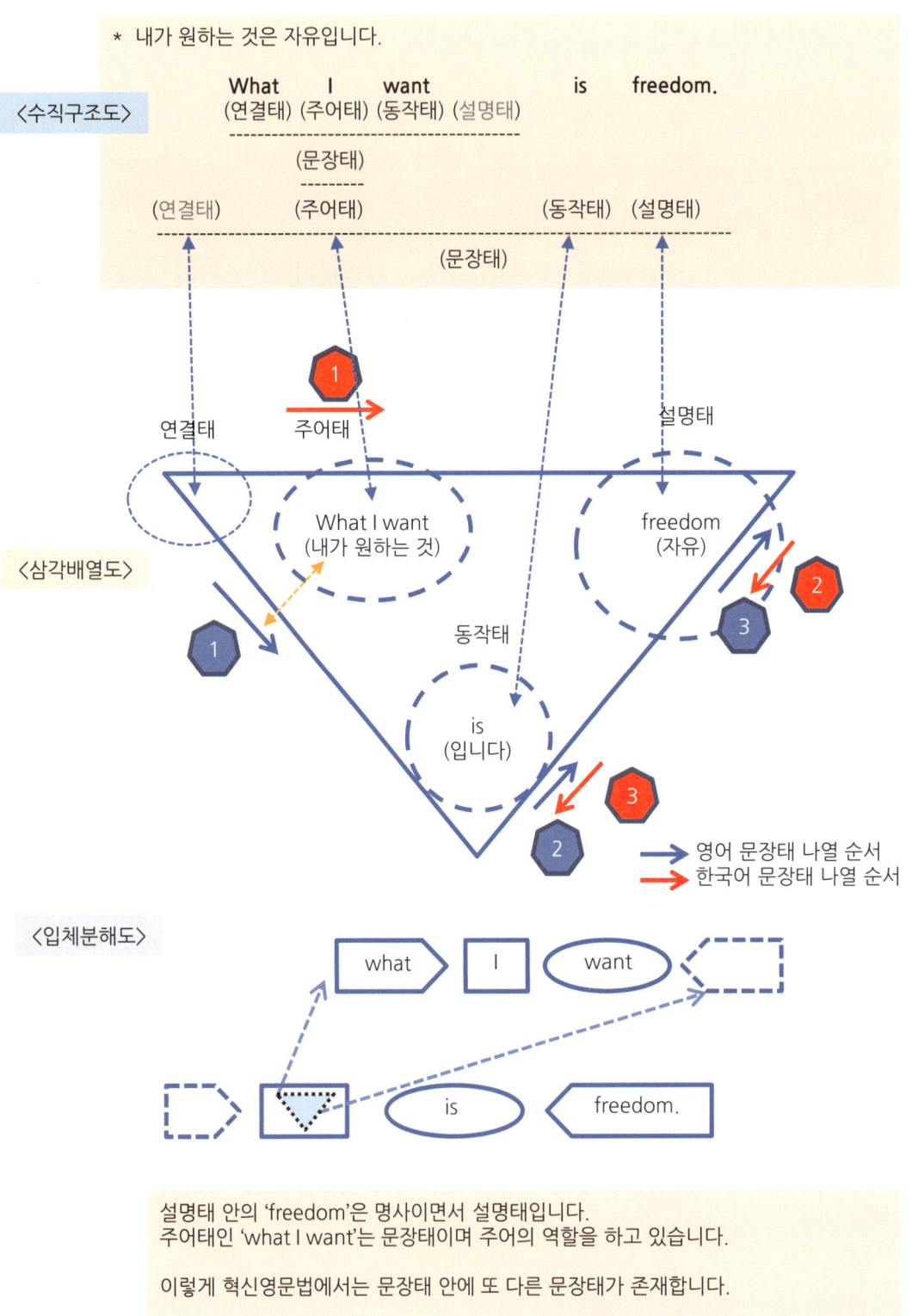

설명태 안의 'freedom'은 명사이면서 설명태입니다.
주어태인 'what I want'는 문장태이며 주어의 역할을 하고 있습니다.

이렇게 혁신영문법에서는 문장태 안에 또 다른 문장태가 존재합니다.

B-1. 8품사

2. 대명사

대명사란 명사를 대신해서 사용하는 말을 말합니다.

인칭대명사, 지시대명사, 부정대명사, 관습대명사, 의문대명사가 있습니다.

1) 인칭대명사

사람과 사물을 대신해서 표현하는 대명사입니다.
여기에는 주격, 소유격, 목적격, 소유대명사가 있습니다.

단수: 1인칭(나),   2인칭(너),   3인칭(그(남자), 그 여자, 그것(비인칭))
복수: 1인칭(우리들) 2인칭(너희들) 3인칭(그들)

	(주격) ~는	(소유격) ~의	(목적격) ~에게, ~를	(소유대명사) ~의 것
단수 1인칭 (나)	I	my 〈myself〉	me	mine
단수 2인칭 (너)	you	your 〈yourself〉	you	yours
단수 3인칭 (그 남자)	he	his 〈himself〉	him	his
단수 3인칭 (그 여자)	she	her 〈herself〉	her	hers
단수 3인칭 (그것)	it	its	it 〈itself〉	
복수 1인칭 (우리들)	we	our 〈ourselves〉	us	ours
복수 2인칭 (너희들)	you	your 〈yourselves〉	you	yours
복수 3인칭 (그들)	they	their	them 〈themselves〉	theirs

〈 … 〉은 재귀대명사입니다. '~자신'을 의미합니다.

B-1. 8품사

2. 대명사

2) 지시대명사

사람이나 사물을 가리키는 대명사를 말합니다.

(1) This, That, These, Those

앞이나 뒤에서 나온 내용을 대신합니다.

* 그는 매우 공손하며, 나는 그것을 알고 있습니다.

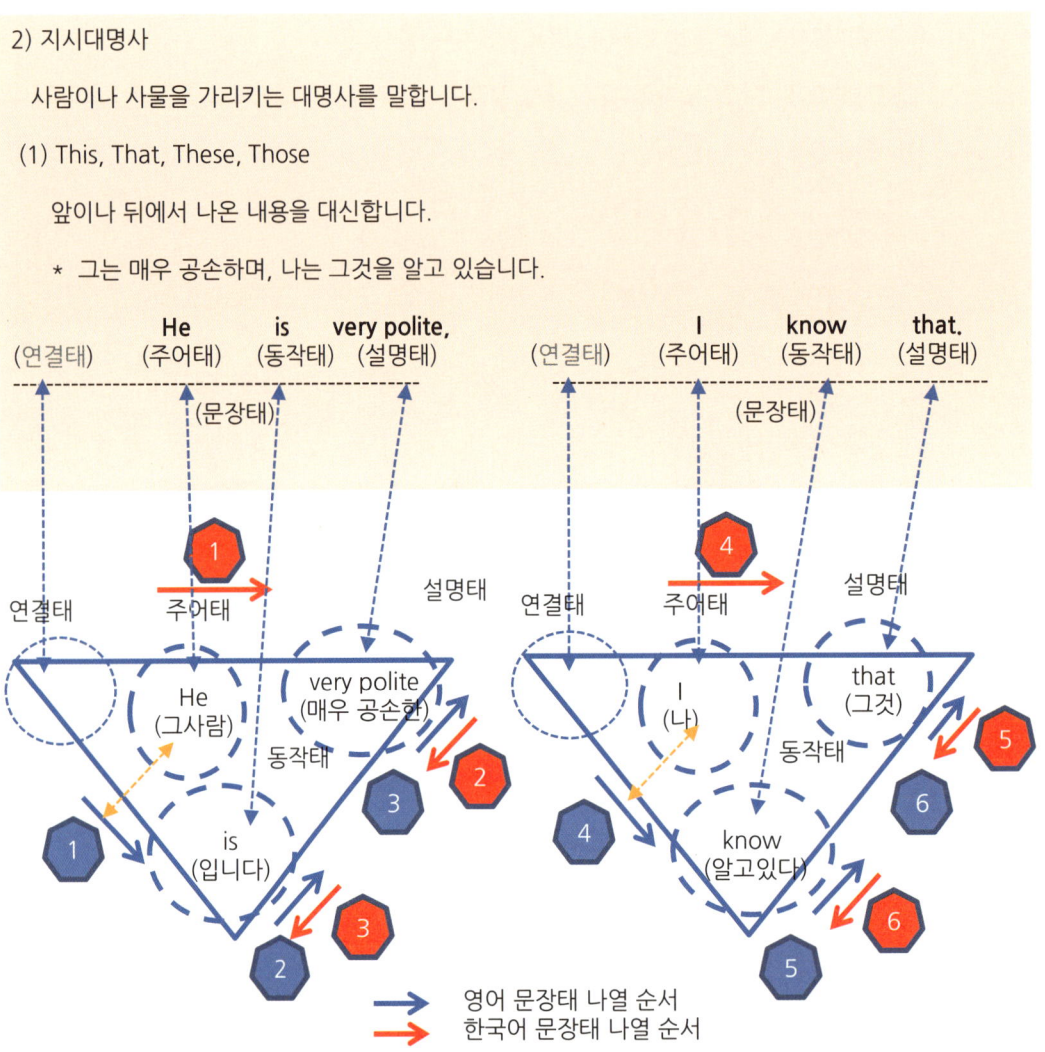

예문은 두개의 문장태로 구성되어 있습니다.
'He is ~' 그는 ~ 상태입니다.
그 상태는 'very polite' 입니다.
'I know ~' 나는 ~을 알고 있습니다.
그 상세 내용은 'that' 입니다.
여기에서 'that'는 앞에 있는 문장태 전체를 의미합니다.

262

B-1. 8품사

2. 대명사

* 그들의 장래는 어두웠으며 나는 그것을 알았습니다.

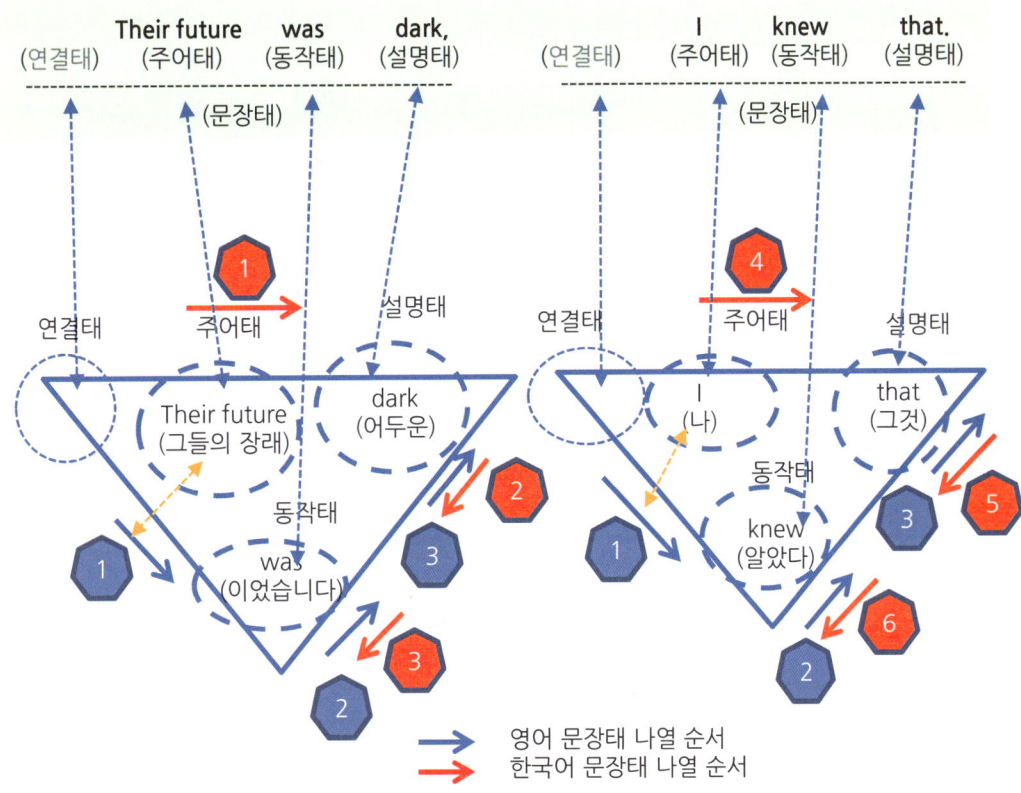

위 예문은 두개의 문장태로 구성되어 있습니다.
'that'는 앞의 문장태를 의미합니다.

B-1. 8품사

2. 대명사

2) 지시대명사

(2) such, same
  * 당신은 그와 같은 바보임에 틀림없습니다.

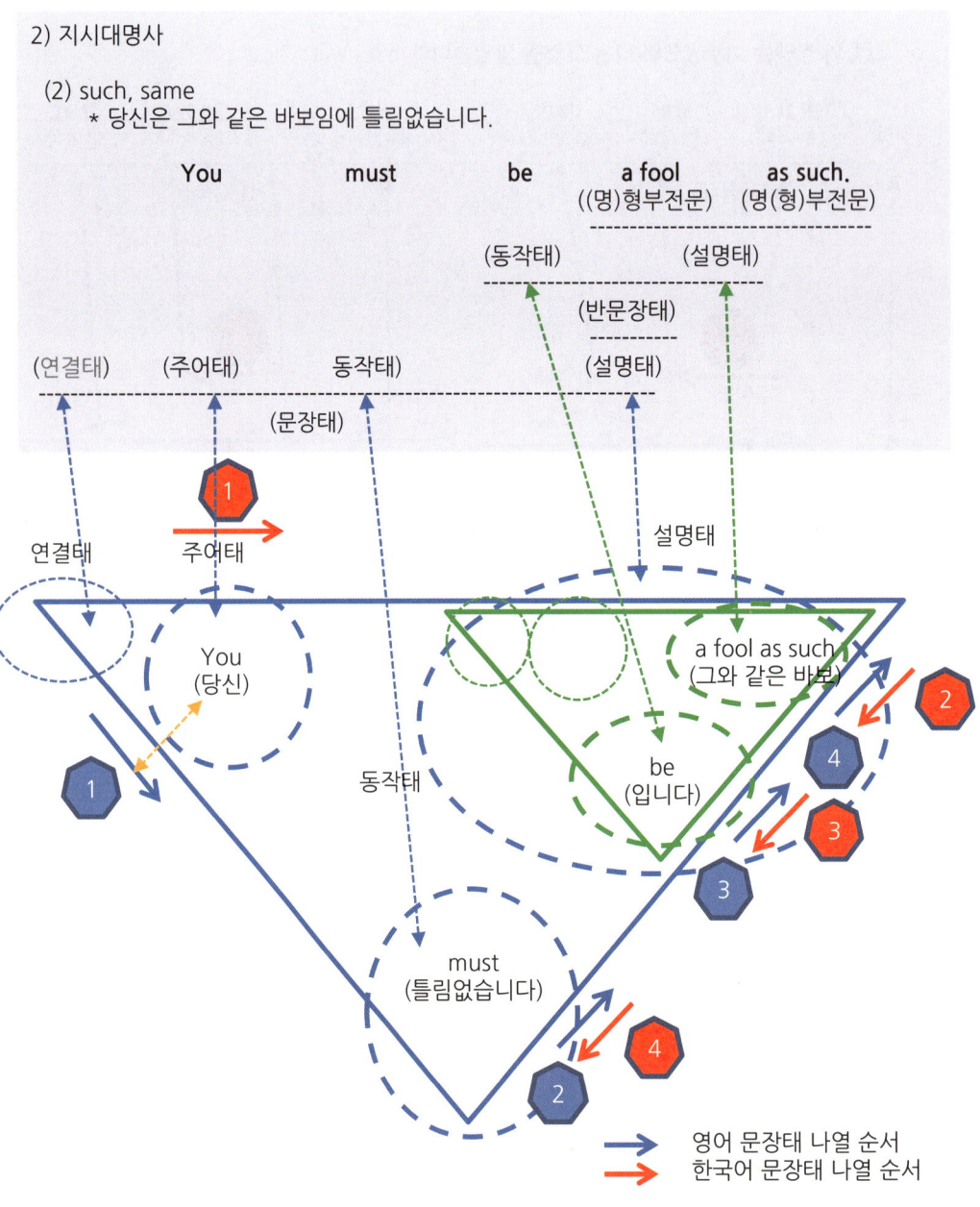

B-1. 8품사

2. 대명사

2) 지시대명사
 (2) such, same
  * 나는 그처럼 똑같은 음악가가 되기를 원합니다.

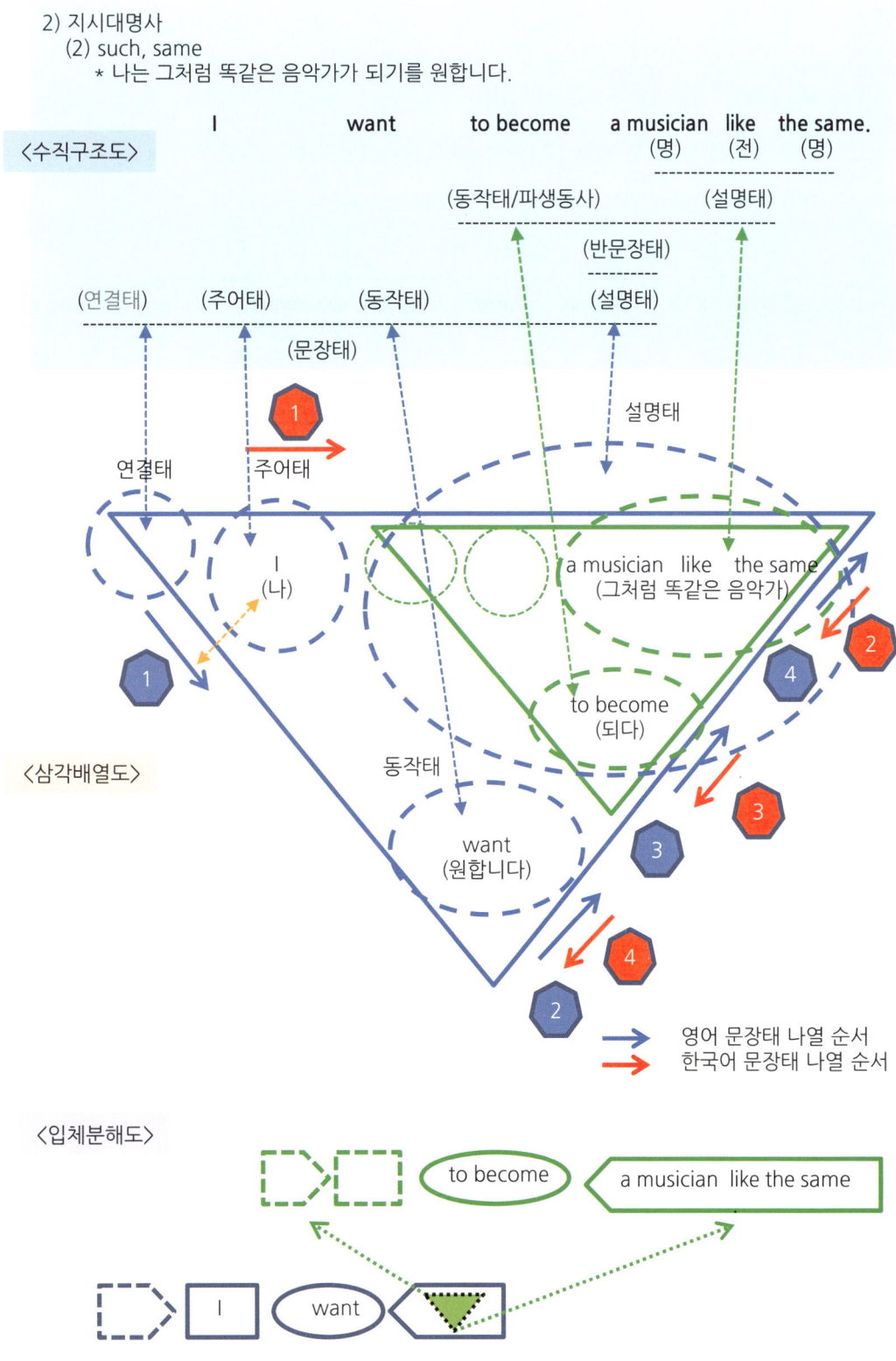

B-1. 8품사

2. 대명사

3) 부정대명사

정해지지 않은 불특정한 사람이나 사물, 내용을 나타내는 대명사입니다.

(1) one : 사람을 나타내거나 반복을 피하고자 할 때 사용합니다.

* 사람들은 그들의 부모에 복종해야 한다.

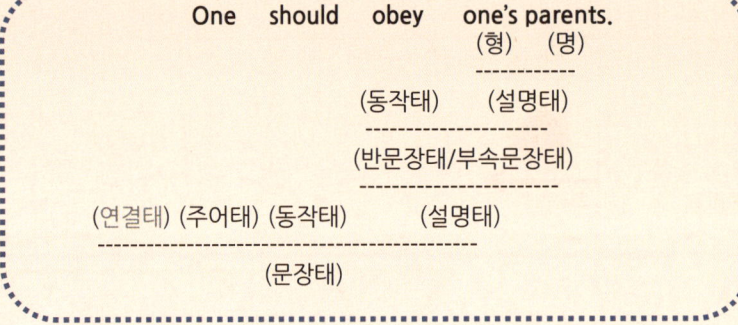

B-1. 8품사

2. 대명사

3) 부정대명사
  (2) none : no one, not one 의 결합으로 전체를 부정합니다.
    * 아무도 그 사고에서 다치지 않았습니다.

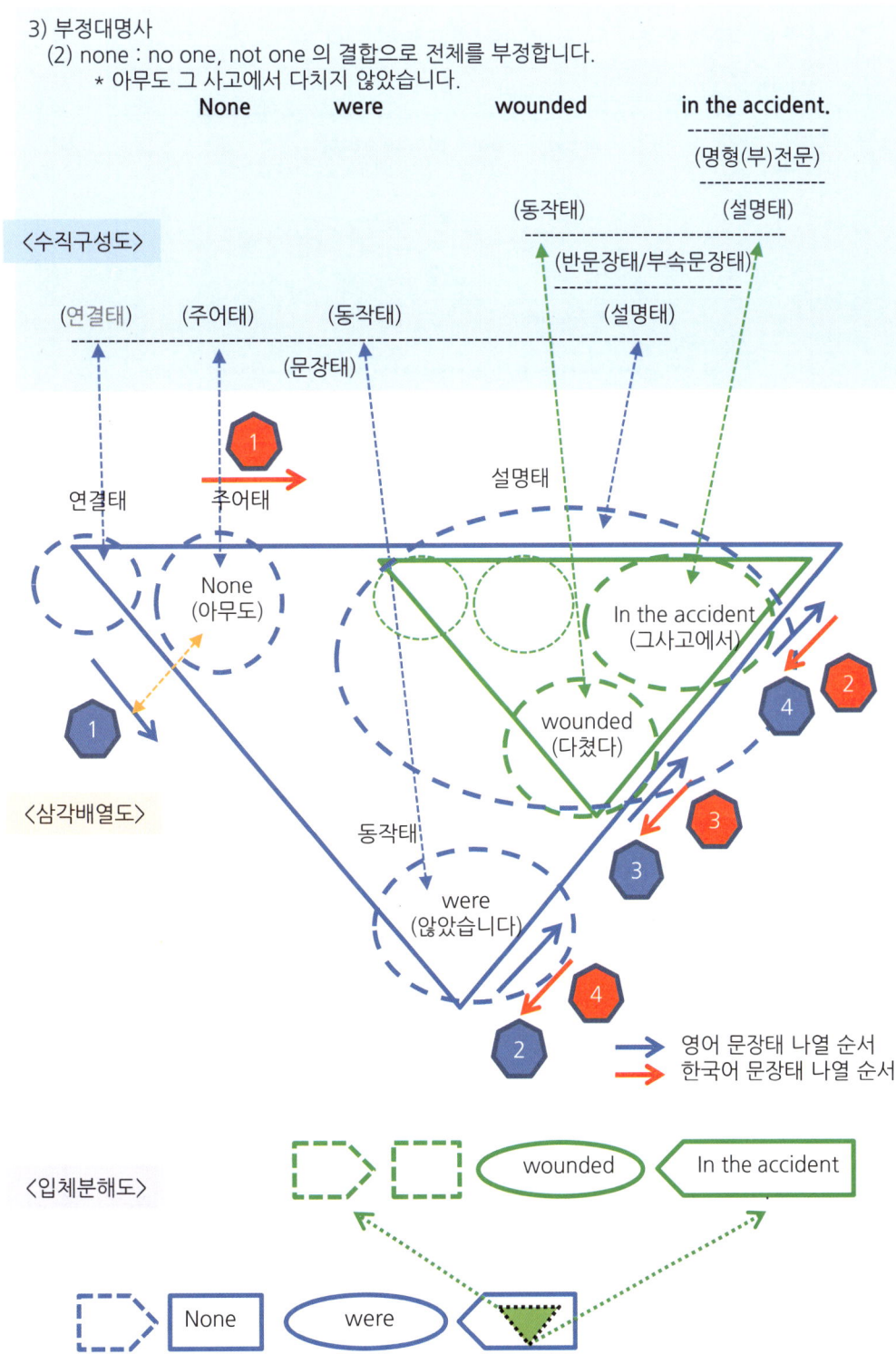

B-1. 8품사

2. 대명사

3) 부정대명사

(3) some : 막연한 수량이거나 긍정적인 수량을 표현합니다.

* 나는 진실의 일부를 알고 있습니다.

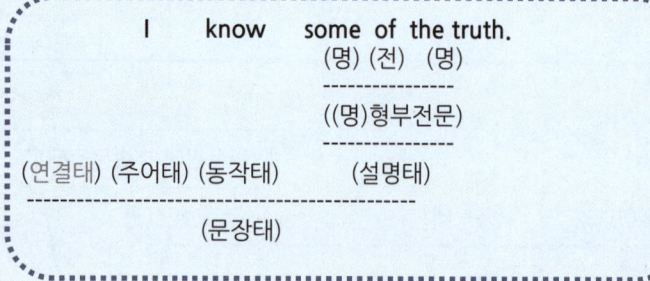

(4) any : 막연한 수량으로 부정적이거나 의문이 들 때 사용합니다.

* 나는 그들 중에 아무도 모릅니다.

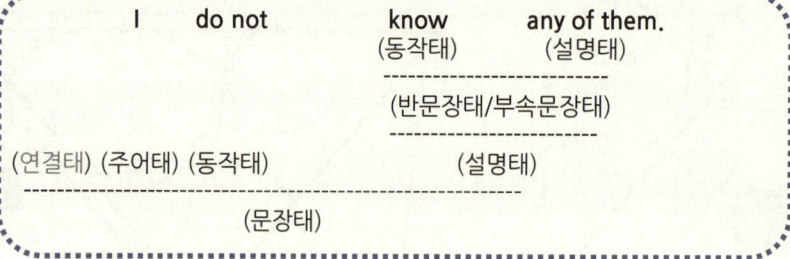

모든 부정문은 설명태 안에 동작태가 존재합니다.
그 이유는 'do' 라는 동사가 사용되기 때문입니다.
'I do not ~' 나는 ~하지 않습니다.
'not'는 동작태 'do'의 뒷주머니입니다.
'know ~' 압니다.
'I do not know ~ ' 나는 알지 못합니다.
'any of them'은 know의 설명태입니다..
'any of them' '그들의 누구라도'

또는,

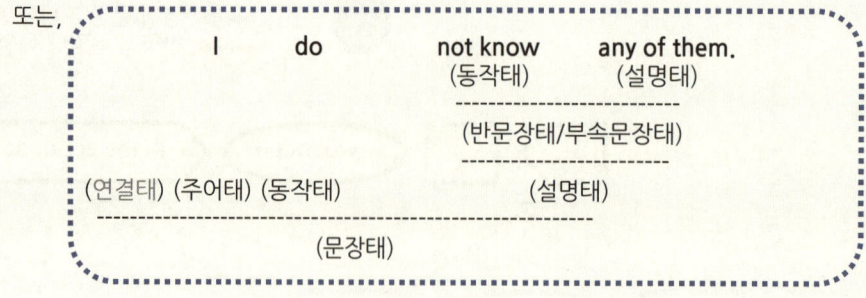

상기 수직구성도에서 'not'은 'know'의 앞주머니입니다.
이렇게 'not'은 앞 뒤에 붙은 것으로 볼 수도 있습니다..

B-1. 8품사

2. 대명사

3) 부정대명사

부정대명사는 정해져 있지 않은 것을 의미합니다.

(6) each, every, both, all

* 우리들 각각은 집으로 갔습니다.

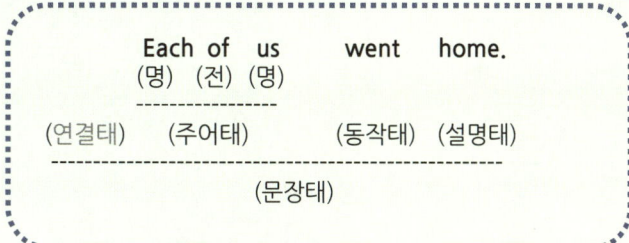

주어태는 주어의 역할을 합니다.
'명사 + 전치사 + 명사' 가 주어태의 역할을 합니다.
'Each of us' 에서 'of us'는 '우리들 가운데', '우리들의' 라는 의미입니다.
'of' 는 동격 또는 속성을 나타냅니다.

B-1. 8품사

2. 대명사

3) 부정대명사

(7) either, neither

* 우리 둘 중 하나가 갈 것입니다.

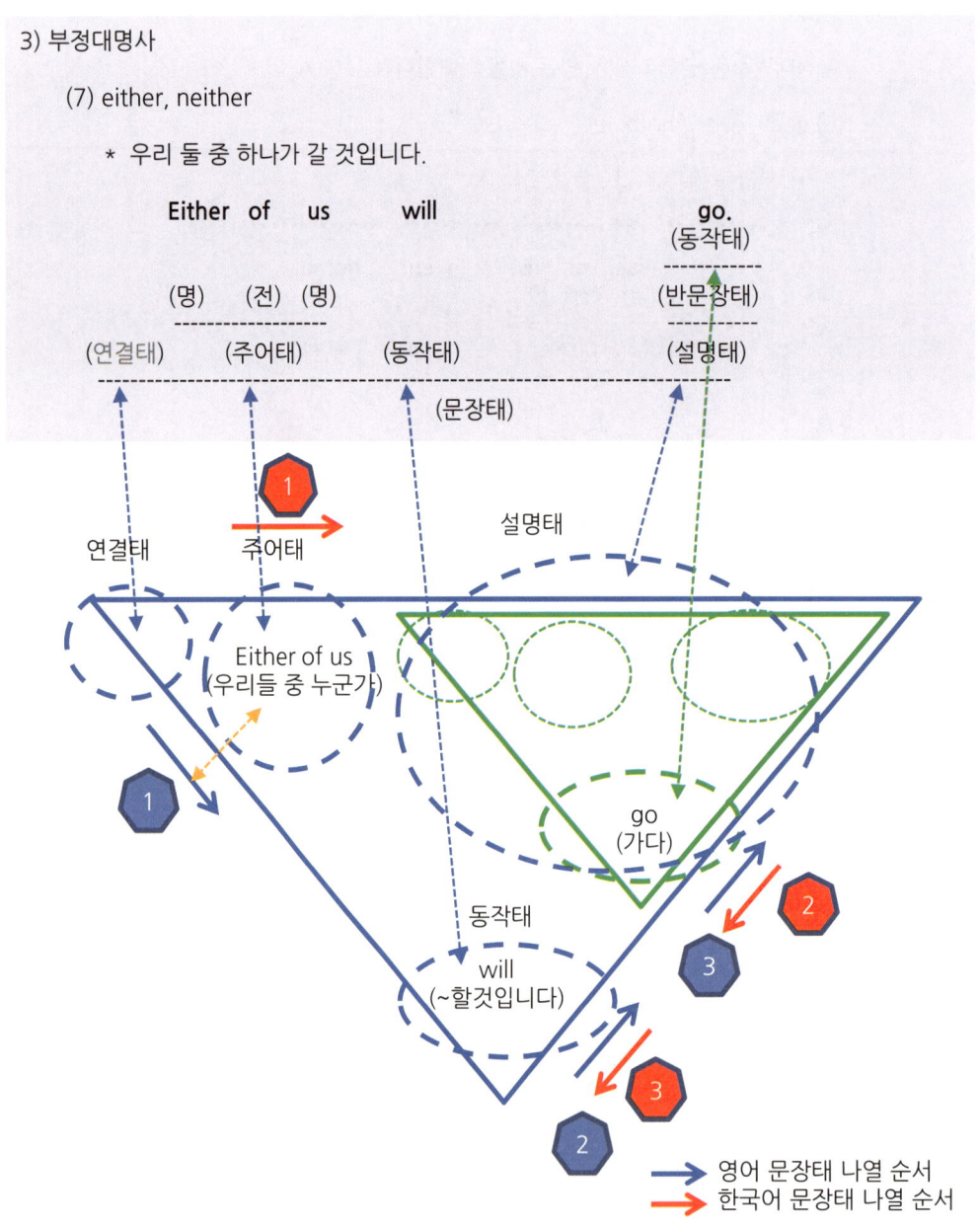

B-1. 8품사

2. 대명사

3) 부정대명사

  (8) not ~ all

   * 나는 이것들을 모두 산 것은 아닙니다.

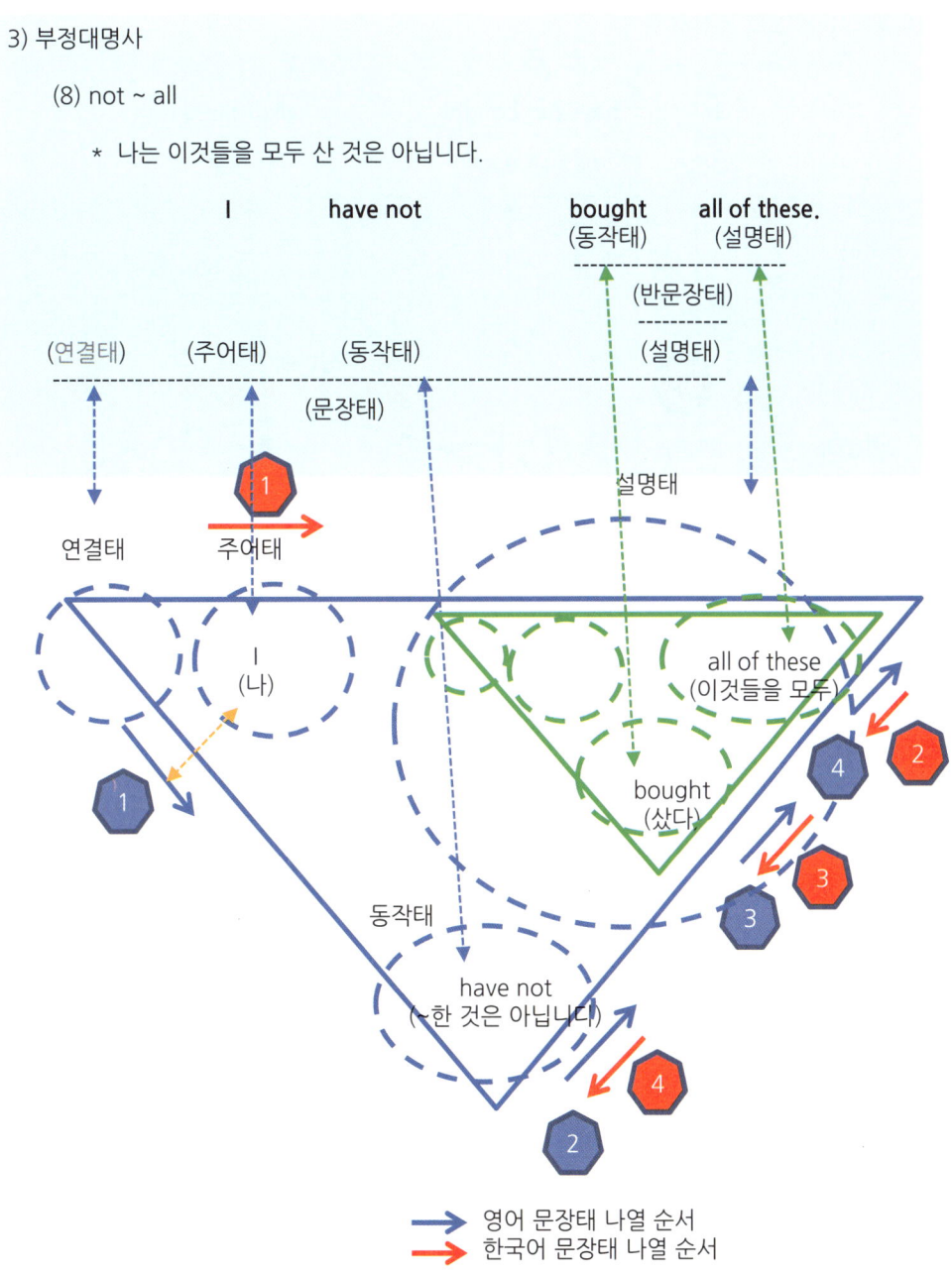

B-1. 8품사

2. 대명사

(다중삼각배열도의 동작태 축약)

	I	have not bought	all of these.
(연결태)	(주어태)	(동작태/축약)	(설명태)

(문장태)

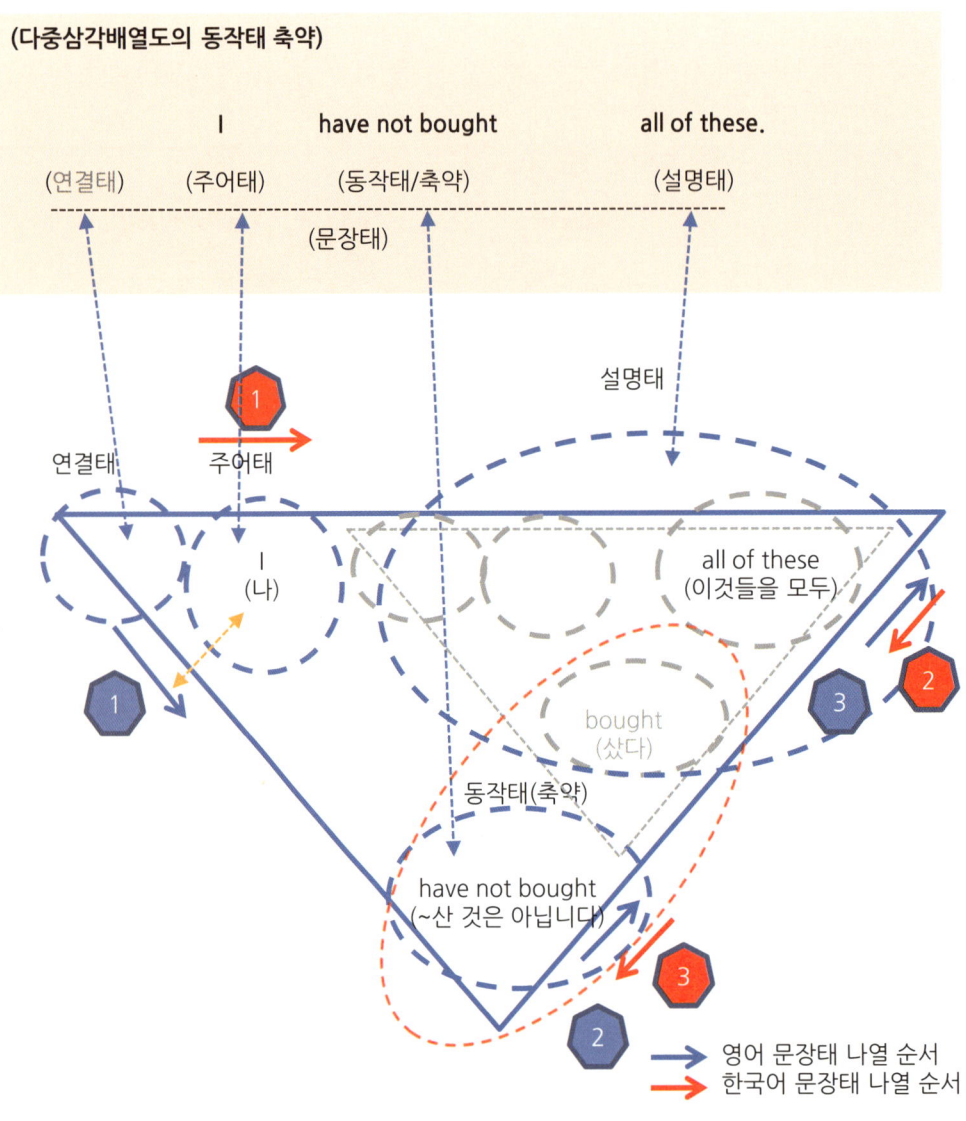

'have not' + 'bought' 가 축약되어 'have not bought' 가 되었습니다.

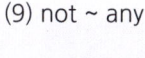

2. 대명사

(9) not ~ any

* 나는 이것들의 어떤 것도 사지 않았습니다.

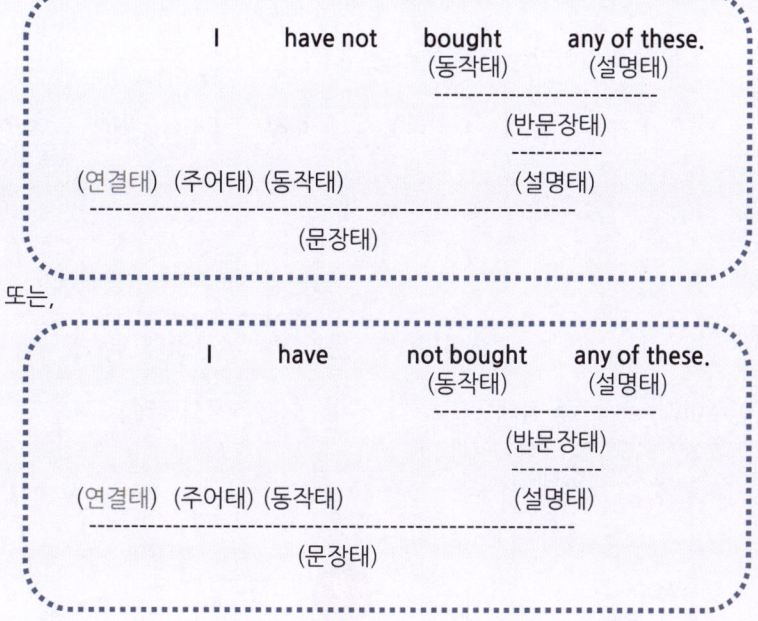

4) 관습적 대명사

(1) 습관적 또는 관습적으로 사용하는 대명사입니다.
(날씨, 시간, 거리 명암, 계절 등)

* 오늘은 비가 옵니다.

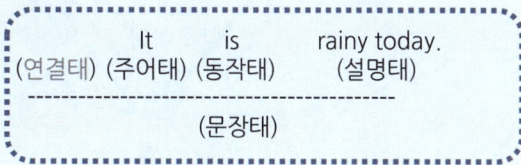

'it is ~' 날씨는 ~ 합니다.
상세설명은 그 다음의 설명태에 표현됩니다.
'rainy today' -> '오늘 비가 오는'

B-1. 8품사

2. 대명사

4) 관습적 대명사

(2) 앞, 뒤에 나오는 내용을 가리킵니다. -1

* 그가 돌아올 것이라는 것은 확실합니다.

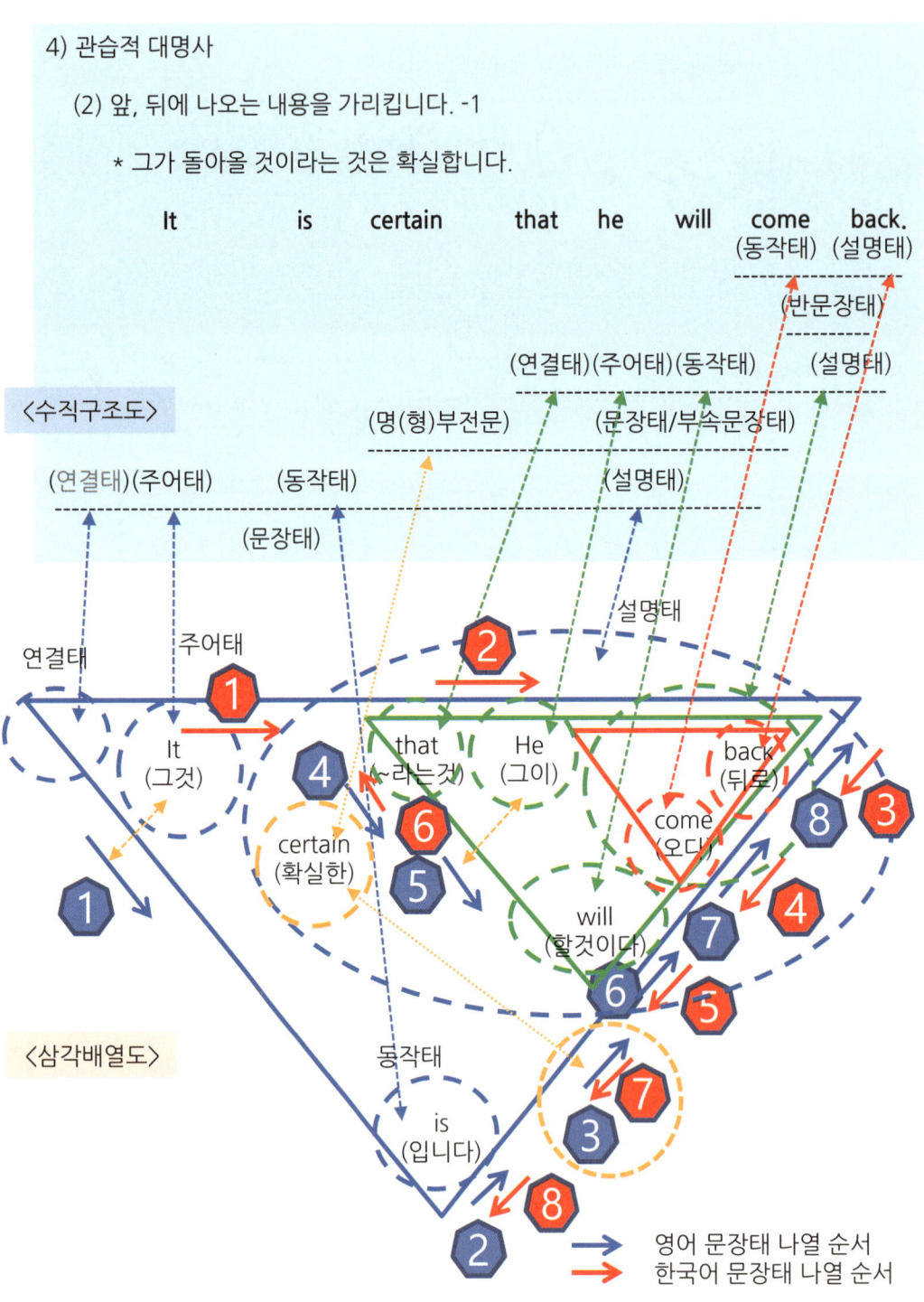

B-1. 8품사

2. 대명사

<입체분해도>

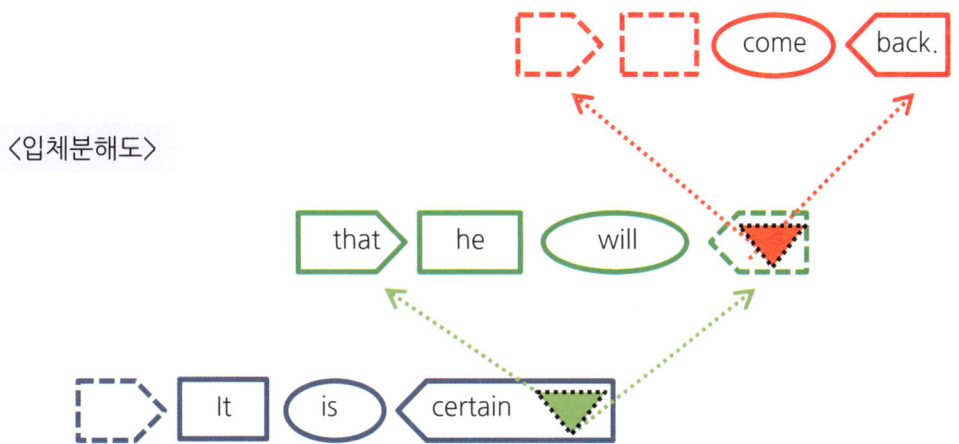

B-1. 8품사

2. 대명사

4) 관습적 대명사
 (2) 앞, 뒤에 나오는 내용을 가리킵니다. -2
  * 그를 숨기는 것은 공정하지 않습니다.

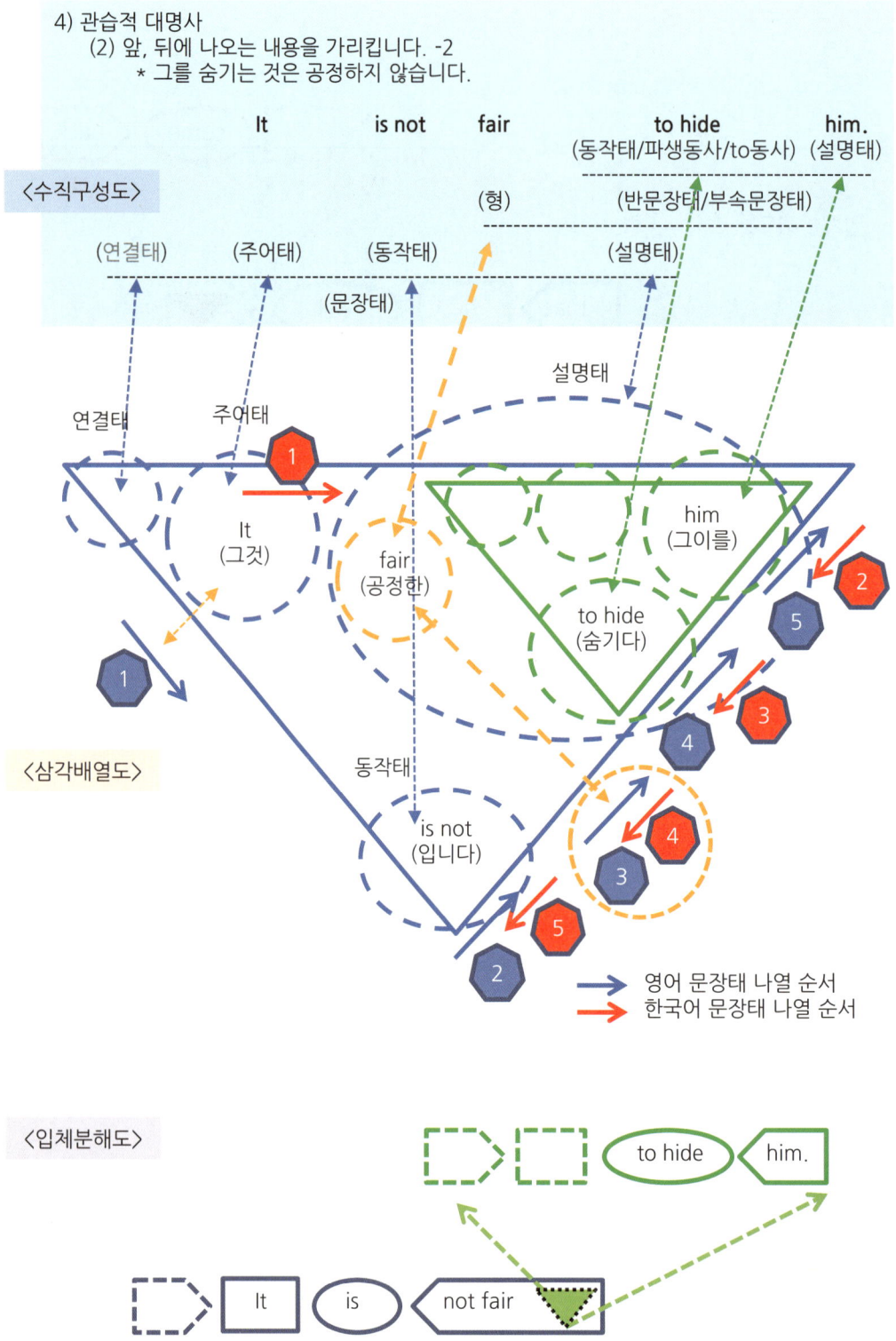

B-1. 8품사

2. 대명사

4) 관습적 대명사

(2) 앞, 뒤에 나오는 내용을 가리킵니다. -3

* 그건 참으로 안 된 일입니다, 그가 그 시험을 합격하지 못했다는 것은.

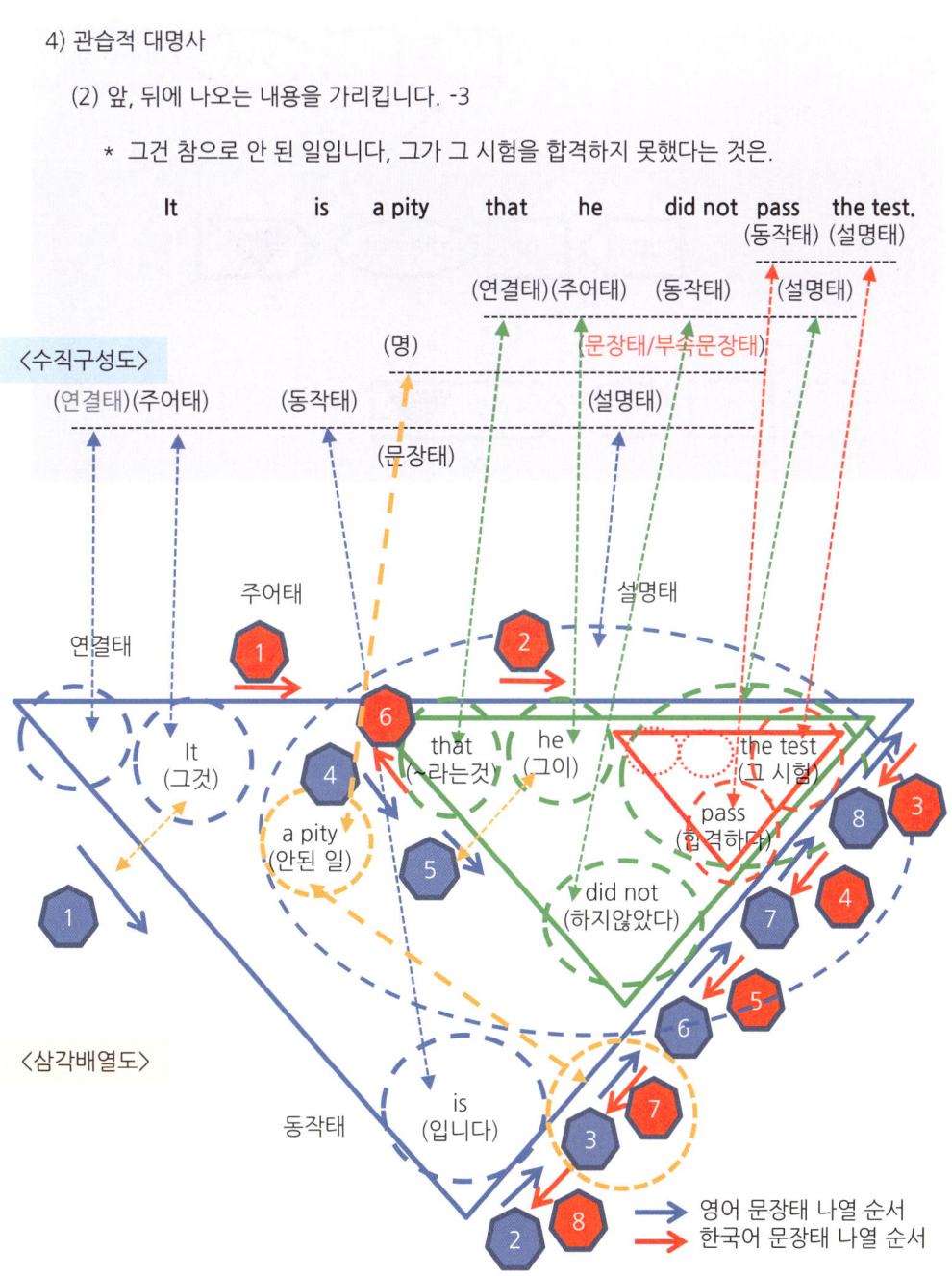

B-1. 8품사

2. 대명사

〈입체분해도〉

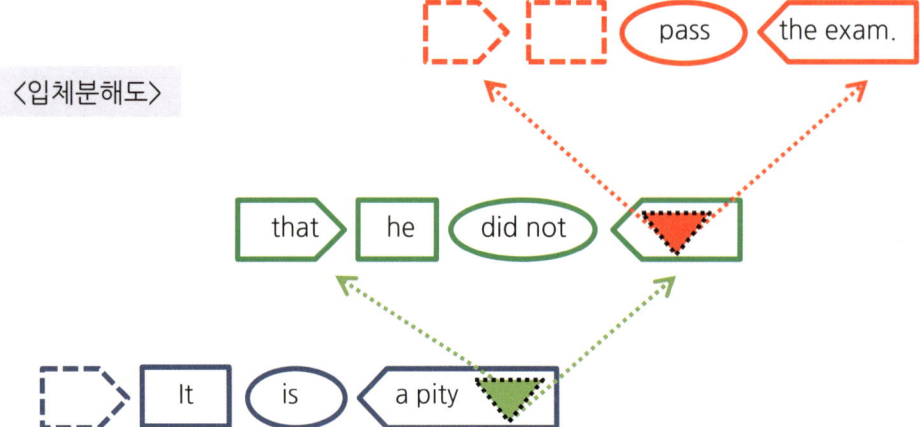

B-1. 8품사

2. 대명사

5) 의문대명사

의문대명사는 물어볼 때 사용하는 대명사입니다.

〈사람에 대하여〉
   * who : '누구' 라는 주격을 물어볼 때 사용합니다.

   "누가 이 가방을 만들었습니까?"

   당신이 이 가방을 만들었습니다.

| (연결태) | You (주어태) | made (동작태) | this bag. (설명태) |

| (연결태) | ??? (주어태) | made (동작태) | this bag ? (설명태) |

??? -> who

| (연결태) | Who (주어태) | made (동작태) | this bag? (설명태) |

(문장태)

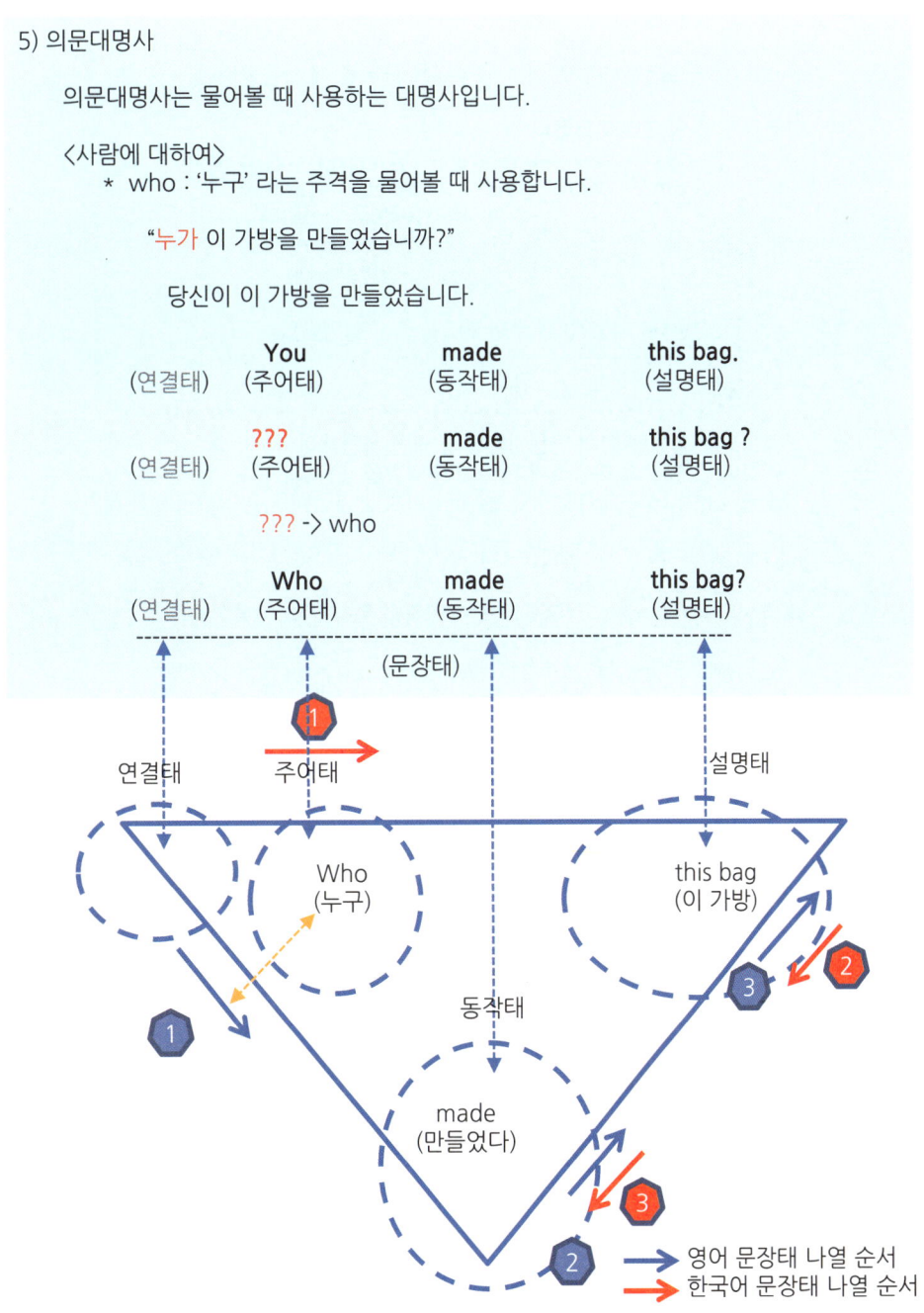

상기 예문에서 주어태가 의문사인 'who'이므로 어떠한 이동은 이루어지지 않습니다.
의문사는 문장태의 맨 앞으로 와야 하는데 이미 맨앞에 위치해 있기 때문입니다.

B-1. 8품사

2. 대명사

5) 의문대명사

* **의문대명사는 물어볼 때 사용하는 대명사입니다.** 〈사람에 대하여〉

  whom : '누구를, 누구에게' 라는 목적격을 물어볼 때 사용합니다.

  의문사가 맨 앞으로 이동합니다.

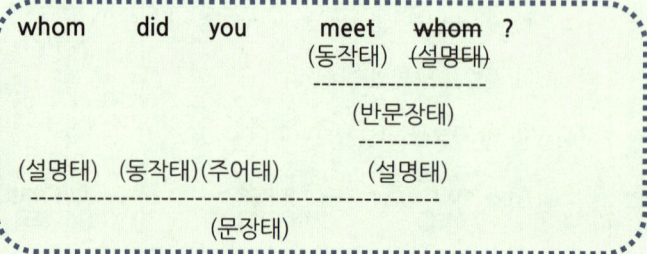

  의문사는 설명태 안의 반문장태안에 있던 설명태이며,
  이것이 맨 앞으로 이동하여 연결태의 역할을 합니다.
  한국어 문장으로 해석할 때는 원래의 위치인 설명태로 이동하여야 합니다.

* **의문대명사는 물어볼 때 사용하는 대명사입니다.** 〈사람과 사물에 대하여〉

  what : '무엇이'의 주격과 '무엇을'의 목적격을 물어볼 때 사용합니다.

  * 당신을 무엇을 들었습니까? (What did you hear?)

    의문대명사 'what'를 맨 앞으로 이동합니다.

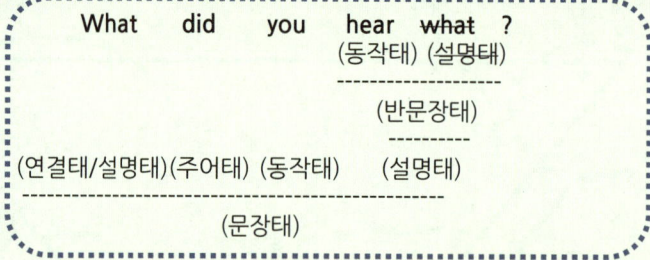

  'what'은 설명태의 일부가 도치되어 연결태의 역할을 합니다.

* **의문대명사는 물어볼 때 사용하는 대명사입니다.** 〈사람과 사물에 대하여〉

  which : '어느 것이'의 주격과 '어느 것을' 의 목적격을 물어볼 때 사용합니다.

  * 어느 것이 당신의 책입니까? (Which is your book?)

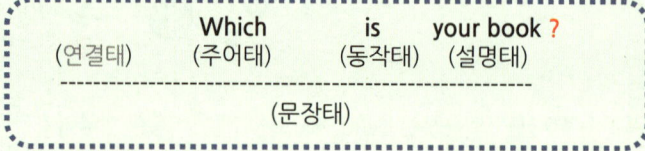

B-1. 8품사

3. 동사

동사는 언어와 문장에 있어서 주어인 명사와 함께 가장 중요한 역할을 합니다.

동사는 주체의 동작, 행동 또는 상태에 관하여 표현합니다.
동사는 주어가 하는 행동을 표현하거나 그 성질을 표현합니다.

동사는 그 자세한 내용을 설명하기 위하여 목적어 또는 보어가 필요하기도 합니다.
하지만 그 용도는 중요하지가 않고 동사의 의미가 가장 중요합니다.

동사는 '~을 하다'와 '~이다'와 '있다'가 있습니다. (공부하다, 책이다, 여기에 있다)
동사 다음에 나오는 단어는 설명태이며 동사의 의미에 따라서 '~하다'와 '~이다'와 '있다'로 뜻이 전달되는 것입니다.

동사는 하나의 문장에서 하나만이 필요합니다. 나열하는 경우에는 두 개 이상이 사용되기도 하지만 동등하게 취급되어야 하며 그 외의 경우에는 다른 부분에 부속되어야만 합니다.

동사는 주체인 주어가 행동하거나 변화하는 것을 의미하며 설명태를 가질 수 있습니다.
정적 동사는 상태를 나타내고, 동적 동사는 행동을 나타냅니다.

should, can, will, have 등의 조동사는 동사와 동일하게 취급하며 이러한 경우에는 그 다음에 오는 동사는 설명태 안으로 포함됩니다.

should, can, will, have 등이 동사로 취급되는 이유는 부정의 not이 여기에 수반되기 때문입니다.
혁신영문법에서는 동사의 역할을 하는 단어를 동작태라고 부르며 이 동작태의 내용에 따라서 설명태가 정해집니다.

B-1. 8품사

3. 동사

1) (~입니다) 상태를 나타내는 동사 (be 동사)

* I am ~

위 문장에서 'am'은 '이다'는 것을 의미합니다.

'am' 은 (동작태)이며 이것은 (주어태)와 (설명태)가 **동일하거나 동격임을 나타냅니다**.

'이다' 하나만으로는 전달될 내용이 없으며 설명을 하는 단어가 필요합니다.

I am happy. 〈==〉 I = happy   〈==〉 'I'는 'happy' 합(입)니다.
I am a boy. 〈==〉 I = a boy   〈==〉 'I'는 'a boy' (상태)입니다.

모든 'be 동사'는 동격을 의미합니다. 즉, '=' 기호와 동일합니다.

위 두 문장에서 'happy' 는 '행복하다'는 의미로 내가 어떠하다라는 것을 설명합니다.
또한 'a boy'는 '한 소년'의 의미로 똑같이 내가 어떠하다라는 것을 설명합니다.

이렇게 동작태의 다음에 오는 단어는 동사의 내용을 보조하며 설명태라고 칭합니다.
그리고 그 단어는 형용사이든 명사이든 아무 상관이 없는 것입니다.
'happy', 'a boy' 는 동사의 다음에 나온 평범한 단어인 것입니다.

'I am ~ ' 나는 ~ 상태입니다.

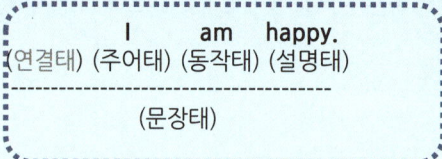

* 나는 'happy'와 동격입니다. -> 나는 'happy' 상태입니다. -> 나는 행복합니다.

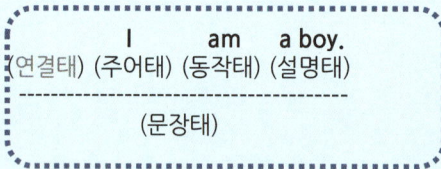

* 나는 'a boy'와 동격입니다. 나는 'a boy' 상태입니다. -> 나는 소년입니다.

B-1. 8품사

3. 동사

1) (~입니다) 상태를 나타내는 동사 (be 동사)
   * 나는 당신이 기다리고 있는 사람입니다.

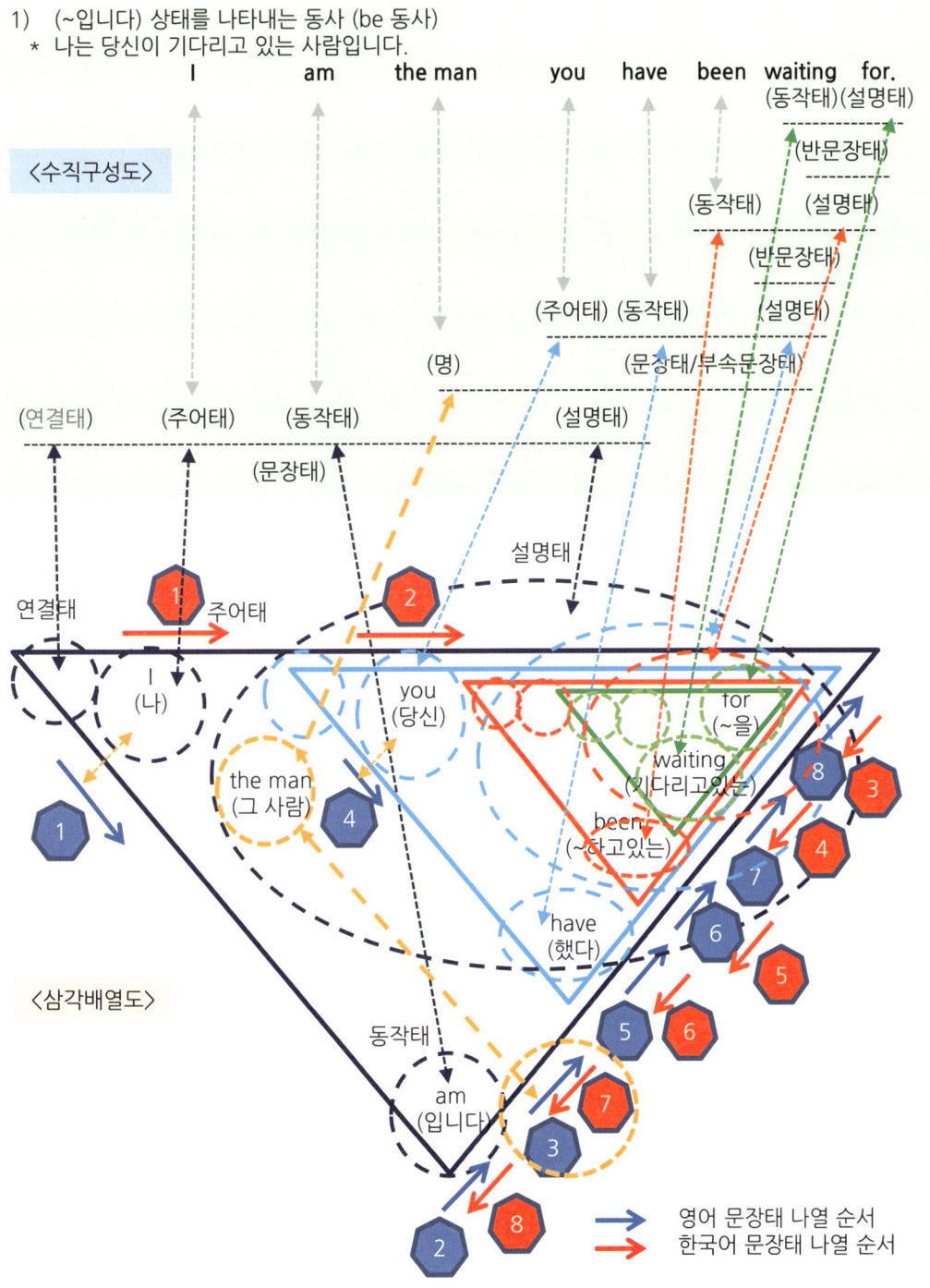

B-1. 8품사

3. 동사

<입체분해도>

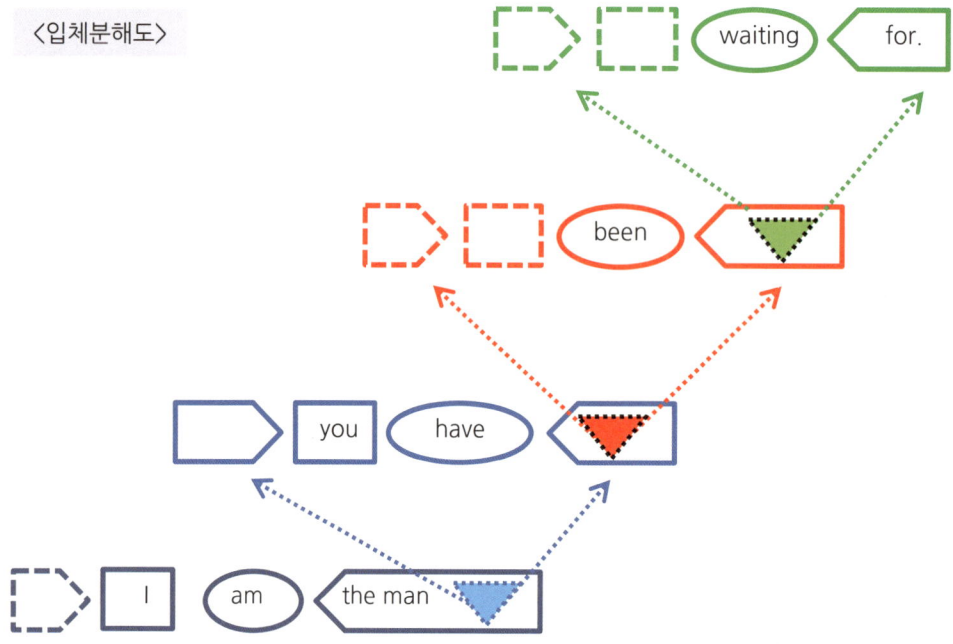

I am ~ ' 나는 ~ 상태입니다.   -> 나는 ~와 동격입니다.
그 상세 설명은 'the man' 입니다.
'I am the man' 나는 그 사람입니다.
'the man' 의 부연설명은 그 다음의 부속문장태에 설명이 되어 있습니다.

그 동격의 내용은 'the man' 입니다.
'I am the man' 나는 그 사람과 동격입니다.   -> 나는 그 사람입니다.

'you have ~ ' 당신은 ~ 상태를 가지고 있습니다.

그 상세설명은 설명태인 'been waiting for ' 입니다.
'been ~' ~인 상태입니다.
그 상세설명은 'waiting for'상태입니다.
'been waiting for' 기다리고 있는 상태입니다.

B-1. 8품사

3. 동사

2) (~있습니다) 존재를 나타내는 동사 (be 동사)

* 나는 여기에 있습니다.

```
       I        am      here.
   (연결태) (주어태) (동작태) (설명태)
   ----------------------------------------
                  (문장태)
```

'am'은 '이다'라는 것을 의미하지만, 상기 예문에서는 '있다'를 의미합니다.
설명태의 내용이 장소를 의미하므로 이것에 의해서 '이다'가 아닌 '있습니다'를 의미합니다.

'I am ~' 나는 ~ 상태입니다.
그 상세한 설명은 바로 장소인 'here' 입니다.
즉 '나는 여기에 있는 상태입니다'가 되는 것입니다.

* 나는 방안에 있습니다.

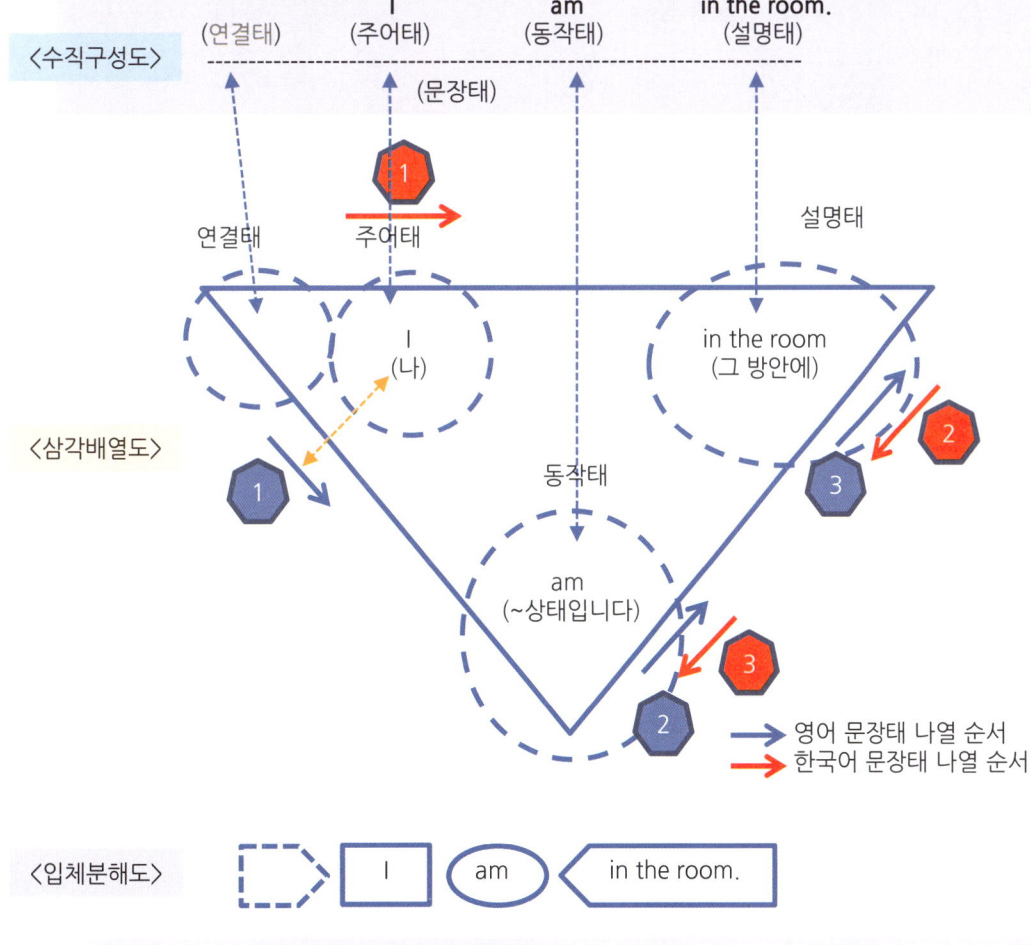

'I am ~' 나는 ~상태입니다.
그 상세 설명은 'in the room' 입니다.
즉, 나는 'in the room' 즉 '방안에 있는' 상태입니다.

B-1. 8품사

3. 동사

3) 동작을 나타내는 동사(일반 동사)

be 동사가 아닌 모든 동사는 일반동사라고 합니다.
일반동사는 그 동사의 내용을 필요로 하지 않는 동사와 필요로 하는 동사가 있습니다.

(1) 설명태를 필요로 하지 않는 일반 동사

이 경우에는 동사 혼자서 정확한 의미를 표현하고 그 내용을 전달할 수 있기 때문입니다.

* 나는 달립니다.

```
          I        run.
(연결태) (주어태) (동작태) (설명태)
-----------------------------------
              (문장태)
```

* 그는 갑니다.

```
          He       goes.
(연결태) (주어태) (동작태) (설명태)
-----------------------------------
              (문장태)
```

B-1. 8품사

3. 동사

3) 동작을 나타내는 동사(일반 동사)

  (2) 설명 대상이 필요한 일반 동사

    * 나는 사과를 좋아합니다.

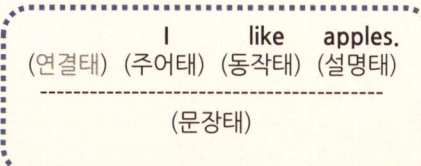

    * 나는 영어를 공부합니다.

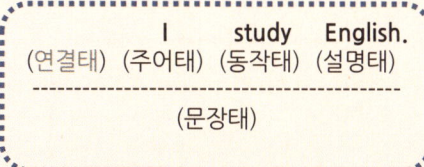

    * 나는 산책을 갑니다.

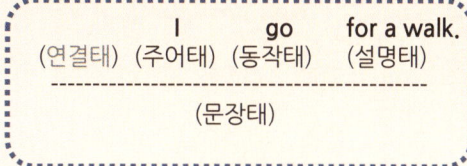

    * I have ~
    'have'는 '가지고 있다'는 것을 의미합니다.
    즉, 무엇을 가지고 있는지가 빠져있는 것입니다.
    가지고 있는 대상을 뜻하는 단어가 필요합니다.

    'I have a book.'

    그래서 'a book'을 추가하여 무엇을 가지고 있는지 그 대상을 기술하는 것입니다.

또한 'have'는 'a book'과 같은 '사물'을 갖기도 하지만 어떠한 '상태'를 가질 수도 있습니다.
이렇게 동사는 많은 부연설명을 필요로 하기도 합니다.

단순하게는 명사 또는 형용사를 사용하여 표현이 모두 될 수도 있지만, 더 많은 이야기를 하려면 더 많은 의미를 가진 단어들을 사용해야 합니다.

동사는 많은 의미를 갖고 있으며 주어 또는 주체가 행하는 모든 행위를 표현할 수가 있습니다.
이렇게 동사는 설명태 안에 많은 내용을 표현하며, 설명태 안에서 또 다른 동사를 사용하여 다중의 부속되는 문장태를 만들어가면서 다양한 표현을 가능하게 하는 것입니다.

> B-1. 8품사

3. 동사

3) 동작을 나타내는 동사(일반 동사)

(3) 설명 대상이 여러 개 필요한 일반 동사

* 여기에서는 동사의 의미 파악이 가장 중요합니다.
  '~에게 ~을 주다.' 라는 의미의 'give' 라는 동사가 있습니다.
  여기에서 보듯이 '~에게 ~을'
  즉, 표현해야 할 두 개의 명사가 있습니다.
  두 명사는 하나의 설명태안에 함께 표현을 하게됩니다.

  "나는 **책**을 **그 사람**에게 주었습니다."
  (연결태) (주어태) (동작태) (설명태) 의 순서대로 문장을 만들어갑니다.

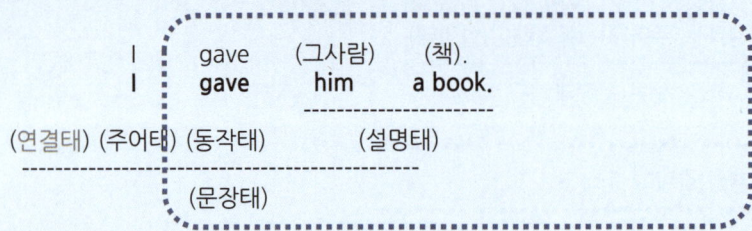

여기에서 2개의 대상 가운데 사람을 더 우선적으로 생각할 수가 있습니다.
이것은 사람을 지정한 후에 어떠한 행위(gave)의 대상(book)을 정한 것입니다.

또는,

  "나는 **그 사람**에게 **책**을 주었습니다."
  (연결태) (주어태) (동작태) (설명태) 의 순서대로 문장을 만들어갑니다.

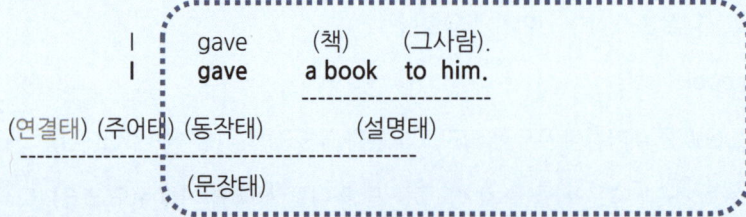

주는 대상 물건인 '책'을 더 우선적으로 생각할 수도 있습니다.
책을 들고 그 사람에게 준다면 주는 방향을 정해야 합니다.
책이 사람에게로 움직여가기 때문입니다.
즉, I gave a book to him. 이라고 표현합니다.
to, for는 방향을 나타냅니다.
이러한 어법은 관습에 의해 형성된 것이라고 볼 수 있습니다.

B-1. 8품사

3. 동사

4) 두 개의 동사를 연결하여 사용(일반 동사) -1

* 예를 들어, I want. 와 I go.의 두 문장이 있습니다.

'나는 원한다' 와 '나는 간다' 입니다.
문장을 하나로 합하여 '나는 가기를 원한다' 를 표현하고자 합니다.
하나의 동작이 다른 하나의 동작을 사용하는 문장입니다.

I want I go. 에서 'I go' 가 문장태이면서 설명태임을 표현해야 합니다.
그렇게 하려면 무엇인가 그 내용 앞에 표식을 합니다.

그래서 'that'를 설명태의 앞에 사용하여 'I want that I go.' 로 표현합니다.
'that'는 연결태라고 하며 다음에 이어지는 문장태를 '~라는 것'으로 표현합니다.

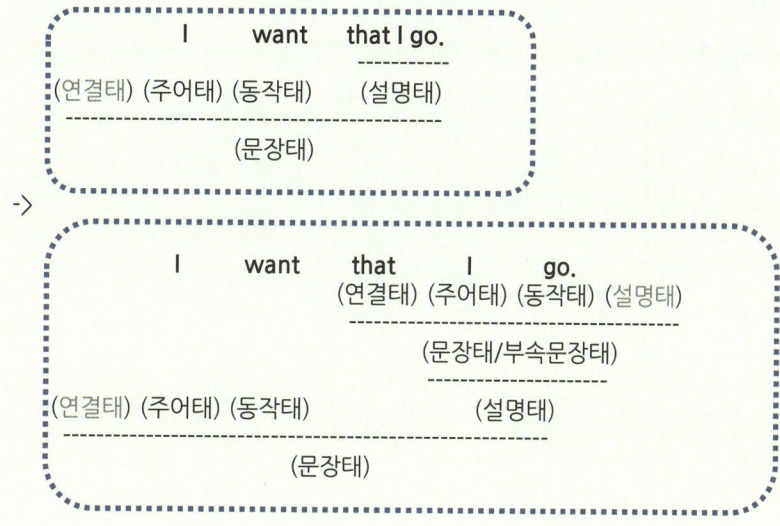

또는,

'that I'를 생략하면

또는,

즉, 문장태를 만들어 표현하거나,
또는 동사를 'to 동사', '동사ing', '과거분사' 등의 파생동사로 변형하여 표현합니다.

B-1. 8품사

3. 동사

5) 동작태란? -1

동작태란 하나의 문장 안에서 동사 또는 동사의 변형 형태를 포함하고 있으면서 동사의 역할을 하는 형태를 말합니다.

'I will ~ ' 이라는 표현은 '나는 ~ 할 것입니다.' 라는 의지를 표현하므로 동작태가 되는 것입니다.
'I will ~' 나는 ~ 할 것입니다.
그것의 상세 설명은 'go' 하는 것입니다.

즉, 'I will ~ ' 의 다음에는 상세한 설명을 하는 동작태를 포함하는 어떠한 내용이라도 올 수가 있는 것입니다.
여기에서 'go'는 설명태이지만 'go'는 동사이므로 동작태 역할을 하며 문장태를 형성합니다.
여기에서는 주어가 없이 단독으로 문장태를 형성하여 반쪽 짜리 문장태라고 하여 반문장태로 부릅니다.

또한 이것은 설명태안에 부속으로 존재하는 문장태이므로 '부속문장태'라고도 합니다.

즉,

```
              I      will      go.
                              (동작태)
                              ----------
                              (반문장태)
                              ----------
     (연결태) (주어태)  (동작태)  (설명태)
     ------------------------------------
                     (문장태)
```

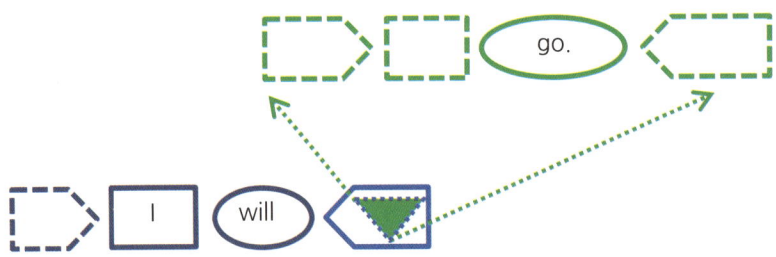

B-1. 8품사

3. 동사

5) 동작태란? -2

경우에 따라 동사의 기능을 하는 단어가 여러 개 중복으로 나열되는 것은 하나의 동사는 그 상세 내용을 그 뒤의 동사로 설명을 하기 위함입니다.
두 번째의 동사는 설명태로 간주합니다.
그 설명태 안의 동사도 역시 동작태며 설명태의 내부에서 새로운 문장태를 형성하게 됩니다.
즉, 다중으로 문장태가 만들어지는 것입니다.
예를 들어 다음 문장이 있습니다.

* 나는 매주 머리를 깎지는 않습니다.

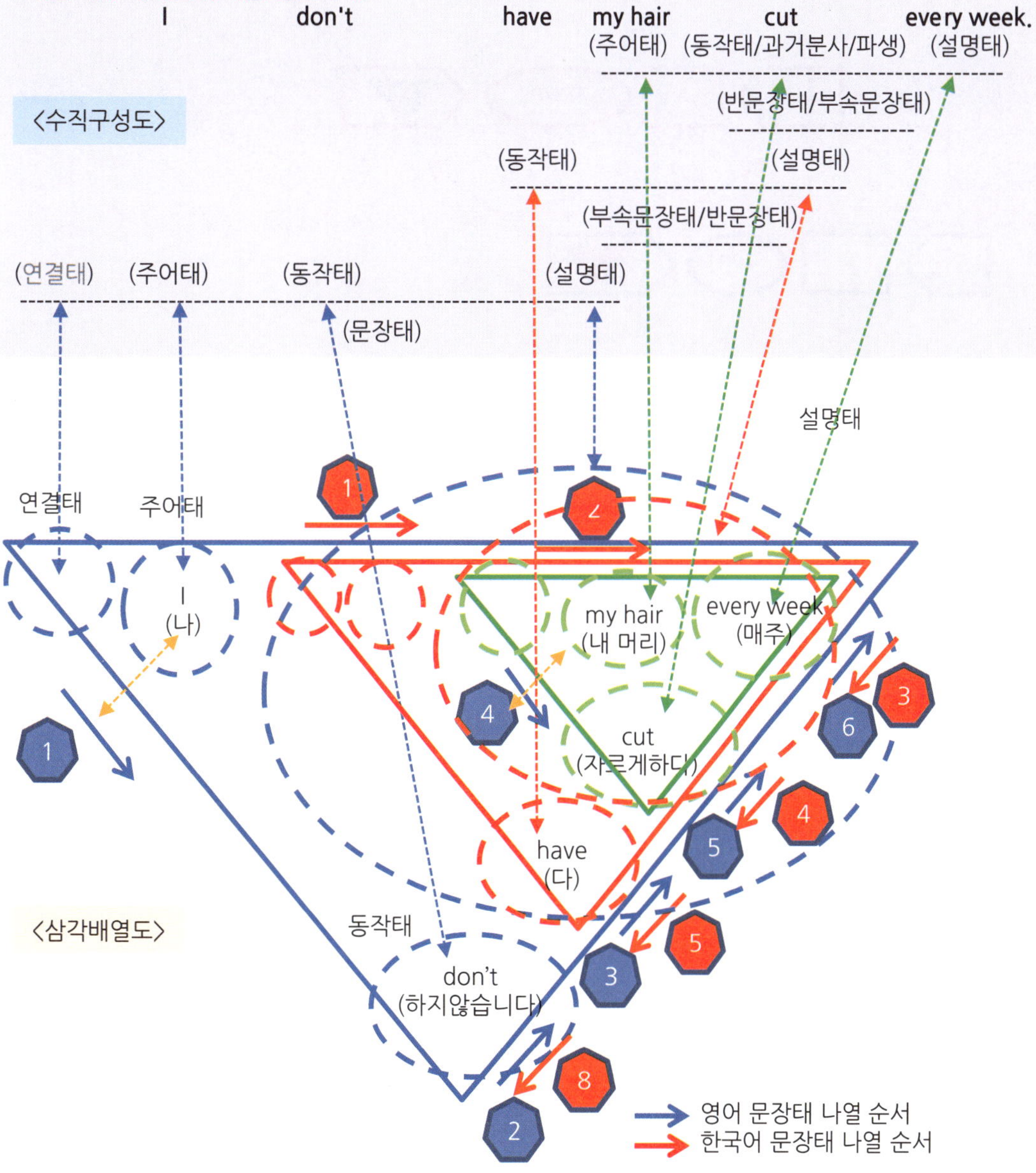

I	don't	have	my hair	cut	every week.
(주어태)				(동작태/과거분사/파생)	(설명태)

(반문장태/부속문장태)

(동작태)　(설명태)

(부속문장태/반문장태)

(연결태)　(주어태)　(동작태)　(설명태)

(문장태)

〈수직구성도〉

〈삼각배열도〉

설명태

연결태　주어태　I (나)　my hair (내 머리)　every week (매주)　cut (자르게하다)　have (다)　don't (하지않습니다)

→ 영어 문장태 나열 순서
→ 한국어 문장태 나열 순서

291

B-1. 8품사

3. 동사

〈입체분해도〉

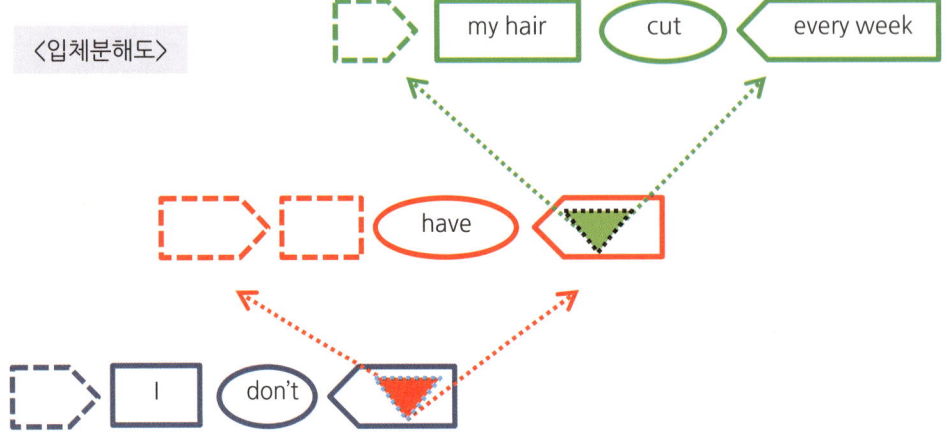

B-1. 8품사

3. 동사

6) 동사의 연이은 사용 -1

* 나는 강에서 수영을 할 수 있습니다.

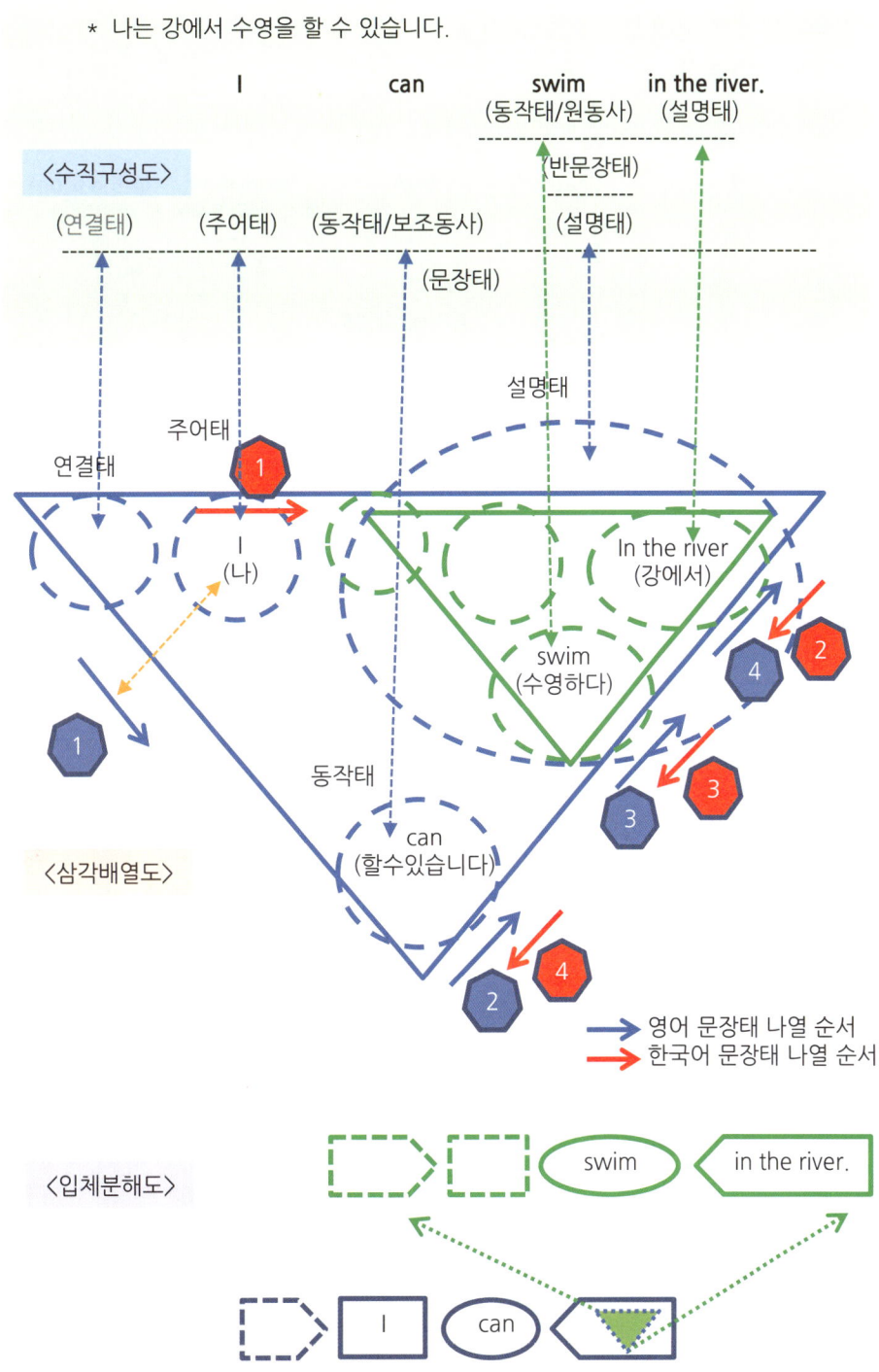

B-1. 8품사

3. 동사

6) 동사의 연이은 사용 -2

다른 예를 들면,

* 나는 그 방에서 공부를 하고 있었습니다.

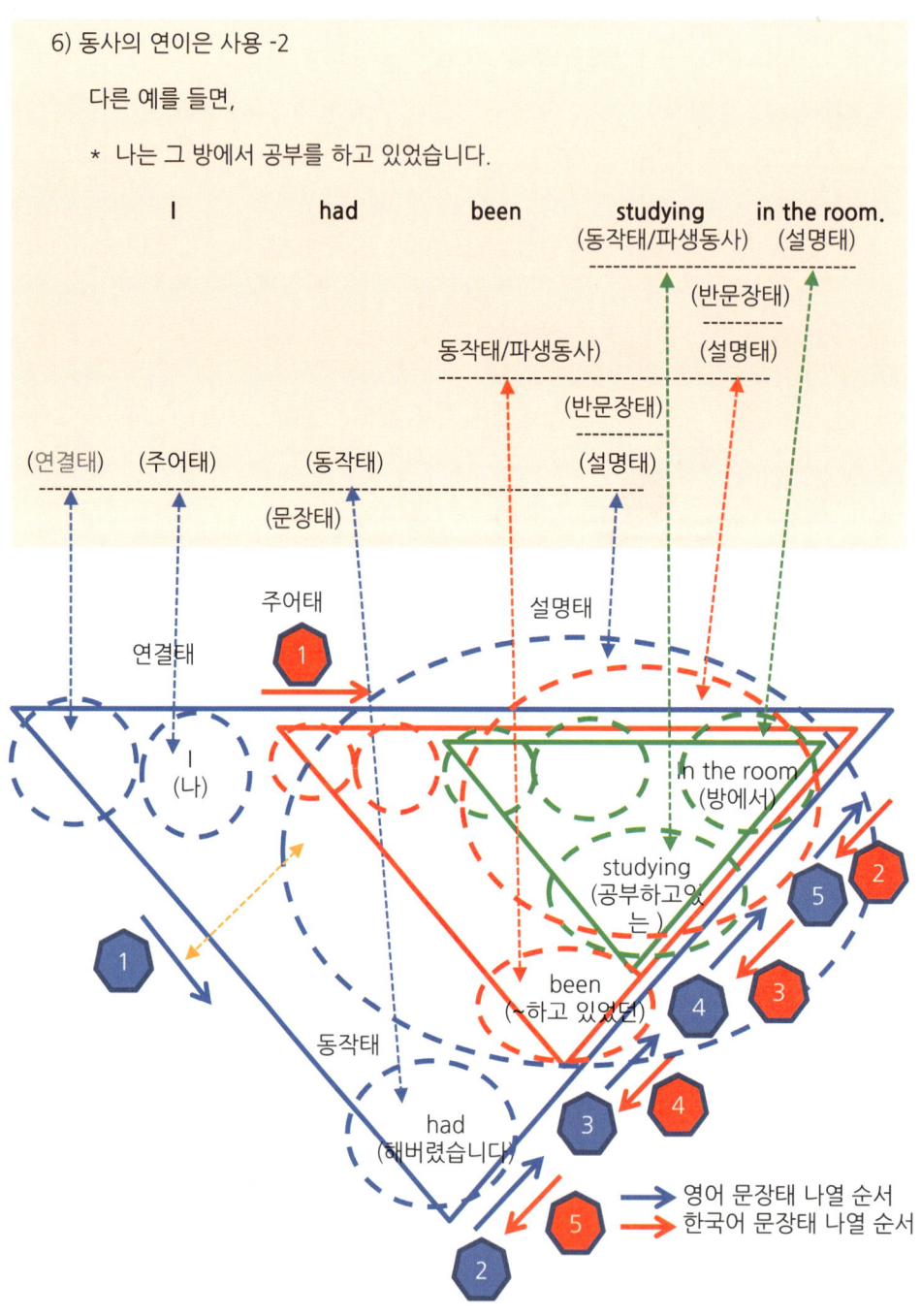

B-1. 8품사

3. 동사

7) 동사 분류 설명

역할적 관점에서 동사의 종류

(1) 원동사

원동사는 현재시제와 동일하며 과거의 시제를 별도로 가지며, 과거분사와 현재분사로 파생됩니다.

예) do, go, have, see, make, study, love, run, move 등

* 나는 많은 책들을 가지고 있습니다.

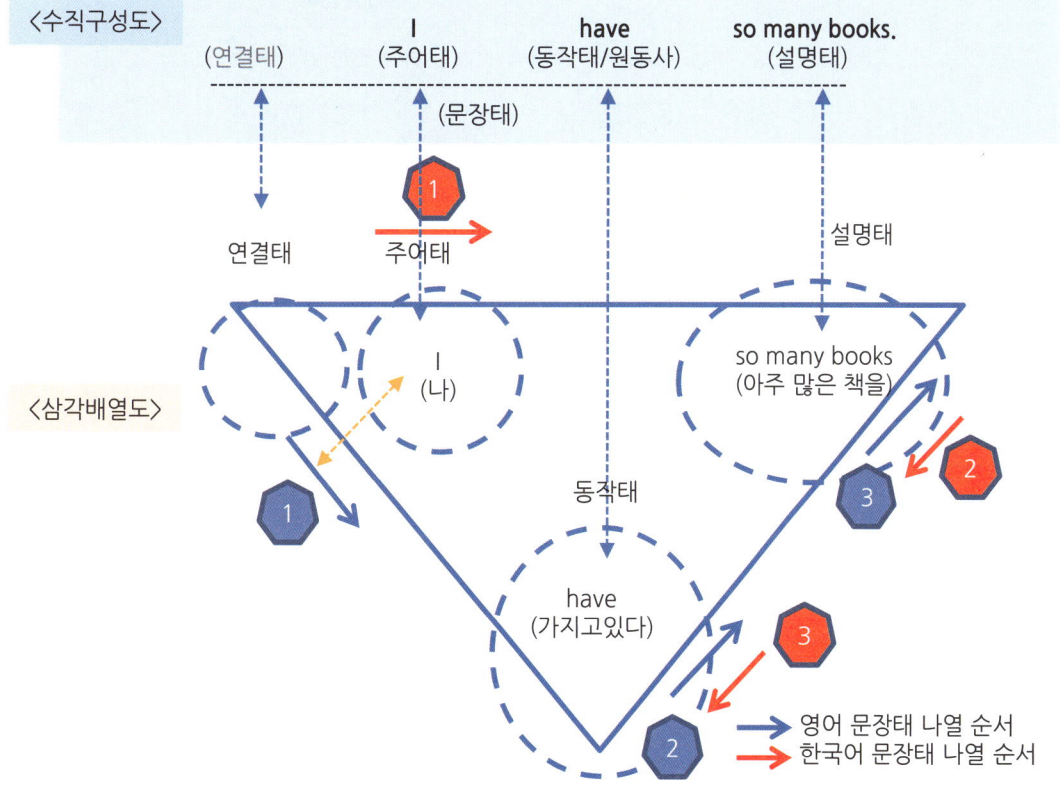

295

B-1. 8품사

3. 동사

7) 동사 분류 설명
역할적 관점에서 동사의 종류

(2) 보조동사 -1
보조동사는 동사(동작태)와 동일하며 원동사와 어우러져서 사용됩니다.
이때 원동사는 설명태 안으로 포함되며 반문장태를 형성합니다.
보조동사는 기존 영문법의 조동사와 동일합니다.
예) do, will, shall, can, may 등

* 당신은 집에 가도 좋습니다.

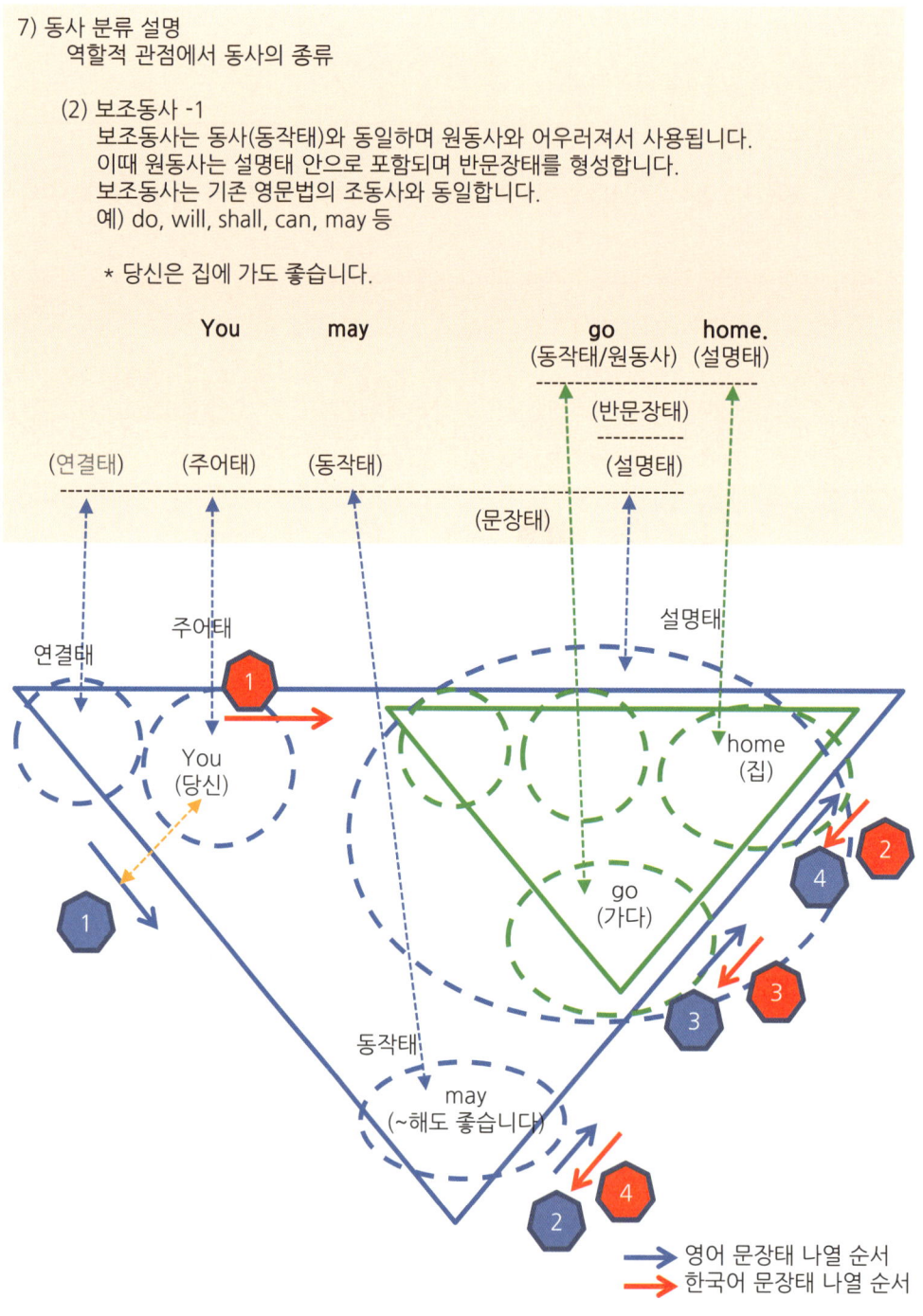

B-1. 8품사

3. 동사

〈입체분해도〉

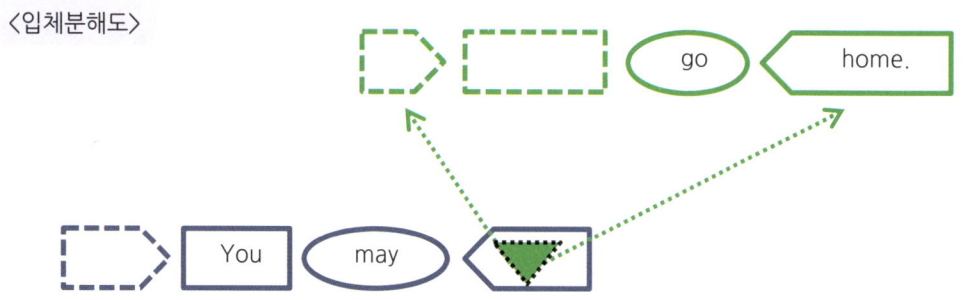

'may'는 '~해도 좋습니다' 를 의미하는 동사(보조동사)입니다.
'You may ~' 당신은 ~해도 좋습니다.
'may'는 보조동사이면서 동작태입니다.
'may'의 상세한 내용은 그 다음의 설명태인 'go home'에 표현됩니다.
설명태 안의 'go home'은 문장태(반문장태)를 형성합니다.

보조동사를 사용하는 문장은 설명태 안에 반문장태가 존재하게 됩니다.
당신은 'go home' 해도 좋습니다.

B-1. 8품사

3. 동사

7) 동사 분류 설명
   역할적 관점에서 동사의 종류
   (2) 보조동사 -2
   'have'의 보조동사는 '~해버리다'를 의미하는 동사입니다.
   그 다음에 다른 동사를 사용하여 구체적인 설명을 하게되지만,
   'have'라는 보조동사는 분명한 '~해버리다'의 의미를 가지는 동사(보조동사)입니다.
   * 나는 혼자 공부를 하고 있었습니다.

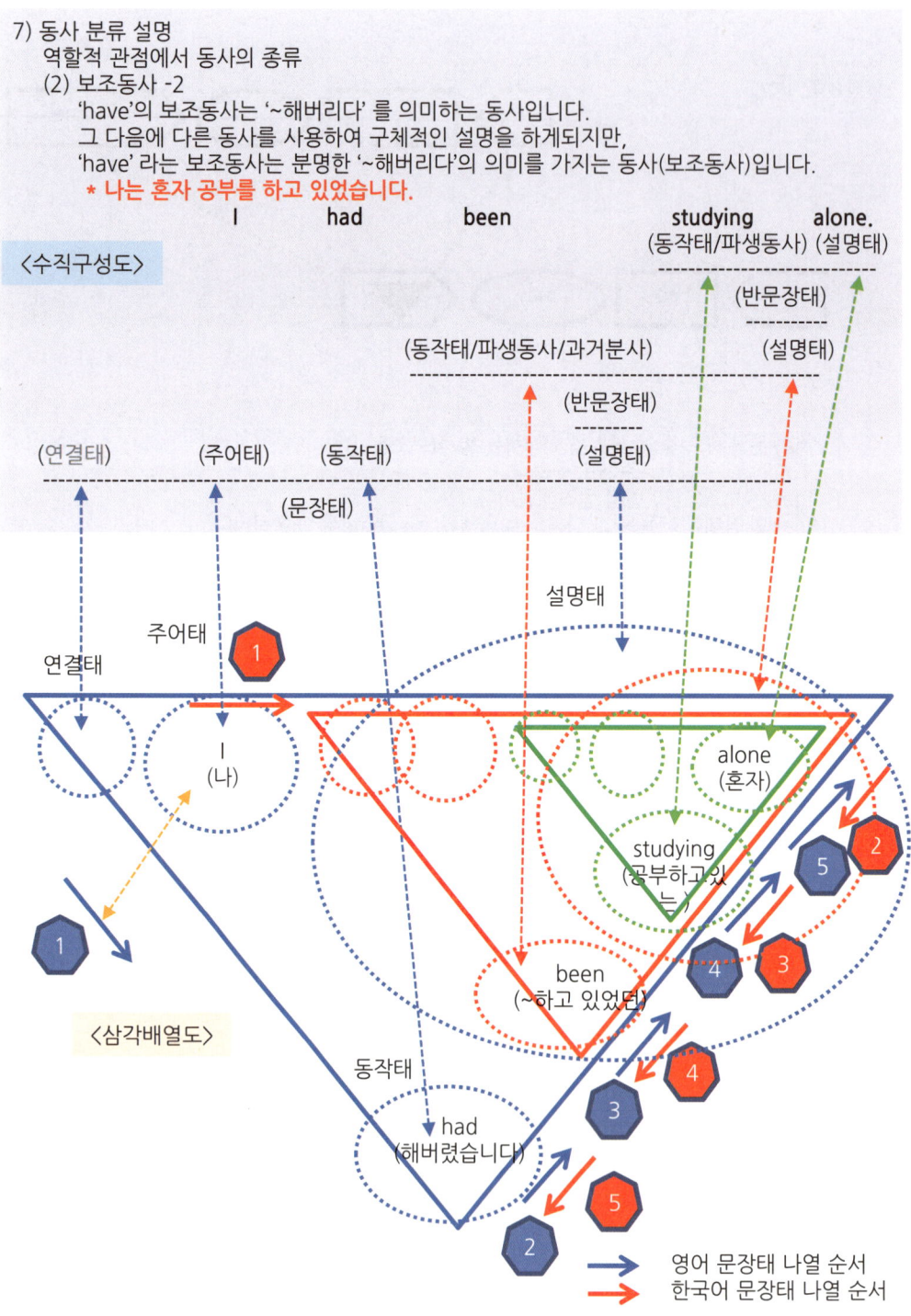

B-1. 8품사

3. 동사

<입체분해도>

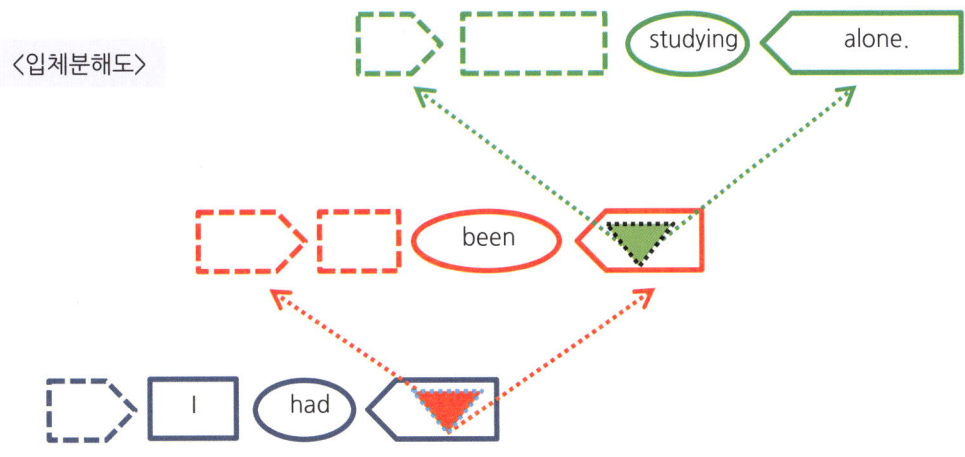

'have' 는 '~해버리다' 또는 '~를 가지다'를 의미하는 동사입니다.
해버린 것은 완료한 것을 의미하며, ~을 가지고 있는 것은 어떤 상태를 유지하는 것을 의미합니다.
'have 명사' '명사를 가지고 있습니다.'를 표현합니다.
'have 파생동사 ' '파생동사의 상태를 가지고 있습니다.'의 의미입니다.
파생동사가 'to동사' 일 경우에는 미래를 의미하므로 '~동사 해야합니다' 를 표현하게 됩니다.

위 문장에서의 had는 '해버린' 또는 '~(상태를)가진' 것으로 생각해도 됩니다.

'I had ~' '~상태를 가졌습니다.'
그 상세설명은 그 다음에 있는 설명태인 'been studying alone' 입니다.
'been ~' '~인'
'been' 이라는 파생동사의 설명태는 'studying alone' 입니다.
즉, 'studying alone' '혼자서 공부하고 있는' 입니다.
'studying' 또한 동작태/파생동사/현재분사 입니다.
이것 역시 그 뒤에 설명태를 가지며 그것은 'alone' 입니다.
그러니까 공부를 하는데 그 상세설명이 바로 'alone' '혼자서 공부하는'을 의미합니다.

이렇게 혁신영문법은,
설명태 안에는 반문장태가 다중으로 표현되어 있습니다.
파생동사가 2개 이상이 존재하므로,
이러한 문장태를 이용한 다중적인 표현이 상세하고 정확한 표현을 가능하게 하는 것입니다.

B-1. 8품사

3. 동사

* 나는 혼자 공부를 하고 있었습니다. (축약)

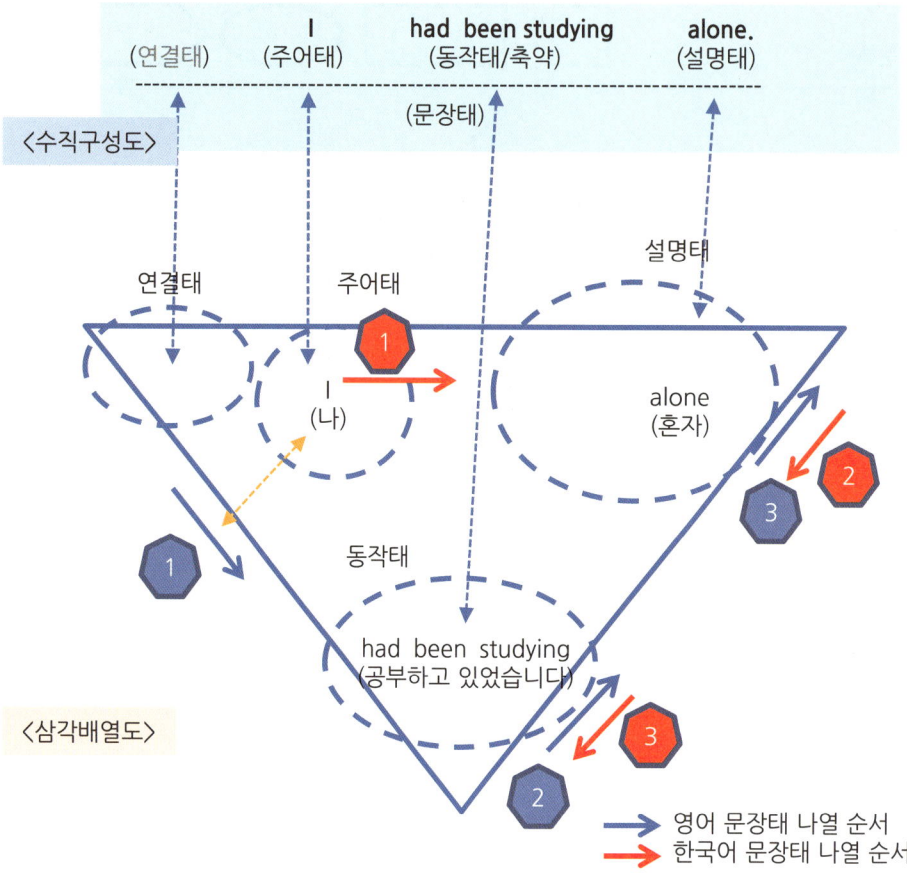

〈수직구성도〉

〈삼각배열도〉

〈입체분해도〉

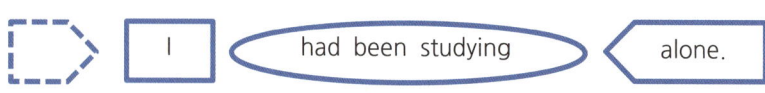

B-1. 8품사

3. 동사

7) 동사 분류 설명

  (3) 파생동사 -1

파생동사는 내용상으로 원동사로부터 파생되어 원동사의 뜻을 지니고 있지만 앞에 있는 동사의 도움을 받아서 동사의 역할을 합니다.
파생동사는 명사에 동사의 성질을 불어넣거나(동사 ing) 동사에 동사를 추가하는 (have eaten ~)역할을 합니다.
파생동사도 동사의 의미를 가지고 있으므로 설명태안에서 동작태로서 문장태를 형성합니다.
혁신문형 내에서 현재분사, 과거분사의 형태로 사용됩니다.
과거분사는 이루어진 상태를 표현합니다.

  * 나는 바나나를 다 먹어버렸습니다. (과거분사)

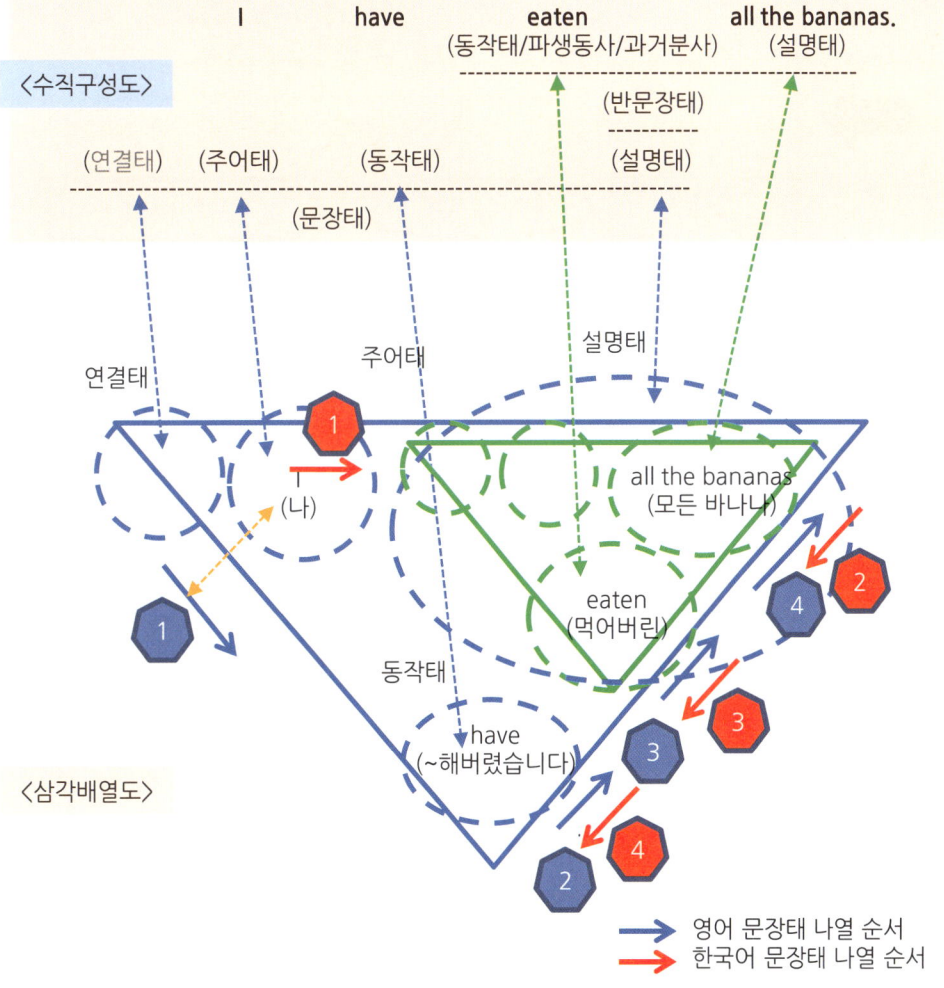

B-1. 8품사

3. 동사

〈입체분해도〉

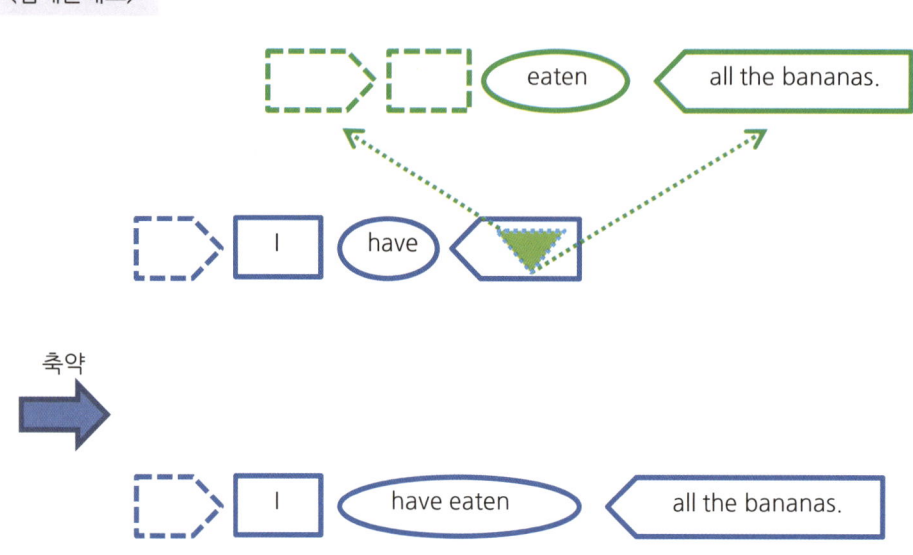

B-1. 8품사

3. 동사

7) 동사 분류 설명
   (3) 파생동사 -2

   현재분사는 진행되는 상태를 표현합니다.

   * 나는 영어를 공부하고 있습니다. (현재분사)

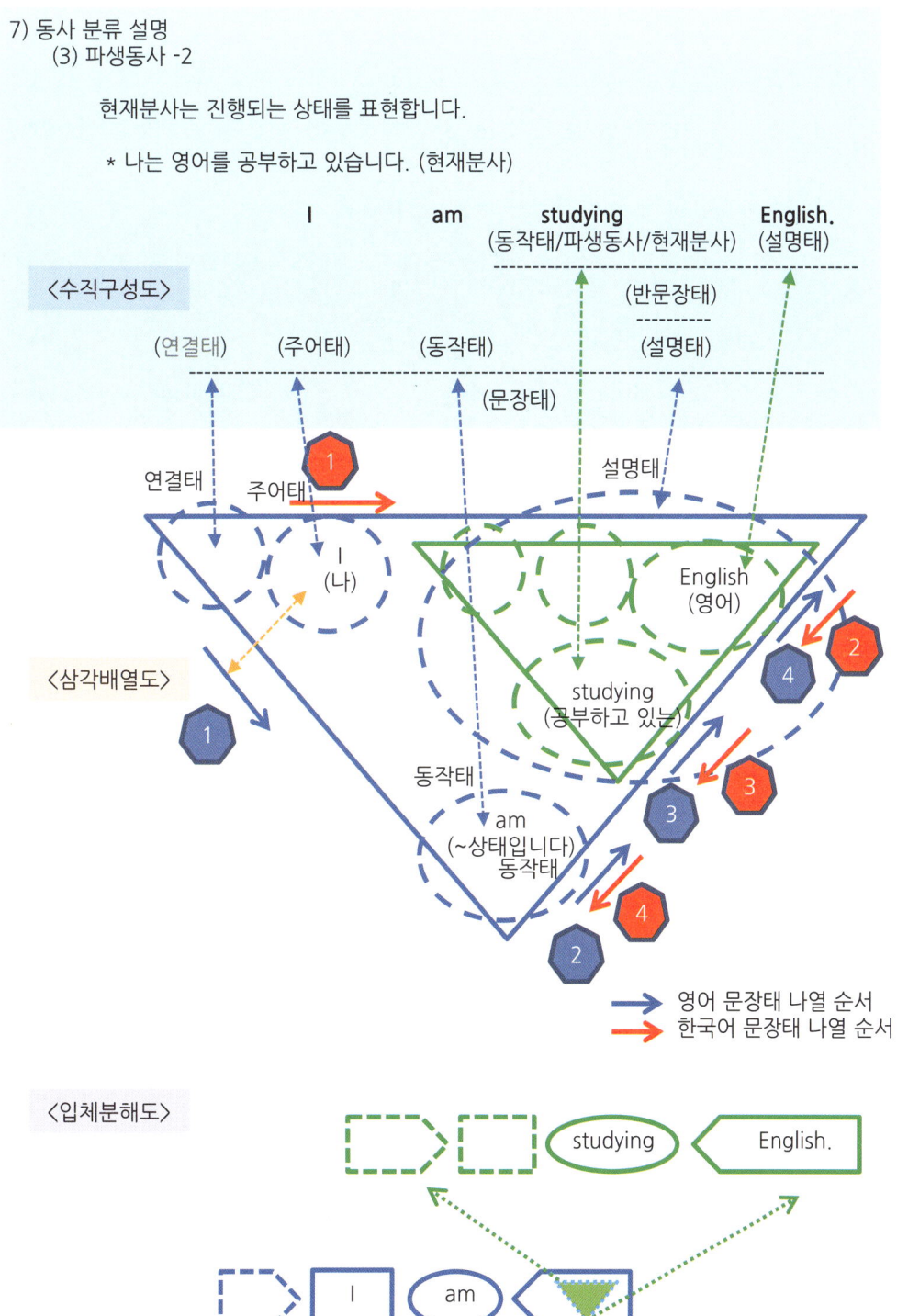

B-1. 8품사

3. 동사

7) 동사 분류 설명

　　(4) 전치사를 수반하는 동사는 전치사를 동작태의 뒷주머니로 간주할 수도 있고 또는 전치사를 설명태로 간주하기도 합니다.

　　　　영어에서 동사는 뒤에 다양한 숙어를 동반합니다.
　　　　그리고 그 전치사에 따라서 다양한 의미를 표현합니다.
　　　　즉, 그 다양한 의미는 상세하게 설명되어야 하는 대상으로 본다면 설명태안에 포함시키며 동사와 밀접하다고 생각하면 동작태의 일부인 뒷주머니로 간주하는 것입니다.

　　　　* 나는 규칙을 지킵니다.

```
      I      abide    by   the rules.              I     abide by   the rules.
(연결태) (주어태) (동작태)  (설명태)          (연결태) (주어태) (동작태)   (설명태)
-------------------------------------   또는,  -------------------------------------
              (문장태)                                    (문장태)
```

　　　　위 예문에서는 'abide'라는 동사가 'by'라는 전치사를 수반하면서
　　　　'~을 지키다'를 표현합니다.

　　　　* 나는 내 가방을 찾습니다.

```
      I      look    for my bag.                  I    look  for  my bag.
(연결태) (주어태) (동작태)  (설명태)          (연결태) (주어태) (동작태)  (설명태)
-------------------------------------   또는,  -------------------------------------
              (문장태)                                    (문장태)
```

　　　　* 나는 그의 가방을 조사합니다.

```
      I      look    into his bag.                 I    look into  his bag.
(연결태) (주어태) (동작태)  (설명태)          (연결태) (주어태) (동작태)  (설명태)
-------------------------------------   또는,  -------------------------------------
              (문장태)                                    (문장태)
```

　　　　상기 문장에서는 'look for'와 'look into' 가 표현되었습니다.
　　　　'look for' 는 '찾다' 를 의미하고,
　　　　'look into' 는 '조사하다' 를 의미합니다.

이렇게 동작태의 뒤에 사용된 전치사에 의해서 면밀하게 다른 의미가 표현됩니다.
전치사를 동작태에 포함되는 것으로 볼 수도 있고 설명태에 속하는 것으로 볼 수도 있습니다.
결과적으로는 동일한 문장태입니다만 개념적으로 표현을 이해하기 위한 방법입니다.

B-1. 8품사

영어 문장태, 한국어 문장태 나열 순서(다중삼각배열도)

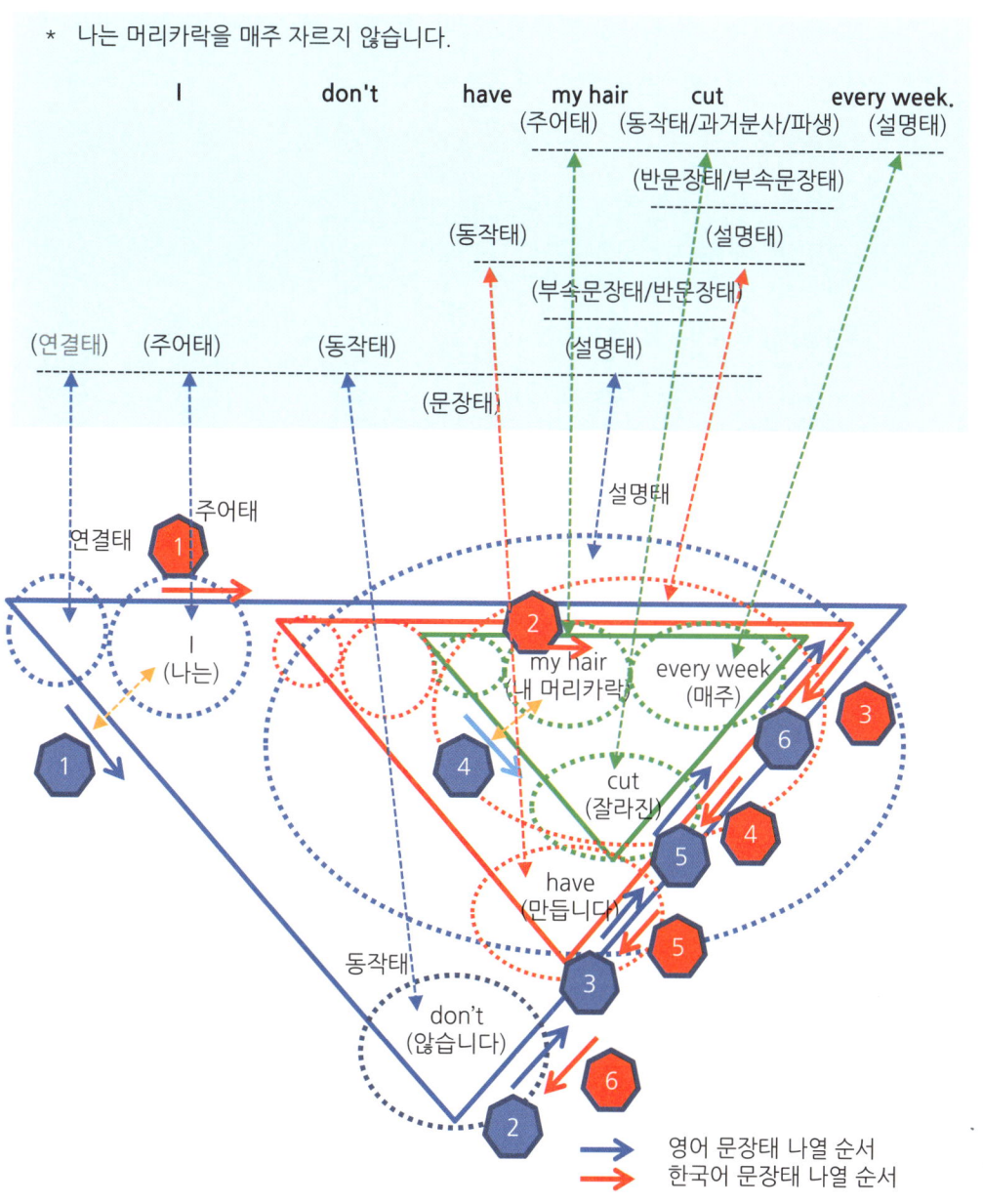

B-1. 8품사

4. 형용사

1) 형용사의 역할 및 종류
   형용사는 주체를 묘사합니다.
   형용사는 사람과 사물 또는 명사에 준하는 것의 성질과 상태를 나타내는 역할을 합니다.

   형용사태란 형용사의 역할을 하는 모든 것을 칭합니다.

   (1) 단독형용사

   - 원형용사(성질, 수량, 순서)

     고유 단어의 형용사를 말합니다.
     tall, big, pretty, one, many, first, no

   - 파생형용사(동사+ing, 과거분사)

     다른 품사에서 파생된 형용사를 말합니다.
     running(run + ing) 달리고 있는, crying(cry + ing) 울고 있는
     sold(sell의 과거분사) 팔린, frightened(frighten의 과거분사) 놀란

   (2) 조합형용사(전치사+동사, 전치사+명사)

     to buy 살, to eat 먹을, of ability 능력있는, among us 우리들 가운데의

2) 사용 방법

   (1) 수식 대상(명사)이 필요한 경우

      형용사가 앞 또는 뒤에서 명사를 수식하는 역할을 합니다.

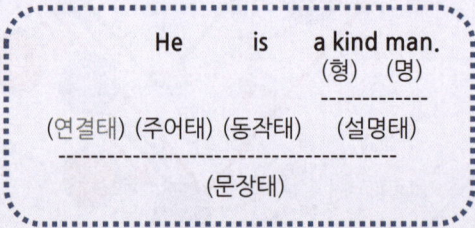

      설명태 안의 'kind'는 앞에서 바로 뒤의 'man'을 수식하고 있습니다.
      설명태 안에 있으므로 (명(형)부전문) 이라고 부릅니다.

B-1. 8품사

4. 형용사

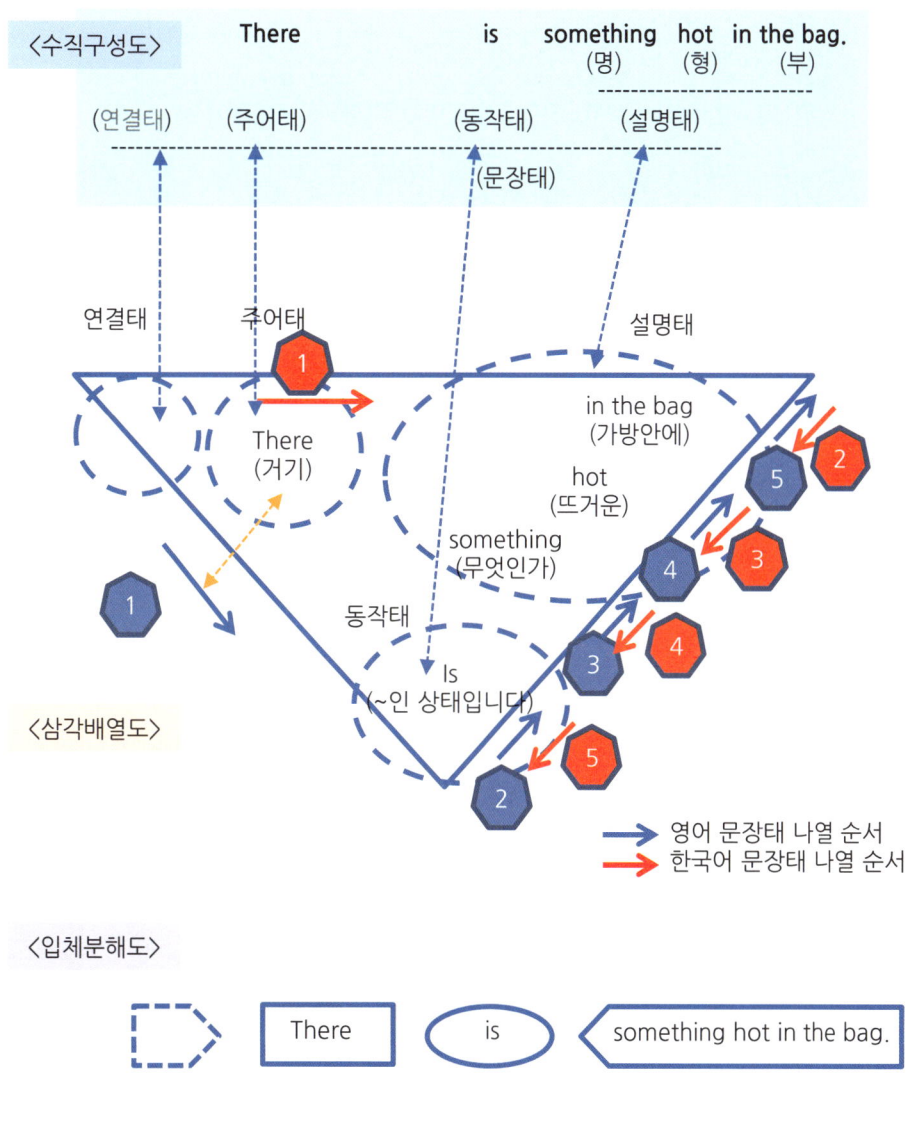

설명태 안의 'hot'는 바로 앞의 'something'을 수식하고 있습니다.
설명태 안에 있으므로 (명)(형)부전문) 이라고 부릅니다.

B-1. 8품사

4. 형용사

2) 사용 방법
   (2) 단독으로 사용하는 경우
   문장 내에서 주어에 해당하는 것의 상태를 설명 표현합니다.
   단독으로 사용되는 경우를 기존 영문법에서는 서술적용법이라고 합니다.
   혁신영문법에서는 설명태 안에 포함되어 동작태를 상세 설명합니다.

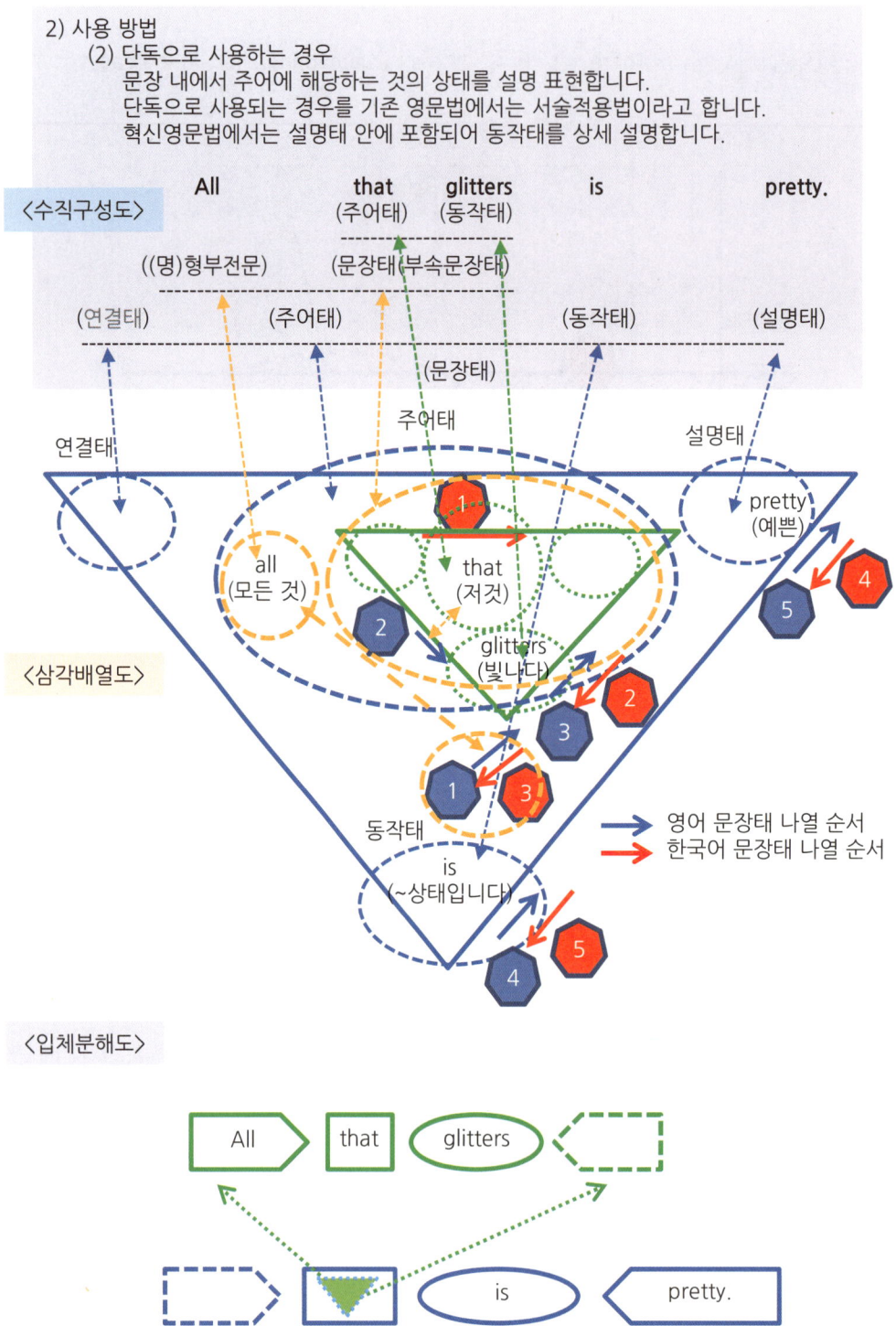

B-1. 8품사

4. 형용사

주어태 안에 'that glitters' 라는 부속문장태가 있으며,
그 내용은 앞의 all을 상세 설명하고 있습니다.

즉, 'All'은 주어태안의 '명사'로써 'that glitters' 는 그것을 다시 상세 설명한 동일한 내용입니다.
'that glitters'도 역시 명사의 역할을 하고 있습니다.
'all'도 명사이며 'that glitters'도 명사이며 두개의 명사는 동격으로서 나열된 것입니다.
설명태 안의 'pretty'는 형용사로서 '동작태' 'is'의 상태를 표현하고 있습니다.

즉, '동작태'의 상세 내용은 'pretty' 합니다. 라는 표현입니다.
'All that glitters is ~' 반짝인 모든 것은 ~ 상태입니다.

'all'을 연결태로 볼 수도 있으며, 또는 주어태안의 단독 명사로 보고 뒤의 문장태에서 상세설명하면서
'all'을 수식하는 것으로 볼 수도 있습니다.
(명형부전문) 은 4개의 문형 요소(연결태, 주어태, 동작태, 설명태) 모두의 안에 표현될 수 있습니다.

3) 형용사태란?

'형용사태'라는 것은 하나 또는 그 이상의 단어로 구성되어서 형용사의 역할을 하는 형태를 통틀어서 이야기하는 것입니다.

혁신문형의 4가지 요소인 연결태, 주어태, 동작태, 설명태 안에는 포함되지 않지만 형용사의 역할을 한다는 의미에서 통칭적으로 '형용사태'라고 칭합니다.

혁신영문법에서는 '형용사태', '형용사', '형', '명(형)부전문', '명(형)부' 모두 동일하게 '형용사'를 표현한 내용입니다.

B-1. 8품사

5. 부사

1) 부사의 역할 및 종류 -1

부사는 행동 또는 상태를 강조하거나 부사를 강조하기도 합니다.
부사는 동사, 형용사, 부사를 수식하거나 강조합니다.
여러 단어가 조합하여 부사의 역할을 하기도 합니다.
공간적으로 가장 가깝거나 그 안에 포함된 작은 것들이 부사로서 먼저 사용됩니다.
공간적인 접근이 시간적 시점보다는 더 먼저 사용됩니다.
우리말에서는 가장 먼 부사들이 먼저 사용됩니다.
부사의 종류로는 부사, 감탄사, 전치사+형용사+명사, to+동사, to be +형용사태(형용사, 과거분사) 등이 있습니다.
부사는 연결사를 통해서 나열 형태를 취할 수 있습니다.
부사는 문장태의 형태를 가질 수 있으며 형용사 또는 부사 또는 동사를 수식할 수 있습니다.
부사태는 부사의 역할을 하는 모든 것을 칭합니다.

(1) 단독 부사

- 일반부사

 * 그는 빠르게 달립니다.

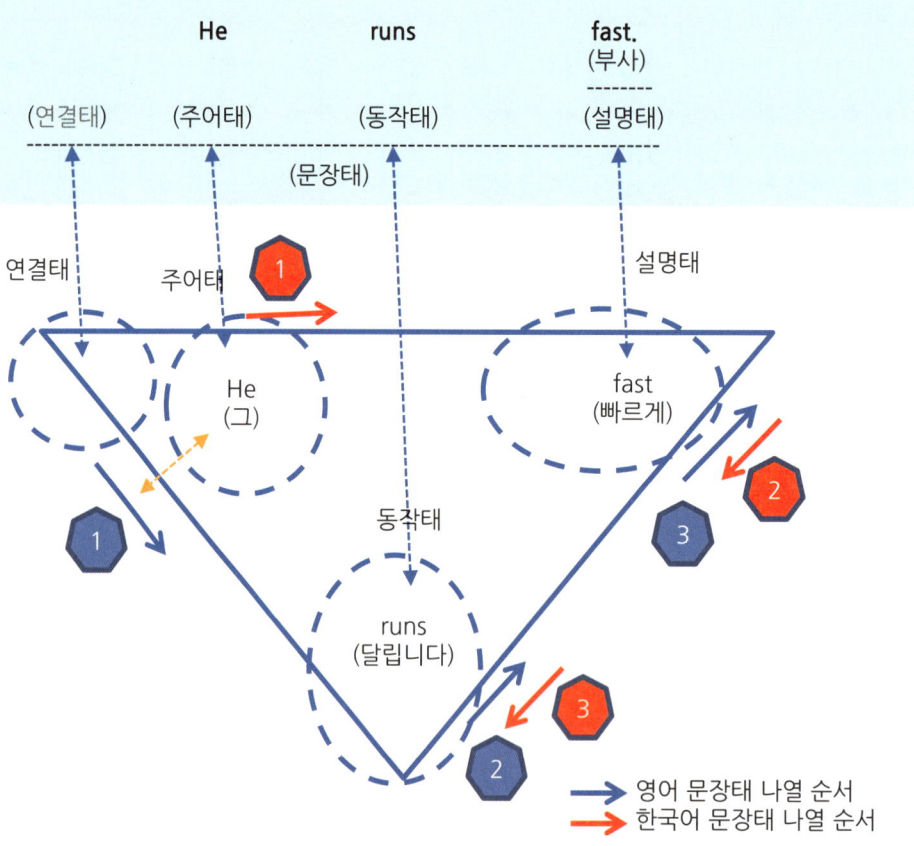

'fast'는 'run' 다음에 위치하여 'run'을 설명하고 있습니다.
'fast'는 부사로서 설명태안에서 표현되었습니다.

B-1. 8품사

5. 부사

* 그는 사무실에 종종 들릅니다.

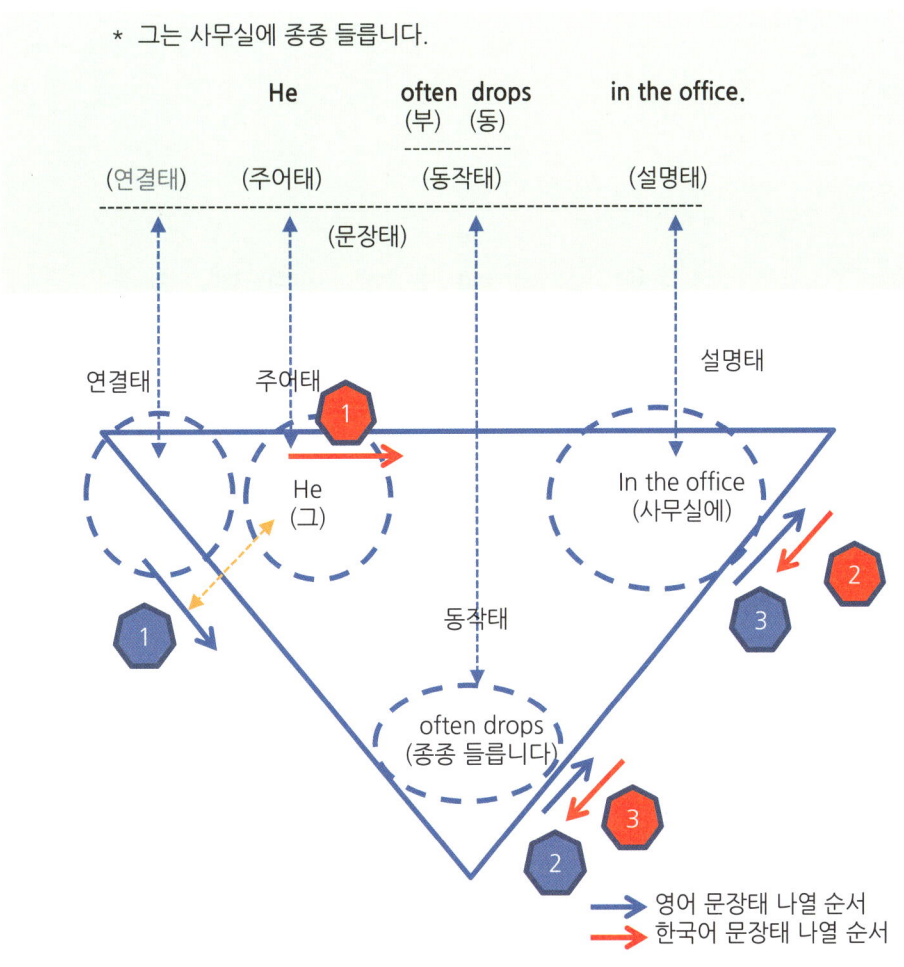

'often'은 부사이면서 동작태 안에 포함되어 있습니다.
즉, 동작태의 앞주머니에 위치하고 있습니다.
'he often drop ~' 그는 종종 들릅니다.
'in the office'는 'drop'을 상세 부연 설명하고 있습니다.

B-1. 8품사

5. 부사

1) 부사의 역할 및 종류 -2

  (1) 단독 부사

   - 일반부사

   * 그는 키가 매우 큽니다.

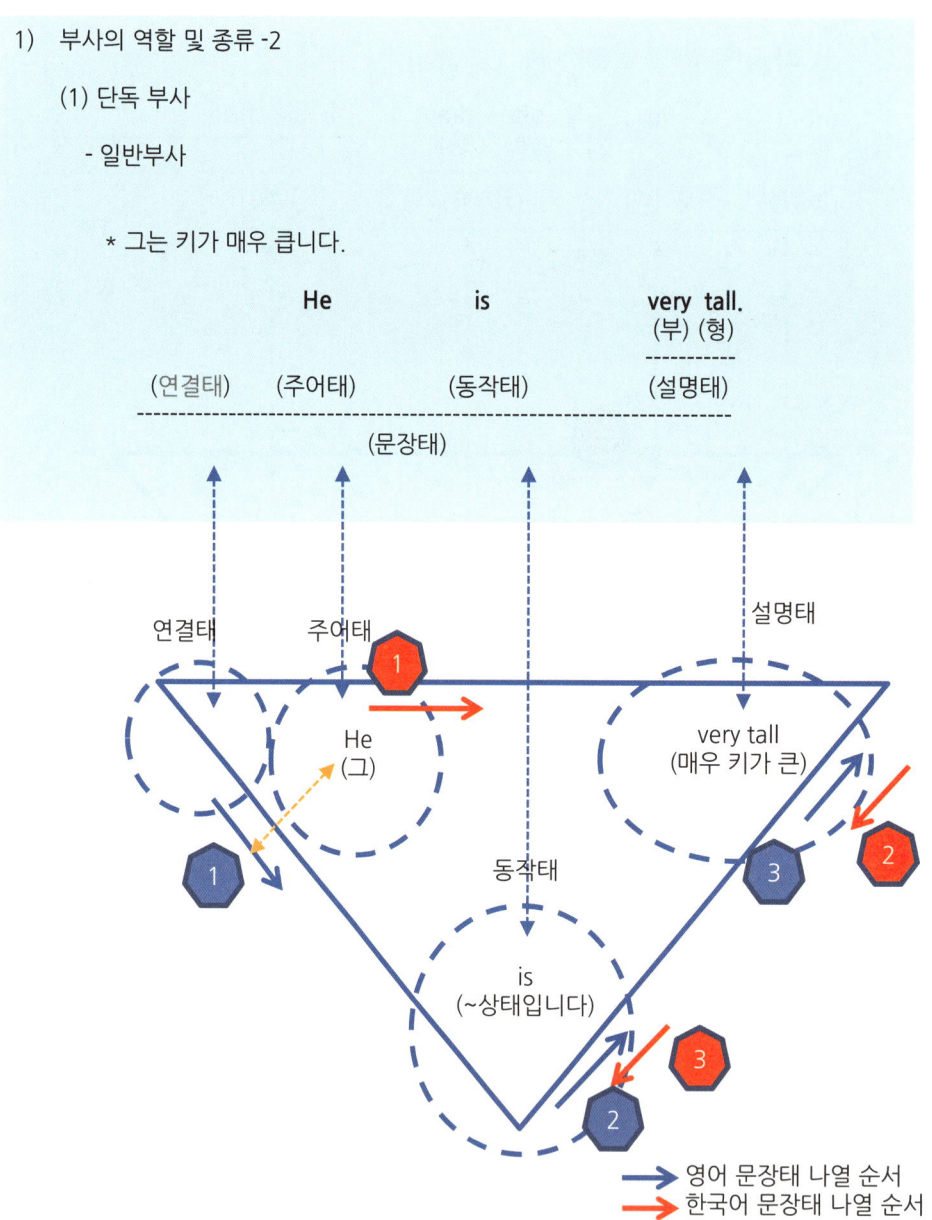

설명태 안에서 'very'는 'tall'을 수식합니다.

B-1. 8품사

5. 부사

1) 부사의 역할 및 종류 -3

   (2) 조합 부사 : 복수의 단어가 조합하여 부사의 역할을 합니다.

   전치사 + 명사 -> 부사

   그는 방에서 잤습니다.

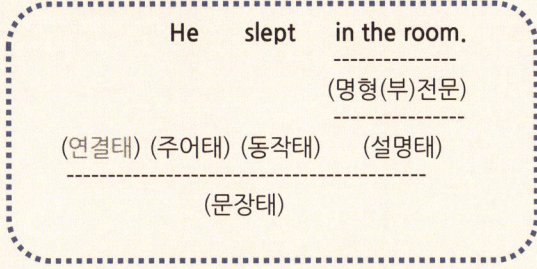

   설명태 안의 'in the room'은 부사의 역할을 합니다.

   * 그 방에서

       in   the   room
              (형용사) (명사)

     (전치사)   (명사)

            (부사)

   * 서울에서

       in   Seoul
     (전치사) (명사)

         (부사)

B-1. 8품사

5. 부사

2) 나열 순서

부사는 작은 실체로부터 장소 시간 순서로 나열됩니다.

* 나는 어제 도서관에서 친구들과 영어를 공부했습니다.

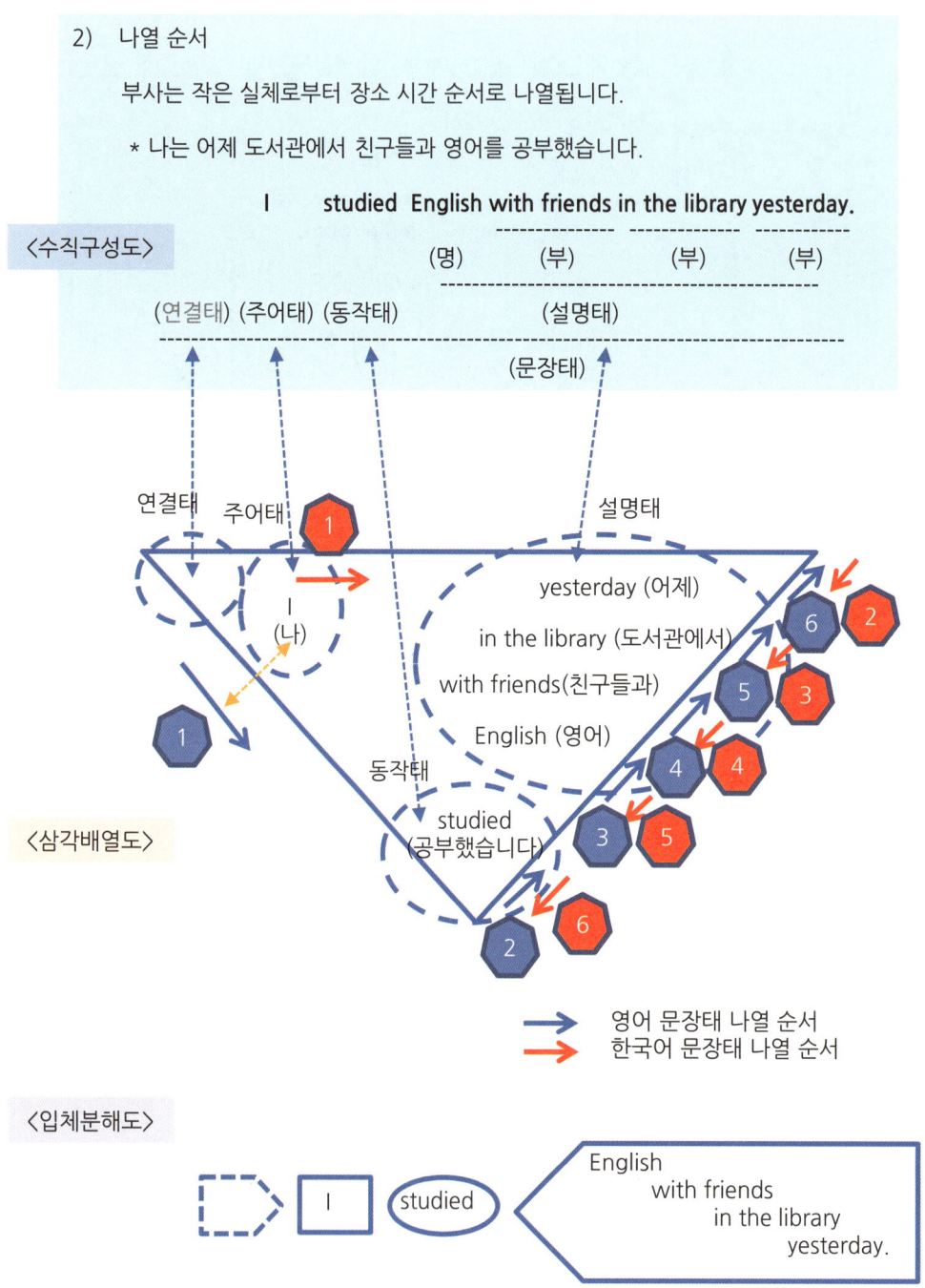

B-1. 8품사

5. 부사

설명태 안에는 한 개의 명사와 세 개의 부사가 있습니다.
'I studied ~ ' '나는 ~을 공부했습니다'
그 상세 내용은 하나의 명사인 'English ~ ' 입니다.

부연설명으로는 부사인 'with friends' 친구들과 함께
　　　　　　　　　　'in the library' 도서관에서
　　　　　　　　　　'yesterday' 어제
　　　　입니다.

가장 작은 사물은 바로 'friends'입니다.
'library' 안에 'friends'가 있습니다.
시간적인 부사는 가장 뒤에 사용됩니다.

그래서 설명태의 표현은 'English'라는 명사 다음에,
부연설명으로는 'with friends' 친구들과 함께
　　　　　　　　'in the library' 도서관에서
　　　　　　　　'yesterday' 어제

　　　　의 순서로 표현합니다.

수식의 순서는,
모양이나 상태, 장소, 시간, 목적이나 의도의 순서이며,
또는 포함관계가 작은 것에서 큰 것으로의 순서이며,
또는 보이는 것에서 추상적인 것으로의 순서이며,
또는 가까운 곳에서 먼 곳으로의 순서입니다.

B-1. 8품사

6. 전치사

1) 전치사의 역할

전치사는 우리말의 조사와 유사합니다.
전치사는 명사와 명사 사이에 무수히 존재합니다.
전치사는 동사의 앞이나 뒤 또는 명사의 앞에서 사용됩니다.
시간이나 공간 또는 추상적인 명사와 더불어 방향이나 위치 목적 등을 나타냅니다.

동사의 앞에서 사용되는 전치사는 'to' 이며 이는 부정사로서 파생동사가 됩니다.
파생동사란 원래의 동사의 의미를 내포하면서 형식이 변한 것을 말합니다.
'to 동사'는 앞에 있는 동작태의 내용에 따라서 '해당 동작을 일으키는 쪽으로의 변화'를 의미합니다.
'to 동사'는 명사나 형용사처럼 쓰이기도 하고 목적이나 이유 또는 결과가 되기도 합니다.
'동사 + 전치사'는 숙어라고 부릅니다.
동사의 뒤에 위치할 때에는 동사의 행동이나 동작이 향하는 방향을 나타내기도 합니다.
다양한 전치사에 의해서 동사는 의미가 전혀 다른 표현이 되기도 합니다.
만일 전치사 다음에 단어가 온다면 그것은 반드시 명사이어야 합니다.
전치사는 명사의 앞에서 그 명사의 위치나 방향을 표현하기 때문입니다.
또한 명사와 명사의 사이에 위치하여 두 명사간의 관계를 표현하기도 합니다.
명사에 붙어서 그 명사의 속성을 나타내는 다른 명사를 연결하기도 합니다.
전치사의 다음에 오는 명사는 목적격이 됩니다.
이렇게 전치사는 동사에 대하여 다양한 상태와 표현을 만들어내며 명사에 대해서는 시간과 공간상에 대해서 위치와 방향을 표현합니다. 설명을 포함하고 있습니다,

전치사는 명사와 관련하여 상대적이거나 절대적인 의미를 제공하기도 합니다.
명사와 명사를 연결할 때는 상대적인 의미로 사용됩니다.(top of musician)
명사의 앞에서만 사용될 때는 절대적인 위치를 표현합니다. (in the room)
또한 동사의 뒤에서 사용되기도 합니다.(want to see, go to school)
이러한 경우에도 'to'는 방향을 나타내며 앞에 위치한 동사가 나아갈 방향을 의미합니다.

  (1) to + 동사 (to부정사)

    특히 동사 앞에 사용되는 'to'라는 전치사는 'to부정사'라고 부르며 최종변화와 결과
    또는 그렇게 되고자 하는 목적의 방향을 나타냅니다.
    예를 들어,
        * 나는 가기를 원합니다.

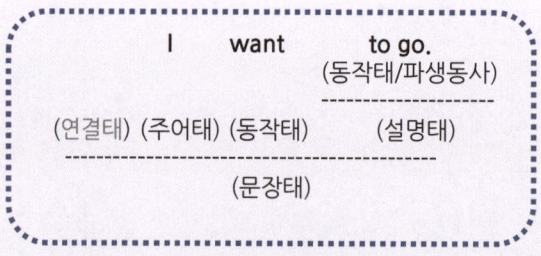

    'I want ~' 현재 원하고 있습니다.
    그것은 '가는 것으로의 방향' 즉 'to go' 를 의미합니다.
    나는 가기를 원합니다.

    즉, 원하는 것의 방향이 'go' 하는 것으로 향한다는 의미입니다.

B-1. 8품사

6. 전치사

1) 전치사의 역할

또한, 전치사 'to' 는 동사의 앞에 위치하여 문장태를 형성합니다.
주어가 생략된 상태이므로 반문장태라고 부릅니다.

하나의 동작태가 다른 동작태를 포함하는 문장태를 필요로 할 때,
간략하게 문장태를 만들어 주는 역할을 합니다.

* 나는 그것을 보기를 원합니다.

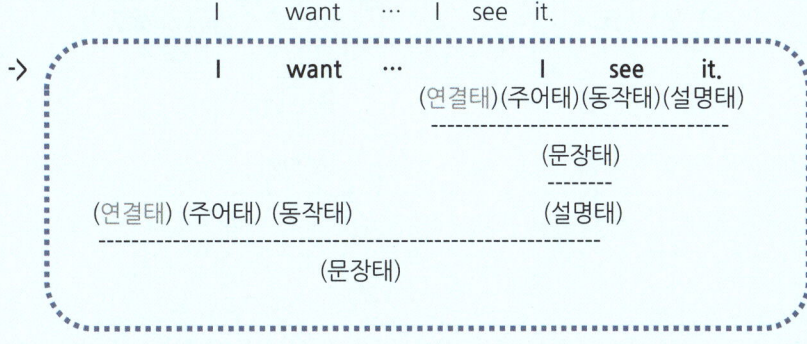

'I want ~' 나는 ~을 원합니다.
그 상세 설명은 설명태에 표현합니다.
즉, 'I see it'입니다.
'나는 원하고 있는데, 그것을 보는 것입니다.' 라는 의미입니다,
즉, 원하는 것의 흐름이 'see' 하는 것으로 향한다는 의미입니다.

또는, 두 개의 동작태인 'want'와 'see'가 연이어 사용되는 것을 방지하기 위하여
나중에 나오는 동사를 파생동사인 'to 동사'로 바꾸어 표현하는 것입니다.

또는, 'want'의 설명태이며 하나의 상세한 문장태이기도 합니다.
이때는 주어인 주어태가 없으므로 'to 동사' 로 표현하는 것입니다.
여기에서의 'to see it'는 명사의 역할을 하는 반문장태입니다.
그것은 'want'라는 동작태가 '~원하다' 라는 것을 의미하고 있기 때문입니다.
I want to see it. (나는 보기를 원합니다.)

B-1. 8품사

6. 전치사

1) 전치사의 역할

　　　* 나는 문을 열려고 시도를 했습니다.

　　　　나는 시도했습니다.　　　　나는 문을 엽니다.
　　　　I　　tried.　　　　　　 I　　open　　the window.

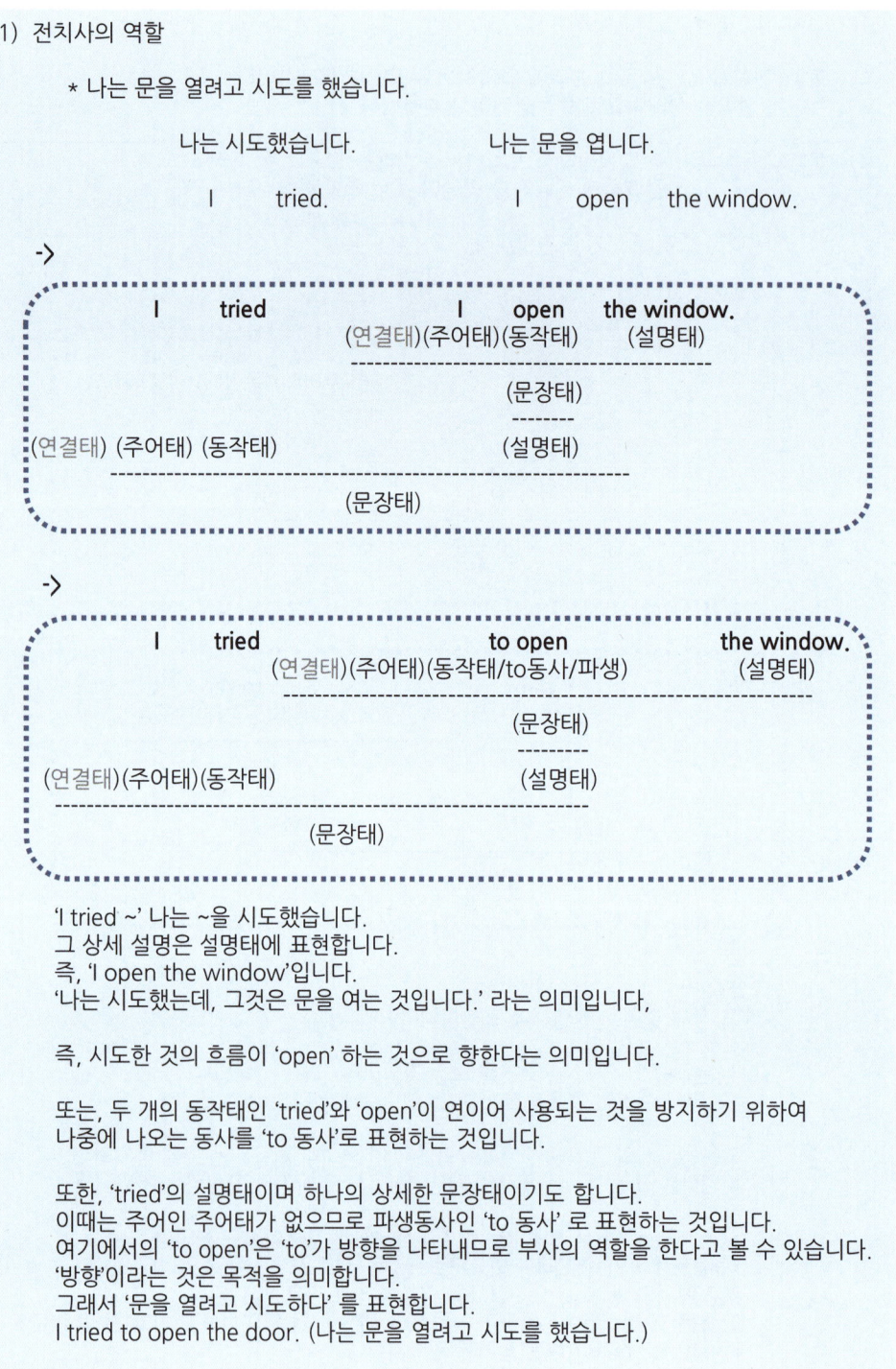

'I tried ~' 나는 ~을 시도했습니다.
그 상세 설명은 설명태에 표현합니다.
즉, 'I open the window'입니다.
'나는 시도했는데, 그것은 문을 여는 것입니다.' 라는 의미입니다,

즉, 시도한 것의 흐름이 'open' 하는 것으로 향한다는 의미입니다.

또는, 두 개의 동작태인 'tried'와 'open'이 연이어 사용되는 것을 방지하기 위하여 나중에 나오는 동사를 'to 동사'로 표현하는 것입니다.

또한, 'tried'의 설명태이며 하나의 상세한 문장태이기도 합니다.
이때는 주어인 주어태가 없으므로 파생동사인 'to 동사' 로 표현하는 것입니다.
여기에서의 'to open'은 'to'가 방향을 나타내므로 부사의 역할을 한다고 볼 수 있습니다.
'방향'이라는 것은 목적을 의미합니다.
그래서 '문을 열려고 시도하다' 를 표현합니다.
I tried to open the door. (나는 문을 열려고 시도를 했습니다.)

B-1. 8품사

6. 전치사

1) 전치사의 역할

   (2) 동사 + 전치사

   전치사는 동사의 다음에 사용되는 경우에 동사를 상세하게 수식하여 부연설명을 해주는 부사의 역할을 합니다.
   전치사는 다양한 수식내용에 따라 여러가지 전치사가 사용됩니다.
   이때 동사의 공간적, 시간적, 추상적, 의미적 방향과 상태를 표현합니다.

   예를 들어,
   * 나는 일어납니다.

   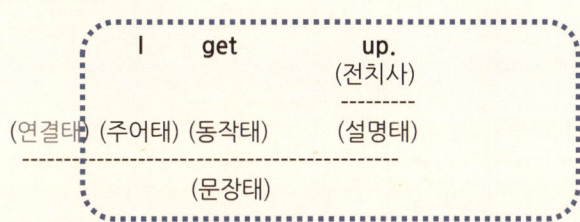

   'I get ~ ' '나는 취합니다 ~'
   'I get up' '나는 위로 취합니다.' -> '나는 일어납니다'
   'up'은 'get가 동작하는 방향을 의미합니다.
   그것은 '가는 것으로의 방향' 즉 'to go'를 의미합니다.
   그리고 그 다음에 나오는 내용은 더욱 상세한 부연설명을 의미하는 것입니다.

   (3) 동사 + 전치사 + 명사

   전치사의 다음에 오는 명사는 동사인 동작태가 움직이는 방향에 대해서 더욱 상세한 부연설명을 표현합니다.

   이 내용은 뒤에서 나오는 '전치사 + 명사'의 설명과 동일합니다.
   보는 관점에 따라서 '전치사 + 명사'는 '동사 + 전치사 + 명사'의 형태로 사용되어 앞에 있는 동사의 설명태이면서 수식해주는 부사의 역할로 볼 수도 있습니다.

   예를 들어,
   * 우리는 어떤 것인가를 대표합니다.

   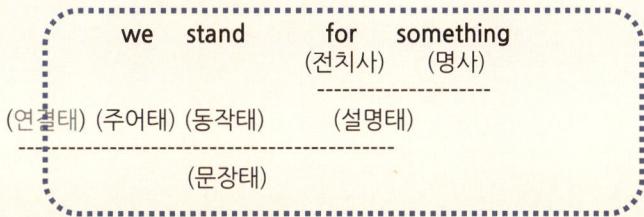

   영어에서 각 단어는 그 앞에 있는 단어를 상세 설명하는 구조를 가지고 있습니다.

B-1. 8품사

6. 전치사

2) 전치사의 내용상 종류

   (1) 시간
   about, after, around, at, before, by, during, for, from, in, on, since, through, towards, till, until, within

   시간에 사용되는 전치사는 시간을 의미하는 명사의 주위에서 시간의 위치를 표현합니다.

   * 나는 아침에 6시에 일어납니다.

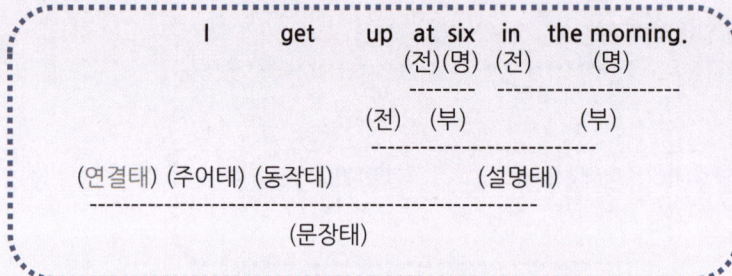

   'I get ~' 나는 'get'합니다.
   상세내용은 'up at six in the morning' 입니다.
   나는 'get up' 합니다. 나는 일어납니다.
   at six in the morning 아침 6시에
   작은 것이 먼저입니다. 즉, 아침이라는 기간에서 6시는 작은 일부입니다.

   (2) 장소
   about, above, across, along, among, around, at, before, behind, below, beneath, beside, between, by, down, for, from, in, into, on, over, round, through, to, towards, under, up

   장소를 나타내는 전치사는 장소를 나타내는 명사의 주위에서 장소의 위치를 표현합니다.

   * 그는 나무 아래에 서있습니다.

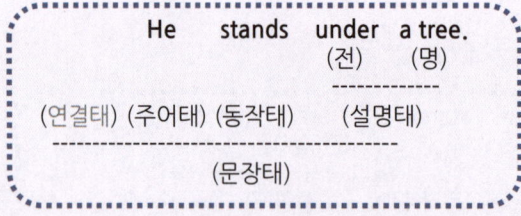

   'He stands ~' 그는 서있습니다.
   그 상태는 설명태안에 있는데 'under a tree' 입니다.
   그는 서있는데 나무의 아래입니다.

B-1. 8품사

6. 전치사

2) 전치사의 내용상 종류
   (3) 원인, 이유
       at, for, from, of
       * 그녀는 그가 돌아와서 놀랐습니다.

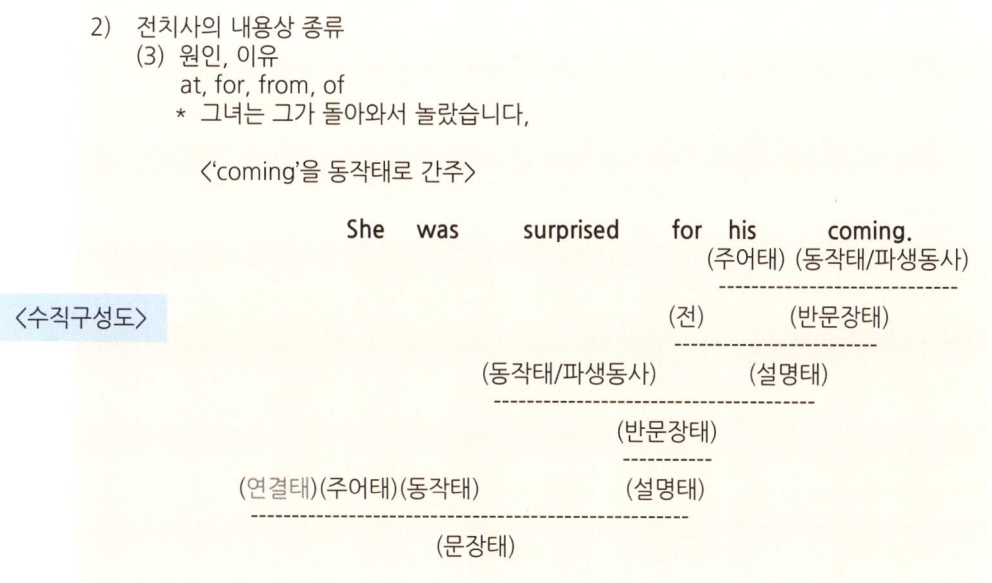

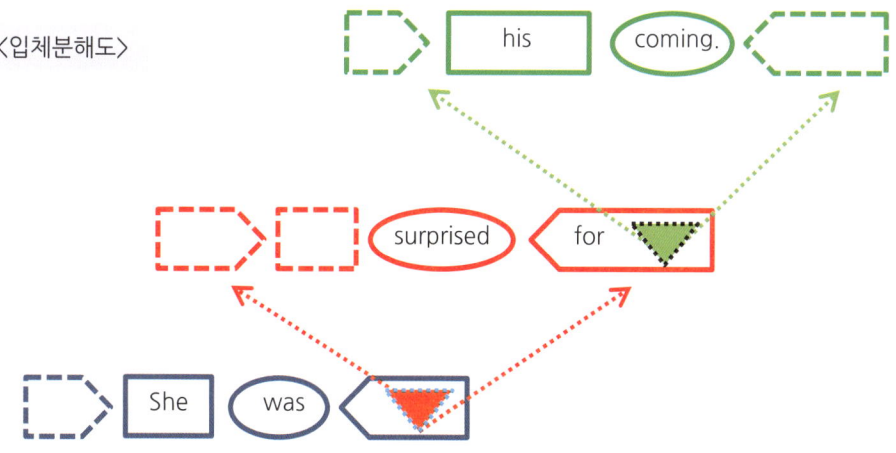

설명태 안에는 다중의 반문장태가 있습니다.
'she was ~' 그녀는 ~상태였습니다.
설명태는 그녀의 상태를 더 상세하게 설명하고 있으며 그 내용은,
'surprised for his coming'입니다.
'surprised'는 과거분사이면서 동작태의 역할을 합니다.
또한 'for his coming' 이라는 설명태를 가집니다.
'for' 는 '~ 에 대해서' 라는 전치사입니다.
'his coming' 은 'he comes'와 동일합니다. 즉, 그가 돌아온 것에 대해서 놀란 것입니다.
'his'는 소유격의 '그의' 라는 의미이지만 반문장태를 이루며 그 안에서 명사로서 주어의 역할을 합니다.
'그의 돌아옴' 은 '그가 돌아옴'을 의미하기 때문입니다.

B-1. 8품사

6. 전치사

* 만일 'his'가 없다면 'for coming'은 주어태 주어인 'she'의 'coming'이 됩니다.

<수직구성도>

⟨'coming'을 명사로 간주⟩

```
She      was     surprised      for     his     coming.
                                (전)    (형)      (명)
                                        ---------------------
                 (동작태/파생동사)             (설명태)
                 -----------------------------------
                           (반문장태)
                           ----------
(연결태) (주어태) (동작태)           (설명태)
---------------------------------------------------
                    (문장태)
```

설명태 안에는 1개의 반문장태가 포함됩니다.
'for his coming'은 'surprised'의 단순한 설명태입니다.

<입체분해도>

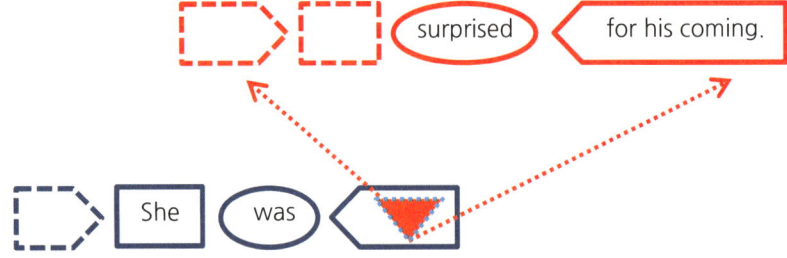

B-1. 8품사

6. 전치사

2) 전치사의 내용상 종류

(4) 목적, 결과　　for, after, to, into

* 그는 공부하러 도서관에 갔습니다.

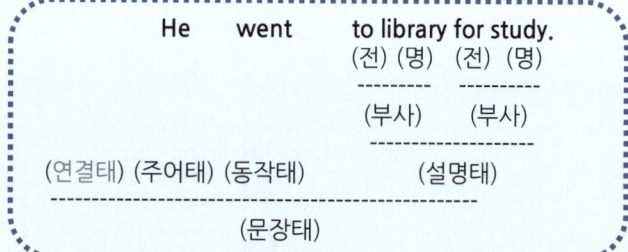

'He went ~' 그는 갔습니다.
그 상세 내용은 다음의 설명태 안에 표현됩니다.
설명태 안의 'to library'는 '도서관으로'의 방향을 의미합니다.
설명태 안의 'for' 는 목적을 나타냅니다.
그 내용은 다음에 나오는 'study'입니다.
'전치사 + 명사' 는 부사의 역할을 합니다.
'to library' 도서관으로, 'for study' 공부하러

(5) 재료, 원료　　of, from, in

* 이 빵은 쌀로 만들었습니다.

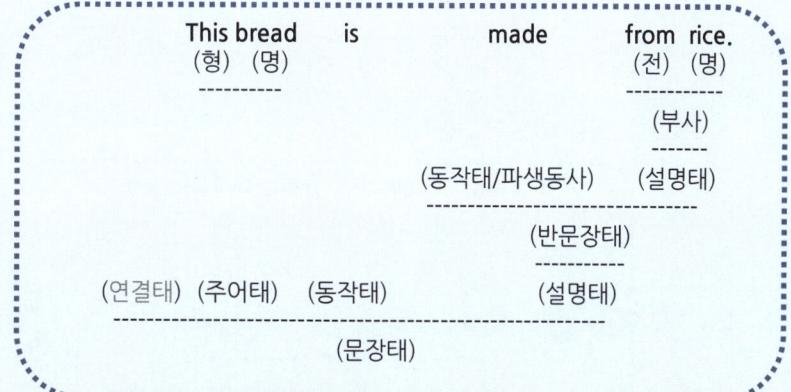

'This bread is ~' 이 빵은 ~(상태)입니다.
그 내용은 설명태인 'made from rice'입니다.
화학적으로 변화하는 재료는 'from'을 사용합니다.
설명태 안에 있는 'made'는 'make'라는 동사의 변형인 과거분사입니다.
즉, 'made from rice'는 반문장태입니다.
이 반문장태는 동작태인 'is' 를 부연 설명합니다.
설명태 안에서 'made'를 형용사로 볼 수도 있으며 'from rice'는 'made'를 수식하는 부사입니다.
설명태 안에서는 명사, 형용사, 부사, 전치사, 문장태가 어우러져서 서로 수식을 합니다.

B-1. 8품사

6. 전치사

2) 전치사의 내용상 종류

(6) 수단, 방법

by, with, on

* 나는 버스를 타고 집에 왔습니다.

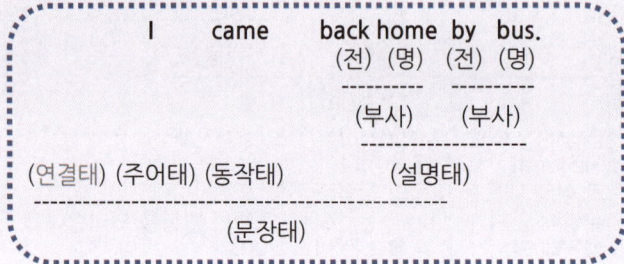

'I came ~ ' 나는 왔습니다.
그 상세 내용은 그 다음의 설명태에 있습니다.
'back home by bus' 상세 설명이며 부사입니다.
'back home' 집으로 돌아서
'by bus' 버스를 타고

(7) 단위, 표준

by, at, for

* 그들은 고기를 kg 단위로 판매합니다.

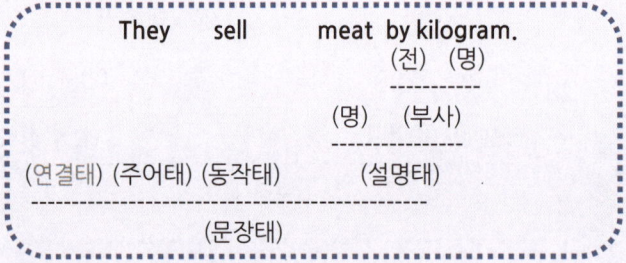

'They sell ~' 그들은 팝니다.
상세 내용은 다음의 설명태에 표현됩니다,
'meat' 파는 것은 'meat'입니다.
설명태 안의 'by'는 단위를 표시합니다.
'by kilogram' 킬로그램 단위로
'전치사 + 명사'는 설명태 안의 부사의 역할을 하며 'sell' 을 수식합니다,

B-1. 8품사

6. 전치사

2) 전치사의 내용상 종류

   (8) 관계, 관련
       of, about, on, with

   * 그들은 시험에 대해서 일정을 공지했습니다.

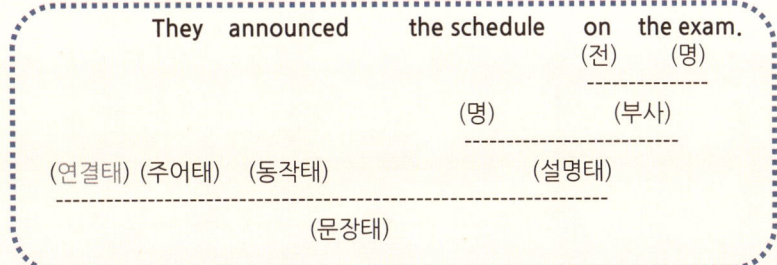

   'They announced ~' 그들은 ~을 공지했습니다.
   그 상세 내용은 설명태에 표현됩니다.
   'the schedule'을 공지했으며,
   설명태안의 'on the exam'에서의 'on'은 '~에 관한' 을 의미합니다.
   '전치사 + 명사' 는 부사의 역할을 합니다.

   (9) 양태, 모양, 상태
       with, in

   * 나는 그것을 기꺼이 하겠습니다.

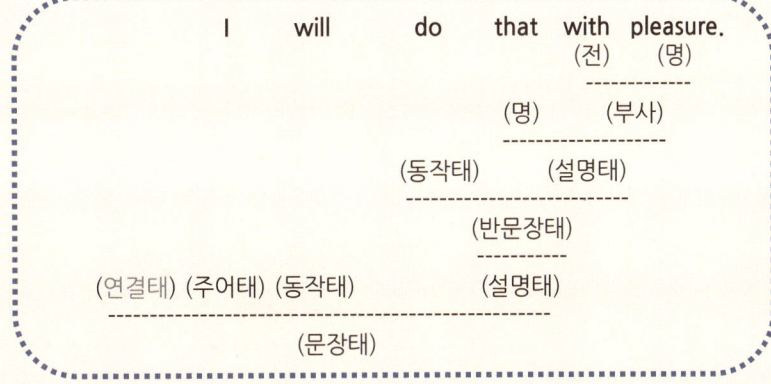

   'I will ~' 나는 ~할 것입니다.
   'will'은 동작태며 그 다음의 설명태에 부연설명이 되어있습니다.
   설명태 안에는 동사(do)를 포함하는 반문장태가 있습니다.
   반문장태 안에서 'do'는 설명태를 가지고 있습니다.
   그 설명태는 'that with pleasure' 입니다.
   'do that'은 '그것을 하다' 입니다.
   'with pleasure'는 '전치사 + 명사'로서 부사의 역할을 하며,
   동작태 'do'를 수식합니다.

B-1. 8품사

6. 전치사

2) 전치사의 내용상 종류

(10) 비교, 대조   to, with

* 이 사과는 저것에 비해 큽니다.

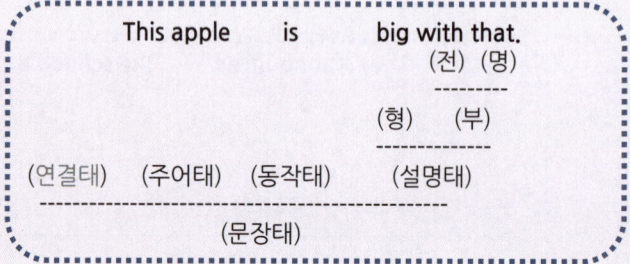

'This apple is ~ ' 이 사과는 ~ 상태입니다.
설명태 안에 상세설명이 표현됩니다.
'This apple is big ~' 이 사과는 big 상태입니다.
즉, '이 사과는 큽니다.'
그리고 설명태 안에서 부사로 부연 설명을 하면,
'with that' '저것과 비교해서' 입니다.
'전치사 + 명사' 는 부사입니다.
이 부사는 앞의 형용사 'big'을 수식한다고 볼 수도 있고, 동작태인 'is'를 수식한다고 볼 수도 있습니다.
결국 'big'은 동사인 'is'를 상세 부연설명하고 있기 때문입니다.

(11) 우월, 초월   above, beyond

* 그 산의 아름다움은 이루 표현할 수가 없습니다.

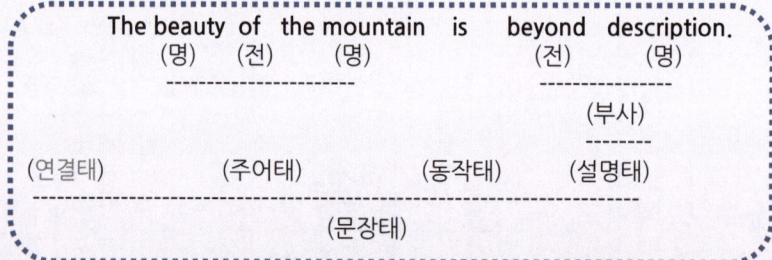

주어태는 '형+명+전+형+명'으로 구성되어 최종적으로 주어태의 역할을 합니다.
'the beauty'라는 명사는 'of'를 통해서 'the mountain'과 연결되어 있습니다.
즉, 'the beauty' 는 'the mountain' 의 속성의 하나를 표현합니다.
'The beauty of the mountain is ~' 그 산의 아름다움은 ~ 상태입니다.
그 상태는 설명태에 부연 설명되어 있습니다.
설명태는 'beyond description' 입니다. 'beyond'는 '~을 넘어선' 을 의미합니다.
즉, 'description'이라는 명사를 넘어선 것이며,
'이루 표현할 수 없는' 을 의미합니다.
이 설명태는 '주어태' 와 동격이며, 동작태인 'is'를 상세설명으로 수식합니다.
또한 'beyond description'이 '동작태인 is'를 수식하기도 하는 것을 보면 부사의 역할을 하는 것으로도 볼 수 있습니다.

B-1. 8품사

6. 전치사

2) 전치사의 내용상 종류

(12) 결합, 분리

from, of, off, to

* 그는 공직에서 물러났습니다.

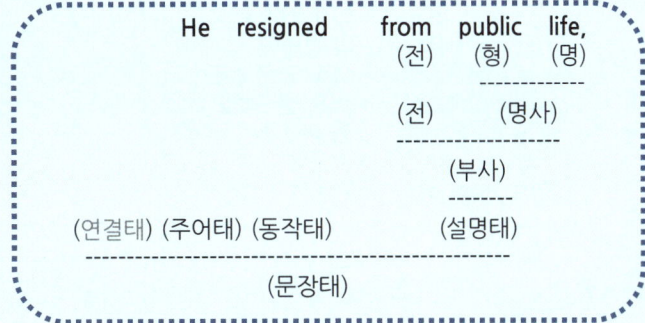

'he resigned ~ ' 그는 물러났습니다.
그리고 설명태 안에 상세 설명이 있습니다.
'from'은 '~로부터' 입니다.
그 부연설명이 그 다음에 나오는데 명사 형태이거나 결합된 명사입니다.
'public life' 는 공직이라는 명사입니다.

'형용사 + 명사' 는 결과적으로 명사와 동일합니다.
여기에서 형용사는 명사를 수식하는 것에 불과합니다.
 'from + 명사' -> 명사로부터
 이것은 부사의 역할을 하며 동작태를 수식합니다.

' ~ resigned from 명사' -> '명사로부터 물러나다' 가 됩니다.

B-1. 8품사

6. 전치사

3) 다중 전치사

다중전치사는 두 개 이상의 전치사와 명사가 결합하여 표현하는 전치사를 말합니다.

from behind	~뒤로부터
till after	~후 까지
since before	~이전 이후로
from under	~아래로부터
in front of	~의 정면에
in spite of	~에도 불구하고
in despite of	~에도 불구하고
by means of	~을 이용하여
on account of	~때문에
because of	~때문에

4) 전치사의 사용 방법

　(1) 명사와 어울림

　　　* 관련된 명사가 있다면 전치사는 명사의 앞에 위치합니다.

　　　　　by me　　　(내 옆에서)
　　　　　on the top　(꼭대기에)

　　　* 전치사의 다음에 오는 명사는 목적격이 됩니다.

　　　　　about him　(그에 관하여)
　　　　　for me　　 (나를 위하여)

　(2) 형용사와 어울림

　　　* 형용사의 내용에 따라서 전치사를 수반합니다.

　　　　　be angry with　 (사람)에 대해서 화내다.
　　　　　be angry about (사물)에 대해서 화내다.

　(3) 동사와 어울림

　　　* 동사에 수반되는 전치사는 관습적으로 사용되거나 논리적으로 동사의 뜻에 맞게 적절한 전치사가 사용됩니다.

　　　　　resemble after ~　~를 따라서 닮다.
　　　　　abide by ~　　　 ~을 지키다.
　　　　　think of ~　　　　~을 생각하다.

B-1. 8품사

6. 전치사

5) 중요 전치사 of

  (1) 명사A + of + 명사B

   'of'는 주로 '명사A + of + 명사B' 의 형태로 사용됩니다.

   * '명사B'의 특성 가운데 하나의 특성인 '명사A'

    'tire of car' 에서 car의 여러 특성 가운데 하나인 'tire'를 표현하는 것입니다.

   * '명사B를 가진 명사A'

    a man of abilities (능력을 가진 사람)

   * '명사B 같은 명사A'

    foot of steel (강철같은 다리)

  (2) of + 명사A

   * 동격을 의미합니다. ('명사A와 같은', '명사A의')
     그래서 '소유격'이라고도 불릴 수 있습니다.

    of art -> 예술의
    of his -> 그의
    of Korea -> 한국의

6) 중요 전치사 to

  * 목적, 목표, 앞으로 나아가는 방향, 미래지향적, 아직 일어나지 않은 것

    동사의 앞에서 미래지향적인 동작의 의미를 표현합니다.
    to live -> 살기 위하여, 사는 방향으로 나아감 (미래지향적임)
    to meet -> 만나기 위하여, 만나는 방향으로 나아감 (미래지향적임)

    명사의 앞에서 그 명사에 대한 방향을 내포합니다.
    to me   -> 나에게 (나에게 방향이 잡혀서 진행됨)
    to Seoul -> 서울로 (서울로 이동하는 동작이 예상됨)

B-1. 8품사

7. 연결사

1) 연결사의 역할 및 종류

연결사는 단어와 문장을 연결하는 역할을 하며,
단순연결사(나열사)와 상황연결사(연결태)가 있습니다.

(1) 단순연결사(나열사)

and (~와), or(~이나), but(그러나), for(~이유로), so(그래서)
단순연결사는 나열사라고도 말하며 순서에 무관하게 동등한 표현을 합니다.

* **나는 사과와 바나나를 좋아합니다.**

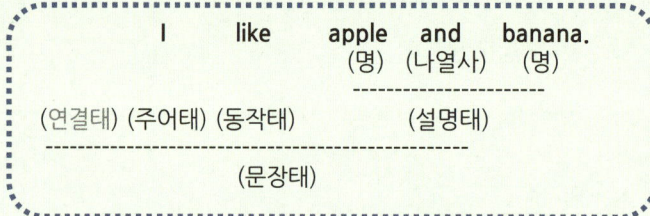

설명태 안의 두 개의 명사는 연결사를 통하여 동등하게 나열됩니다.
'I like ~' 나는 ~좋아합니다.
그 상세 내용은 그 다음의 설명태에 표현됩니다.
그 상세 설명은 'apple and banana' 입니다.

* **그는 미남이지만 그는 부자이지 않습니다.**

```
        He    is  handsome, but            he    is   not rich.
    (연결태)(주어태)(동작태)  (설명태)          (연결태)(주어태)(동작태) (설명태)
    ------------------------------------          ------------------------------------
              (문장태)               (나열사)              (문장태)
```

두 개의 문장태는 서로 동등한 내용으로 연결되어 있습니다.
'He is ~' 그는 ~ 상태입니다.
그는 'handsome' 상태입니다.
그는 'not rich' 상태입니다.

B-1. 8품사

7. 연결사

(2) 상황연결사(연결태)란?

연결태는 언어에 있어서 가장 중요한 역할을 하는 요소입니다.

언어는 말을 시작하는 부분이 반드시 존재하며, 그 시작하는 부분에 의해서 문장표현의 의도가 결정되기 때문입니다.

누구와 대화를 시작할 때 "어떻게 시작하는 말을 꺼낼까?" 라고 고민하는 것도 바로 그 중요성 때문인 것입니다.

혁신영문법에서는 언어의 실사용자 입장에서 언어를 이해하고 습득할 수 있도록 그 최선의 혁신적인 법칙을 제시하는 것입니다.

이러한 연결태는 사람의 사회적인 활동과 어우러져서 매우 다양하고 복잡합니다.
사회가 발전하고 문화가 발전할 수록 그 언어도 따라서 변화하기 때문입니다.
중요한 것은 언어의 법칙이 변한다는 것보다도 말을 시작하는 태도와 상황을 대처해 나가는 사회 융화적인 내면이 변한다는 것입니다.

그 표현 방식은 습관적으로 또는 관습적으로 또는 시대적으로 형성된다고 봐야 합니다.
즉, 그 규칙성이 어법을 뛰어넘거나 무시하는 경우도 발생하기도 할 것입니다.

하나의 외국어를 배우는 것은 그 외국의 문화에 동화되어 장기간 생활하는 것이 가장 좋은 방법일 것입니다.

하지만 여기에서는 그 시간의 흐름과 생활을 충족할 수가 없기에 우선적으로는 많은 암기를 해야 할 것입니다.

우선은 연결태를 암기하여 익혀나간다면 조만간 자유스럽고 자연스러운 연결태의 사용에 의한 언어 표현이 가능할 것입니다.

B-1. 8품사

7. 연결사

(2) 상황연결사(연결태) - 형용사적 역할

연결태는 문장태의 맨 앞에 위치하여 해당 문장태가 다른 문장태의 안에서 형용사적으로 또는 부사적으로 사용되도록 하는 역할을 합니다.
즉, 두 개의 문장태로 표현된 문장에서 어느 하나의 문장태가 다른 하나의 문장태 안에 포함되어 하나의 문형 요소의 역할을 하는 경우입니다.
이러한 경우에 연결태라고 호칭합니다.
이렇게 연결태가 존재하는 문장태를 연결문장태라고 부릅니다.
that 이하의 문장태는 형용사적으로 앞에 있는 'a bag'을 수식합니다.
연결태 'that'는 '~한'을 의미합니다.

  * 그것이 당신이 어제 산 가방입니다.

```
            It      is    the bag    that      you     bought   yesterday.
                                    (연결태)  (주어태) (동작태)  (설명태)
```

〈수직구성도〉   ((명)형부전문)   (연결문장태)

(연결태) (주어태) (동작태)   (설명태)
                     (문장태)

〈삼각배열도〉

→ 영어 문장태 나열 순서
→ 한국어 문장태 나열 순서

This (이것) / that (~한) / you (당신) / yesterday (어제) / the bag (가방) / bought (샀습니다) / is (~입니다)

B-1. 8품사

7. 연결사

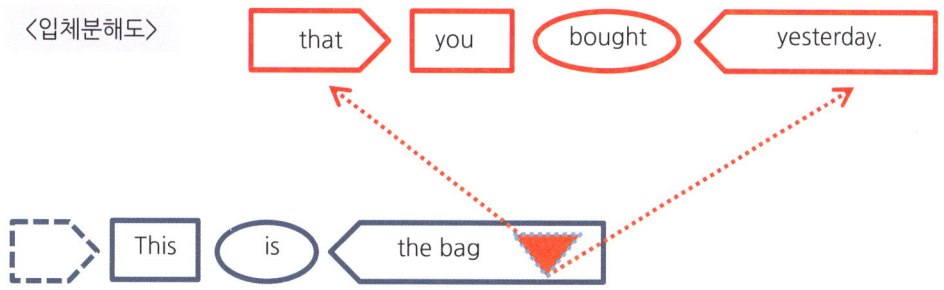

위 예문에서는 설명태 안에는 'a bag'이라는 명사와 그 뒤에 연결문장태가 있습니다.
이 연결문장태는 'a bag'을 수식하여 상세 설명하는 형용사의 역할을 합니다.
즉, 설명태안에서 연결문장태는 형용사의 역할로 앞의 ((명)형부전문)인 'a bag'을 상세설명하면서 수식합니다.

'that' 라는 연결태 앞에 명사(a bag)가 나오면 그 연결문장태는 대부분 형용사적으로 앞의 명사를 수식합니다.

B-1. 8품사

7. 연결사

(2) 상황연결사(연결태) - 부사적 역할

연결태(부사적) : 때, 이유, 결과, 목적, 조건, 양보 등을 나타냅니다.

before (~하기전에), until(~할때까지), since(~한지), so long as(~ 하자마자)

as soon as (~하자마자), because (~해서), now that(~해서)

so ~ that(너무~해서 그래서), so that(그래서)

so that one may(누가 ~하도록), so that one can(누가 ~ 할 수 있도록)

lest one should(누가 ~하지 않도록), for fear one shoud(누가 ~할까 두려워서)

so that one might not(누가 ~하지 않도록)

if (만일), unless(~하지 않는다면), so long as (~하는 한)

provided that(만일 ~한다면) though(비록 ~이지만), although(비록 ~이지만)

while(~하는 반면에), even if(~하더라도), even though(~하더라도)

as (비록 ~하지만), as(마치 ~인것처럼), as if (마치 ~인것처럼)

as though(마치 ~인것처럼), than(~했던 것보다 더)

as far as (~하는 한), so far as(~하는 한), according as(~에 따라서)

B-1. 8품사

7. 연결사

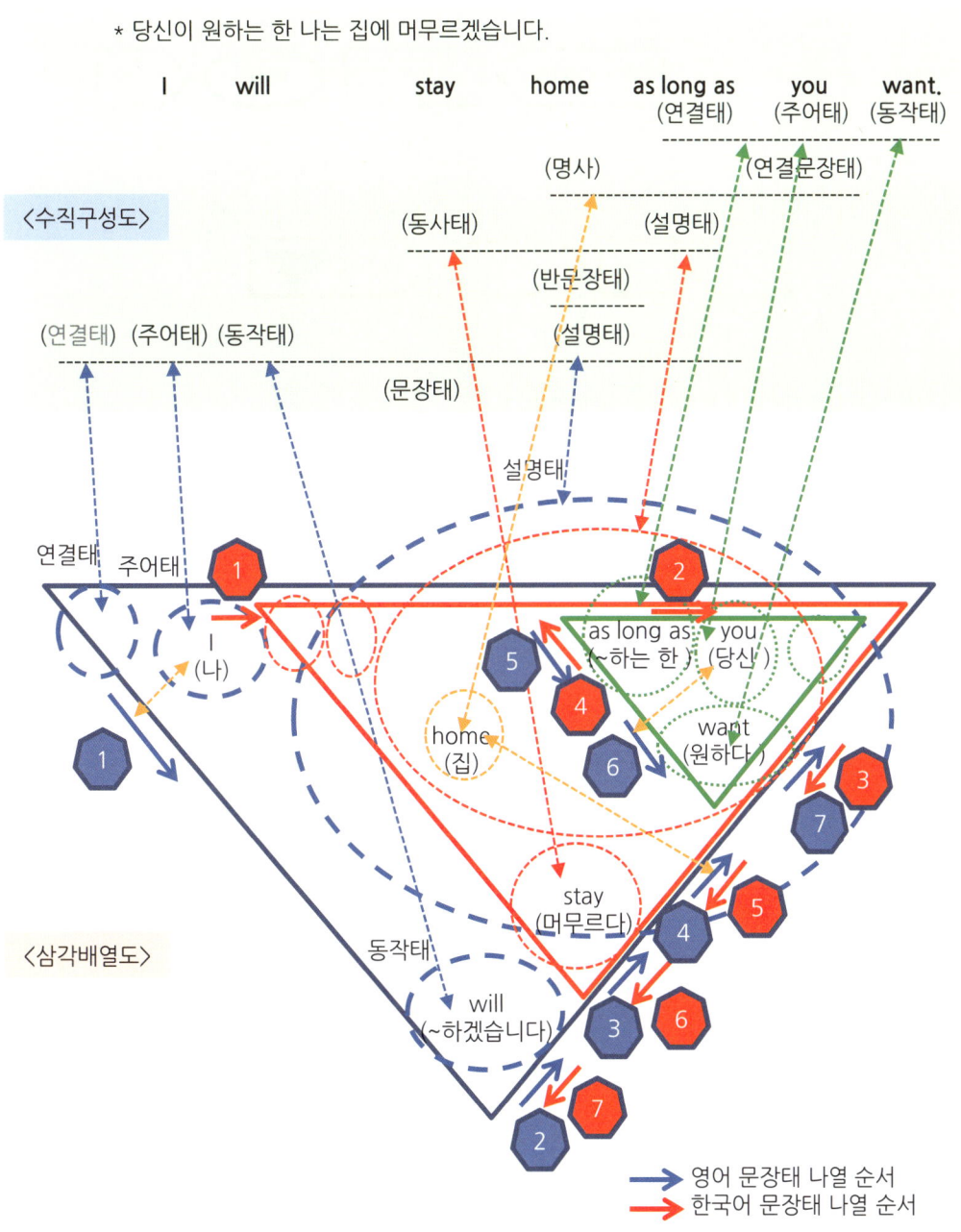

B-1. 8품사

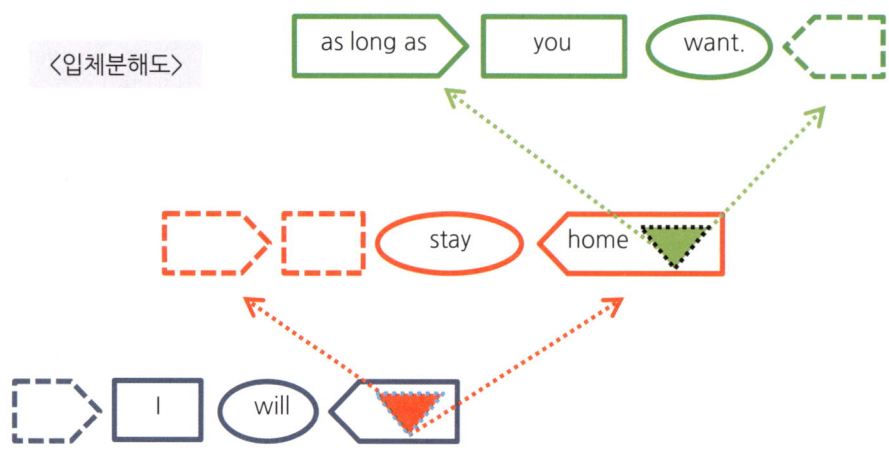

〈입체분해도〉

상기 예문에서 설명태안에 반문장태와 연결문장태가 포함되어 있습니다.

연결문장태는 'as long as' 에 의해서 '~하는 한' 이라는 부사의 역할을 합니다.
이 연결문장태는 바로 앞의 반문장태를 부사로서 수식합니다.

'as long as' 의 상세 내용은 그 뒤에 나오는 'you want'입니다.
즉, '당신이 원하는 한' 이라는 표현을 하고 있습니다.

연결문장태는 의미적으로는 'stay'를 부사적으로 수식하지만 정확하게는 'will'을 수식하고 있습니다.
'머무르다' 가 아니라 '머무르겠다' 라는 의지를 표현하고 있기 때문에 'will'을 수식하는 것 입니다.

B-1. 8품사

7. 연결사(연결태)

(2) 상황연결사(연결태) - 명사적 역할

- (명사적) 연결태를 의미합니다.
  that(~라는 것), wheather(~인지 아닌지), if (~인지)

* 그가 승리할 것이라는 것은 확실합니다.

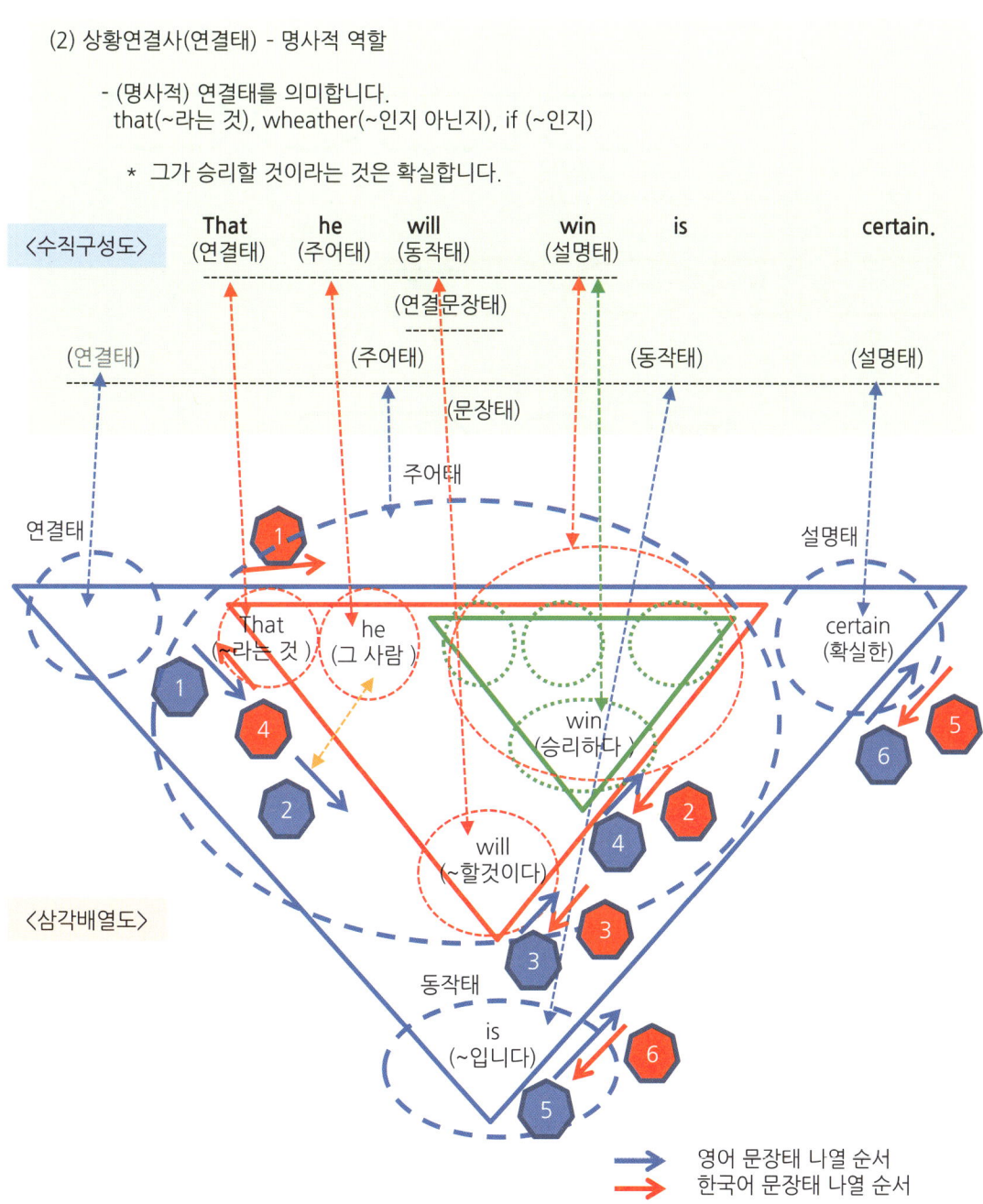

B-1. 8품사

7. 연결사(연결태)

<입체분해도>

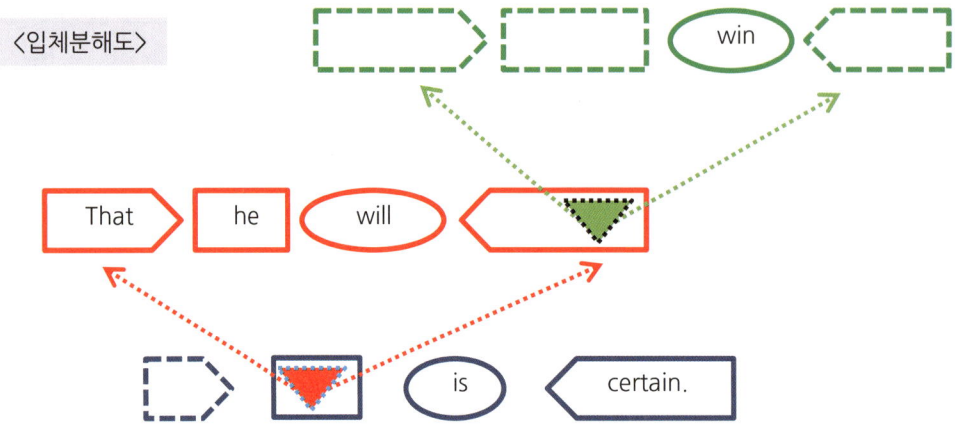

위 예문에서, 주어태 안에 연결문장태가 있습니다.
즉, 연결문장태가 주어태(주어)의 역할을 하고 있는 표현입니다.
'he will ~'   그가 ~할 것입니다.
'he will win'   그가 승리할 것입니다.
'That he will win'   그가 승리할 것이라는 것

연결문장태는 문장태 안에서 주어태로 사용되었으며 이렇게 문장태는 상황적으로 문장의 한 요소로 사용되어 표현됩니다.

B-1. 8품사

8. 감탄사

감탄사는 단독으로 사용되며 함축적으로 감정을 표현하는 기능을 합니다.
그러므로 감탄사는 하나의 문장 역할을 합니다.
감탄사 하나로 상당한 부분의 전달 의사를 표현한 것으로 볼 수 있기 때문입니다.

Oh ! 어머나

Oh, my god ! 세상에

Oh, my ! 이런

Oh, dear ! 어머나

Oh, boy ! 이런

Oops ! 이런

Wow ! 와

Damn it ! 젠장

Ouch ! 아야

Good Heavens ! 맙소사

God bless you ! 신의 가호가 있기를

Hurray(Hurrah) ! 만세

Bravo ! 훌륭해

Jesus(Christ)! 뭐라고

Shoot ! 쳇

B-2.

어법 구조

B-2. 어법 구조

어법 구조

B-2. 어법 구조

   1. 부정사
   2. 동명사
   3. 구.절.태
   4. 분사
   5. 보조동사
   6. 전치사
   7. 관계대명사
   8. 관계부사
   9. 시제일치
   10. 화법
   11. 특수구문
      (1) 도치
      (2) 강조
      (3) 생략
      (4) 삽입
      (5) 동격
      (6) 수의 일치
      (7) 부정

B-2. 어법 구조

0. 어법

여기에서는 기존 영문법에서의 내용을 혁신영문법의 관점에서 분석해봅니다.

어법은 문장으로 말을 해나가는 방식을 이야기합니다.
논리적으로 또는 관습적으로 규칙을 형성하고 있고 여러 가지 문장의 표현 방식을 포함하고 있습니다.

이러한 규칙들도 역시 다중구조 원리에 포함됩니다.

수직구조도, 삼각배열도 또는 입체분해도를 통해서 표현되고 분석됩니다.

1. 부정사

1) 부정사의 개요

부정사는 동사의 의미를 포함하면서 문장내에서 주 동사 및 명사를 보조하는 기법입니다.
'to + 동사' 또는 '동사원형'의 형태로 사용됩니다.
'to +동사'는 동작태의 하나이며 그 뒤에 설명태를 가질 수 있고 문장태를 형성할 수 있습니다.
전치사 'to'는 연결고리 또는 방향, 결과를 나타냅니다.
'to + 동사'는 미래지향적인 의미를 가집니다.
'to + 동사'는 문장의 앞에 위치해서 연결태로서 문장을 도입하는 역할을 하기도 합니다.

영어는 동사를 사용해서 문장을 표현하지만 우리말처럼 섬세하고 다양한 표현은 어렵습니다.
그래서 각각의 섬세한 표현대신 동사의 앞에 'to'를 붙혀서 사용하는 어법이 생겨난 것입니다.,
이렇게 우리말을 영어로 표현하는 것은 'to동사'를 사용하면 간단하게 해결되지만,
영어 문장을 우리말로 해석하는 것은 복잡하고 어려워지는 것입니다.

B-2. 어법 구조

1. 부정사

2) 부정사의 품사적 역할 개요

하나의 문장에 2개 이상의 동사가 사용되어야 하는 표현들이 있습니다.
이 때 'to동사'를 사용하며 부사적, 명사적 역할을 합니다.
앞에 명사가 있을 경우에는 형용사적으로 사용되어 앞의 명사를 수식합니다.

가) 명사적 역할
만일 앞에 있는 동사가 뒤에 나오는 동사를 아주 관련성이 높은 목적 대상으로 표현할 때는 뒤의 동사는 앞의 동사의 목적대상이 됩니다.
즉, 동사의 동작행위 자체를 목적물로 삼는 경우입니다.
나는 그녀를 만나기를 갈망합니다.(I long to see her.)
즉, 앞의 동사(long)가 동사(see)를 목적내용으로 필요로 하는 경우에 해당합니다.

나) 형용사적 역할
명사의 다음에 to동사가 와서 앞의 명사를 수식하는 경우입니다.
명사에 대해서 부연설명이 필요한 경우입니다.
이러한 경우 'to동사'는 앞의 명사를 수식하는 형용사의 역할을 하는 것입니다.

다) 부사적 역할

하나의 문장에 두 개의 사용될 경우 그 두 개의 동사는 순서적인 연관성을 가집니다.

예를 들어, "I came to see you." 나는 당신을 만나기 위해서 왔습니다.
앞에 동사(came)를 먼저 행하고 뒤의 동사(see)를 순서적으로 행합니다.
보기 위해서는 먼저 와야 하기 때문입니다,
이러한 경우는 '~하기 위해서' 라고 해석을 합니다.

또한, 이것을 다른 관점에서 보면 온(came) 결과 보게(see) 되었다는 것과 동일하다고 말할 수 있습니다.
이렇게 to동사를 '~하기 위해서' ~하다 또는 '~해서 ~결과가 되다'의 표현이 되는 것입니다.

이 두 개의 동사는 다양한 동사일 것이며, 다만 두 개의 동사가 연이어서 일어날 연관성을 가질 수 있는 경우라면 어떠한 표현도 가능합니다.
이것이 to동사의 부사적 사용이며 순서적인 연관성을 표현합니다.
한편으로는 동사의 나열로 인한 혼란을 방지하기 위해서 'to동사'를 사용하는 것일 수도 있습니다.

B-2. 어법 구조

1. 부정사

3) 부정사의 명사적 용법

(1) 주어

동사의 의미 자체를 명사처럼 표현하고자 할 때 to 부정사를 사용합니다.

'~하는 것'은
'책을 읽는 것'은 재미있습니다.
'책을 읽다'는 재미있습니다.
(To read book) is interesting.

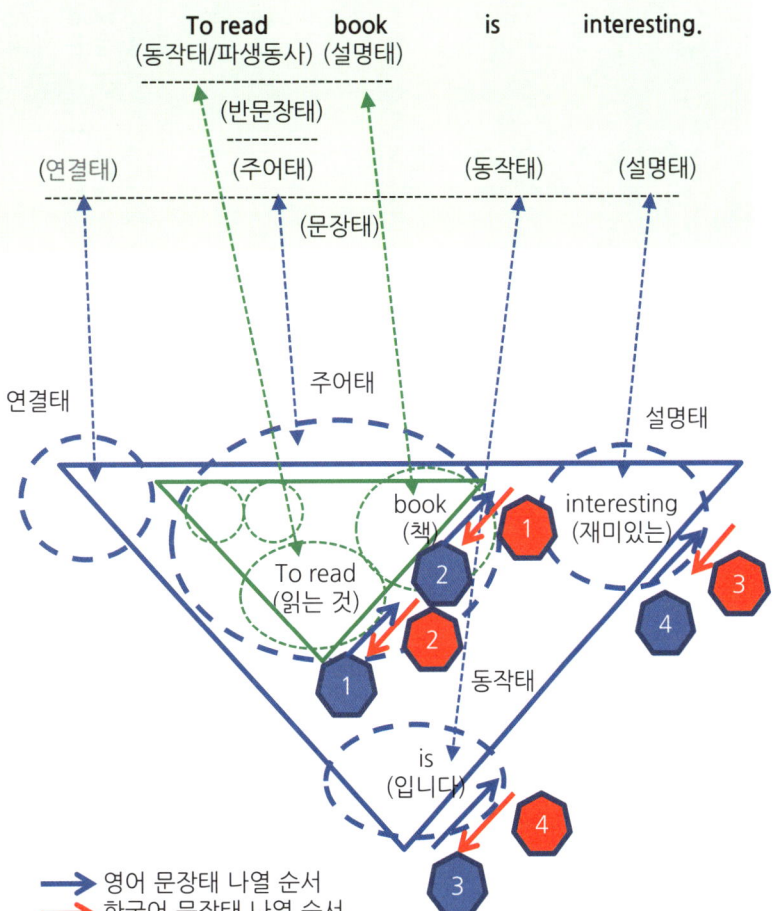

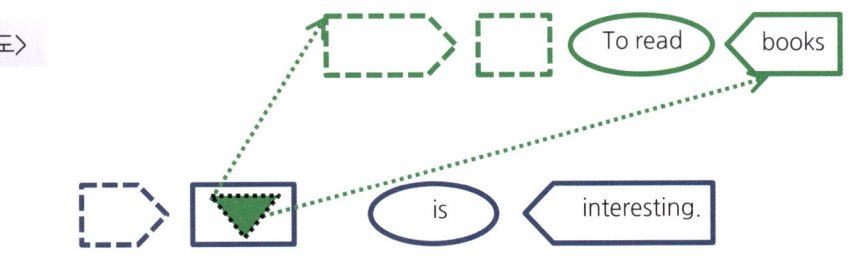

B-2. 어법 구조

1. 부정사

이처럼 하나의 반문장태는 주어태가 되어 주어의 역할을 합니다.
'to read book'이 정확하게는 '책을 읽다' 는 아니지만, 의미상 전달하고 싶은 내용인 '책을 읽다' 를 포함하고 있습니다.
'read'가 'to read'로 파생되어 반문장태안에서 '동작태'의 역할을 하고 있습니다.

* It is interesting to read books.

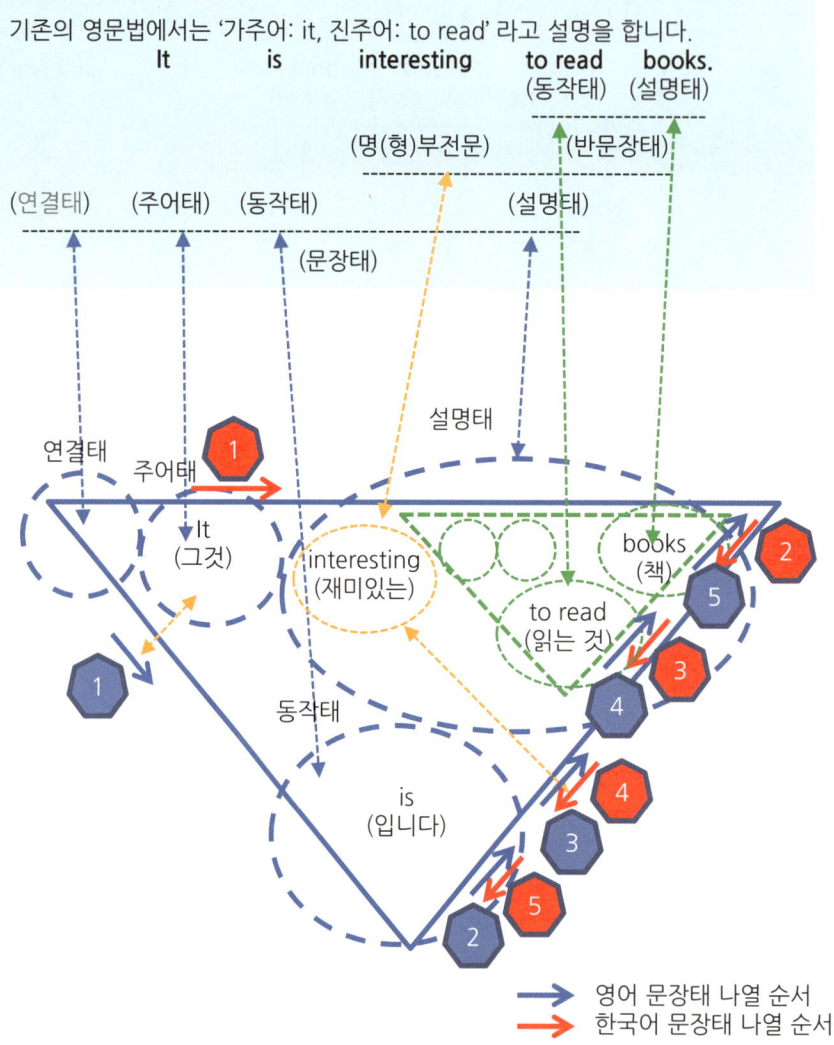

'it is ~' -> '그것은 ~합니다.'
다음에 나오는 내용이 그 상세 설명입니다. 'interesting ~' '재미있습니다.'
'재미있습니다.'의 상세 내용은 '책을 읽는 것' 입니다.
'to read book'는 반문장태입니다.
'it is ~ ' 라고 먼저 말하고 그 뒤에 내용을 표현합니다.

B-2. 어법 구조

1. 부정사

3) 부정사의 명사적 용법

　(2) 설명태(보어)

　　* 주어의 설명태(보어)로 사용됩니다.

　　보는 것이 믿는 것이다.

```
         To see            is      to believe.
  (동작태/파생동사/to동사)           (동작태/파생동사/to동사)
  ------------------------         ------------------------
         (반문장태)                      (반문장태)
         ---------                      ---------
(연결태)  (주어태)      (동작태)         (설명태)
         --------------------------------
                   (문장태)
```

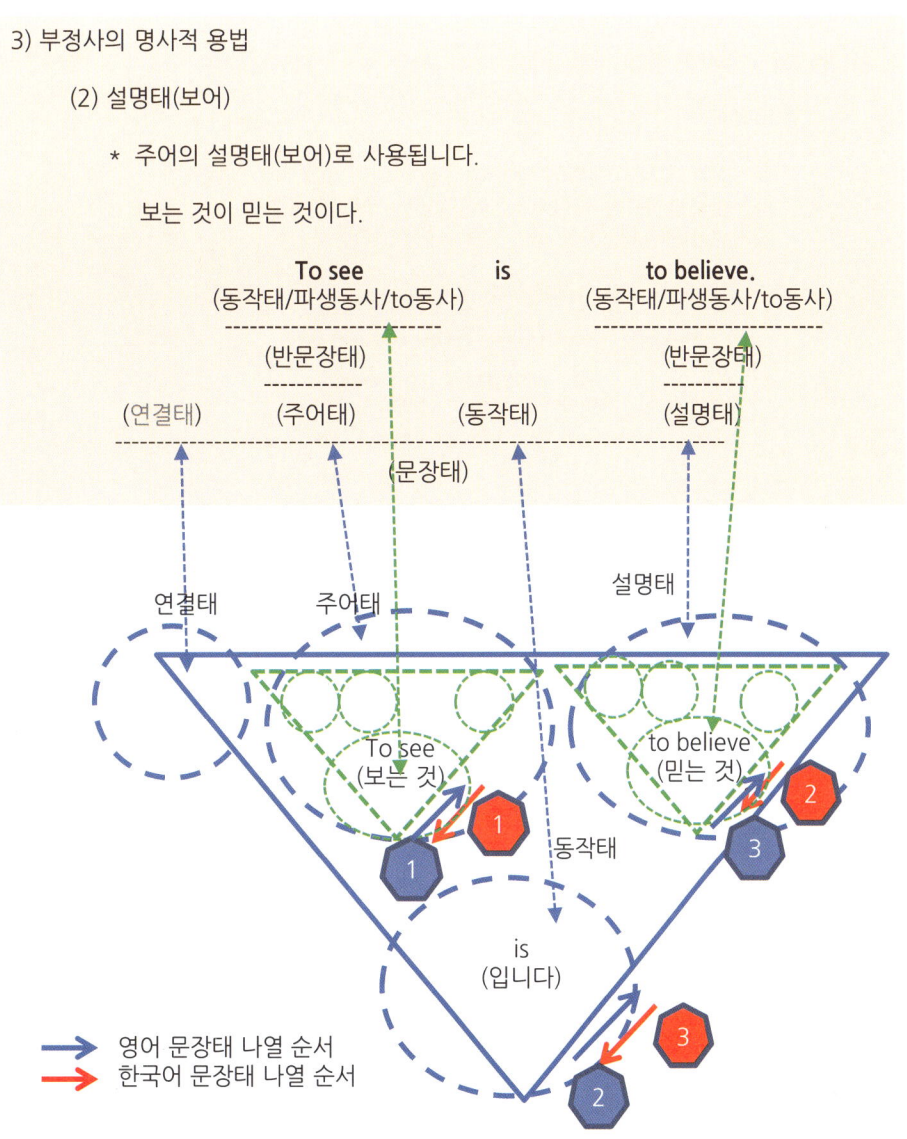

　　→ 영어 문장태 나열 순서
　　→ 한국어 문장태 나열 순서

'to see is ~' 본다라는 것은 ~입니다.
그 상세설명은 'to believe'입니다.
즉, 본다라는 것은 '믿는다 라는 것'입니다.

B-2. 어법 구조

1. 부정사

3) 부정사의 명사적 용법

   (3) 목적어

   목적어는 동사의 행위에 대한 대상을 의미합니다.
   혁신영문법에서는 목적어가 설명태안에 포함됩니다.
   결국 동사에 대해서 상세한 설명을 하는 것입니다.

   * 그는 공부하기 시작했습니다.

   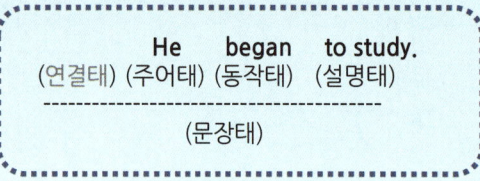

   'he began ~' 그는 ~을 시작하였습니다.
   그 상세 내용은 설명태안의 내용인 'to study' 입니다.
   'to 동사'는 반문장태를 형성합니다.
   그가 시작한 것은 공부하는 것입니다. -> 그는 공부를 시작하였습니다.

B-2. 어법 구조

1. 부정사

4) 부정사의 형용사적 용법

형용사적 용법은 명사를 꾸미거나 상태를 표현하는 기능을 합니다.
이 때 명사는 부정사의 앞에 위치하며 부정사는 형용사가 되어 앞의 명사를 꾸미는 "~할" 이 됩니다
즉, 앞에 명사가 있으면 형용사가 되어 앞의 명사를 꾸미는, "~할" 이 됩니다.

(1) 꾸밈(한정)용법

나는 공부할 것이 있습니다.
* I have something to study.

```
            I       have      something        to study.
                                            (동작태/to동사/파생동사)
                                            ----------------------------
                              (명사)           (반문장태)
                                            ----------------------------
(연결태) (주어태) (동작태)                      (설명태)
-----------------------------------------------------------
                            (문장태)
```

'I have ~' 나는 ~ 을 가지고 있습니다.
그 상세 내용은 설명태에 표현되어 있습니다.
'something to study'는 설명태입니다.
'to study'는 앞의 'something'을 수식하여 '공부할 something'이 됩니다.
설명태 안에서는 그 구성요소가 서로를 수식합니다,
'to study'는 앞의 'something'을 수식하는 반문장태를 구성합니다.

원래는 I have + I study something. 입니다.
"나는 '나는 무엇인가를 공부합니다.'를 가지고 있습니다." 입니다.

그런데 'something'이 강조되어 앞으로 이동됩니다.
I have something I study.
-> I have something that I study.
'~that'는 '~라는 것'입니다.

'something'에 대한 상세설명이 그 뒤에 옵니다.
그 내용은 '내가 공부합니다' 의 내용입니다.
즉 'that I study'는 앞의 'something'을 수식하는 것입니다.
마치 형용사처럼 수식하는 것이며 뒤에서 앞으로 수식하게 됩니다.
여기에서 'that I'는 별 의미가 없으므로 생략합니다.
또한 'have'와 'study' 두 개의 동사가 존재하므로 뒤의 설명태안의 동사를
파생동사(to 동사)로 변형하는 것입니다.
즉 'study' -> 'to study' 로 변경합니다.

B-2. 어법 구조

1. 부정사

4) 부정사의 형용사적 용법

(2) 서술용법
be 동사가 사용된 문장의 설명태 안에서 예정, 의무, 가능, 운명, 목적을 표현합니다.
* 우리들은 아침에 떠나기로 되어 있습니다.

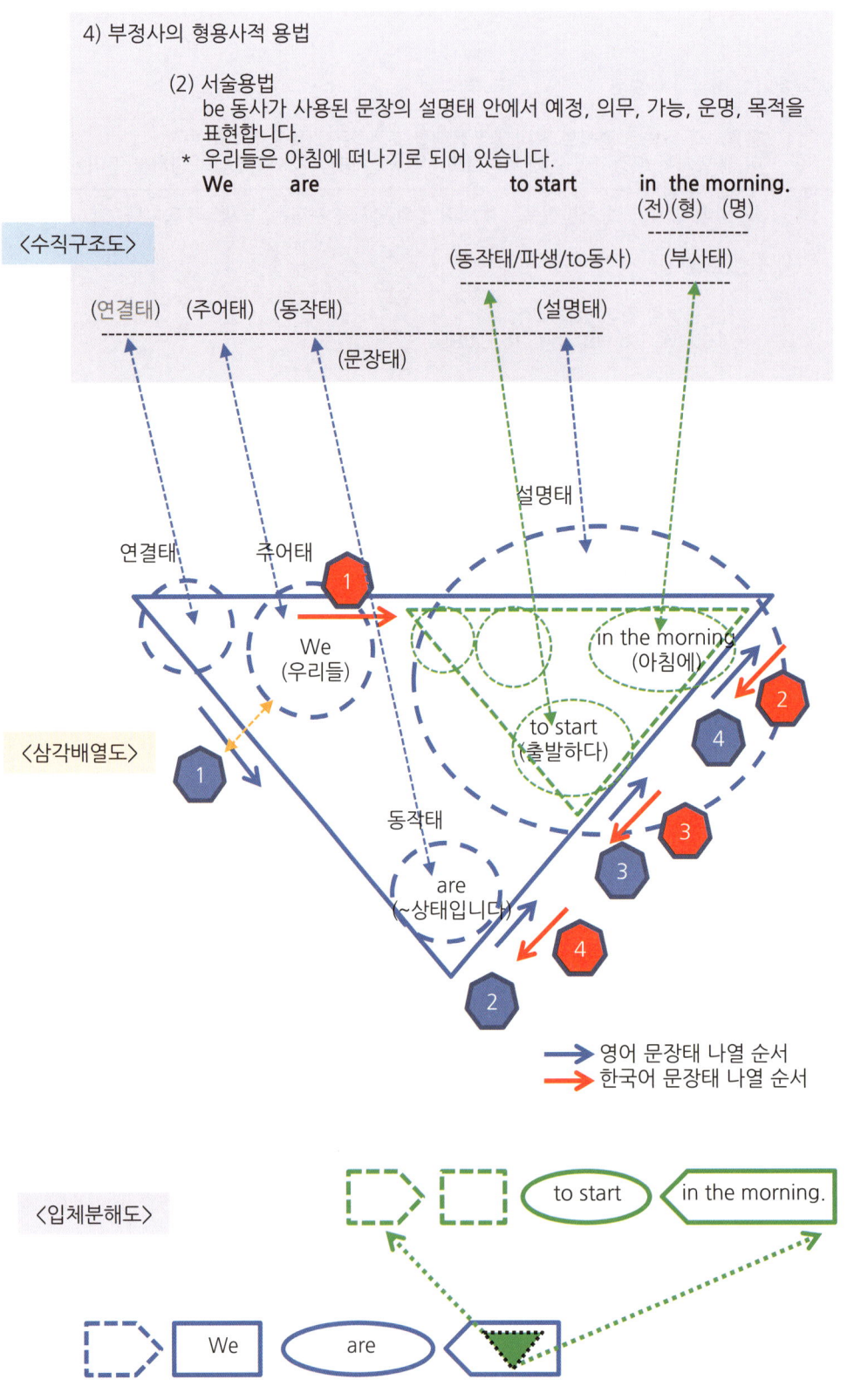

B-2. 어법 구조

1. 부정사

'we are ~ ' 우리들은 ~ 상태입니다.
그 상세한 내용은 그 다음의 설명태입니다.
우리들은 'to start in the morning' 상태입니다.
설명태인 'to start in the morning'은 '아침에 출발한다'는 의미입니다.
'we are to ~'는 관용적으로 가까운 미래에 있을 예정의 의미로 사용됩니다.
즉, 관용적으로 'be to ~ '는 ' ~할 예정'이라는 표현이 됩니다.

이렇게 혁신영문법에서는 설명태 안에 문장태나 반문장태를 포함하고 있어서 다양한 표현이 가능합니다.

B-2. 어법 구조

1. 부정사

4) 부정사의 형용사적 용법

(2) 서술용법

* 거리에는 아무도 보이지 않았습니다. (가능)

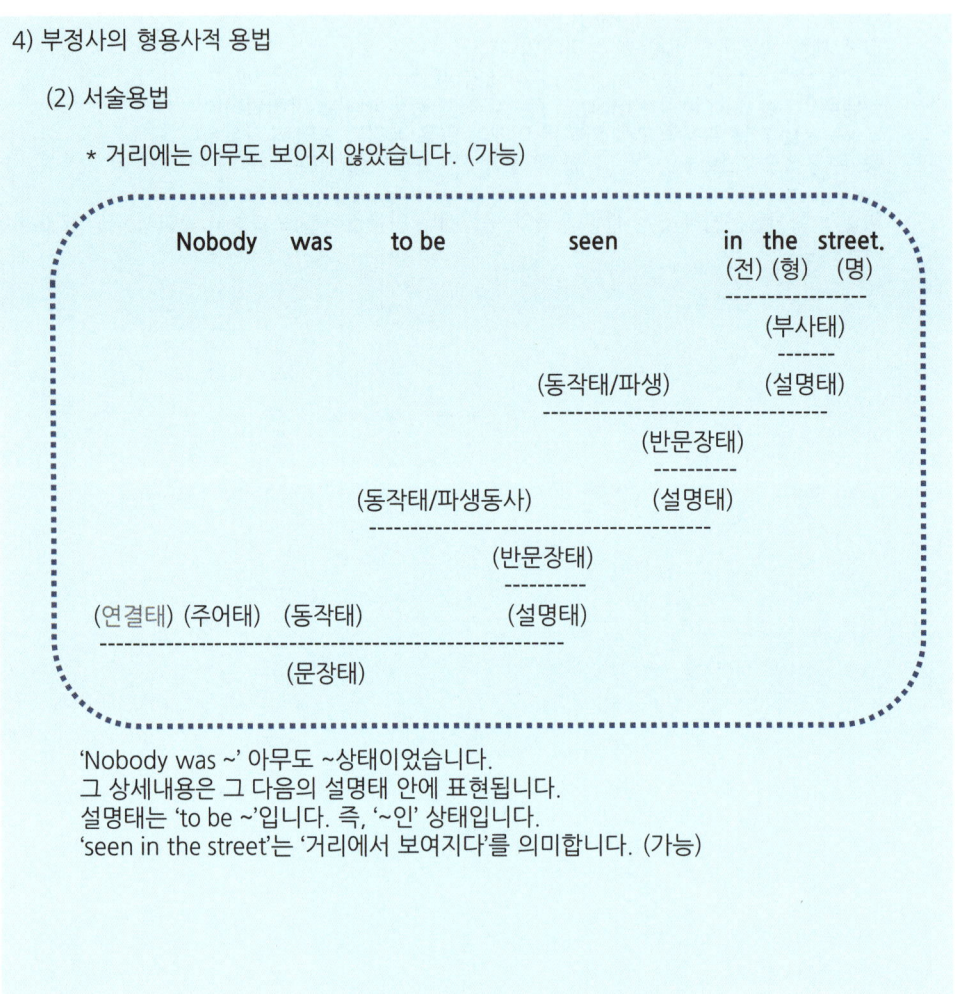

'Nobody was ~' 아무도 ~상태이었습니다.
그 상세내용은 그 다음의 설명태 안에 표현됩니다.
설명태는 'to be ~'입니다. 즉, '~인' 상태입니다.
'seen in the street'는 '거리에서 보여지다'를 의미합니다. (가능)

B-2. 어법 구조

1. 부정사

4) 부정사의 부사적 용법

(1) 목적: ~하기 위해

* 그는 그녀를 만나러 거기에 갔습니다.

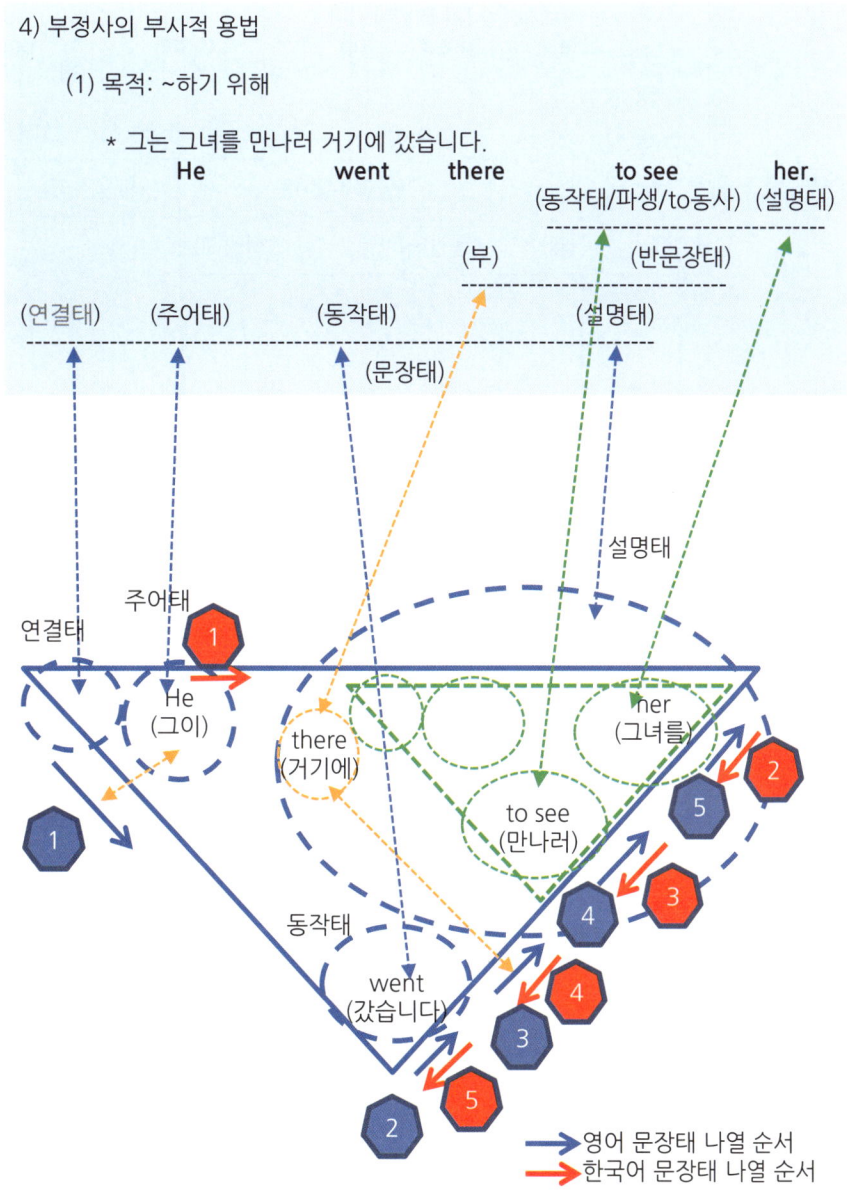

→ 영어 문장태 나열 순서
→ 한국어 문장태 나열 순서

'He went ~' 그는 갔습니다.
상세 내용은 그 다음의 설명태에 표현되어 있습니다.
'there' 거기에
'to see her' 그녀를 만나기 위하여
'to see' 는 보는 방향을 의미합니다. 즉 보는 방향으로, '보기 위하여'가 됩니다.

B-2. 어법 구조

1. 부정사

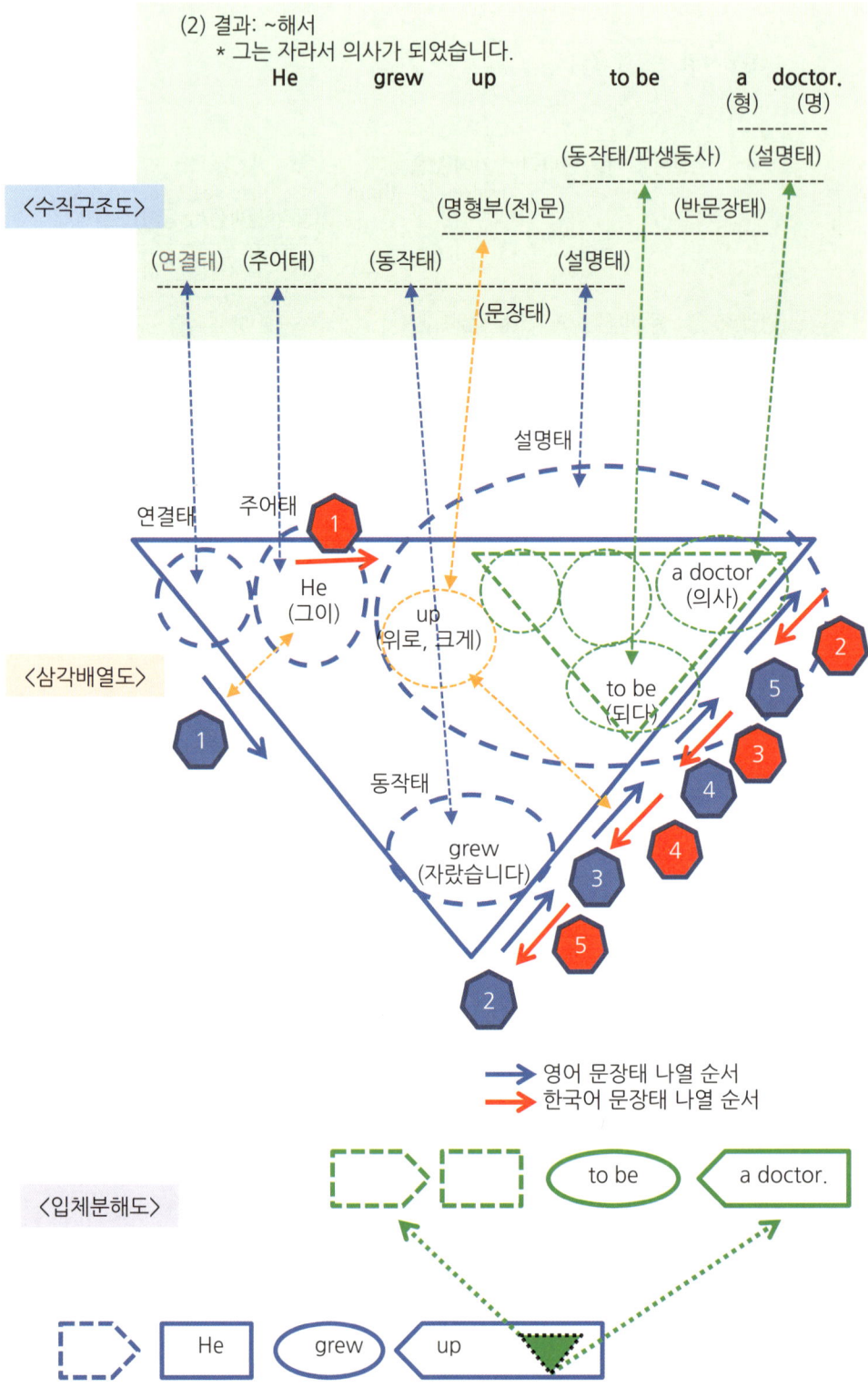

B-2. 어법 구조

1. 부정사

'He grew' -> '그는 자랐습니다.'
그 상세 내용은 그 다음의 설명태에 표현됩니다.

'up'은 'grew'에 연결되어 관용적으로 사용되며, 부사역할을 하는 전치사로서 성장을 의미합니다.
'to be a doctor' 는 설명태 안에 있는 반문장태입니다.
즉, '의사가 되다' 를 의미합니다.

그는 의사가 되도록 성장하여 자랐습니다. => 그는 자랐는데 그 결과 의사가 되었습니다.

(3) 이유: ~해서
    * 나는 그의 시험 합격 소식을 듣고 기뻤습니다.

```
       I    was    pleased     to hear      of  his pass  in the exam.
                                            (전) (형) (명)    (부사태)
                                            ---------------------------
                               (동작태/파생)              (설명태)
                               -------------------------------
                      (명(형)부전문)              (반문장태)
                      ------------------------------------
(연결태) (주어태)(동작태)              (설명태)
-----------------------------------------------------
                         (문장태)
```

'I was ~' 나는 ~ 상태입니다.
그 상세 내용은 그 다음의 설명태에 표현됩니다.
'pleased' 기쁩니다.

(4) 정도: ~하기에
    * 그 수프는 먹기에 너무 뜨거웠습니다.

```
        The soup        was        too hot   to eat       quickly.
                                             (동작태)     (설명태)
                                             ---------------------------
                                   (부) (형)       (반문장태)
                                   ------------------------------
(연결태)    (주어태)     (동작태)            (설명태)
-------------------------------------------------------------
                         (문장태)
```

'The soup was ~. 그 수프는 ~상태였습니다.
그 상세 설명은 'too hot to eat quickly'입니다.
'The soup was too hot ~. 그 수프는 매우 뜨거운 상태였습니다.
부연 설명으로 'to eat quickly', '빠르게 먹다'입니다.

여기에서 '그 수프는 매우 뜨거웠고 …' 또 '빠르게 먹다'입니다.
앞뒤의 내용을 연결하는 상황은 문맥상 '~하기에'가 적절합니다.
이것을 기존 영문법에서는 'too ~ to ~'용법이라고 이야기를 합니다.
너무 ~해서 ~할 수 없다.

B-2. 어법 구조

1. 부정사

5) 원형 부정사의 용법

원형 부정사란 동사 앞에 'to'가 생략된 것을 일컫는 것입니다.
지각동사, 사역동사, 관용적 등의 경우에 사용됩니다.

<1> 지각동사의 설명태(서술어(보어))

* 나는 그가 운동장에서 달리는 것을 보았습니다.

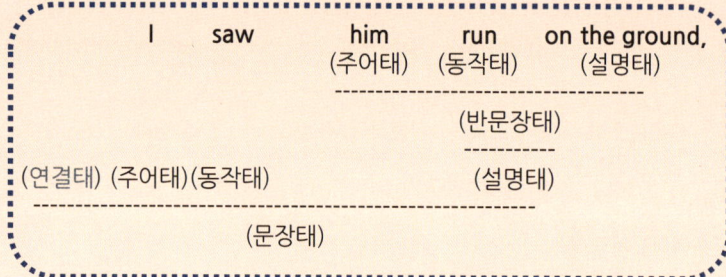

설명태 안에 반문장태가 있습니다.
그 안의 주어태는 'he' 대신 'him'이 사용되고 있습니다,

이렇게 반문장태 안에는 주어인 주어태의 변형이 올 수가 있습니다.
주격이 아닌 목적격이라고 하더라도 주어의 역할을 할 수가 있는 것입니다..

B-2. 어법 구조

1. 부정사

5) 원형 부정사의 용법

〈2〉 사역동사의 설명태(보어)

* 나는 그에게 그 방을 청소하도록 하겠습니다.

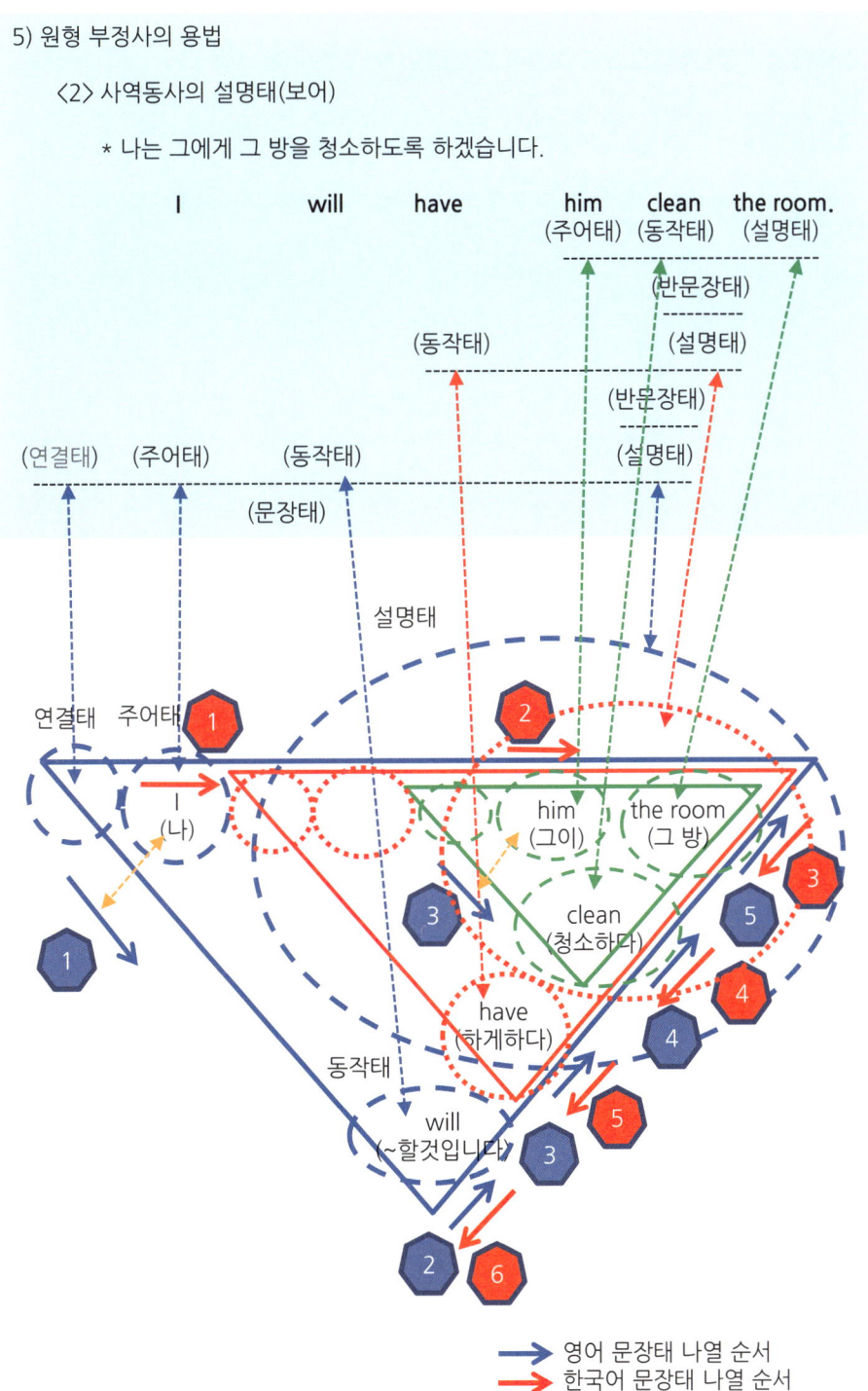

B-2. 어법 구조

1. 부정사

설명태 안에 반문장태가 있고 그 안에 또 반문장태가 있습니다.
'I will ~'은 ~ 하겠다는 표현이며, 그 다음에 반문장태 형식의 설명태가 옵니다.
'have ~ '는 '~ 상황을 갖도록 하겠다' 또는 '~시키겠다' 는 표현입니다.
그 상세 내용은 그 다음의 설명태인 'him clean the room' 입니다.

'him clean the room' 은 반문장태이며 'he cleans the room' 과 동일합니다.
'him'은 주어인 주어태의 역할을 합니다.

B-2. 어법 구조

1. 부정사

5) 원형 부정사의 용법

   〈3〉 관용적 용법

   * 당신은 지금 당장 가는 것이 좋습니다.

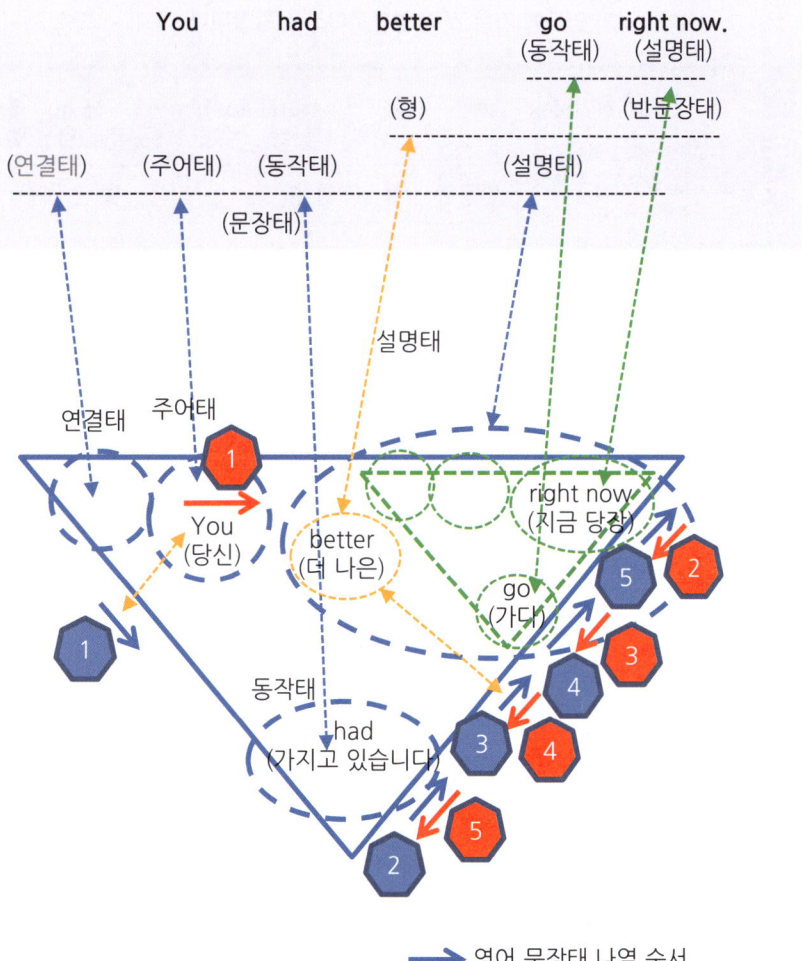

→ 영어 문장태 나열 순서
→ 한국어 문장태 나열 순서

'You had ~' 당신은 ~상태를 가지고 있습니다.
그 상세 설명은 설명태인 'better go right now' 입니다.
'You had better ~' 당신은 더 나은 상태를 가지고 있습니다.
그 상세 설명은 'go right now' 즉, '지금 당장 가는 것'입니다.
설명태 안에는 반문장태가 포함되어 있으며 관용적으로 'to go' 의 파생동사를 사용하지 않는 것입니다.
'had better'를 하나의 동작태로 보면 'better'는 뒷주머니입니다. 관용적인 표현입니다.

B-2. 어법 구조

1. 부정사

6) 부정사의 의미상의 주어

    〈1〉 for ~을 사용하는 경우

* 나는 그가 영국에 가는 것이 당연하다고 생각합니다.

```
            I    think    it      (is)    natural  for him     to go   to England.
                       (주어태)(동/생략) (형/설)  (주어태) (동작태/파생동사)(설명태)
                       ---------------------------  -------------------------------
                       (반문장태/동작태생략)                    (반문장태)
                                        ---------------------------------------
(연결태)(주어태)(동작태)                            (설명태)
---------------------------------------------------------
                             (문장태)
```

설명태 안에는 두개의 반문장태가 있습니다.
앞의 반문장태는 특이하게 동작태(is)가 생략된 형태입니다.
'it is natural' 이 'it natural' 로 변형 되었습니다.

그 다음의 두 번째 반문장태는 'natural'에 대해서 상세 설명을 하는
내용이면서 it를 설명하는 내용이기도 합니다.
그 이유는 'natural'은 'it'의 설명태 이기 때문입니다.

'for him to go to England'는 'he goes to England'의미입니다.

* 나는 그가 영국에 가는 것이 당연하다고 생각합니다.

    다음의 구조에서는 설명태 안에 하나의 반문장태가 포함된다고 보기도 합니다.

```
            I    think    it     natural    for him     to go   to England.
                                             (주어태) (동작태/파생동사)(설명태)
                                             ---------------------------------
                       (명)     (형)                   (반문장태)
                       -------------------------------------------
(연결태)(주어태)(동작태)                 (설명태)
---------------------------------------------------
                       (문장태)
```

B-2. 어법 구조

1. 부정사

6) 부정사의 의미상의 주어

   〈1〉 for ~을 사용하는 경우

   * 이 가방은 학생들이 사기에 너무 비쌉니다.

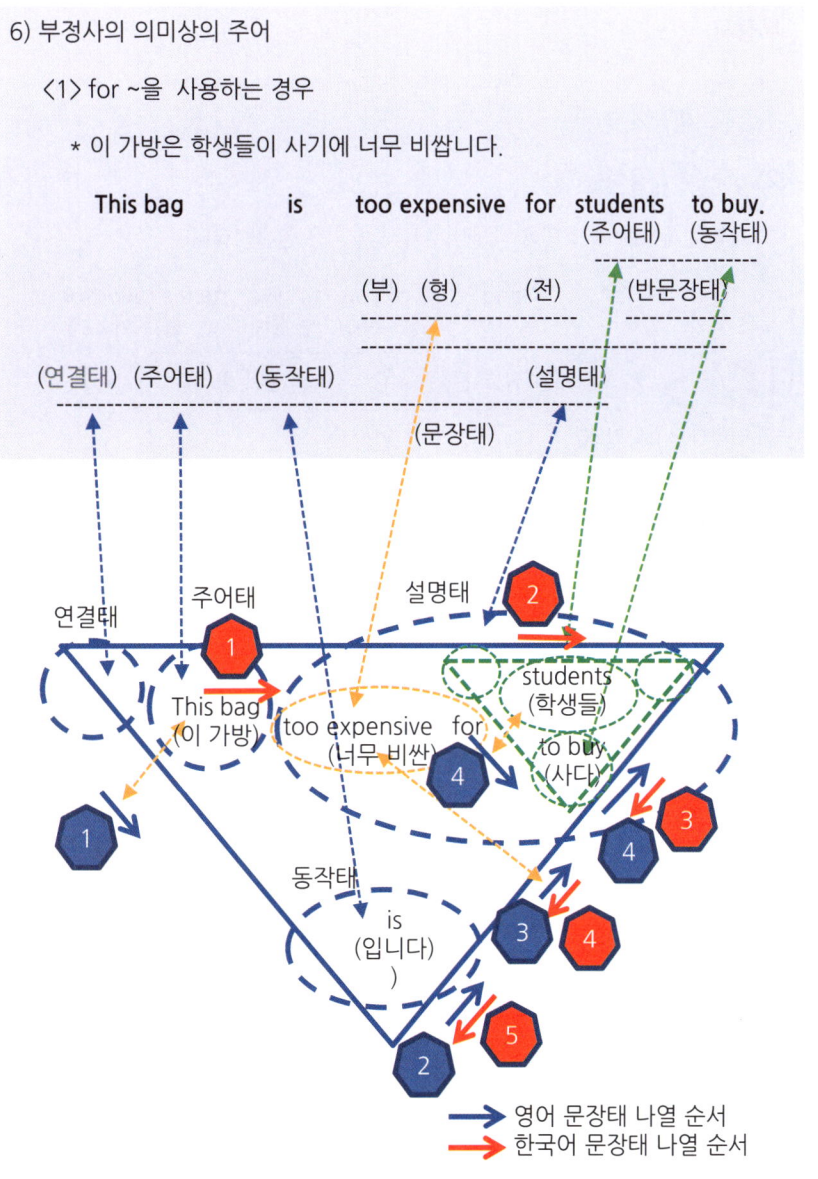

'This bag ~' 이 가방은 ~ 상태입니다.
'This bag is too expensive for ~' 이 가방은 ~에 대해서 너무 비쌉니다.
그 상세 내용은 그 다음에 나오는 'students to buy'입니다.
이것은 반문장태의 형태입니다.
'buy'를 'to buy'의 파생동사로 변화시킵니다.
즉, '학생들이 삽니다' 를 의미합니다.
'for students to buy'는 '학생이 사는 것에 대해서' 를 의미합니다.

B-2. 어법 구조

1. 부정사

6) 부정사의 의미상의 주어

  <2> of ~을 사용하는 경우

  우리에게 이렇게 호의를 베풀어주시니 당신은 친절하십니다.

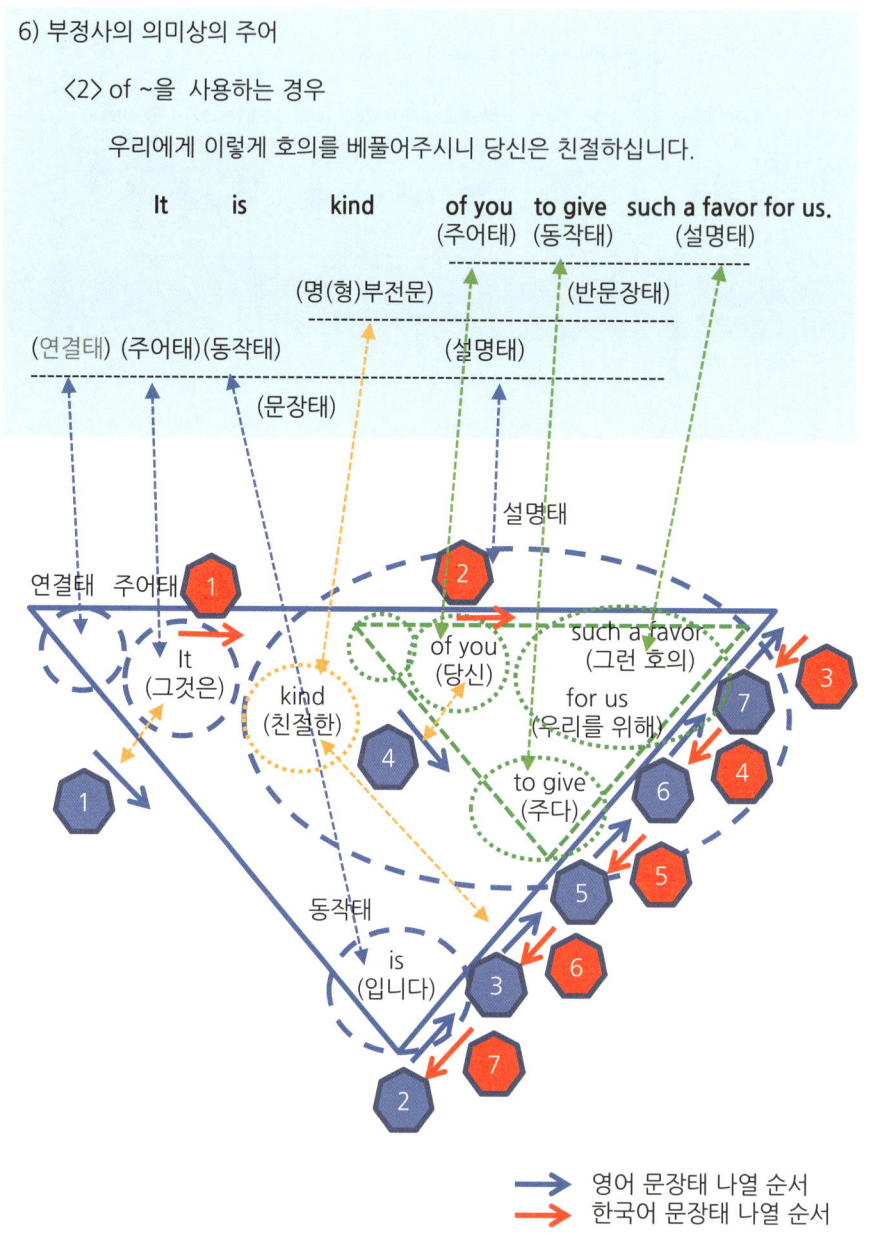

B-2. 어법 구조

1. 부정사

'It is ~ '그러합니다.
그 상세 내용은 그 다음의 설명태에 표현되어 있습니다.
'kind' 친절합니다.
'of you'는 주어인 '주어태'의 역할을 하고 'to give'는 동작태의 역할을 합니다.
'give'에 대한 상세 설명은 그 다음에 나오는 'such a favor for us'입니다.

이렇게 'kind', 'foolish' 등의 사람의 특성을 나타내는 경우에 'of'가 사용됩니다.

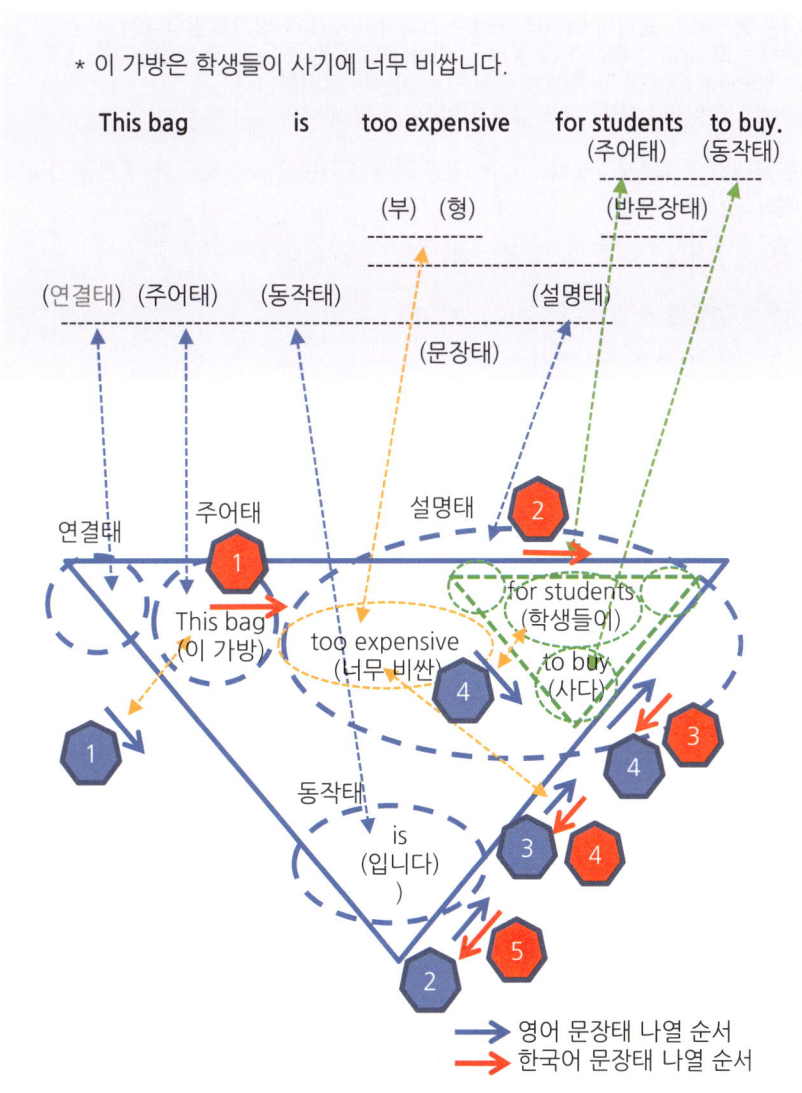

B-2. 어법 구조

2. 동명사

1) 동명사의 용법 (1)

동명사는 동사의 의미를 가지면서 문장의 일부분에서 명사의 역할을 수행하는 기법입니다.
동사인 단어가 명사의 품사로 변한 것을 말하며 명사적인 성격이 강합니다.

동명사는 여기 다중구조 영문법안에서는 동작태에 포함되며 원동사의 의미를 동일하게 가지고 있으면서 명사적인 기능을 수행합니다.
'동사원형+ing'의 형태로 동명사로 사용됩니다. 이것은 현재분사가 되기도 합니다.
이러한 동명사는 동사의 의미에 대하여 결과적이며 또한 명사적입니다.
동명사는 그 의미의 본질과 그 목적 및 기능 등에 중점을 두는 어법입니다.
즉, 'sleeping bag'은 그 속에서 잠을 자는 침낭을 의미합니다.
'sleep'의 본 의미는 잠을 자는 것을 의미하기 때문입니다.

같은 형태인 현재분사의 sleeping은 '지금 현재 일어나고 있는 동작'에 중점을 둡니다.
a sleeping dog -> 잠자고 있는 개

동명사는 명사의 형태를 가지므로 주어태의 역할을 합니다.

* 싸우는 것은 좋지 않습니다.

```
      Fighting    is    not good.
(연결태) (주어태)  (동작태)  (설명태)
      -----------------------------------
                  (문장태)
```

B-2. 어법 구조

2. 동명사

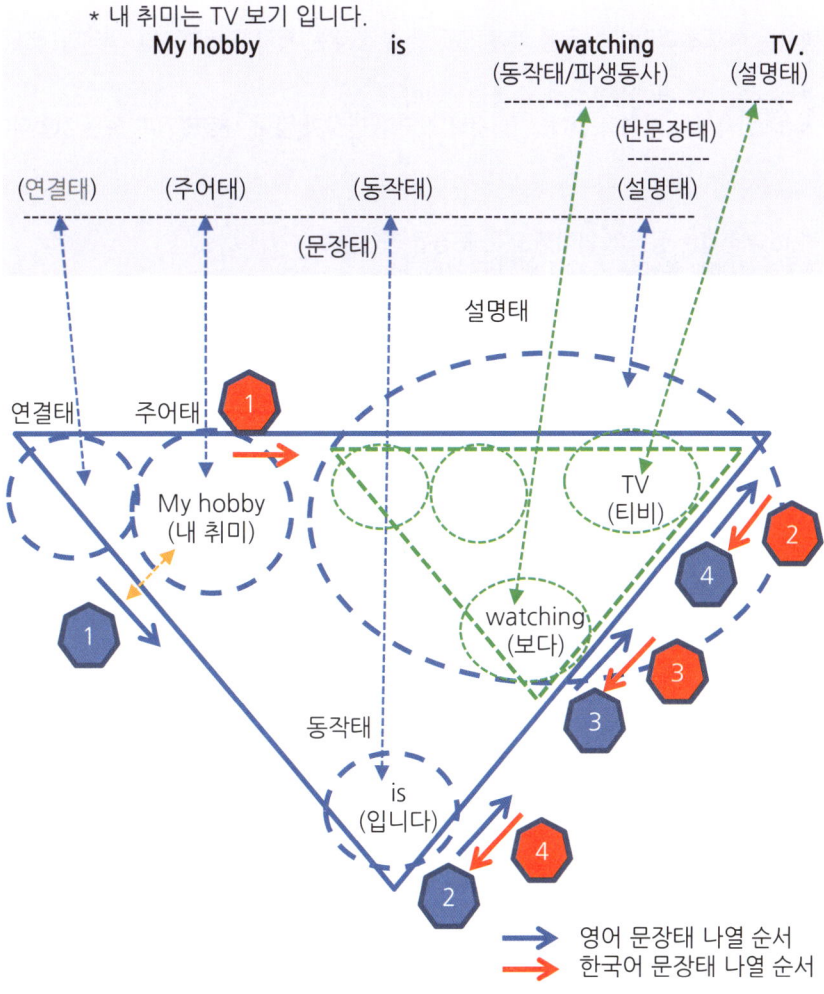

위 예문에서는 'watching'을 단순 명사로 간주하였습니다.
'watching TV' -> 'TV 보기'
하지만 동사의 기능이 살아있으므로 뒤에 설명태로서 'TV'를 수반하고 있습니다.
즉 내용상으로는 동사의 역할을 하는 것입니다.

다중구조 영문법에서는 동명사라 할지라도 동작태로 인식하며 동작태의 변형인 파생동사로 간주합니다.

B-2. 어법 구조

2. 동명사

2) 동명사와 부정사의 차이

동명사는 현재와 과거의 행동을 의미하고, 'to 부정사'는 계획 또는 예정을 의미합니다.

동명사는 동사의 결과적인 의미를 중시합니다.
즉, 더욱 명사적인 성격이 짙다고 할 것이며 거의 명사와 같이 사용되기도 하는 것입니다.

한편 to 부정사는 동작의 의미에 더욱 중점을 둡니다.
미래지향적이며 목표를 가지고 있기도 합니다.
그래서 더욱 다양한 복합적인 상황을 만들어 의미전달이 더욱 신중해지는 것입니다.

To play guitar is difficult.
    기타를 치는 것은 어렵습니다. (일반적으로 그냥 모두 알고 있는 사실입니다.)

Playing guitar is difficult.
    기타를 치는 것은 어렵습니다. (아마도 내가 해 본 것을 토대로 하는 사실입니다.)

I tried to open it.
    나는 그것을 열려고 했습니다. (실제로 열었는지는 모릅니다.)
            (open으로 향하는 try(시도)가 있었습니다.)
I tried opening it.
    나는 그것을 열려고 했습니다. (실제로 열었습니다.)
            (단순하게 open 시도가 있었습니다.)

동명사만을 취하는 동사는,
그 동사의 의미가 현재나 과거의 사실만을 다루는 것이어서 to 부정사로 표현하면 미래의 것을 과거로 표현하는 결과가 되므로 반드시 동명사만을 사용하는 것입니다.
I finished studying.
I gave up running.

'to 부정사'만을 취하는 동사는,
그 의미가 미래 또는 앞으로의 일이나 계획의 의미를 내포하기 때문입니다.
I want to go.
I planned to build it.

동명사와 'to 부정사'를 모두 취하는 동사는,
그 해당 동사가 과거 또는 미래의 상황을 모두 표현 가능한 단어이기 때문입니다.
마찬가지로 동명사일 경우는 과거의 일을 나타내고,
'to 부정사'는 앞으로 일어날 것을 표현하는 것입니다.
I remembered to meet her. (나는 그녀를 만나야 하는 것이 기억났습니다.)
I remembered meeting her. (나는 그녀를 만난 일이 기억났습니다.)

B-2. 어법 구조

3. 구.절.태

1) 구 (1)

구는 기존영문법에서 호칭하는 문법의 한 요소입니다.
구는 둘 이상의 단어가 모여서 일정한 의미를 표현하는 역할을 하는 것입니다.
즉, 기능적으로 품사적인 역할을 합니다.

구에는 동작을 나타내는 동사의 형태가 포함될 수도 있으며, 동작을 나타내는 단어가 사용되지 않을 수도 있습니다.
동사가 사용되는 구는 더욱 다양하고 상세한 설명이 가능해집니다.

혁신영문법에서는 이러한 동사가 포함된 동사구를 문장태의 일종인 반문장태 등으로 칭합니다.
만일 동사가 포함되지 않은 구라면 그 품사적인 성격에 따라서 주어태, 형용사태, 부사태라고 칭합니다.

B-2. 어법 구조

3. 구.절.태

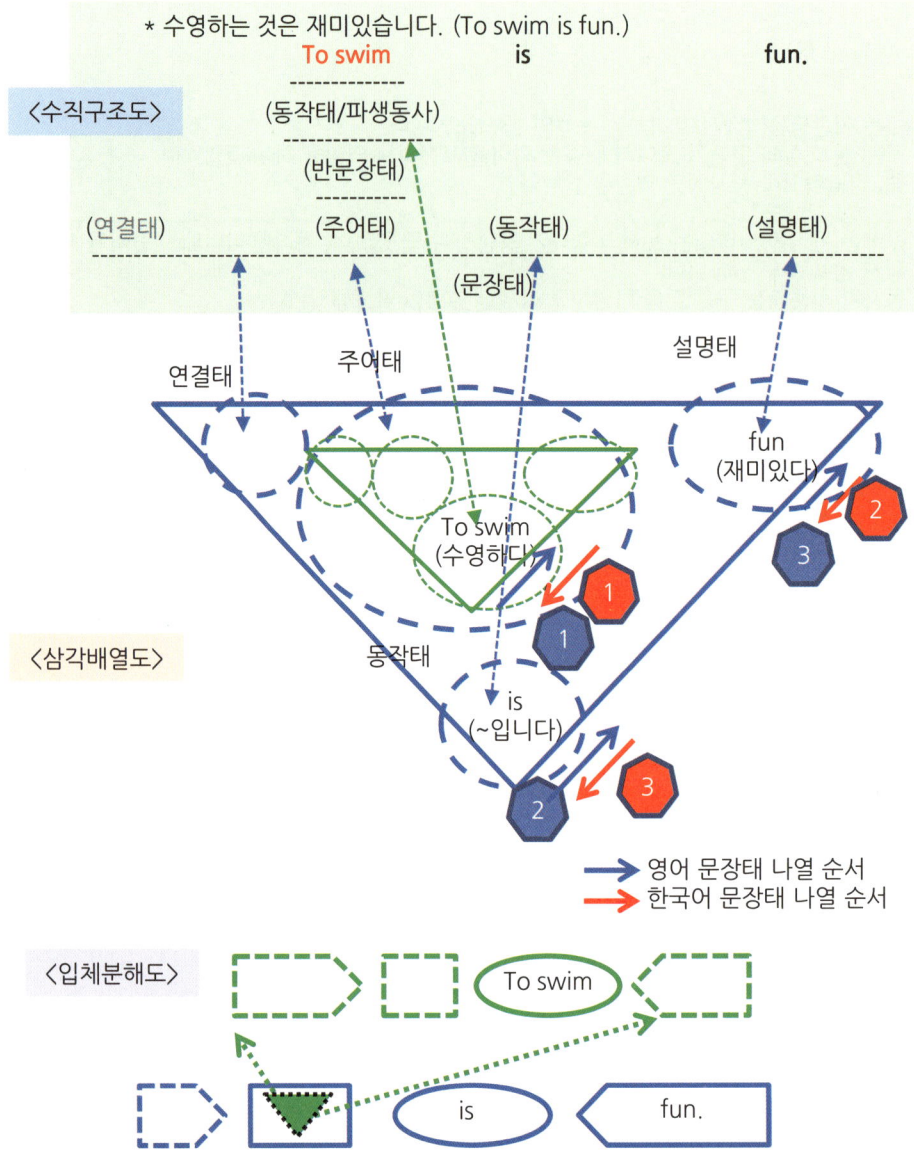

'I swim' 나는 수영합니다.
그런데 그것이 재미있습니다, 'it is fun'
'내가 수영한다는 것' 'That I swim'
'내가 수영한다는 것은 재미있습니다.' 'That I swim is fun,'

생각을 전달하는 방법에 있어서 간결성은 가장 중요한 요소 가운데 하나입니다.
그 간결성을 충족시키기 위해서 제거해도 뜻 전달이 손상되지 않는 부분을 삭제하는 것입니다.
비록 내가 아닌 다른 사람이 수영을 한다 해도 재미있을 것입니다.
그래서 'I'와 관련된 부분을 삭제 하는 것입니다.
그런데 동작을 나타내는 동사 두 개가 연달아서 붙게 되어 복잡하게 됩니다.
그런 복잡성을 없애기 위해 앞에 있는 동사에 'to'를 붙여서 뒤에 나오는 원동사와 구별되도록 표현하는 것입니다.

B-2. 어법 구조

3. 구.절.태

1) 구 (2)

* 나는 차를 살 돈이 없습니다.

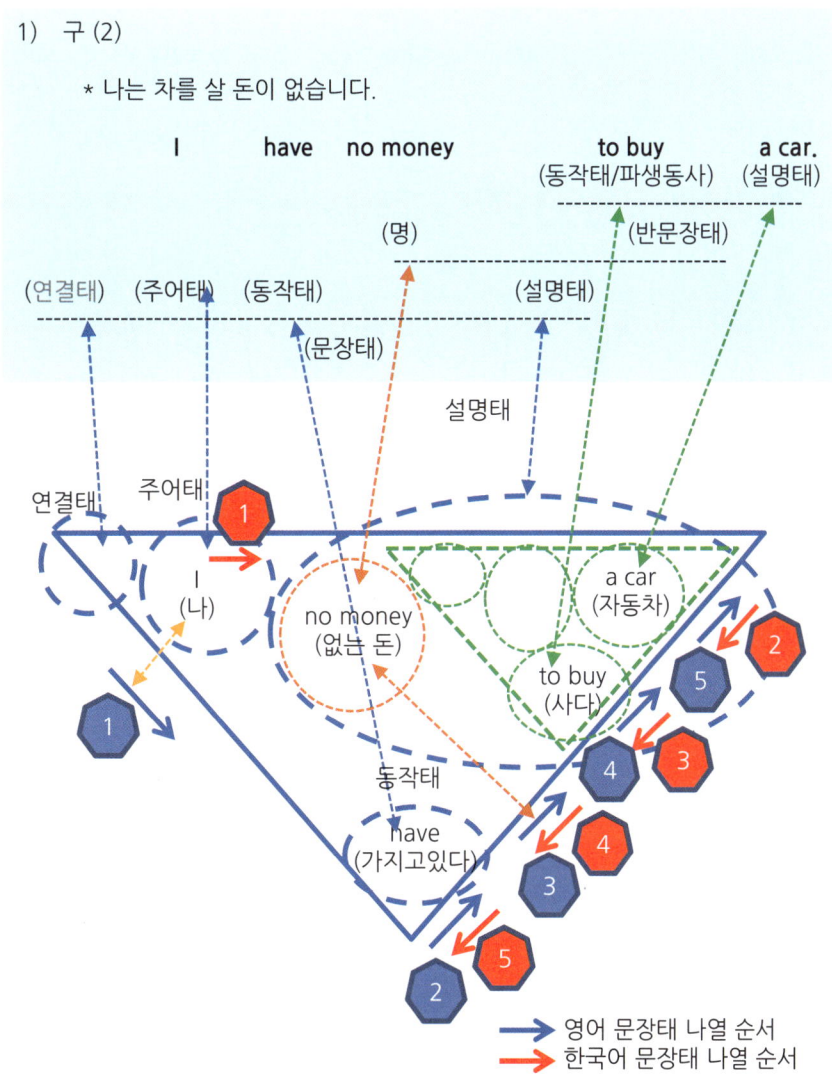

설명태안의 반문장태(to buy a car)는 그 앞에 있는 명사인 money를 수식하는 형용사의 역할을 합니다.
'to buy'는 동작태로서 파생동사입니다.

B-2. 어법 구조

3. 구.절.태

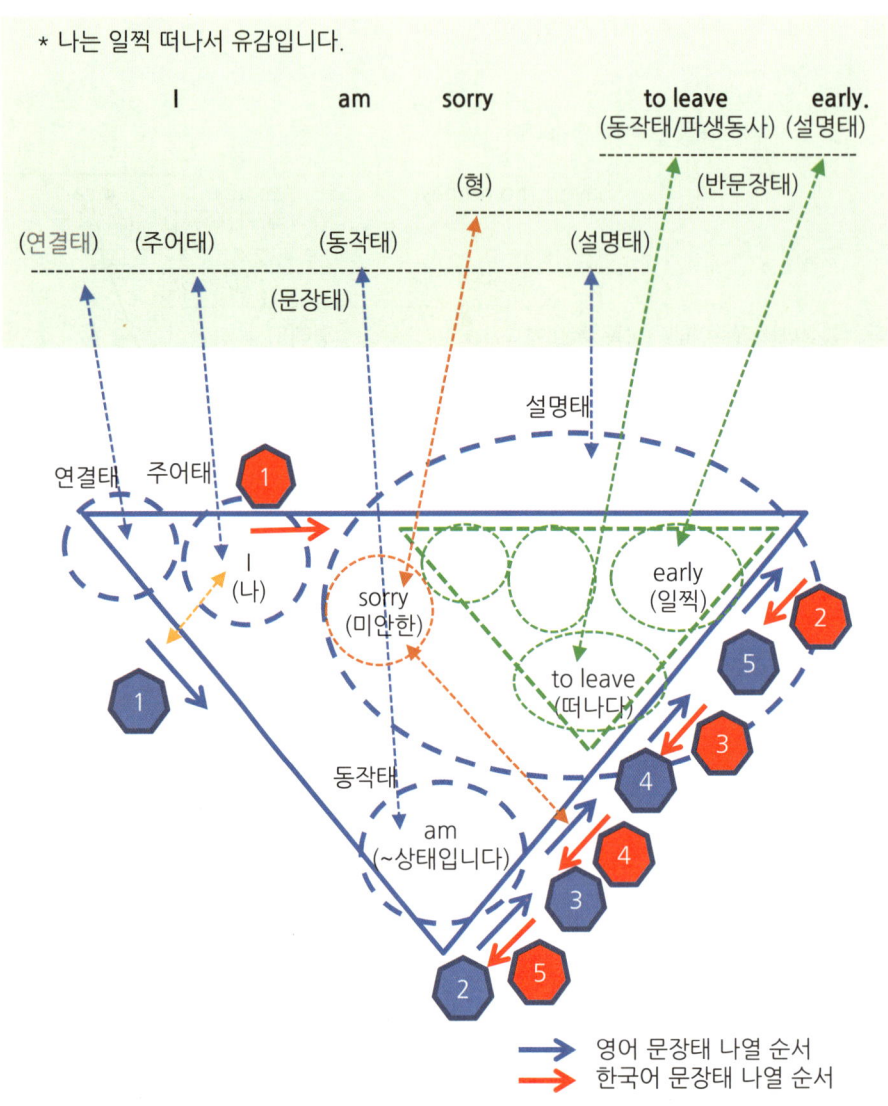

'I am ~' 나는 ~ 상태입니다.
'I am sorry' 나는 미안한 상태입니다. 나는 미안합니다.
그 'sorry'에 대한 상세 내용은 그 다음에 설명됩니다.
to leave early -> 'That I leave early'
즉, 내가 일찍 떠나서 입니다.
문장태의 주어인 'I'와 동일하므로 'That I'를 생략합니다.

"I am sorry (that I) leave early."
그런데 동사가 두 개가 되므로 'leave'를 'to leave'로 변형합니다.
즉, 내가 미안한데 그 이유는 내가 일찍 떠나서 입니다.
결과적으로 설명태 안의 반문장태 'to leave early'는 'sorry'를 수식하는 부사 역할을 합니다.

B-2. 어법 구조

3. 구.절.태

1) 구 (3)

* 나는 건강을 위하여 수백 키로의 거리를 걸었습니다.

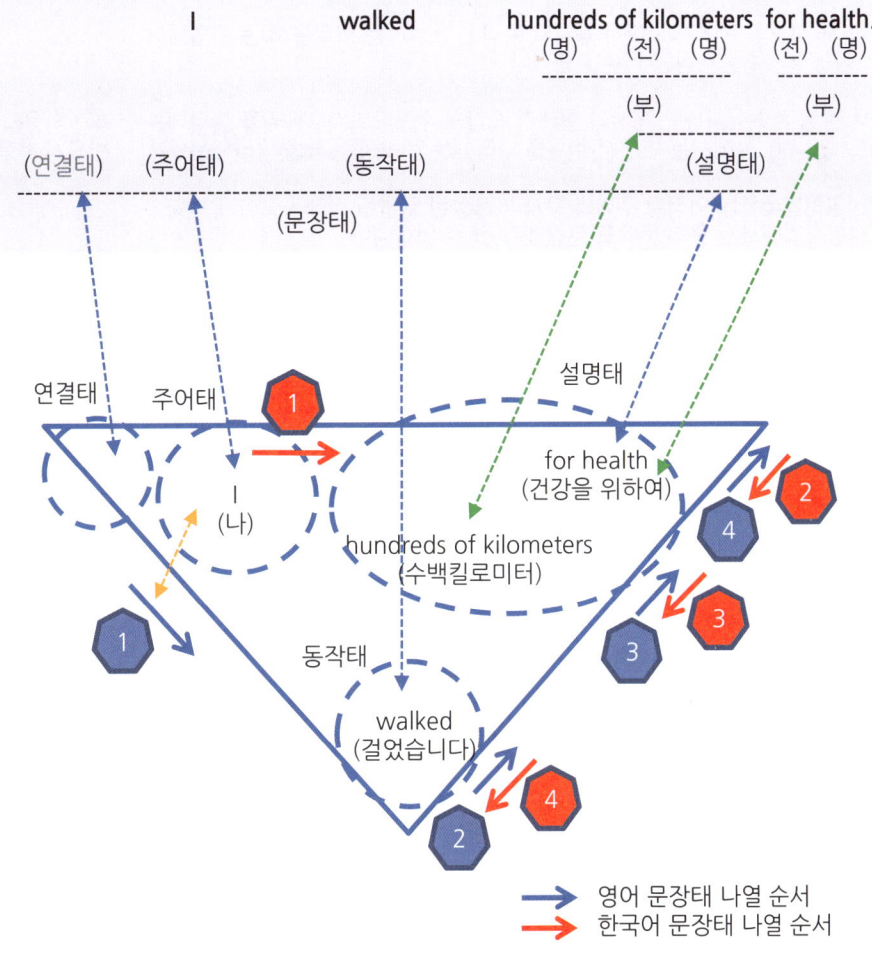

I walked ~ 나는 걸었습니다.
그 상세내용은 'hundreds of kilometers' 와 'for health'입니다.

'hundreds of kilometers' 수백 키로미터를
'for health' 건강을 위하여

이렇게 구는 두 개 이상의 단어가 모여서 뜻을 전달하는 방법입니다.

B-2. 어법 구조

3. 구.절.태

2) 절 (1)

절은 기존영문법에서 호칭하는 문법의 한 구성 요소입니다.
절은 둘 이상의 단어가 모여서 동사의 동작을 표현하는 역할을 하는 것입니다.
즉, 기능적으로 품사적인 역할을 합니다.

구에는 동작을 나타내는 동사의 형태가 포함될 수도 있으며, 동작을 나타내는 단어가 사용되지 않을 수도 있지만, 절에서는 반드시 주체를 나타내는 주어와 동작을 나타내는 동사가 반드시 사용됩니다.

혁신영문법에서는 이러한 주어와 동사가 포함된 절을 문장태라고 부릅니다.
혁신영문법에서는 구의 형태도 문장태가 될 수 있습니다.
문장태는 주문장태, 부속문장태, 연결문장태, 반문장태 등으로 불려집니다.

* 그는 날씬합니다. 그러나 그는 힘이 셉니다.

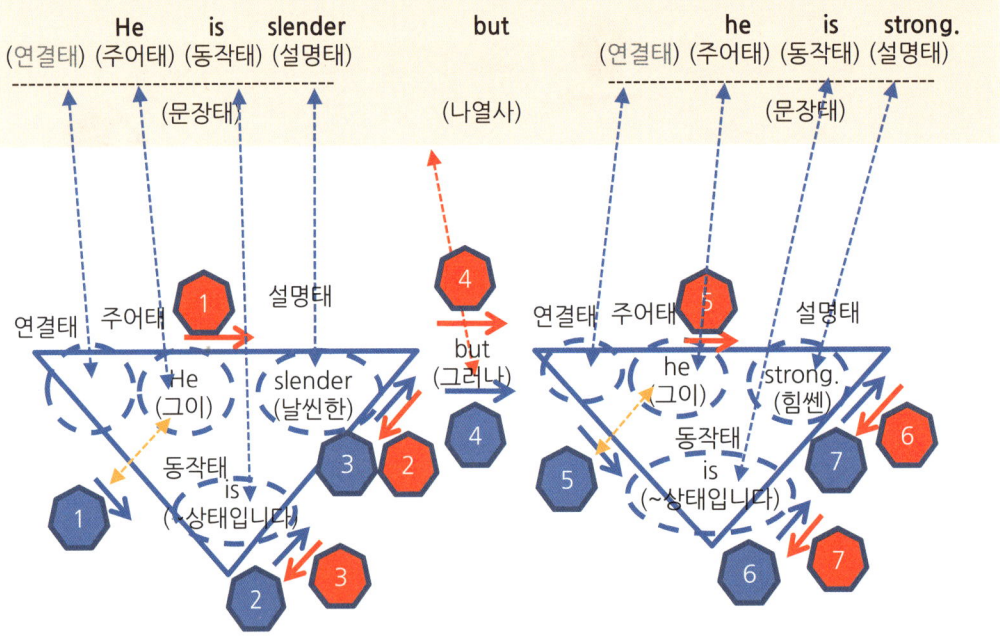

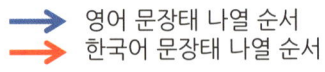

위 예문에서는 두 개의 문장태가 나열되어 있습니다. 즉, 두 개의 절이 연결되어 있습니다.
but는 연결사로서 두 개의 문장태를 동등하게 나열하여 연결하고 있습니다.

B-2. 어법 구조

3. 구.절.태

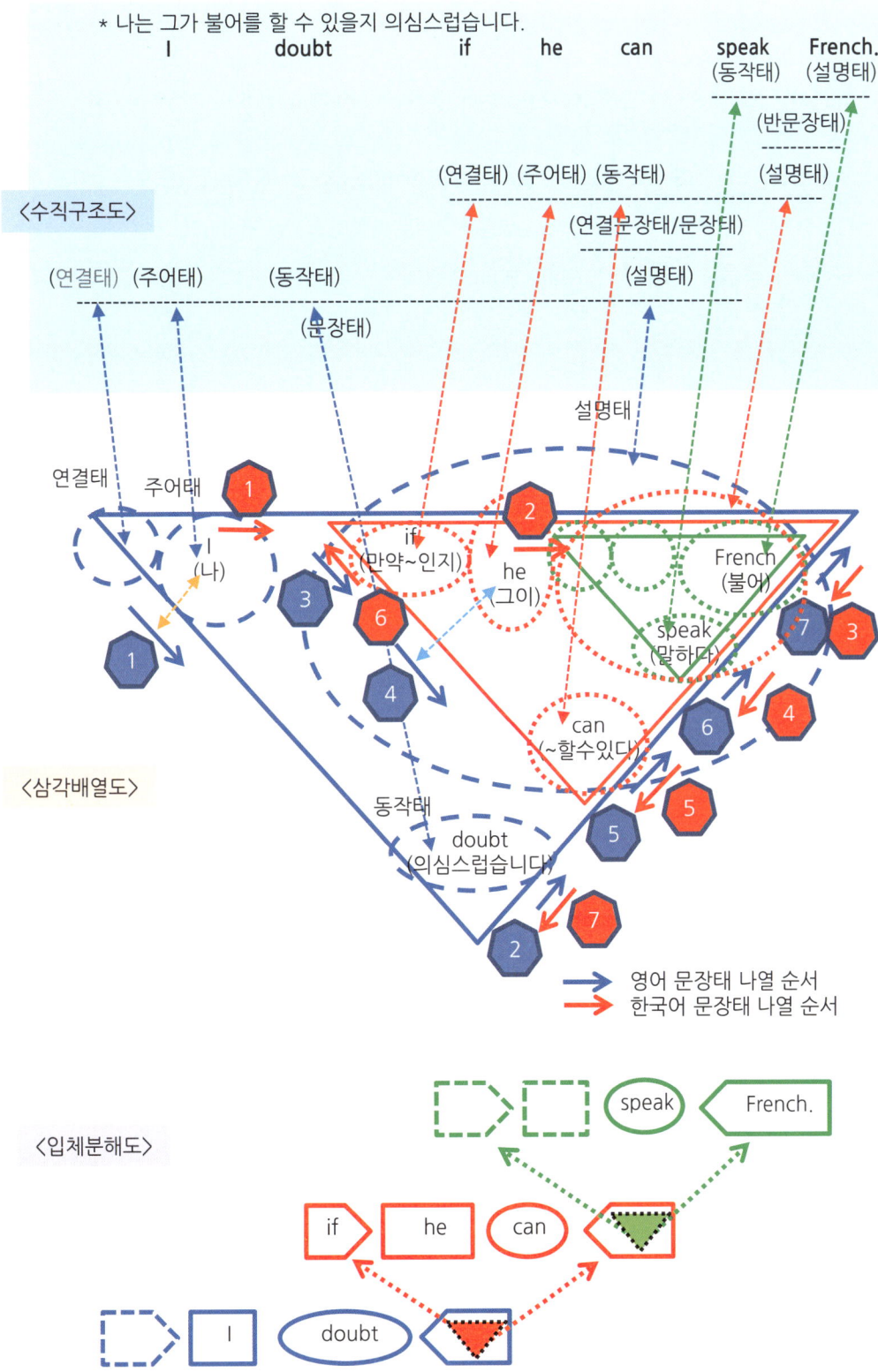

B-2. 어법 구조

위 예문은 설명태 안에 연결문장태가 포함되어 종속적인 의미가 있습니다.
'I doubt ~' 나는~이 의심스럽습니다.

'if'는 연결태로서 '~할지'의 뜻으로, 뒤에 나오는 문장태(he can speak French)를 모두 담아서 자연스럽게 연결하는 역할을 합니다.
이처럼 연결태는 뒤에 나오는 문장태의 내용을 그대로 포함하고 있는 것입니다.

'he can ~'은 '그는 ~을 할 수 있습니다.'입니다.
'can'은 동작태며 그 뒤에 설명태를 가집니다.

B-2. 어법 구조

3. 구.절.태

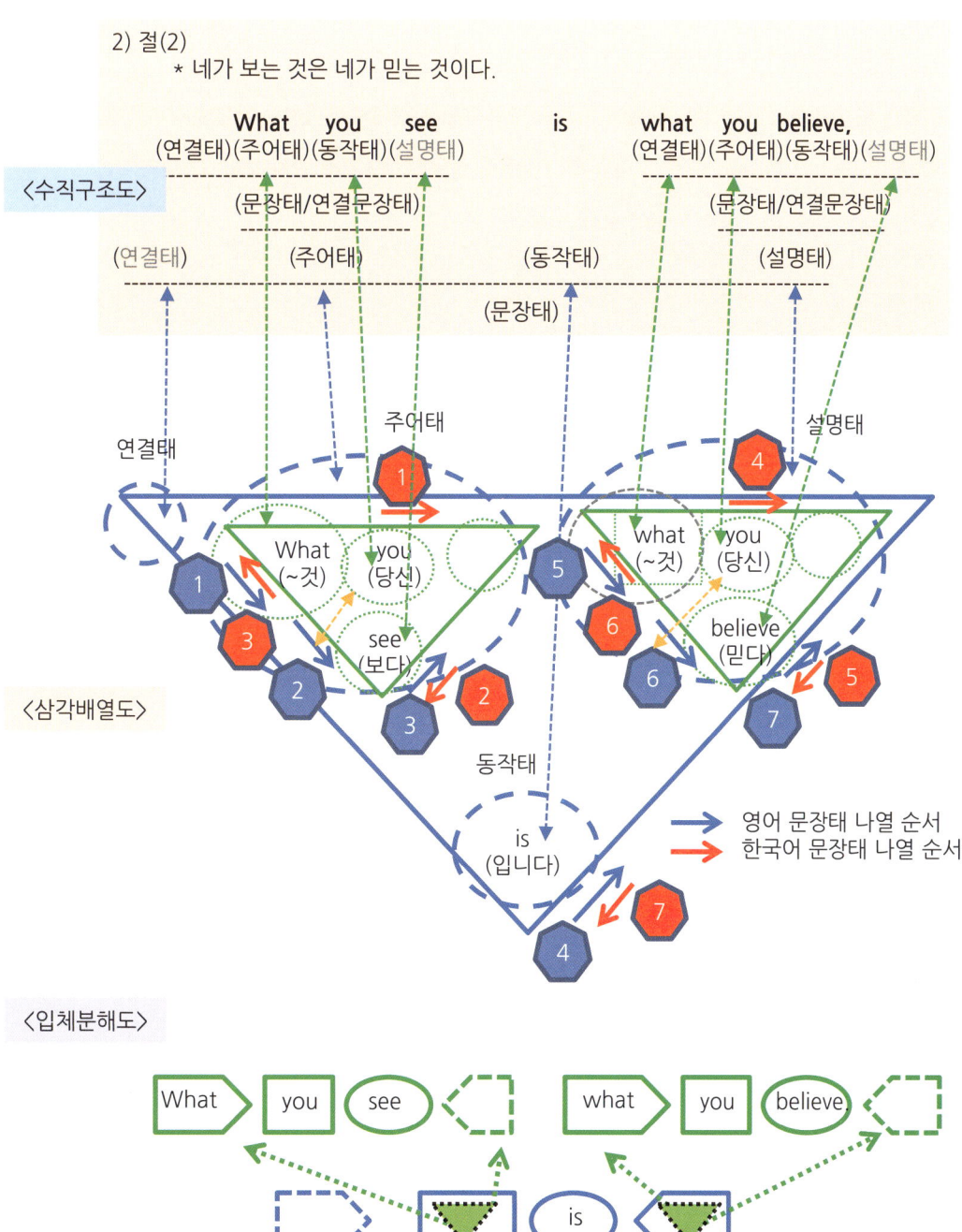

B-2. 어법 구조

위의 예문에서 주어태와 설명태는 각각 연결문장태로 구성되어 있습니다.

이렇게 문장태(절)은 주어태의 역할을 하기도 하고 설명태 안에서 수식하는 역할을 하기도 합니다.

'what you see' 에서 'what' 은 그 다음에 그 내용을 설명하며 연결태(관계대명사)입니다.
즉, 'what'이라는 것은 'you see'입니다.
무엇이라는 것은 'you see', '당신이 보다'입니다.
즉, 당신이 보는 무엇을 의미합니다.

'what you see is ~' -> 당신이 보는 무엇은 ~입니다.
그 설명은 다음에 나오는 'what you believe'입니다.
'what' 은 그 다음에 그 내용을 설명하며 연결태(관계대명사)입니다.
'what you believe' / 당신이 믿는 무엇

'what you see' 를 다른 각도에서 생각해 볼 수도 있습니다.
'you see what' -> '당신은 what를 봅니다.'
'what'는 의문대명사이며 주요 단어 입니다.
그래서 문장의 맨 앞으로 이동하고 관련된 문장인 'you see'를 통해서 설명합니다.
'what'은 '무엇,것'이고, 'you see', '당신이 보는'입니다.

what you see -> 당신이 보는 것
what you believe -> 당신이 믿는 것

B-2. 어법 구조

3. 구.절.태

3) 태 (1)

태는 주어가 동작을 하는 지와 동작을 받는 지에 따라서 구별됩니다.
동작을 하는 것은 능동적인 표현이며 능동태라고 말하고,
동작을 받는 것은 수동적인 표현으로서 수동태라고 합니다.

영어에 있어서 대부분의 동사는 동작을 하는 것이며, 동작을 받는 것은 과거분사라는 형태를 사용합니다.
  (1) 나는 그들에게 영어를 가르쳤습니다.
    * 능동태

  나는 그들에게 영어를 가르쳤습니다.

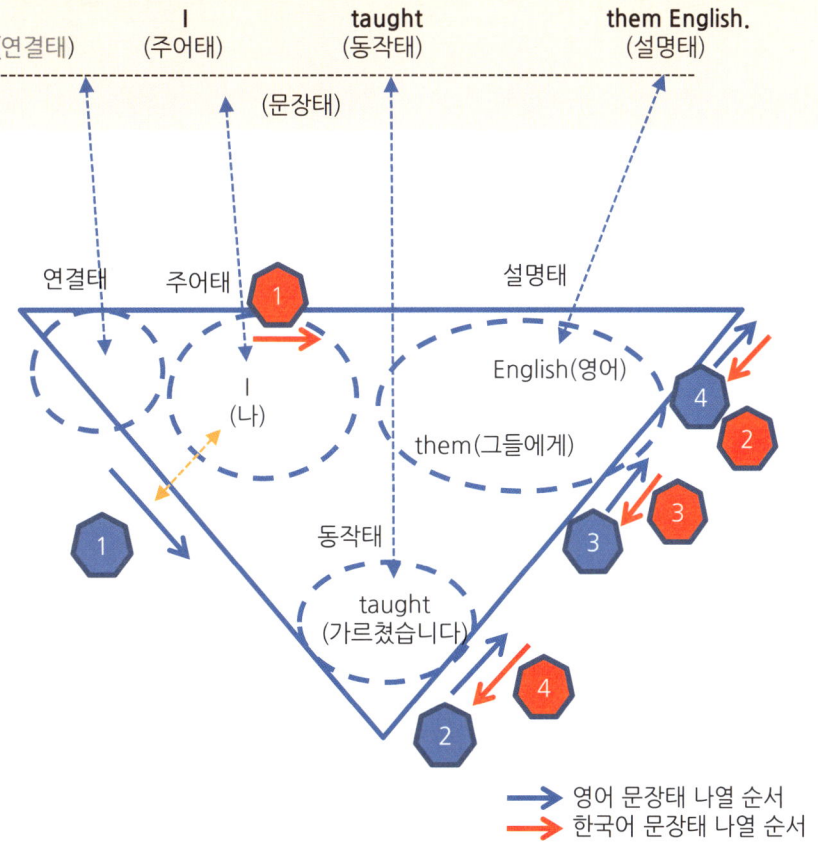

'I taught ~' -> 나는 ~을 가르쳤습니다.
그 가르친 상세 내용은 그 다음의 설명태 안에 있습니다.
'I taught them ~' -> 나는 그들을 가르쳤습니다.
추가 되는 상세 내용은 그 뒤에 나열됩니다.
그것은 'English'입니다.
나는 그들에게 가르쳤는데 그 내용은 영어입니다. -> 나는 그들에게 영어를 가르쳤습니다.

B-2. 어법 구조

3. 구.절.태

3) 태 (2)
　*　수동태

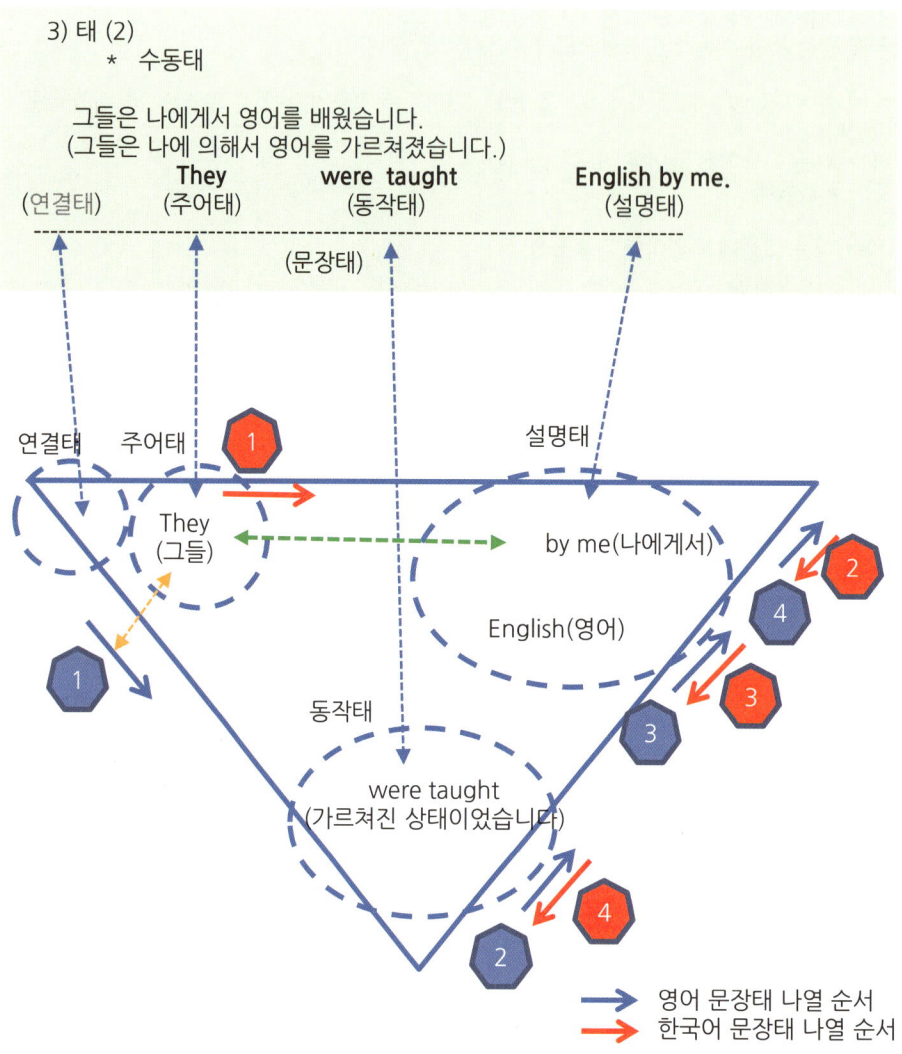

능동태 문장 안에서,
'주어태 안의 'I'와 설명태 안의 'them'을 서로 바꾸는데, 이 때 주격은 by + 목적격으로,
by + 목적격은 주격으로 변경합니다.
즉 주어태 'I'는 'by me'로 목적격 'them'은 'they'로 변경합니다.
이 때 동작태는 'be동사 + 과거분사' 로 변경합니다.

B-2. 어법 구조

3. 구.절.태

3) 태 (3)

   (2) 그는 나에게 빵을 주었습니다.

   * 능동태

   그는 나에게 빵을 줬습니다.

He	gave	me	a slice of bread.
		(명)	(명)
(연결태) (주어태)	(동작태)		(설명태)
	(문장태)		

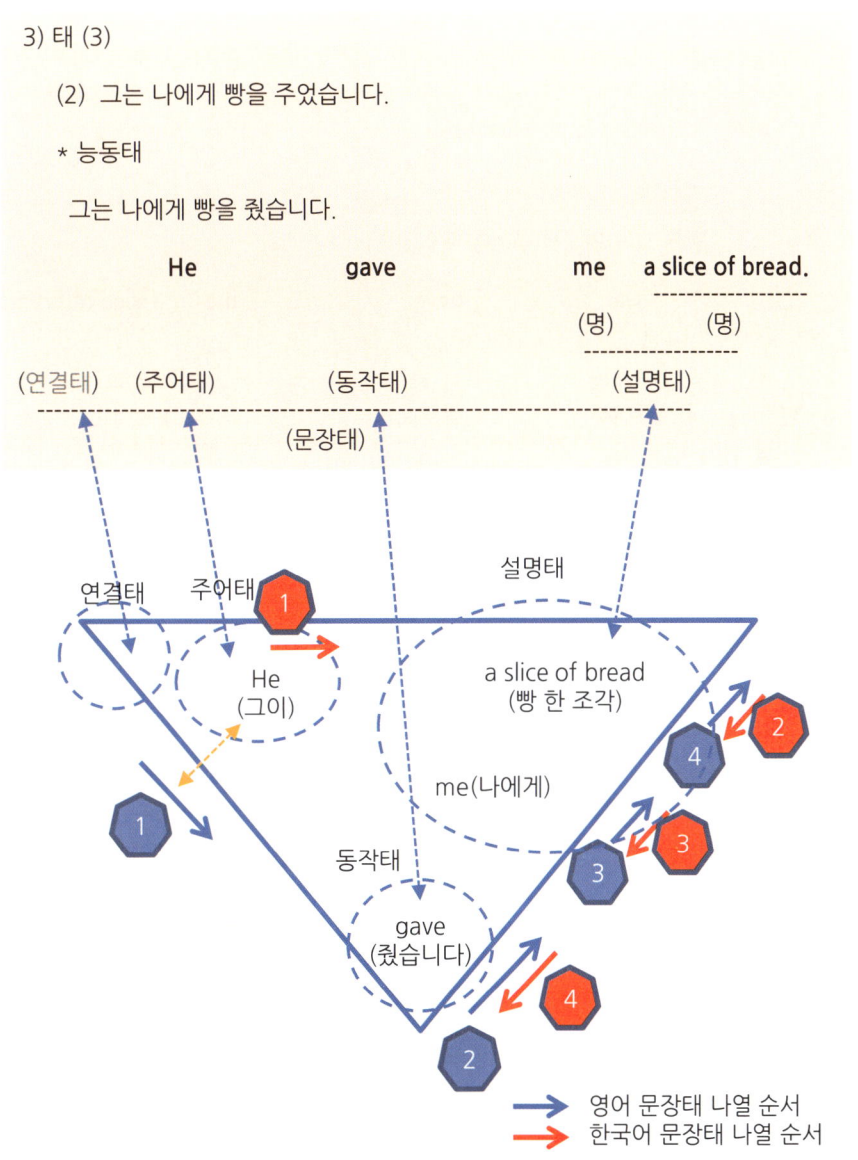

'gave(주다)' 라는 동사는 사람과 사물을 동시에 대상으로 할 수 있습니다.
즉, 상세한 부연설명을 두 가지에 대해서 할 수가 있는 것입니다.

B-2. 어법 구조

3. 구.절.태

3) 태 (3)

(2) 그는 나에게 빵을 주었습니다.

　　* 수동태

　　빵은 그에 의해서 나에게 주어졌습니다.

	He	gave	me	a slice of bread.
			(명)	(명)
(연결태)	(주어태)	(동작태)		(설명태)
		(문장태)		

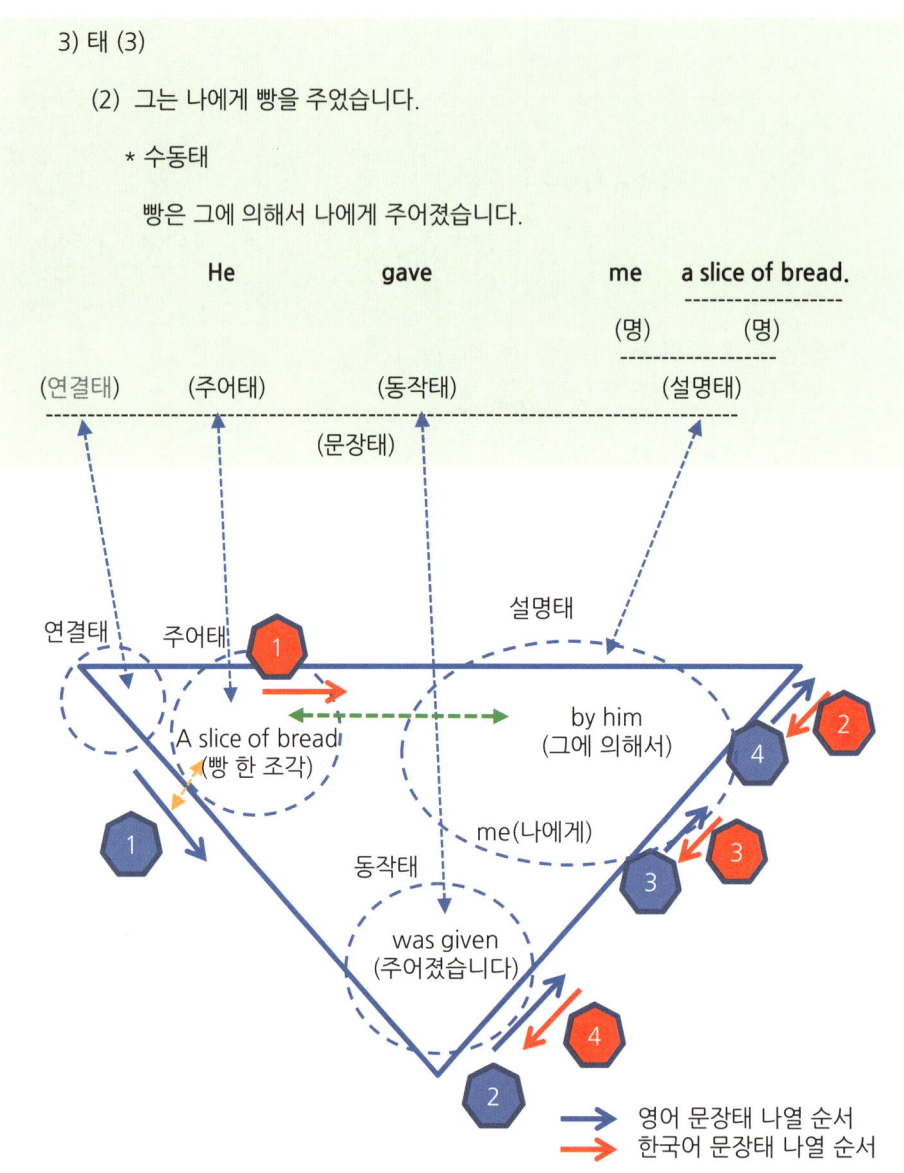

→ 영어 문장태 나열 순서
→ 한국어 문장태 나열 순서

B-2. 어법 구조

3. 구.절.태

3) 태 (3)

(2) 그는 나에게 빵을 주었습니다.

* 수동태

나는 그에 의해서 빵이 주어졌습니다.

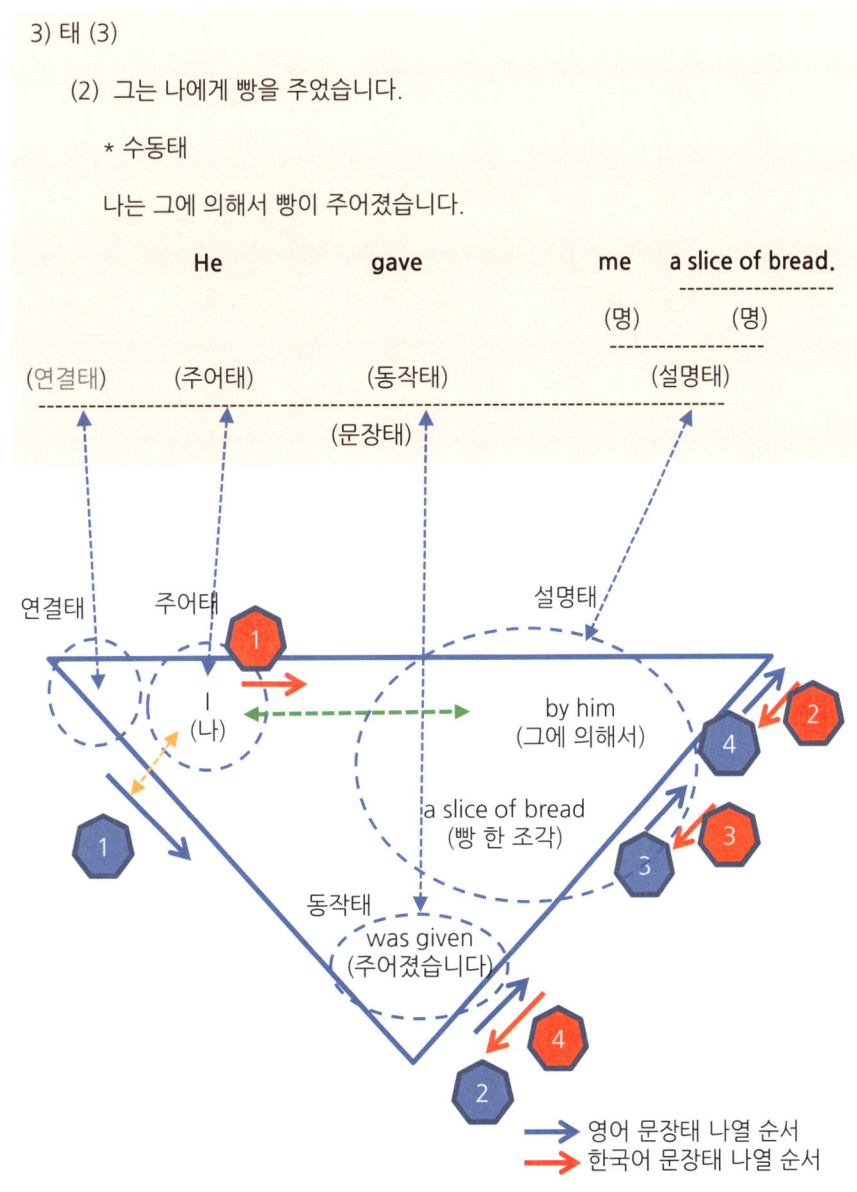

→ 영어 문장태 나열 순서
→ 한국어 문장태 나열 순서

B-2. 어법 구조

3. 구.절.태

3) 태 (5)

(2) 수동태를 주로 사용하는 경우

수동태에는 반드시 과거분사라고 하는 동작태가 하나 더 사용이 됩니다.
그로 인하여 동작태가 2개가 되므로 반문장태가 내부에 추가로 생성됩니다.
'주어태가 ~한 상태입니다.'로 표현이 됩니다.

* 동작을 한 주체가 모호한 경우에는 수동태를 사용합니다.

그 벽은 언젠가 부서졌습니다.

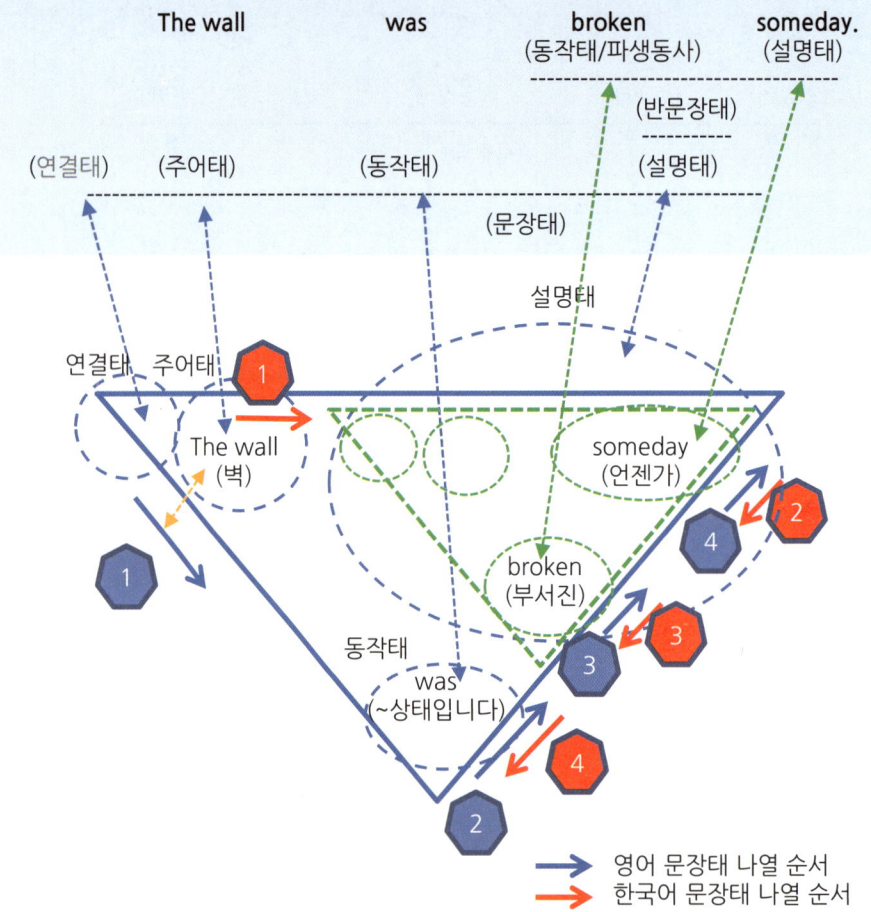

'The wall was ~ ' 그 벽은 ~ 상태였습니다.
그 상태는 'broken someday' 입니다.
그 상태는 반문장태의 설명태로 표현됩니다..

B-2. 어법 구조

3. 구.절.태

* 동작을 가한 존재보다 받은 존재가 더 큰 의미를 갖는 표현일 경우에 사용합니다.

그는 대통령으로 당선되었습니다.

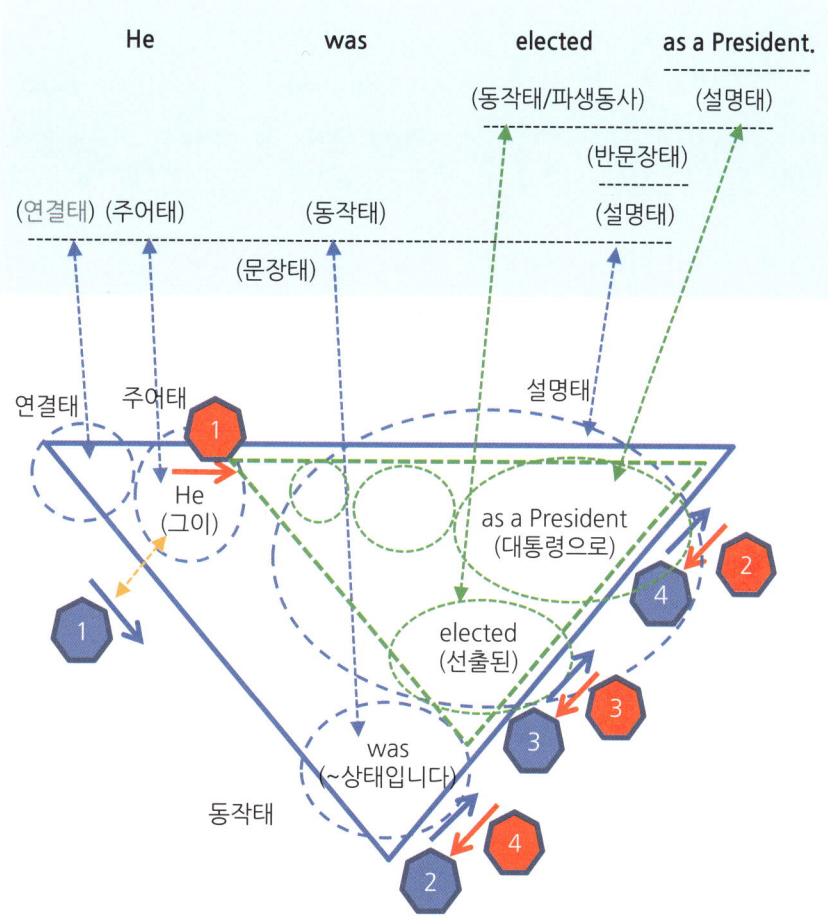

➡ 영어 문장태 나열 순서
➡ 한국어 문장태 나열 순서

'He was ~ ' 그는 ~상태였습니다. 그는 ~과 동격이었습니다.
그 상태는 'elected as a President' 입니다.
그는 'elected as a President'와 동격이었습니다.
그는 대통령에 당선되었습니다.

그 상태는 반문장태인 설명태로 표현됩니다.

B-2. 어법 구조

3. 구.절.태

3) 태 (6)
   (3) 관용적으로 수동태를 사용하는 경우

   이러한 경우는 이미 관용적인 방식이 되어버렸기 때문에 자연스러운 표현이라고 하는 것이 더 적절합니다.
   그 형식은 'be 동사 + 과거분사' 형태를 취하며 특별히 'by ~'라는 부분을 추가하지 않습니다.

   * 나는 나의 잘못이 부끄러웠습니다.

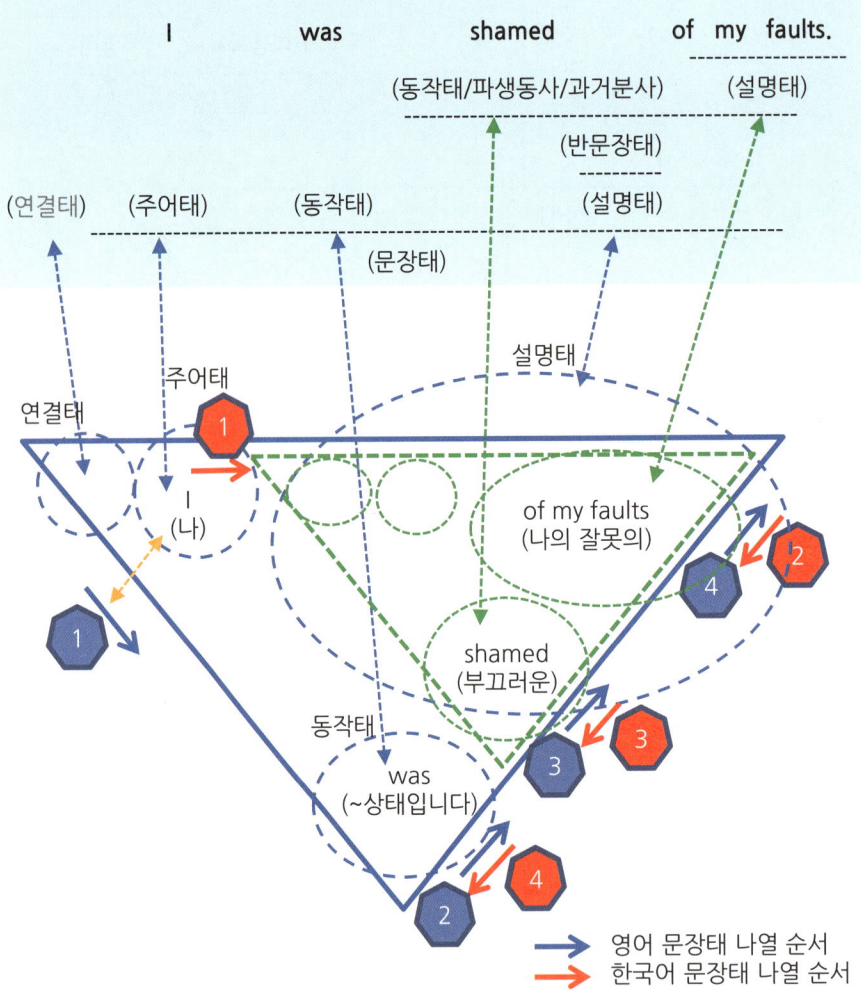

'I am ~ ' 나는 ~ 상태입니다.
그 상태의 내용은 그 다음의 설명태안에 표현됩니다.
설명태는 반문장태로 되어 있습니다.
'shamed ~'는 부끄러운의 과거분사이며 동작태이므로 그 뒤에 설명태를 가집니다.
'shamed of my faults'는 'my faults'의 속성인 'shamed'를 의미합니다.
즉, 나의 잘못의 한 속성인 부끄러움을 나타냅니다.

B-2. 어법 구조

3. 구.절.태

3) 태 (7)

(3) 관용적으로 수동태를 사용하는 경우

* 그는 나무 아래로 떨어졌습니다.

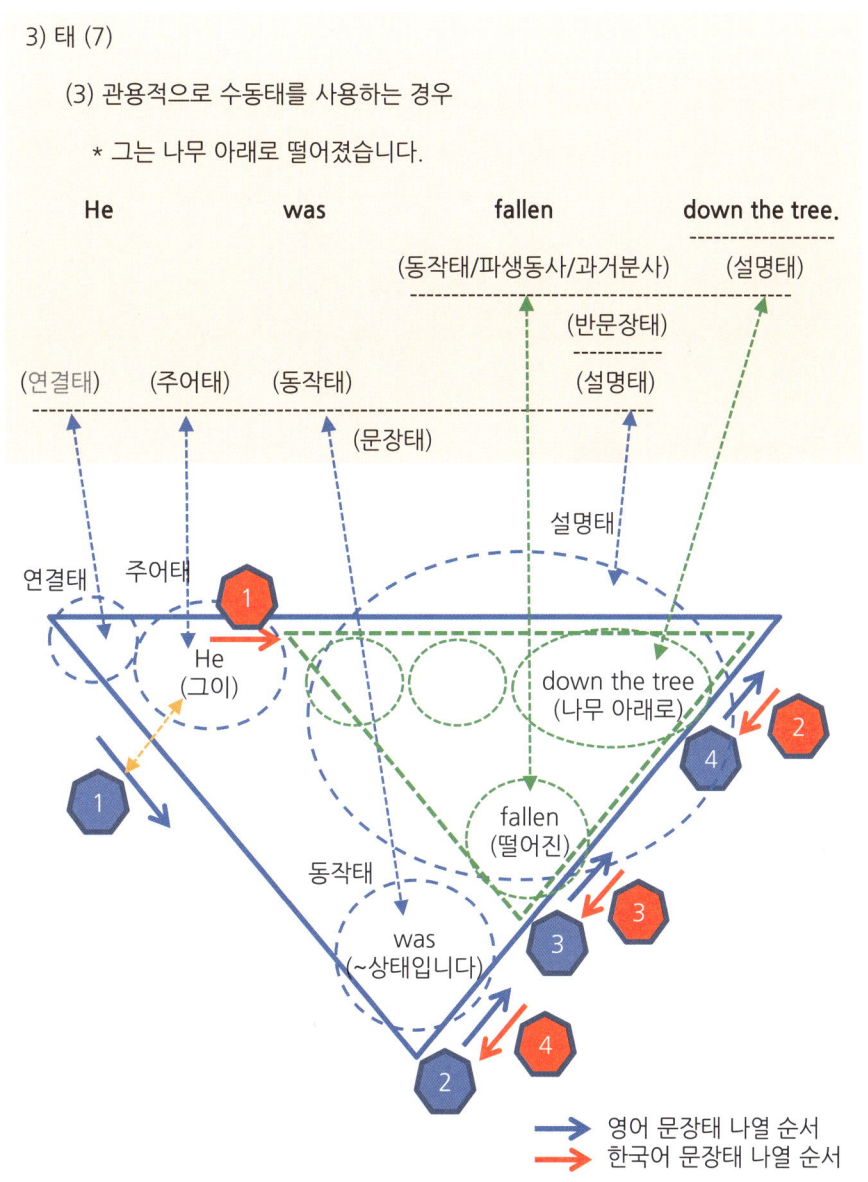

'He was ~' 그는 ~ 상태입니다.
그 상태에 대한 상세 설명은 그 다음의 설명태에 표현됩니다.

설명태는 동작태를 포함하는 반문장태로 되어 있습니다.
'fallen'은 동작태이므로 그 다음에 설명태를 가집니다.
'fallen' 떨어졌는데 그 상세설명은 'down the tree'입니다.
즉, 나무아래로 떨어진 것을 의미합니다.

B-2. 어법 구조

3. 구.절.태

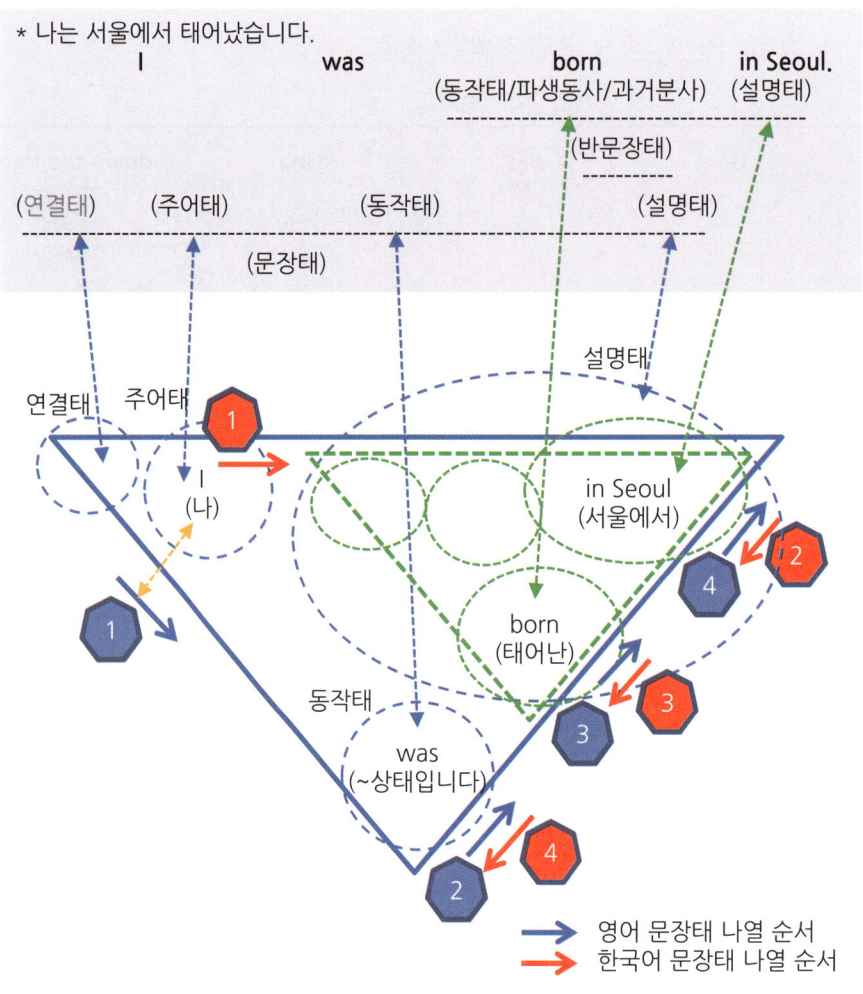

'I was ~' 나는 ~ 상태입니다.
그 상태에 대한 상세 설명은 그 다음의 설명태에 표현됩니다.
설명태는 동작태를 포함하는 반문장태로 되어 있습니다.
'born'은 동작태이므로 그 다음에 설명태를 가집니다.
'born' 태어났는데 그 상세설명은 'in Seoul'입니다.
즉, 서울에서 태어난 것을 의미합니다.

B-2. 어법 구조

4. 분사

1) 분사와 분사구문 (1)

분사는 기존영문법에서 중요한 역할을 하고 있습니다.
다중구조 영문법에서도 역시 중요한 기능을 수행하며 '파생동사'라고도 부릅니다.
분사에는 현재분사와 과거분사 두 가지가 있습니다.
현재분사란 '동사+ing'의 형태로 동사이면서 진행하고 있는 상황을 표현합니다.
과거분사란 동사의 특별한 과거형태로서 동사의 수동을 표현합니다.

분사는 명사(주어태)나 동사(동작태) 또는 문장의 앞뒤 또는 설명태에 위치하여 주변의 내용을 수식하는 역할을 합니다.

기존 영문법에서의 분사구문은 절을 간단하게 줄여서 구 형태로 만든 문장을 말합니다,
즉, 혁신영문법에서의 분사구문은 반문장태에 해당되며, 주어에 해당하는 주어태가 생략된 형태입니다.

분사를 사용하여 반문장태를 형성합니다.

분사구문은 때(~하면서), 이유(~하기때문에_, 조건(~한다면), 양보(~에도 불구하고), 부대상황(~하면서) 등을 표현합니다.

B-2. 어법 구조

4. 분사

(1) 때

〈수직구조도〉

* 그 호수에서 낚시를 하고 있을 때, 나는 친구를 만났다.

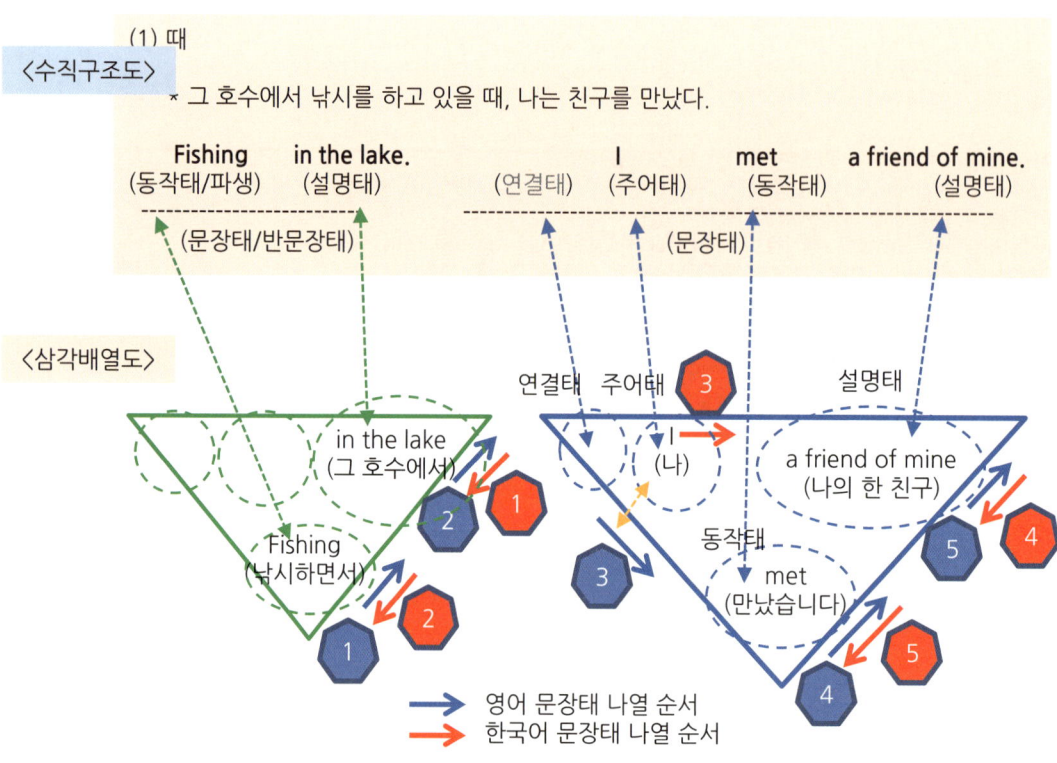

반문장태와 문장태로 구성되어 있습니다,
앞의 반문장태는 동작태인 'fishing'을 포함하고 있으며 분사구문의 역할을 합니다.
문장태는 어느 한 순간에 일어난 일을 표현합니다.
지속적인 일이 아니므로 분사구문은 '때' 라는 의미를 표현하고 있는 것입니다.
'호수에서 낚시를 하고 있을 때, 나는 친구를 만났습니다.'

B-2. 어법 구조

4. 분사

1) 분사와 분사구문 (2)

(2) 이유

* 졸려서 나는 실수를 했습니다.

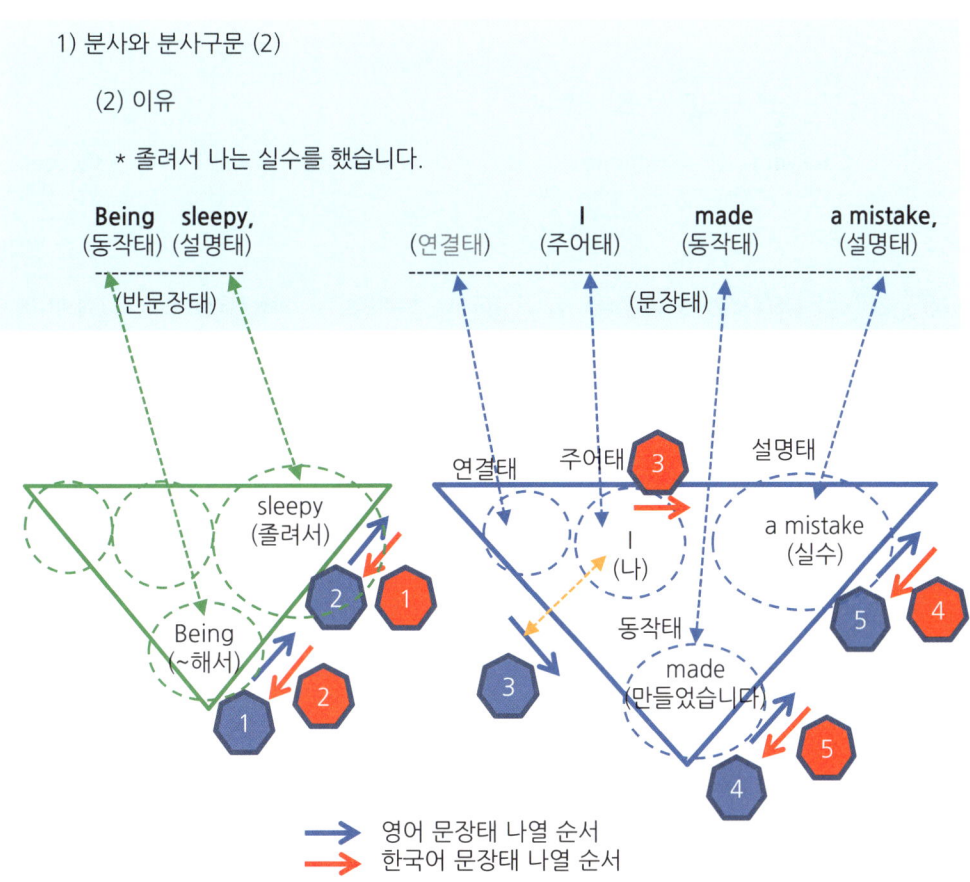

문장의 내용을 파악해봐야 '이유'인 것을 알 수 있습니다.

"내가 졸렸을 때, 나는 실수를 했습니다."
"내가 졸렸기 때문에, 나는 실수를 했습니다."

어떤 의미가 정확한 지는 문맥을 정확하게 알아야 알 수 있습니다.

'being sleepy'는 반문장태로서 상황을 설명하는 역할을 합니다.
분사구문은 이렇게 뒤에 나오는 문장 내용에 대하여 매끄럽게 상황을 설명하는 중요한 기능을 합니다.

B-2. 어법 구조

4. 분사

1) 분사와 분사구문 (2)

(3) 조건

  * 나를 믿는다면, 당신은 성공할 것입니다.

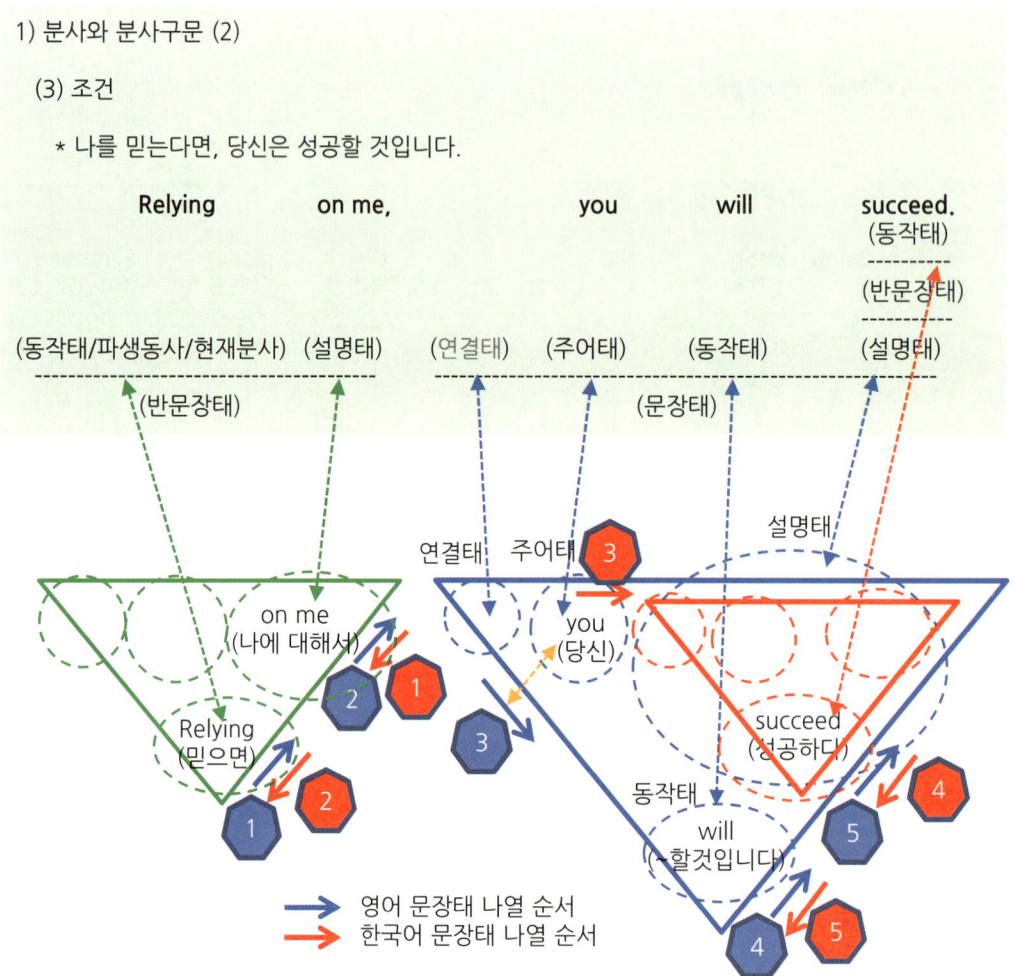

→ 영어 문장태 나열 순서
→ 한국어 문장태 나열 순서

상기 예문에서는 반문장태와 문장태가 나열되어 있습니다.
'나를 믿는 것' 과 '당신이 성공하는 것' 과는 무슨 관계일까요?
문맥상으로 보면, 아마도 조건일 것입니다.
문장태 안의 설명태는 반문장태로 되어 있습니다.

'relying'은 그 다음에 설명태를 가집니다.
즉, 믿는데 그 상세 내용은 'on me' 즉, 나를 믿는 것입니다.
'Relying on me'는 분사 구문으로서 반문장태이며 뒤에 나오는 문장태에 대한 조건 상황을 표현합니다.
'you will ~ ' 당신은 ~할 것입니다.
그 상세 내용은 설명태인 'succeed'이며 동작태로서 반문장태를 이루고 있습니다.

B-2. 어법 구조

4. 분사

1) 분사와 분사구문 (2)

   (4) 양보

   * 나는 키가 클지라도, 높이 뛰지를 못합니다.

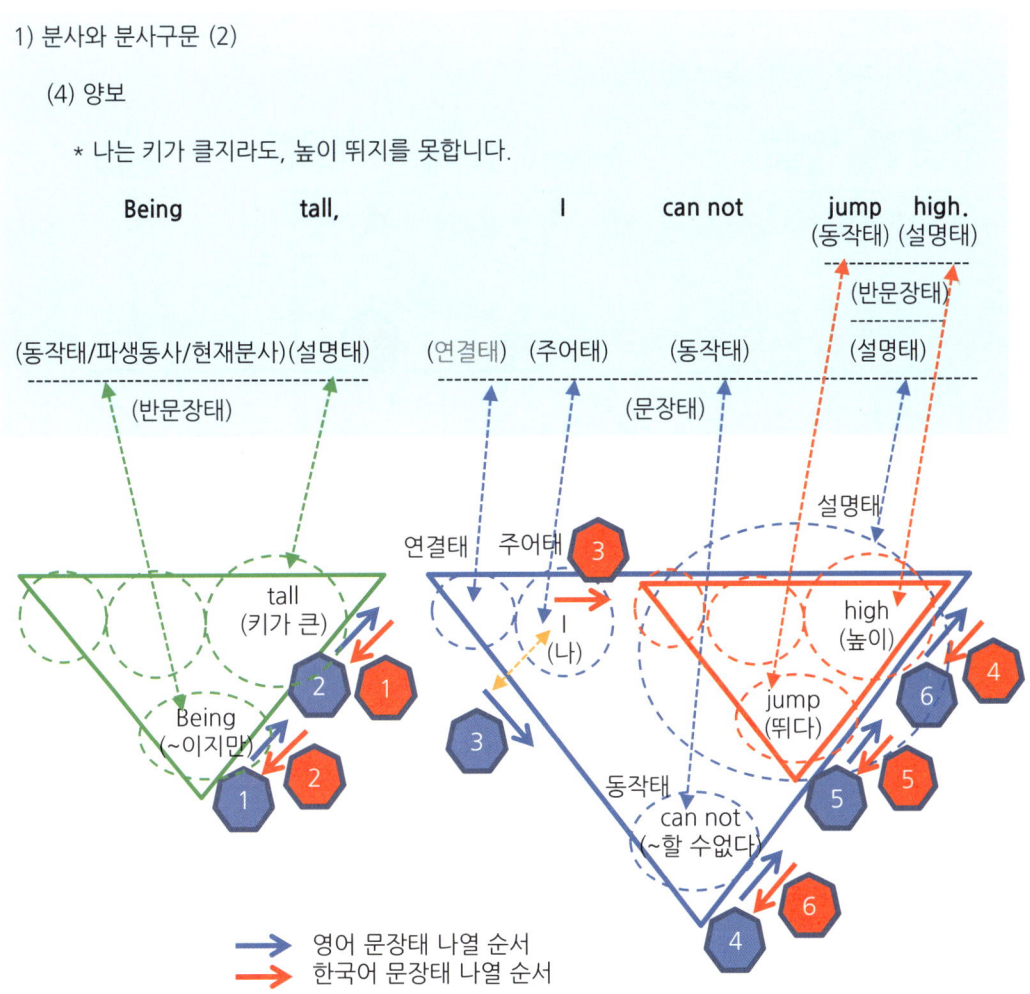

앞에 있는 반문장태는 분사구문입니다.
'키가 큰' 것과 '나는 높이 뛸 수 없다'의 관계는 무엇일까요?
그 문맥을 정확하게 파악을 해야 정확한 문장의 뜻을 파악할 수 있습니다.
그 관계는 '~할지라도'를 의미합니다.

'being tall'은 반문장태이며 뒤의 문장태를 양보의 상황으로 표현해주는 역할을 합니다.

'not'은 'can'의 뒷주머니입니다.

B-2. 어법 구조

4. 분사

(5) 부대상황

* 영어를 공부하면서 나는 TV를 봤습니다.

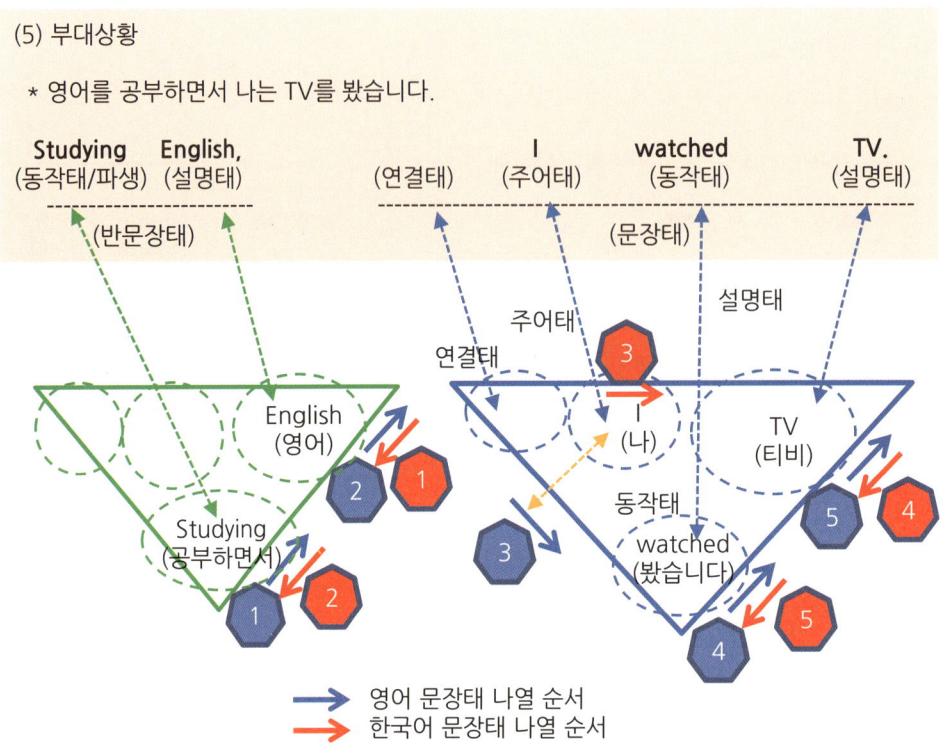

➡ 영어 문장태 나열 순서
➡ 한국어 문장태 나열 순서

문장태의 내용을 파악해보면 '동시 상황임'을 알 수 있습니다.
문장태는 연결태가 지속되는 시간 동안 동시에 계속적으로 일어나는 일을 표현하고 있습니다.
지속적인 일이므로 '부대상황' 이라는 의미를 표현하고 있는 것입니다.
반문장태는 뒤의 문장태를 부대상황으로 연결하는 역할을 합니다.

B-2. 어법 구조

4. 분사

2) 분사구문의 활용(1)

(1) 주어가 다른 경우 분사구문

앞과 뒤의 문장태가 서로 주어가 같은 경우 앞에서는 주어가 생략되지만, 다른 경우는 각각 주어가 존재해야 정확한 의미가 전달됩니다.

* 비가 많이 와서 배가 출발하지 못했습니다.

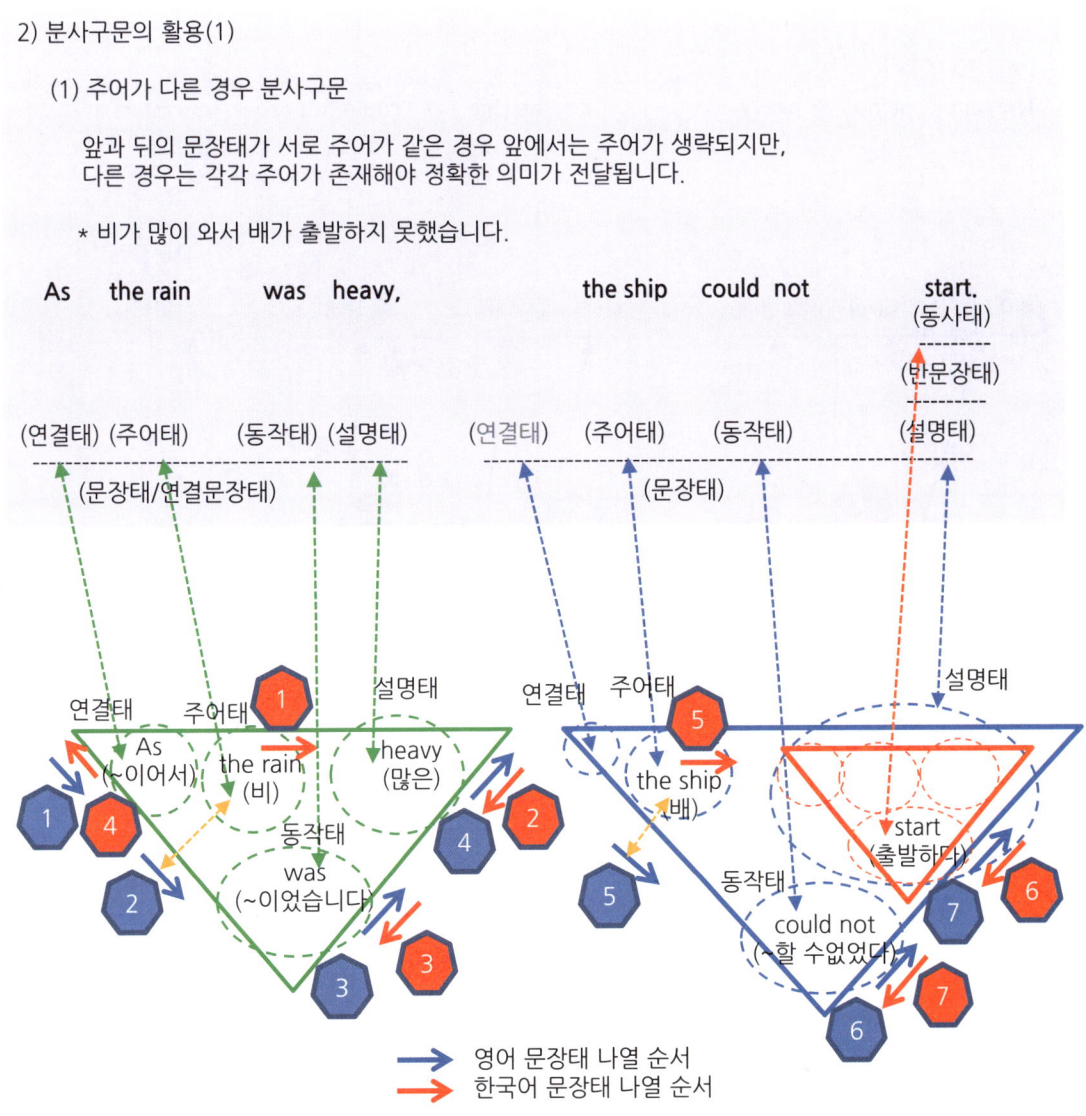

두 개의 문장태가 나열되어 있습니다.
앞쪽에는 연결태가 사용된 연결문장태이며 뒤의 문장태를 연결하고 있습니다.

B-2. 어법 구조

4. 분사

위의 문장을 반문장태(분사구분)로 표현하면,

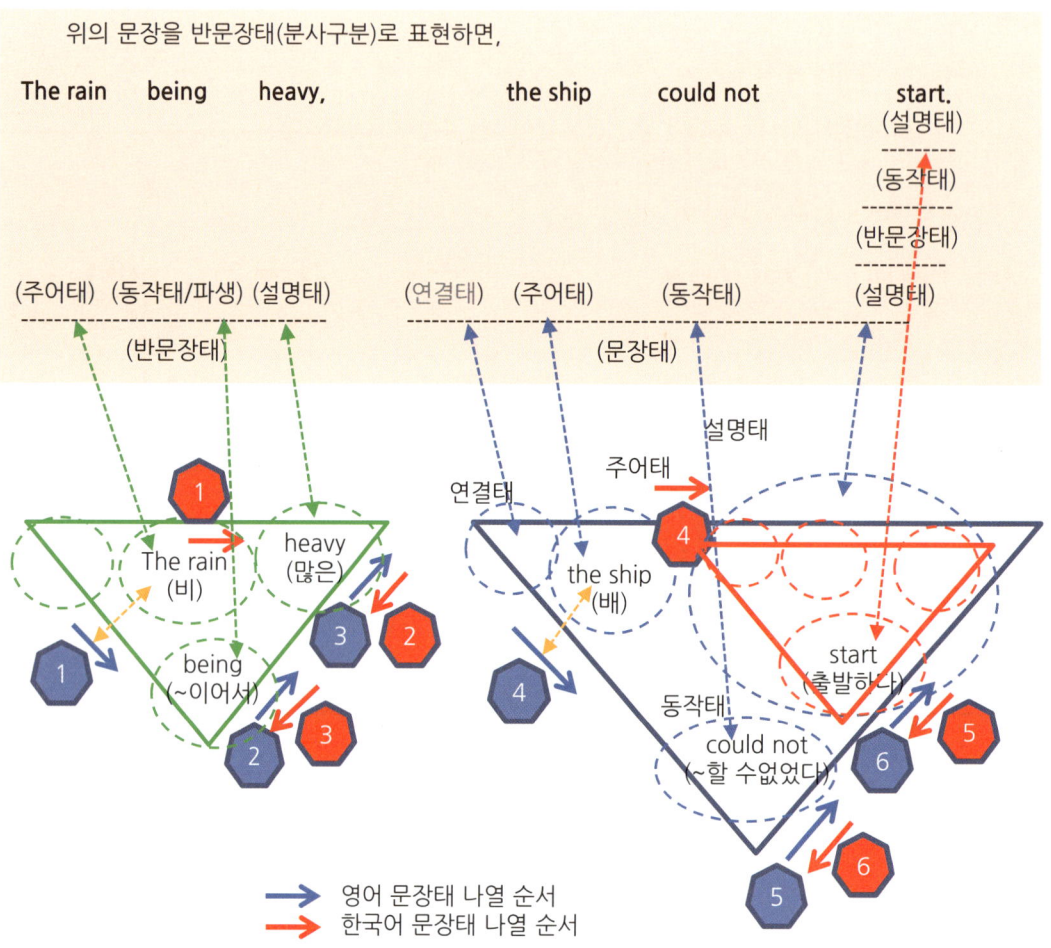

동사가 없어진 것 같지만 그 역할을 하는 동작태가 'being'으로 파생되어 존재합니다.
이것은 반문장태의 형식으로 전체가 하나의 연결태의 역할을 합니다.
연결태는 문장태 안에서 문장의 내용을 표현하는 데에 있어서 문장을 열어주고 매끄럽게 연결해주는 역할을 합니다.

B-2. 어법 구조

4. 분사

2) 분사구문의 활용(1)

    (2) 수동태 분사구문

      * 벌을 받았지만 그는 당당했습니다.

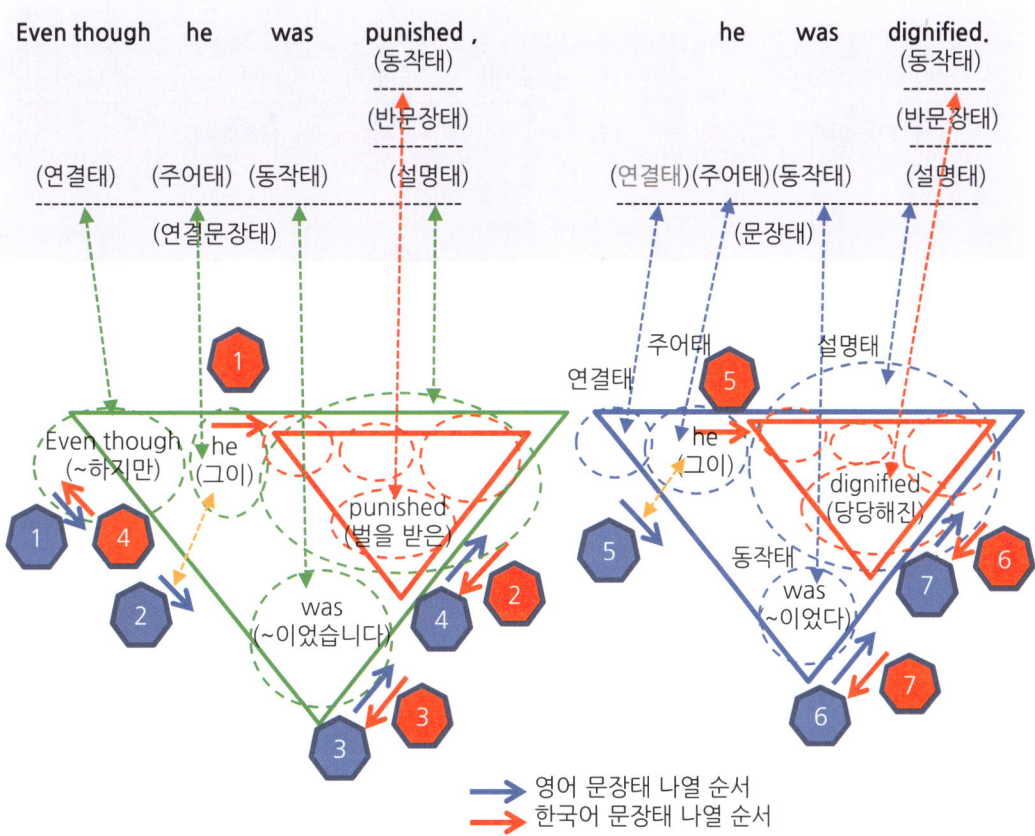

두 개의 문장태로 되어있으며 앞에서는 수동의 의미를 가지고 있습니다.
'punished'와 'dignified'는 과거분사로서 수동의 형용사 의미로 사용됩니다.
이것들을 동사태로 본다면 설명태가 반문장태로 구성되는 것이며, 단순한 형용사로 간주한다면 설명태 안의 형용사로 볼 수 있습니다.

395

B-2. 어법 구조

4. 분사

앞의 연결문장태를 반문장태(분사구문)로 표현하면,

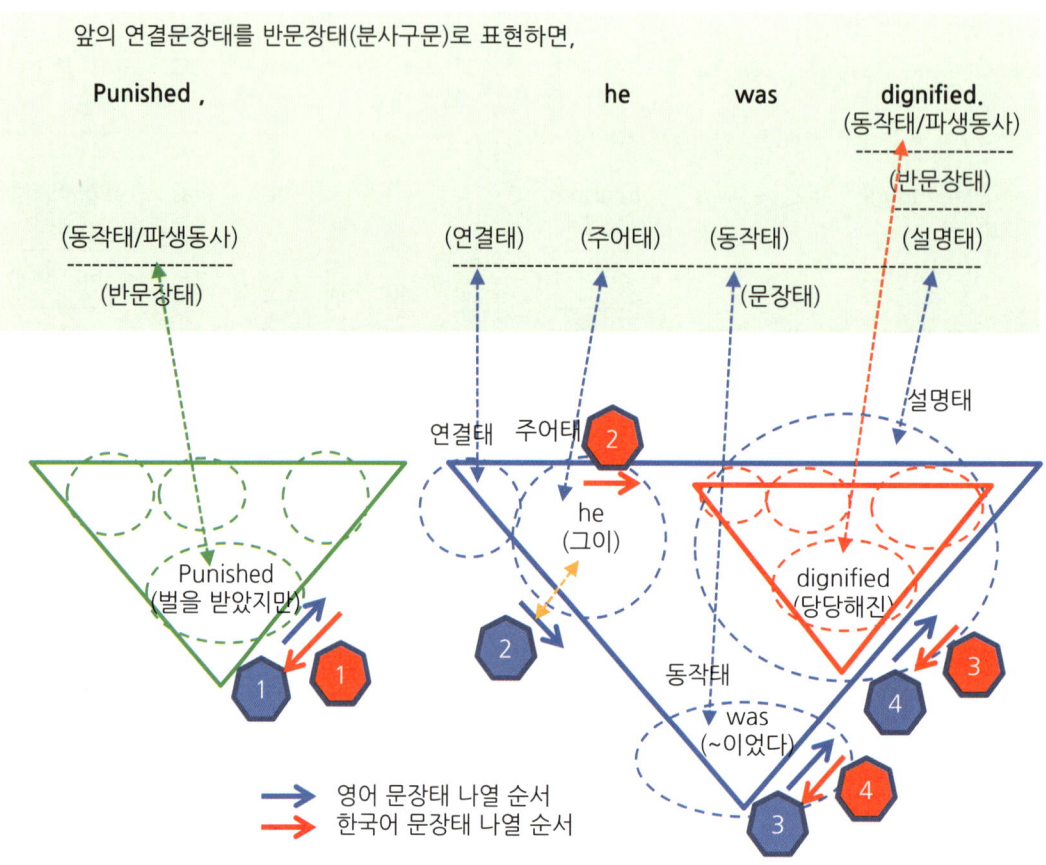

앞의 반문장태가 'Being'으로 시작하는 것이 원칙이나, 당연한 표현이므로 'being'을 생략하고 과거분사 'punished' 가 동작태(파생)의 역할을 합니다.

여기에서 동작태는 단독으로 문장태(반문장태)를 이루고 있습니다.

이렇게 연결태는 분사구문과 동일하다는 것을 알 수 있습니다.

B-2. 어법 구조

4. 분사

2) 분사구문의 활용(2)

(3) 완료의 분사구문

* 총을 쏘고 나서 그는 담장 뒤로 숨었습니다.

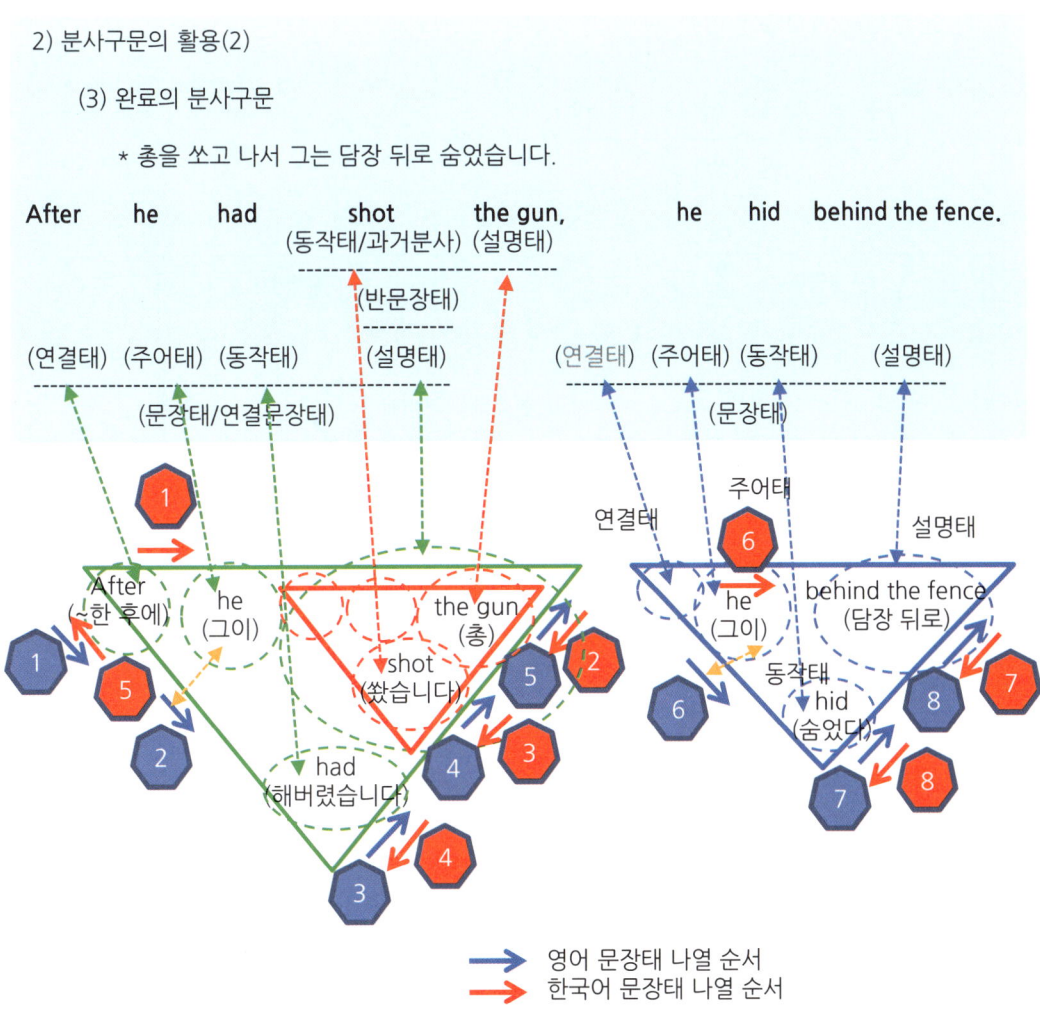

앞의 연결문장태는 뒤의 문장태로 이어집니다.

시간의 차이로 인하여 과거완료와 과거의 시제로 되어있습니다.
'he had ~' 그는 ~해버렸습니다.
'he had shot the gun' 그는 'shot the gun'을 해버렸습니다.
'After ~' ~한 후에,

B-2. 어법 구조

4. 분사

위 예문을 분사구문으로 표현하면,

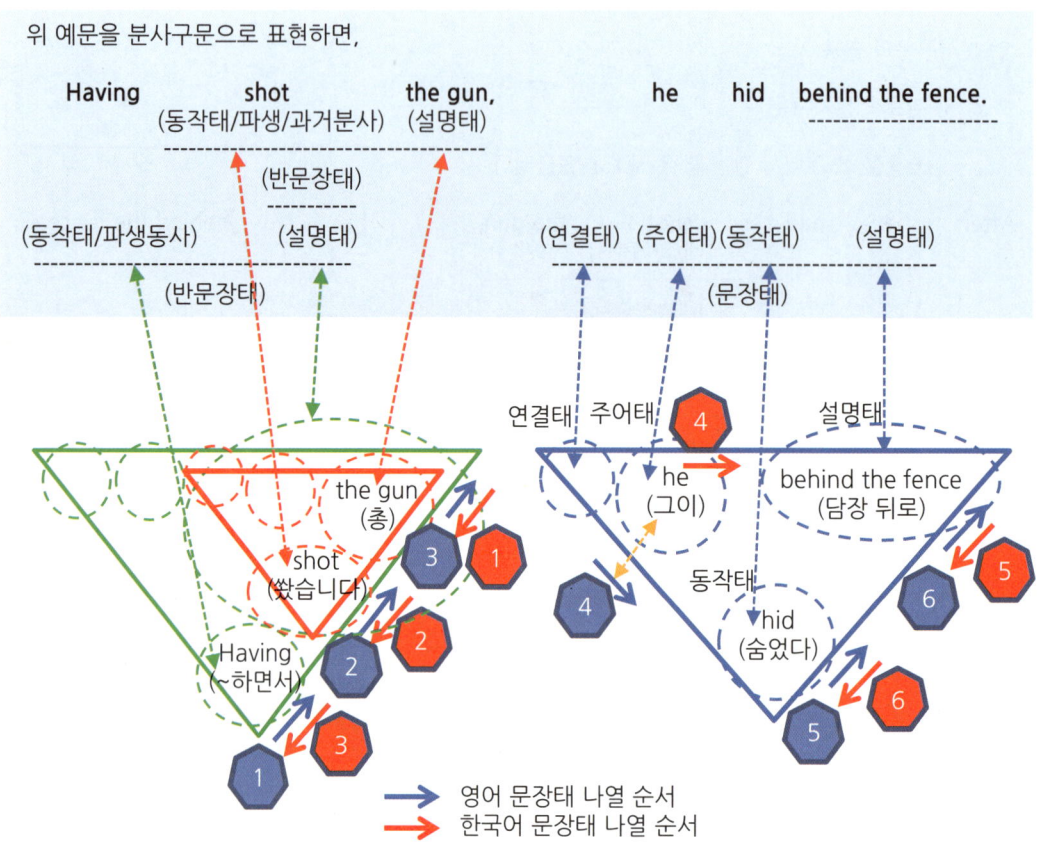

완료의 의미를 갖도록 하기 위하여 'having' 을 사용합니다.
완전한 문장이 아니면서도 정확한 내용을 표현하기 위해서는 동사의 변형인 파생동사를 사용해야 합니다.

이미 동작을 행한 의미를 갖는 '동사ing'를 사용합니다.

앞의 반문장태는 상황을 설명하면서 뒤의 문장태와 연결됩니다.

B-2. 어법 구조

4. 분사

2) 분사구문의 활용(3)

(4) 분사구문의 부정표현

* 그 일을 마치지 않아서 그는 불안했습니다.

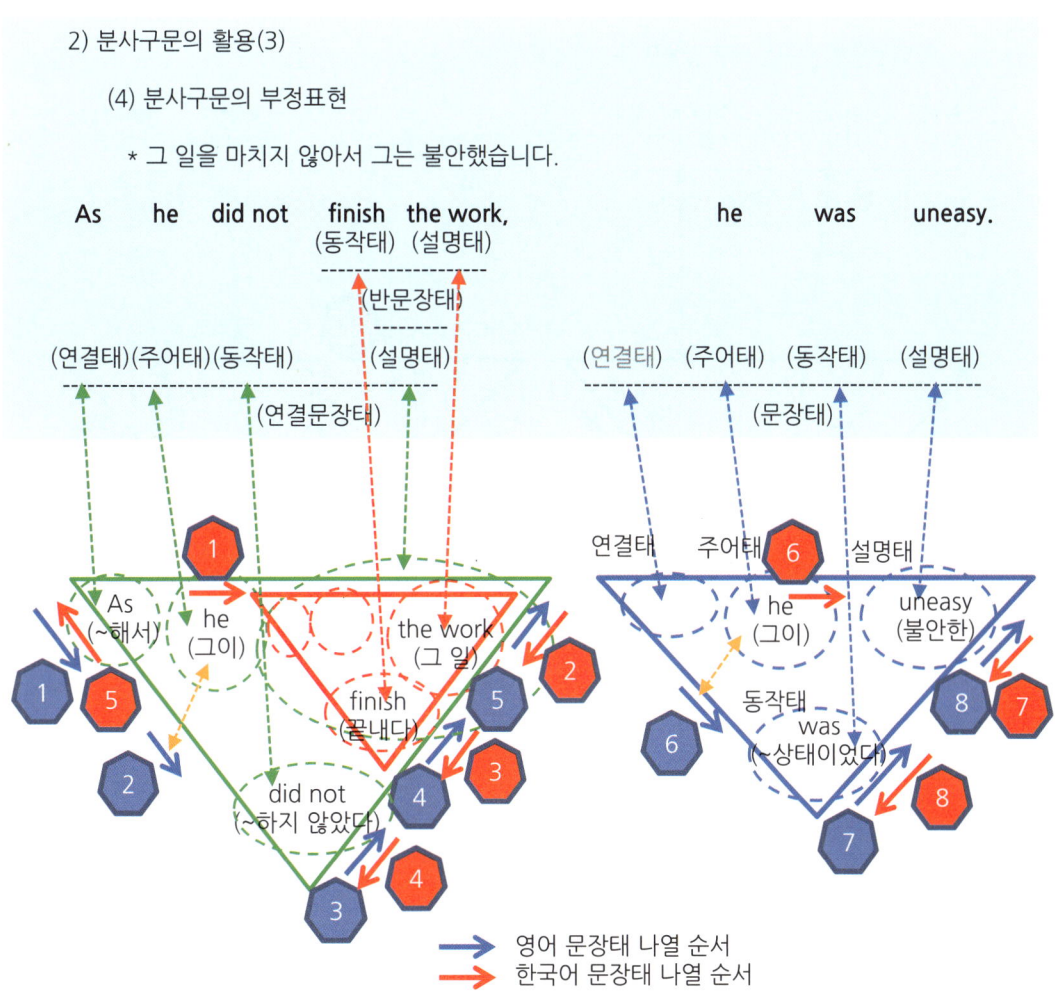

→ 영어 문장태 나열 순서
→ 한국어 문장태 나열 순서

'As ~' ~해서
다음에 부연설명이 옵니다.
'he did not ~ ' 그는 ~하지 않았습니다. 'not'는 'did'의 뒷주머니에 위치합니다.
그 다음의 설명태에 상세 내용이 표현됩니다.
앞의 연결문장태는 뒤의 문장태를 표현하기 위해서 상황을 적절하게 연결하는 역할을 합니다.

B-2. 어법 구조

4. 분사

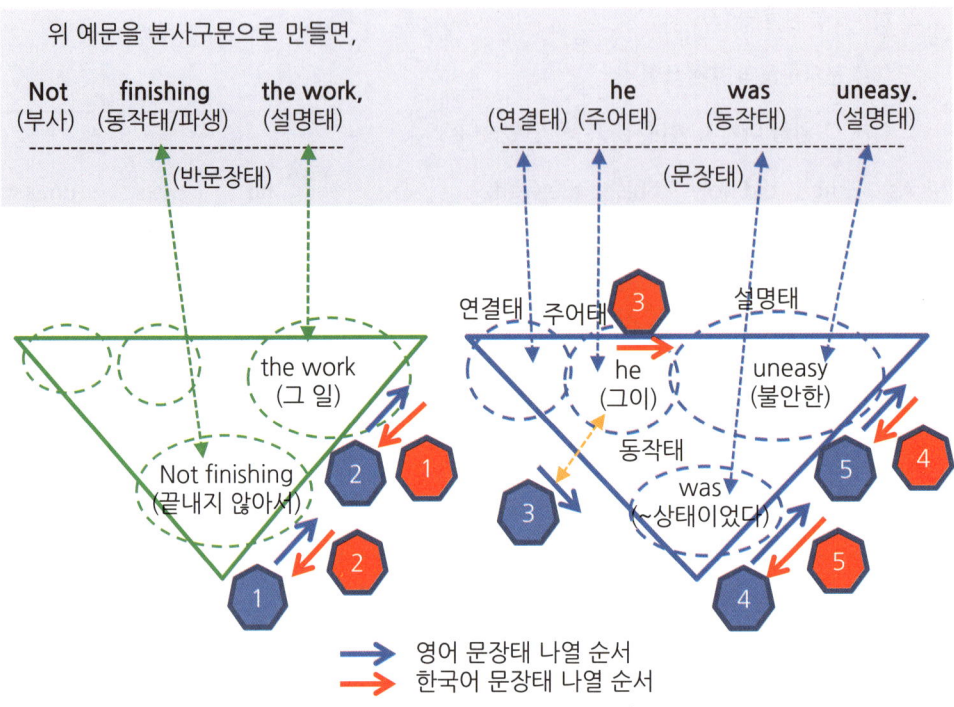

동작태(파생)의 앞주머니에 부정을 의미하는 'not'을 사용합니다.
반문장태에서는 주어가 생략되었을 뿐 동사는 분사의 형태로 원동사에서 파생된 형태를 가지고 있습니다.
반문장태는 뒤에 나오는 문장태와 연결 역할을 하며 상황을 설명해줍니다.

기존 영문법에서는 앞에 나오는 반문장태를 분사구문이라고 합니다.

B-2. 어법 구조

5. 보조동사(조동사)

1) 보조동사(조동사)란? (1)

   (1) 보조동사의 개념

혁신영문법에서는 보조동사라고 말하고, 기존 영문법에서는 조동사라고 부릅니다.
보조동사는 동사가 표현을 하는 데에 있어서 부족한 부분을 도와주거나 강조하는 일을 하면서 바로 동사의 역할을 수행합니다.
혁신영문법에서 보조동사를 동사라고 부르는 이유는 부정을 표현하는 'not'를 곧바로 사용할 수 있기 때문입니다.
보조동사는 다양한 기능을 수행하는데 동사와 그 역할을 함께한다면 두 개의 동사가 존재하는 곤란함에 처하게 됩니다.
이렇게 두 개 이상의 동사가 존재하면 정확한 문법체계를 구축하기가 어렵게 됩니다. 일관성이 결여되기 때문입니다.

그래서 혁신영문법에서는 처음으로 나오는 동사(보조동사, 파생동사 포함)가 그 문장에서의 주(주인, 중심) 동사가 되는 것입니다.
그리고 그 주 동사의 다음에 나오는 부분은 모두 설명태 안에 포함되어 그 주 동사의 내용을 상세 부연 설명하는 내용을 포함하게 되는 것입니다.

여기에 간단한 문장이 있습니다.

* 나는 그것을 합니다.
　　　　I　　　do　　　it.
　　(연결태) (주어태) (동작태) (설명태)
　　　　　　　(문장태)

상기 예문은 (연결태) (주어태) (동작태) (설명태) 의 간단한 구조로 되어있습니다.
그런데 '~ 할 수 있다' 라는 의미를 넣으려면, 'can' 이라는 단어를 사용합니다.
'나는 '그것을 하다'를 할 수 있습니다. -> '나는 'do it'을 할 수 있습니다.
-> I can 'do it'. -> I can do it. -> 나는 그것을 할 수 있습니다.
여기에서 can도 동사이고 do도 동사입니다.
그러면,
　　　　　　I　　can　　do　　it.
　　　(연결태) (주어태) (동작태) (동작태) (설명태)
가 되며 두 개의 동작태가 생겨나게 됩니다. 그래서 문장이 복잡해지는 것입니다.

B-2. 어법 구조

5. 보조동사(조동사)

그래서 혁신영문법에서는 오직 하나의 동작태만을 인정하고 나머지는 설명태로 간주하는 것입니다. 이것이 바로 혁신영문법의 핵심 사항입니다.

I can do it.
(동작태) (설명태)
(반문장태)

〈수직구조도〉

(연결태) (주어태) (동작태) (설명태)
(문장태)

〈삼각배열도〉

연결태 주어태
I (나)
설명태
it (그것)
do (하다)
동작태
can (~할수있다)

→ 영어 문장태 나열 순서
→ 한국어 문장태 나열 순서

〈입체분해도〉

I can do it.

또한 'do it'은 설명태 안에서 동사를 가지고 있으며 또 다른 문장태를 형성합니다.
'I can ~ ' 나는 ~을 할 수 있습니다.
'I can do it.' 나는 'do it'을 할 수 있습니다,
나는 그것을 하는 것을 할 수 있습니다. -> 나는 그것을 할 수 있습니다.

B-2. 어법 구조

5. 보조동사(조동사)

1) 보조동사(조동사)란? (2)

   (2) 보조동사의 특징

   * 보조동사의 다음에는 원동사(원형동사)가 오게 됩니다.
     보조동사의 다음에 오는 원동사는 to동사(부정사)로 사용하지 않습니다.
     원동사는 설명태 안에 포함됩니다.

   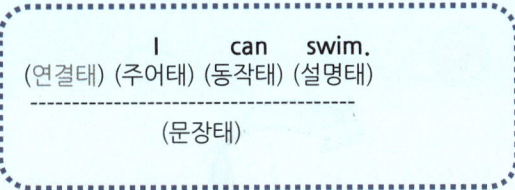

   * 부정문과 의문문 시에 또 다른 보조동사를 사용하지 않습니다.
     부정문에서는 보조동사 다음에 not만을 추가합니다.

   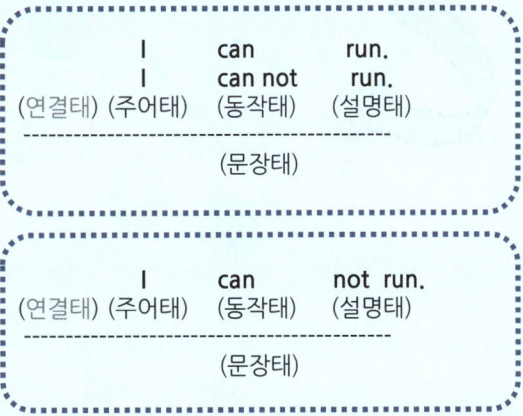

B-2. 어법 구조

5. 보조동사(조동사)

의문문에서는 결과적으로 주어태와 동작태의 위치 교환이 이루어집니다.

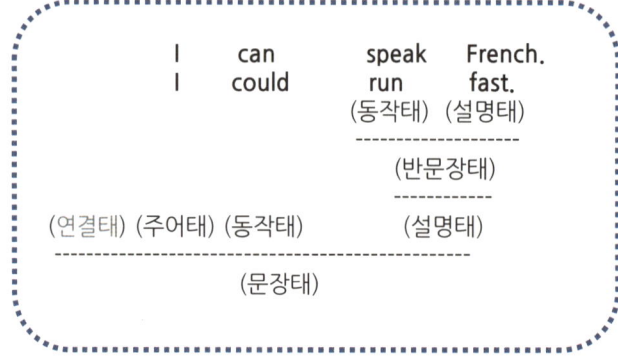

의문문은,
"의문문의 중심 동사 + 문장태 ?" 입니다. 그리고 문장태에서의 중심동사(can)는 삭제합니다.

Can + 'you (can) run' ? ==> "Can you run ?"

결과적으로 주어태와 동작태의 위치 교환이 이루어집니다.

* 보조동사는 현재와 과거만 표현합니다.

```
            I    can    speak   French.
            I    could  run     fast.
                       (동작태) (설명태)
                       --------------------
                            (반문장태)
                       ------------
(연결태) (주어태) (동작태)   (설명태)
----------------------------------------
                   (문장태)
```

404

B-2. 어법 구조

5. 보조동사(조동사)

1) 보조동사(조동사)란? (3)

   (2) 보조동사의 특징

   * 보조동사는 3인칭에 따른 변화를 하지 않습니다.

```
         He    can    walk.
         She   can    see.
                      (동작태)
                      --------
                (반문장태/부속문장태)
                ----------------------
(연결태) (주어태) (동작태)     (설명태)
--------------------------------------
                (문장태)
```

   'can'과 'walk' 둘 다 모두 동사입니다.
   그러므로 뒤에 나오는 동사는 설명태 안의 동사입니다.
   이것은 설명태 안에서 반문장태를 형성하고 있습니다.
   'I can ~' 나는 ~을 할 수 있습니다.
   'I can walk' 나는 'walk'를 할 수 있습니다.
   나는 걸을 수 있습니다.

   * 보조동사가 있는 문장은 반드시 다른 문장태(반문장태, 연결문장태, 부속문장태)를 포함합니다.
     동사의 역할을 하는 단어가 2개 이상 존재하기 때문입니다.

```
         He    may    enter  the room.
                      (동작태)  (설명태)
                      --------------------
                      (반문장태/부속문장태)
                      ----------------------
(연결태) (주어태) (동작태)     (설명태)
---------------------------------------------------
                (문장태)
```

   'He may ~' 그는 ~해도 됩니다.
   'He may enter the room' 그는 'enter the room'을 해도 됩니다.
   설명태인 'enter the room'은 동작태인 'may'를 상세설명하고 있습니다.

B-2. 어법 구조

5. 보조동사(조동사)

2) 보조동사(조동사)의 종류 (1)

(1) do

보조동사 do는 가장 많이 사용되는 보조동사입니다.
보조동사는 뒤에 반드시 원동사를 수반합니다.

* 'not'을 뒤에 사용하여 부정문을 만듭니다.

　　나는 사과를 먹지 않습니다.

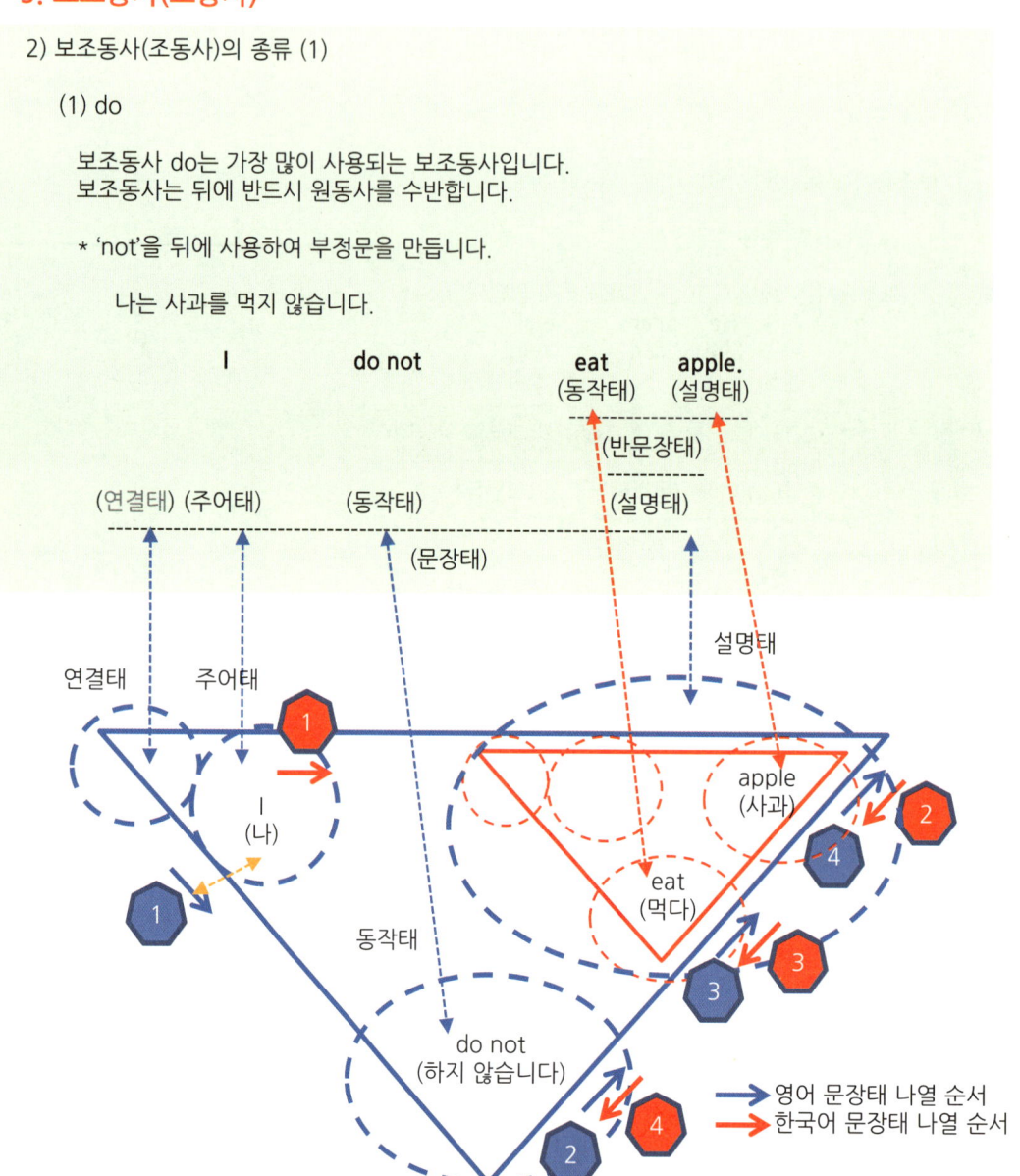

설명태 안의 반문장태는 동작태 'eat'의 존재로 인하여 형성됩니다.
동작태 'do'의 부정 표현을 위해서 뒷주머니에 'not'을 추가합니다.
추가된 'not'는 설명태 안에서 원동사 'eat'에 부정 표현의 영향을 미치게 됩니다.
'I do ~' 나는 ~을 합니다.
'I do not ~' 나는 ~를 하지 않습니다.
'I do not eat ~' 나는 'eat~'를 하지않습니다. 또는 "나는 'not eat ~'를 합니다."
나는 ~을 먹지 않는 것을 합니다.
나는 ~을 먹지 않습니다.
'not eat apple'은 설명태로서 반문장태로 되어 있습니다.
즉, do에 대하여 상세한 설명을 표현하고 있습니다.

B-2. 어법 구조

5. 보조동사(조동사)

2) 보조동사(조동사)의 종류 (2)
   (1) do
      * 강조문을 만듭니다.
        나는 매일 밤에 영화를 봅니다.

        　　　　　I　　watch　　movie every night.

        (연결태) (주어태) (동작태)　　　(설명태)

        　　　　　　　　　(문장태)

        강조를 하기 위하여 동작태 'watch' 앞에 'do'를 첨가하여 'do watch' 로 바꿉니다.

        　　　I　　　　　do　　　　　watch　movie every night.

        　　　　　　　　　　　　　　　(동작태)　　(설명태)

        　　　　　　　　　　　　　　　　　(반문장태)

        　　　　　　　　　　　　　　　　　　(설명태)

        (연결태) (주어태)　　(동작태)

        　　　　　　　(문장태)

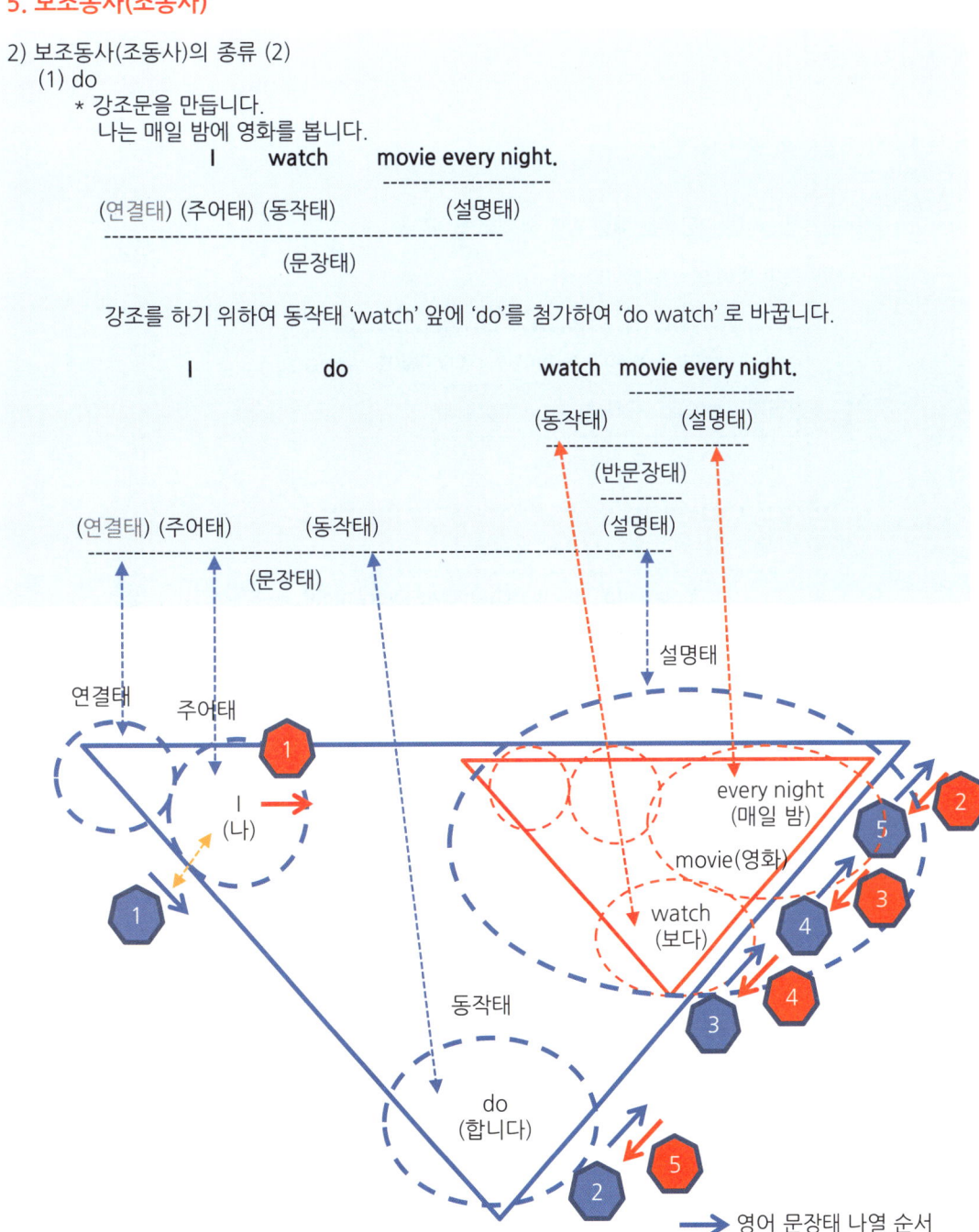

→ 영어 문장태 나열 순서
→ 한국어 문장태 나열 순서

동작태인 watch는 앞에 나오는 동사 do가 동작태가 되므로 인하여 설명태 안으로 포함됩니다.
그리고 반문장태를 형성합니다.
즉, 'I do ~' 나는 ~을 합니다.
그 내용은 다음에 나오는 설명태안에 하나의 문장태(반문장태)로 표현되어 있는 것입니다.
'do' 다음에 또 다른 동작태가 오는 것은 그 동작태를 강조하는 표현입니다.
이렇게 혁신영문법에서는 문장태의 단위로 상세한 내용이 표현되는 것입니다.

B-2. 어법 구조

5. 보조동사(조동사)

2) 보조동사(조동사)의 종류 (3)

  (1) do
    * 의문문을 만듭니다. (당신은 매일 밤에 영화를 봅니까?)

    당신은 매일 밤에 영화를 봅니다.

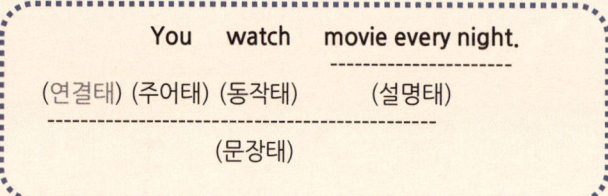

  'do'를 이용한 강조의 문장은 다음과 같습니다.

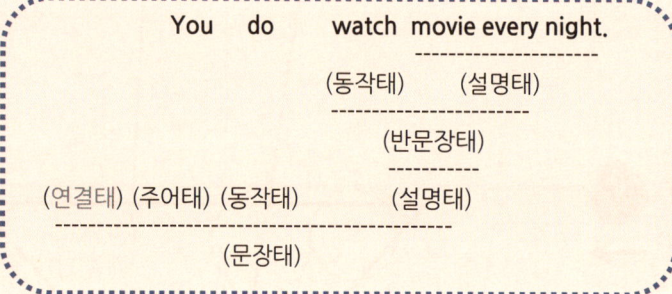

강조하기 위하여 'do'를 추가하면 'watch movie every night'는 설명태가 됩니다.
의문문을 만드는 방법은 동작태와 주어태의 위치를 서로 바꾸는 것입니다.
즉, 'do'를 삽입하여 강조를 표현한 문장에서 위치를 바꾸는 것입니다.
일반적으로 동작태 앞에 'do'를 추가하여 주어태와 동작태의 위치를 바꿉니다.

```
            Do     you    watch  movie every night ?
                                 ---------------------
                                 (동작태)    (설명태)
                                 -------------------------
                                       (반문장태)
                                       ----------
         (연결태) (동작태) (주어태)    (설명태)
         -----------------------------------------
                          (문장태)
```

B-2. 어법 구조

5. 보조동사(조동사)

2) 보조동사(조동사)의 종류 (4)

(1) do

* 의문문의 구조를 그대로 평서문으로 사용하여 강조의 의미를 표현합니다.

나는 매일 밤 영화를 봅니까?

```
            Do      I     watch   movie every night ?
                                  ----------------------
                                  (동작태)      (설명태)
                                  ----------------------
                                        (반문장태)
                                        -----------
    (연결태) (동작태) (주어태)      (설명태)
    --------------------------------------------------
                        (문장태)
```

정말로 나는 매일 밤 영화를 봅니다.

```
    Really    do      I     watch    movie every night.
                                     ----------------------
                                     (동작태)      (설명태)
                                     ----------------------
                                          (반문장태)
                                          -----------
    (연결태/부) (동작태) (주어태)      (설명태)
    ------------------------------------------------------
                          (문장태)
```

상기 예문에서 강조문은 의문문과 구조가 동일함을 알 수가 있습니다.

B-2. 어법 구조

5. 보조동사(조동사)

2) 보조동사(조동사)의 종류 (5)

  (2) can, could
    보조동사 can은 능력, 허가, 추측 등을 나타냅니다.
    사용형식은 보조동사 'do'와 동일합니다.

    * 능력
      나는 수영을 할 수 있습니다.

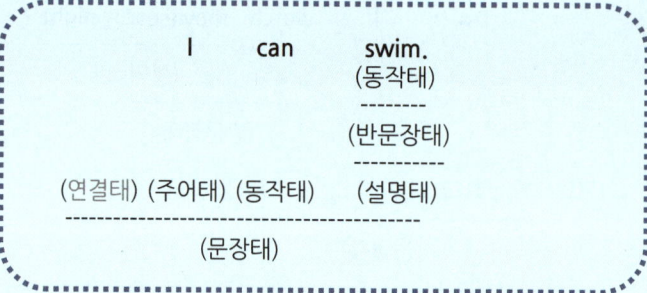

    혁신영문법에서는 'can'이 동작태가 되며 'swim'은 설명태가 됩니다.
    'I can ~' 나는 ~을 할 수 있습니다.
    그 내용은 다음에 나오는 반문장태인 'swim' 입니다.
    동사인 'swim' 하나만으로도 반문장태를 구성할 수 있는 것입니다.

    * 허가
      당신은 이 펜을 가져도 됩니다.

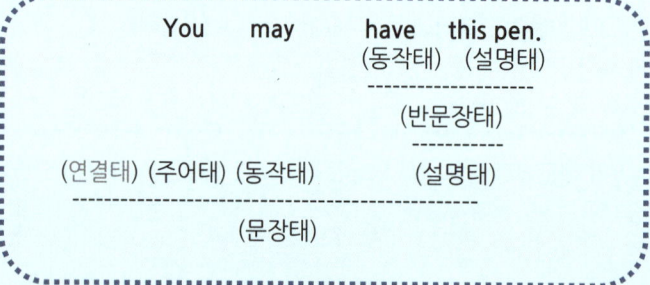

    보조동사(조동사)가 사용되는 문장은 반드시 반문장태가 존재합니다.
    'You may ~' 당신은 ~ 해도 좋습니다.
    그 내용은 그 다음에 설명됩니다.
    즉, 'have this pen' 이 그 설명 내용입니다.
    당신은 'have this pen'을 해도 됩니다.

B-2. 어법 구조

5. 보조동사(조동사)

2) 보조동사(조동사)의 종류 (6)

(2) can, could

* 추측

그것은 사실일 리가 없습니다.

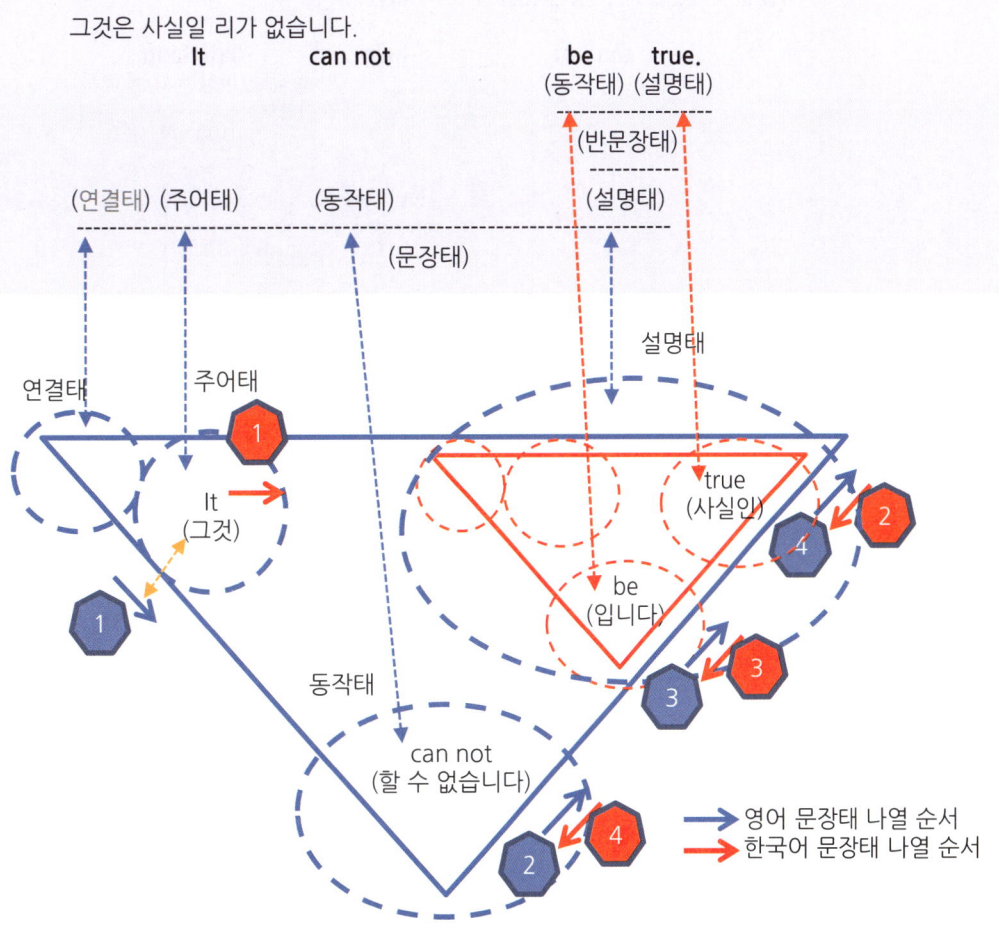

'It can ~' ~일 수 있습니다.
그 상세 내용은 'not be true' 입니다.
그것은 'not be true'일 수 있습니다.
즉, 그것은 사실일 리가 없습니다.

또는,
'It can not ~' ~일 수 없습니다.
그 상세 내용은 'be true' 입니다.
그것은 'be true'일 수 없습니다.
즉, 그것은 사실일 리가 없습니다.
동작태를 부정하는 'not'는 동작태에 포함될 수도 있고 또는 설명태에 포함될 수도 있습니다.
보조동사(can)가 사용된 문장태는 원동사(be)가 존재하므로 반드시 설명태 안에 반문장태가 존재합니다.

B-2. 어법 구조

5. 보조동사(조동사)

2) 보조동사(조동사)의 종류 (7)
   (2) can

   * 관용적 사용

   나는 웃지 않을 수 없습니다. (나는 웃을 수 밖에 없습니다.)

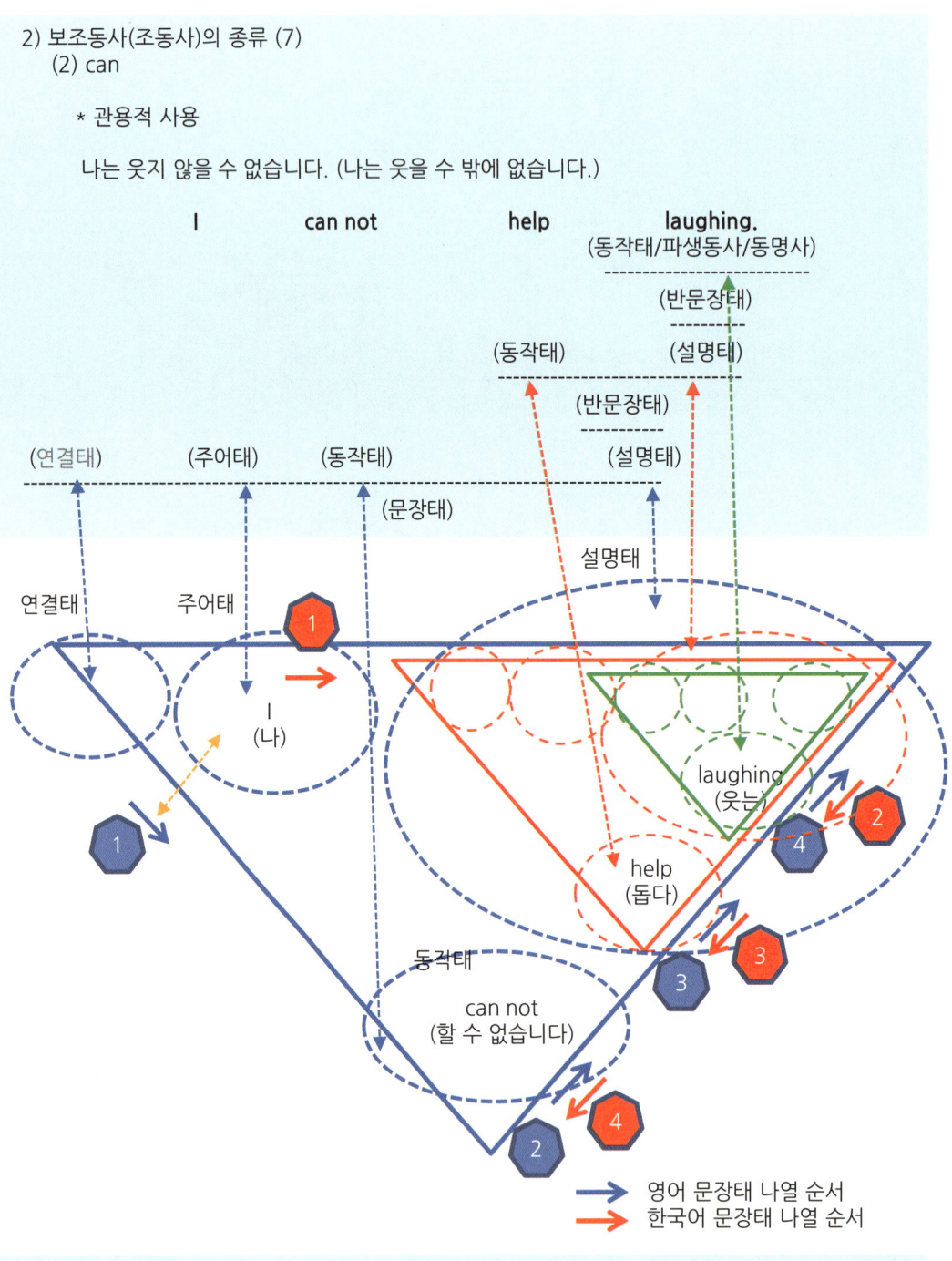

'I can not ~ ' 나는 ~을 할 수 없습니다.
'help' 돕습니다.
'laughing' 웃는 것을
나는 웃는 것을 도울 수 없습니다, 왜냐하면 안 도와도 웃어지기 때문입니다.
즉, 나는 웃지 않을 수 없습니다.
'help'의 반문장태 안에 'laughing'의 반문장태가 들어 있습니다.

B-2. 어법 구조

5. 보조동사(조동사)

2) 보조동사(조동사)의 종류 (7)
   (2) can

   * 관용적 사용

   나는 웃지 않을 수 없습니다. (나는 웃을 수 밖에 없습니다.)

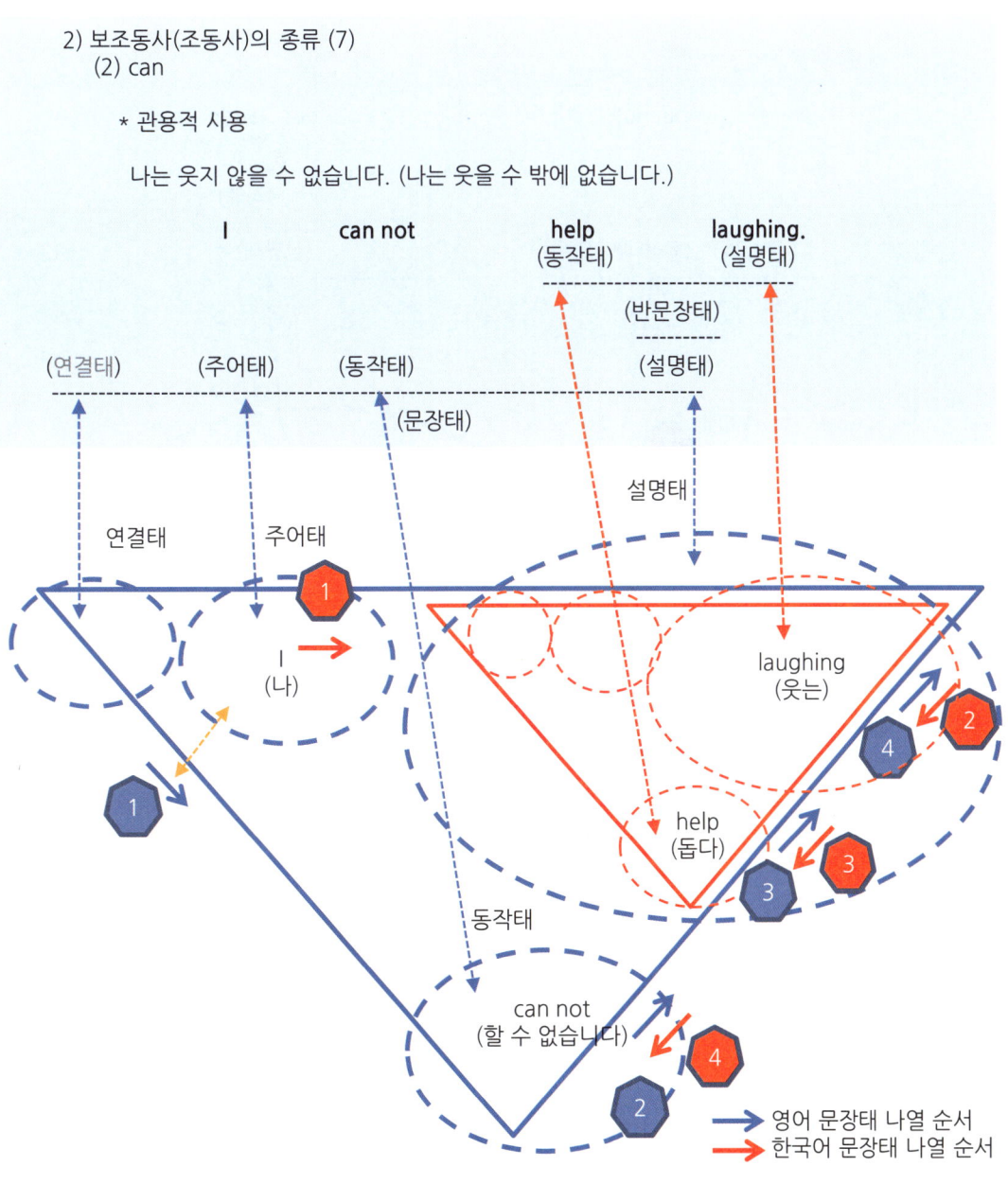

"help'의 설명태는 'laughing'입니다. 돕습니다.
또한 'can not'의 설명태는 'help laughing'입니다.
'not'은 동작태 'cant'의 뒷주머니입니다.
'can not help laughing'은 동작태 3개의 축약으로 볼 수 있습니다.

B-2. 어법 구조

5. 보조동사(조동사)

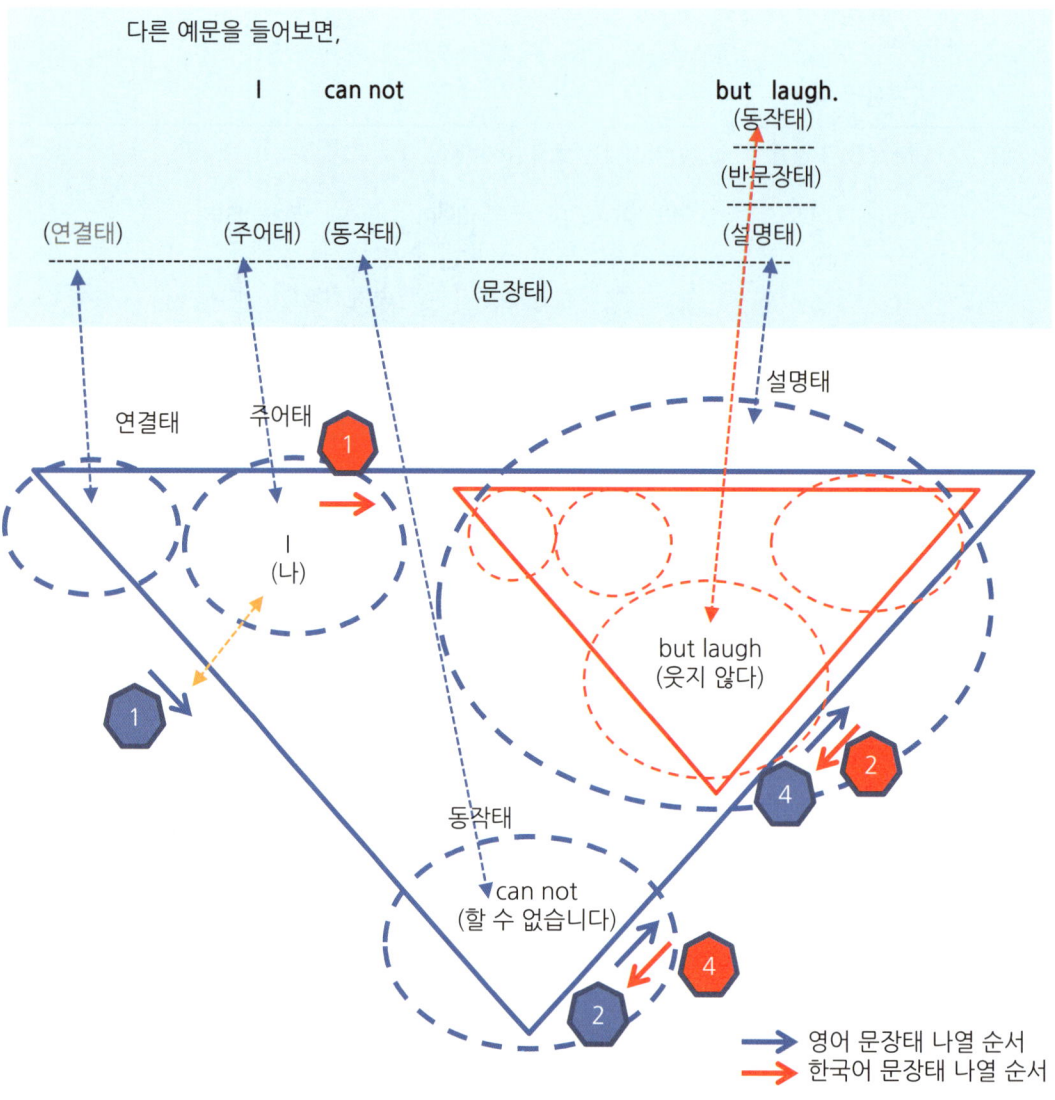

설명태 안의 'not'은 'can'의 뒷주머니이고 'but'는 'laugh'의 앞주머니입니다.
'but laugh'는 동작태로서 반문장태를 형성하고 있습니다.
'I can not ~' 나는 ~을 할 수 없습니다.
'but'는 '~말고', 'laugh 말고'를 의미합니다. "but laugh", "웃는 것 말고"

"I can not but laugh." ==> "나는 웃는 것 말고는 할 수가 없습니다."
                        ==> "나는 웃지 않을 수 없습니다."

B-2. 어법 구조

5. 보조동사(조동사)

2) 보조동사(조동사)의 종류 (8)

   (2) can, could

   * 관용적 사용

   문을 좀 열어주시겠습니까?

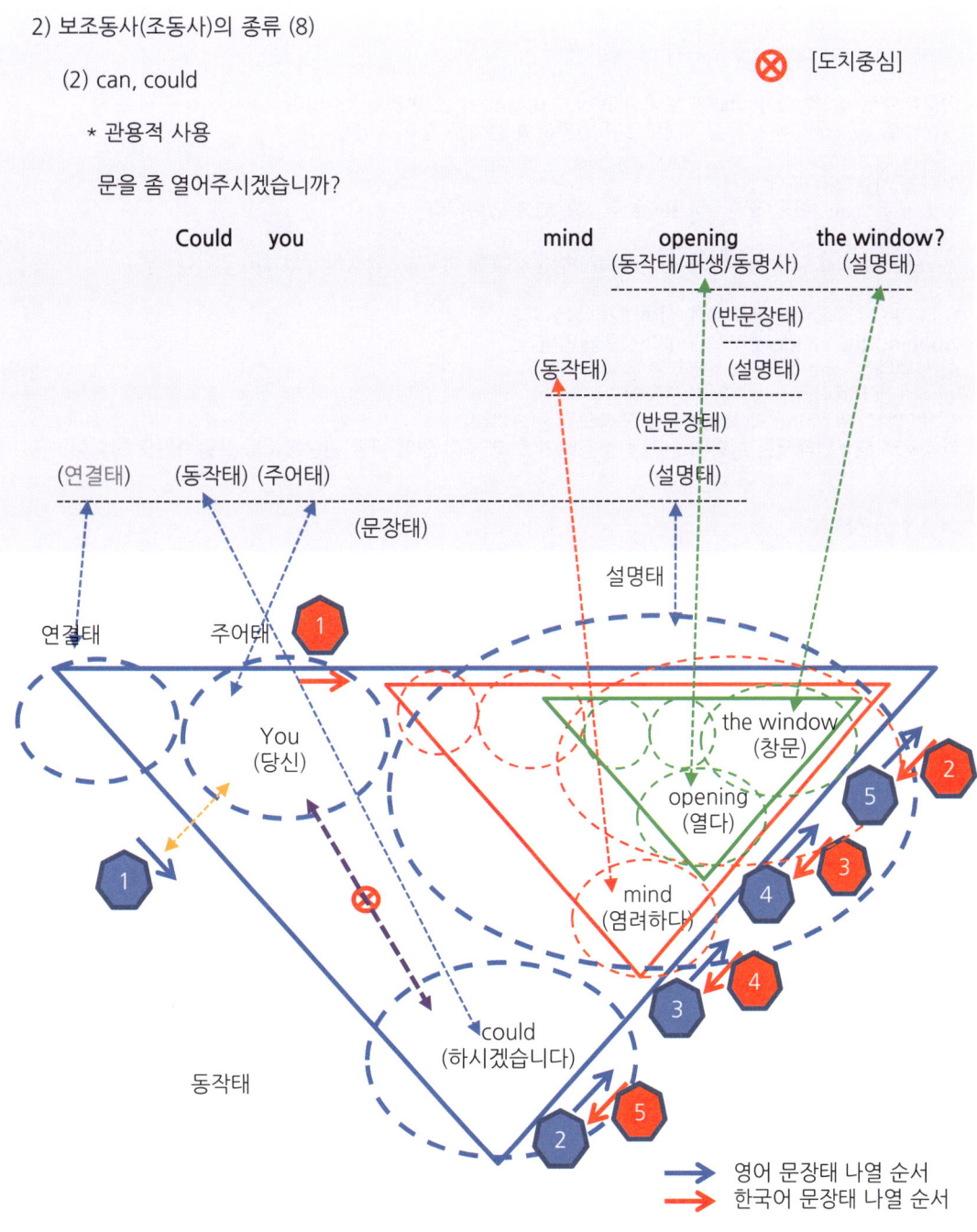

B-2. 어법 구조

5. 보조동사(조동사)

'You can mind opening the windows,' 에서 ,

의문문으로 주어태와 동작태가 도치되고 'can' 이 'could' 로 변경되었습니다.
주어태와 동작태의 순서가 도치되므로써 의문문의 형식을 갖추고 있습니다.

부탁을 하는 의미에서,
'could' 는 'can' 보다 더 공손한 표현으로 사용되고 있습니다.

'mind'는 'could' 다음에 나오는 동작태로서 반문장태를 이루며, '염려하다'의 의미입니다.

'mind'는 동작태로서 그 다음에 설명태가 나옵니다.
'opening the window'가 'mind'의 설명태입니다.
이 설명태는 'open the window'가 파생된,
'opening the window'라는 반문장태입니다.
'언짢아하다'인 'mind'의 상세설명을 표현하고 있습니다.
다중구조 영문법에서는 설명태 안에 반문장태가 있으며 그 안에 다른 반문장태를 포함하기도 합니다.

이렇게 의문문은,

"중심동사 + 문장태 ?" 로 표현됩니다.

Could(can) + 'you (can) mind opening the windows' ?

중심동사란 하나의 문장태에서 가장 먼저 나오는 동작태(동사)를 의미합니다.

B-2. 어법 구조

5. 보조동사(조동사)

2) 보조동사(조동사)의 종류 (9)

(3) may, might
may는 허가, 가능, 추측, 목적, 양보, 관용적 등의 표현이 있습니다.

* 허가
당신은 이 펜을 사용해도 됩니다.

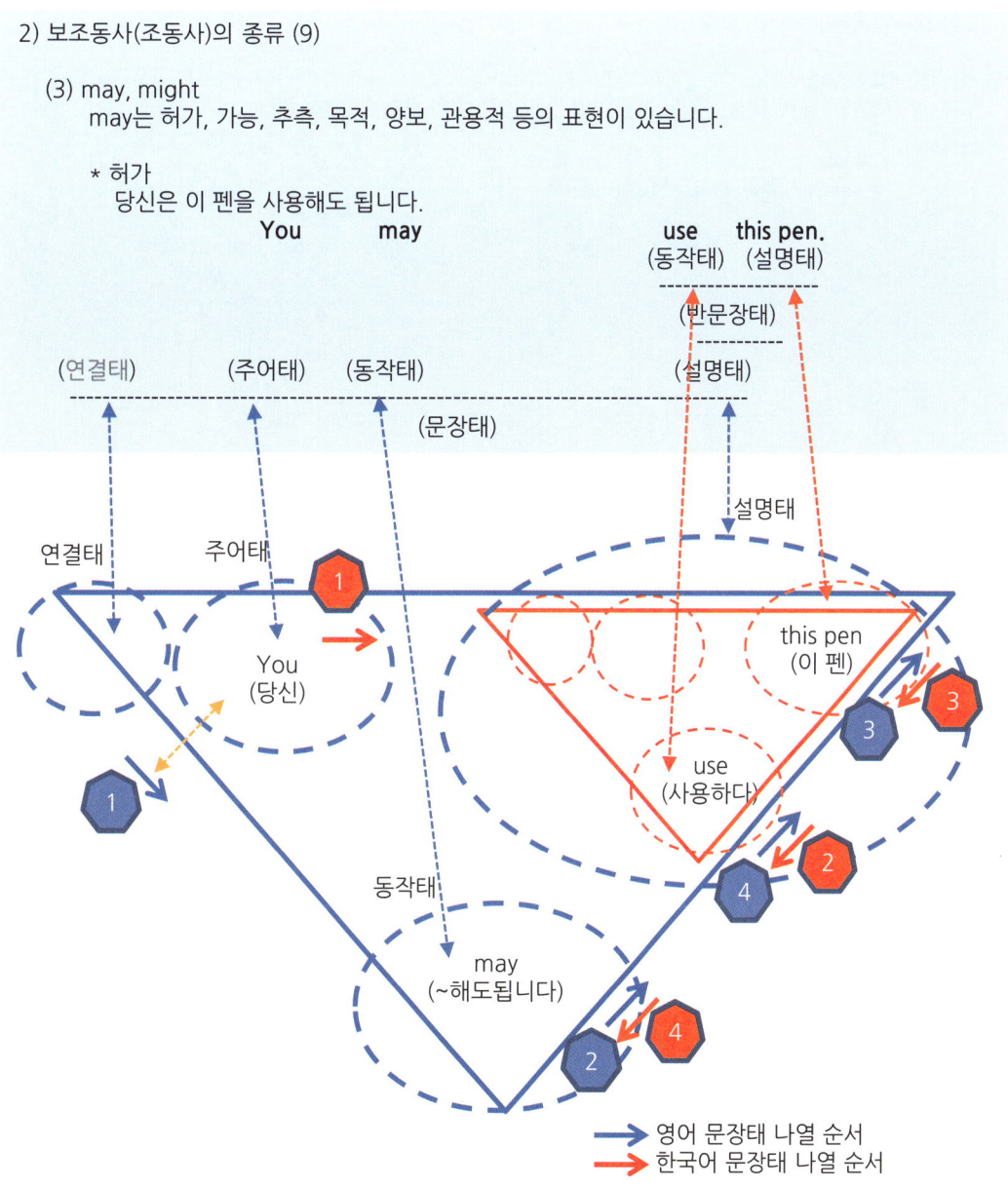

'You may ~ ' 당신은 ~ 해도 됩니다.
그 상세 내용은 다음에 나오는 설명태, 즉 반문장태입니다.
설명태인 'use this pen'는 '이 펜을 사용합니다.' 라는 의미로서 하나의 반문장태를 구성하고 있습니다.

B-2. 어법 구조

5. 보조동사(조동사)

2) 보조동사(조동사)의 종류 (9)

(3) may, might
may는 허가, 가능, 추측, 목적, 양보, 관용적 등의 표현이 있습니다.

* 추측
그는 경기를 이길지도 모릅니다.

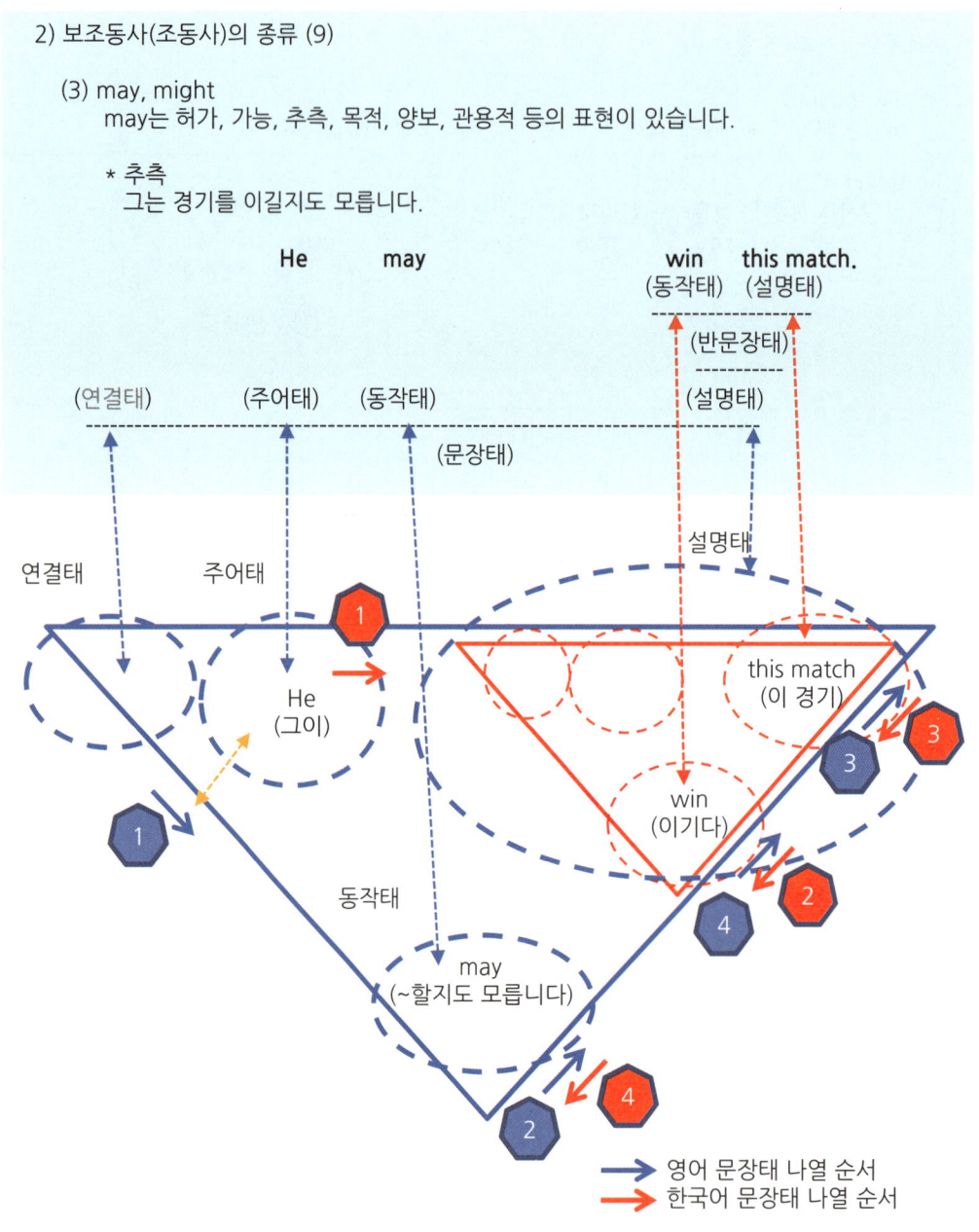

'He may ~' 그는 ~ 할지도 모릅니다.
그 다음의 설명태 안에서 그 내용이 설명됩니다.
설명태는 동사를 포함하는 반문장태로 되어 있습니다.
그는 'win the match' 할지도 모릅니다.
그는 그 경기를 이길지도 모릅니다.

B-2. 어법 구조

5. 보조동사(조동사)

2) 보조동사(조동사)의 종류 (10)

(3) may, might

* 목적

우리는 그 대학에 들어가기 위한 목적으로 열심히 공부를 합니다.
We study hard (in order) that we may enter the university.

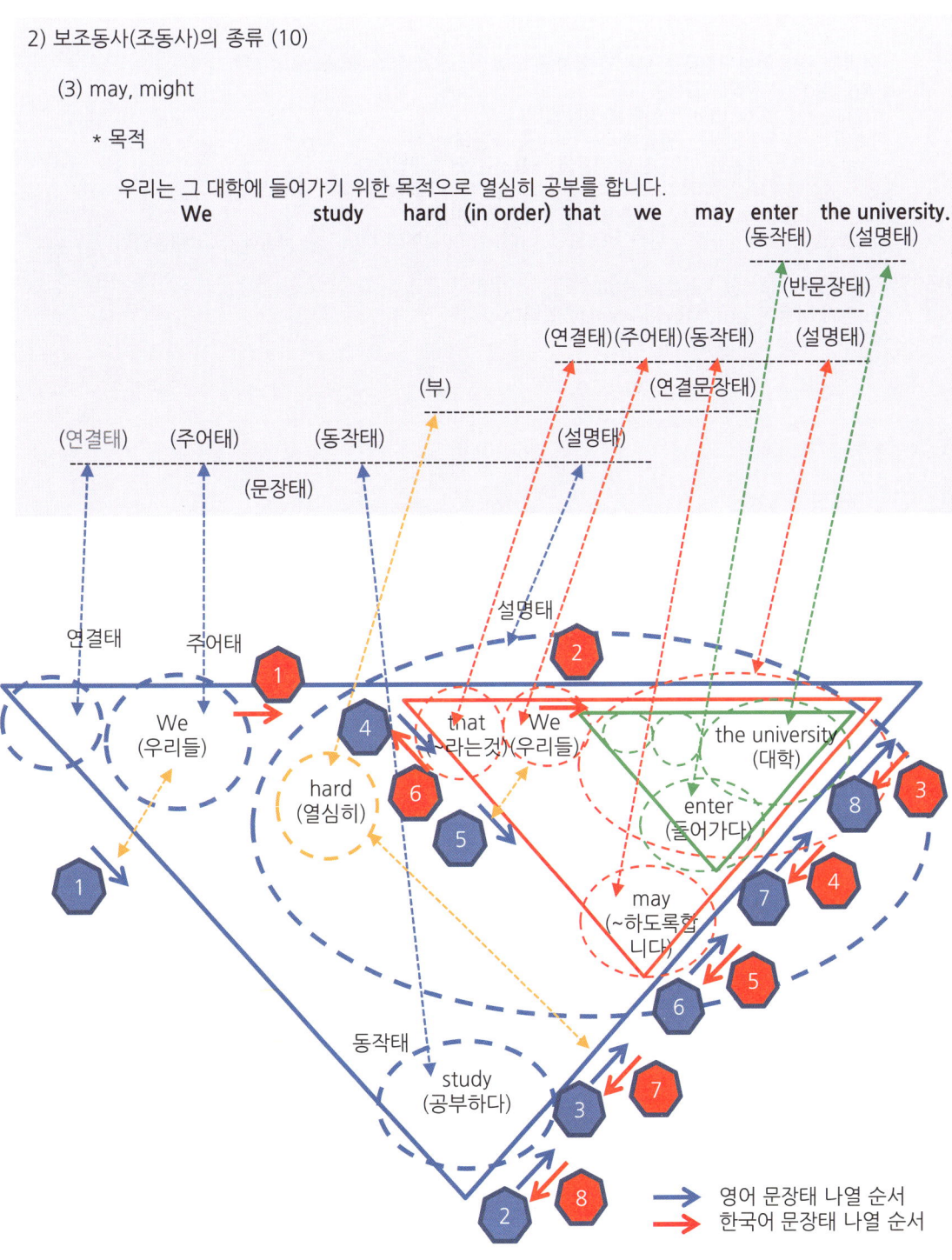

B-2. 어법 구조

5. 보조동사(조동사)

설명태 안의 연결문장태는 부사의 역할을 하여 'hard'와 함께 'study'를 수식합니다.
'we study ~' 우리는 공부합니다.
'that'는 'in order that'가 생략된 형태입니다.
'hard'는 설명태 안에서 '열심히'라는 의미를 표현합니다.
'that'는 그 뒤 오는 문장태 전체 내용을 대표하는 연결태입니다.
연결문장태에서 연결태의 뒷부분을 진문장태(주어태+동작태+설명태)라고 합니다.
또한 이것은 'hard'를 부연 설명하는 연결문장태입니다.
'in order that' 는 '~하기 위한 목적으로' 이며, 'that'로부터 이어지는 문장태가 그 내용입니다.

'we may ~' 우리는 ~하도록 됩니다.
그 상세 내용은 'enter the university' 입니다.
우리가 그 대학에 들어가도록 됩니다.

B-2. 어법 구조

5. 보조동사(조동사)

2) 보조동사(조동사)의 종류 (11)
   (3) may, might
      * 양보

당신이 어디를 갈지라도 나를 그리워할 것입니다.

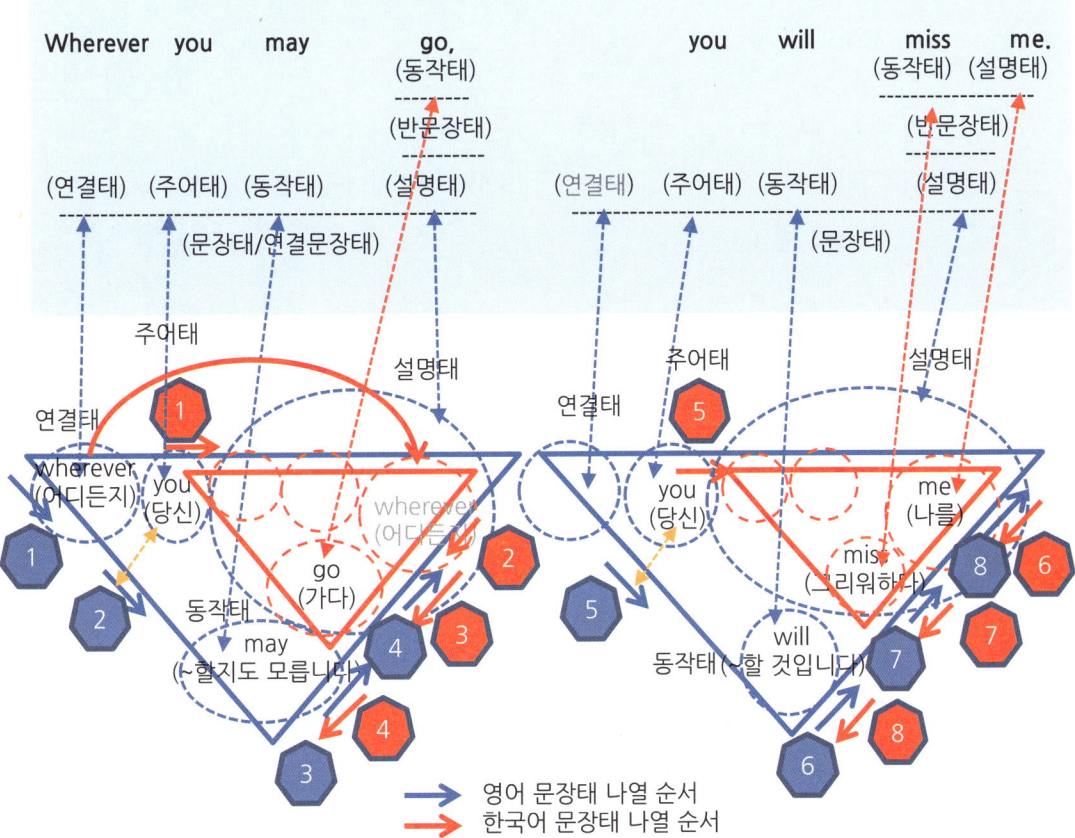

[설명1], [설명2]로 나누어 설명하는 이유는 한국어 문장으로 표현할 때 두 가지 이상으로 다양하게 표현되기 때문입니다.

[설명1]
상기 문장은 연결문장태와 문장태의 두 개의 문장태로 되어 있습니다.
연결문장태의 'wherever'는 원래는 설명태 안에 존재하다가 의문사의 성격으로 앞으로 도치되었습니다.
'wherever'라는 단어가 사용되므로써 'may'가 양보의 의미를 갖게 됩니다.
'you may ~' 당신이 ~할지라도
그 다음의 'go wherever '가 설명태입니다.
'go wherever'는 설명태이면서 반문장태입니다.
'wherever'는 의문사이기 때문에 문장의 맨앞으로 이동합니다.
영어 나열 순서는 앞으로 이동한 채로 순서가 정해지지만, 한국어 나열 순서는 도치되기 전에는 원래 'wherever'가 'go'의 뒤에 설명태 위치에 있었기 때문에 본래의 위치로 돌아갑니다.
이렇게 한국어 문장태의 나열 순서는 연결태가 도치되기 전의 본래의 위치로 돌아간다는 것이 매우 중요합니다.
한국어 나열 순서에서 도치되지 않은 연결태는 마지막에 나열됩니다.
'you will ~' 당신은 ~할 것입니다.
그 내용은 다음의 설명태 안에 표현됩니다.
'miss me'는 설명태이며 동작태를 가지고 있으므로 반문장태입니다.

B-2. 어법 구조

5. 보조동사(조동사)

2) 보조동사(조동사)의 종류 (11)
(3) may, might
* 양보

당신이 어디를 갈지라도 나를 그리워할 것입니다.

Wherever	you	may	go,		you	will	miss	me.
			(동작태)				(동작태)	(설명태)
			(반문장태)				(반문장태)	
(연결태)	(주어태)	(동작태)	(설명태)		(연결태)	(주어태)	(동작태)	(설명태)
	(문장태/연결문장태)					(문장태)		

→ 영어 문장태 나열 순서
→ 한국어 문장태 나열 순서

[설명2]

만일 한국어 문장의 나열시에 'wherever'가 설명태로 도치되지 않더라도 해석은 나쁘지 않습니다. 연결태(wherever)의 뒤에 나오는 진문장태(you may go)가 연결태를 꾸며 주기 때문입니다.

즉, 한국어 해석은 '주어태 + 설명태 + 동작태 + 연결태' 가 되며 그 해석은 다음과 같습니다.

"당신이 갈 지도 모르는 어느 곳이 될지라도, 당신은 나를 그리워할 것입니다."

이렇게 한국어 문장으로의 나열 순서는 다양한 방법으로 해석이 가능합니다.

B-2. 어법 구조

5. 보조동사(조동사)

2) 보조동사(조동사)의 종류 (12)
   (3) may, might
      * 공손
        질문을 해도 되겠습니까?   May I ask you a question?

        더욱 공손한 표현을 위하여,
                Might I   ask   you a question ?

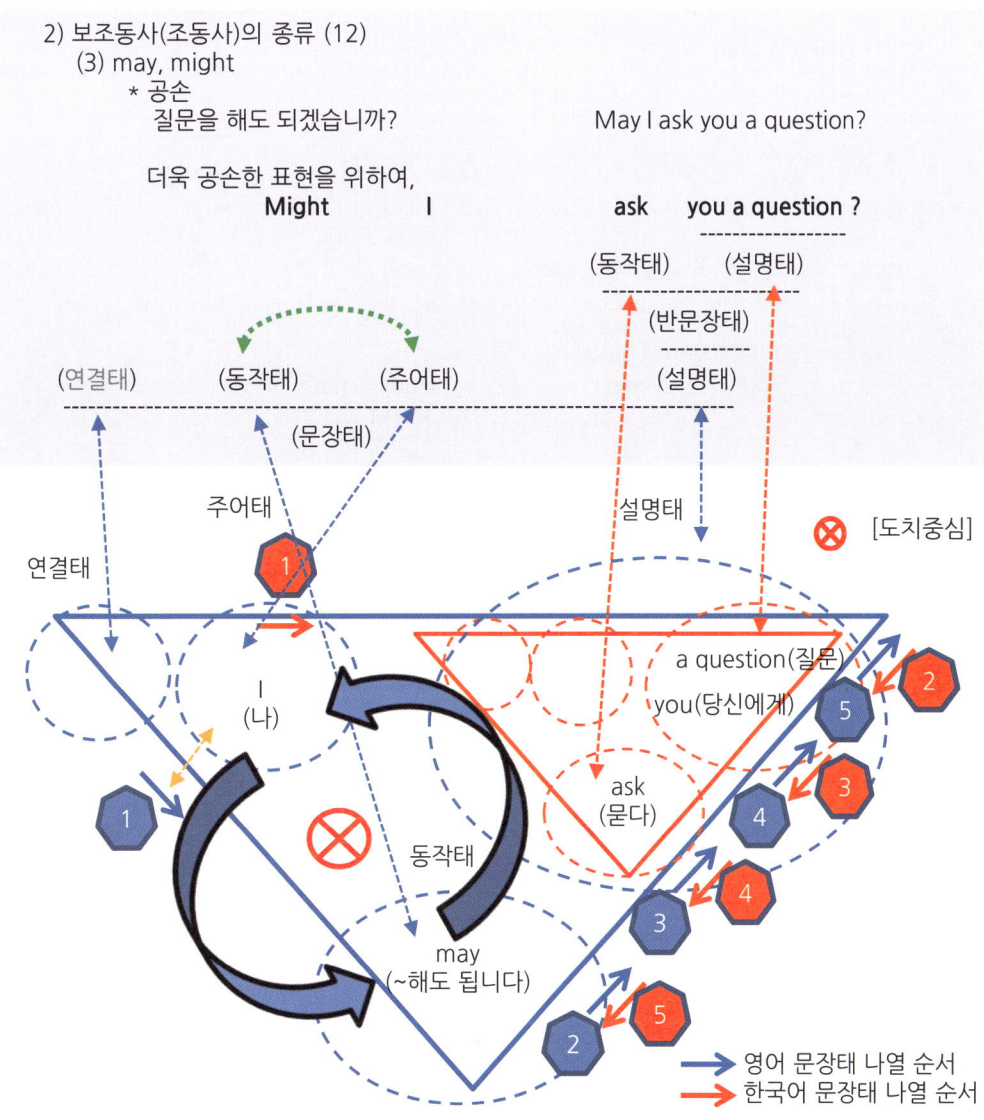

평서문인 'You may ask a question.' 에서 의문문이 만들어 집니다.
평서문에 대한 많은 이해가 매우 중요합니다.
영어 문장태 나열 순서는 동작태와 주어태를 도치하여 의문문을 만듭니다.
이 때 'may'를 'might' 로 바꾸어 더욱 공손한 표현으로 사용합니다.
'may'는 보조동사로서 동작태며 뒤에 나오는 'ask'는 설명태에 포함되어 반문장태를 형성합니다.
'May I ~?' ~해도 됩니까?
그 상세 내용은 반문장태 안의 설명태인 'ask you a question' 입니다.
내가 'ask you a question' 해도 됩니까?
'ask ~' ~을 묻습니다.
부연설명은 'you a question'입니다.
묻는다는 것은 대상인 사람이 있고 그 묻는 내용이 있습니다.
'you ~' 당신에게
'a question' 하나의 질문
'당신에게 하나의 질문을'

B-2. 어법 구조

5. 보조동사(조동사)

2) 보조동사(조동사)의 종류 (13)

(4) must

must는 의무와 강한 추측을 나타냅니다.

* 의무
 당신은 열심히 공부해야만 합니다.

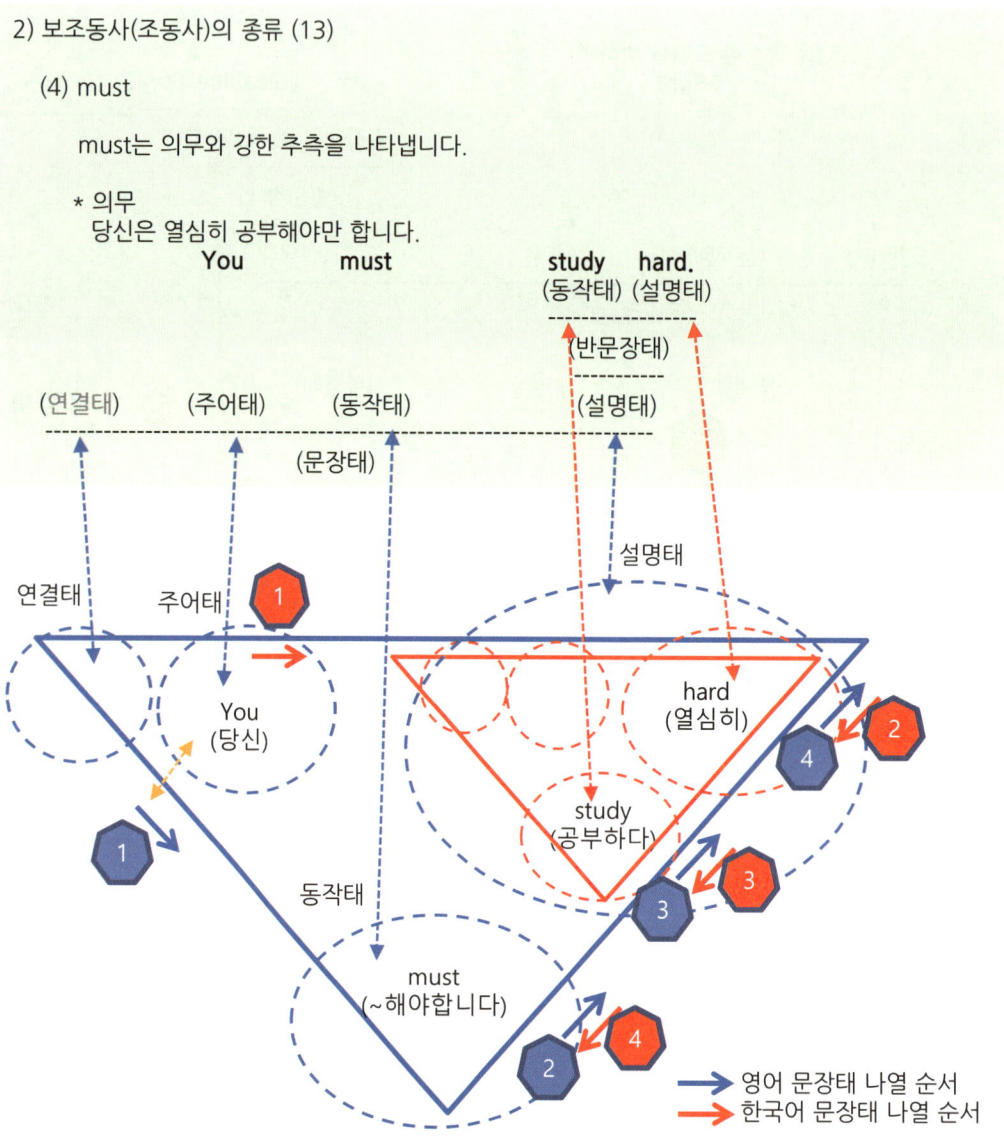

'must' 는 동작태며 'study hard'는 설명태에 포함됩니다.
'You must ~' 당신은 ~해야만 합니다.
그 상세 내용은 'study hard' 입니다.
'study hard'는 반문장태입니다.

B-2. 어법 구조

5. 보조동사(조동사)

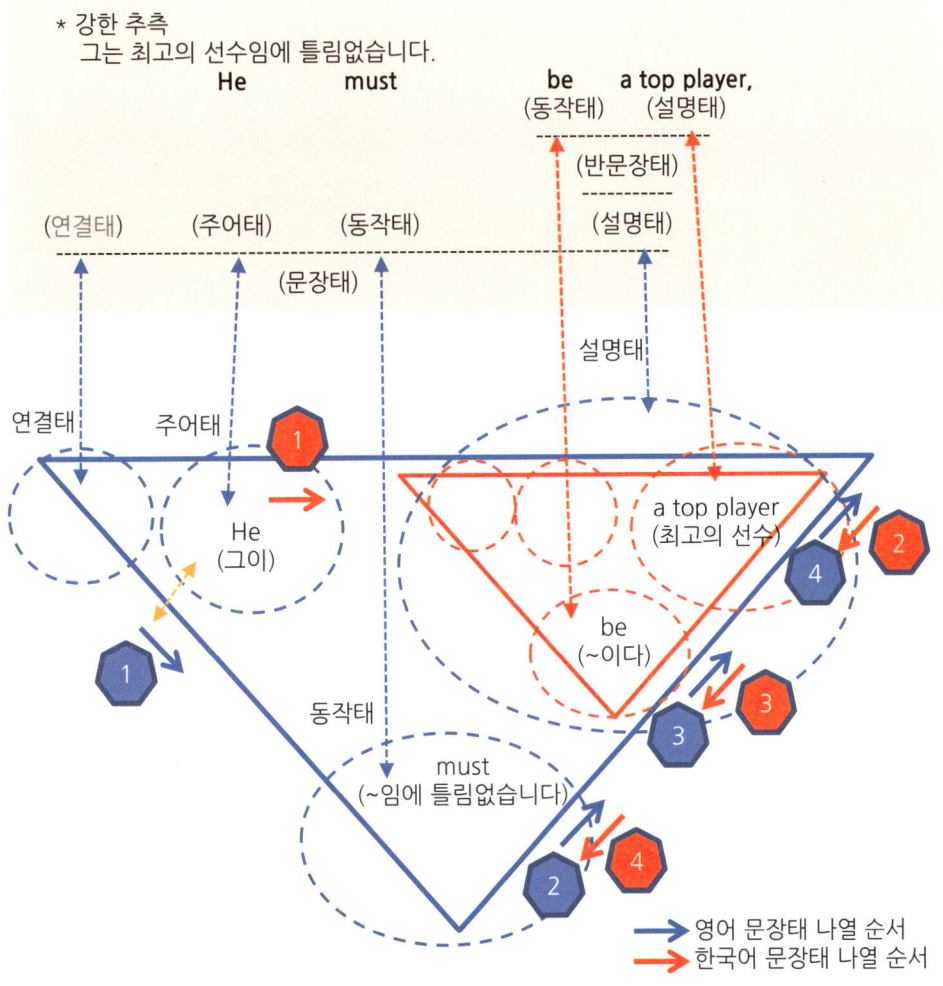

혁신영문법에서는 전하고자 하는 내용을 문장태의 형식으로 전달한다는 것이 하나의 중요한 사실입니다.

'He must ~' 그는 ~함이 틀림없습니다.
그 상세한 내용은 'be a top player' 라는 것입니다.
이것은 설명태이며 동사(be)를 포함하고 있으므로 반문장태입니다.

B-2. 어법 구조

5. 보조동사(조동사)

2) 보조동사(조동사)의 종류 (14)

   (5) need

   'need'는 필요를 나타냅니다.

   * 필요
   당신은 여기에 머무를 필요가 없습니다.
   You   need not   stay   here.
                      (동작태) (설명태)

   (연결태) (주어태) (동작태) (반문장태)
                               (설명태)
                    (문장태)

주어태 / 설명태 / 연결태 / 동작태

You (당신) / here (여기) / stay (머무르다) / need not (~할 필요가 없습니다)

→ 영어 문장태 나열 순서
→ 한국어 문장태 나열 순서

'need not'는 동작태이며 'stay here'는 설명태입니다. 'not'은 동작태 'need'의 뒷주머니입니다.
'You need not ~' 당신은 ~할 필요가 없습니다.
그 상세 내용은 설명태인 'stay here', '여기에 머물다' 입니다.

위 예문은 다중 삼각배열도를 갖고 있습니다.
'stay here'는 반문장태의 설명태입니다.
영어 문장태의 나열 순서는 'V' 형태의 나열 순서입니다.
한국어 문장태의 나열 순서는 주어태부터 시작하여 시계 방향으로 돌면서 마지막에 연결태의 순서입니다.

B-2. 어법 구조

5. 보조동사(조동사)

2) 보조동사(조동사)의 종류 (14)

(6) dare

'dare'는 '감히 ~ 하다' 의 의미이며 부정문과 의문문에 사용됩니다.
* 감히 ~하다
  그녀는 감히 거짓말을 하지 못했습니다.

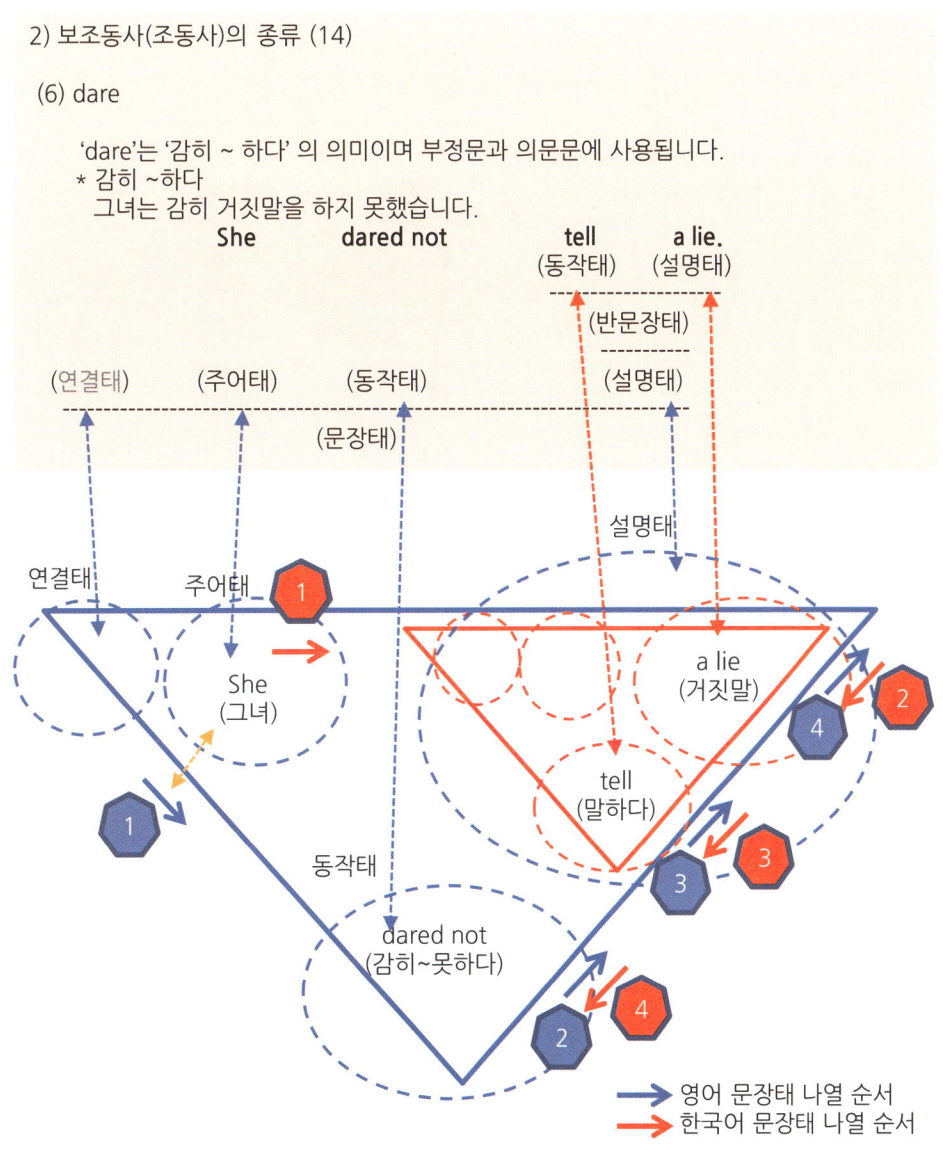

'She dared not ~' 그녀는 감히 ~하지 않습니다.
'not'은 동작태 'dared'의 뒷주머니입니다.
그 내용은 그 다음의 설명태에 나와 있습니다.
'tell a lie' 는 설명태이면서 하나의 반문장태입니다.
'tell a lie' 거짓말을 하다.

B-2. 어법 구조

5. 보조동사(조동사)

2) 보조동사(조동사)의 종류 (15)

(7) ought

'ought' 는 'must'보다 약하지만 'should' 보다 강한 의무를 나타냅니다.

* 의무
  당신은 여기에서 그녀를 기다려야 합니다.

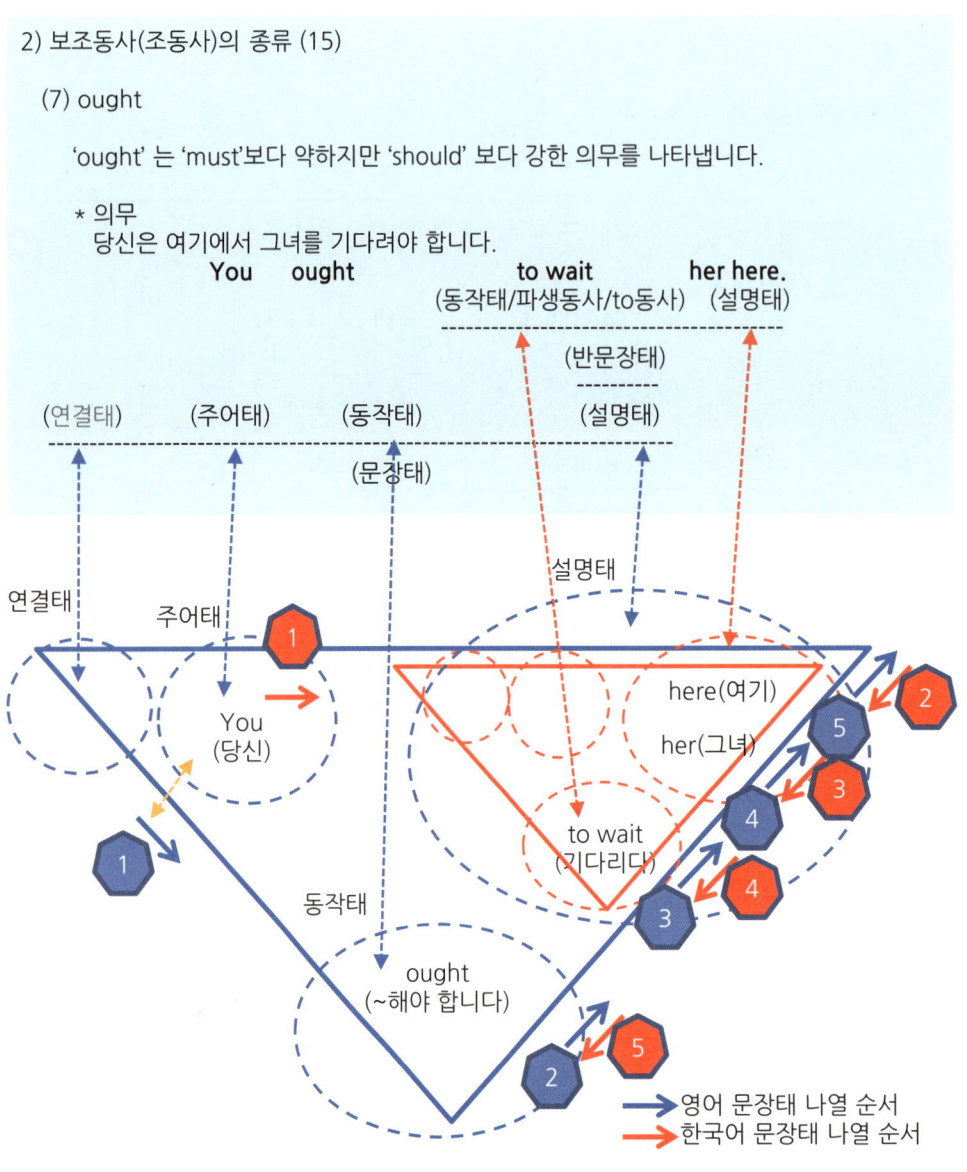

'You ought' 당신은 ~해야 합니다.
그 상세 내용은 설명태인 'to wait her here' 입니다.
설명태는 'to wait'라는 파생동사로 인하여 반문장태를 형성하고 있습니다.
'her here' 는 'to wait'를 부연 설명하는 설명태입니다.
'to wait'에서 'to'는 동작태 'wait'의 앞주머니입니다.

'ought to'를 동작태로 볼 수도 있습니다.

B-2. 어법 구조

5. 보조동사(조동사)

2) 보조동사(조동사)의 종류 (16)

(8) used
'used' 는 습관 또는 과거 대조 또는 회상하는 표현을 합니다.

* 늘 ~하곤 했습니다.

그는 저녁 식사 후에 산책을 하곤 했습니다.
He　　　used　　　to take　　　a walk after dinner.
　　　　　　　　(동작태/파생동사/to동사)　　(설명태)

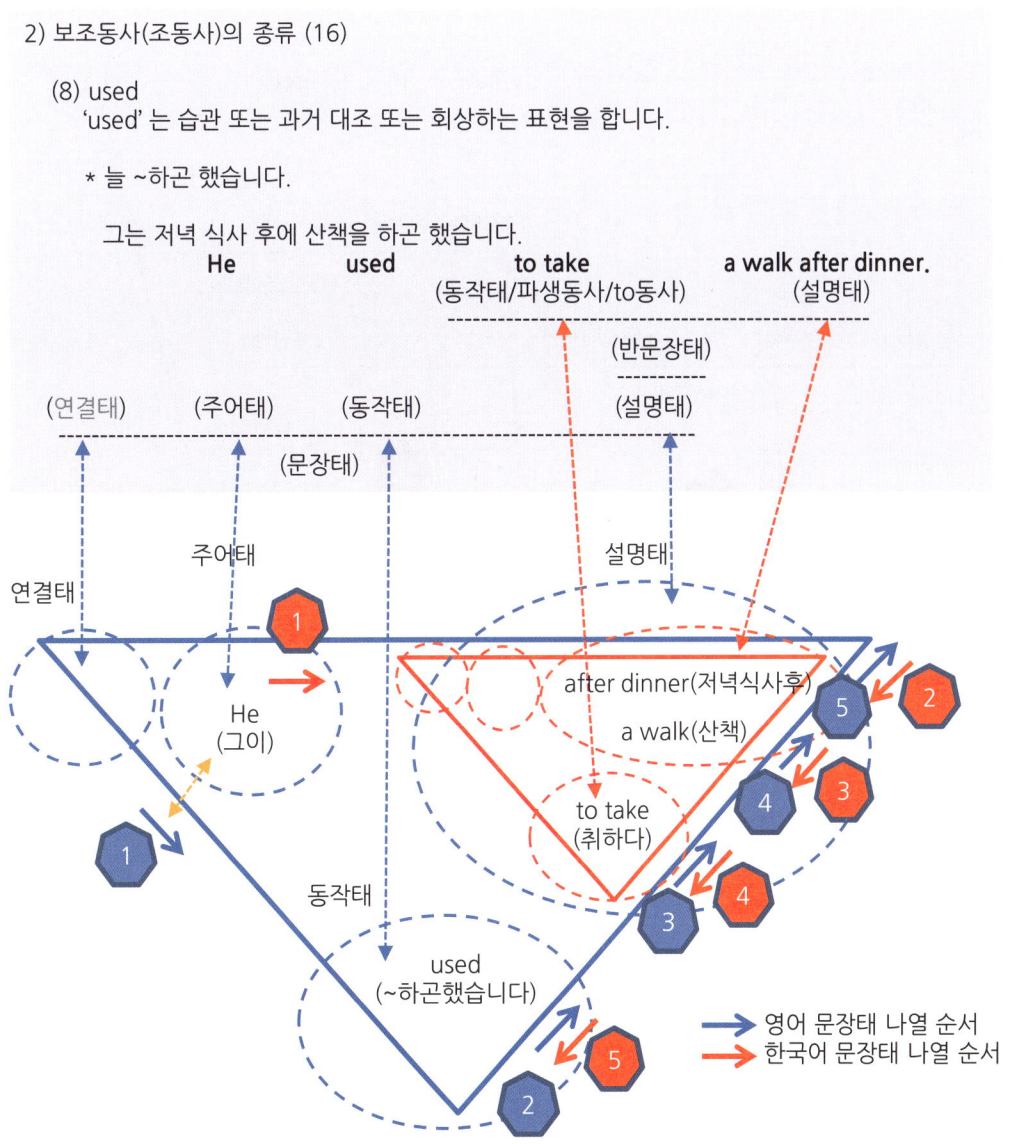

'He used ~' 그는 하곤 했습니다.
그 상세 내용은 설명태인 'to take a walk after dinner' 입니다.
이 설명태는 'to take'라는 파생동사를 동작태로 하는 반문장태입니다.
여기에서 'to'는 동작태 'take'의 앞주머니입니다.

'used to'를 동작태로 볼 수도 있습니다.

B-2. 어법 구조

5. 보조동사(조동사)

2) 보조동사(조동사)의 종류 (16)
   (8) used   * 전에 ~ 였다.

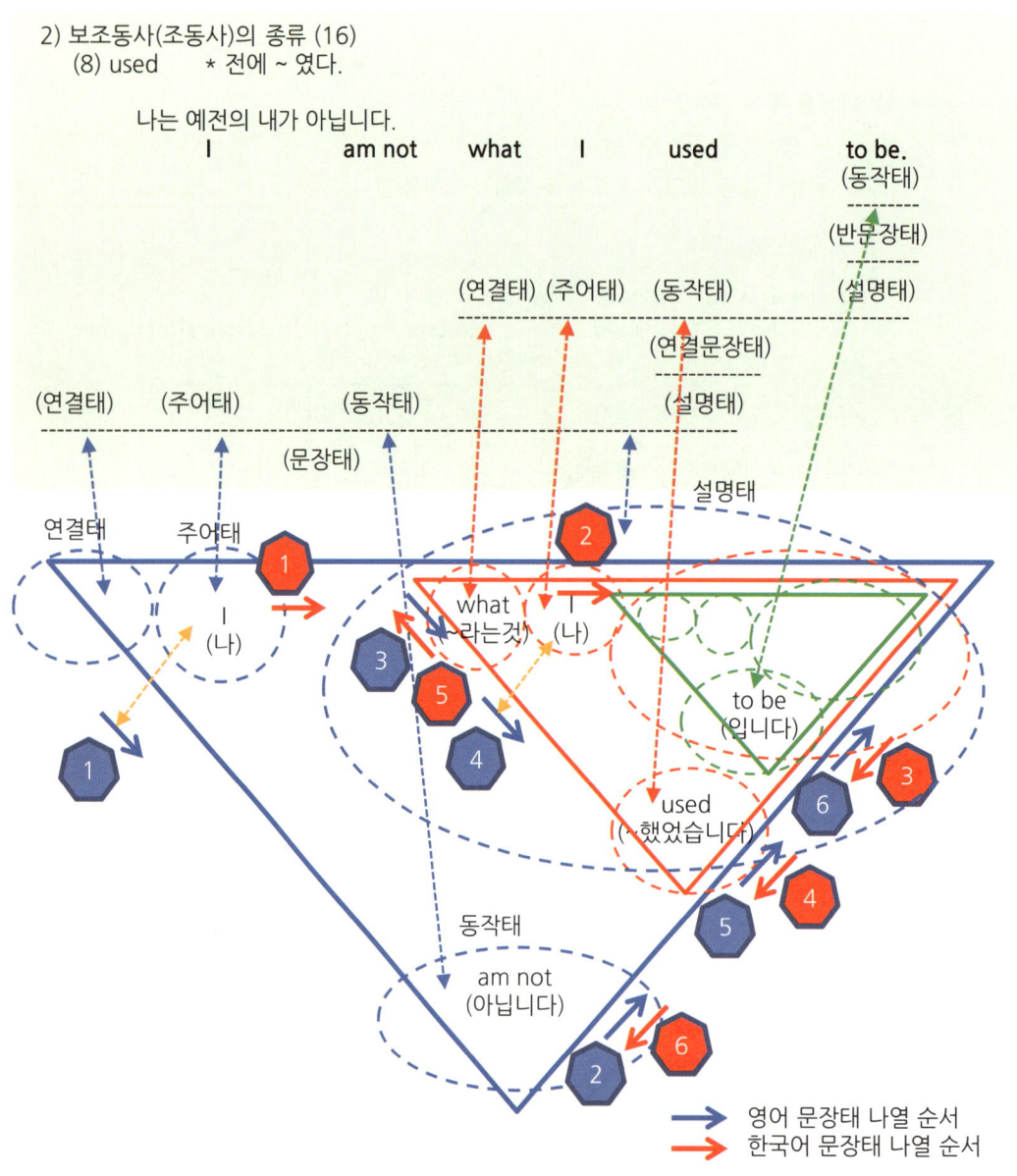

'I am not~' 나는 ~ 상태가 아닙니다.
설명태의 내용을 부정하고 있습니다.
'am not'은 동작태인 'am'의 부정을 표현하는 동작태입니다.
혁신영문법에서는 먼저 주체의 상태를 이야기 하고자 시작하고 그 상세한 내용을 설명태 안에서 표현합니다.
'I am not what ~' 나는 what이 아닙니다.
'what'은 연결태이며 뒤에 나오는 진문장태 "I used to be"는 연결태 'what'을 수식하고 있습니다.
즉, 'what'이라는 것은 그 뒤에 설명되는 'I used to be' 내가 되곤 했던 그것입니다.
'not' 은 'what'을 부정하는 것입니다.
'what I used to be'는 'I used to be what'에서 'what'이 앞으로 이동하였습니다.

B-2. 어법 구조

5. 보조동사(조동사)

2) 보조동사(조동사)의 종류 (17)

* will, shall, would, should

상기 보조동사들은 미래시제에 관련한 역할을 합니다.
이러한 시제 외의 기능을 알아봅니다.

(9) will (습관, 경향, 진리)

* 그 문은 잘 열리지 않습니다. (경향)
  The door   will not   open.

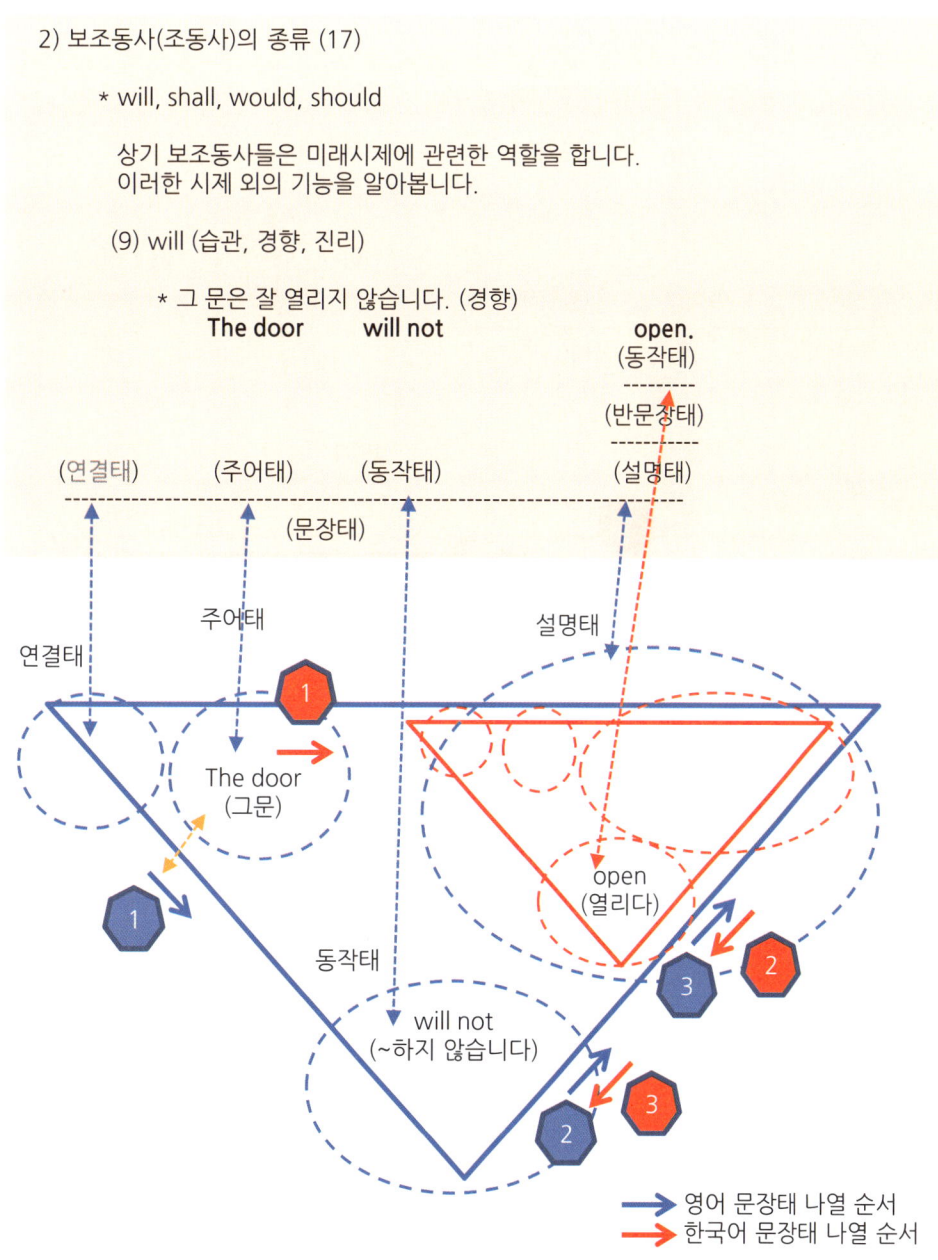

'The door will not~' 그 문은 ~하지 않을 것입니다.
그 내용은 'open'입니다.
'open'은 설명태는 반문장태를 구성하고 있습니다.
그 문에 대한 설명이 반문장태의 내용으로 설명됩니다.

B-2. 어법 구조

5. 보조동사(조동사)

2) 보조동사(조동사)의 종류 (17)

* 시간은 흐르기 마련입니다. (진리)

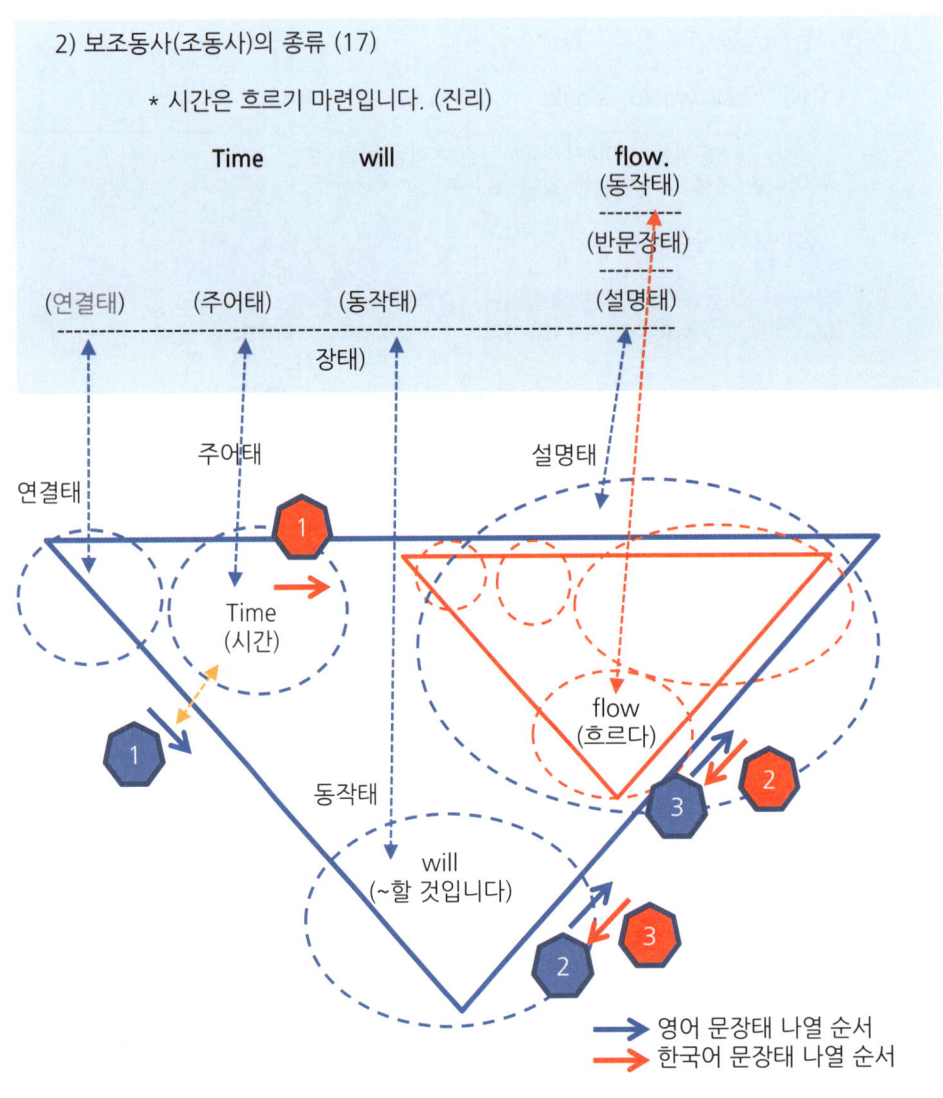

'Time will ~' 시간은 ~할 것입니다.
그 상세한 내용이 그 다음의 설명태에 표현됩니다.
'flow'는 하나의 동사지만 동작태를 구성하여 반문장태를 형성합니다.

두 개 이상의 동사가 문장을 이룰 때는 반문장태가 반드시 존재하게 됩니다.

앞의 동사에 대한 상세설명을 뒤의 동사가 하는 것입니다.

B-2. 어법 구조

5. 보조동사(조동사)

2) 보조동사(조동사)의 종류 (18)

(10) shall (의지, 예언, 규정)

* 나는 여기를 떠나지 않을 것입니다. (의지)

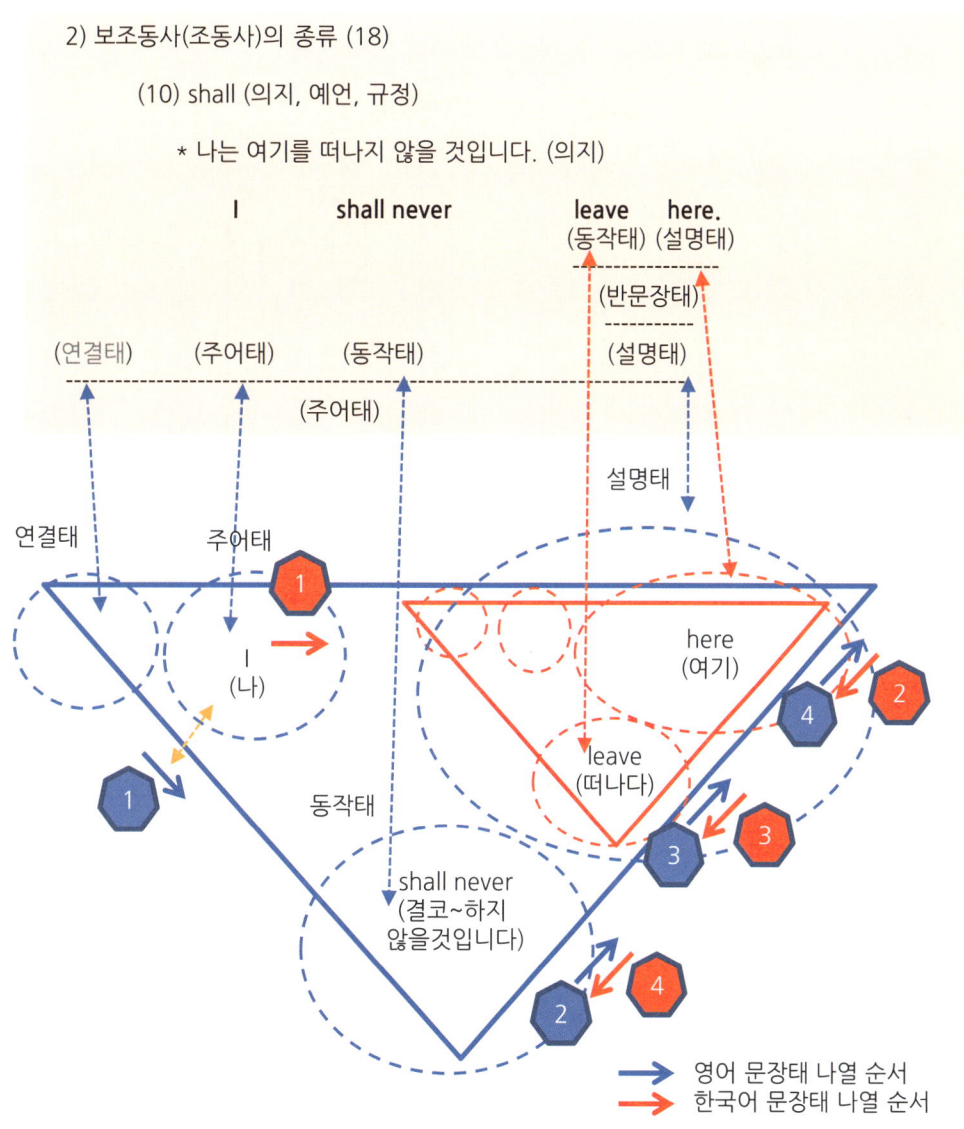

'I shall never ~' 나는 결코 ~ 안 할 것입니다.
'shall never' 는 부정을 의미하는 동작태입니다.
그 다음에 내용이 설명됩니다. 'leave here'
보조동사(조동사)가 사용되는 문장은 반드시 그 안에 다른 문장태가 존재합니다.
'shall never'는 동작태입니다.
설명태안의 문장태를 통해서 더욱 상세한 표현을 하게 되는 것입니다.

B-2. 어법 구조

5. 보조동사(조동사)

2) 보조동사(조동사)의 종류 (18)

(11) would (과거의 의지, 현재의 희망, 공손, 과거의 습관)

* 그는 집에 머물러있지 않으려고 했습니다.

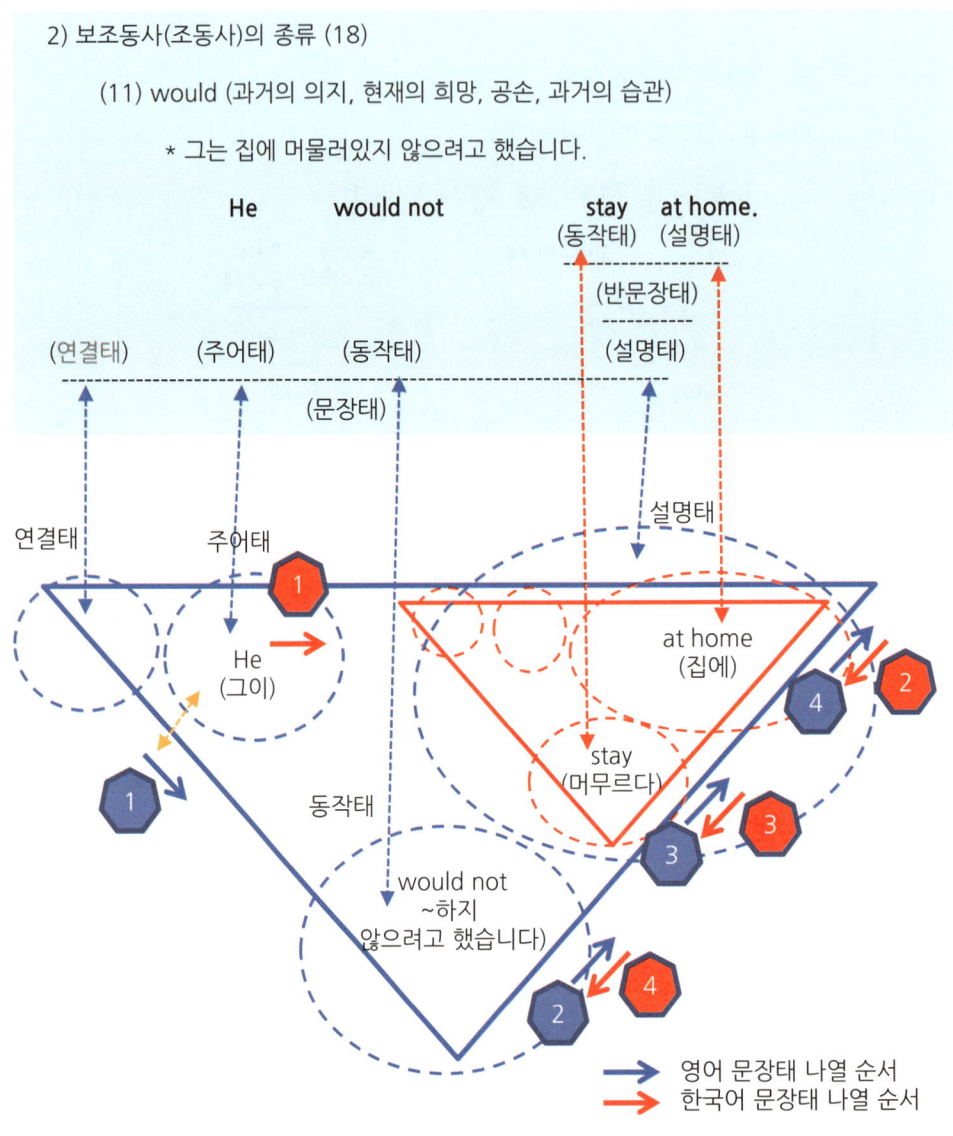

반문장태안에는 동작태 앞에서 부사가 동작태를 수식할 수가 있습니다.
가장 큰 틀의 동작태를 표현한 후에 그 다음의 설명태에 상세 설명을 표현합니다.
'He would ~' 그는 ~하려고 했습니다.
'He would not ~' 그는 ~안 하려고 했습니다.
'would not'은 동작태이며 'not'은 동작태 'would'의 뒷주머니입니다.
문장태의 부정은 처음 나오는 동작태의 다음에 부정을 의미하는 not, never 등의 부사를 사용합니다.
그 다음의 설명태에 내용이 표현됩니다.
'stay at home'은 설명태이면서 반문장태입니다.

B-2. 어법 구조

5. 보조동사(조동사)

2) 보조동사(조동사)의 종류 (19)

(12) should (의무, 공손)

* 어린이들은 부모에게 복종해야 합니다.

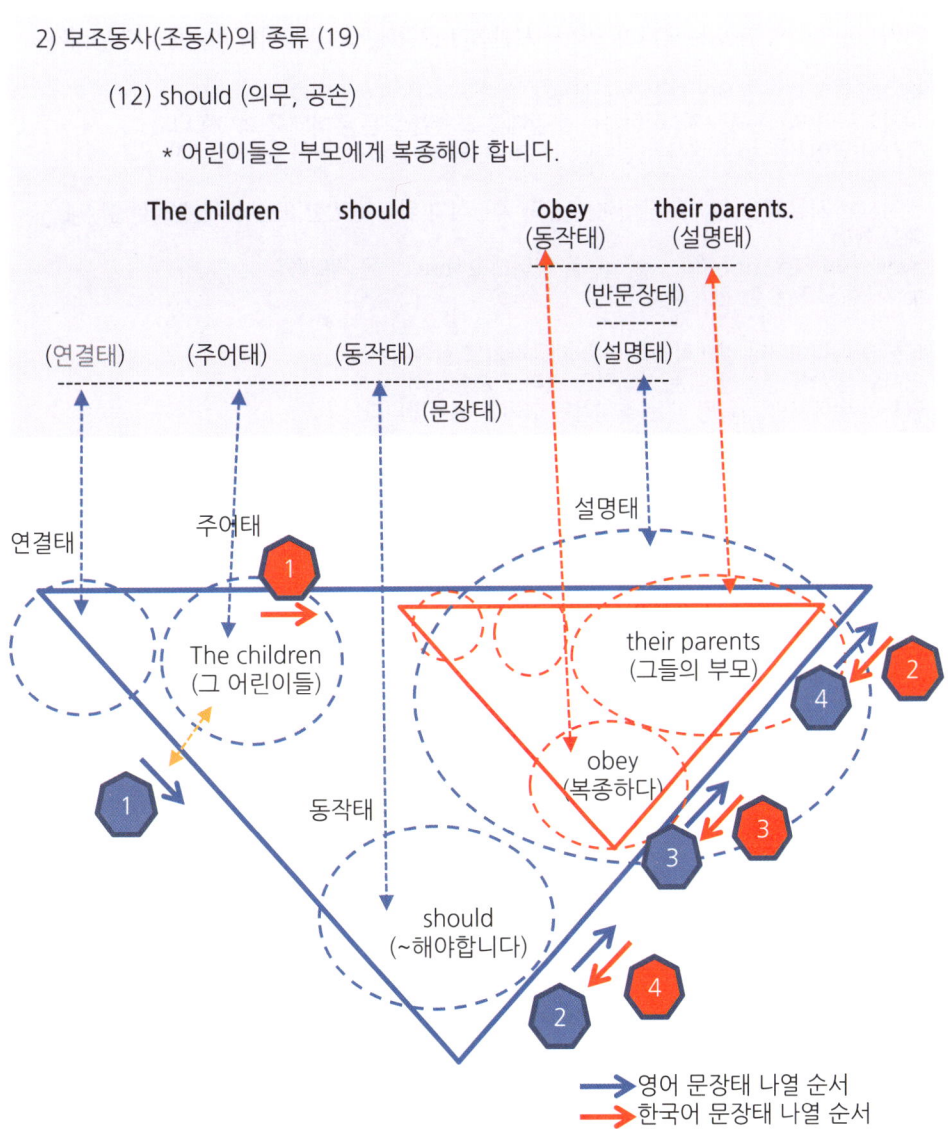

'The children should ~' 어린이들은 ~해야 합니다.
그 상세 내용은 설명태 안에 표현됩니다.
'obey their parents' 는 동작태가 포함된 반문장태입니다.

'obey ~' 복종합니다.
그 다음에 설명태인 'their parents' 나옵니다.

B-2. 어법 구조

6. 전치사

1) 전치사란?

전치사는 동사의 뒤 또는 명사의 앞에서 시간이나 공간에서의 방향이나 위치를 나타냅니다.

명사의 앞에서는 명사에 대한 시간과 공간적인 위치를 표현합니다.
여기에서의 명사는 명사에 해당하는 문장태를 포함한 모든 주어태를 의미합니다.
동사의 앞에서는 to 부정사가 됩니다. 즉, to는 방향, 진행, 변화를 나타냅니다.

전치사는 사물 또는 정의에 대하여 시간과 공간상의 위치와 방향 또는 상태를 표현합니다.
예를 들어,
over : ~의 위로, of : ~의, with : ~을 덮어쓰고, but : ~을 제외하고
to : ~ 쪽으로, ~ 에 관계하여,

또한 상대적이거나 절대적인 의미를 제공하기도 합니다.
명사와 명사를 연결할 때는 상대적인 의미로 사용되며,
명사의 앞에서만 사용될 때는 절대적인 위치를 표현합니다.
　　　　　(top of musician, in the room)

또한 동사의 앞에 위치하기도 합니다.
이때에는 동사의 행동이 향하는 방향을 나타내기도 합니다.
특히 'to'라는 전치사는 동사의 앞에서 사용될 때 그 동사의 순수한 원래의 의미를 사용하여 앞쪽의 단어와 연결을 하는데 사용됩니다.
'동사 + to동사(to부정사)'는 'to동사'의 내용에 대해서 '~하기' 또는 '~하는 것' 또는 '~하려고' 를 표현합니다.
'명사 + to동사(to부정사)'는 'to동사'의 내용에 대해서 '~할'을 표현합니다.
'형용사 + to동사(to부정사)' 는 '~하니' 또는 '~하기에' 를 표현합니다.

최종변화와 결과 또는 그렇게 되고자하는 목적의 방향을 나타내며 부정사로 불립니다.

　　　　I want to go. -> 현재 원하고 있으며 그 방향은 가는 쪽입니다.

영어에서는 직접적인 '목적물'을 나타내는 '을'과 '에게' , 그리고 '서술의 동격'를 나타내는 '이다"에서만은 전치사를 사용하지 않고 위치에 따라서 그 역할을 합니다.
I see the sky.
I give him a book.

그 이외의 의미를 표현할 때는 그 앞에 전치사를 사용합니다,
He flied to the sky.

'of'는 동격(~와 같은) , 소유(~의) , 일부 특성 (purpose of your visit, period of your visit, cost of your visit) , ~에 관하여 등을 의미합니다.

많은 다양한 전치사는 원인, 이유, 목적, 결과, 재료, 원료, 수단, 방법, 단위, 표준, 관계, 관련, 양태, 상태, 비교, 대조, 우월, 초월, 결합, 분리 등을 나타냅니다.

B-2. 어법 구조

6. 전치사

2) 전치사의 역할

(1) 명사를 수식 (명사를 형용사화)
명사의 앞에 놓여서 그 명사를 형용사화 합니다.

* 그는 능력 있는 사람입니다.

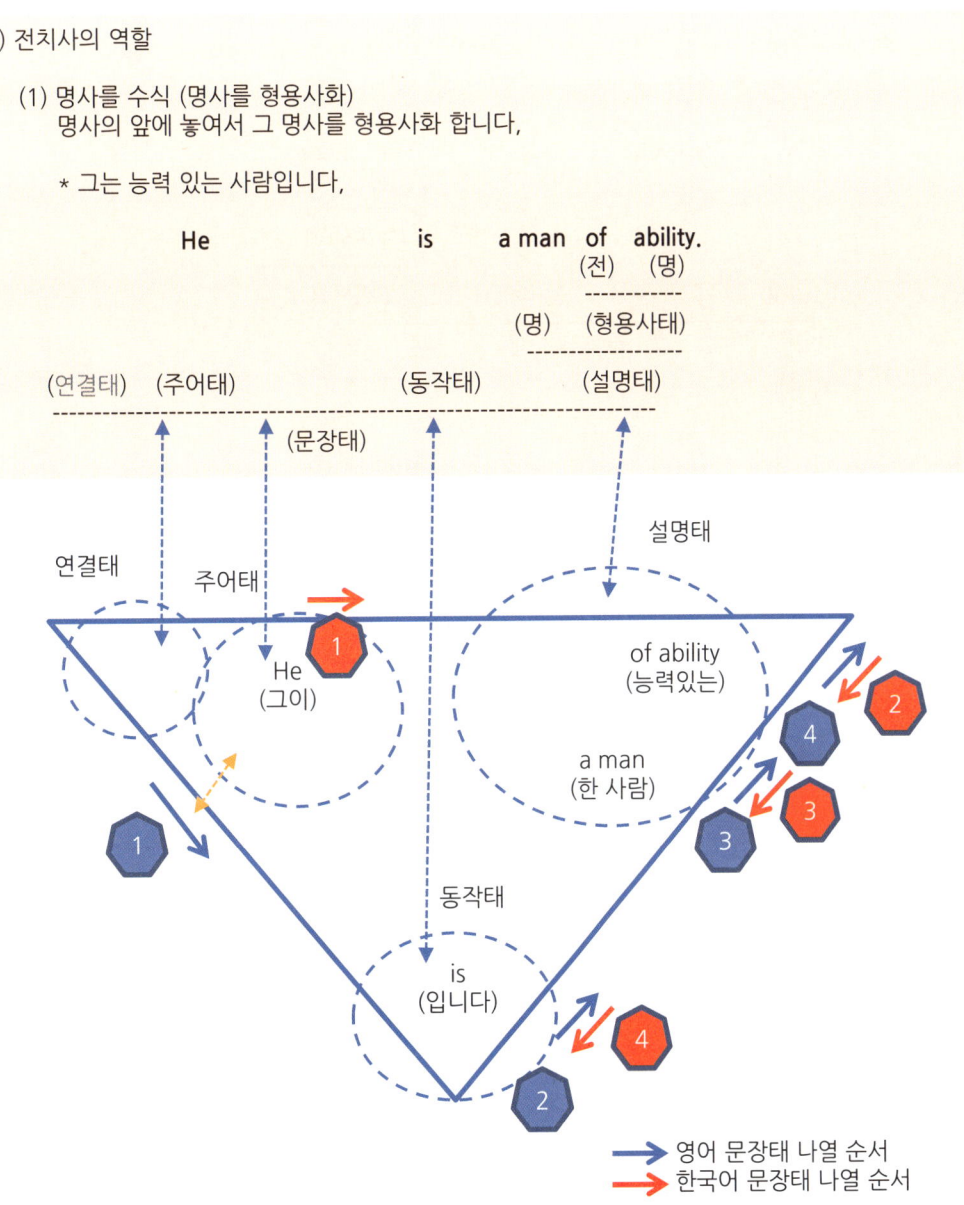

→ 영어 문장태 나열 순서
→ 한국어 문장태 나열 순서

'of ability' 는 '능력의', '능력 있는' 의 표현입니다. (= able)
'a man of ability' = 'an able man' 입니다.
'전치사+명사' 의 형식은 형용사의 역할을 합니다.
'a man of ability' 능력 있는 남자
'He is ~' 그는 ~ 상태입니다.
'He is of ability.' 그는 능력있는 상태입니다. -> 그는 능력이 있습니다.

437

B-2. 어법 구조

6. 전치사

(2) 설명태안에서 동작태를 수식합니다. (형용사 역할)

* 그 행사는 목전입니다.

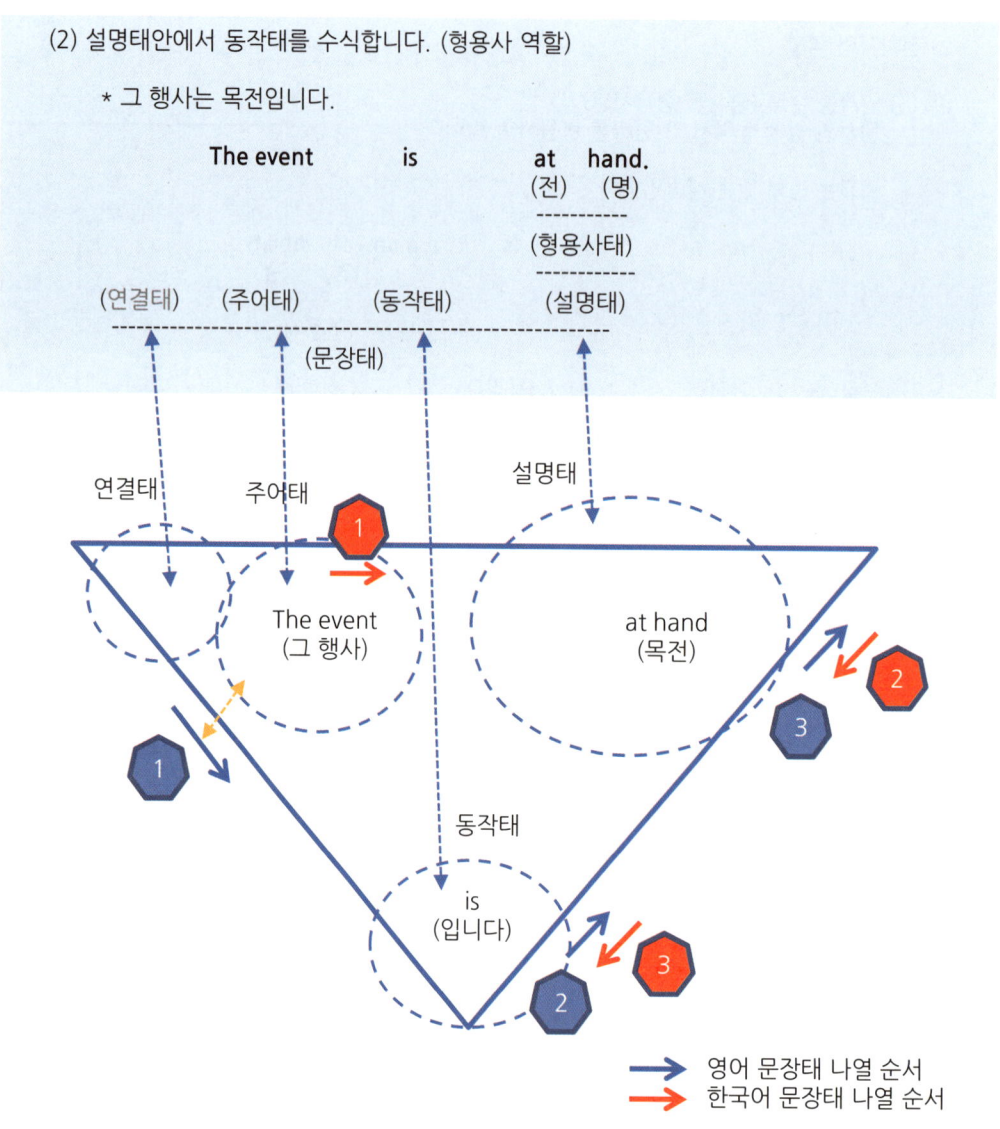

'at hand' 는 '목전의' 라는 뜻으로 설명태 안에서 형용사태의 역할을 합니다.
'The event is ~' 그 행사는 ~ 상태입니다.

B-2. 어법 구조

6. 전치사

2) 전치사의 역할

(3) 부사의 역할을 합니다.

'전치사+명사'의 형식은 그 앞에 형용사나 동사가 있으면 부사의 역할을 합니다.
* 나는 방에서 공부를 하고 있습니다.

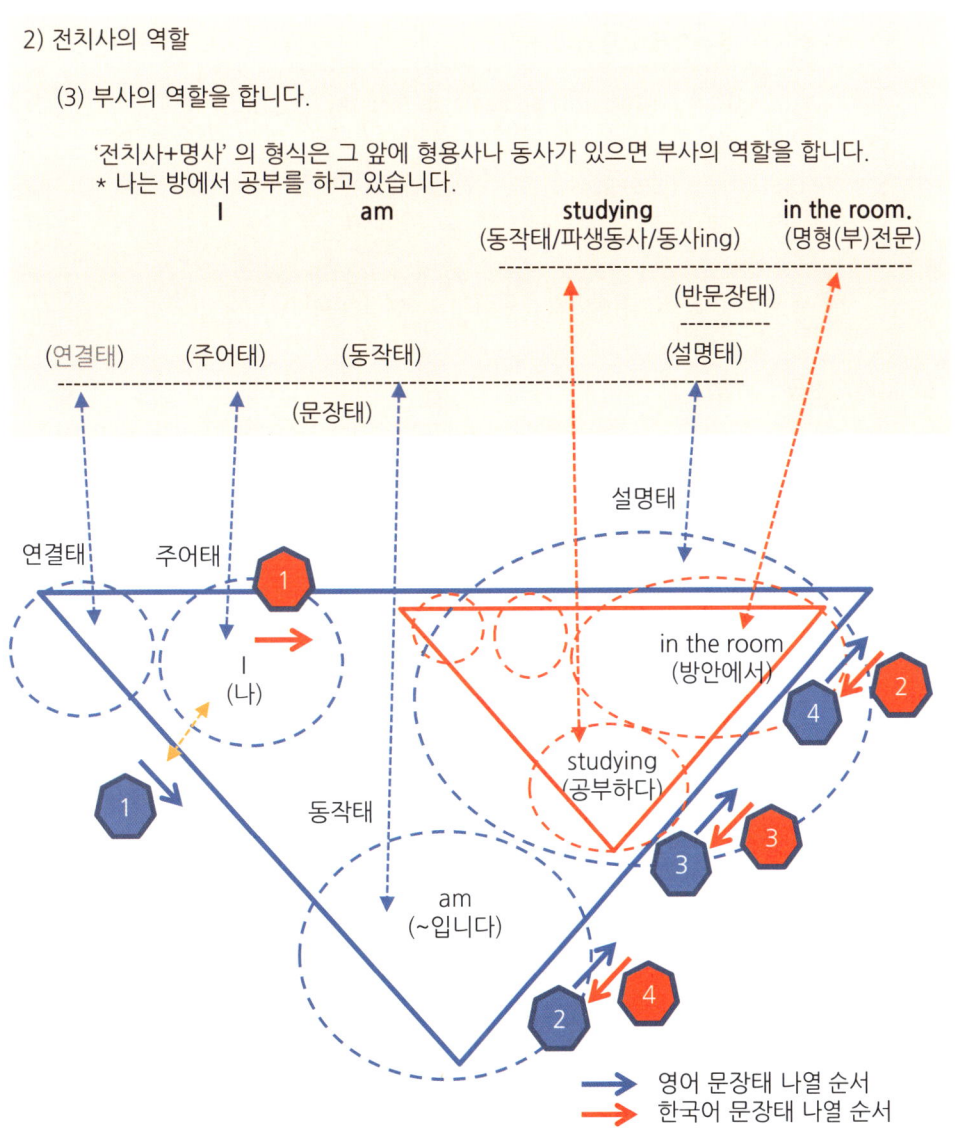

설명태 안의 'in the room'은 부사구를 형성하여 앞에 있는 studying을 수식합니다.
'I am ~' 나는 ~ 상태입니다.
그 상세 내용은 설명태인 'studying in the room' 입니다.
이 설명태는 동사를 포함하는 반문장태입니다.

B-2. 어법 구조

6. 전치사

3) 전치사의 목적어
   전치사의 목적어는 전치사의 뒤에 나오는 명사를 말합니다.
   목적어는 반드시 명사의 역할을 하는 것이어야 합니다.
   명사, 대명사, 동명사, 문장태가 있습니다.

* 나는 하늘에 있는 독수리를 보았습니다.

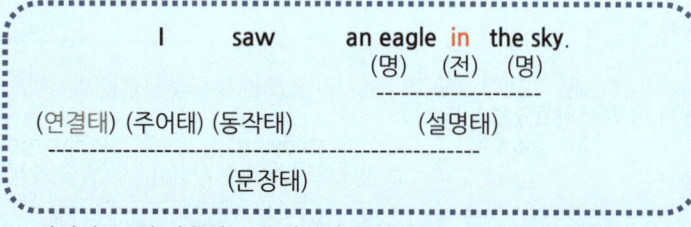

전치사 'in'의 다음에는 목적어인 주어태 'the sky'가 있습니다.
'in the sky' 하늘에

* 나는 당신을 신뢰합니다.

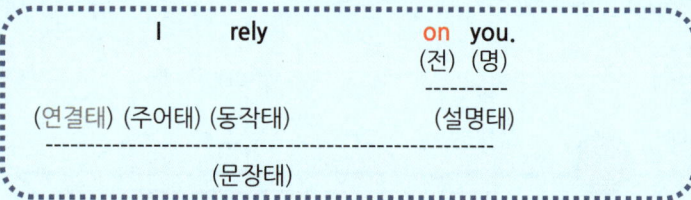

전치사 'on'의 다음에는 목적어는 주어태 'you'가 있습니다.
'on you' 당신에 대하여

* 그는 작별인사 없이 한국을 떠났습니다.

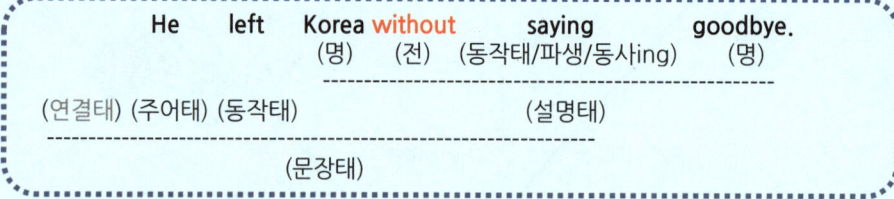

전치사 'without' 다음에는 '동사ing'가 있습니다.

* 나는 그가 그녀를 만난 장소를 모릅니다.

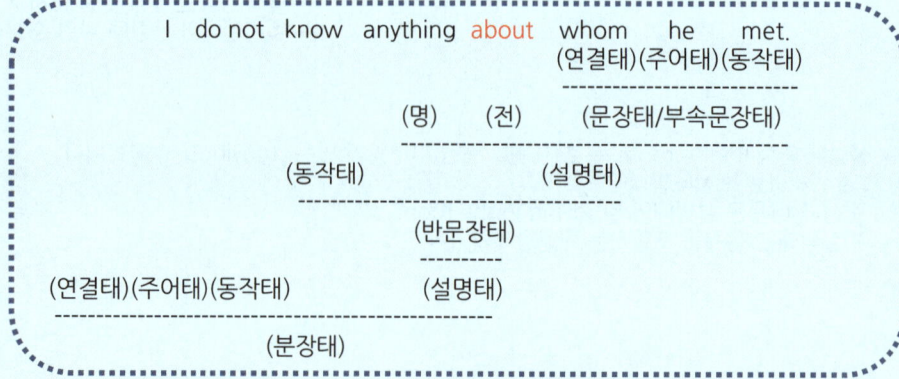

B-2. 어법 구조

6. 전치사

4) 전치사와 목적어와의 관계
　　전치사의 목적어는 문장에 따라 형식상 생략되거나 이동할 수 있습니다.
　　(의문문, 강조, 도치, 관용적)

* 당신은 그를 찾고 있습니다.

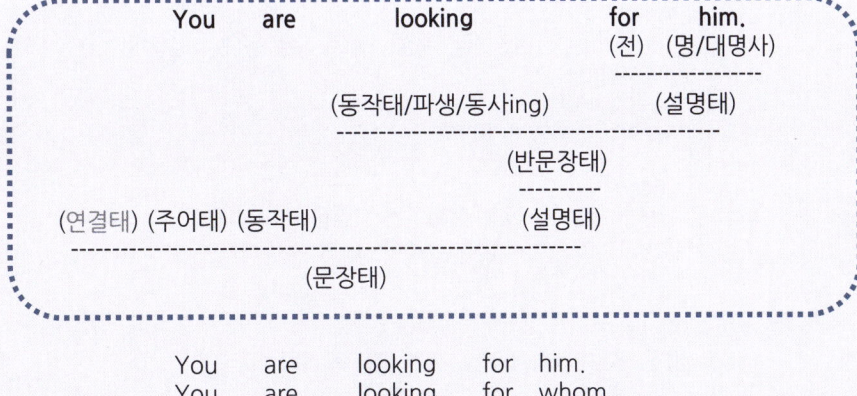

```
            You   are   looking   for   him.
            You   are   looking   for   whom.
      Are   you         looking   for   whom  ?
Whom  are   you         looking   for         ?
```

* 당신은 누구를 찾고 있습니까?

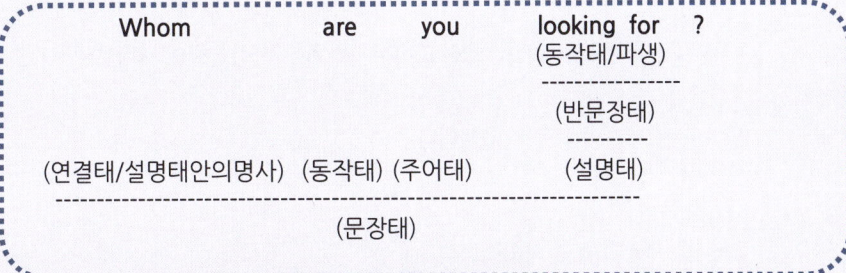

상기 내용은 평서문에서 의문문으로 변경되는 과정입니다.
의문문에서는 동작태(are)와 주어태(you)가 도치됩니다.
의문문이 되면서 대명사인 'him'은 의문대명사인 'whom' 으로 변경됩니다.
의문대명사 'whom'은 문장의 앞으로 이동하고 이 때 전치사 'for'와 분리됩니다.
의문대명사는 설명태 안의 명사가 의문대명사로 변하여 연결태의 역할을 하고 있습니다.

B-2. 어법 구조

6. 전치사

5) 다양한 전치사

시간, 공간(장소), 원인, 이유, 목적, 결과, 재료, 원료, 수단, 방법, 단위, 관계, 상태, 비교, 분리

(1) 시간

〈1〉 at, in, on
at는 짧은 시간, in은 긴 시간,(월, 계절), on은 요일 등에 사용됩니다.
at 9 o'clock, at noon
in the morning, in July
on Sunday, on Sunday morning

〈2〉 from, since
from은 단순한 시점, since는 계속하는 시점을 나타냅니다.
from 9 to 6, from morning to evening
since January, since last month

〈3〉 till, until, by
till(until)은 ~까지 계속, by는 ~까지 끝을 표현합니다.
till morning, till six
by noon, by tomorrow

〈4〉 for, during, through
for는 단순 기한, during은 기간 내내 계속, through는 기간 끝까지를 나타냅니다.

〈5〉 in, within
in은 기간의 경과를, within은 기간 이내에 이루어지는 것을 나타냅니다.

〈6〉 before
before는 시간의 전을 나타냅니다.
before sleeping

〈7〉 after
after는 시간의 후를 나타냅니다.
after meal

〈8〉 about, around, towards
about는 부근의 정적인 시간, around는 무렵의 시간을, towards는 진행해나가는 시간의 무렵을 나타냅니다.
about 10, around dawn, towards winter

B-2. 어법 구조

6. 전치사

5) 다양한 전치사

시간, 공간(장소), 원인, 이유, 목적, 결과, 재료, 원료, 수단, 방법, 단위, 관계, 상태, 비교, 분리

(2) 공간(장소)
    물리적인 위치를 표현하며 정적, 동적 모두를 표현합니다.

　　〈1〉 on, over, above … beneath, under, below
　　　　on은 접촉한 위를, over는 떨어진 위를, above는 아주 높은 위를 나타냅니다.
　　　　beneath는 접촉한 아래를, under는 떨어진 아래를, below는 아주 낮은 아래를 나타냅니다.
　　　　on the table, over the table, above the cloud
　　　　beneath the window, under the desk, below the average

　　〈2〉 up, down
　　　　up은 위의 방향으로, down은 아래방향으로 입니다.
　　　　up the sky, down the street

　　〈3〉 at, in, into, from, out of
　　　　at는 좁은 장소, in은 넓은 장소 또는 안쪽, into는 안쪽으로 방향을,
　　　　from은 시작 공간기점을, out of는 안에서 바깥으로 방향을 나타냅니다.
　　　　at the market
　　　　in the lake
　　　　into the pool
　　　　from the city
　　　　out of the room

　　〈4〉 round, around, about
　　　　round, around는 주위를 돌아서, around는 (코너 등 기점을) 돌아서,
　　　　about 는 막연한 주위를 표현합니다.
　　　　round the world, around the ground, about the park

　　〈5〉 across, through, along, among, between
　　　　across는 횡단을, through는 관통을, along은 따라가는 것을,
　　　　among은 셋이상의 가운데를, between은 둘 사이를 표현합니다.
　　　　across the street, through the tunnel, along the river
　　　　among them, between you and me

B-2. 어법 구조

6. 전치사

5) 다양한 전치사

시간, 공간(장소), 원인, 이유, 목적, 결과, 재료, 원료, 수단, 방법, 단위, 관계, 상태, 비교, 분리

(2) 공간(장소)
물리적인 위치를 표현하며 정적, 동적 모두를 표현합니다.

⟨6⟩ by, beside, before, behind
by는 바로 옆에, beside는 곁에, before는 앞에, behind는 뒤에를 표현합니다.
by the gate,
beside me,
before the table,
behind the tree

⟨7⟩ to, for, towards
to는 방향 도착을 나타내며, for는 목적지를, towards는 운동의 방향을 나타냅니다.
to Japan
for Europe
towards the spring

(3) 원인, 이유
at, for, of, from
at는 감정적인 이유를, for는 사회적인 감정의 원인을, of는 내적인 질병으로, from은 외적인 물리적인 원인을 표현합니다.
at surprise,
for his kindness,
of decease,
from typhoon

(4) 목적, 결과
for, to
for는 ~ 을 위해, to는 결과 ~이 되다 입니다
for victory
to death

B-2. 어법 구조

6. 전치사

5) 다양한 전치사

시간, 공간(장소), 원인, 이유, 목적, 결과, 재료, 원료, 수단, 방법, 단위, 관계, 상태, 비교, 분리

(5) 재료, 원료
of, from
of는 재질 변화가 없는 재료, from은 재질변화가 있는 원료를 표현합니다.
The chair is made of wood.
Wine is made from grape.

(6) 수단, 방법
by, with, on
by는 수단을, with는 도구를, on은 기구를 나타냅니다.
by bus,
with knife
on TV

(7) 단위, 표준
by, at, for
by는 측량단위를, at는 속도를, for는 금액을 나타냅니다.
by kg
at 100 miles/h
for 10 dollars

(8) 관계, 관련
of, about, on, with
of는 존재에 관한 것을, about는 사실에 관한 것을, on은 주제에 관한 것을, with는 일반적인 관계를 표현합니다.
know of him
know about him
on UFO
do with the accident

B-2. 어법 구조

6. 전치사

5) 다양한 전치사

시간, 공간(장소), 원인, 이유, 목적, 결과, 재료, 원료, 수단, 방법, 단위, 관계, 상태, 비교, 분리

(9) 양태, 상태
with, in
with와 in은 명사와 더불어 부사의 역할을 합니다.
with heavy step,
in a crowded bus,

(10) 비교, 대조
to, with
compared to that,
with his ability,

(11) 우월, 초월
above, beyond
above average,
beyond description,

(12) 결합, 분리
from, off
ousted from power,
off school,

B-2. 어법 구조

6. 전치사

6) 동사와 함께 사용되는 전치사

이러한 전치사는 동사인 동작태의 뒷주머니 또는 설명태의 앞주머니에 위치한다고 볼 수 있습니다.

keep up with : ~와 보조를 맞추다.
put off : ~을 미루다. 연기하다
get well : 건강을 되찾다.
speak for : ~을 대신해 표현하다.
pull away : 앞서가다.
report to : 신고하다. 출두하다.
call over : 불러모으다.
suit up : 채워 넣다.
turn to : ~에 의지하다.
mean to : ~할 예정이다.
wear away : 닳다.
shut off : 잠그다. 끄다.
aspire to : ~하기를 기다리다.
draw on : 활용하다.
draw up : ~에 관한 글을 쓰다.
get on : ~에 타다. 올라서다.
live on : ~하며 살다.
drop by : 잠깐 들르다.
go over : 조사하다.
mess up : 엉망으로 만들다.
be up : 일어나다. 잠에서 깨다.
move on : 계속하다.
engage in : ~에 참여하다.
head to : 가다.
call off : 요구하다.
die out : 멸종하다.
point to : ~를 가리키다.
knock off : 떼어버리다.
stand for : 상징하다.
cope with : 대항하다. 맞서다.
stick to : 집착하다.
arise from : ~에서 비롯되다.
adapt to : 적용하다.
get over : 극복하다.
show off : 뽐내다.
turn down : 거절하다.
lie in : ~하는 데 달려있다.

B-2. 어법 구조

6. 전치사

7) of 관련 표현

일부 속성	===>	자동차의 바퀴	== tires of the car
동격	===>	로마라는 도시	== the city of Rome
속성의	===>	문학자(문학의 사람)	== a man of letters
		유능한(능력의) 사람	== a man of ability
		중요한 일	== a matter of importance
		당신이(의) 친절한	== kind of you
		당신이(의) 어리석은	== foolish of you
		부자인 것을 뻐기는	== boast of being rich
		아들을 자랑하는	== proud of son
소유	===>	내 친구(소유)의 차	== a car of my friend
유사한	===>	짐승과 같은	== a brute of a man
		태산 같은 파도	== a mountain of wave

B-2. 어법 구조

7. 관계대명사

1) 관계대명사의 개요(1)

기존 영문법에서의 관계대명사와 관계부사는 연결태로 통합됩니다.

관계대명사는 문장내에 있는 하나의 명사에 대해서 부연설명을 하는 어법입니다.

관계대명사는 대명사이면서 연결태(접속사)의 역할을 합니다.
관계대명사는 명사의 역할을 하므로 주격, 소유격, 목적격이 존재합니다.
관계대명사는 6하 원칙을 표현하는 것을 기반으로 합니다.
'언제 어디서 누가 무엇을 어떻게 왜' 의 6가지 가운데 '누가'와 '무엇을'이 관계대명사 입니다.

* 나는 친구가 있습니다. 그는 제주에 살고 있습니다.
  I have a friend.   He lives in Jeju.

예를 들어서 상기 예문은 두 개의 문장태로 되어 있습니다.
이 두 문장을 하나로 자연스럽게 이어서 하나의 표현을 하도록 하는 것이 관계대명사입니다.
앞쪽의 문장태안에 표기된 단어에 대해서 상세 부연 설명을 가능하게 합니다.
혁신영문법에서는 이러한 관계대명사를 연결태의 하나로 칭합니다.
두 개의 문장을 연결해주는 역할을 하는 것입니다.

I have a friend … (그리고 'a friend'에 대해서 부연 설명을 합니다.) he lives in Jeju.
어느 언어에서도 부연설명이라는 것은 보조의 역할을 하는 것입니다.
즉, 두 번째의 문장은 'a friend'를 상세설명 합니다.

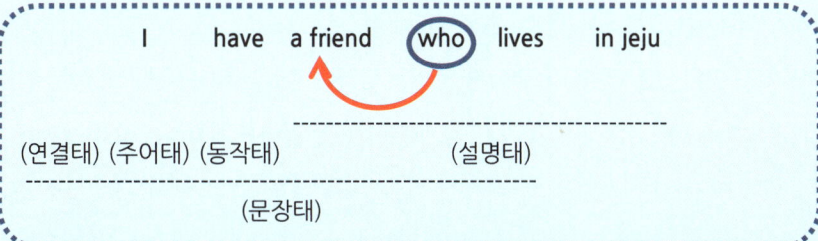

뒤의 문장에서 'he' 는 주격입니다. 그래서 'he' 대신에 주격인 'who'를 사용합니다.

* **나는 제주에 살고 있는 친구가 있습니다.**

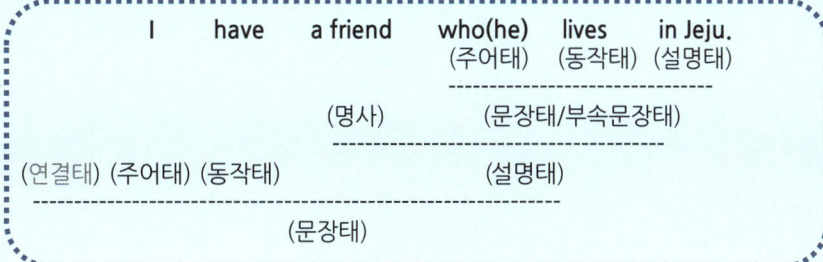

B-2. 어법 구조

7. 관계대명사

1) 관계대명사의 개요(2)

이렇게 관계대명사 사용하여 문장을 만들기 위해서는,

먼저 하고 싶은 문장을 말해야 합니다.

'나는 친구가 있습니다.' 'I have a friend.'

그리고 관계대명사로 연결하고 싶은 단어의 다음에 적절한 관계대명사(연결태)를 사용합니다.
앞에서 이야기 한 바와 같이 관계대명사는 의문대명사를 사용합니다.
그 연결태를 시작으로 그 선택한 단어에 대해서 상세한 설명이 이루어지는 것입니다.

관계대명사를 써서 문장을 만들겠다는 생각을 하는 것보다는,

문장으로 생각을 표현하는 과정에 있어서 상세하게 표현하고 싶은 단어에 대해서 부연 설명을 하는 것이라고
생각해야 합니다.

' …… a friend …… ' 에 대한 부연설명 ……

즉, 그 단어 다음에 적절한 부연설명을 하기 위하여 연결태인 관계대명사가 필요한 것입니다.

관계대명사, 즉 연결태는 명사에 대해서만 사용할 수 있습니다.
왜냐하면 관계대명사가 명사이기 때문입니다.

다중구조 영문법에서 모든 문장은,
(연결태) (주어태) (동작태) (설명태) 이렇게 구성됩니다.

여기에서 명사가 포함되는 부분은 주어태와 설명태입니다.

즉, 주어에 해당하는 곳에 있는 명사와 설명태 안에 있는 명사를 관계대명사로 상세 표현할 수 있는 것입니다.

상기의 예에서는 설명태 안에 있는 'a friend'를 관계대명사인 연결태를 사용하여 상세 설명한 것입니다.

다중구조 영문법에서는 상세표현을 하고자 하는 단어의 다음에 새로운 '문장태' 를 추가하여 상세 설명을 하면
됩니다.

그 문장태는 앞에 있는 단어를 수식하여 부연설명을 하는 역할을 하는 것입니다.

B-2. 어법 구조

7. 관계대명사

1) 관계대명사의 개요(3)

* 사람에 대하여 : who(주격), whose(소유격), whom(목적격)

두 개의 문장을 연결하여 표현하고자 할 때, 그 연결고리가 되는 사물이 사람인 경우에는 who, whose, whom 가운데 하나를 사용합니다.

명사의 위치에 따라서 주어인 경우에는 who, which, that 가 사용되며
사람, 사물, 동물에 따라서 다르게 사용됩니다.
목적어인 경우에는 whom, which 가 사용됩니다. (직접목적어, 간접목적어)

B-2. 어법 구조

7. 관계대명사

2) 관계대명사의 종류

   (1) 사람: who(주격)

   He is a driver.   He is called Bob.

   * 그는 Bob이라고 불리는 운전사입니다.

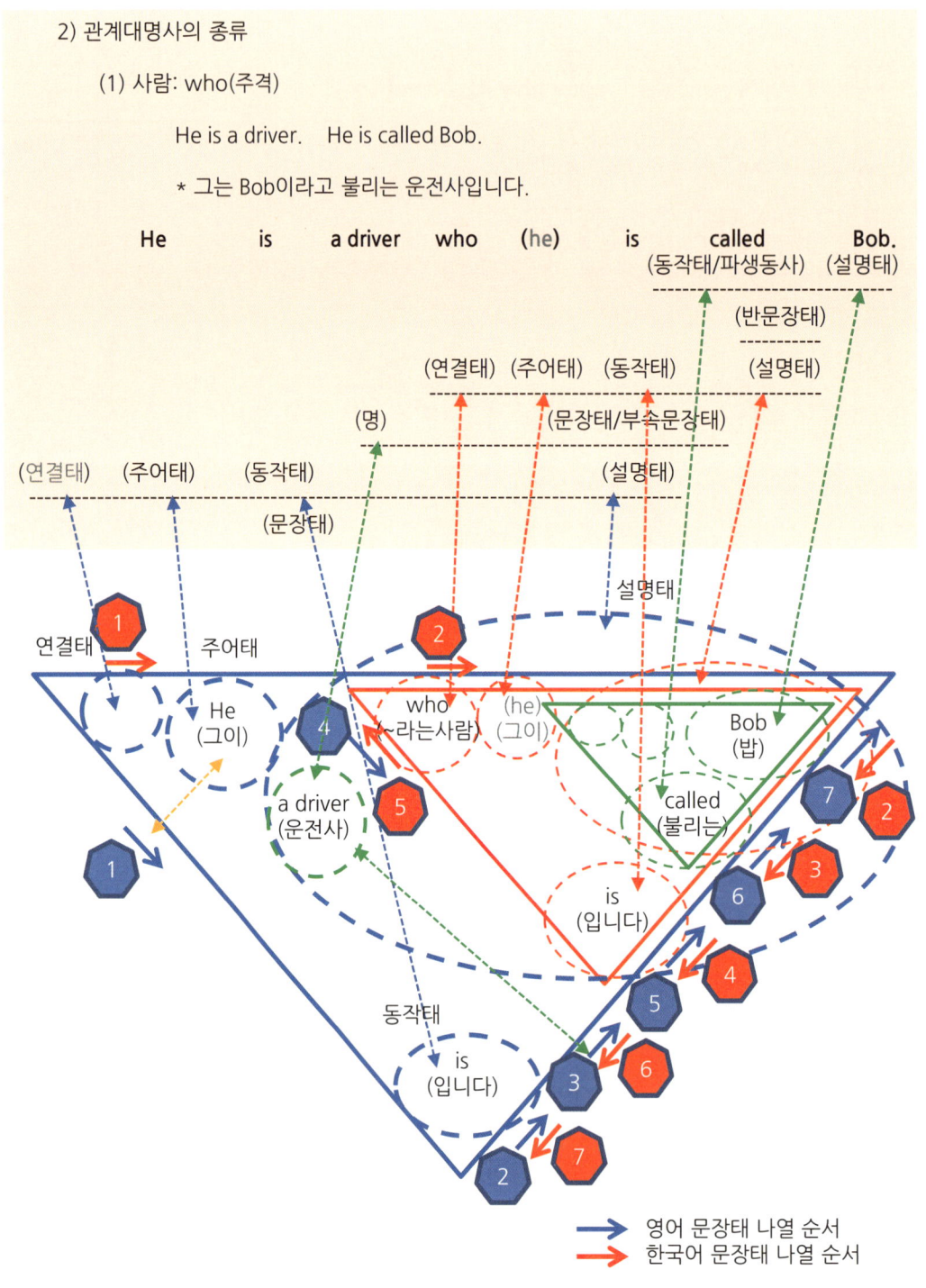

B-2. 어법 구조

7. 관계대명사

설명태 안의 연결(부속)문장태는 앞의 명사(driver)를 수식하면서 부연설명을 하고 있습니다.
즉, 상세 설명하고자 하는 'driver' 뒤에 문장태를 추가하면 되는 것입니다.
그것은 'who (he) is called Bob' 입니다.
설명태의 안에 포함되어 있는 문장태이므로 부속문장태라고 말합니다.
'who'는 연결태이며 주어태 'he'는 생략되었으며 '(he) is called Bob' 은 진문장태로서 앞의 'who'를 수식합니다.

이렇게 꼭 덧붙여서 말하고 싶은 내용이 있으면 그것을 'driver' 의 다음에 추가합니다.
덧붙여서 설명하고 싶은 내용이 주격이면 'who'와 동일한 실체이므로 'he'는 생략합니다.

B-2. 어법 구조

7. 관계대명사

2) 관계대명사의 종류

(1) 사람: whose(소유격)

He is a driver.　+　His name is Bob.

* 그는 이름이 Bob인 운전사입니다.

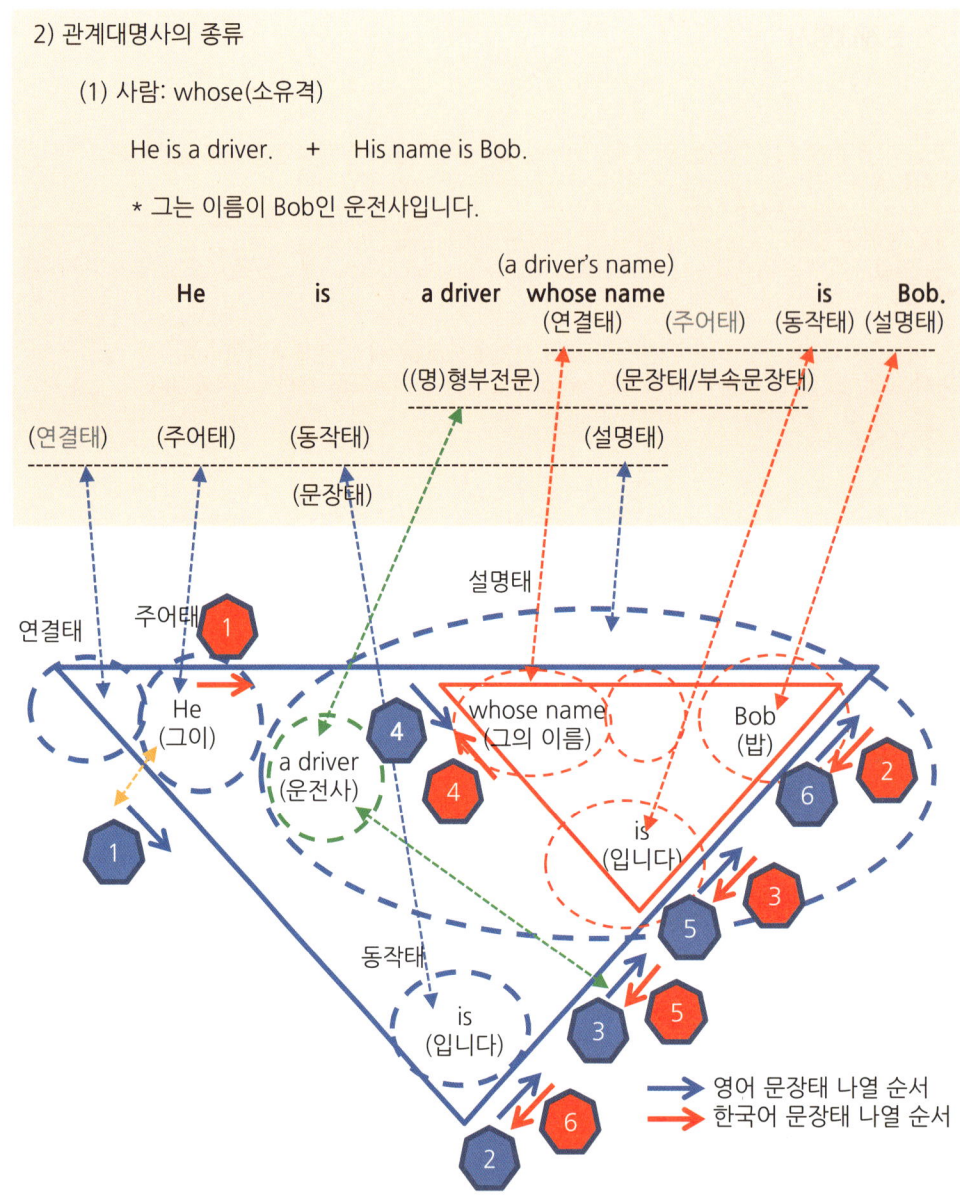

==> 그는 Bob인 것이 그의 이름인 운전사입니다.
==> 그는 Bob이라는 이름의 운전사입니다.
설명태 안의 문장태는 앞의 명사(driver)를 수식하면서 부연설명을 하고 있습니다.
즉, 상세 설명하고자 하는 'driver' 뒤에 문장태를 추가하면 되는 것입니다.
그것은 'whose name is Bob' 입니다. 원래는 'a driver's name'입니다.
이렇게 꼭 덧붙여서 말하고 싶은 내용이 있을 수가 있는 것입니다.
그 내용을 'a driver' 의 다음에 추가합니다.
왜냐하면 그것은 바로 'a driver'에 관한 부연설명이기 때문입니다.

'a driver'를 '(명)형부전문'이라고 표기한 이유는 설명태안에는 명사, 형용사, 부사, 전치사 또는 문장태가 올 수가 있으며 여기에서는 명사이기 때문에 '(명)'이라고 표기한 것입니다.

B-2. 어법 구조

7. 관계대명사

2) 관계대명사의 종류

(1) 사람: whom(목적격)

'He is ~ ' 그는 ~입니다.
'He is a driver ~' 그는 운전사 입니다.
그 세부 내용은, 'driver'에 대한 상세 설명, 'They call him Bob.' 입니다.
세부 문장에서 'they call him Bob.' 즉, him은 목적격입니다.
목적격 관계대명사는 'whom'입니다.
그것을 연결태(목적격)라고 칭하는 것입니다.

문장이 만들어지는 과정을 살펴보면 다음과 같습니다.

'He is a driver …… they call him (a driver)   Bob.'
'He is a driver …… they call whom (a driver) Bob.'
'He is a driver whom they call   Bob.'

그래서 'him' 이 맨앞으로 이동하여 'whom'으로 바뀌는 경우에는 연결태의 역할을 합니다.

* 그는 밥이라고 그를 부르는 운전사입니다.

B-2. 어법 구조

7. 관계대명사

설명태 안의 연결문장태는 앞의 명사(driver)를 수식하면서 부연설명을 하고 있습니다.
즉, 상세 설명하고자 하는 'driver' 뒤에 문장태를 추가하면 되는 것입니다.
그것은 'whom they call Bob' 입니다.

여기에서의 설명태는 연결문장태를 포함하고 있습니다.
그것은 'whom'을 연결태로 볼 수 있기 때문입니다.
'whom'을 연결태라고 칭하는 것은 그 부속문장태의 주어가 'they'로서 'a driver' 와 동일하지 않기 때문입니다.

연결태란 문장태의 맨 앞에 위치하여 원만하게 다른 문장태와 연결해 줍니다.
설명태안의 부속문장태 에서는 주어가 'he' 가 아닌 'they' 입니다.

한국어 나열순서에서 'whom'은 원래 있었던 설명태의 위치로 이동됩니다.
그 이유는 'whom'와 다른 별개의 'they'라는 주어태가 존재하므로 'whom'을 원래의 위치로 이동하는 것입니다.

"그는 그들이 밥이라고 그를 부르는 운전사입니다."

B-2. 어법 구조

7. 관계대명사

2) 관계대명사의 종류

　(2) 사물: which(주격)

　　〈1〉 미리 준비된 두 개의 문장을 합쳐서 말하는 방법 (주격)

　　　　That is the bag.　The bag is old-fashioned.
　　　　저것은 구식의 가방입니다.
　　　　두 개의 문장을 연결하는 방법은 이전에 설명한 것과 동일합니다.
　　　　　That is the bag.　　　　　The bag is old-fashioned.
　　　　-> That is the bag.　　　　　Which　 is old-fashioned.
　　　　-> That is the bag　 which　　　　 is old-fashioned.

　　　　연결하고자 하는 사물(the bag)을 정하고 뒤의 문장에 위치하는 곳을 보고
　　　　　　　무슨 격(주격)인지 판단합니다.
　　　　뒤의 문장에서 맞는 격의 대명사(which)를 정해서 앞 문장과 뒤 문장의 사이로 이동합니다.
　　　　'the bag is old-fashioned'는 'bag'을 상세설명하고 있습니다.
　　　　That is the bag　 which is old-fashioned.
　　　　여기에서 'which'는 연결태로도 주어태로도 볼 수 있습니다.

　　〈2〉 말을 하면서 두 개의 문장을 합쳐서 말하는 방법 (주격)

　　　　That is a bag.
　　　　'That is a bag ~' 저것은 가방입니다.
　　　　그런데 상세설명을 하고 싶어집니다.
　　　　그러면 'the bag' 다음에 문장태를 만들어서 부연설명을 합니다.
　　　　그런데 그 문장태의 주어가 바로 상세설명을 하고자 하는 사물(bag)입니다.
　　　　그러면 주격의 연결태(which)를 사용합니다.
　　　　그리고 그 'which' 를 주어로 해서 문장태를 만들면 표현이 되는 것입니다.
　　　　'which is old-fashioned.'
　　　　여기에서 우리는 왜 'which'를 연결태로 정했는가를 잘 생각해야 합니다.
　　　　'bag' 이 다음의 문장태에서 주어가 되기 때문입니다.
　　　　저것은 구식의 가방입니다
　　　　'That is a bag which is old-fashioned.' (주격)
　　　　 여기에서 'which'는 연결태로도 볼 수 있는 주어태의 역할을 합니다.

B-2. 어법 구조

7. 관계대명사

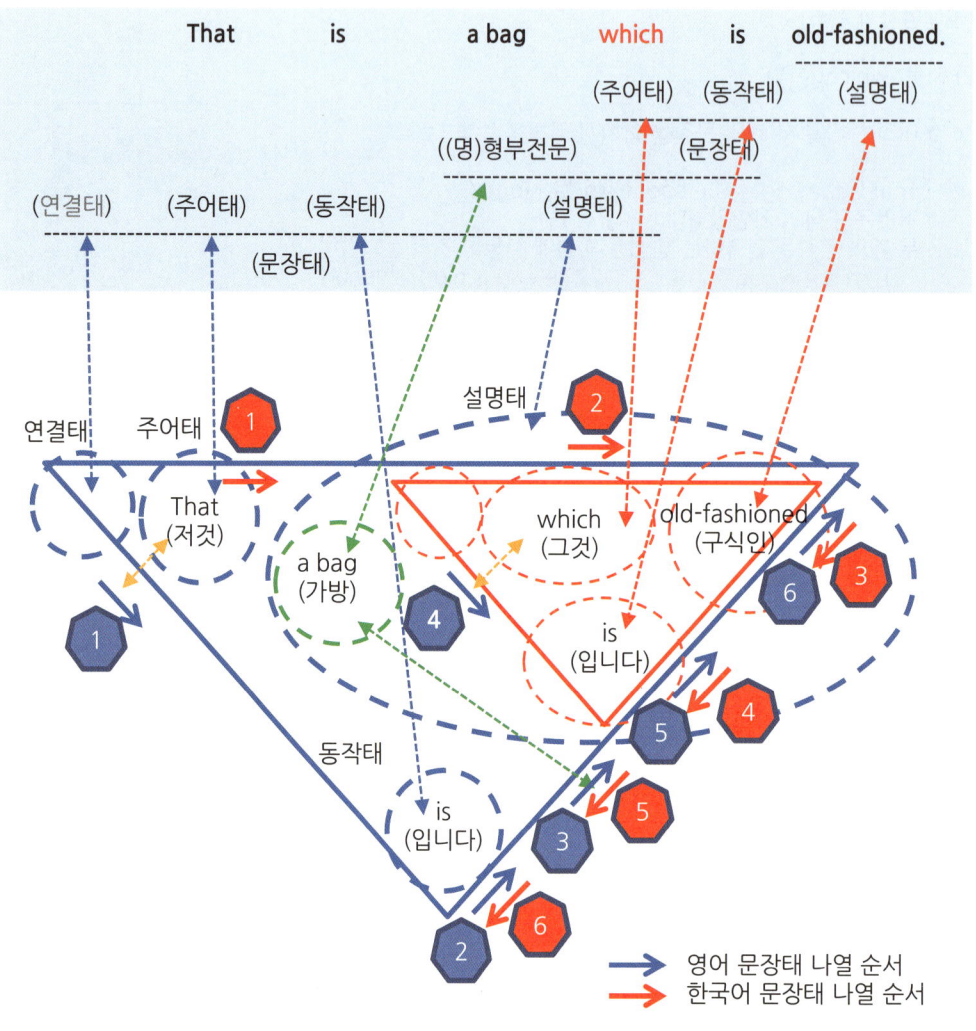

==> 저것은 그것은 구식인 가방입니다.

설명태 안의 문장태는 앞의 명사(bag)에 대해서 부연설명을 하고 있습니다.
'which'는 'a bag'에 대해서 주격의 표현입니다.
그러므로 'which'는 주어태입니다.

이처럼 상세 설명하고자 하는 'bag' 뒤에 문장태를 추가하면 됩니다.

B-2. 어법 구조

7. 관계대명사

2) 관계대명사의 종류

　(2) 사물: whose, of which(소유격)

　　<1> 미리 준비된 두 개의 문장을 합쳐서 말하는 방법 (소유격)

That is the bag.　The color of the bag is yellow.
저것은 색이 노란 가방입니다.
두 개의 문장을 연결하는 방법은 이전에 설명한 것과 동일합니다.
　　That is the bag.　　　　　The color of the bag is yellow.
-> That is the bag.　　　　　The color of which　is yellow.
　　That is the bag.　　　　　whose color　is yellow.
-> That is the bag　the color of which　　　　is yellow.
　　That is the bag　whose color　　　　　　is yellow.

연결하고자 하는 사물(the bag)을 정하고 뒤의 문장에 위치하는 곳을 보고
　　　　　　무슨 격(소유격)인지 판단합니다.
뒤의 문장에서 맞는 격의 대명사(of which, whose)를 정해서 앞 문장과 뒤 문장의
　　　　　　사이로 이동합니다.
'of' 는 일부의 속성을 나타냅니다.
즉, 그 가방의 여러 속성 가운데 하나인 'color'를 표현합니다.
이것은 속성의 하나이므로 넓게는 가방과 동일하게 간주합니다.
그래서 'the color of which'는 함께 움직여야 합니다.
'the color of which'는 'bag'을 상세설명합니다.
That is the bag　the color of which is yellow.
That is the bag　the whose color　is yellow.
형식적으로는 소유격이라고 말할 수 있지만 동작태가 'is'이므로 의미적으로는
　　　　　　주격의 역할을 하는 것으로 볼 수 있습니다.
여기에서 'which'는 주어태의 역할을 합니다.

　　<2> 말을 하면서 두 개의 문장을 합쳐서 말하는 방법 (소유격)

'That is a bag ~' 그것은 가방입니다.
그런데 'a bag'에 대해서 부연 설명을 하고 싶습니다.
그것은 '그 가방의 색'에 관해서 입니다.
'the color of the bag'
이미 앞에서 그 가방을 언급하였으므로 'the bag'을 대명사로 변경합니다.
'the color of the bag' -> 'the color of which' 또는　whose color
그리고 그것에 대해서 표현합니다.
' ~ is yellow.'
That is a bag the color of which is yellow.
That is a bag whose color is yellow.

B-2. 어법 구조

7. 관계대명사

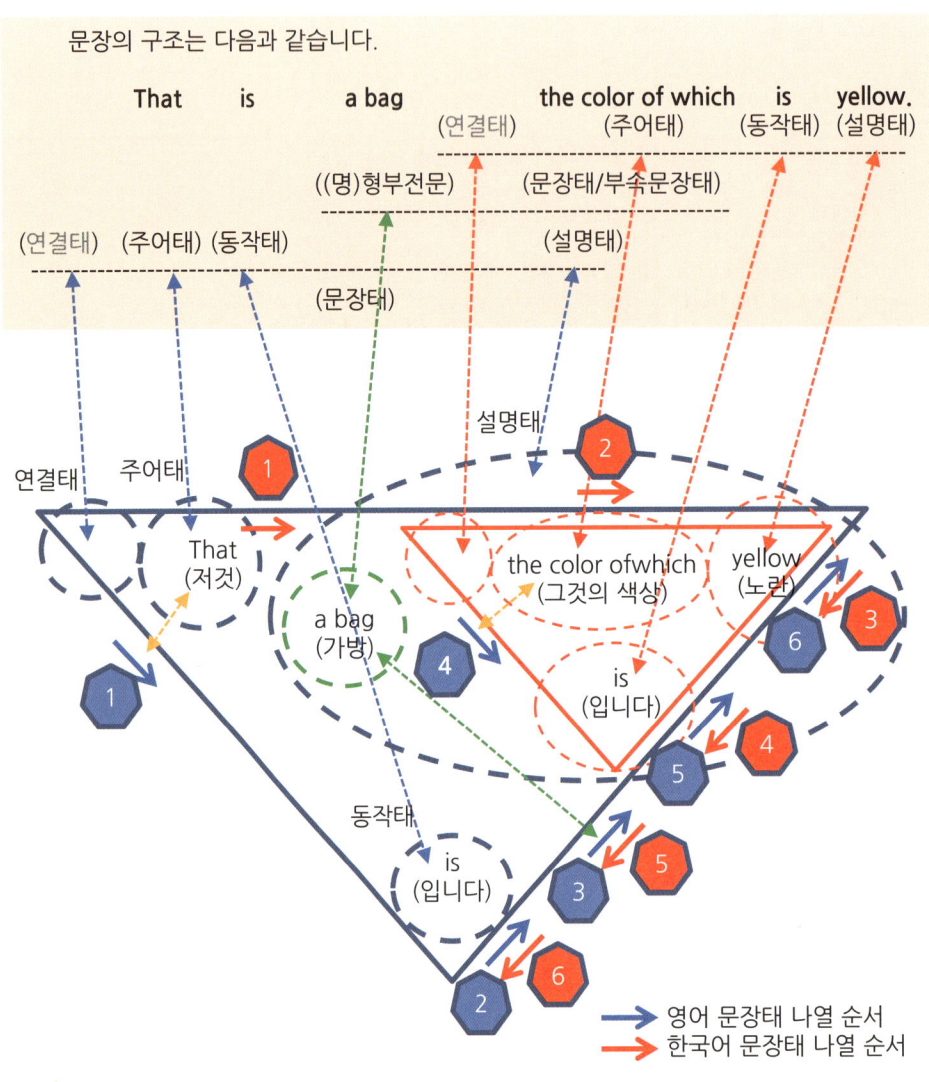

==> 저것은 그것의 색상이 노란 가방입니다.
설명태 안의 문장태는 상세 설명하고자 하는 내용을 포함하고 있으며 그 앞의 'bag'을 수식합니다.
원하는 문장을 먼저 이야기 하면서 상세 설명하고자 하는 단어가 주격, 소유격, 목적격 가운데 어떤 격으로 부연설명 될 것인가를 판단하여 표현해야 합니다.

B-2. 어법 구조

7. 관계대명사

여기에서 또 다른 대명사를 사용한다면,
그것의 색, 'its color' 를 표현할 수도 있습니다.
'its color' 는 'whose color' 로 표현이 가능합니다.
소유격이기 때문입니다.

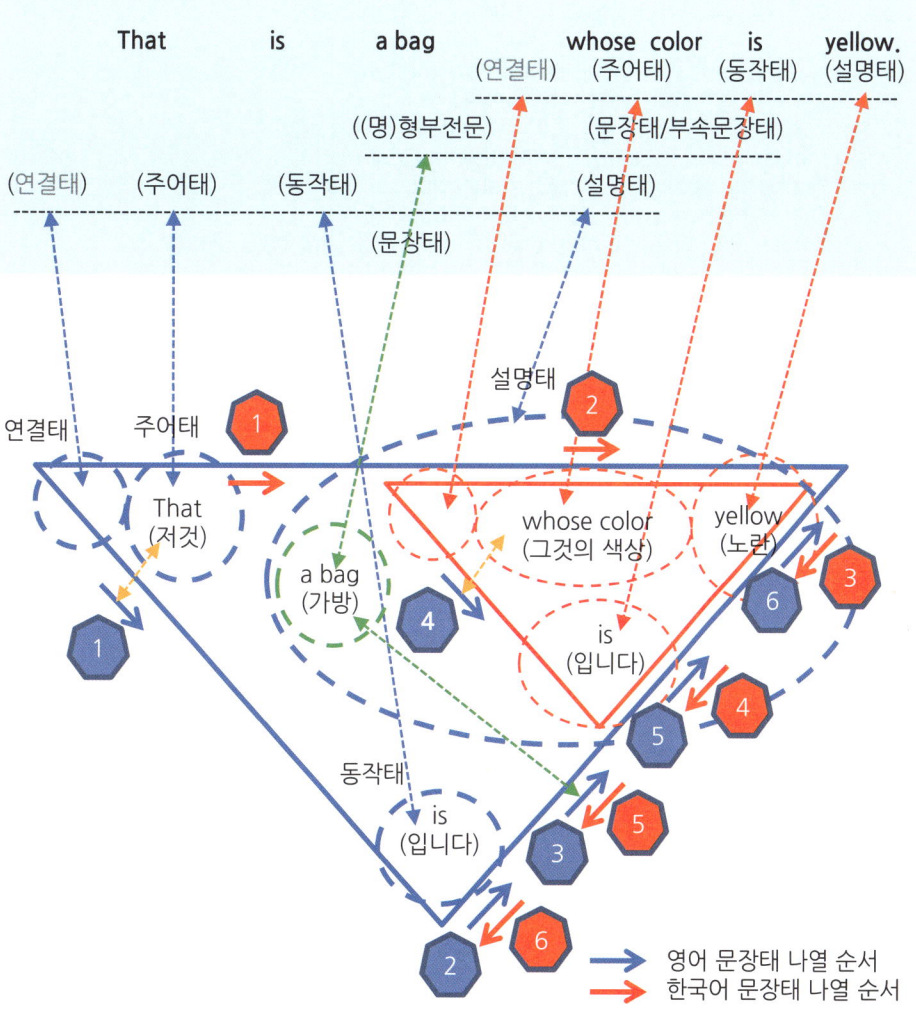

==> 저것은 그것의 색상이 노란 가방입니다.
'whose'는 단순하게 명사인 'color' 를 수식하며 'whose color'는 주어인 주어태의 역할을 합니다.

B-2. 어법 구조

7. 관계대명사

2) 관계대명사의 종류

　(2) 사물: which(주격), whose, of which(소유격), which(목적격)

　　〈1〉 미리 준비된 두 개의 문장을 합쳐서 말하는 방법 (목적격)

　　　　That is the bag.　My father bought me the bag.
　　　　저것이 나의 아버지가 사주신 가방입니다.
　　　　두 개의 문장을 연결하는 방법은 이전에 설명한 것과 동일합니다.
　　　　　That is the bag.　　　　My father bought me the bag.
　　　　-> That is the bag.　　　　My father bought me which.
　　　　-> That is the bag which　　my father bought me.
　　　　연결하고자 하는 사물(the bag)을 정하고 뒤의 문장에 위치하는 곳을 보고
　　　　　　　　　무슨 격(목적격)인지 판단합니다.
　　　　뒤의 문장에서 맞는 격의 대명사(which)를 정해서 앞 문장과 뒤 문장의 사이로 이동합니다.
　　　　That is the bag which　　my father bought me.
　　　　여기에서 'which'는 두 문장을 연결하는 역할을 합니다.
　　　　그 이유는 앞문장의 선택한 단어와 뒤 문장의 주어가 다르기 때문입니다.
　　　　'which'는 뒤의 문장의 설명태에 있는 단어이지만 연결태(관계대명사)의 역할을
　　　　　　　　　하기 위하여 선행사인 'the bag' 다음으로 이동하였습니다.

B-2. 어법 구조

7. 관계대명사

2) 관계대명사의 종류

   (2) 사물: which(주격), whose, of which(소유격), which(목적격)

     〈2〉 말을 하면서 두 개의 문장을 합쳐서 말하는 방법 (목적격)

저것이 나의 아버지가 사주신 가방입니다.
'That is ~ ' 저것은 ~입니다.
'That is the bag ~' 저것은 그 가방입니다.
그런데 그 가방에 대한 부연설명을 덧붙이려고 합니다.
My father bought me the bag.
그런데 덧붙이려는 문장의 주어가 가방이 아닙니다.
그러면 반드시 목적격을 사용해야 합니다. 그래야 덧붙이는 문장의 주어가 그대로 유지되기 때문입니다.
여기에서 가방은 사물이며 목적격이므로 'which'를 관계대명사로 사용합니다.
 My father bought me the bag.
 -> my father bought me which.
 -> which my father bought me.
This is the bag which …… .
그 다음에 뒤에 붙는 문장의 주어를 사용하여 표현하면 됩니다.
그 내용은 '나의 아버지께서 사주셨다'는 내용입니다.
This is the bag which my father bought me. (목적격)
연결하려는 선택한 사물과 뒤에 연결할 문장의 주어가 동일하지 않으면 무조건 목적격을 사용해야 합니다. 주어가 따로 존재하기 때문입니다.

B-2. 어법 구조

7. 관계대명사

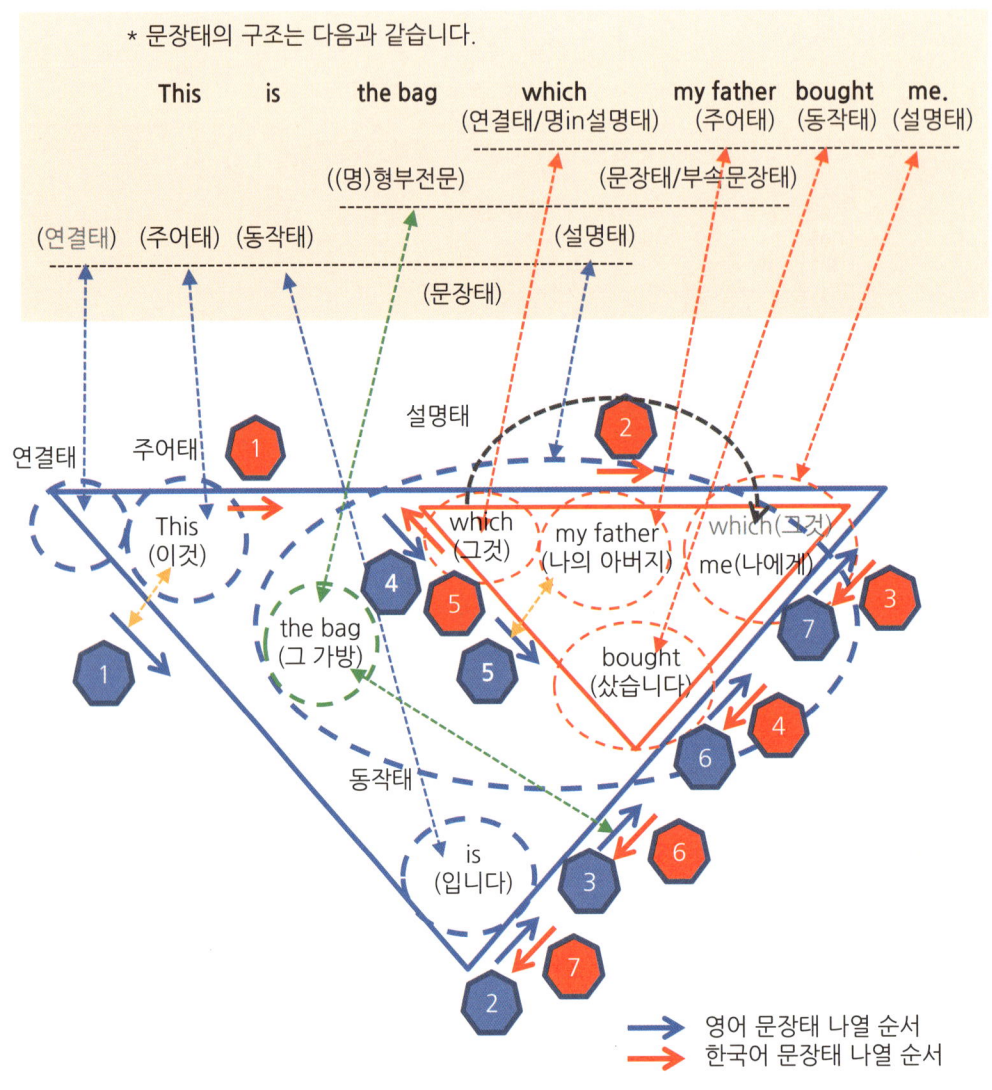

설명태 안의 문장태는 앞의 명사(bag)를 부연설명 하고 있습니다.
즉, 상세 설명하고자 하는 bag 뒤에 문장태를 추가하면 되는 것입니다.
그것은 'which my father bought me' 입니다.
'which'는 ' my father bought me it.' 에서 'it'가 'which'로 바뀌어 선행사(the bag) 바로 다음으로 이동한 것입니다.

한국어 문장의 나열시 '연결태 안의 which'는 설명태 안으로 이동하여 해석됩니다. 그 이유는 'my father'이라는 주어태가 존재하기 때문입니다.

B-2. 어법 구조

7. 관계대명사

2) 관계대명사의 종류

(3) that (사람, 동물, 사물)

〈1〉 일반적인 사용(1) (주격)
* 나는 자동차를 샀습니다. 그것은 천장이 없습니다.
I bought a car. It has no top.
'I bought a car ~'
나는 차를 하나 샀습니다.
그런데 부연 설명하면 그 차는 천장이 없습니다.
차를 부연 설명하는데 그 차가 주격이 된다면,
'that'를 주어로 해서 문장을 표현하면 됩니다.
I bought a car …… that has no top.
'car' 뒤에는 'car'를 부연 설명하는 문장태를 추가하면 되는 것입니다.
I bought a car   that   has no top.
            (연결태/관계대명사 또는 주어태)

'that'는 연결태 또는 관계대명사가 됩니다.

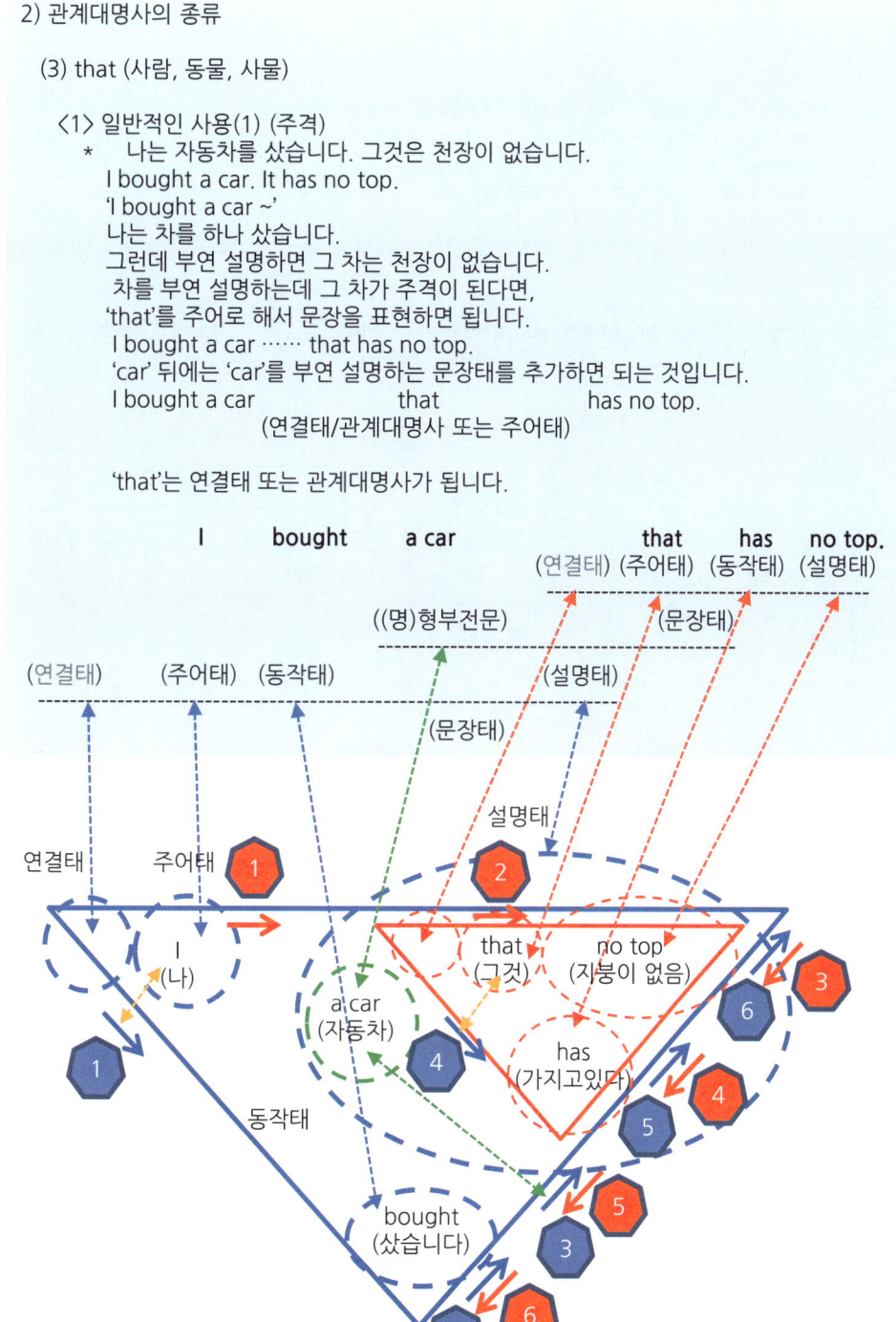

다중구조 영문법에서는 상세설명을 원하는 곳에 문장태를 추가하면 표현이 완성됩니다.

B-2. 어법 구조

7. 관계대명사

2) 관계대명사의 종류

(3) that (사람, 동물, 사물)
   <1> 일반적인 사용(2) (목적격)
   * 이것은 중요한 문제입니다. 당신은 그것을 풀어야 합니다.
   This is an important problem, You have to solve it.
   상기 예문에서는 'problem'을 상세설명하고자 합니다.
   그것은 뒤의 문장에서 목적어인 'it'에 해당합니다.
   그래서 목적어를 표현하는 관계대명사 'that'를 사용합니다.
   'it'는 문장의 설명태에 포함되어 있으며 두 문장의 연결을 위해서 'that'로 변경되어 문장의 앞으로 이동합니다.

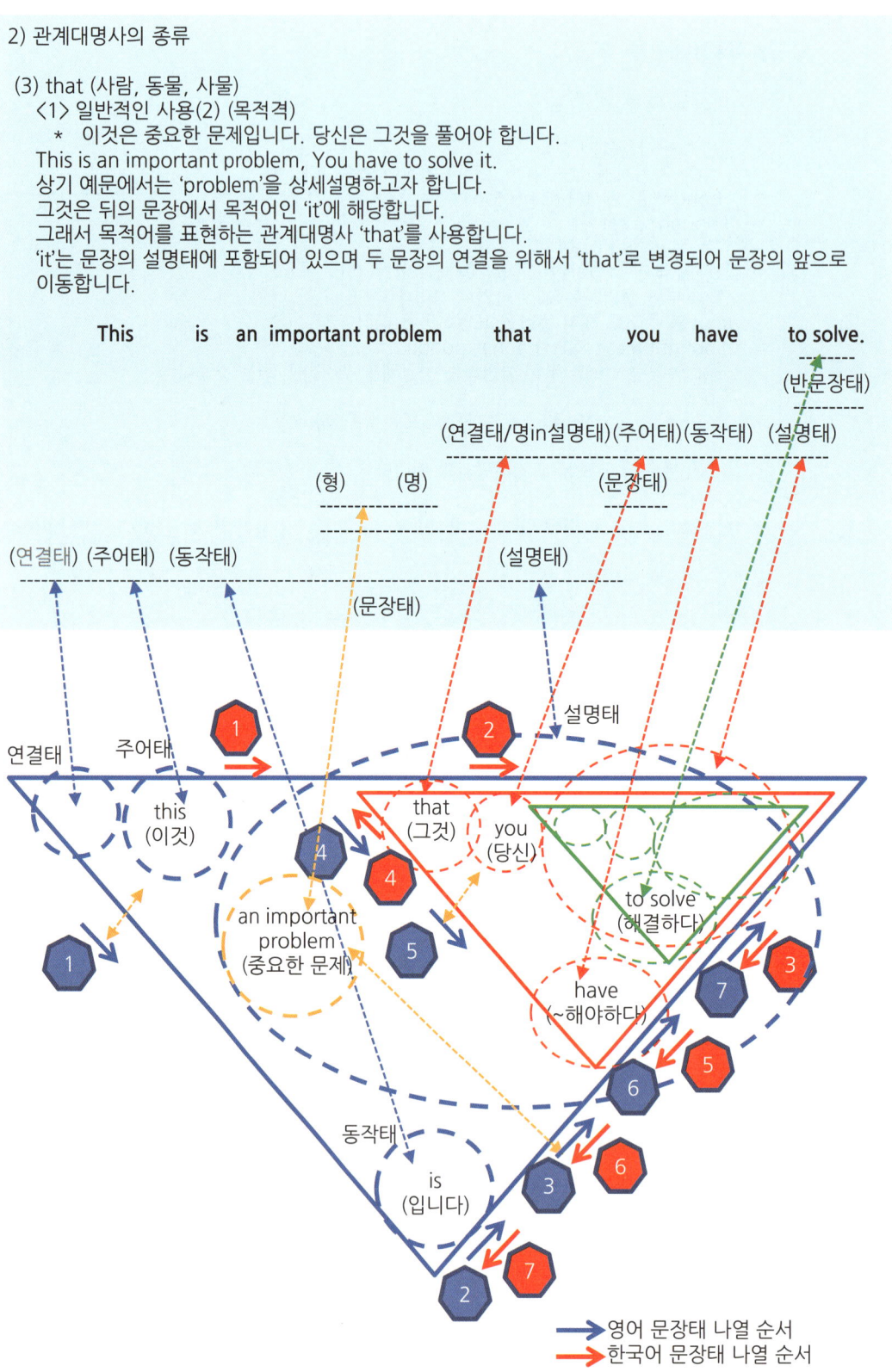

B-2. 어법 구조

위 예문은 다중 삼각배열도를 갖고 있습니다.

설명태 안의 문장태는 앞에 있는 'problem'을 수식합니다.

이렇게 관계대명사의 용법은 상세설명을 원하는 단어의 내용을 부연 설명 하는 것입니다.

원하는 이야기 내용에 대해서 우선 중요한 골자를 이야기합니다.
'This is an important problem ~ '
그리고 상세한 부연 설명은 'you have to solve it' 입니다.
'it'는 'that'로 변경되어 문장의 앞으로 이동하여 연결 역할을 한 것입니다.

'you have ~' 당신은 ~해야만 합니다.
'you have   to solve' 당신은 'to solve' 해야만 합니다.
두 개의 동작태 'have'와 'solve'가 연이어 나오므로 뒤에 있는 동작태는 파생동사(to 동사)로 표현합니다,

나열순서에 관하여,

영어 문장태의 나열 순서에서,
'that'는 연결태이자 관계대명사로서 앞에 있는 선행사 'an important problem'과 동일하지만 원래는
'to solve'의 다음에 오는 목적격인 명사가 도치되어 앞을 이동한 것입니다.
순서대로 'V' 형태로 나열하면 영어 문장태가 완성됩니다.

한국어 문장태의 나열 순서에서,
한국어 문장태의 나열은 상기 다중 삼각배열도와 같이 시계방향으로 이루어집니다.
여기에서 연결태 'that'는 원래의 위치인 설명태로 이동하여 해석합니다.
별개의 주어태인 'you'가 존재하기 때문입니다.
만일 'problen'과 같은 선행사가 존재하지 않으면 설명태로 이동하지 않고 연결태에 그대로 위치합니다.

관계대명사와 관계부사는 한국어의 나열에서는 생략해도 무방합니다.
왜냐하면 원래 한국어에는 없는 표현이기 때문입니다.

다만 앞에 선행사가 없을 때는 관계대명사 또는 관계부사 는 표현을 해야 합니다.
선행사가 없는 만큼 관계사가 중요한 의미를 갖고 있기 때문입니다.
주어태부터 시작하여 연결태까지 시계방향으로 나열하면 한국어 문장태가 완성됩니다.

B-2. 어법 구조

7. 관계대명사

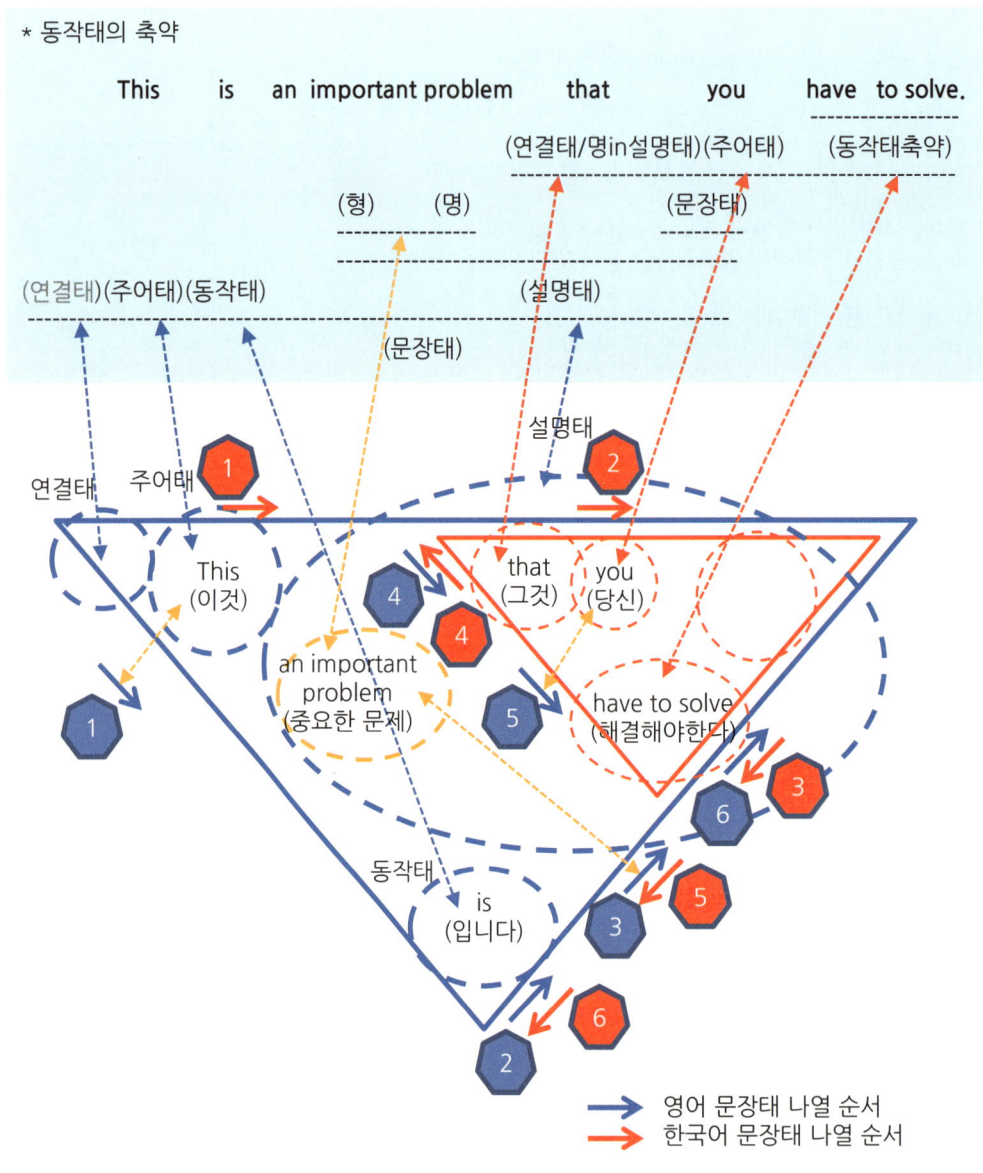

==> 이것은 당신이 그것을 해결해야 하는 그것인 중요한 문제입니다.

다중구조 영문법에서는 연이은 동작태를 축약하여 다중 삼각배열도를 간결하게 표현할 수 있습니다.
이렇게 하면 문장태를 간결하게 만들어 더욱 편안하게 내용을 파악할 수가 있게 됩니다.

have + to solve => have to solve

B-2. 어법 구조

7. 관계대명사

2) 관계대명사의 종류

(4) what (사물)

관계대명사 'what' 는 두 개의 문장태(문장)을 더욱 간결하게 연결하는 표현입니다.
즉, 사물에 대해서 주격 또는 목적격을 표현합니다.

다중구조 영문법에서 하나의 문장은,
 (연결태) (주어태) (동작태) (설명태) 로 구성됩니다.

```
                I    want    a new car.
 (연결태) (주어태) (동작태)      (설명태)
```

상기 예문에서 동작태의 내용을 설명태가 완전하게 부연설명하고 있습니다.
그러나 'a new car' 를 생략해버린다면,
  'I   want .' 가 됩니다.

이 문장으로는 정확한 의미를 표현할 수가 없습니다.
 무엇을 원하는지, 'want'의 상세 설명이 없기 때문입니다.

 즉, 이렇게 동작태가 필요로 하는 내용이 누락되거나 생략된 상태에서 두 문장을
   관계대명사로 연결할 때 'what' 를 사용합니다.

 I want ……   you bought   it.
상기 문장에서 want의 대상이 누락되었으며 그것은 뒤 문장의 it입니다.
 I want ……   you bought   what.
 그 'it'를 'what' 로 변경합니다.

이유는 want 의 대상이 누락되었기 때문입니다.
그리고 'what'를 'you' 앞으로 이동하면 표현이 완성됩니다.
즉, 'want'의 설명태 역할을 'what you bought' 가 해주는 것입니다.

B-2. 어법 구조

7. 관계대명사

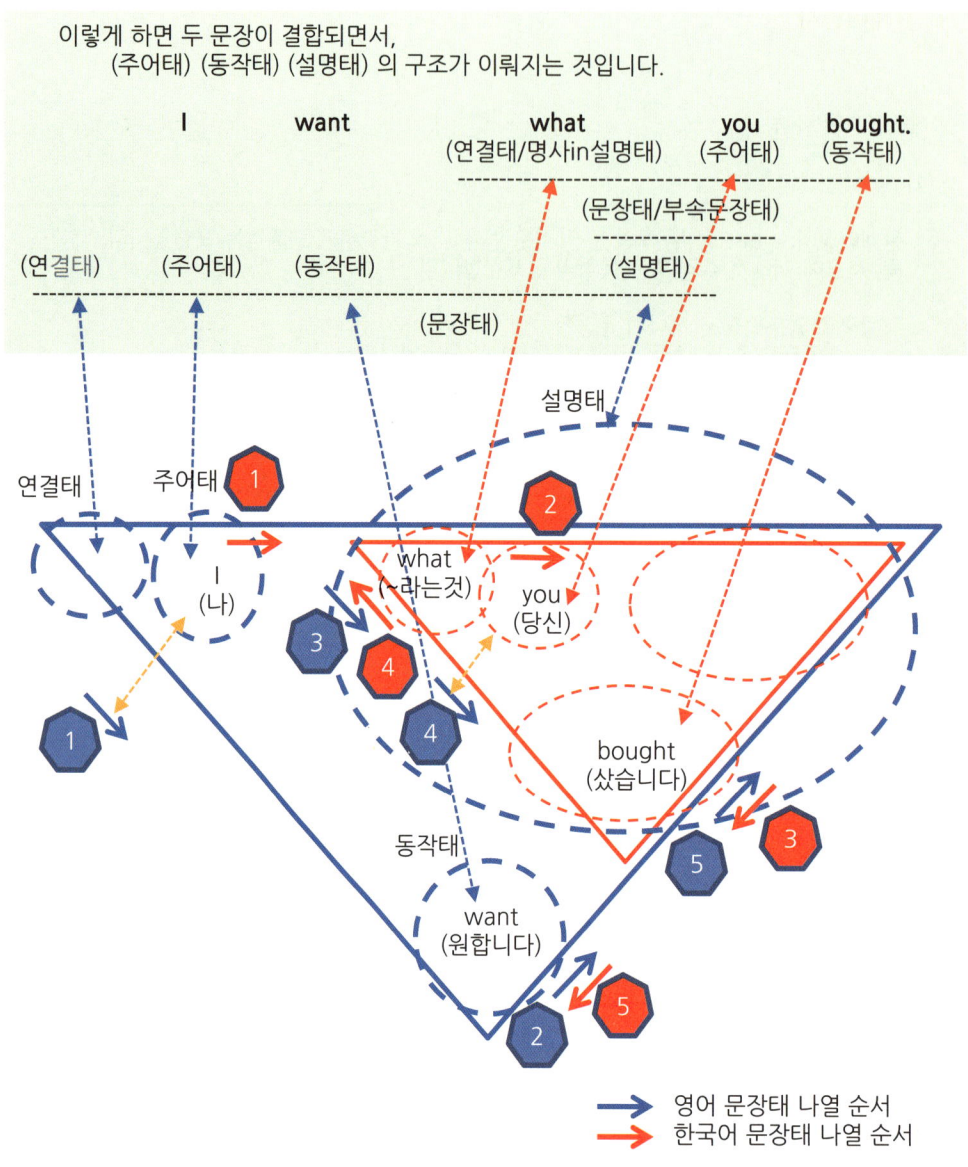

'what'는 설명태안의 문장태 안의 설명태안에 있던 'it'가 'what'로 바뀌어 앞으로 이동한 것입니다.
'what you bought' 가 바로 동작태가 미비했던 내용을 대신하는 것이며, 그 형태는 문장태의 형식입니다.
즉, 미비한 부분을 동사의 다음에 이어서 문장태인 설명태로 표현하는 것이 바로 'what'를 관계대명사로 사용하는 문장입니다. 미비한 부분이라는 것은 선행사가 없다는 것입니다.

'what you bought'는 'want'의 상세내용이자 설명태입니다. 그러므로 'what'는 연결태의 역할을 하며 한국어 문장태 나열 순서에서 마지막 순서가 됩니다.

B-2. 어법 구조

7. 관계대명사

2) 관계대명사의 종류

  (4) what (사물)

  앞에서는 동작태가 필요로 하는 설명태 부분이 생략되었을 때 목적격으로 'what'를 사용하였습니다.

  여기에서는,

  'what'를 주어의 역할을 하는 주어태처럼 사용하는 표현 방법을 이야기 합니다.

  이 경우에는 'what ~' 이 주어, 즉 원래 주어태의 역할을 대신하는 것입니다.
  다만 그 주어태에 대해서 상세 설명하는 문장태를 내포하고 있다는 사실입니다.

  The thing   is   very   important. 그 일은 매우 중요합니다.
  I want the thing.   나는 그 일을 원합니다.

  What (… … …) is very important.

  이렇게 'what' 다음에는 'what'를 부연 설명하는 문장태가 뒤따릅니다.
  'what을 포함한 문장태' 는 하나의 문장태 안에서 주어의 역할을 할 수 있습니다.

  예를들어,
  'what I want' '내가 원하는 것' 이 될 수도 있고,
  'what made me jump' '나를 놀라게 한 것' 이 될 수도 있습니다.

B-2. 어법 구조

7. 관계대명사

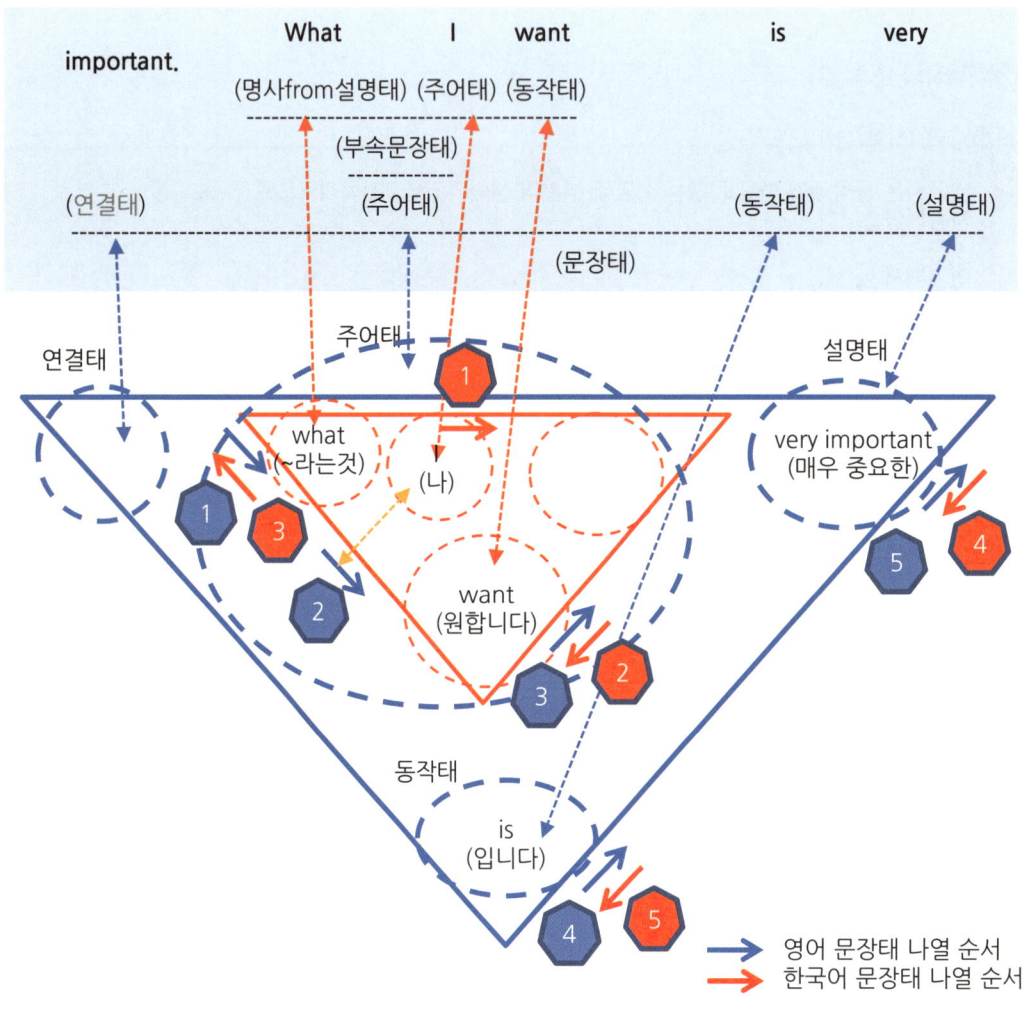

'what'는 문장태안의 주어태안의 부속문장태안의 설명태로부터 앞으로 이동한 것입니다.
이렇게 이동이 된 what는 연결태이면서 '설명태의 이동' 입니다.
즉, 'what' 는 'want'의 설명태입니다.
'what'앞에는 선행사가 없으므로 한국어 문장 나열시에 설명태로 이동하지 않습니다.

'what' = 'the thing which' 입니다.

B-2. 어법 구조

7. 관계대명사

2) 관계대명사의 종류

   (4) what (사물) (주격) (목적격)

   'what'은 부속문장태 내부에서의 연결태이며 'what made me jump' 전체가 주어태가 됩니다.

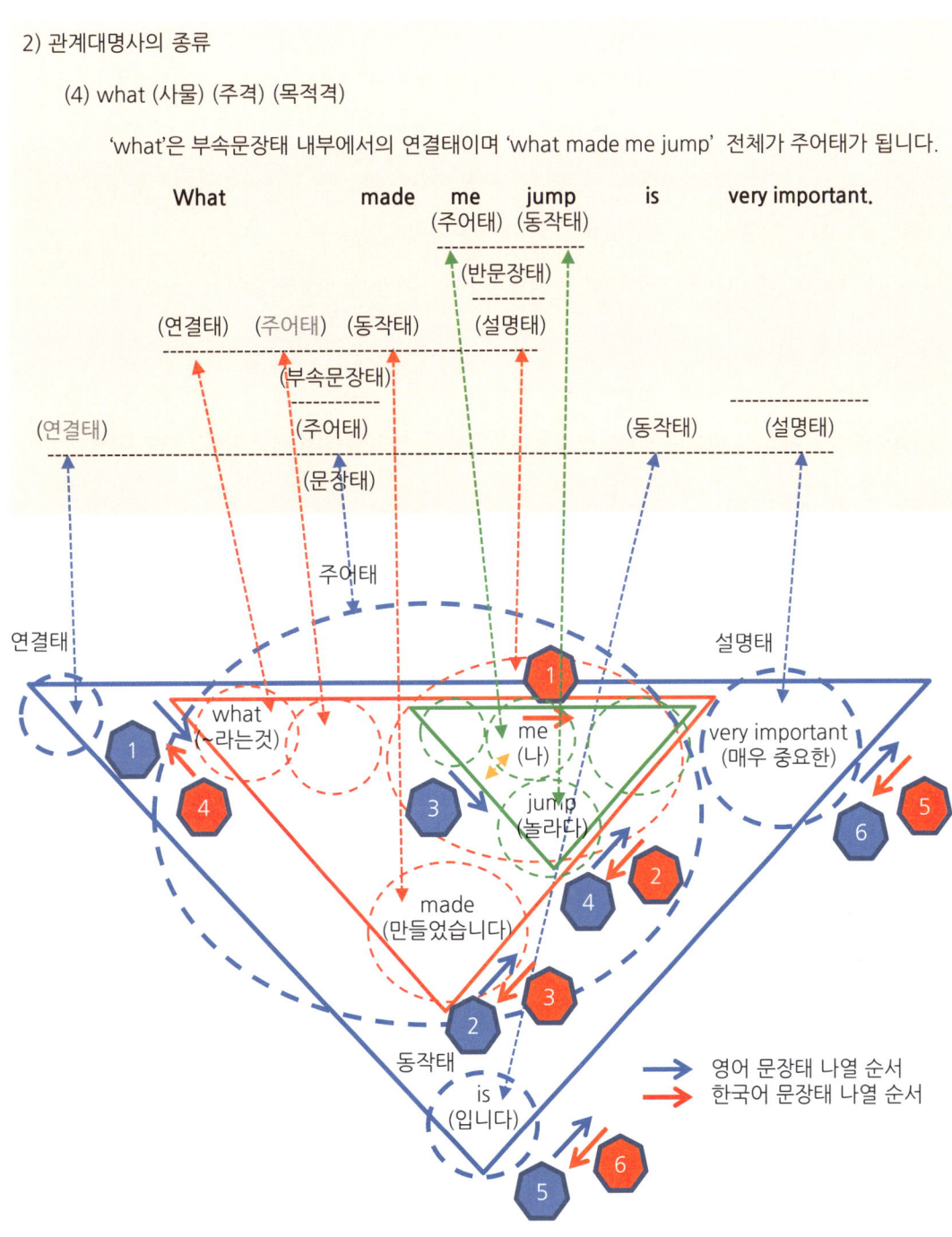

B-2. 어법 구조

7. 관계대명사

'what'는 문장태안의 주어태안의 부속문장태안의 연결태로서의 역할을 하고 있습니다.

'what' 은 the thing (which)'이며 'which'가 생략된 형태입니다.

'what'   + (동작태) + (설명태)는,
'the thing(연결태) which(주어태) + (동작태) + (설명태) 의 내용이며,
             'which(주어태) + (동작태) + (설명태)'는 앞의 'what(the thing)'을 수식합니다.

즉, 'what' 는 '나를 놀라게 한 것(the thing)' 이 되는 것입니다.

'me'는 '나에게' 라는 단어이지만 '나'에 관 한 대명사이며 주어태의 역할을 합니다.
'me jump'는 '나에게 뛰다' 가 아니라 '내가 뛰다'라는 의미를 갖는 것입니다.

예문에서 한국어 문장의 나열시에 'what'의 앞에 선행사가 없으므로 'what'는그대로 연결태의 위치에서 해석됩니다.

결과적으로 'what made me jump' 는 문장태 안에서 주어태의 역할을 하는 부속문장태입니다.

B-2. 어법 구조

7. 관계대명사

3) 관계대명사와 동사와 전치사
   관계대명사(연결태)는 두개의 문장을 연결하는데 사용합니다.

   This is the house.　　　I live in it.
   　　　　　　　　　　　　I live in which.
   This is the house　which　I live in.
   This is the house　in which　I live.

   여기가 그 집입니다.　나는 그 안에 살고 있습니다.
   두 번째의 문장은 'house'에 대한 상세설명을 하는 내용입니다.
   'house'에 해당하는 단어는 'it'입니다.
   해당하는 단어를 'which'로 변경합니다.
   'which'를 'house'의 다음으로 이동합니다. 'house'뒤에서 그것을 상세설명하기 때문입니다.
   *** 여기가 내가 그 안에 살고 있는 집입니다.**

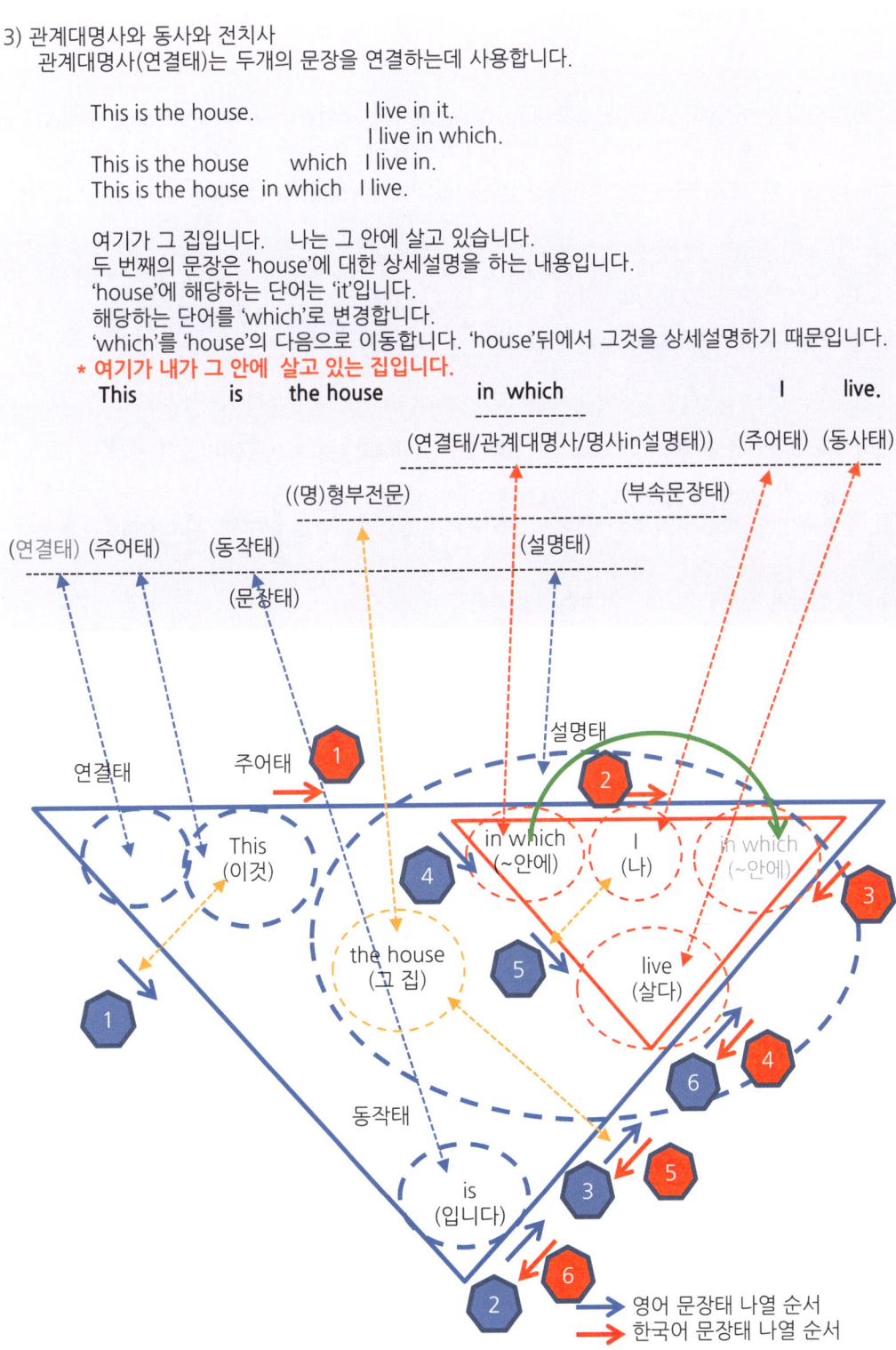

B-2. 어법 구조

7. 관계대명사

설명태 안의 부속문장태 안에 있던 설명태 (in which)는 자신과 연관된 단어인 'the house' 뒤로 이동되어 두 문장을 연결하게 됩니다.(여기에서 which = the house 입니다.)

'the house' 는 'which'와 동일하며 상세한 설명을 하기 위하여 'in which I live'는 'the house' 의 다음에 위치하는 것입니다.

'which'는 설명태 안의 문장태 안의 설명태에 있는 'it'가 변경되어 앞의 'the house' 뒤로 이동하여 관계대명사 또는 연결태의 역할을 합니다.

'in it ' = 'in which' = 'in the house' 입니다.

이러한 의미를 더 정확하게 전달하기 위하여 'the house in which' 로 표현하는 것입니다.

한국어 문장태 나열 순서에서 'in which'는 원래 있던 설명태의 위치로 이동합니다.

'in which I live'에서 'in which' 다음에 주어태인 'I'가 존재하기 때문입니다.
즉, 주어태가 존재하면 앞의 연결태안에 있는 의문사는 원래의 위치인 설명태의 위치로 이동하게 됩니다.

이것이 한국어 문장태의 나열 순서의 특징입니다.

B-2. 어법 구조

7. 관계대명사

3) 관계대명사와 동사와 전치사

* 이때 전치사 'in'이 따라서 나올 수도 있으며 'which'만 나올 수도 있습니다.

```
This    is    the house              which              I    live    in.
                 (연결태/관계대명사/명사in설명태))  (주어태)(동작태)(설명태)

              ((명)형부전문)              (부속문장태)

(연결태) (주어태)(동작태)               (설명태)
                              (문장태)
```

부연설명을 하고자 하는 선행사 다음에는 연결태(관계대명사) 위치합니다.
이때 전치사가 따라서 앞에 나올 수도 있고 설명태 안에 그대로 있을 수도 있습니다.

한국어 문장태 나열 순서에 있어서,
'which'는 연결태로 또는 설명태 안으로 이동되어 나열될 수도 있습니다.
한국어 문장은 다양항 표현이 가능하기 때문입니다.
이것이 한국어 문장태 나열 순서의 한 특징입니다.

B-2. 어법 구조

7. 관계대명사

* 단, 관계대명사 'that'가 사용될 때는 전치사는 따라 나오지 않습니다.

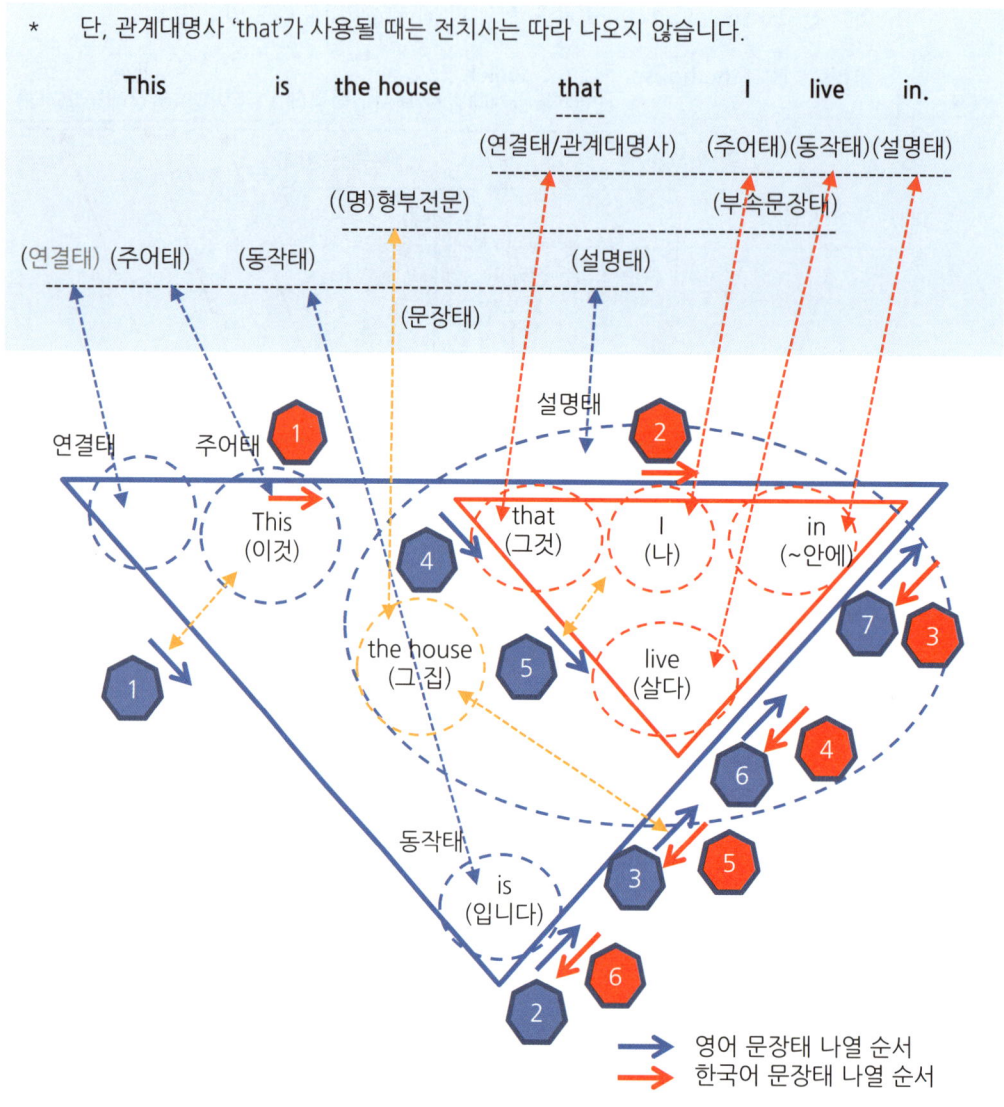

부연설명을 하고자 하는 선행사(the house) 다음에 연결태(관계대명사/that)가 위치합니다.

B-2. 어법 구조

7. 관계대명사

4) 관계대명사의 생략

관계대명사(연결태)는 두개의 문장을 연결하는데 사용합니다.
그런데 목적격으로 연결될 때는 그 관계대명사를 생략할 수 있습니다.

* 이것이 그가 나에게 준 책입니다.
This   is   the book   (which)   he   gave   me.
                          (연결태/관계사) (주어태) (동작태) (설명태)

((명)형부전문)   (문장태/부속문장태)

(연결태) (주어태) (동작태)   (설명태)

(문장태)

→ 영어 문장태 나열 순서
→ 한국어 문장태 나열 순서

설명태 안에는 부속문장태가 있습니다.
부속문장태는 원래 'which'를 맨 뒤에 설명태 안에 포함하고 있었지만 'the book'과 연결하기 위하여 앞으로 이동하였습니다.
부속문장태는 앞의 'the book' 을 수식합니다. 즉 'the book'을 상세설명하고 있습니다.
이렇게 부속문장태에서 목적어가 앞으로 나온 경우는 이 관계대명사(which)를 생략할 수 있습니다.

B-2. 어법 구조

7. 관계대명사

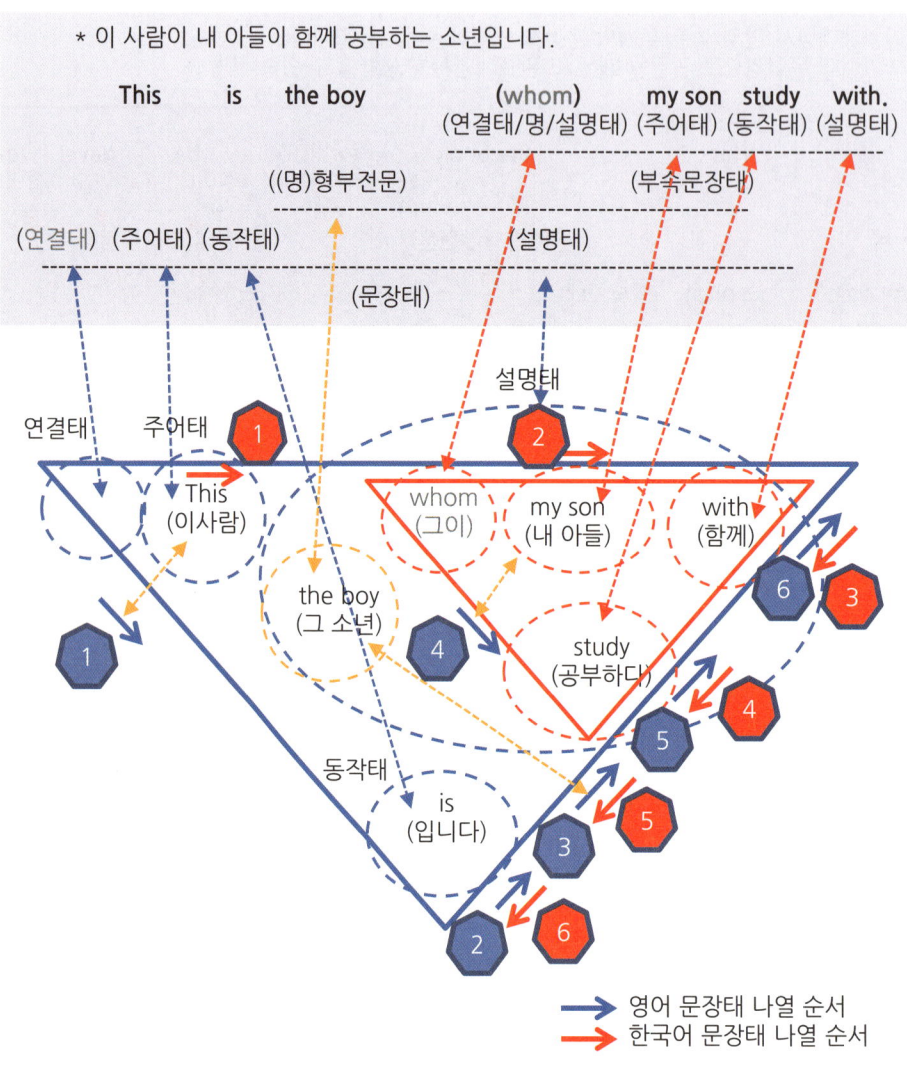

설명태 안에 부속문장태가 있습니다.
부속문장태는 원래 'whom'을 설명태 안에 가지고 있었습니다.
하지만 앞의 'the boy'와 관계를 연결하기 위하여 앞으로 이동하였습니다.
이렇게 'whom'만 앞으로 이동한 경우는 생략이 가능합니다.
그러나 'with whom' 과 같이 함께 이동하면 생략할 수가 없습니다.

B-2. 어법 구조

7. 관계대명사

5) 복합관계대명사

관계대명사 who, which, what에 ~ever(일지라도) 를 붙이면 복합관계대명사가 됩니다.
whoever, whichever, whatever 가 됩니다.

whoever는 격변화를 하여, whoever(누구라도), whosever(누구의 ~이라도), whomever(누구를 ~하더라도) 로 사용됩니다.

(1) 명사적 사용
* 그 사실을 알게 되는 누구라도 그 진실을 숨길 것입니다.

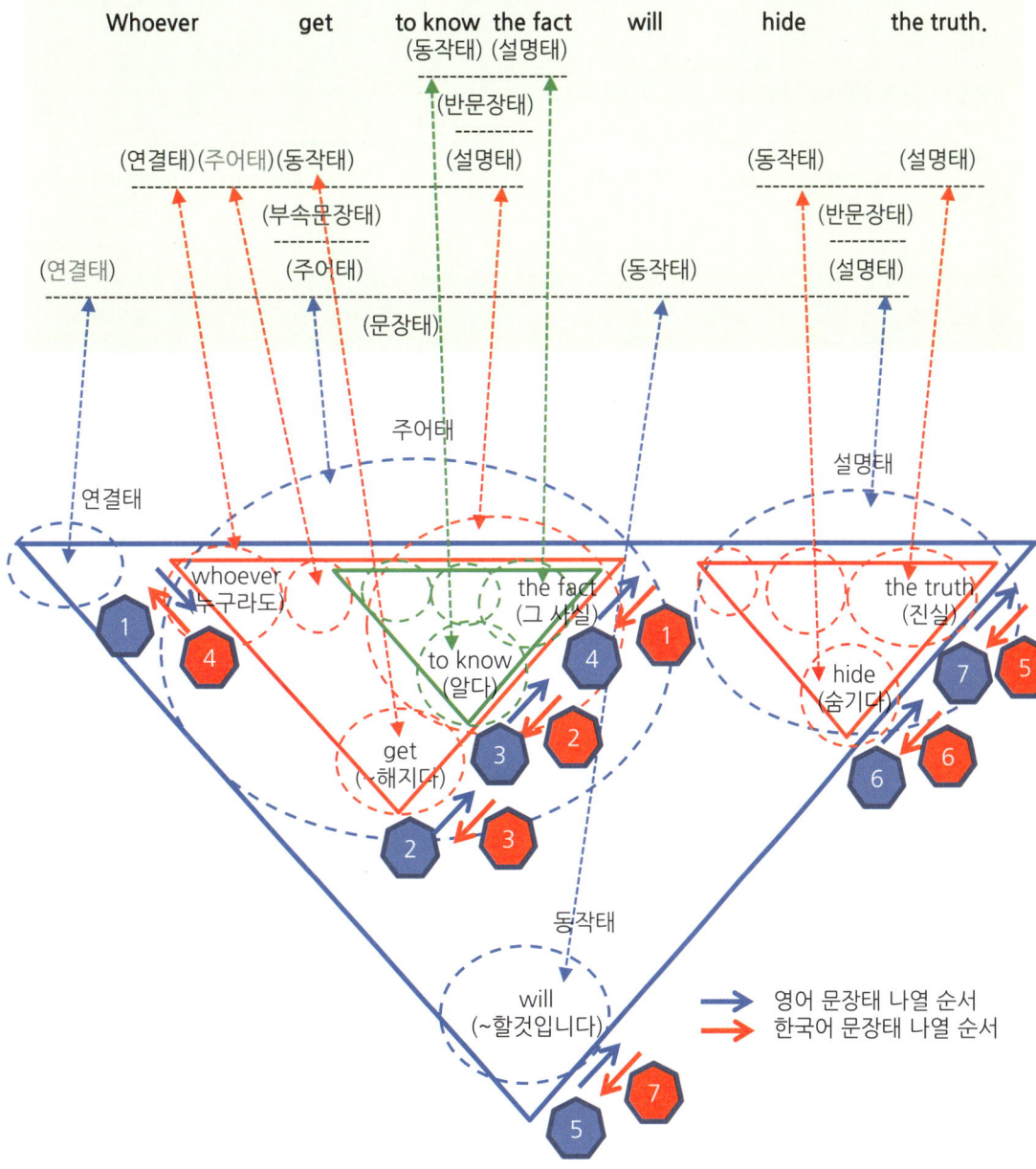

B-2. 어법 구조

7. 관계대명사

'whoever get to know the fact' 는 'anyone who get to know the fact' 입니다.
'whoever'는 설명태로 사용되어 뒤에 상세 설명이 나옵니다.
'whoever get ~'는 '~하게 되는 누구라도'입니다.
'to know the fact'는 반문장태로서 설명태입니다.
위 예문에서는 주어역할을 하는 주어태안에 부속문장태(whoever get to know the fact)가 있습니다.
주어를 설명할 때 문장태를 이용하면 더욱 상세한 표현을 할 수 있습니다.

예문)

* 무슨 일이 일어나더라도 나는 관심이 없습니다.

```
        Whatever   may    happen,            I    am not   interested   in it.
                                  (동작태)
                                  -----------
                                  (반문장태)
                                  -----------
 (연결태) (주어태) (동작태)      (설명태)      (연결태)(주어태) (동작태)      (설명태)
 ---------------------------------------------      ---------------------------------------------
                 (문장태)                                          (문장태)
```

B-2. 어법 구조

7. 관계대명사

* 동사태의 축약

　* 그 사실을 알게 되는 누구라도 그 진실을 숨길 것입니다.

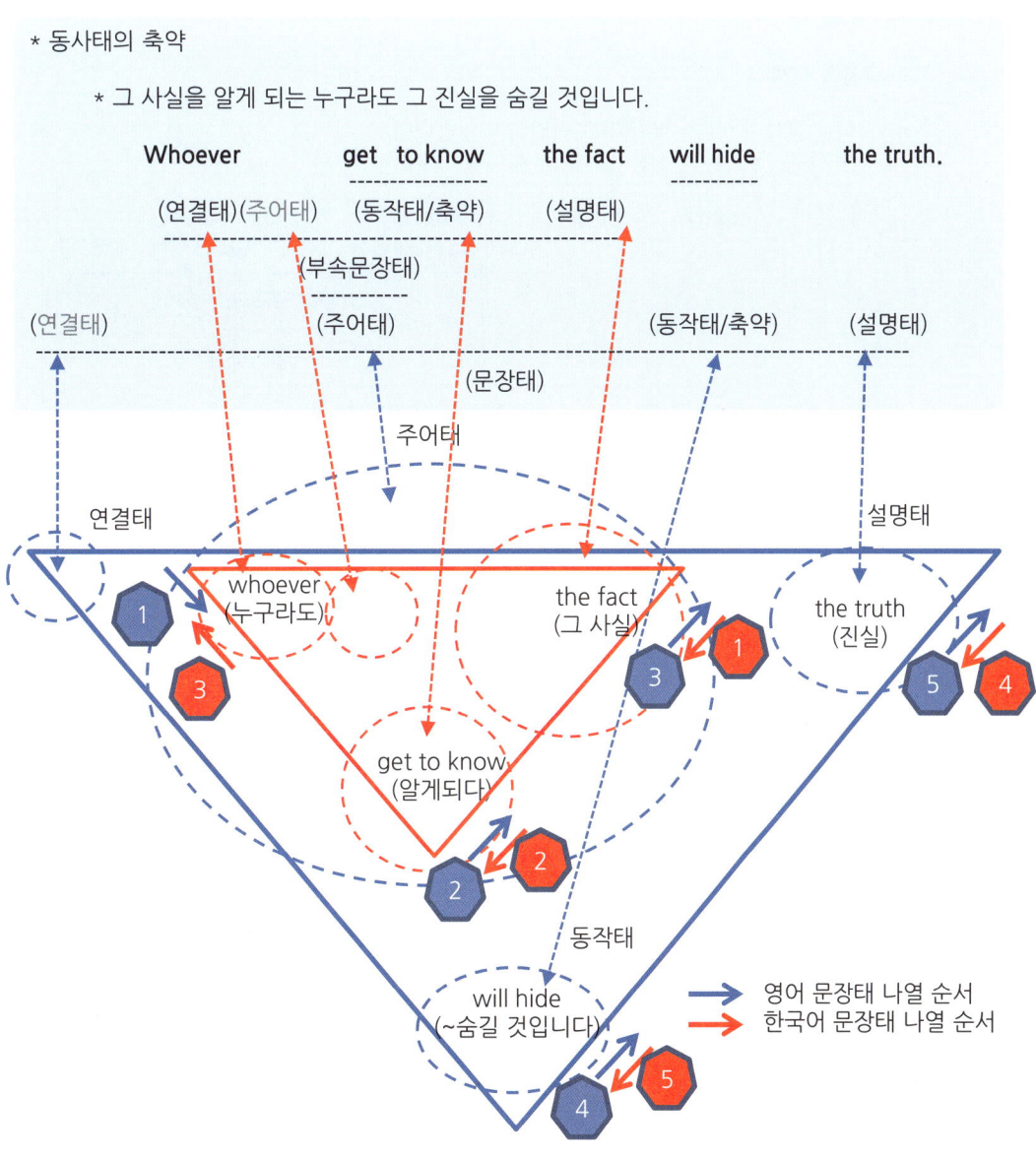

동사태의 축약을 통해서 복잡한 문장태의 다중 삼각배열도를 간략하게 하여 문장태의 구조를 쉽게 이해하고 만들 수 있습니다.

'get + to know' => 'get to know'
'will + hide' => 'will hide'

B-2. 어법 구조

7. 관계대명사

5) 복합관계대명사

(1) 명사적 사용

* 나는 당신이 만나는 누구라도 염려하지 않습니다.
==> 나는 당신이 누구를 만나든지 걱정하지 않습니다.

I　　don't　　mind　　whomever　　you　meet.
　　　　　　　　　　　(연결태/관계대명사)　(주어태)(동작태)(설명태)

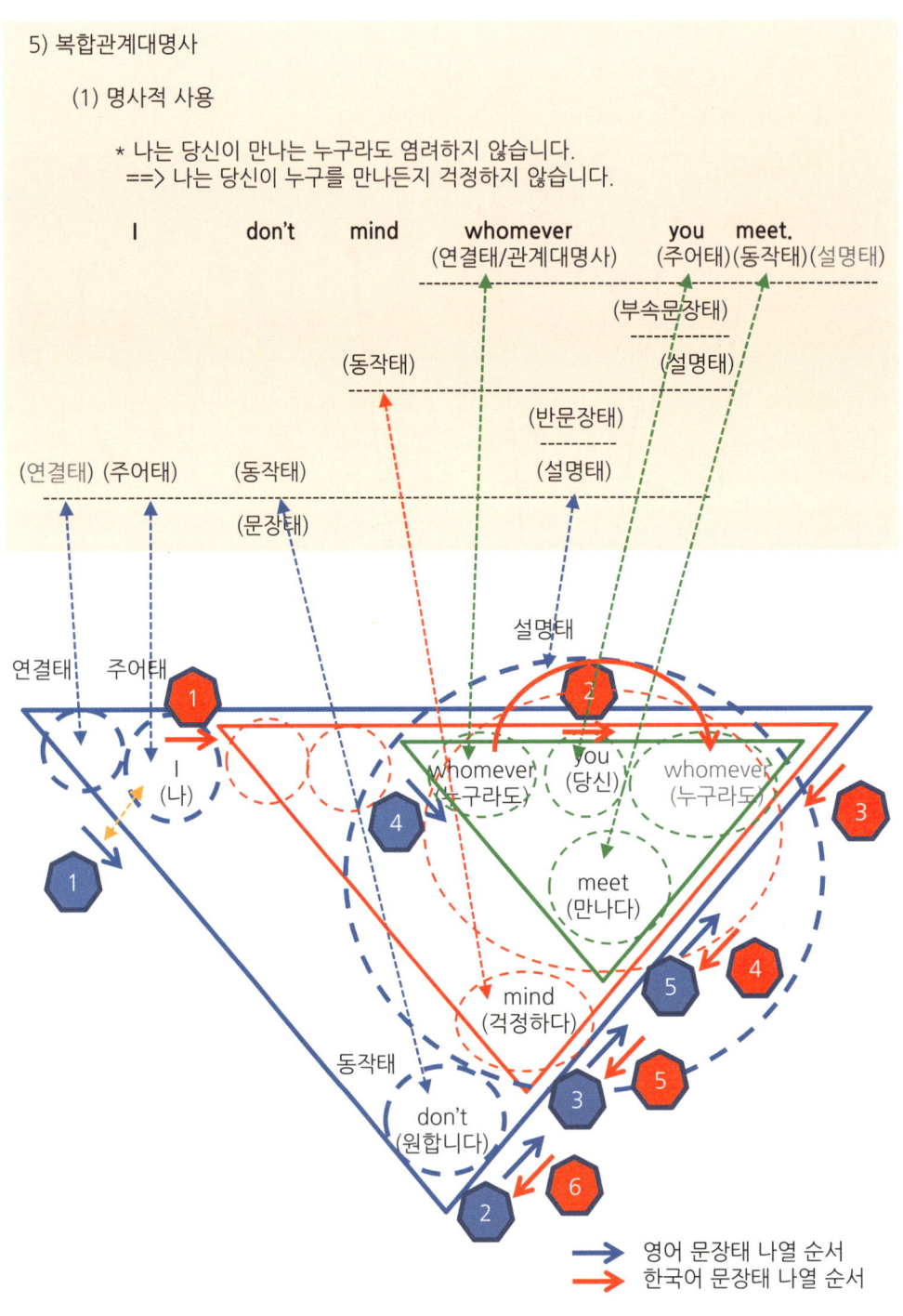

B-2. 어법 구조

7. 관계대명사

* 동사태의 축약

  * 나는 당신이 만나는 누구라도 염려하지 않습니다.
  ==> 나는 당신이 누구를 만나든지 걱정하지 않습니다

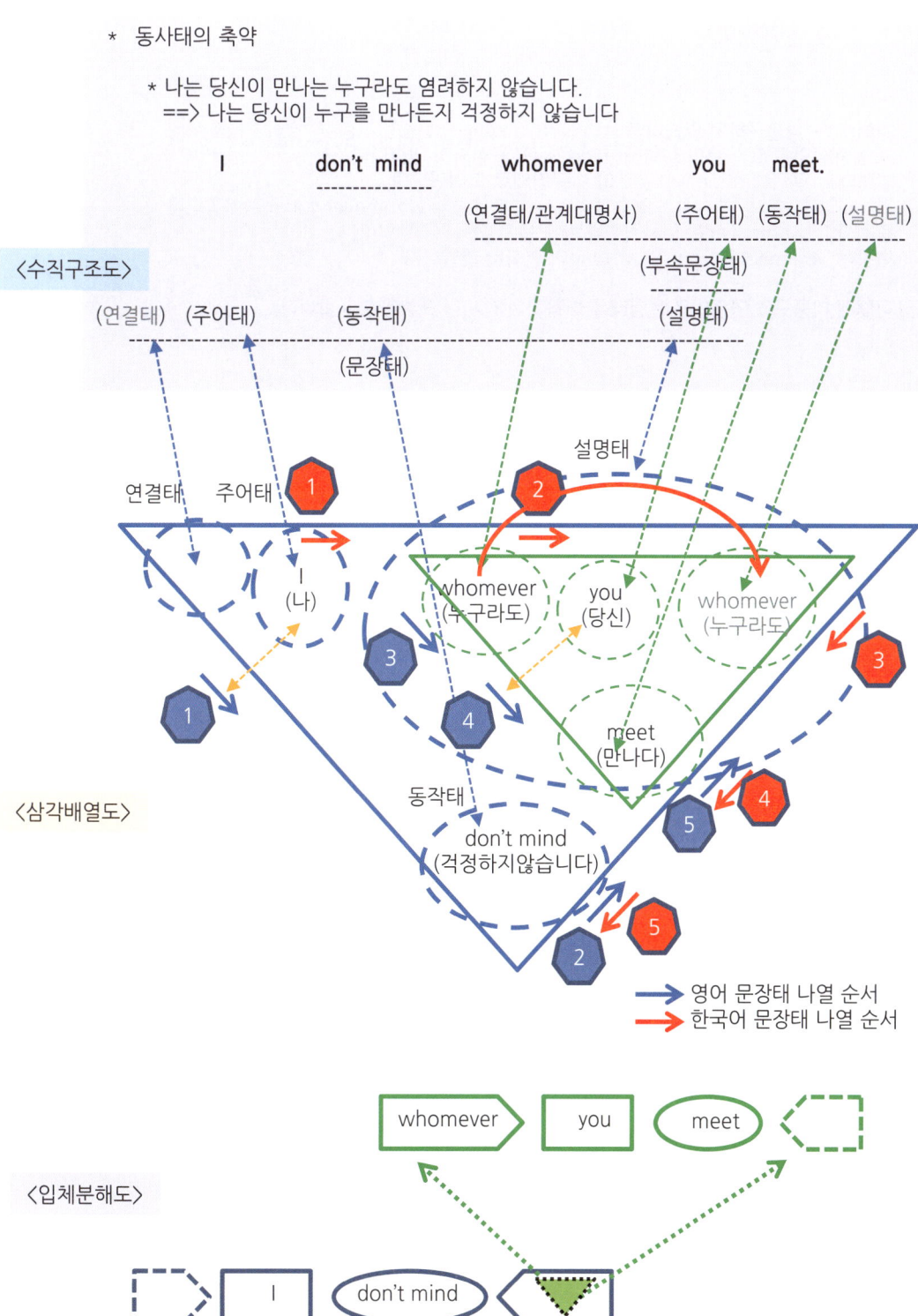

B-2. 어법 구조

7. 관계대명사

'I don't ~' 나는 ~하지 않습니다.
그 상세설명은 그 다음의 설명태(mind ~)에 표현되어 있습니다,
설명태는 '동작태(mind)+설명태'의 반문장태로 되어있으며,
'mind'의 설명태는 관계사가 포함되어있는 부속문장태(whomever you meet)입니다.
관계사인 'whomever'는 명사적이며 '누구든지를(목적격)' 입니다.
이것은 'you meet anyone'의 anyone이 변화된 것입니다.

이렇게 다중구조 영문법은 문장태를 이용하여 상세한 표현을 가능합니다.

B-2. 어법 구조

7. 관계대명사

5) 복합관계대명사

(2) 형용사적 사용
* 이것이 누구의 실수일지라도 그는 비난 받아서는 안됩니다.

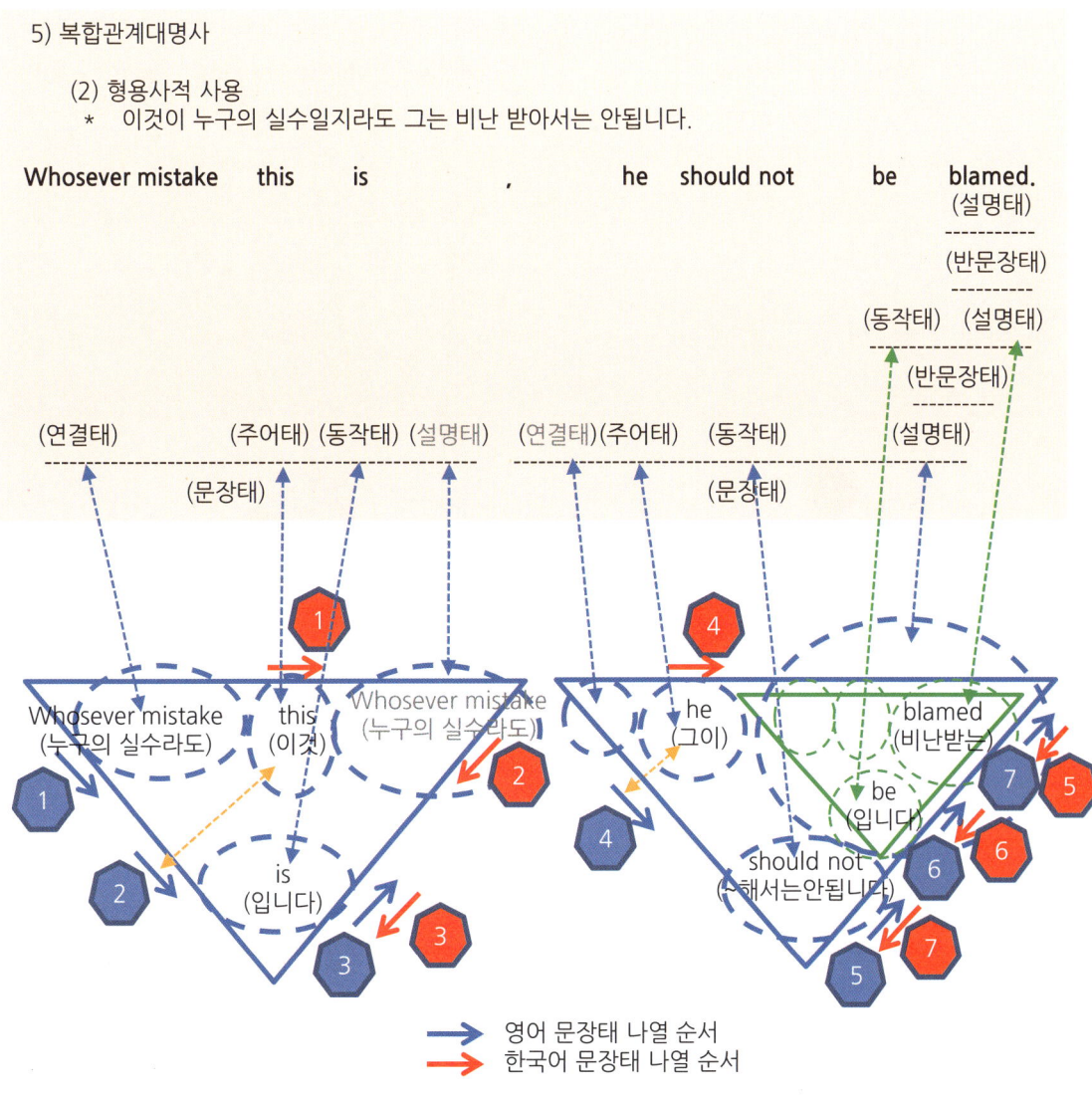

→ 영어 문장태 나열 순서
→ 한국어 문장태 나열 순서

상기 예문은 두 개의 문장태로 되어 있습니다.
앞의 문장태에서는 설명태가 도치되어 앞으로 이동하여 연결태의 역할을 하고 있습니다.

뒤의 문장태안의 설명태는 반문장태가 중첩되어 있습니다.
'should', 'be', 'blamed' 의 3개의 동작태가 사용되었습니다.
상기 다중 삼각배열도에서는 'blamed'를 형용사로 간주하였습니다.
'whosever'는 'mistake'를 형용사적으로 수식합니다.
'whosever mistake' -> 누구의 실수라도

한국어 문장에서는 'whoseever mistake'를 원래의 설명태의 위치로 이동하여도 되고 연결태에 두어도 됩니다.
'should not be blamed'는 동작태의 축약입니다.

B-2. 어법 구조

7. 관계대명사

* 당신이 바라는 어떠한 음식이라도 선택해도 좋습니다.
  You may choose whichever foods you want.

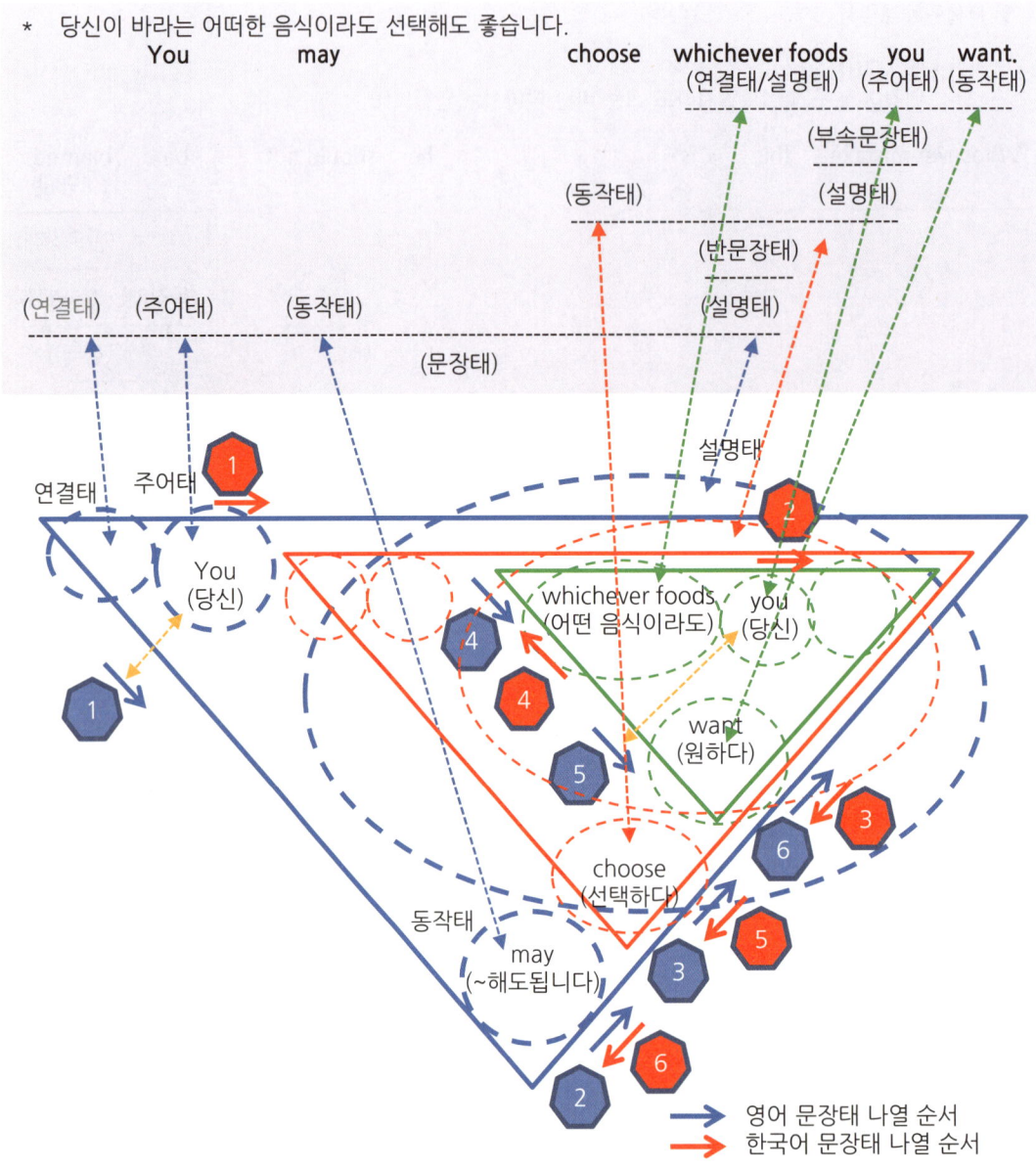

상기 예문은 한 개의 문장태로 되어 있습니다.
문장태에는 'may'와 'choose' 두 개의 동작태가 이어져 있습니다.
앞의 'may'는 동작태이며 'choose'는 설명태 안에서 반문장태를 구성합니다.
'choose'는 그 뒤에 설명태를 갖는데 'whichever foods you want' 이며 이것은 'choose'를 상세 설명합니다.
'whichever'는 'foods'를 형용사적으로 수식합니다.
'whichever foods' -> 어떠한 음식이라도

한국어 문장에서는 'whichever foods'를 원래의 설명태의 위치로 이동하여도 되고 연결태에 두어도 됩니다.
다중구조 영문법은 동작태마다 문장태를 형성하므로 정확한 내용을 표현할 수가 있습니다.
부속문장태 'whichever foods you want'은 'choose'의 설명태입니다.

B-2. 어법 구조

7. 관계대명사

5) 계속적용법

관계대명사의 표현 방법에는 수식적용법과 계속적 용법이라는 것이 있습니다.
수식적 용법은 그 동안 설명해 온 것과 같이 어느 명사에 대해서 상세설명을 하면서 수식하는 것이고, 계속적 용법은 수식하지 않으며 문장이 순차적으로 나열되는 것을 이야기합니다.

다시 말하면 수식적 용법은 해당 명사의 중요도가 가장 높아서 다음에 나오는 문장이 이 명사를 수식하는 것입니다.
계속적 용법은 명사가 중요한 것이 아니라 명사가 그 다음에 어떠한 행동을 했는지가 더욱 중요한 것입니다.

* 나는 (의사가 된) 아들이 세 명 있습니다.

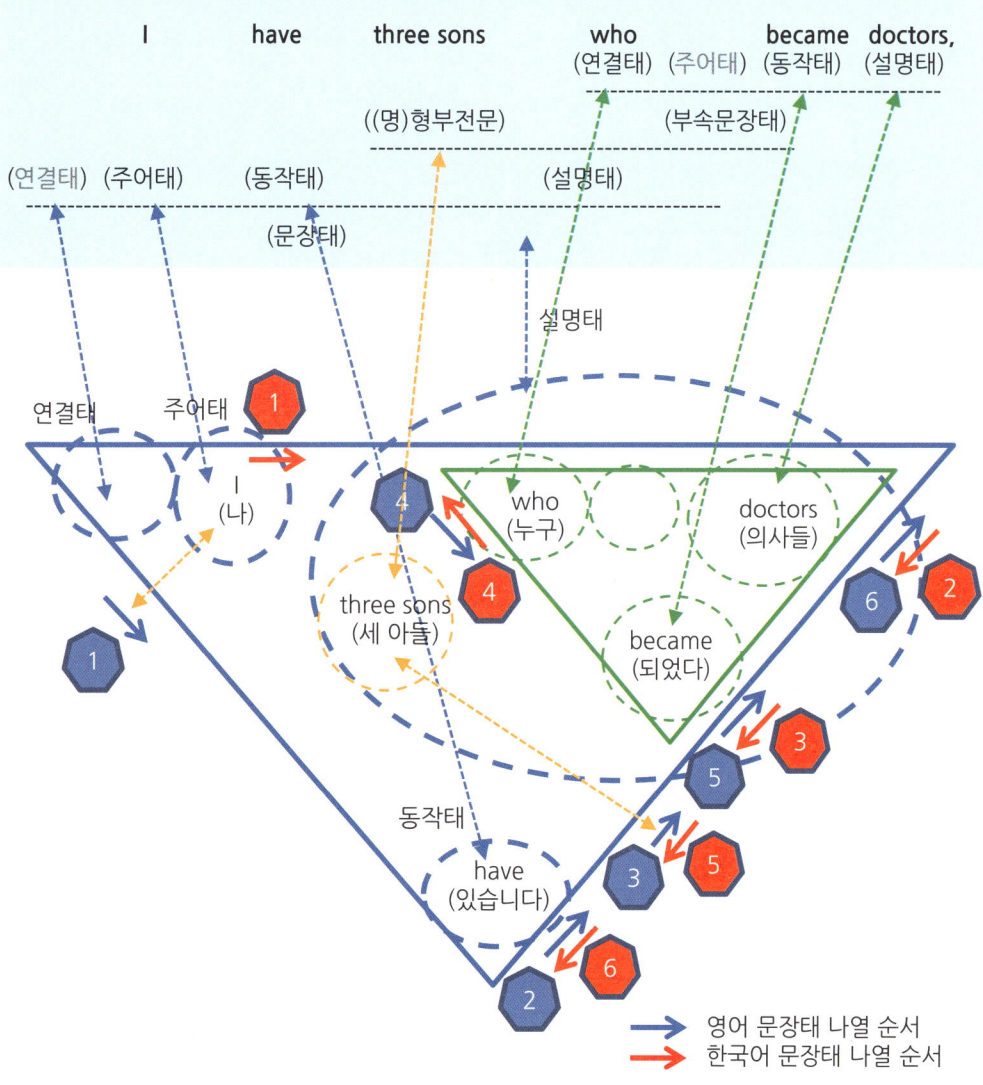

B-2. 어법 구조

7. 관계대명사

수식적 용법으로서 아들이 세 명 있다는 사실이 중요합니다.

이 예문은 하나의 문장태로 되어 있습니다.
설명태 안에 부속문장태가 포함되어 있습니다.

'three sons'는 그 다음에 나오는 문장이 이것을 잘 설명을 해주면서 수식하고 있습니다.

결국, 세 명의 아들이 있는 것이 더욱 중요한 것입니다.

B-2. 어법 구조

7. 관계대명사

* 나는 세 명의 아들이 있는데 그들은 의사가 되었습니다.

I	have	three sons	,	who	became	doctors,
(연결태) (주어태)	(동작태)	(설명태)	(연결사)	(연결태) (주어태)	(동작태)	(설명태)
	(문장태)			(문장태)		

- I (나)
- three sons (세명의 아들)
- have (있습니다)
- became (되었습니다)
- who (그들)
- doctors (의사들)
- became (되었습니다)

→ 영어 문장태 나열 순서
→ 한국어 문장태 나열 순서

계속적 용법으로서 그들이 의사가 된 사실이 중요합니다.
이 예문은 두 개의 문장으로 되어 있습니다. 문장태와 문장태의 나열입니다.
앞 문장이 전하고자 하는 내용과 뒤 문장이 전하고자 하는 내용은 서로 종속되어 있지 않으며 별개의 사항입니다.

여기에서의 'who'는 관계대명사이지만, 엄밀하게 말한다면 그냥 '평범한 대명사' 로서 주어태라고 봐야 할 것입니다.

','는 연결사의 역할을 하며 여기에서는 '그런데'의 순접의 역할을 합니다.

B-2. 어법 구조

8. 관계부사

1) 관계부사와 그 종류

   관계부사는 6하 원칙 가운데 4가지가 이용됩니다. (언제, 어디서, 어떻게, 왜)
   when, where, how, why

   관계부사는 연결태입니다.
   선행사와 문장태(부속문장태)를 연결해줍니다.
   말 그대로 관계를 이루는 단어를 통하여 문장을 연결하는 어법입니다.

   형식은 관계대명사와 동일합니다.
   시간, 장소, 방법, 이유에 해당하는 명사를 상세 설명하는 것입니다.

   명사를 선행사라고 합니다.
   명사의 역할을 하는 모든 것은 문장태를 이용하여 상세설명을 할 수가 있습니다.

B-2. 어법 구조

8. 관계부사

(1) when
선행사가 시간, 때를 나타낼 때 이것을 더욱 상세하게 표현하고자 사용합니다.
지금이 그 시간입니다.　　　　　This is the time.
우리는 그 시간에 떠나야 합니다.　We should leave at the time.
두 개의 문장이 있습니다.
뒷 문장에서는 앞 문장에 있는 시간(when)을 상세설명하고 있습니다.
두개의 문장을 연결해봅니다.
　　This is the time +　　we should leave at the time.

==> This is the time +　　we should leave　　when　　'at the time'을 'when'으로 바꿉니다.
==> This is the time + when we should leave.　　'when'을 앞쪽의 연결태로 이동합니다.
　* 지금이 우리가 떠나야 할 시간입니다.
　　　　　　　This　　is　　the time　　when　　we　　should　　leave.

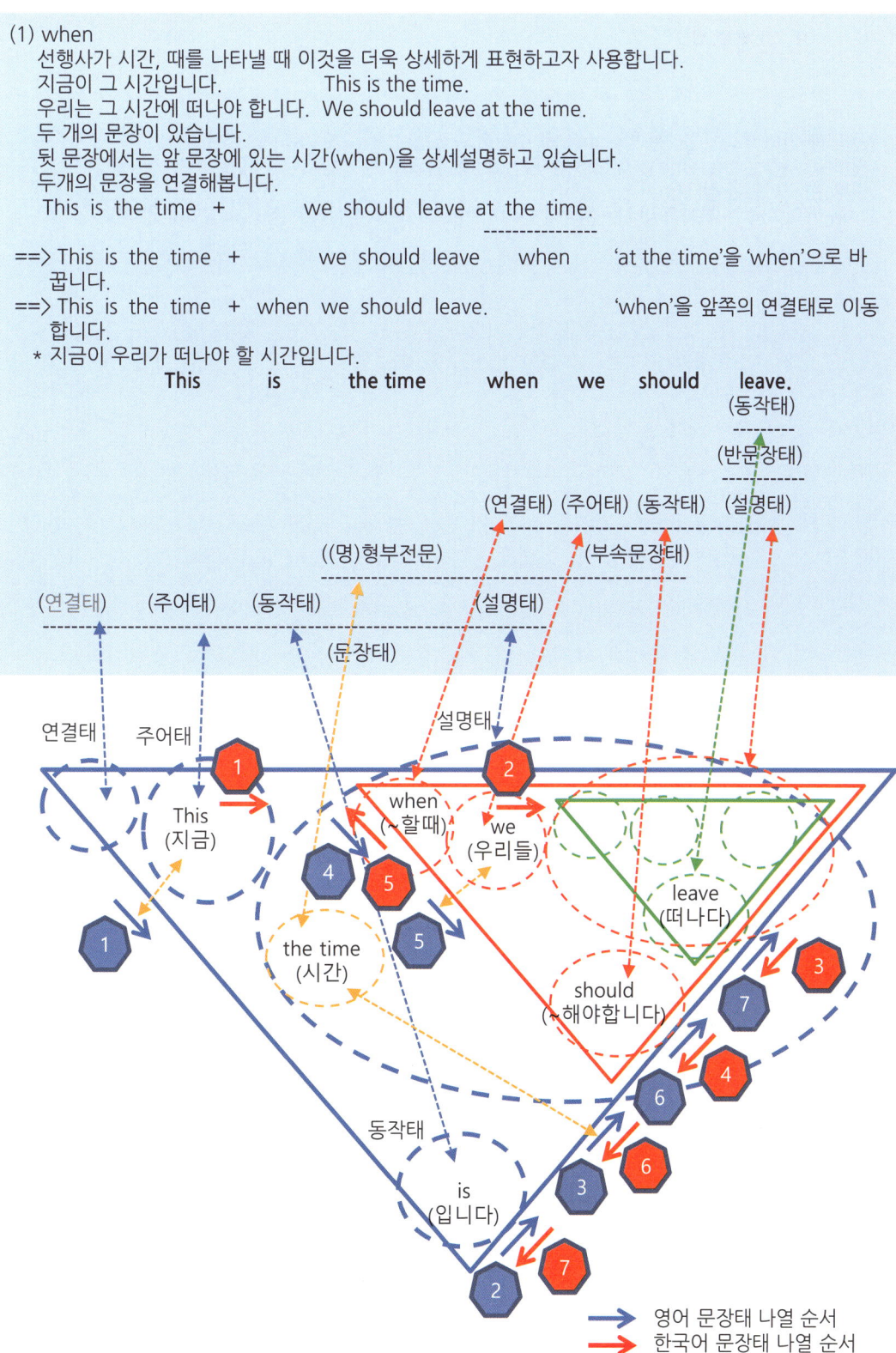

→ 영어 문장태 나열 순서
→ 한국어 문장태 나열 순서

B-2. 어법 구조

8. 관계부사

설명태 안의 부속문장태는 'the time'을 수식하고 있습니다.
말하는 사람은 'the time'에 대해서 상세한 설명을 필요로 한 것입니다.
전체는 하나의 문장태입니다.
'when'이 이루는 부속문장태는 설명태 안에서 'the time'을 수식하는 형용사 역할을 합니다.

B-2. 어법 구조

8. 관계부사

1) 관계부사와 그 종류
   (2) where
   선행사가 장소, 위치를 나타낼 때 이것을 더욱 상세하게 표현하고자 사용합니다.

   여기가 그 곳입니다.   This is the place.
   내가 당신을 그곳에서 처음 만났습니다.   I met you at the place first.

   두 개의 문장이 있습니다.
   뒷 문장에서는 앞 문장에 있는 장소(where) 상세설명하고 있습니다.

   두개의 문장을 연결해봅니다.
   This is the place   +   I met you at the place first.

==> This is the place   +   I met you   where.   'at the place'을 'where'로 바꿉니다.
==> This is the place   + where I met you   first. 'where'를 앞쪽의 연결태로 이동합니다.

This	is	the place	where	I	met	you first.
			(연결태)	(주어태)	(동작태)	(설명태)

((명)형부전문)   (부속문장태)

(연결태) (주어태) (동작태)   (설명태)

                    (문장태)

B-2. 어법 구조

8. 관계부사

설명태 안의 부속문장태는 'the place'을 수식하고 있습니다.
말하는 사람은 'the place'에 대해서 상세한 설명을 필요로 한 것입니다.
전체는 하나의 문장입니다.
'where'가 이루는 문장태는 설명태 안에서 'the place'를 수식하는 형용사 역할을 합니다.

선행사(the place)가 있는 관계사(연결태/의문사,의문부사)는 한국어 문장태에서는 나열하지 않습니다.
왜냐하면, 한국어에서는 해석하지 않아도 의미전달이 가능하기 때문입니다.
부사의 나열 순서는 방법, 장소, 반도, 시간, 목적 순서로 이루어집니다.

B-2. 어법 구조

8. 관계부사

1) 관계부사와 그 종류
  (3) how
    선행사가 방법을 나타낼 때 이것을 더욱 상세하게 표현하고자 사용합니다.

    * 이것이 내가 영어단어를 암기하는 방법입니다.
    이것이 그 방법입니다.   This is that way.
    나는 영어단어를 그 방법으로 암기합니다. I memorize English words that way.
    상기 두 개의 문장이 있습니다.
    뒷 문장에서는 앞 문장에 있는 방법(way)에 대해서 상세설명하고 있습니다.

    두개의 문장을 연결해봅니다.
      This is that way +   I memorize English words that way.

==> This is that way +   I memorize English words how. 'at the place'을
   'where'로 바꿉니다.
==> This is that way + how I metmorize English words.   'how'를 앞쪽의 연결태
   로 이동합니다.

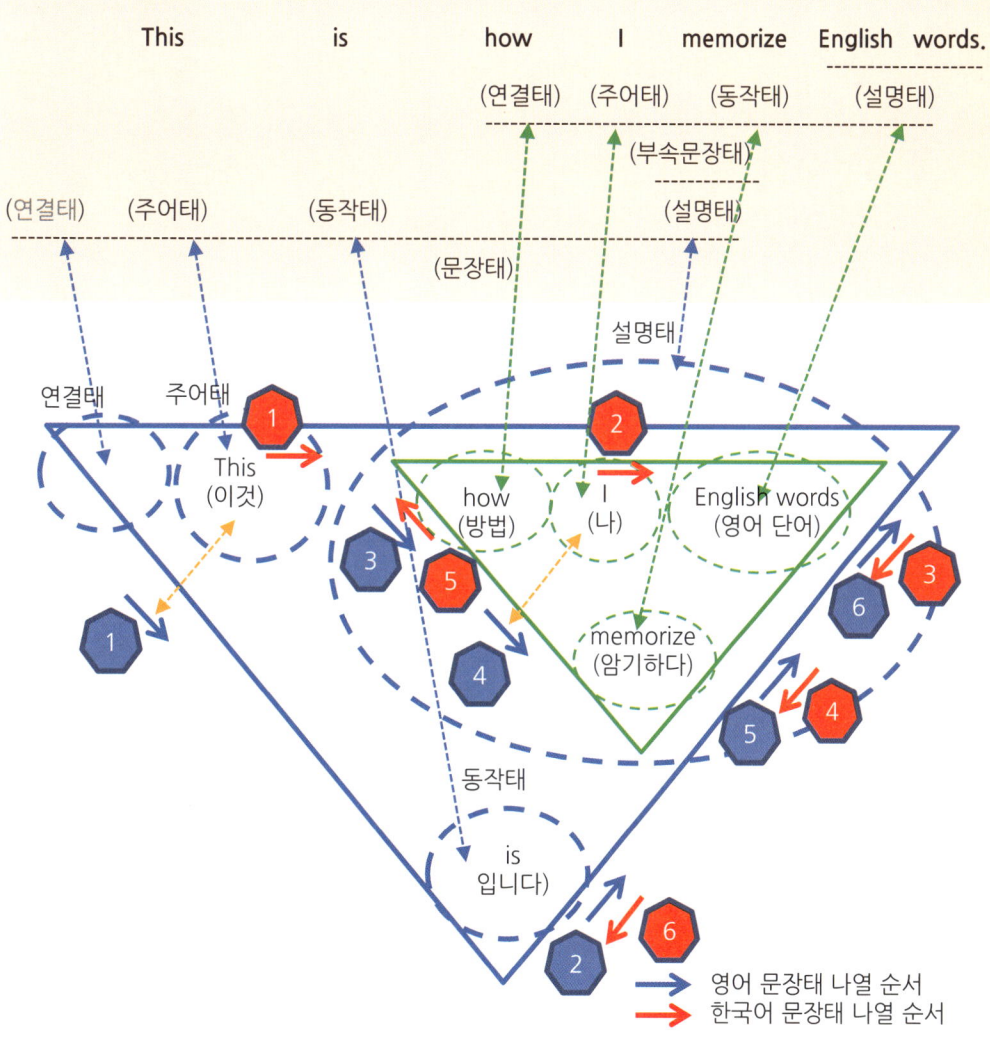

B-2. 어법 구조

8. 관계부사

설명태 안의 부속문장태는 명사의 역할을 하고 있습니다.
방법을 말하는 'that way' 는 생략되며 없이 곧바로 사용됩니다.
말하는 사람은 'that way'에 대해서 상세한 설명이 필요한 것입니다.
'how' 는 연결태이며, 앞에 선행사가 없으므로 한국어 문장태 나열에 '방법'이라는 표현으로포함합니다.

B-2. 어법 구조

8. 관계부사

1) 관계부사와 그 종류
   (4) why
   선행사가 이유를 나타낼 때 이것을 더욱 상세하게 표현하고자 사용합니다.
   * 나는 그가 왜 의사가 되었는지 모릅니다.

   나는 그 이유를 모릅니다.   I don't know the reason.
   그는 그 이유 때문에 의사가 되었습니다.   He became a doctor for that reason.

   뒷 문장에서는 앞 문장에 있는 이유(reason)에 대해서 상세설명하고 있습니다.
   두개의 문장을 연결해봅니다.
   I don't know the reason   +   he became a doctor for that reason.
   ==> I don't know the reason   +   he became a doctor   why. 'for that reason'을 'why'로 바꿉니다.
   ==> I don't know the reason   +   why he became a doctor.   why를 앞쪽의 연결태 위치로 이동합니다.

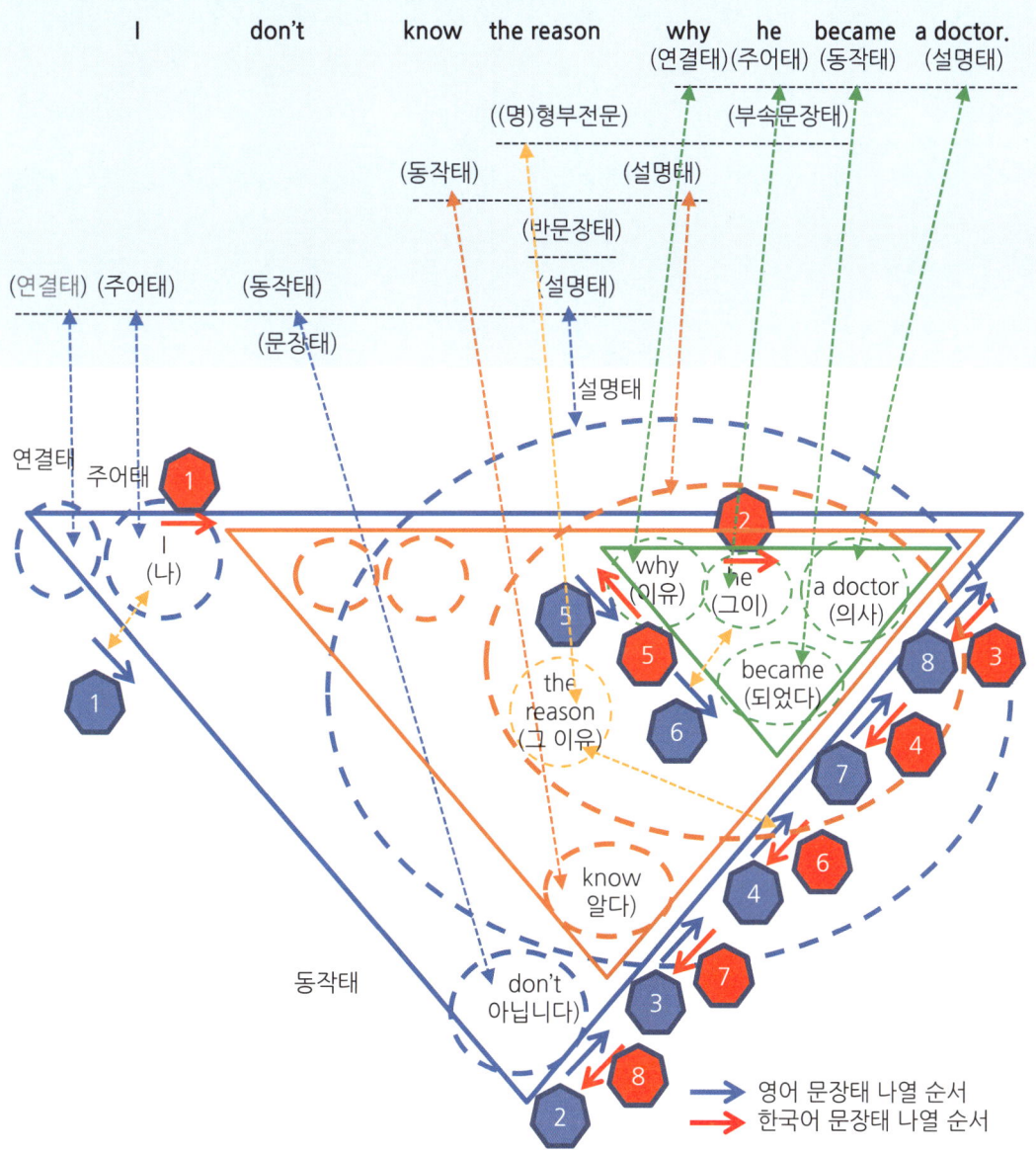

영어 문장태 나열 순서
한국어 문장태 나열 순서

B-2. 어법 구조

문장태의 설명태는 반문장태로 되어 있으며 이것은 동작태와 설명태로 되어 있습니다.
또한 이 설명태는 'the reason' 이라는 명사와 부속문장태로 구성됩니다.
이 부속문장태는 'the reason'을 수식하며 상세설명합니다.
여기에서는 'the reason'에 대한 상세한 설명을 필요로 한 것입니다.
'why'가 이루는 부속문장태는 설명태 안에서 'the reason'을 수식하는 형용사 역할을 합니다.
'why' 는 연결태이며 뒤의 진문장태가 'why'의 내용설명입니다.

한국어 문장에서 'why'는 해석을 해도 되고 안 해도 됩니다.

B-2. 어법 구조

8. 관계부사

2) 관계부사의 생략

관계부사는 선행사의 생략이 가능합니다.
이 때 명사인 선행사가 생략되었으므로 관계부사가 만드는 문장태(부속문장태)는 명사의 역할을 합니다.
* 여기가 내가 그를 만난 곳입니다.

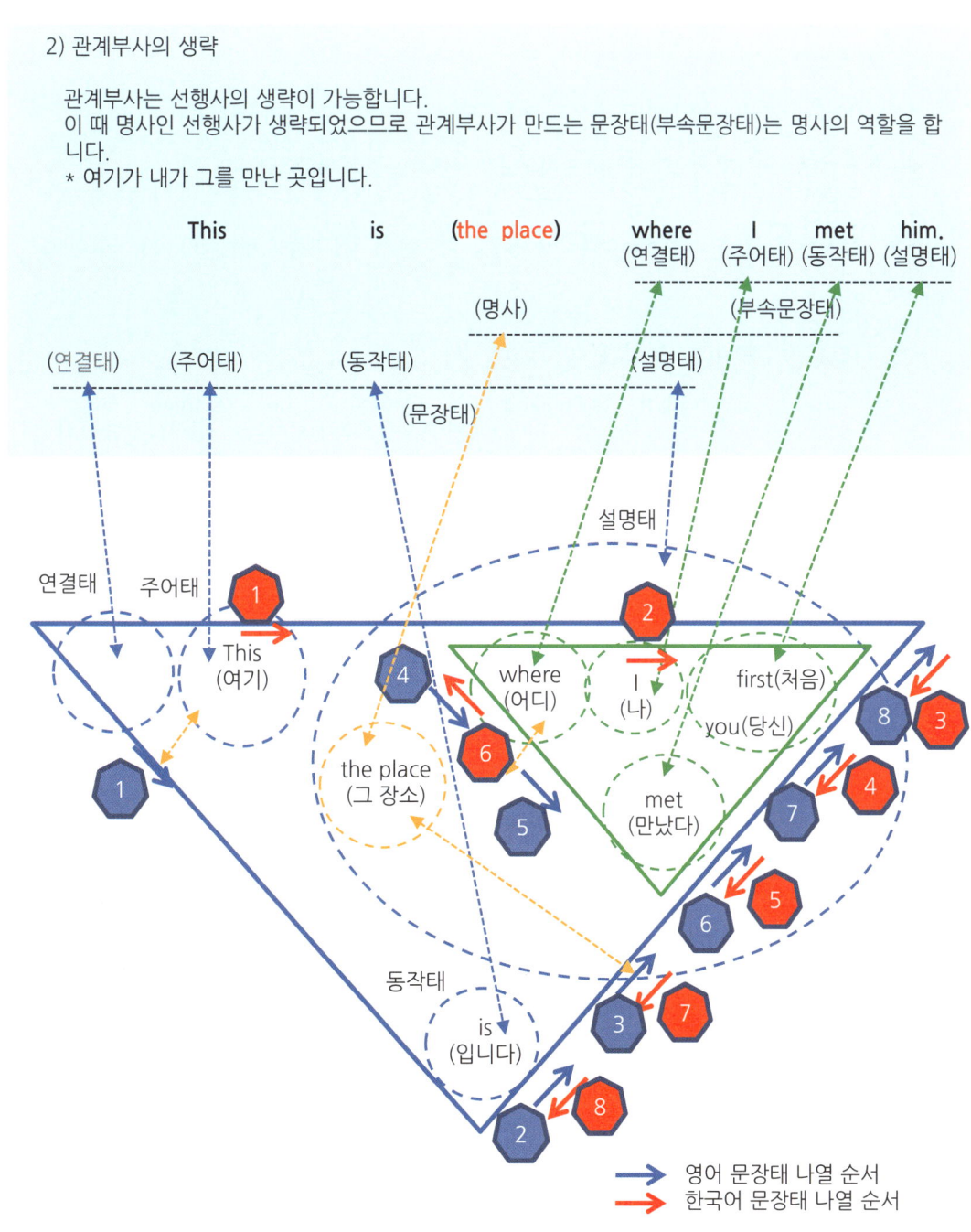

B-2. 어법 구조

8. 관계부사

3) 수식적 용법과 계속적 용법

관계부사에도 관계대명사에서 처럼 수식적 용법과 계속적 용법이라는 것이 있습니다.
수식적 용법은 그 동안 설명해 온 것과 같이 어느 명사에 대해서 상세설명을 하면서 수식하는 것이고, 계속적 용법은 수식하지 않으며 문장이 순차적으로 나열되는 것을 이야기합니다.
다시 말하면 수식적 용법은 해당 명사의 중요도가 가장 높아서 다음에 나오는 문장이 이 명사를 수식하는 것입니다.
계속적 용법은 명사가 중요한 것이 아니라 명사가 그 다음에 어떠한 행동을 했는지가 더욱 중요한 것입니다.

(수식적 용법)
* 그는 (그가 그녀와 결혼한 곳) 영국으로 갔습니다.

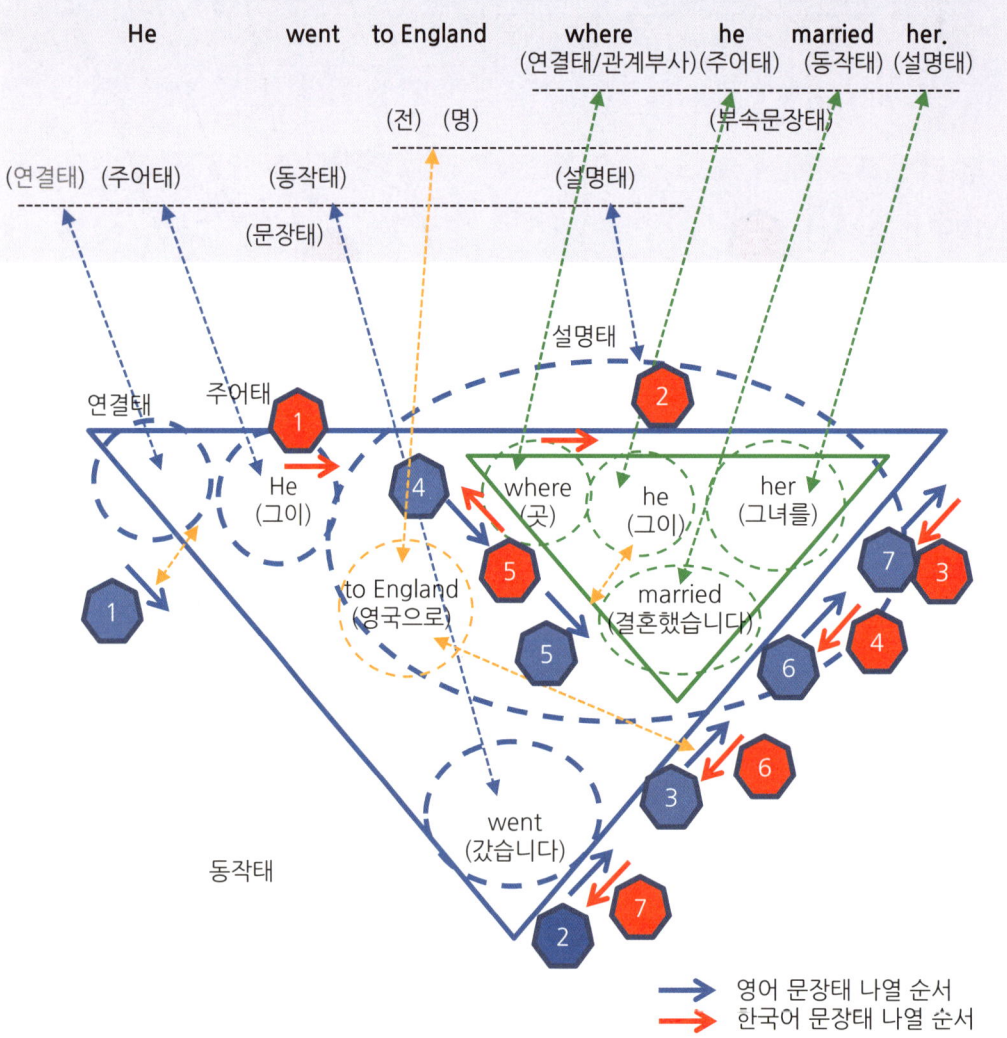

B-2. 어법 구조

수식적 용법으로서 영국으로 간 사실이 중요합니다.

상기 예문은 하나의 문장태로 되어 있습니다.
설명태 안에 부속문장태가 포함되어 있습니다.

'to England'는 그 다음에 나오는 부속문장태가 잘 설명을 해주면서 수식하고 있습니다.

관계부사 'where' 앞에 선행사 'the place'가 있으므로 한국어 문장태에서는 'where'를 생략할 수도 있고 안 할 수도 있습니다.

B-2. 어법 구조

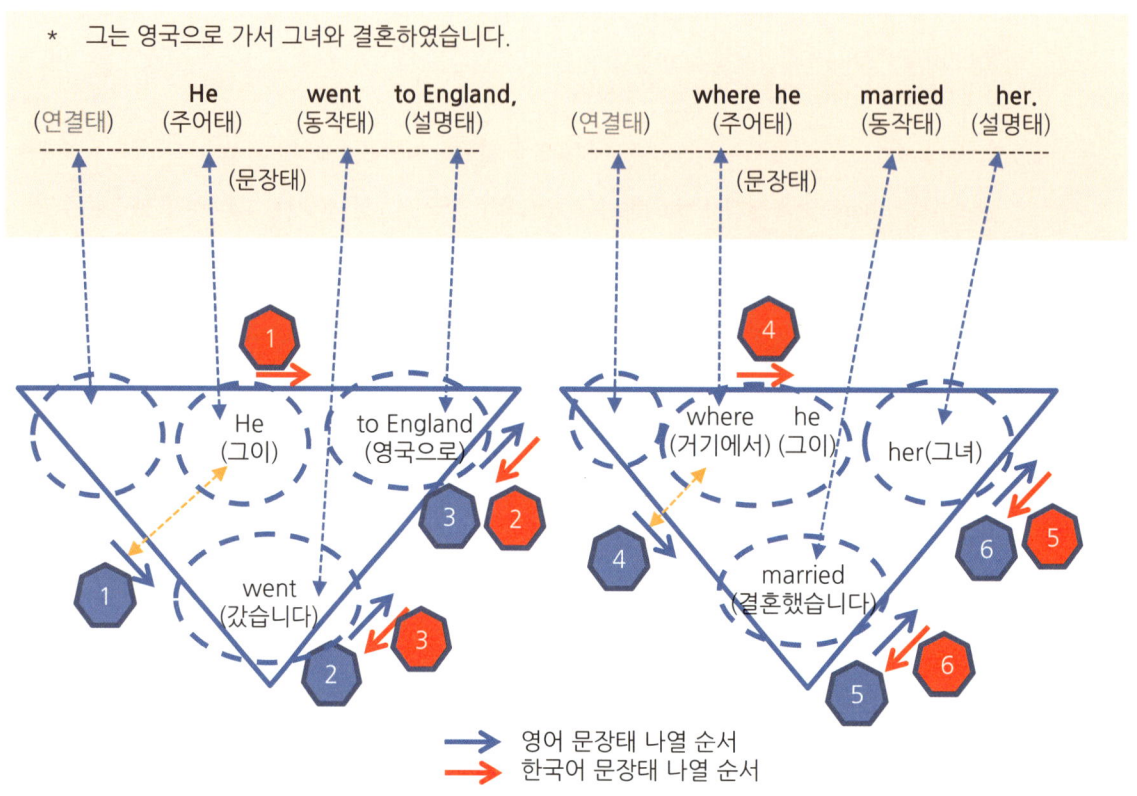

* 그는 영국으로 가서 그녀와 결혼하였습니다.

→ 영어 문장태 나열 순서
→ 한국어 문장태 나열 순서

계속적 용법으로서 그가 그녀와 결혼을 한 사실이 중요합니다.
이 예문은 두 개의 문장으로 되어 있습니다. 문장태와 문장태의 나열입니다.
앞 문장이 전하고자 하는 내용과 뒤 문장이 전하고자 하는 내용은 서로 종속되어 있지 않으며 별개의 사항이지만 관계성은 존재합니다.
'where'는 'he married her there'에서 there가 앞으로 이동하여 앞의 문장태와 관계를 갖기 위한 연결태로 볼 수 있습니다. 그러나 앞의 문장태와는 종속 관계가 전혀 없으므로 주어태 'he'의 앞주머니로 보는 것이 더욱 정확합니다.

그러므로 한국어 문장으로 해석할 때에 주어태의 해석시에 함께 해야 합니다.
즉, 주어태 안에서 부사의 역할을 하는 것입니다.

B-2. 어법 구조

8. 관계부사

4) 복합관계부사
   관계부사 when, where, how에 ~ever(일지라도) 를 붙이면 복합관계부사가 됩니다.
   whenever, wherever, however 가 됩니다.

   * 나는 당신이 집에 갈 때가 언제라도 상관하지 않습니다.

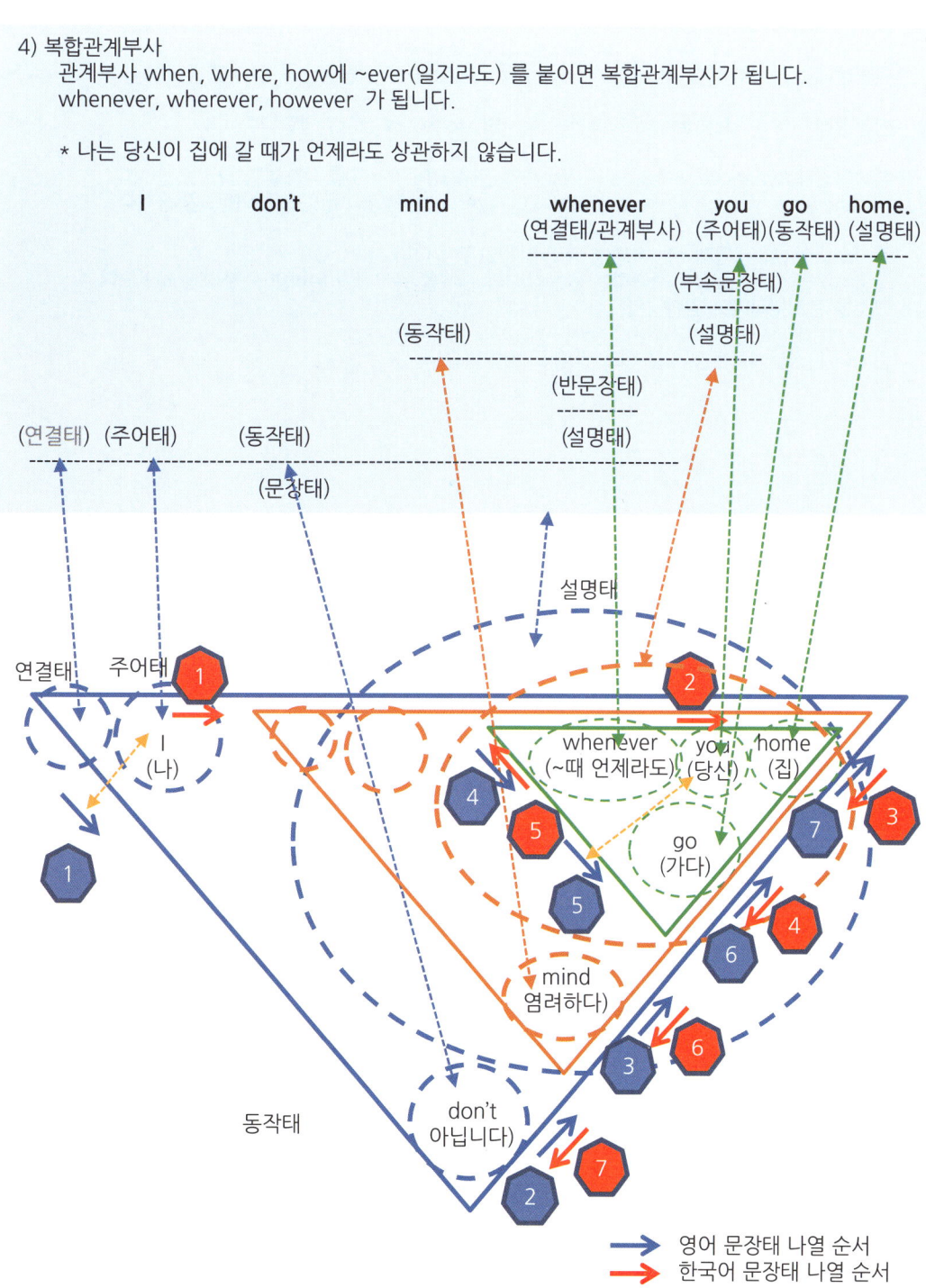

B-2. 어법 구조

문장태의 설명태는 반문장태로 되어 있습니다.

반문장태는 동작태와 설명태로 이루어져 있고, 설명태는 부속문장태로 되어 있습니다.

반문장태 'mind ~ home'는 문장태안의 동사인 'do not'을 상세설명합니다.

부속문장태 'whenever ~ home'는 'mind'와 연결되어 'mind'를 상세설명 하고 있습니다.
'whenever'는 'you go home anytime' 의 'anytime'이 변경되어 앞으로 이동되었습니다.

즉, 'whenever'는 원래에는 설명태 안의 부사인 것입니다.
그 부사가 앞 의 'mind'로 시작하는 반문장태와 관계를 유지하기 위하여 도치 이동되었으며, 이것을 관계부사라고 칭합니다.

한국어 문장태에서는 해석을 해도 안 해도 상관없습니다.

B-2. 어법 구조

8. 관계부사

4) 복합관계부사

* 나는 내가 가는 어디에서라도 당신을 그리워 할 것입니다.
==> 내가 어디를 가더라도 나는 당신을 그리워 할 것입니다.

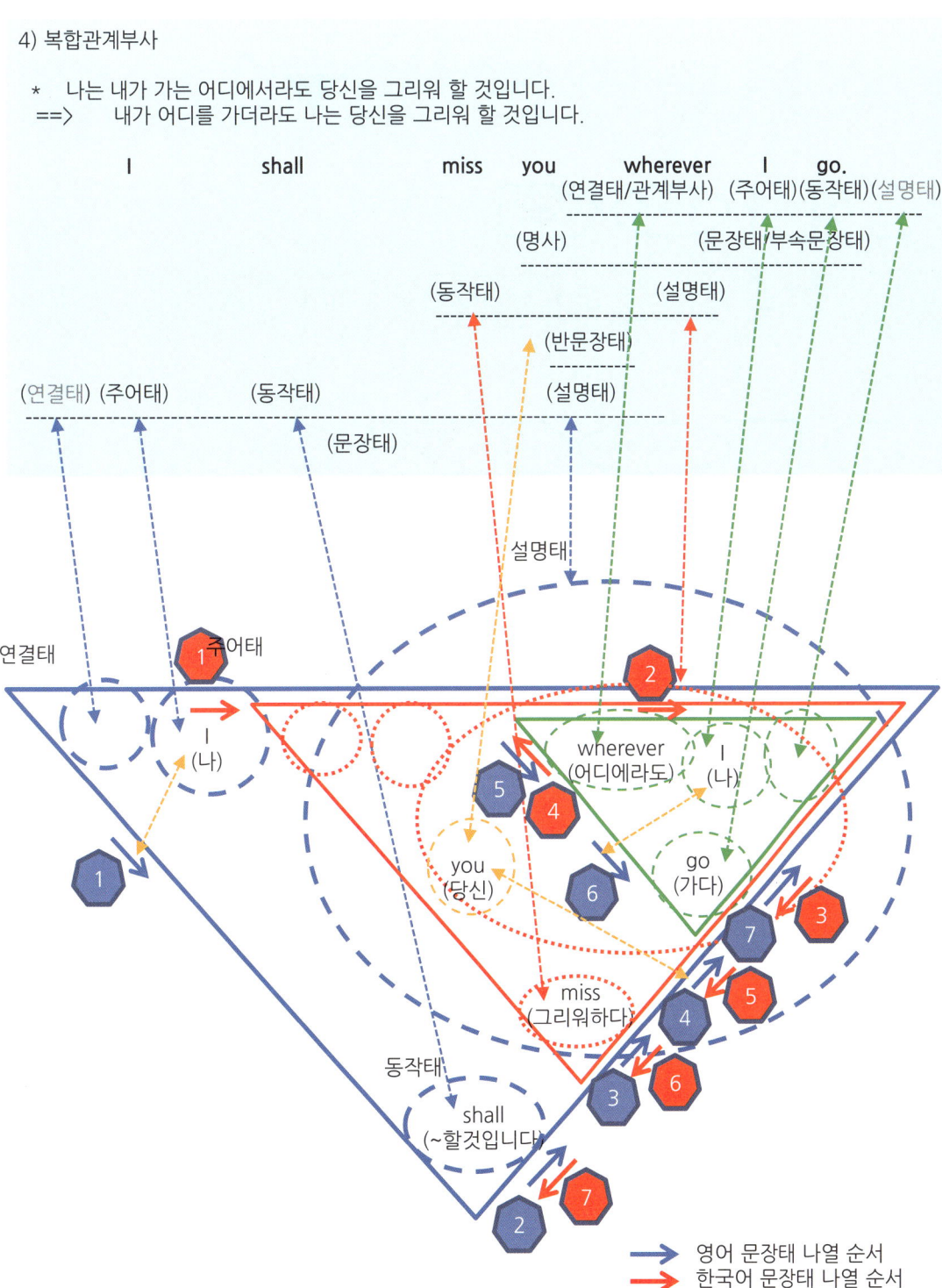

B-2. 어법 구조

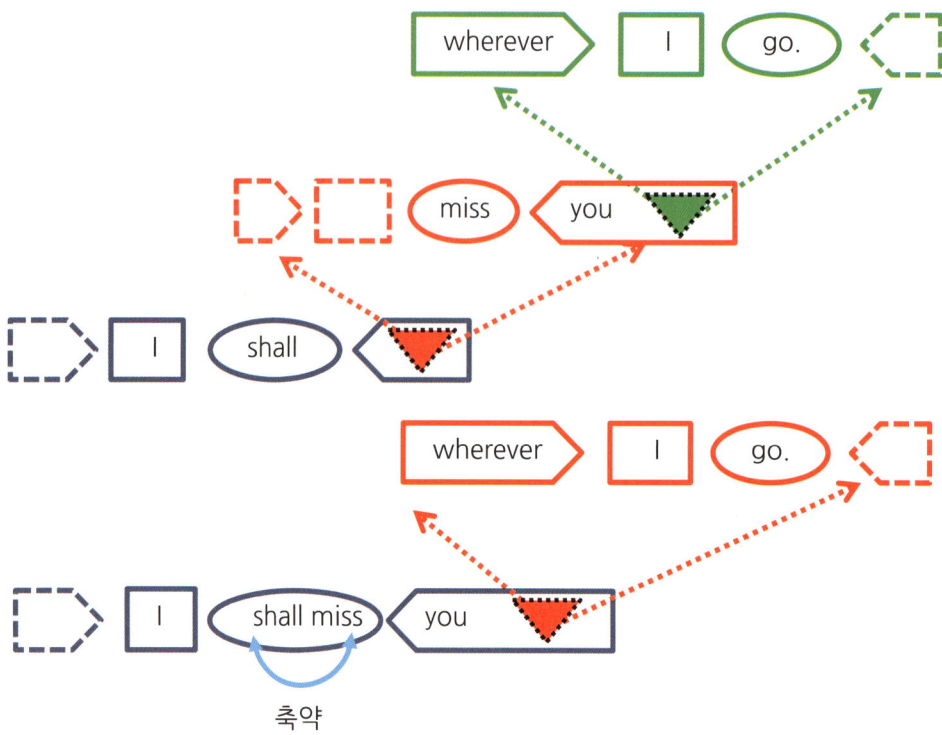

문장태의 설명태는 그 안에 두개의 문장태가 다중으로 구성되어 있습니다.
하나는 반문장태이고 하나는 부속문장태입니다.
반문장태는 문장태안의 동사인 'shall'을 상세설명하고 있으며.
부속문장태는 반문장태를 부사의 역할로 부연설명 하고 있습니다.
'wherever'는 'I go there' 의 'there'가 변경되어 앞쪽의 연결태가 되었습니다.
'where'는 설명태 안의 부사인 것입니다.
그 부사가 앞에 있는 반문장태와 관계를 유지하기 위하여 이동하여 사용되었으며, 이것을 관계부사라고 칭합니다.

⟨ I shall miss you wherever I go. ⟩ 영어 문장태 나열 순서

위 예문은 다중 삼각배열도를 갖고 있습니다.
'wherever'는 연결태이자 관계부사로서 'place'가 선행사입니다.
'miss'는 동작태며 'you wherever I go'는 설명태입니다.
즉, 설명태는 'you' 와 'wherever I go' 가 나열되어 있습니다.
순서대로 'V' 형태로 나열하면 영어 문장태가 완성됩니다.

⟨ 나는 내가 가는 어디에서라도 나는 당신을 그리워 할 것입니다. ⟩ 한국어 문장태 나열 순서

위 예문은 다중 삼각배열도를 갖고 있습니다.
주어태 , 설명태, 동작태, 연결태 순서로 해석합니다.
'miss'는 동작태며 'you wherever I go'는 설명태입니다.
설명태는 'you' 와 부속문장태인 'wherever I go' 가 순서대로 나열되어 있습니다.

B-2. 어법 구조

9. 시제일치

1) 시제일치(1)

시제의 일치란 두 개 이상의 문장태(문장태와 부속문장태)(기존 영문법에서는 주절과 종속절안에서 부속문장태 안의 동사의 시제가 문장태안의 동사의 시제에 따라 정해지는 것을 말합니다.

* 나는 그가 옳다고 생각합니다.

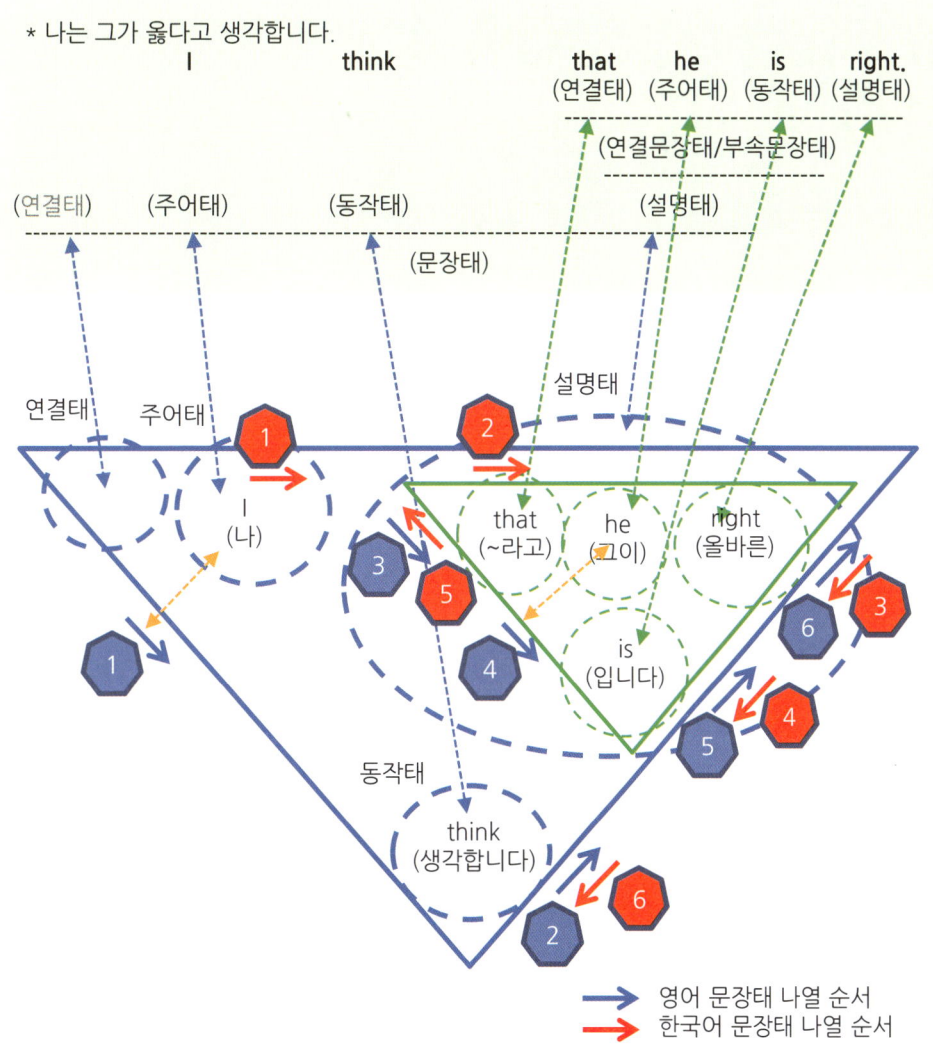

B-2. 어법 구조

동작태 'think'는 상세내용이 있는 설명태가 필요로 합니다.
설명태 안에 연결(부속)문장태가 있습니다.
연결태 'that'를 사용하여 연결문장태로 만들어 명사의 역할을 하게 하였습니다.
이 때 'think'도 현재이며, 'is' 도 현재입니다.
주문장태의 동작태가 현재, 현재완료, 미래, 미래완료면, 부속문장태의 동작태는 어떤 시제가 와도 무방합니다.

* 주문장태의 동작태가 현재에서 과거로 바뀌면,
  부속문장태의 동작태는,

  현재는 과거로,
  현재진행은 과거진행으로,
  현재완료는 과거완료로,
  현재완료진행은 과거완료진행으로,

  과거는 과거완료로,
  과거진행은 과거완료진행으로,
  과거완료는 과거완료로,
  과거완료진행은 과거완료진행으로,

  미래는 과거미래로,
  미래진행은 과거미래진행으로,
  미래완료는 과거미래완료로,
  미래완료진행은 과거미래완료진행으로 변경합니다.

B-2. 어법 구조

9. 시제일치

1) 시제일치(2)

* 불변의 진리에 대한 시제는 부속문장태(종속절) 안에서는 항상 현재로 표현합니다.

　* 나는 지구는 태양의 주위를 돈다고 생각했습니다.

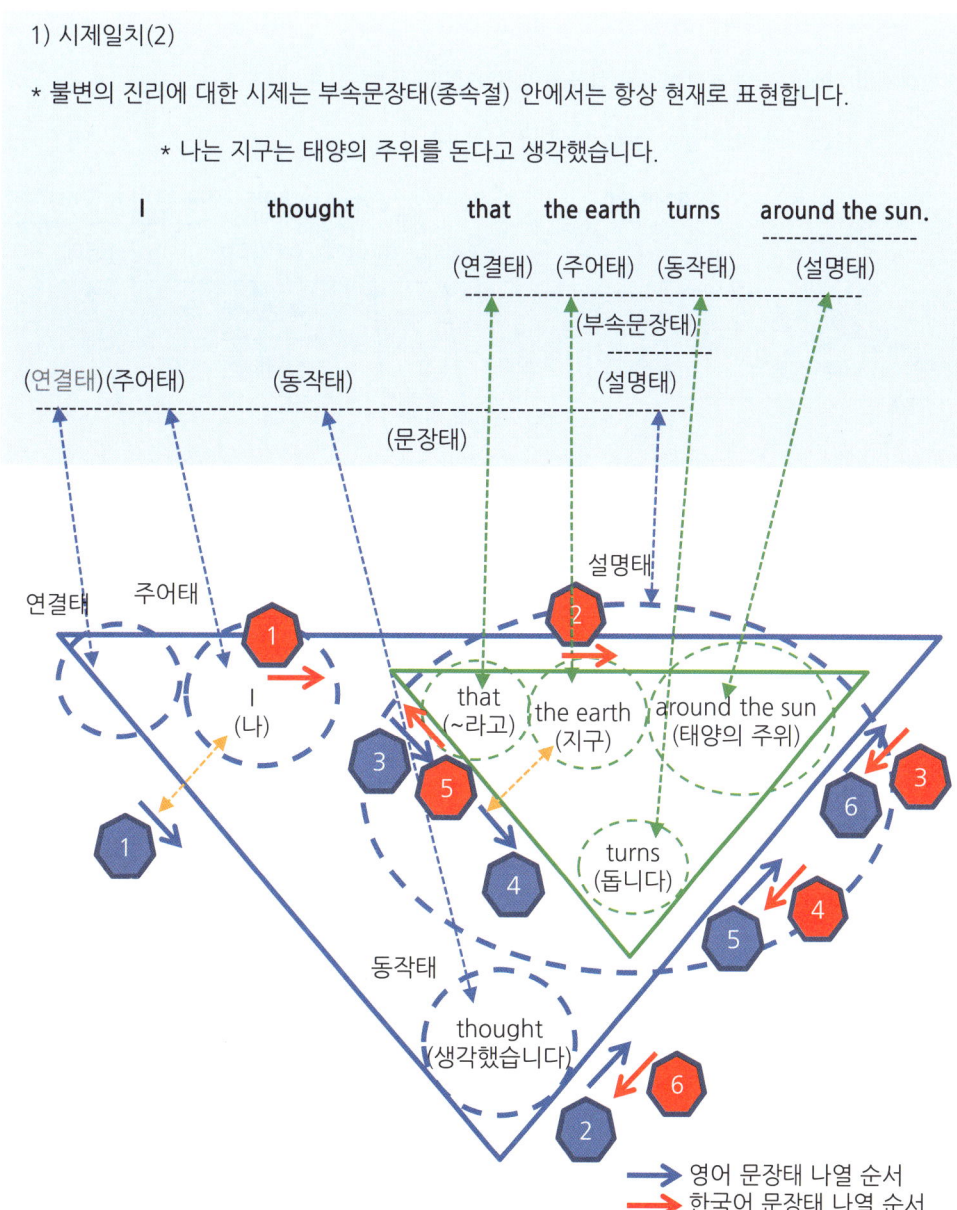

위 예문의 설명태는 문장태(부속문장태)로 되어 있습니다.
부속문장태는 'that'라는 연결태가 사용되어 명사절을 구성합니다.
부속문장태의 내용이 불변의 진리이므로 그 안의 동작태는 현재시제(turns)를 사용합니다.

B-2. 어법 구조

9. 시제일치

* 현재의 사실과 습관에 대해서는 항상 현재로 표현합니다.

* 나는 그가 아침 일찍 일어난다고 믿었습니다.

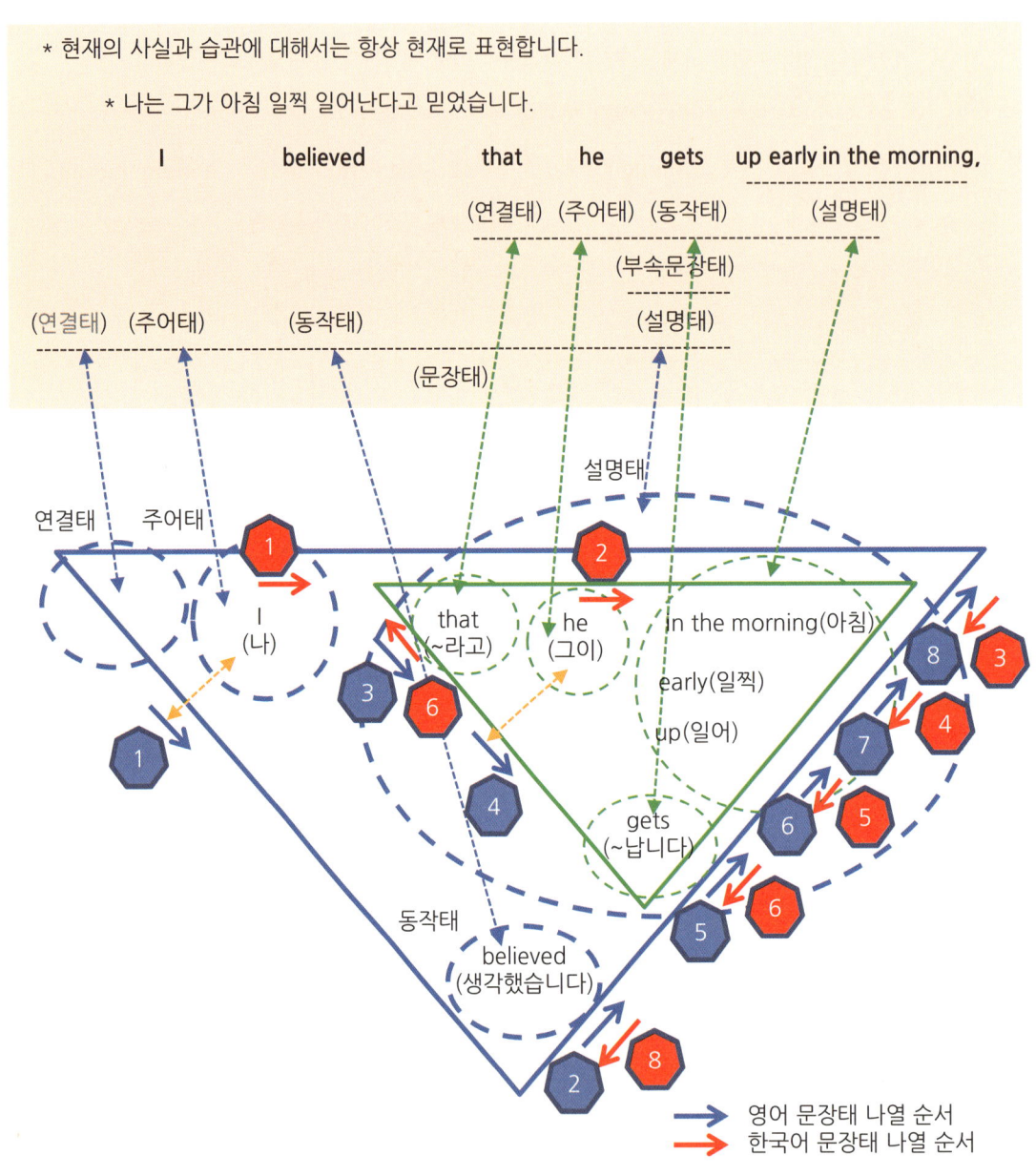

위 예문의 설명태는 문장태(부속문장태)로 되어 있습니다.
부속문장태는 'that'라는 연결태가 사용되어 명사절을 구성합니다.
부속문장태의 내용이 불변의 진리이므로 그 안의 동작태는 현재시제(turns)를 사용합니다.

512

B-2. 어법 구조

9. 시제일치

1) 시제일치(2)

* 역사적 사실은 항상 과거로 표현합니다.

   * 그들은 일본이 한국을 침략했었다는 사실에 동의했습니다.

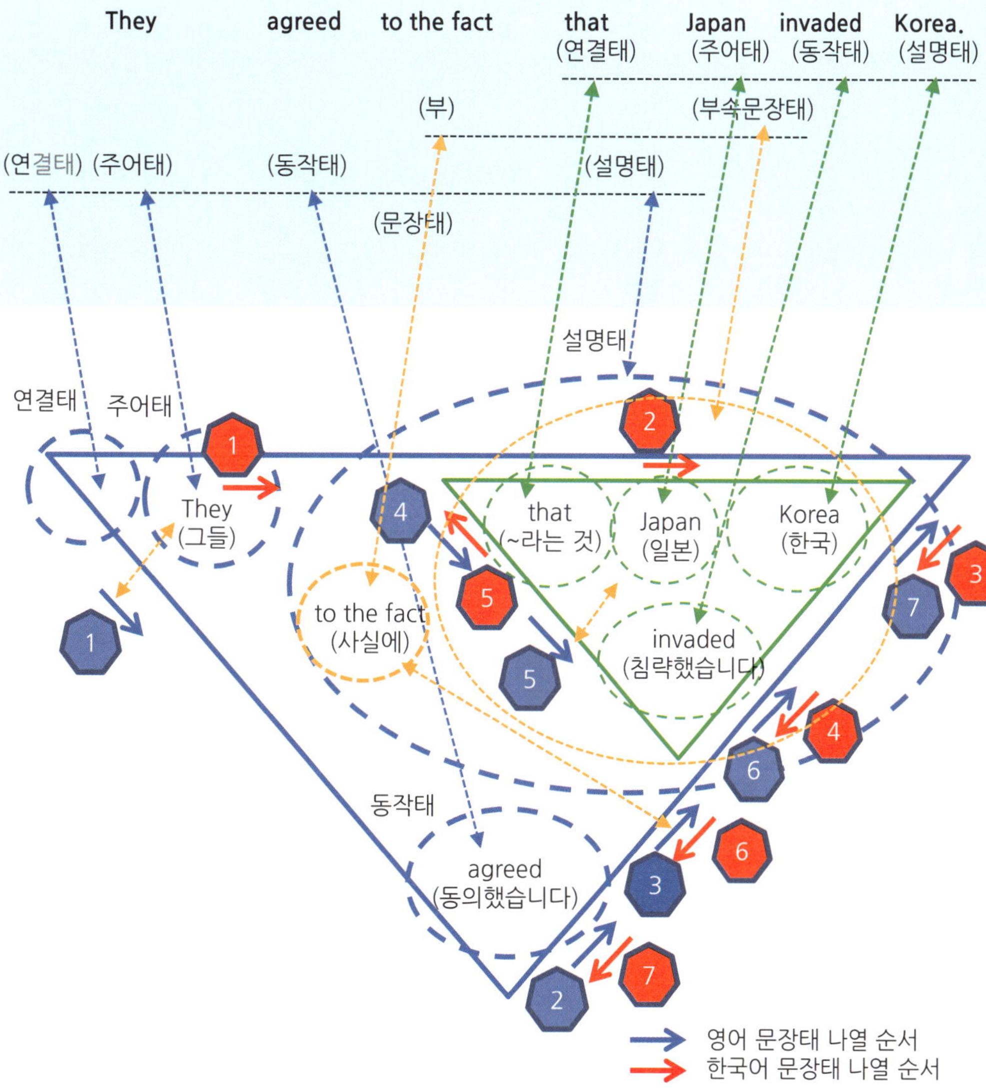

위 예문에서 설명태는 명사와 부속문장태로 구성되어 있습니다.
부속문장태는 'that' 라는 연결태로 시작합니다.
'that'는 문장태를 형성하며 앞에 있는 명사인 'fact'를 부연 설명하고 있습니다.
즉, 'fact'와 'that ~' 부속문장태는 동격입니다.
이것은 역사적 사실이므로 항상 과거로 표현합니다.

B-2. 어법 구조

9. 시제일치

1) 시제일치(2)
   * 시제의 일치는,
   주문장태(주절)와 부속문장태(종속절)의 시점을 일어난 시간적인 순서가 위배되지 않도록 사용되어야 합니다.
   예를 들어서 주문장태의 동작태가 과거에 이야기한 내용일지라도 그 내용이 아직 현재가 되지 않은 미래의 시점일 경우에는 그 과거의 시점보다 미래인 현재시제를 부속문장태(종속절)에 표현해야 합니다.
   * 그는 1달 후에 오겠다고 오늘 아침 말했습니다.

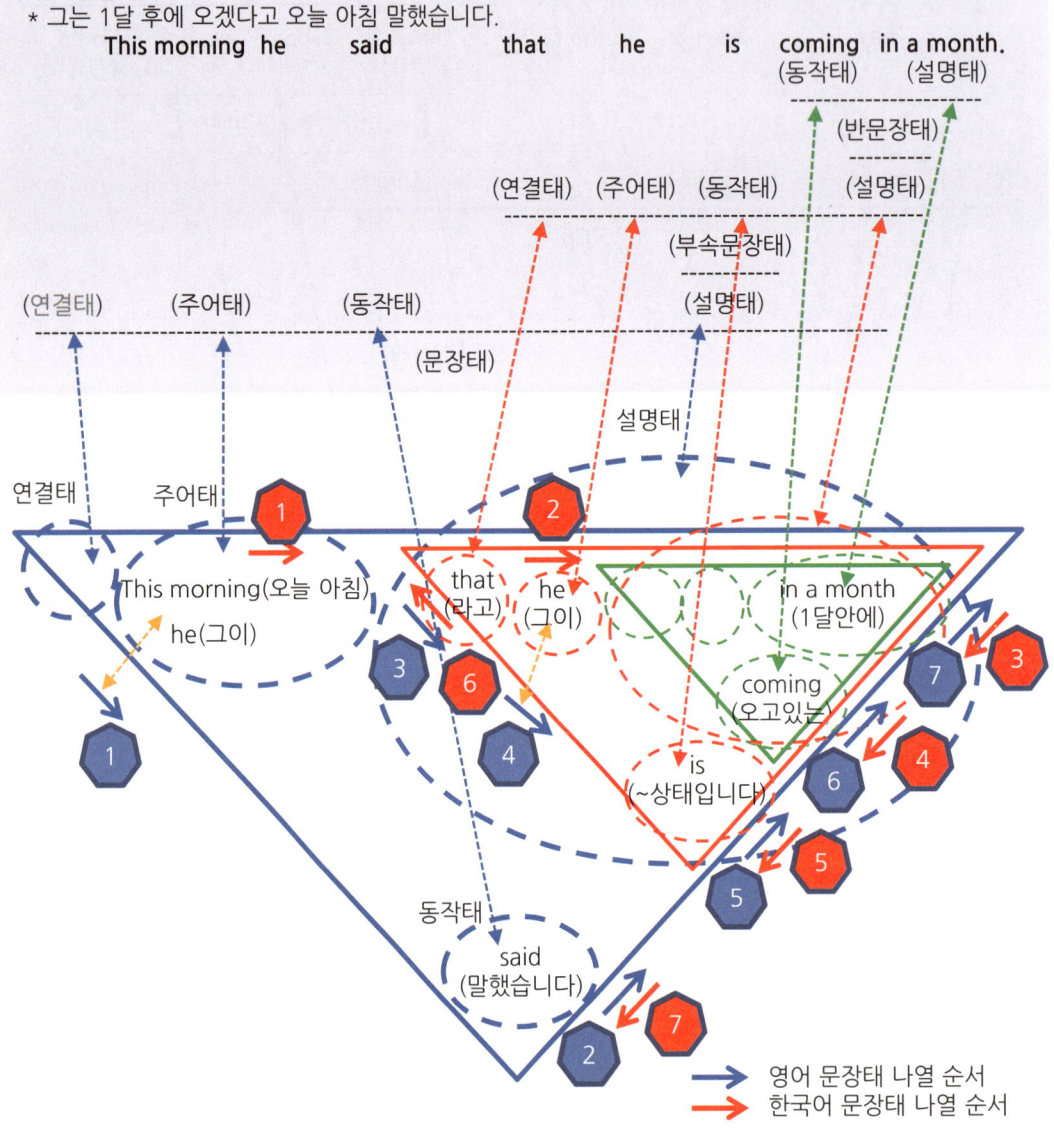

위 예문에서 설명태는 부속문장태로 구성되어 있습니다.
'that'는 부속문장태를 형성하며 동작태인 'said'를 부연 설명하고 있습니다.
맨 앞에 있는 'This morning'은 주어태 'he'의 앞주머니로서 부사처럼 문장태 전체를 수식하고 있습니다.
이 문장은 그가 한 말을 그대로 전달하는 의미가 강합니다.

B-2. 어법 구조

9. 시제일치

* 그는 1달 후에 오겠다고 어제 말했다고 합니다.

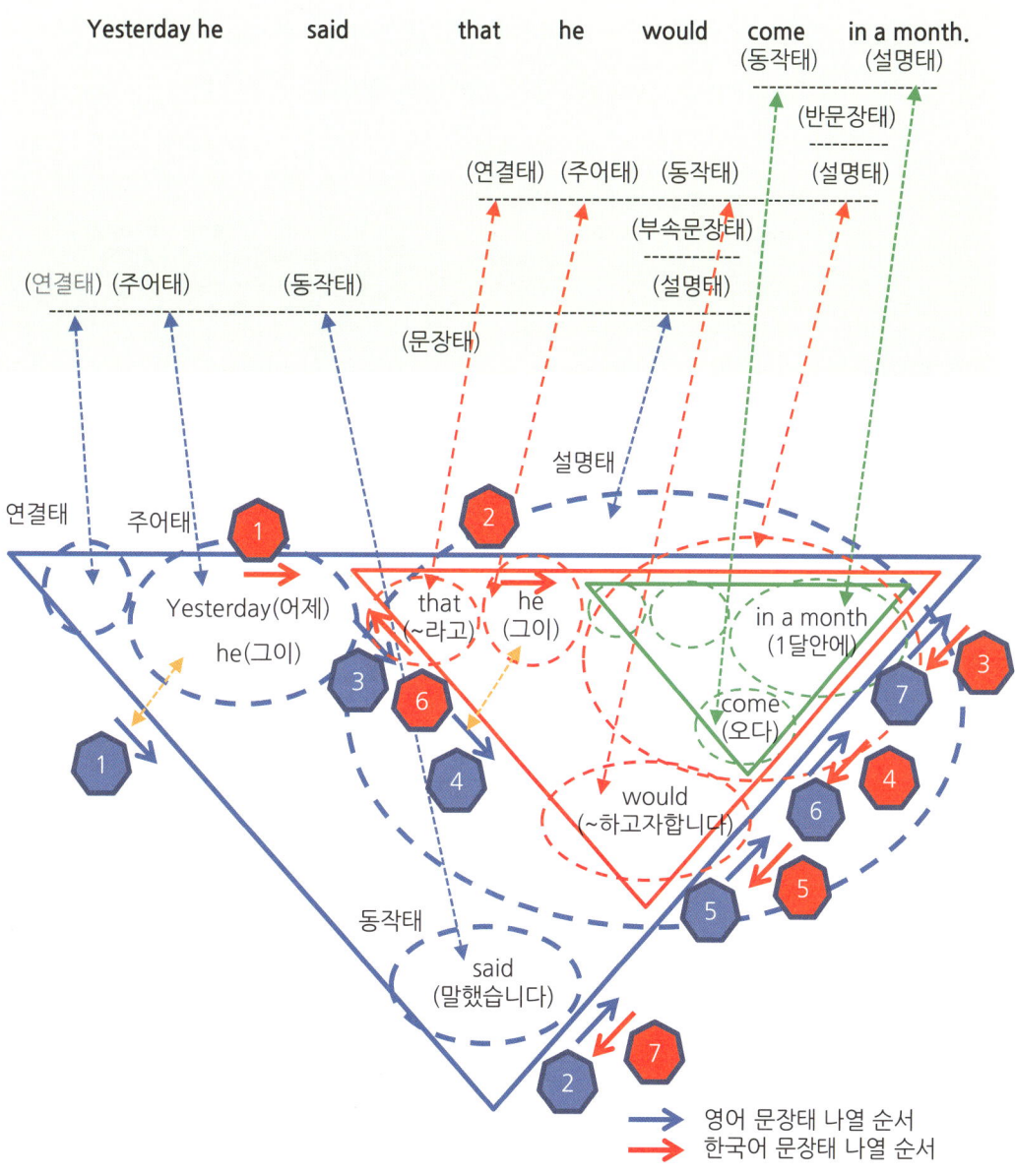

위 예문에서 설명태는 부속문장태로 구성되어 있습니다.
'that'는 부속문장태를 형성하며 동작태인 'said'를 부연 설명하고 있습니다.
맨 앞에 있는 'Yesterday'는 주어태 'he'의 앞주머니이며 부사처럼 문장태 전체를 수식하고 있습니다.
이 문장은 그가 한 말을 간접적으로 전달하는 의미가 있습니다.

B-2. 어법 구조

10. 화법

화법이란 다른 사람의 말을 전달하는 표현방법을 다루는 내용입니다.
다른 사람이 말한 내용을 그대로 전달하는 '직접화법'과,
듣는 사람의 입장에서 그 내용을 전달하는 '간접화법'이 있습니다.

(1) 직접화법

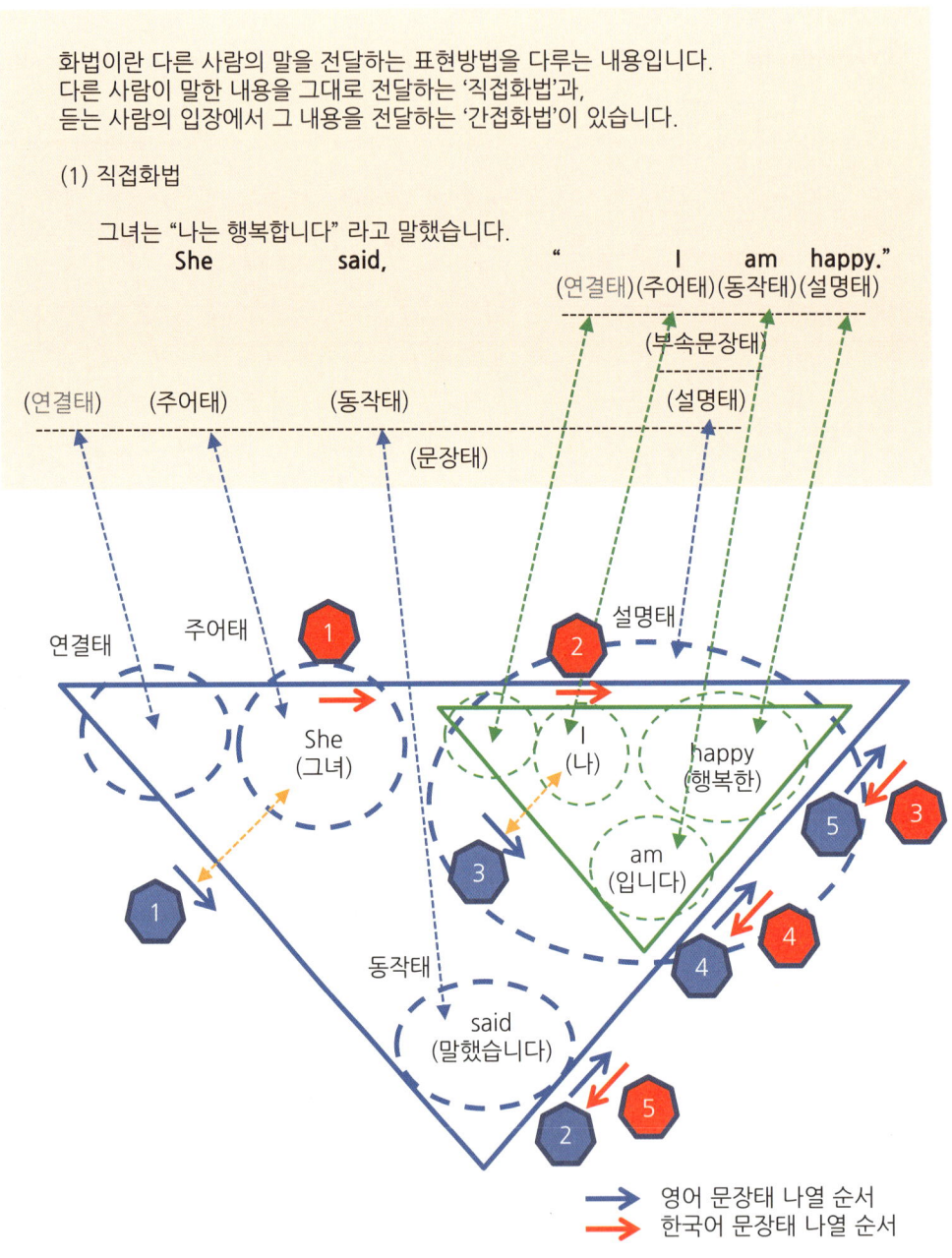

설명태 안에 부속문장태가 있으며 이것은 동작태인 'said'를 부연설명 합니다.

B-2. 어법 구조

10. 화법

(2) 간접화법

그녀는 행복하다고 말했습니다.

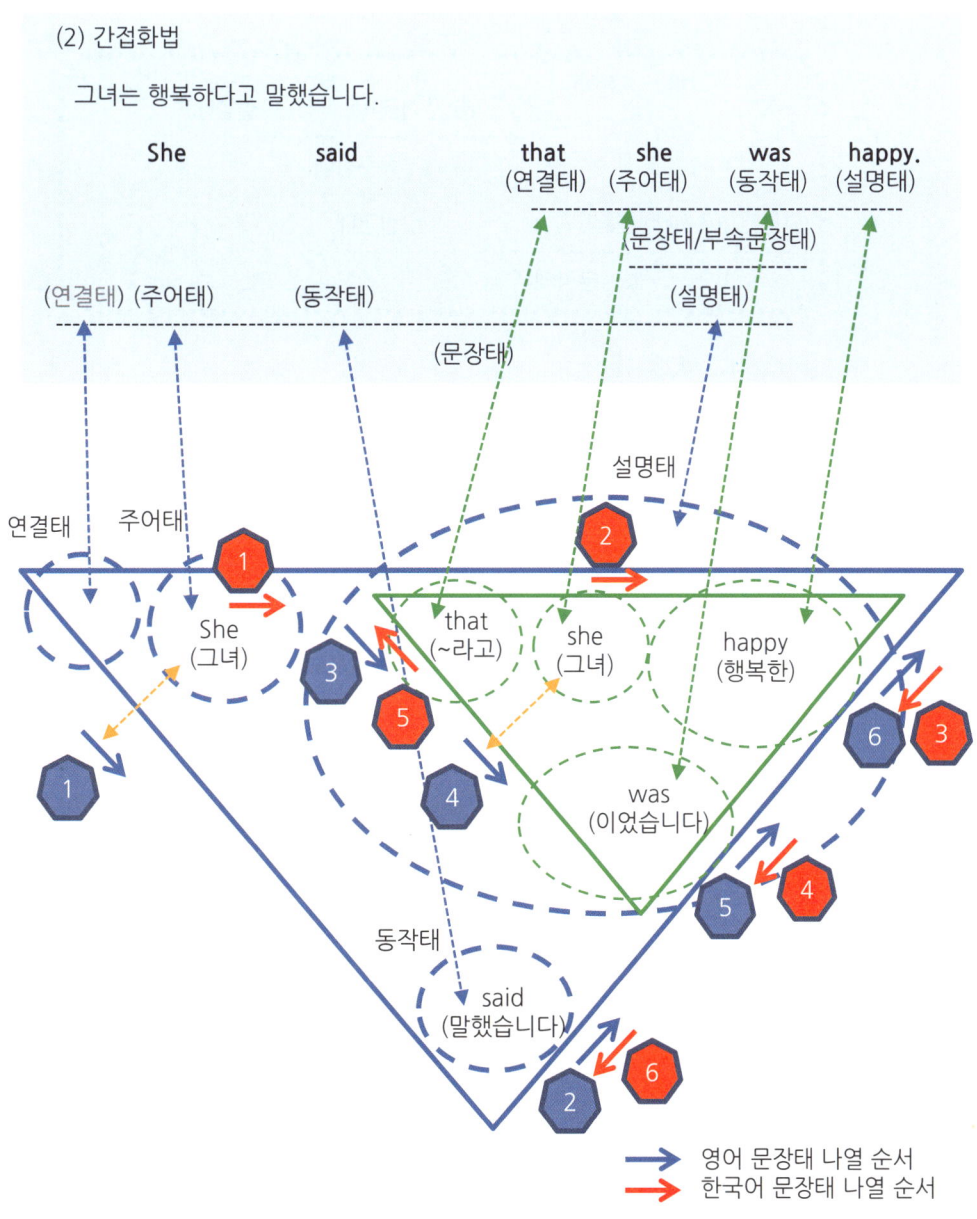

설명태 안에 'that'를 연결태로 하는 부속문장태가 있습니다.
'that'는 'said' 를 상세 부연설명하는 부속문장태를 형성하는 연결태입니다.

B-2. 어법 구조

10. 화법

(3) 화법 예문 (단어 변경 / 동사, 형용사, 부사)

* 그는 "나는 바쁩니다." 라고 말합니다.

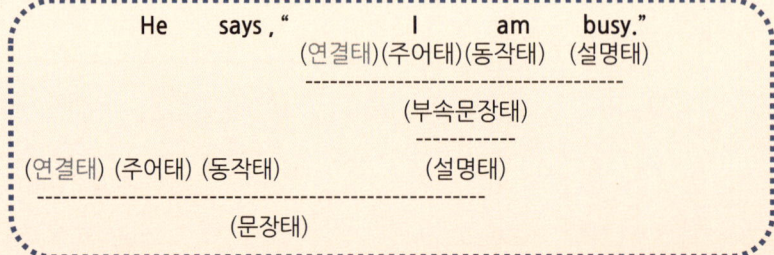

* 그는 바쁘다고 말합니다.

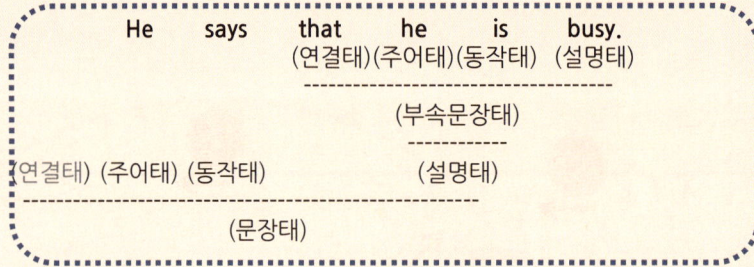

* 그는 "나는 바쁩니다." 라고 말했습니다.

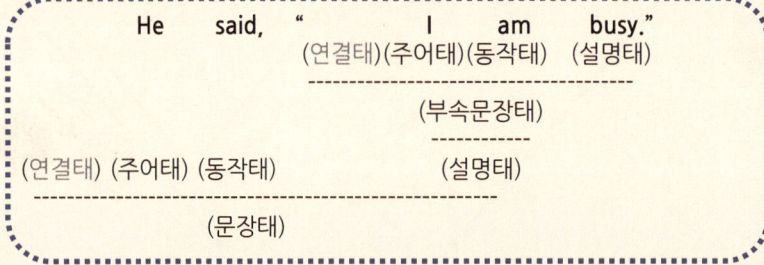

* 그는 바쁘다고 말했습니다.

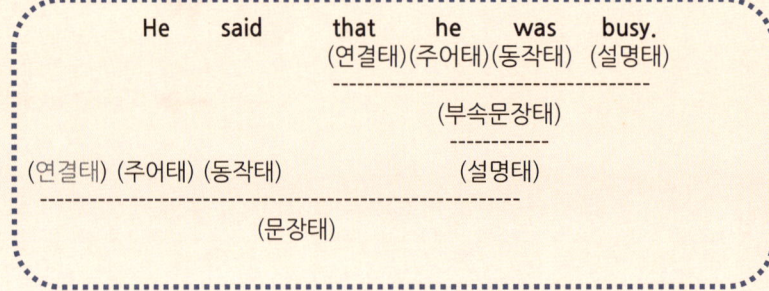

B-2. 어법 구조

10. 화법

(3) 화법 예문 (단어 변경 / 동사, 형용사, 부사)

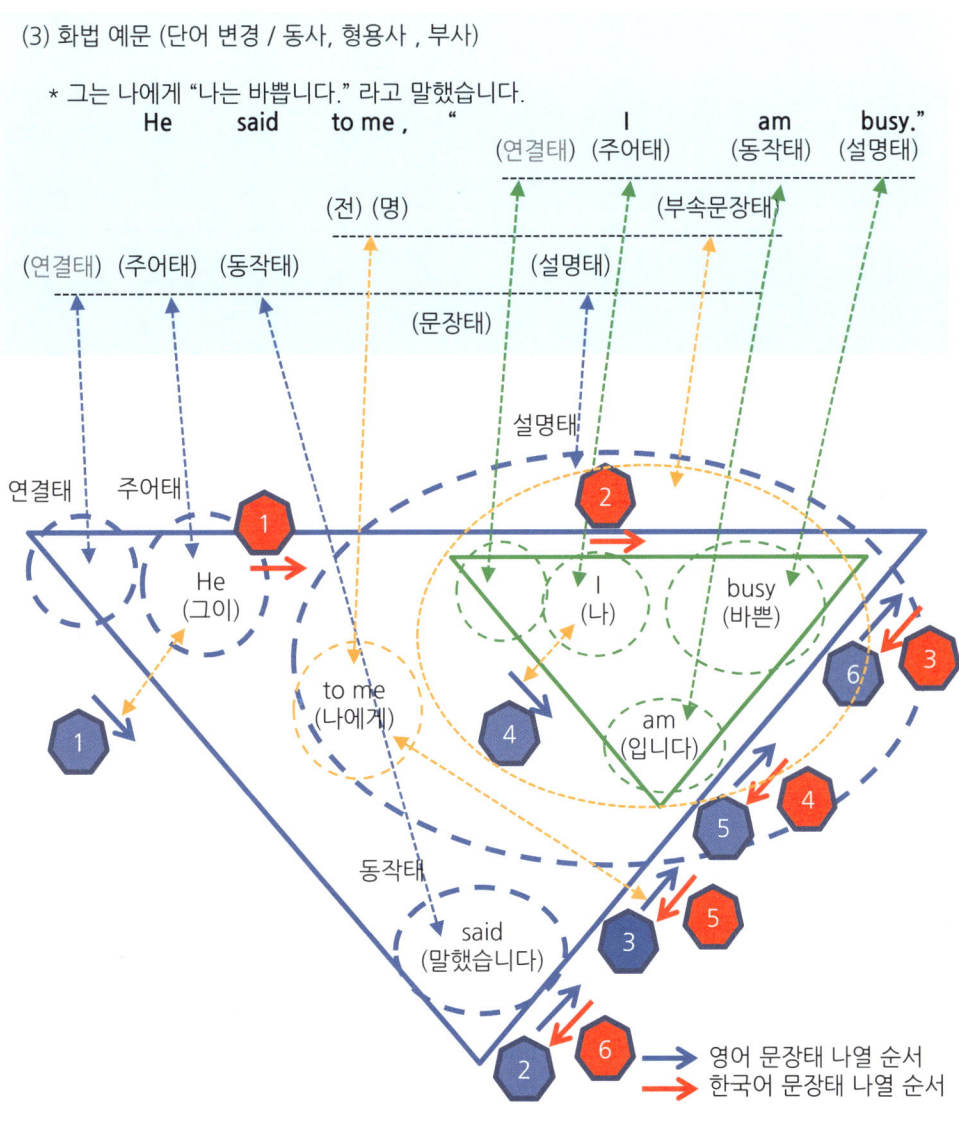

* 그는 나에게 바쁘다고 말했습니다.

              He   told   me   that he was busy.
                                                 (연결태)(주어태)(동작태) (설명태)
                                     (명)   (부속문장태)

(연결태) (주어태) (동작태)   (설명태)
                (문장태)

화법의 전환은 사용된 대명사를 내용에 맞도록 변경해야 합니다.
직접화법의 'say to one' 은 간접화법의 'tell one' 으로 변경해야 합니다.

B-2. 어법 구조

10. 화법

(3) 화법 예문 (단어 변경 / 동사, 형용사 , 부사)

* 그는 "내가 어제 이 상자를 만들었습니다." 라고 말했습니다.

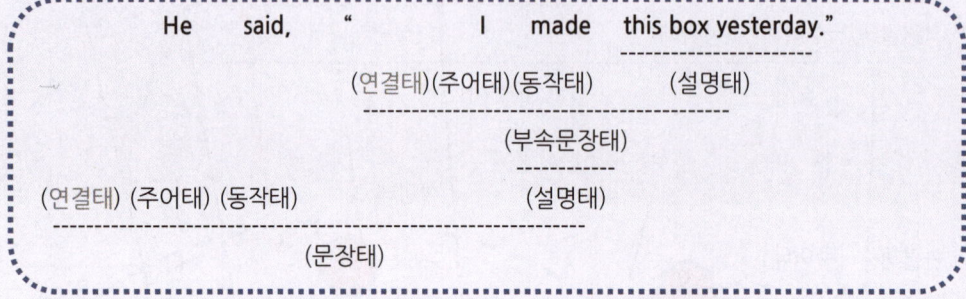

설명태는 부속문장태를 가지고 있습니다.

* 그는 어제 이 상자를 만들었다고 말했습니다.

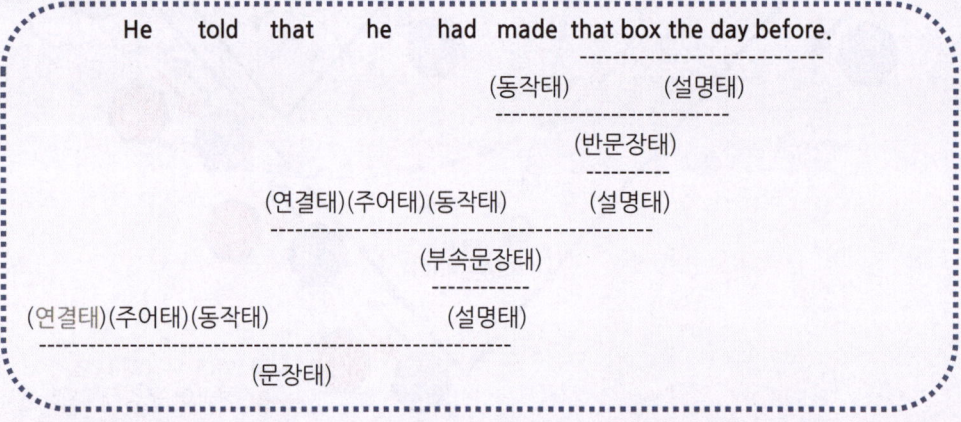

설명태는 'that'라는 연결태를 갖는 부속문장태를 가지고 있으며 그것의 설명태는 'made'라는 동작태를 가지는 반문장태입니다.
완료문장은 여러 개의 동작태를 가지므로 다층의 문장태가 존재하게 됩니다.

B-2. 어법 구조

10. 화법

(4) 의문문 화법

<1> 의문사 없는 의문문

* 그는 나에게 "당신은 피곤합니까?" 라고 물었습니다.

```
        He    said    to me,        "Are   you   tired?"
                               (연결태)(동작태)(주어태)(설명태)
                                     ---------------------------------
              (명형(부)전문)              (부속문장태)
                               -------------------------------------
  (연결태) (주어태) (동작태)          (설명태)
  ---------------------------------------------------
                      (문장태)
```

설명태 안에 부속문장태가 있으며 부사의 역할로 'said'를 수식하고 있습니다.
하나의 문장태로 되어 있습니다.
'전치사 + 명사' 는 부사의 역할을 합니다.
'to me' 나에게

* 그는 나에게 피곤한지를 물었습니다.

```
        He   asked   me   if(whether)   I    was   tired.
                                  (연결태)   (주어태) (동작태) (설명태)
                                        ---------------------------------
               ((명)형부전문)              (부속문장태)
                                     ---------------------------------
  (연결태) (주어태) (동작태)          (설명태)
  ---------------------------------------------------
                      (문장태)
```

문장태 안의 설명태에 부속문장태가 있으며, 'if'는 'or not'을 의미하며 'tired'와 함께 있던 설명태의 일부로서 'asked me'와의 연결을 위해 'if'로 바뀌어 앞으로 이동하였으며 연결태의 역할을 합니다.
전체는 하나의 문장태로 되어 있습니다.
의문문의 간접화법인 경우 'ask ~ if'를 사용합니다.

B-2. 어법 구조

10. 화법

(4) 의문문 화법

〈2〉 의문사 있는 의문문

* 그는 나에게 "당신은 누구입니까?" 라고 물었습니다.

```
        He    said    to me,   "Who   are   you?"
                                (연결태)(동작태)(주어태)(설명태)
                                ----------------------------------
                 (명형(부)전문)          (부속문장태)
                 -------------------------------------
     (연결태) (주어태) (동작태)           (설명태)
     ------------------------------------------------------
                          (문장태)
```

위 예문은 직접의문입니다.
설명태 안에 부속문장태가 있으며 부사의 역할로 'said'를 수식합니다.
설명태 안의 부속문장태는 동작태와 주어태가 도치된 의문문입니다.

* 그는 나에게 누구냐고 물었습니다.

```
        He    asked    me    who    I    was.
                              (연결태)(동작태)(주어태)(설명태)
                             ----------------------------------
                 ((명)형부전문)        (부속문장태)
                 -------------------------------
     (연결태) (주어태) (동작태)           (설명태)
     ---------------------------------------------------
                          (문장태)
```

위 예문은 간접의문문입니다.
설명태 안에 부속문장태가 있으며 부사의 역할로 'ask'를 수식합니다.
부속문장태는 'I was who'와 같은 형태에서 'who'가 앞으로 도치되었습니다.

이렇게 'who'는 설명태 안에 있었다가 이동하여 연결태의 역할을 합니다.
즉, 'was'의 설명태이었다가 연결태가 된 것입니다.

B-2. 어법 구조

10. 화법

(4) 의문문 화법

  <2> 의문사 있는 의문문

  * 그는 나에게 "누가 방을 청소했습니까?" 라고 물었습니다.

```
           He      said      to me,         "Who    has    cleaned the room?"
                                                          (동작태)  (설명태)
                                                          -------------------
                                                                 (반문장태)
                                                          ----------
                                     (연결태)(주어태)(동작태)    (설명태)
                                     -------------------------------------------
                     ((명)형부전문)                   (부속문장태)
                     ------------------------------------------
(연결태)(주어태)(동작태)            (설명태)
-----------------------------------------------
                        (문장태)
```

설명태는 부속문장태를 포함하고 있습니다.
그 안의 'who'는 주어의 역할을 하고 있습니다.
부속문장태는 부사의 역할로 'said'를 수식하고 있습니다.
부속문장태도 설명태 안에 반문장태를 포함하고 있습니다.

  * 그는 나에게 누가 방을 청소했냐고 물었습니다.

```
           He     asked     me            who    had    cleaned the room.
                                                       (동작태)  (설명태)
                                                       -------------------
                                                              (반문장태)
                                                       ----------
                                    (연결태)(주어태)(동작태)    (설명태)
                                    -----------------------------------------
                    ((명)형부전문)                  (부속문장태)
                    -----------------------------------------
(연결태)(주어태)(동작태)           (설명태)
-----------------------------------------------
                        (문장태)
```

하나의 문장태로서 설명태 안에 부속문장태를 포함하고 있습니다.
'said to me'는 'asked me' 로 바뀌고, 부속문장태 안의 현재완료는 과거완료로 바뀌었습니다.
부속문장태는 부사의 역할로 'asked'를 수식합니다.

B-2. 어법 구조

10. 화법

(5) 명령문 화법

* 그는 나에게 "조용히 하라" 고 말했습니다.

```
            He      said    to me,              "Be     quiet."
                                            (연결태)(주어태)(동작태)(설명태)
                                            -----------------------------------
                        (명형(부)전문)              (부속문장태)
                        ---------------------------------------
    (연결태) (주어태) (동작태)          (설명태)
    ----------------------------------------------------
                        (문장태)
```

설명태는 부속문장태를 포함하고 있습니다.
부속문장태는 전체가 부사의 역할로 'said'를 수식하고 있습니다.
'to me'는 부사의 역할로 동작태(said)를 수식하고 있습니다.
설명태안에 있는 모든 요소는 결국 동작태인 'said'를 상세 부연 설명하는 것입니다.

* 그는 나에게 조용히 하라고 말했습니다.

```
            He      told    me              to be      quiet.
                                        (동작태/파생동사)  (설명태)
                                        ------------------------------
                        ((명)형부전문)            (부속문장태)
                        ---------------------------------------
    (연결태) (주어태) (동작태)          (설명태)
    ----------------------------------------------------
                        (문장태)
```

설명태 안에 부속문장태를 포함하고 있습니다.
명령문은 동사를 'to 동사' 형태로 바뀝니다.
부속문장태는 부사의 역할로 'told'를 수식합니다.
'told'는 그 다음의 설명태에서 상세 설명이 이뤄지고 있습니다.

B-2. 어법 구조

10. 화법

(6) 감탄문 화법

감탄문의 간접화법은 그 내용에 따라서 적절한 동사와 부사구를 사용합니다.
(exclaim, pray, cry)

* 그는 "당신은 얼마나 아름다운지!" 라고 말했습니다.

```
        He    said,   "How beautiful  you    are!"
                     (연결태)     (주어태)(동작태)(설명태)
                     ---------------------------------------
                                  (부속문장태)
                                  ------------
  (연결태) (주어태) (동작태)              (설명태)
  -----------------------------------------------------
                        (문장태)
```

설명태는 부속문장태를 포함하고 있습니다.
부속문장태는 전체가 부사의 역할로 'said'를 수식하고 있습니다.
부속문장태 안의 'how beautiful'은 설명태 안의 'so beautiful'이 앞으로 도치되어
연결태가 되면서 변형된 것입니다.
설명태안의 내용을 강조하기 위해서는 그것을 맨 앞으로 이동해야 합니다.

* 그는 내가 아름답다고 감탄하였습니다.

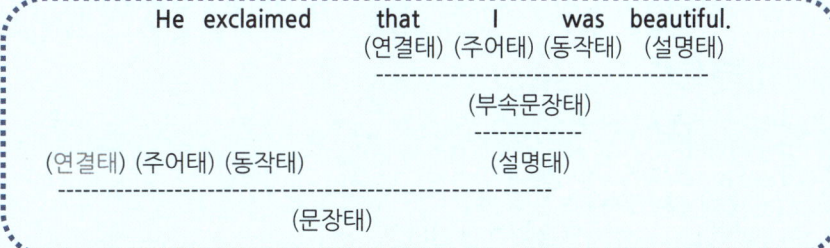

설명태는 부속문장태를 포함하고 있습니다.
부속문장태 전체가 'exclaimed'를 부연설명 하고 있습니다.
'said'는 'exclaimed'로, 'you'는 'I'로 바뀌었습니다.
'He exclaimed ~ ' 그는 (감탄하여) 외쳤습니다.
그 내용은 'that' 라는 연결태로 시작하는 부속문장태인,
'that I was beautiful' 입니다.

다중구조 영문법에서는 상세 설명하고자 하는 내용의 다음에 문장태를 사용하여 표현합니다.

B-2. 어법 구조

11. 특수구문

1) 도치 -1

일반적인 문장은 '연결태 + 주어태 + 동작태 + 설명태' 의 순서입니다.
하지만 이들간의 순서가 서로 바뀌어져서 표현되는 경우가 있습니다.
이것을 도치라고 합니다.

(1) there, here로 표현하는 문장

책상 위에 책이 있습니다.

```
     There    is      a book on the desk.
    (연결태) (주어태) (동작태)      (설명태)
    ------------------------------------------
                     (문장태)
```

위 예문에서 'there'가 주어태의 역할을 합니다.
분명한 것은 'there'가 부사의 의미를 가지고 있지만 여기에서는 'there is' 의 형식으로
'~이 있다' 라는 의미를 표현합니다.

'by there' 거기에, 거기로
'hang in there' 굴하지 않다

위의 예처럼 'there'는 명사에 가까운 의미를 가지고 있음을 알 수 있습니다.
'there'가 의미상으로는 아니지만 구조적으로 주어태의 위치에 충분히 올 수 있음을
보여주는 것입니다.

'there is' ~이 있습니다.
'there' 거기
'there is ~' 거기는 ~상태입니다.
그 상세 내용은 그 다음에 표현합니다.
'a book on the desk' 책상 위에 한 권의 책
즉, 무엇이 있는데 그것이 바로 책상 위의 한 권의 책이라는 것입니다.
즉, 거기의 상태는 '책상 위에 책이 있는 상태' 입니다.

'a book'은 설명태지만 '~이 있다' 의 의미를 가지므로 형식상으로는 설명태이지만
우리말의 어법으로 보면 내용상으로는 주어의 역할을 하고 있는 것입니다.

이렇게 'there'로 시작하는 관용적인 표현은 주어가 설명태에 위치하는 도치의
현상이 보이는 것입니다.

'거기에 책이 있습니다.' 의 표현은,
There is a book there 가 됩니다.
맨 뒤에 나오는 'there'는 '거기에'의 의미를 가지고 있습니다.
앞에 나오는 'there'는 의미적으로 생략이 되는 것입니다.

B-2. 어법 구조

11. 특수구문

1) 도치 -2

여러 동사를 수반하여 사용할 수 있습니다.(come, move, live …)

옛날에 한 예쁜 공주가 살았습니다.

```
         There    lived      a pretty princess.
        (연결태) (주어태) (동작태)      (설명태)
        ------------------------------------------
                         (문장태)
```

위 예문에서 'there'가 주어태의 역할을 합니다.
분명한 것은 'there'가 부사의 의미를 가지고 있지만 여기에서는
'there is' 의 형식으로 '~이 있다' 라는 의미를 표현합니다.
'There lived ~' 살았습니다.
그 내용은 설명태에 표현됩니다.
즉, 설명태인 'a pretty princess'가 의미상 주어태의 역할을 합니다.

(2) 간단하게 동의하는 표현

* **나는 슬픕니다.**

```
              I     am    sad.
          (연결태)(주어태)(동작태)(설명태)
          ----------------------------------
                      (문장태)
```

나도 그렇습니다.

```
            So    am    I.
        (연결태)(동작태)(주어태)(설명태)
        ----------------------------------
                    (문장태)
```

* **나는 거기로 이동했습니다.**

```
              I   moved  there.
          (연결태)(주어태)(동작태)(설명태)
          ----------------------------------
                      (문장태)
```

나도 그랬습니다.

```
            So    did   I.
        (연결태)(동작태)(주어태)(설명태)
        ----------------------------------
                    (문장태)
```

B-2. 어법 구조

11. 특수구문

1) 도치 -3

* 나는 가지 않았습니다.

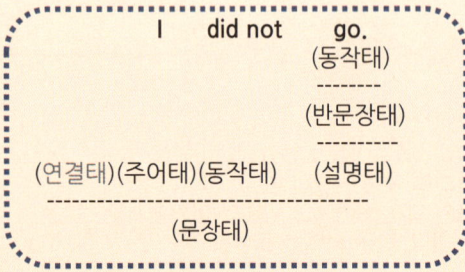

나도 그랬습니다.

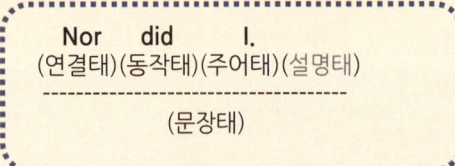

위 예문에서처럼 시제에 맞도록 동사를 사용하여 도치하였습니다.
'so'는 '그렇다' 라는 의미로서 같은 상황을 표현하는 것입니다.
'nor'는 '나도 안 그렇다' 라는 의미입니다.

이것은 다중구조 영문법에서 설명태에 해당하는 것이지만 강조를 위하여 도치된 것으로서 주어인 주어태와 서로 위치를 교환하여 표현된 것입니다.

즉, '그렇습니다' 라는 동의의 표현이 제일 중요한 핵심이기 때문에 그 가장 중요한 표현을 맨 앞으로 이동하여 표현하는 것입니다.
뒤의 내용은 못 듣더라도 맨앞의 표현만으로도 전체적인 의미를 이해할 수가 있기 때문입니다.

'I am happy,' -> 'I am so' -> 'So am I'
'I did it.' -> 'I did so.' -> 'So did I'

'So I am.' 은 '그래, 나야' 라는 의미이며,
'So I did.' 는 '그래서 내가 했어.' 라는 전혀 다른 의미가 되는 것입니다.

# B-2. 어법 구조

11. 특수구문

1) 도치 -4

(3) 양보절(~하지만)

as로 시작하는 양보절에서 설명태의 내용이 문장의 맨 앞인 as의 앞으로 도치하여 표현합니다.

Though he is kind, everyone dislikes him.

-> Kind as he is, everyone dislikes him.

```
Kind    as      he      is,           everyone   dislikes    him.
------
(연결태) (주어태) (동작태) (설명태)      (연결태)   (주어태)    (동작태)   (설명태)
----------------------------------     ----------------------------------
        (문장태/연결문장태)                          (문장태)
```

예문은 두 개의 문장태로 되어 있습니다.
앞의 연결문장태에서 연결태인 'as' 는 '~일지라도'의 의미를 표현하기 위하여
설명태 안에 있는 'kind'를 맨 앞으로 이동하였습니다.
넓은 의미에서 'kind as' 즉, '수식어 + 연결태' 를 연결태로도 볼 수 있습니다.

연결태라는 것은 언어를 표현하는 데에 있어서 말을 새롭게 꺼내거나 다른 내용을
표현하려는 목적으로 다른 의미를 미리 표현하는 방법인 것입니다.

이제 단순한 방식으로 분석을 해보도록 합니다.

'kind' 친절합니다.
'kind as ~' ~처럼 친절합니다.
그리고 그 뒤에 상세 설명이 나옵니다.
'he is' 그는 ~ 상태입니다.
'kind as he is.' 그의 상태와 같이 친절합니다.
   -> 그가 친절한 것처럼 친절한 -> 그처럼 친절한 -> 그가 친절한 -> 그가 친절하지만

이렇게 그 의미가 발전되어 표현되는 것입니다.

B-2. 어법 구조

11. 특수구문

1) 도치 -5

  (4) 가정법

   가정법에 있어서 'if'를 생략하는 경우에 주어와 동사를 도치를 해야 합니다.

   내가 너라면 나는 거기에 가지 않겠습니다.

   If I were you, I would not go there.

   -> Were I you, I would not go there.

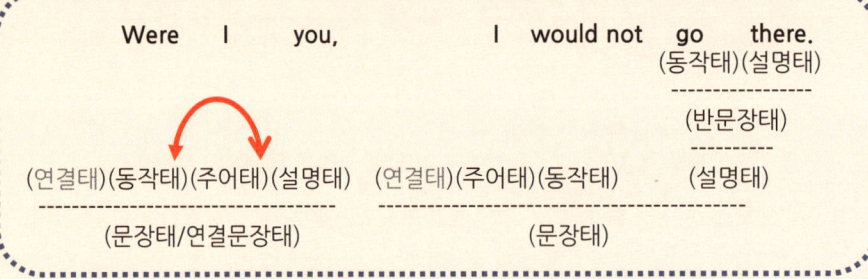

앞의 연결문장태에서 동작태와 주어태가 서로 도치되었습니다.
뒤의 문장태의 동작태는 'would not'입니다.
'go there'는 설명태로서 반문장태를 구성하고 있습니다.

B-2. 어법 구조

11. 특수구문

1) 도치 -6

 (5) 강조를 위한 도치

   강조를 위한 도치는 설명태 안에 있는 내용을 강조하기 위해서 도치를 합니다.
   * 인내하는 사람은 위대합니다.

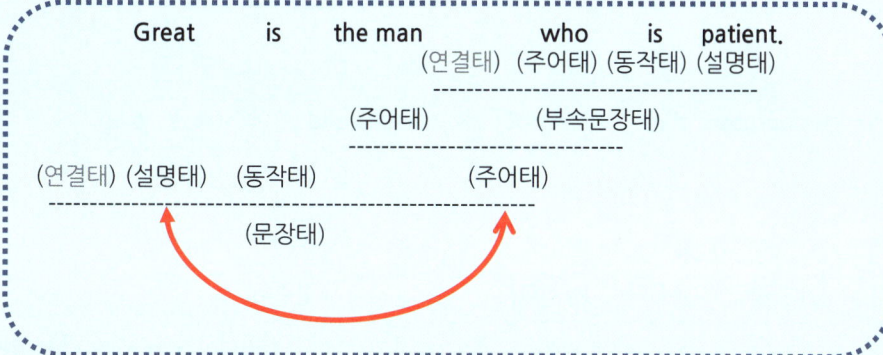

문장태 안의 주어태와 설명태는 서로 도치되어 있으며,
즉, 설명태 안의 'great'가 앞으로 이동하였습니다.

부속문장태 'who is patient'는 앞의 'the man'을 수식하며 상세설명을 합니다.

한편 다른 관점에서 보면,
'the man who is patient' 전체가 주어태 역할을 하며 'is'를 사이에 두고 설명태인
'great'와 서로 도치되었습니다.
'great' 는 'is' 의 설명태 입니다.

The man who is patient is great.

B-2. 어법 구조

11. 특수구문

* 그의 목적을 그들은 조금도 이해할 수가 없습니다.

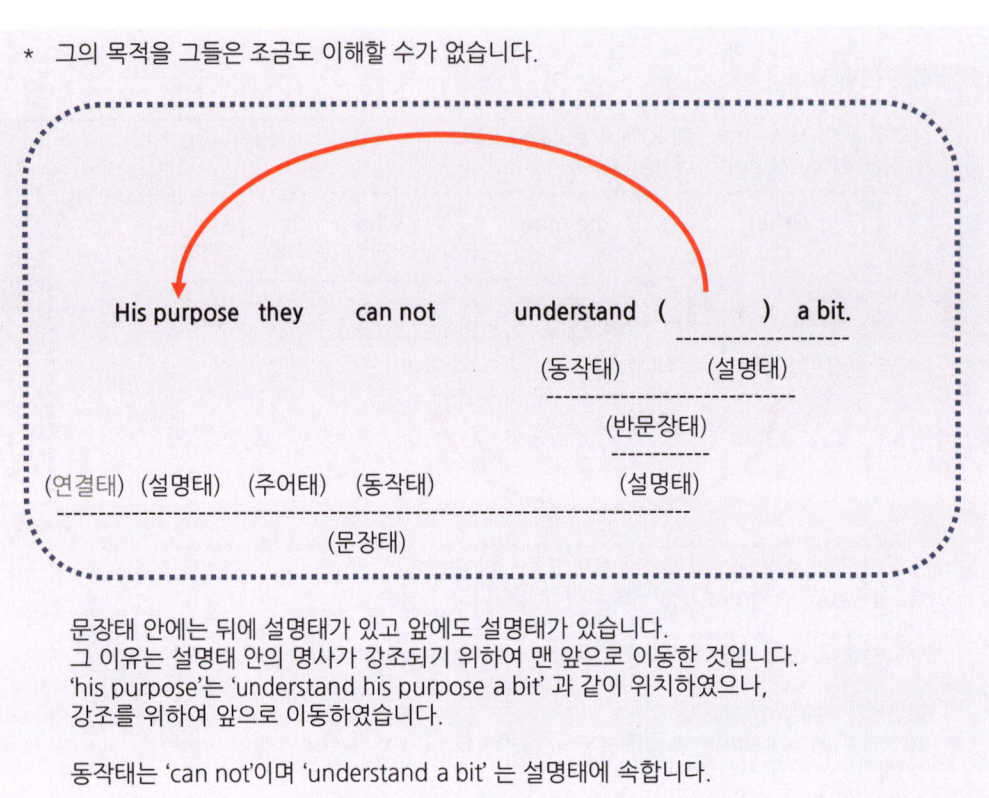

문장태 안에는 뒤에 설명태가 있고 앞에도 설명태가 있습니다.
그 이유는 설명태 안의 명사가 강조되기 위하여 맨 앞으로 이동한 것입니다.
'his purpose'는 'understand his purpose a bit' 과 같이 위치하였으나,
강조를 위하여 앞으로 이동하였습니다.

동작태는 'can not'이며 'understand a bit' 는 설명태에 속합니다.

B-2. 어법 구조

11. 특수구문

1) 도치 -7

   (5) 강조를 위한 도치

   * 네가 대통령이 되리라고는 꿈도 꾸지 못했습니다.

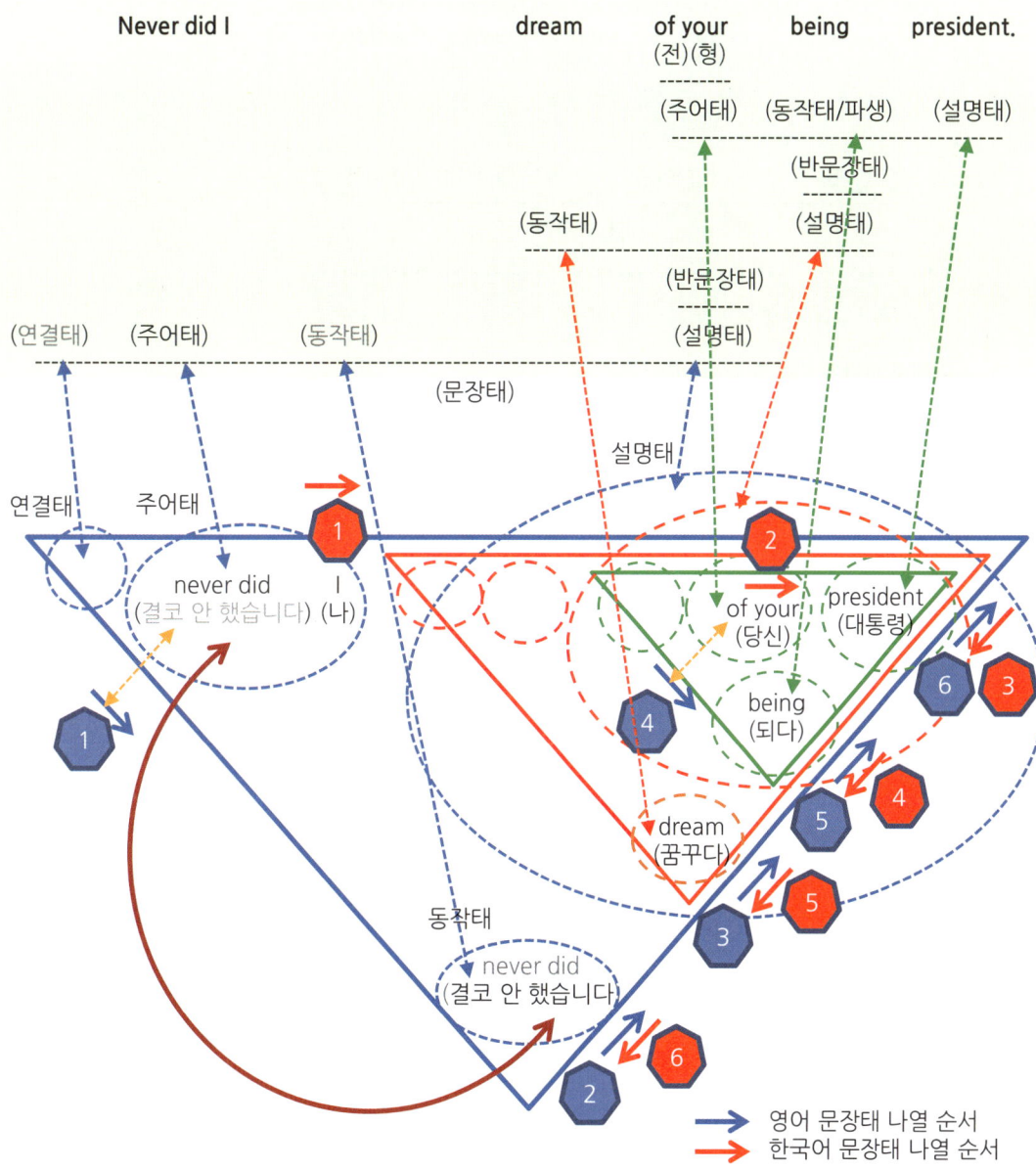

'I did dream ~' -> 'I never did never dream ~' 입니다,
동작태 'never did'는 주어태 'I'의 앞주머니로 이동하여 도치되었습니다.
영어문장태에서는 주어태의 앞주머니부터 제일 먼저 나열하고,
한국어 문장태에서는 원래의 순서대로 나열합니다.

B-2. 어법 구조

11. 특수구문

* 나무는 거기에 쓰러져 있었습니다.

```
            Lying        there       was     the tree.
          (동작태/파생동사)(설명태)
          ----------------------------
                    (반문장태)
                    ----------
    (연결태)       (설명태)        (동작태)   (주어태)
          ----------------------------------------------
                           (문장태)
```

주어태와 설명태는 동작태를 사이에 두고 도치가 일어났습니다.

* 원래의 문장은 다음과 같습니다.

```
            The tree     was          lying            there.
                                (동작태/파생동사/동사ing) (설명태)
                                ---------------------------------------
                                            (반문장태)
                                            ----------
    (연결태) (주어태)    (동작태)            (설명태)
          ----------------------------------------------
                           (문장태)
```

534

B-2. 어법 구조

11. 특수구문

2) 강조 -1

(1) it is ~ that 을 이용한 강조

* 나는 어제 그에게 그 정보를 보냈습니다.

```
              I    sent    him    the information    yesterday.
                           (명)        (명)              (부)
                          -------------------------------------
   (연결태) (주어태) (동작태)           (설명태)
   -----------------------------------------------------
                         (문장태)
```

명사와 부사에 해당하는 내용을 강조할 수 있습니다.

* 어제 그에게 그 정보를 보낸 사람은 나였습니다.

```
              It    was    I    that    sent    him the information yesterday.
                                                ------------------------------
                  (주어태)(동작태)                        (설명태)
                  ------------------------------------
                        (명)              (문장태)
   (연결태)(주어태)(동작태)         (설명태)
   ---------------------------------------------
                        (문장태)
```

'It is ~ ' 그것은 ~ (설명태에 그 내용을 표현하고 있습니다.)
설명태 안에 있는 문장태가 앞의 'I'를 수식합니다.

* 어제 내가 그 정보를 보낸 사람은 그였습니다.

```
              It    was    him    that    I    sent  the information yesterday.
                                                     ----------------------------
                         (연결태)(주어태)(동작태)            (설명태)
                         ----------------------------------------
                                (명)              (문장태)
   (연결태)(주어태)(동작태)         (설명태)
   ---------------------------------------------
                        (문장태)
```

'It is ~ ' 그것은 ~ (설명태에 그 내용을 표현하고 있습니다.)
설명태 안에 있는 문장태가 앞의 'him'을 수식합니다.

B-2. 어법 구조

11. 특수구문

2) 강조 -2

(1) it is ~ that 을 이용한 강조

* 내가 그에게 그 정보를 보낸 것은 어제였습니다.

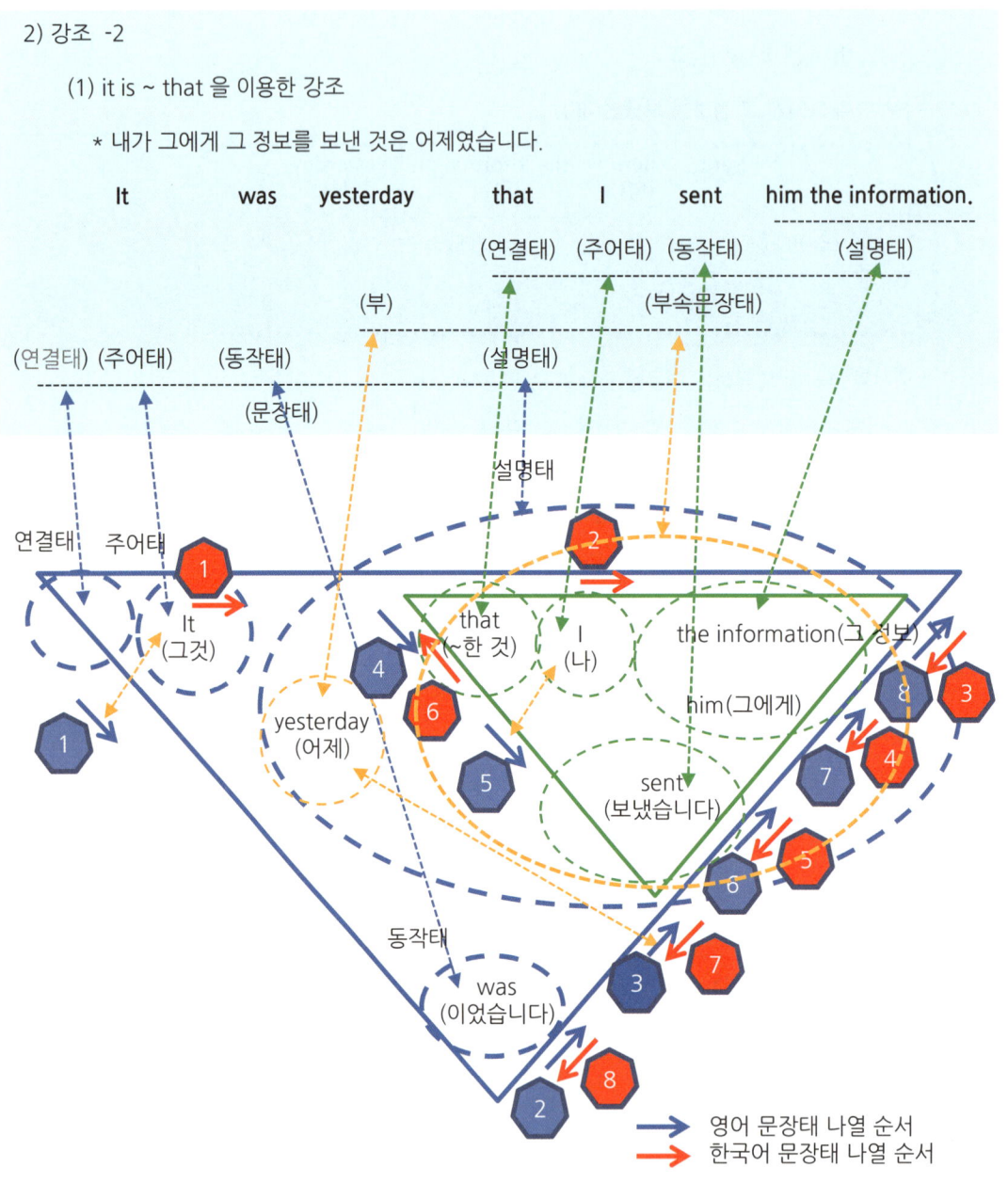

→ 영어 문장태 나열 순서
→ 한국어 문장태 나열 순서

'It is ~ ' 그것은 ~ (설명태에 그 내용을 표현하고 있습니다.)
설명태 안에 있는 문장태가 앞의 'yesterday'를 수식합니다.
'that'는 상세설명을 표현하는 연결태입니다.
그러므로 한국어 문장태의 나열 순서에는 반드시 포함됩니다.
또한, 설명태의 내용이 의미가 있으므로 'it is'는 해석하지 않습니다.

B-2. 어법 구조

11. 특수구문

2) 강조 -3

(2) 동사 'do'를 이용한 강조

보조동사인 'do'를 동사의 앞에 사용하여 동사를 강조합니다.
이 때 'do'가 동작태의 역할을 합니다.
부정문을 만들 때 사용하는 원칙과 동일합니다.
'do' 다음에 'not'를 붙여서 부정문을 만듭니다.
다중구조 영문법에서는 이렇게 먼저 나오거나 'not'을 수반하는 동사를 원동사라고 합니다.

* 그들이 우리를 도우러 왔습니다.

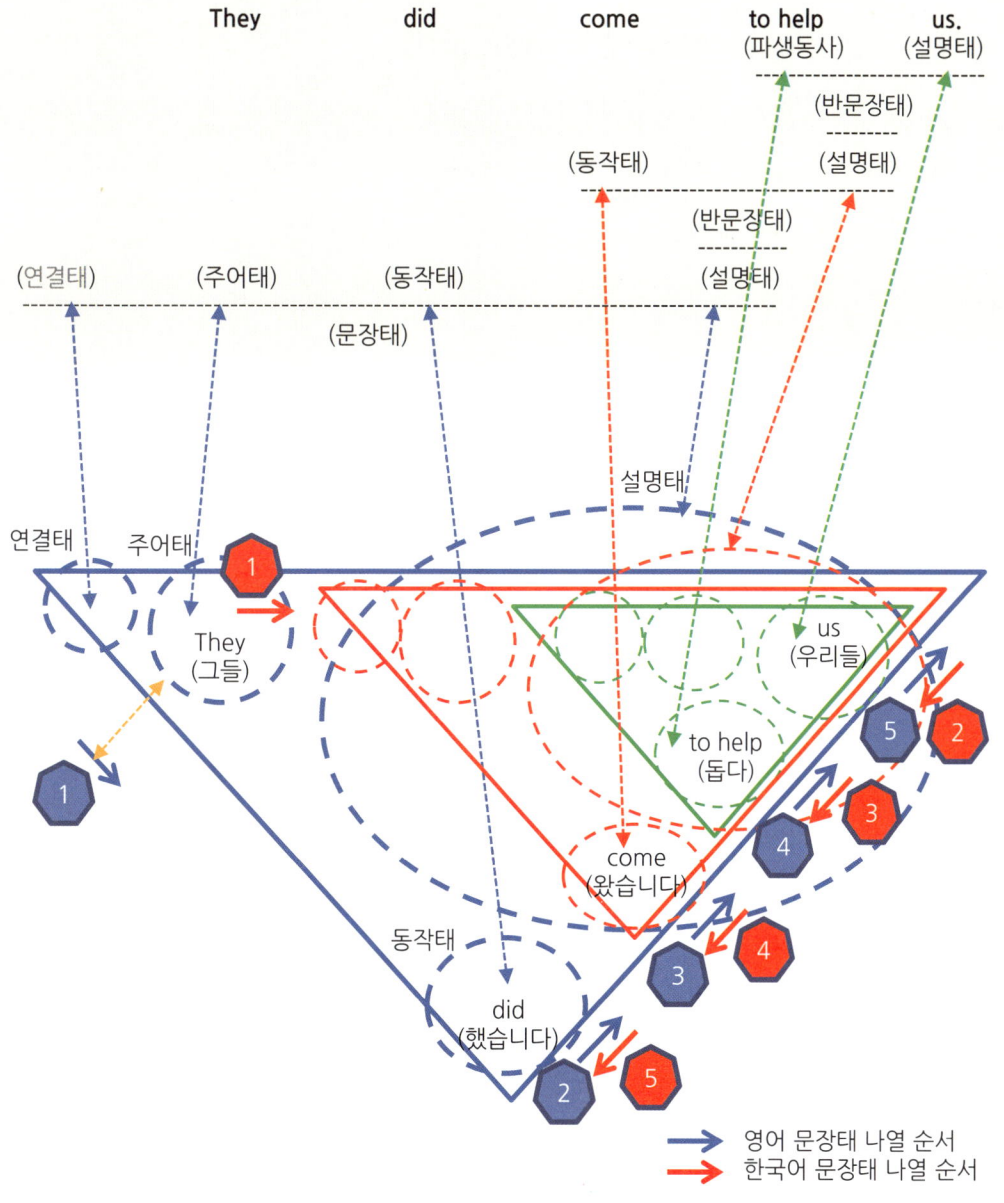

B-2. 어법 구조

11. 특수구문

예문에서는,

  설명태 안에 반문장태가 있습니다.
  그 반문장태 안에 'to help us' 라는 반문장태가 있어서 상세한 내용을 표현합니다.
  이것은 앞에 있는 'come'을 부사의 역할로 수식합니다.
  그리고 설명태는 'did' 의 전체 상세 내용을 표현하고 있습니다.
  즉, did는 그 다음에 나오는 'come' 을 강조하는 역할을 하는 것입니다.
  '그들은 (우리들을 도우러) 오는 것을 했습니다.'

* 아래는 상기 예문에서 동작태를 축약한 삼각배열도입니다.

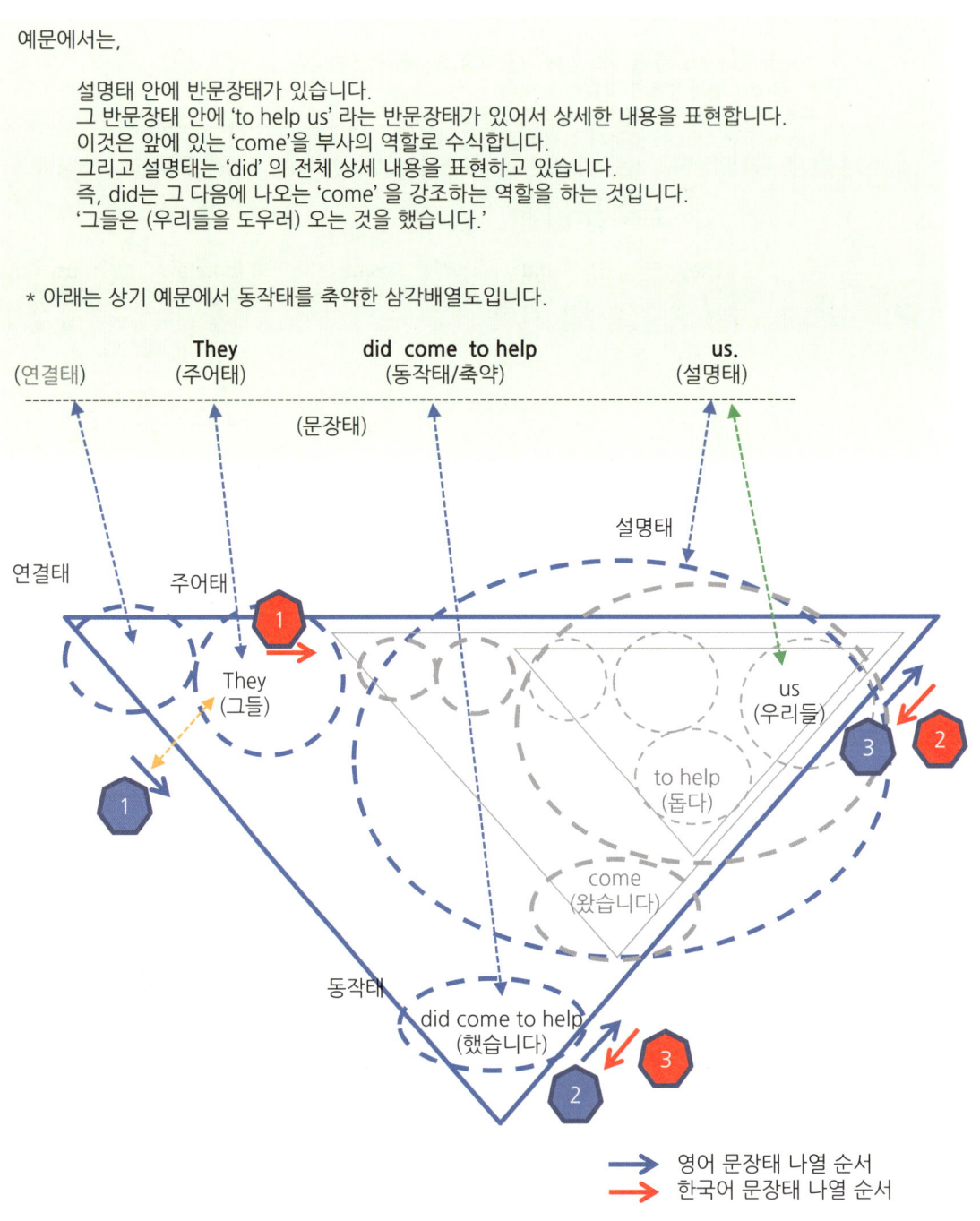

B-2. 어법 구조

11. 특수구문

2) 강조 -4

(3) 재귀대명사를 이용한 강조

명사가 사용된 문장에서는 재귀대명사를 추가하여 강조를 합니다.
해당 명사 바로 뒤에서 사용하거나 문장의 맨 뒤에서 문장 전체를 강조하기도 합니다.

* 그는 몸소 방을 청소합니다.

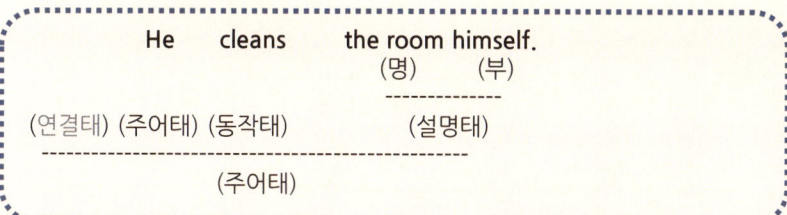

설명태 안의 'himself'는 주어태(he)와 동일한 내용입니다.
'himself'는 동일함에도 불구하고 한번 더 사용되므로써 강조를 하였습니다.

(4) 반복을 이용한 강조

동사를 두 번 이상(ran and ran) 표현하는 것은 당연히 강조를 하는 것입니다.

* 그는 달리고 달렸지만 그들한테 잡혔습니다.

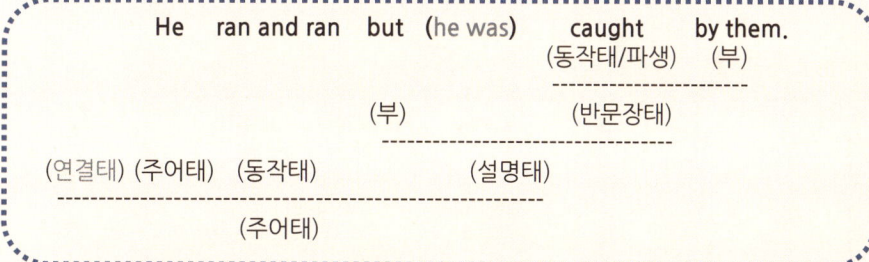

'but'는 연결사의 역할을 합니다.
다만 내용상 순방향이 아니라 역방향의 의미를 가진 기능적으로 연결사의 역할을 하고 있습니다.
'caught' 앞에서 'he was'가 생략된 것으로 봐야합니다.

설명태 안에 'caught' 라고 하는 동작태가 있으므로 하나의 문장태를 구성합니다.
'ran and ran' 은 동사가 반복사용된 것으로서 강조를 하는 하나의 동작태입니다.

B-2. 어법 구조

11. 특수구문

2) 강조 -5

(5) 부사를 이용한 강조

강조를 의미하는 여러 부사를 사용함으로써 문장을 강조합니다.
이러한 방식은 어느 언어에서나 동일합니다.

* 나는 그를 도대체 이해할 수가 없습니다.

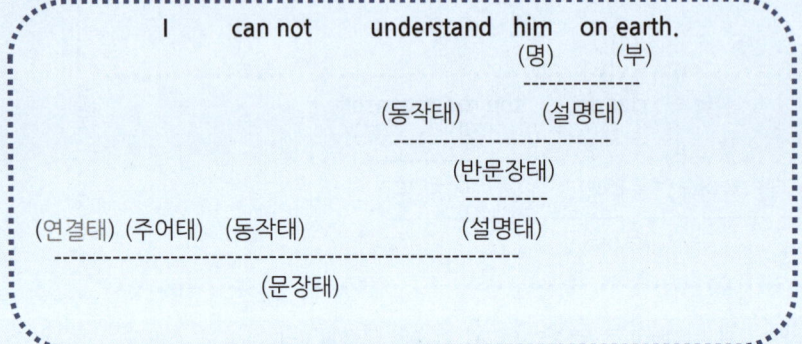

보조동사가 사용된 문장이거나 또는 부정문은 반드시 설명태 안에 문장태가 포함됩니다.
'I can not ~' 나는 ~을 할 수 없습니다.
'I can not understand ~ ' -> '나는 이해를 할 수 없습니다'
'understand' 다음에는 그 상세한 내용이 표현됩니다.
'him on earth' 그를 도대체(전혀)
강조를 하는 것은 그 내용의 정도를 나타내는 것입니다.
그래서, '조금도', '전혀' 라는 표현의 단어와 숙어가 사용되는 것입니다.
'on earth'는 '도대체'라는 의미로 설명태에서 사용되어 동작태를 강조합니다.

* 나는 스페인어를 전혀 못합니다.

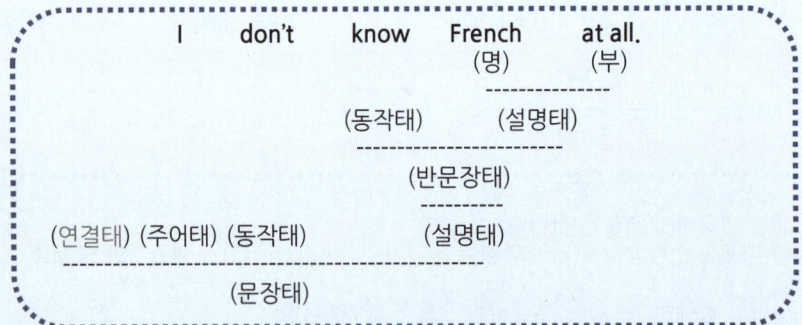

설명태 안에는 'know' 포함되는 반문장태가 있습니다.
'I don't ~ ' 는 '나는 ~을 하지 않습니다' 인데, 그 상세한 내용을 그 뒤에 설명하는 것입니다.
'know French at all' 전혀 불어를 압니다.
'at all' 은 '전혀' 라는 의미를 가지며 강조를 하고 있습니다.

B-2. 어법 구조

11. 특수구문

3) 생략

문장은 의사를 전달하는 역할을 합니다.
생략을 하더라도 그 내용이 잘 파악되거나 전달될 때 생략을 할 수 있습니다.

* 나는 차가 두 대 있는데, 당신은 몇대를 가지고 있습니까?

```
        I    have  two cars,  how many (cars)  do    you   have?
                               (부)  (형)  (명)
        ------------------------------  --------------------------------
        (연결태)(주어태)(동작태) (설명태)(연결태/설명태/도치) (동작태)(주어태)(설명태)
        ------------------------------  --------------------------------
                  (문장태)                         (문장태)
```

상기 예문은 두 개의 문장태로 되어 있습니다.
앞 문장태에서는 'cars'가 정확한 의미로 사용되었지만 뒤의 문장태에서는 그 내용을
쉽게 알 수가 있으므로 설명태의 일부(cars)를 생략하였습니다.
뒤 문장태는 의문문의 도치입니다.
동작태(do)와 주어태(you)를 도치하였으며,
설명태 안에 있던 'how many cars'가 'how'로 인하여 앞으로 이동하여 도치되었고
연결태의 역할을 합니다.

* 당신이 이 케익을 만들었습니까?

  에, 제가 했습니다.

```
              Did    you    make this cake?   Yes,   I    did.
                            (동작태) (설명태)
                            -----------------
                               (반문장태)
                            ----------
       (연결태) (동작태) (주어태)    (설명태)      (연결태)(주어태)(동작태)(설명태)
       -----------------------------------    --------------------------------
                  (문장태)                              (문장태)
```

앞 문장태는 의문문의 형태로 도치가 되어 있습니다.
앞의 문장태에서는 'make'라는 단어가 사용되어서 의미를 전달하였으며,
뒤의 문장에서는 'make'라는 의미를 생략하고 'did'라는 보조동사만을 사용하였습니다.
이렇게 생략하더라도 의미전달에는 아무 문제가 없습니다.

B-2. 어법 구조

11. 특수구문

3) 생략

하나의 문장태 안에 설명태가 있습니다.
그 설명태 안의 단어가 생략되더라도 의미 전달이 어렵지 않다면 생략이 가능합니다.

* 나는 매우 행복했습니다.

```
        I    was   so happy.
    (연결태) (주어태) (동작태) (설명태)
    -------------------------------
              (문장태)
```

그러나 그는 그렇지 않다라고 나는 생각했습니다.

```
   But    I    thought   that   he   was   not  (happy).
                       (연결태)(주어태)(동작태)   (설명태)
                       ------------------------------------
                                  (부속문장태)
                                  ------------
   (연결태)(주어태)  (동작태)              (설명태)
   ----------------------------------------------------
                        (문장태)
```

앞의 문장태의 설명태 안에 'happy'가 사용되었습니다.
뒤의 문장태 안에서도 사용될 수 있으나 의미가 쉽게 파악되므로 생략하였습니다.
관용적으로 생략되기도 합니다.
또한 중요하지 않은 단어는 생략이 가능합니다.

* 만일 불편하다면 안 와도 됩니다.

```
     If   (you   are) not easy,       you    must not come.
   (연결태)(주어태)(동작태)(설명태)  (연결태) (주어태)(동작태)(설명태)
   --------------------------------  ---------------------------------
              (문장태)                           (문장태)
```

* 예외 없는 규칙은 없다.

```
          (There   is)   No rule without exceptions.
      (연결태) (주어태) (동작태)        (설명태)
      ------------------------------------------------
                          (문장태)
```

B-2. 어법 구조

11. 특수구문

4) 삽입

하나의 문장에 단어(연결태, 부사 등) 또는 문장태의 형식이 삽입될 수가 있습니다.

* **당신은 그렇지만 현명합니다.**

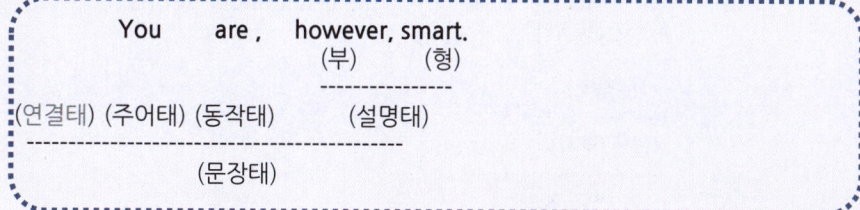

설명태 안에 'however' 삽입되어 'are'를 수식하는 부사의 역할을 합니다.
'however'는 'are'의 뒷주머니로 볼 수 있습니다.

* **모든 학생들은 말할 것도 없이 소리질렀습니다.**

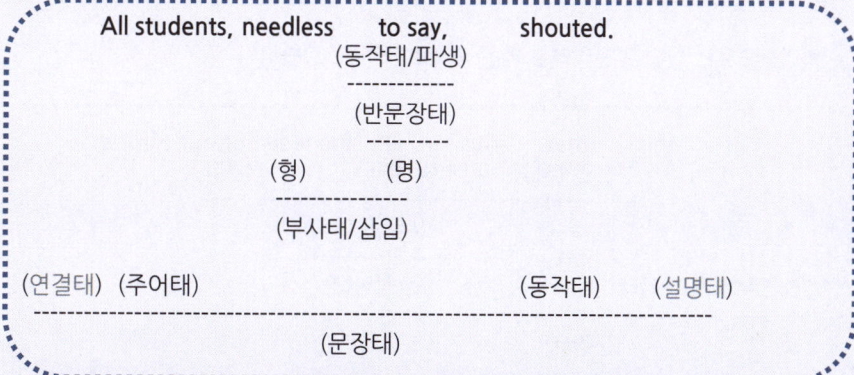

'needless to say' 는 'it is needless to say'의 생략형태 입니다.
삽입된 반문장태로서 부사처럼 동작태(shouted)를 수식합니다.
'needless'를 상세 설명하는 것은 'to say'입니다.
'needless'는 'to say'의 앞주머니로 볼 수 있습니다.
'needless to say' '필요 없는 말하기' -> '말할 필요 없이'

여기에서는 부사태(구)가 삽입된 형태입니다.

B-2. 어법 구조

11. 특수구문

4) 삽입

* 이것은, 내 생각에는, 우리 노력의 결실이라고 생각합니다.

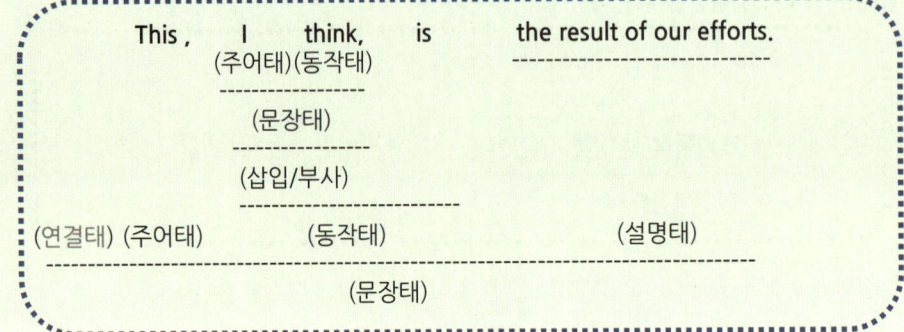

하나의 완전한 문장태가 삽입되어 동작태를 수식하는 부사의 역할을 합니다.
상기 구조에서 삽입 부사는 동작태 'is'의 앞주머니로 볼 수 있습니다.
이것은 'is'를 앞에서 수식합니다.

또는 의미상으로는 삽입된 문장태를 주문장태로 볼 수도 있습니다.

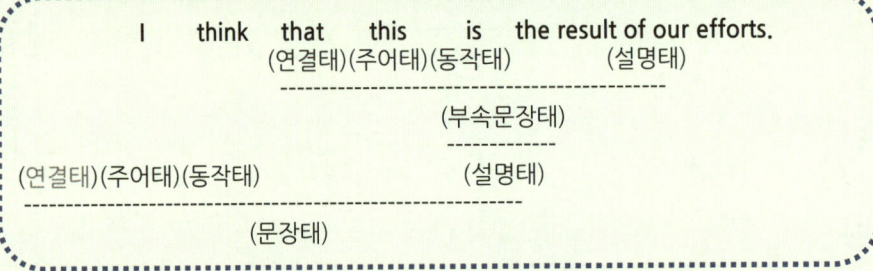

'I think ~ ' 나는 ~라고 생각합니다.
그 상세 설명은 다음의 설명태에 표현됩니다.
설명태는 'that'라는 연결태로 시작하는 문장태이며,
'that'는 ~라는 것을 의미합니다.

B-2. 어법 구조

11. 특수구문

5) 동격

다중구조 영문법에서는 문장의 구조를 동격의 차원에서 분석합니다.
즉, 동격이란 상세설명을 표현하는 것과 동일한 것입니다.

예를 들어,
I am a boy. 에서,
'am'은 'a boy'와 동격이며 상세설명인 것입니다.

* 나는 세계에서 가장 큰 그 극장에 가기를 원합니다.

```
          I    want   to go   to the theater        that   is   the biggest in the world.
                             -----------------                  -----------------------------
                                              (연결태)(주어태)(동작태)      (설명태)
                                              ----------------------------------------------
                              (부사태)                    (부속문장태)
                             ----------------------------------------
                    (동작태 /파생동사)            (설명태)
                    ----------------------------------------
                                 (반문장태)
                                 ----------
 (연결태)(주어태)(동작태)          (설명태)
 --------------------------------------------
                    (문장태)
```

단어의 내용을 대신하는 것은 부연, 상세 설명하는 것과 동일합니다.
즉, 동격이며 형용사의 역할로 'the theater'를 수식합니다.
'the theater' 와 'that is the biggest in the world' 는 동격이며 상세설명입니다.
상기 예문에서 'that'는 주어의 역할을 주어태로 사용되었지만, 다른 주어가 있을 경우에는
연결태라고 칭합니다.

'want to go'에서 'to'는 동작태인 'want'의 뒷주머니가 될 수도 있고 또는 'go'의 앞주머니가
될 수도 있습니다.

설명태는 반문장태로 되어 있으며 동작태+설명태로 구성됩니다.
이 설명태는 'to the theater'라는 부사태와 이 'theater'를 상세 설명하는 부속문장태를
포함하고 있습니다.

관계대명사의 경우에는 두 문장을 연결하는 명사가 존재한다는 것입니다.
동격에서는 문장의 내용이 동일함을 표현하는 것입니다.

B-2. 어법 구조

11. 특수구문

6) 수의 일치

수의 일치는 주어에 해당하는 주어태와 동사의 규칙이 일치하는 것을 의미합니다.

* 주어에 해당하는 주어태가 단수이더라도 복수로 인정하는 경우에는 복수 동사를 사용합니다.

```
         His family    are      all clever.
      (연결태)  (주어태)  (동작태)   (설명태)
      ------------------------------------------
                      (문장태)
```

단수의 의미가 복수를 표현하는 지를 잘 판단해야 합니다.

* 복수형의 학문명이나 국가명은 단수로 취급합니다.

```
         Physics    is    a curious subject.
      (연결태)  (주어태)  (동작태)    (설명태)
      ------------------------------------------
                      (문장태)
```

* 계측단위를 하나로 보면 단수이고, 수량을 인정하면 복수가 됩니다.

```
         Ten years    is    a long term.
      (연결태)  (주어태)  (동작태)  (설명태)
      ------------------------------------------
                      (문장태)
```

```
         Ten years    have         gone.
                              (동작태/파생동사/과거분사)
                              ------------------------
                                     (반문장태)
                                     ----------
      (연결태)  (주어태)  (동작태)      (설명태)
      ------------------------------------------
                      (문장태)
```

* 두 개 이상의 명사가 하나의 주어태를 이룰 때 그 실체가 하나이면 단수이고, 실체가 두 개 이상이면 복수가 됩니다.

```
         Bread and butter    is    very delicious.
      (연결태)     (주어태)     (동작태)   (설명태)
      ------------------------------------------
                      (문장태)
```

B-2. 어법 구조

11. 특수구문

7) 부정

부정을 표현하는 것은 기본적으로 동사를 사용하여 부정문을 표현합니다.
주어태와 설명태의 내용에 따라서 부정의 범위가 특징적으로 구별됩니다.

(1) 일부 부정
* 반짝인다고 모두가 금은 아닙니다.

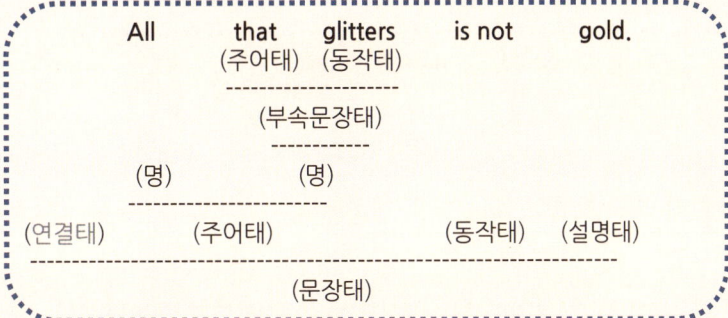

위 예문에서 주어태는 명사와 이를 설명하는 동격의 명사로 되어 있습니다.
'All' 은 전부이지만 'not' 이 설명태에 포함되므로써,
'모두가 그러한 것은 아니다' 라는 일부만을 부정하는 표현입니다.
'All' 과 'that glitters'는 동격입니다.

* 모든 어른이 다 현명한 것은 아닙니다.

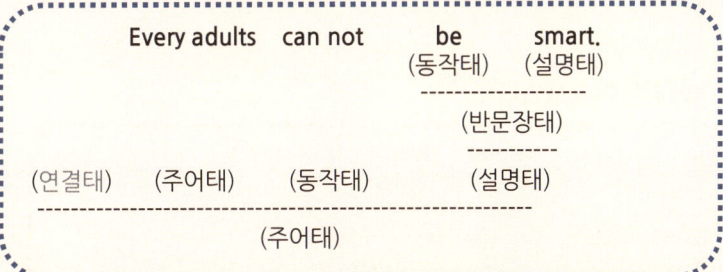

보조동사 'can'이 사용되는 문장은 대부분 설명태 안에 반문장태를 포함합니다.

여기에서는 'can not'이 사용되어 '~할 수 없습니다' 를 의미합니다.
'not'은 동작태 'can'의 뒷주머니로 볼 수도 있고 또는 'be'의 앞주머니로 볼 수도 있습니다.
'모든 어른은 현명하지 않다.' -> 그럴 리는 없습니다. 현명한 사람도 있을 것입니다.
그래서 '모든 어른이 다 현명한 것은 아닙니다.' 의 부분 부정이 만들어지는 것입니다.

'be smart'는 반문장태로써 'can not'의 설명태입니다.

B-2. 어법 구조

11. 특수구문

7) 부정

(2) 범위 추측성 부정

hardly, seldom, scarcely 과 같은 단어는 '거의 ~하지 않는' 의 의미를 가집니다.

* 나는 거의 걸을 수가 없었습니다.

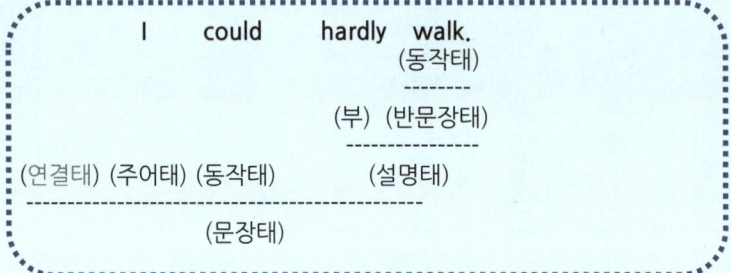

'hardly'는 설명태 안에서 동사인 'walk'를 수식하고 있습니다.
여기에서 'hardly'는 'could'의 뒷주머니로 볼 수도 있고, 'walk'의 앞주머니로 볼 수도 있습니다.

동작태는 'could'이며 뒤에 설명태 'hardly walk'를 가집니다.
'hardly walk' 거의 걷지 않습니다.
'could hardly walk' 거의 걸을 수 없습니다.
보조동사가 사용되면 그 뒤의 설명태는 내부에 문장태를 갖게 됩니다.

* 그는 거의 잠을 자지 않습니다.

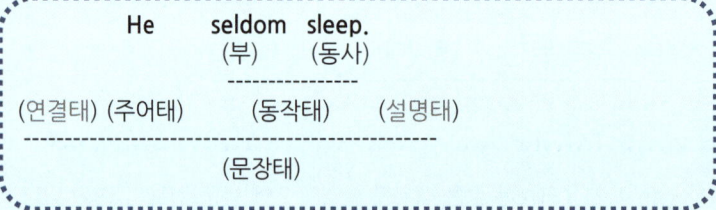

위 예문은 주어태와 동작태로 구성되어 있습니다.
동작태는 부사가 동사를 수식하는 구조입니다.

'seldom'은 동작태 'sleep'의 앞주머니로 볼 수도 있습니다.

B-2. 어법 구조

11. 특수구문

7) 부정

  (3) 이중적 부정

    하나의 문장태에 의미를 부정하는 단어가 두 개 이상이 사용된 경우를 이중부정 또는 중복부정이라고 합니다.

    no, not, but, without, exception, never 등이 사용됩니다.

    * 예외 없는 규칙은 없습니다.

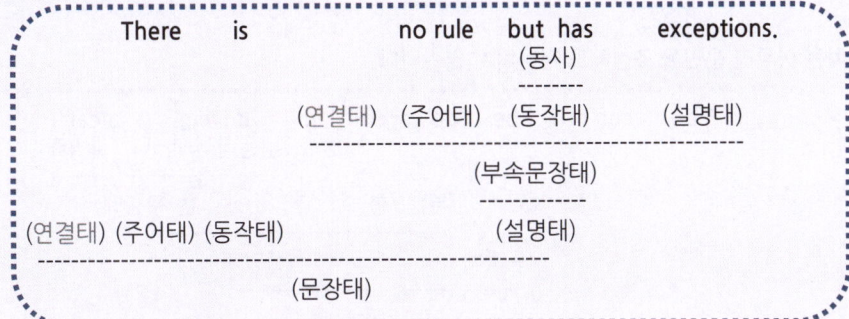

    설명태는 부속문장태로 되어있습니다.
    'but'은 그 다음에 오는 단어 'has'의 부정을 의미하며 동작태 'has'의 앞주머니입니다.
    'but has~'는 '~을 가지고 있지 않다'를 의미합니다.
    그 상세 설명은 그 다음의 'exceptions'입니다.

    즉, 'no rule'은 'exceptions'를 빼고 가지고 있다 . 라는 의미입니다.
    '예외를 빼고 가지고 있는 no 규칙은 있다' 라는 표현입니다.

    설명태의 모든 내용은 'There is ~' 의 상세 내용입니다.

    'There is ~'는 관용적인 표현으로써 설명태의 내용을 표현합니다.

B-2. 어법 구조

11. 특수구문

7) 부정

(4) 관용적인 부정 표현 -1

관용적으로 사용되는 부정표현입니다.

cannot ~ too,
cannot but ~ing
cannot help ~ing

* 차는 아무리 운전을 조심해도 지나치지 않습니다.

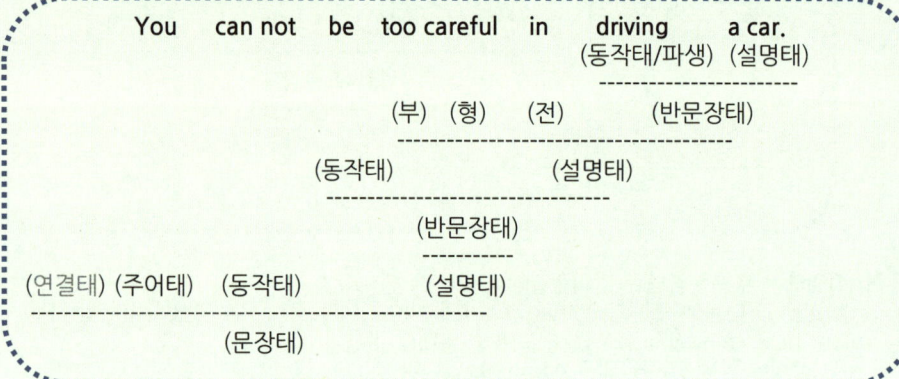

동사가 있는 곳에는 반드시 문장태가 존재합니다.
언어는 동사를 중심으로 표현되기 때문입니다.
'You can not ~' 당신은 ~할 수 없습니다. 'not'은 동작태 'can'의 뒷주머니입니다.
상세 내용은 'be too careful ~' '무지 조심스럽다'입니다.
또한 'careful' 다음에는 'in driving a car'라는 부연 설명이 뒤따르고 있습니다.
'driving a car'는 파생동사로 시작하는 반문장태이며 '차를 운전하는 것'을 의미합니다.
'in driving a car' 에서 'in'은 '~에 있어서' 입니다.

'무지 ~ 하다' 라는 것은 있을 수 없다는 내용입니다.
즉, '아무리 ~해도 지나치지 않다'라는 표현입니다.

B-2. 어법 구조

11. 특수구문

7) 부정

(4) 관용적인 부정 표현 -2

* 나는 웃지 않을 수 없었습니다.

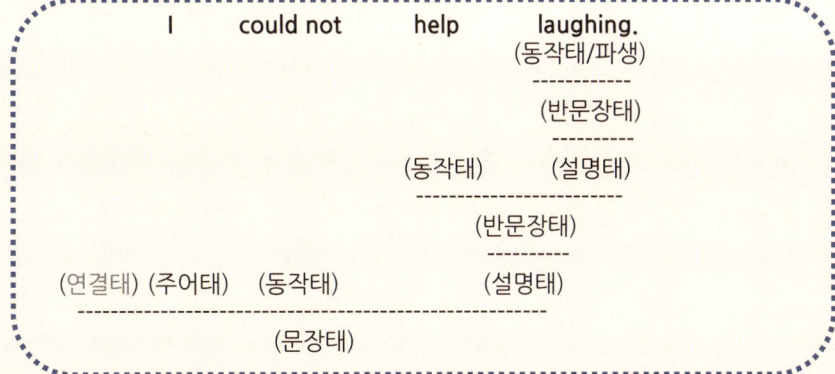

설명태 안에는 반문장태가 중첩되어 있습니다.
'I could not ~' 나는 ~ 할 수 없습니다. 'not'은 동작태의 뒷주머니입니다.
'help laughing' 웃는 것을 돕다
이미 너무 웃고 있어서 웃는 것을 도와줄 수 없다는 의미입니다.
어쩔 수 없이 웃는다는 관용적인 표현이 되었습니다.

* 나는 웃지 않을 수 없었습니다.

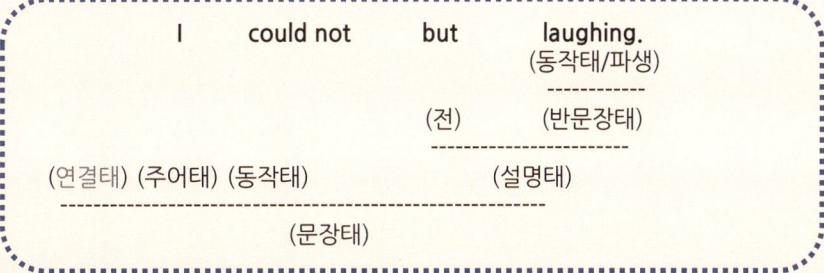

설명태 안의 'but'는 뒤에 나오는 단어의 부정을 의미하는 전치사 입니다.
이것은 반문장태의 앞에서 반대 상황을 나타내며 다시 'not' 에 의해서 또 다시 부정이 이루어집니다.
반문장태인 'laughing'은 명사적인 역할을 하면서 'but'와 결합합니다.

또한 'not'는 'but laughing' 의 전체를 부정하는 부사의 역할을 합니다.

'not'은 동작태 'could'의 뒷주머니로 볼 수도 있고 'but'는 'laughing'의 앞주머니로 볼 수 있습니다.

C. 다중구조 영문법 탐구

C. 다중 구조 영문법 탐구

다중 구조 영문법 탐구

1. 인류의 표현 수단으로서의 언어
2. 다중 구조 영문법
   1) 영어 문장태의 구조 다이어그램
   2) 한국어 문장태의 구조 다이어그램
   3) 다중 구조 영문법 탄생 의의
   4) 다중 구조 영문법 의 탄생이 추구하는 가치
3. 주요표기 및 도해
   1) 문장태와 4요소
   2) 문장태 구조 도해 방식
      (1) 입체분해도
         (1)-1 단일 입체분해도
         (2)-2 다층 입체분해도
      (2) 수직구성도
         (2)-1 단일 수직구성도
         (2)-2 다층 수직구성도
      (3) 삼각배열도
         (3)-1 단일 삼각배열도
         (3)-2 다중 삼각배열도
         (3)-3 삼각배열도의 다양한 예
         (3)-4 다중 삼각배열도의 특수영역(주어태 변환 박스)
         (3)-5 삼각배열도의 영어 한국어 동시 표기 방법
         (3)-6 다중 삼각배열도 설명
         (3)-7 다중 삼각배열도 - 문장태의 4 요소
         (3)-8 다중 삼각배열도 - 문장태의 4요소 나열 순서
         (3)-9 다중 삼각배열도 - 설명태 안에서 수식어의 표현 마디 설정
         (3)-10 다중 삼각배열도 - (영어, 한국어) 문장태의 4요소 나열 순서 도해
         (3)-11 다중 삼각배열도 - 영어 문장태의 4요소 나열 순서
         (3)-12 다중 삼각배열도 - 한국어 문장태의 4요소 나열 순서
         (3)-13 수직구성도, 삼각배열도, 입체분해도의 비교
         (3)-14 다중 삼각배열도에서 영어, 한국어 문장태 나열순서의 차이점
         (3)-15 다중 삼각배열도 - 축약
         (3)-16 다층 입체분해도 - 축약

C. 다중구조 영문법 탐구

4. 다중 구조 영문법의 문장태
    1) 구조 개요
    2) 문장태의 4요소와 3가지 특징
    3) 문장태 종류
        (1) 문장태 / 주문장태
        (2) 반문장태
        (3) 부속문장태
        (4) 연결문장태
    4) 문장태의 4요소
        (1) 연결태
        (2) 주어태
        (3) 동작태
        (4) 설명태
    5) 품사태
    6) Be 동사의 역할
    7) 문장태 간의 상호 기능
    8) 오로지 1개 뿐인 문장 형식
5. 영어 문장 구조 도해 (예제,풀이)
6. 삼각배열도를 통해서 본 한국어 문장에서 영어 문장으로의 번역 원리 설명
7. 삼각배열도를 통해서 본 영어 문장에서 한국어 문장으로의 번역 원리 설명
8. 삼각배열도를 통해서 다중 복합문장태가 생성되는 원리 설명
9. 다층 입체분해도를 통해서 영어 문장이 생성되는 원리 설명
10. 영어 문장태 나열순서 - 다중 삼각배열도
11. 한국어 문장태 나열순서 - 다중 삼각배열도
12. 기타 외국어의 문장태 구조원리 적용 사례 - 스페인어
13. 기타 외국어의 문장태 구조원리 적용 사례 - 독일어
14. 수직구성도를 통해서 영어 문장이 한국어 문장으로 변환되는 원리 설명
15. 입체분해도를 통해서 한국어 문장이 영어 어순으로 변환되는 원리 설명
16. 입체분해도를 통해서 영어 문장이 한국어 어순으로 변환되는 원리 설명
17. 입체분해도를 통해서 한국어 문장과 영어 문장간 상호 변환 관계 설명

C. 다중구조 영문법 탐구

1. 인류의 표현 수단으로서의 언어

1) 전 세계 언어를 통합한 다중구조

* 탄생 배경

알고 보면,

<< 이 세상의 모든 언어는 단순합니다. >>

단순해야만 합니다. !!!
단순할 수 밖에 없습니다 !!!

언어는 그 구조가 단순해야 한 민족이 존속하고 문화를 계승할 수가 있을 것입니다. 그러한 필요성을 만족시키기 위해서 언어 구조의 특성을 파헤치고 분석하여 세상의 모든 언어에 대해서 공통적인 구조적 체계를 정립하는 통일적인 구조를 만들게 되었습니다.

언어는 세상의 사물 존재와 동작 그리고 그 가치와 현상을 표현하고 동족간에 그 내용을 표현하고 전달하기 위하여 사용되는 것입니다.

본서에서는 이러한 역할을 완벽하게 수행할 수 있도록 만들어진 언어의 구조가 어떻게 구성되어 있는가를 파헤치고 분석하였습니다.

본서에서는 '**전 세계 언어를 통합하는 다중 구조**'의 토대를 다지면서 '**다중 구조 영문법**' 이라는 실체로 투영한 다양한 분석을 통해서 그 토대의 구조를 면밀하게 충분히 설명하여 모든 독자들에게 그 원리를 전달하고자 합니다.

또한 본서는 영어 뿐만 아니라 전세계의 여타 언어를 배우고자 하는 많은 독자들에게 제공되어 깊이 있는 도움을 주게 될 것입니다.

C. 다중구조 영문법 탐구

1. 인류의 표현 수단으로서의 언어

2) 언어와 문장

언어는 생각을 표현하는 수단입니다.
하나의 단어가 없어도 언어는 만들어집니다.
그것은 바로 표정입니다.
표정의 단계를 넘어서면 단어를 이용한 언어 습득 과정으로 진행하면서 그 가장 첫 단계는 하나의 단어를 사용하는 것입니다.
그 단어는 명사일 수도 있고 동사일 수도 있으며 형용사일 수도 있습니다.
점차 많은 수의 단어를 사용하게 되면서 언어를 통한 표현이 다양하게 발전합니다.

아이들은 이러한 과정을 거쳐서 성인으로 성장하면서 완벽한 언어를 사용하도록 숙달이 됩니다.

앞으로는 아이가 언어를 습득해나가는 과정을 유추하여 영어의 습득과정을 이해하고 그 구조의 원리를 배울 수 있도록 설명하겠습니다.

아이가 언어를 배우듯이 천천히 반복적으로 언어의 원리를 익혀나간다면 영어라는 언어도 쉽게 배울 수가 있을 것입니다.

언어는 주어의 상태와 동작을 표현하여 의미의 전달을 하는 것입니다.
언어는 세상에서 살아가는 "나"라는 사람의 존재가 삶을 표현하는 수단입니다.
삶을 살아가는 사람인 존재가 있으며 그 움직임이 있고 또한 그 움직임의 내용과 대상이 있습니다.
그래서 언어는 당연하게 주체가 있고 움직임이 있고 그 내용이 있게 됩니다.

주체는 주부(주어)라고 하고 움직임은 동사라고 말하며 그 동사의 내용이 포함된 부분을 서술부라고 지칭합니다.
아울러 움직임에는 정적인 움직임과 동적인 움직임이 있습니다.

문장이란,

문장은 의사 전달의 수단이고 모두 사람에 의해서 표현되는 것이며 누구에게든지 동일하고 정확하게 그 뜻이 전달되어야 합니다. 그러므로 문장이란 어느 누구에게든지 특수해서는 아니 되며 일관되고 통일된 구조를 지녀야 훌륭한 문장의 형식이라고 할 것입니다. 그러한 기본을 이루는 형식을 기본 문형이라고 하는데 만일 그 가지 수가 많다면 언어를 배우는 입장에서 본다면 복잡하고 어렵고 난해하게 받아들여질 수가 있을 것입니다.

본서에서는 영어의 모든 내용을 다루지는 않았습니다.
언어의 구조의 혁신적인 연구를 통해서 영어 문장 생성 원리를 파헤치고 이해하도록 하였으며,
많은 예문과 사례가 제공된 기존의 영문법 교재를 함께 참조하면서 공부하면 더욱 정확하고 쉽게 영어를 터득할 수가 있을 것입니다.

C. 다중구조 영문법 탐구

1. 인류의 표현 수단으로서의 언어

이렇게 언어의 습득은 하나의 단어를 통해서 그 장대한 완성을 이루게 됩니다.

그 첫 단어는 명사일 수도 형용사일 수도 동사일 수도 있으며 심지어 부사나 전치사일 수도 있습니다.

아이들은 단어 하나로 전하고자 하는 뜻을 표현했다고 생각하게 되는 것입니다.

가령 앞에 보이는 사람을 보고 엄마 또는 아빠라고 부르기도 하고 먹을 것을 달라고 맘마라고 말하기도 합니다. 또는 뜨겁다고 뜨라고 말하기도 합니다.

이러한 단어들은 점차 문장을 이루어가면서 서로 어울어져서 적절한 역할을 하게 됩니다.

여기 다중 구조 영문법에서는 이렇게 아이가 언어를 습득해나가는 과정처럼 단순한 문장 표현을 익혀가면서 점차 복합적인 문장의 구조를 배우고 익혀나가도록 구성하였습니다.

문장을 이루는 가장 세부적인 형태를 우리는 품사라고 불러왔습니다.

그 가운데 중요한 품사는 명사, 동사, 형용사, 부사, 전치사입니다.

이러한 품사들은 문장 내에서 사용되어지는 위치에 따라서 각자의 역할을 하게 됩니다.

그동안 대부분의 기존의 영문법에서는 그 기능적 역할을 주어, 동사, 목적어, 보어의 네 가지로 분류하였습니다. 하지만 이러한 분류는 영어의 구조를 더욱 복잡하게 만들어 이해와 습득에 많은 복잡성을 야기하였습니다.

여기 다중 구조 영문법에서는 이러한 기능적 분류를 체계화하고 단순화하고 그것을 반복화하므로서 쉽게 언어의 구조를 이해하여 언어를 구사할 수 있도록 하였습니다.

그것은 바로 연결태, 주어태, 동작태 그리고 설명태의 네 가지 문장요소입니다.
모든 문장은 이 네 가지의 문장요소로 이루어지며 각각의 문장요소 안에서 반복되고 선택적으로 사용되어 문장을 이루고 있는 것입니다.

또한 이렇게 구성된 문장을 문장태라고 일컬으며 문장내에서 하나의 문장요소처럼 사용되어 또 다른 문장을 이루게 됩니다.

다중 구조 영문법에서는 하나의 문장을 구조적으로 분석하고 도해하는 방법을 제시하고 있습니다.

그 방법은 세 가지의 구조도인 수직구성도(단일, 다층), 삼각배열도(단일, 다중), 입체분해도(단일, 다층)입니다.

'단일수직구성도, 다층수직구성도, 단일삼각배열도, 다중삼각배열도, 단일입체분해도, 다층입체분해도'는 동일한 표현입니다.

앞으로는 이러한 원리와 다양한 구조도를 기반으로 하여 영어의 구조를 파헤치고 이해하게 될 것입니다.

C. 다중구조 영문법 탐구

1. 인류의 표현 수단으로서의 언어

3) 다중 구조 영문법

인류가 생각을 말이나 글로 전달하는 과정을 요약하면 다음과 같습니다.

주어가 **동작**을 하는데 있어서 그 상세 **설명**을 표현하는 것입니다. 이것이 **문장태**입니다.

또한 필요 시에 이러한 문장태 내용을 대표하거나 또는 다른 문장태와 연결을 시켜주는 역할을 하는 **연결태**가 언어에 따라서 **문장태**의 앞이나 뒤에 첨부되어 확장된 문장태를 이루게 됩니다.

이렇게 모든 언어는,
연결태 주어태 동작태 설명태가 모여서 완성된 **문장태**를 이룹니다.

이러한 문장태는 각각의 언어를 형성한 민족과 그들의 문화적인 특성에 따라서 문장태를 구성하는 4가지의 요소가 적절하고 합리적으로 변화하였으며 그 나열 순서 역시 고유하게 변화하였으며 교환, 이동 및 도치가 된 것입니다. 지역의 한 문화가 타 문화와의 결합 또는 영향으로 인하여 꾸준하게 변화하고 있는 것입니다. 즉, 모든 언어는 연결태, 주어태, 동작태, 설명태가 어울어져서 문장태를 이룬다는 것이 바로 '**문장태의 원리**'입니다.

전 세계의 어떠한 언어라고 할지라도 문장태의 4구성요소의 범주안에 포함될 것이며,
이것이 **전 세계의 언어를 통합한 '다중 구조'**입니다. 문장을 이러한 구조로 이해하고 해석하고 표현한다면 영어뿐만 아니라 모든 언어를 쉽게 습득하고 터득할 수 있습니다. 만일 언어가 너무 많은 규칙을 포함하게 된다면 습득하기에 너무 어렵고 힘든 일이 될 것이며, 이러한 난제를 해결하기 위해서 '전세계 언어 통합다중구조'를 만들게 되었습니다.

본서에서는 전 세계의 언어를 통합하는 '**다중 구조**'의 토대를 다지면서 영어를 익히는 영문법 도서의 형태를 빌어 '**다중 구조 영문법**'이라는 실체로 투영하여 도형과 도해 등 다양한 분석을 통해서 그 토대의 구조를 면밀하게 충분히 설명하여 모든 독자들에게 그 원리를 전달하고자 합니다.

또한 본서는 영어 뿐만 아니라 전세계의 여타 언어를 배우고자 하는 많은 독자들에게 제공되어 깊이 있는 도움을 주게 될 것입니다.

오직, 이 문장태 원리만을 이해하면 모든 언어가 보입니다.

C. 다중구조 영문법 탐구

2. 다중 구조 영문법

1) 영어 문장태의 구조 다이어그램

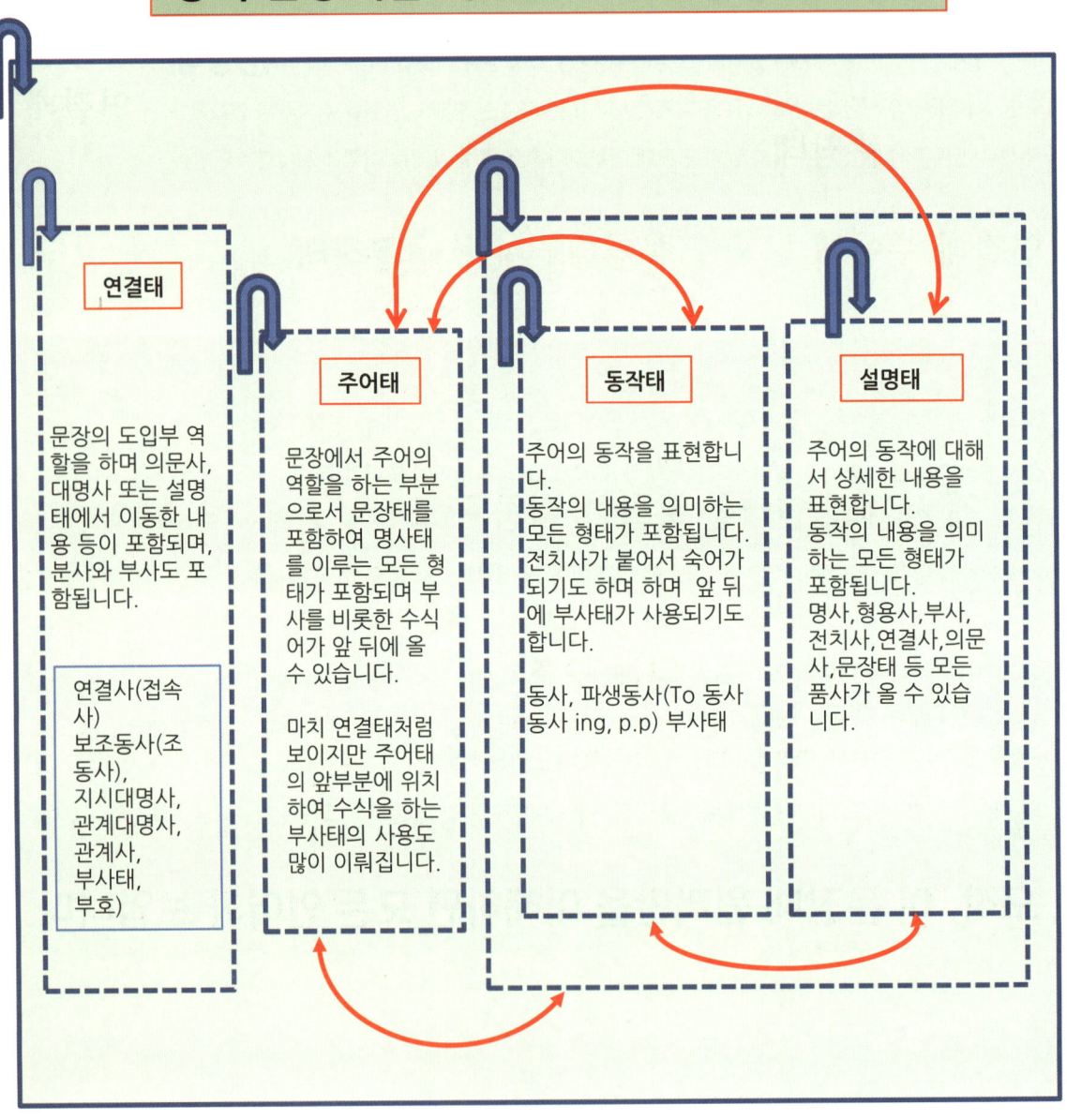

문장태안에 있는 4개의 요소는 앞주머니 또는 뒷주머니를 가질 수 있으며 이것은 한국어 문장으로 해석시에 용이하게 활용하기 위함입니다.

C. 다중구조 영문법 탐구

2. 다중 구조 영문법

2) 다중 구조 영문법 탄생의 의의

다중 구조 영문법에서는,
모든 문장은 문장태라고도 칭하며 문장태는 4개의 문장태 요소로 구성되어 있습니다.

즉, 문장태는 기본적으로
'연결태 + 주어태 + 동작태 + 설명태' 로 구성되어 있습니다.

또한 확장적이며 특성적인 언어의 구조를 이해하기 위해서,
필요시 "특수 영역"을 활용하였고,

4가지의 구성요소는 필요시 각각의 앞과 뒤에 주머니 즉, 앞주머니와 뒷주머니를 가질 수 있도록 하였습니다.

3) 다중 구조 영문법의 탄생이 추구하는 가치

본서의 대부분의 내용은 영어라는 언어와 한국어와의 전이 관계를 설명한 속칭 영어 문법에 관한 내용입니다.

하지만 제3의 언어인 스페인어와 독일어를 예로 들어 비교하고 분석하면서 우주의 지성체가 생각과 의사를 전달할 수 있는 세상의 모든 언어를 동일하게 그 구조를 설명할 수 있는 구조를 이 다중 구조 영문법이 통합할 수 있다는 근거를 제시하였습니다.

후반부의 '외국어의 문장태 구조원리 적용사례' 단원을 통해서 '스페인어'와 '독일어'를 예로 들면서 다중 구조 영문법의 구조원리가 언어의 종류에 관계없이 언어 구조의 규칙을 체계화 할 수 있는 동일한 방법을 제시하고 있다는 사실을 확실하게 증명하고자 합니다.

즉, 세상의 어떠한 언어라 할지라도 다중 구조 영문법의 구조원리의 범주 내에서 설명할 수 있으며, 어떤 타 언어간이라고 할지라도 상호 번역하고 해석할 수 있다는 것을 의미합니다.

좀 더 나아가 표현한다면,
이러한 체계를 바탕으로 한다면 모든 필요한 표현을 아우르는 아직 존재하지 않았던 새로운 규칙의 언어를 창조할 수도 있는 기반을 마련했다고 할 것입니다.

다중 구조 영문법은 우주에 존재하는 모든 언어에 관하여 편리함을 잃지 않으면서 특색있는 규칙을 정형화하기 위함입니다.

C. 다중구조 영문법 탐구

3. 주요 표기 및 도해

   1) 문장태와 4요소

앞에서는 본 '다중 구조 영문법'의 문장태를 이루는 기본적인 4가지 구성요소를 표시하였고, 이 문장태와 4가지 구성요소가 반복되는 원리를 표시하였으며 4가지 구성요소가 어떠한 순서로 연관되어 해석되는 지를 표기하였습니다.

다중 구조 영문법에서는,
모든 문장은 문장태라고도 칭하며 4개의 요소로 구성되어 있습니다.

문장태는
'연결태 + 주어태 + 동작태 + 설명태' 로 구성되어 있습니다.

이 4개의 구성요소는 앞과 뒤에 주머니를 가질 수 있습니다.
여기에서 주머니의 역할은 어법상 단어들이 이동되거나 도치될 때 사용되는 공간입니다.

의문문이나 강조문 등의 경우에 단어가 앞으로 이동하는 경우에 주머니를 활용하는 이유는 거나 또는 는 경우에 한국어 문장의 해석을 용이하고 매끄럽게 하기 위함입니다.

또한 확장적이며 특성적인 언어의 구조를 이해하기 위해서 필요시 "특수 영역"을 활용하였습니다.

C. 다중구조 영문법 탐구

3. 주요 표기 및 도해

2) 문장태 구조 도해 방식

문장태의 구조를 알기 쉽게 표현하는 도해 방식으로는 여러 가지가 있습니다.

* 입체분해도 (단일 입체분해도, 다층 입체분해도)

* 수직구성도 (단일 수직구성도, 다층 수직구성도)

* 삼각배열도 (단일 삼각배열도, 다중 삼각배열도)

(1) 입체분해도

　(1)-1　단일 입체분해도

가장 단순한 하나의 문장태는 4개의 구성요소로만 이루어져 있습니다.
이렇게 단순한 문장태는 하나의 레벨로 구성된 경우이며 그 표기는 다음과 같이 '단일 입체분해도'로 표현이 가능합니다.

다음은 '단일 입체분해도'를 표현한 여러 가지 예입니다.

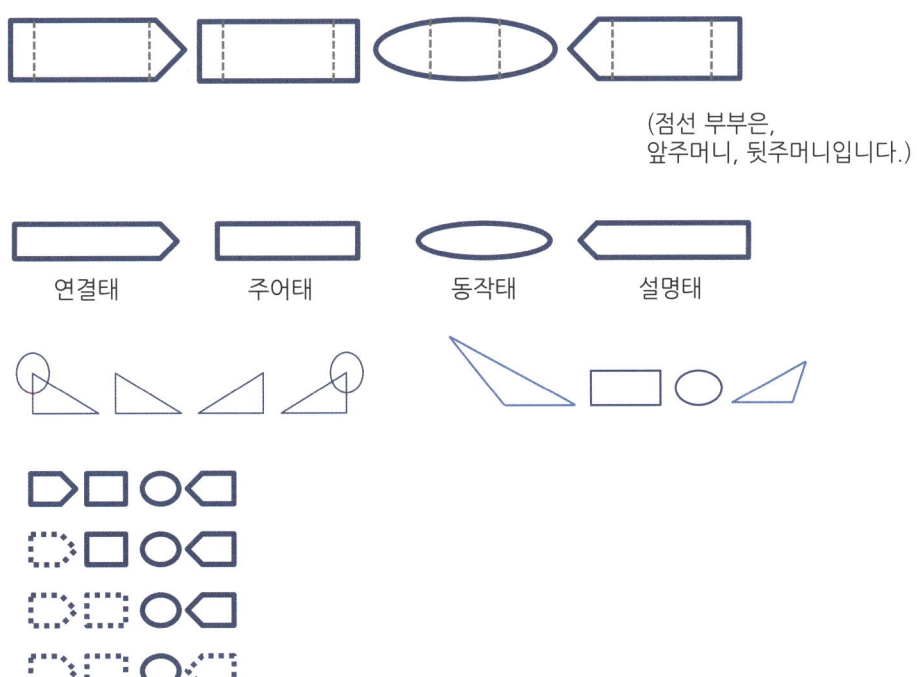

(점선 부분은, 앞주머니, 뒷주머니입니다.)

연결태　　주어태　　동작태　　설명태

C. 다중구조 영문법 탐구

3. 주요 표기 및 도해

(1)-2 다층 입체분해도

문장태 안에 있는 구성요소 마다 부속문장태를 포함할 수 있습니다.
또한 한 부속문장태도 그 안에 있는 구성요소에 다른 부속문장태를 포함할 수 있습니다.
이렇게 '다중 구조 영문법'은 뚜껑을 열면 그 속에 또 다른 인형이 계속 나오는 러시아의 마트로시카 인형처럼 문장태 안에 다른 문장태를 계층적이며 반복적으로 포함하는 구조를 갖고 있습니다.

다음은 2개 이상의 계층으로 구성된 문장태의 '다층 입체분해도'의 다양한 표기 예입니다.

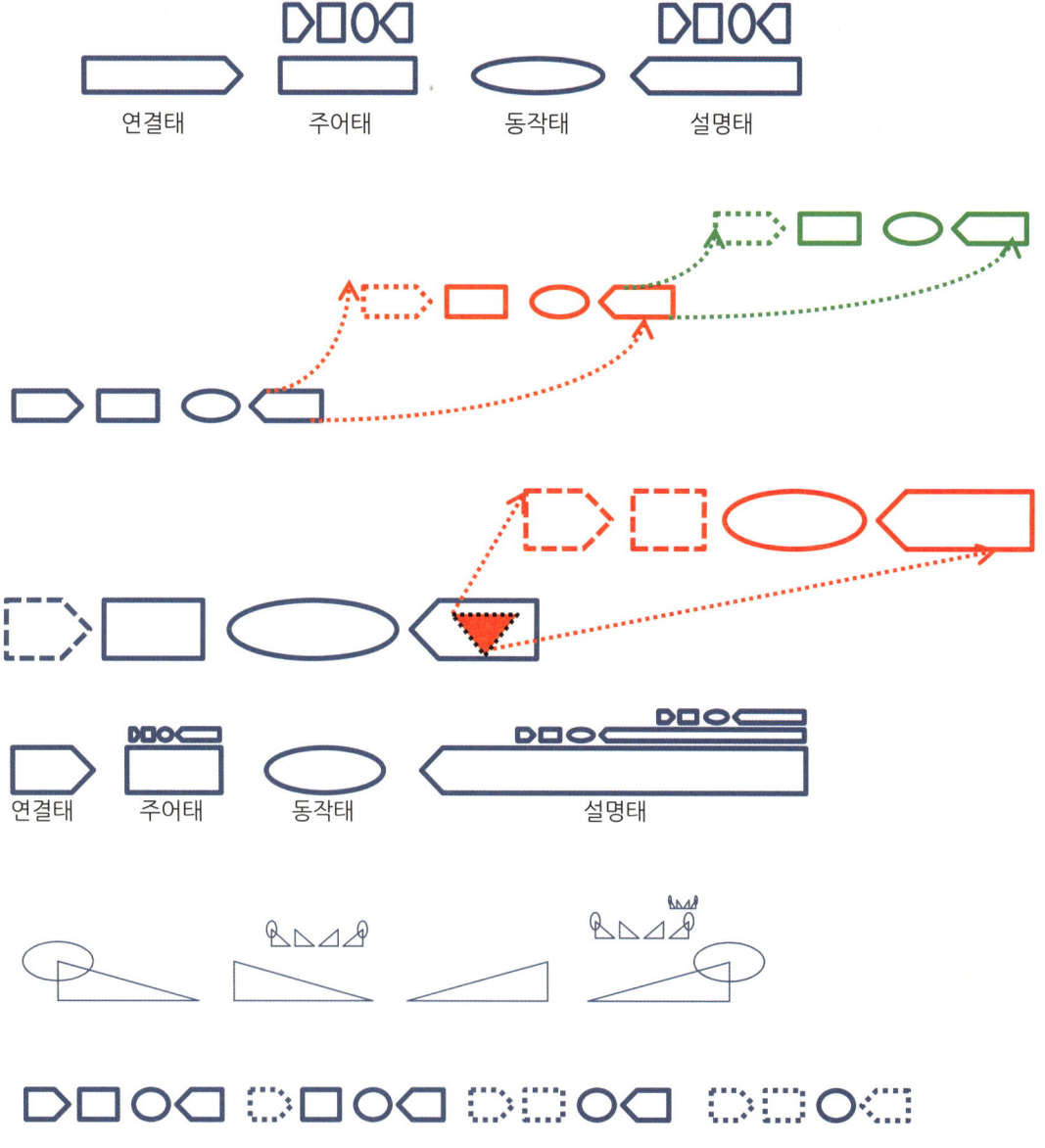

C. 다중구조 영문법 탐구

3. 주요 표기 및 도해

(2)-1 단일 수직구성도

다중 구조 영문법에서 모든 문장은 문장태라고도 칭하며 4개의 요소로 구성되어 있습니다. 하나의 문장태는 연결태, 주어태, 동작태, 설명태의 4요소가 해당 언어에 따르는 구조적인 규칙을 가지고 다중적, 다층적, 반복적, 선택적으로 나열되어 있습니다.
하나의 문장태에 대해서 그 구조를 입체적인 시각적으로 표현한 것을 '수직구성도'라고 칭하며 한 개의 층으로만 구성된 문장태의 구조도를 '단일 수직구성도'라고 합니다.

(점선 또는 흐린 글씨는 생략된 것을 표시합니다.)

수 십개의 품사의 단어들이 하나의 문장을 구성하고 있는 문장에서, 개별 품사의 단어들은 다중구조 원리에 따라 기능적으로 4요소의 범주안으로 집체되며 집체된 4요소는 문장태 또는 반문장태를 이루게 됩니다.

이렇게 여러 단계의 집체 작용을 거쳐서 이뤄진 문장태 및 반문장태는 최종적으로 문장태의 4요소 가운데 어느 하나에 속하게 됨으로써 최종적으로 간결한 구조적 문장태가 완성되는 것입니다.
완성된 문장태로부터 4요소별로 상세하게 진입하면 그 각 요소의 세부 내용을 파악할 수가 있으며, 역으로 개별 품사의 상태에서 집체해 나가는 과정을 분석하면 문장태에서 어떠한 역할을 하는 요소인가를 알아낼 수가 있게 됩니다.
이 책에서는 거의 대부분의 영어의 문장(태)을 '수직구성도'를 통해서 설명하였습니다. 문장을 수직구성도를 이용하여 단일 또는 다층적으로 이해하고 한국어와의 비교도 가능하도록 하여 영어 작문과 영어 독해를 동시에 모두 쉽게 이해하도록 하였습니다.

* 다음은 그 표기 예입니다.

```
(연결태) (주어태) (동작태) (설명태)              (연결태) (주어태) (동작태) (설명태)
---------------------------------              ---------------------------------
            (문장태)                                        (문장태)


(연결태)    (주어태)    (앞주머니) (동작태)        (설명태)
--------------------------------------------------------------
                            (문장태)


(연결태)    (주어태)    (앞주머니) (동작태) (뒷주머니)    (설명태)
--------------------------------------------------------------------
                            (문장태)


(연결태)    (앞주머니) (주어태) (뒷주머니)    (동작태)    (설명태)
--------------------------------------------------------------------
                            (문장태)
```

C. 다중구조 영문법 탐구

3. 주요 표기 및 도해

(2)-2 다층 수직구성도

다중 구조 영문법에서 문장태는 4개의 요소로 구성되어 있으며,
문장태 안에 있는 구성요소 마다 내부에 부속문장태를 포함할 수 있습니다.
또한 부속문장태도 그 안에 다른 부속문장태를 포함할 수 있습니다.
이것은 더욱 정확하고 상세한 표현을 가능하게 하기 위함입니다.

이렇게 '다중 구조 영문법'은 뚜껑을 열면 그 속에 또 다른 인형이 계속 나오는 러시아의 마트로시카 인형처럼 문장태 안에 다른 문장태를 계층적이며 반복적으로 포함하는 구조를 갖고 있습니다.

'다층 수직구성도'는 간단하게 '다층구조도'라고 칭합니다.

다음은 그 표기 예입니다.

```
                        (연결태)(주어태) (동작태)  (설명태)
                        -------------------------------------
                                    (반문장태)
                                    ----------
                              (동작태) (설명태)
                              --------------------
                                  (반문장태)
                                  -----------
(연결태)        (주어태)        (동작태)        (설명태)
-----------------------------------------------------------
                              (문장태)
```

```
          (동작태) (설명태)                    (동작태)   (설명태)
          --------------------                 -----------------------
               (반문장태)              (명사)       (반문장태)
               ----------                      ---------------------
(연결태)        (주어태)        (동작태)          (설명태)
-----------------------------------------------------------------
                              (문장태)
```

C. 다중구조 영문법 탐구

3. 주요 표기 및 도해

(3)-1 단일 삼각배열도

앞에서 설명한 단일 수직구성도는 문장태의 4개의 구성요소를 영역으로 구분하여 단일 삼각배열도로 표현이 가능합니다.

점선 타원은 순서대로 연결태, 주어태, 동작태, 설명태를 나열한 것입니다.
삼각배열도는 4개 요소의 영역을 전체적으로 표현한 것이며,
구획으로도 나누어 순서적으로 표기한 것입니다.

이렇게 문장태가 단순하게 하나의 삼각배열도만으로 표현된 것을 '단일 삼각배열도' 또는 '삼각배열도'라고 칭합니다.

〈문장태〉

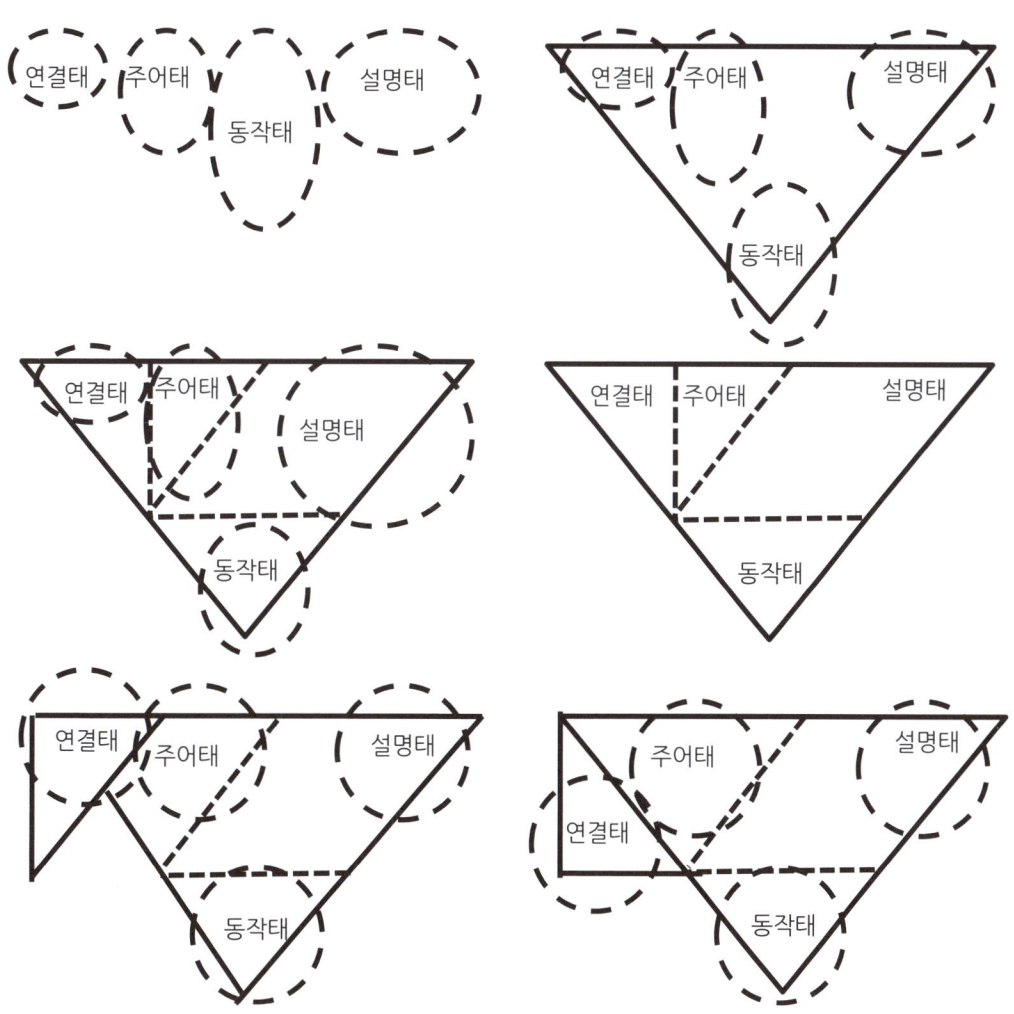

C. 다중구조 영문법 탐구

3. 주요 표기 및 도해

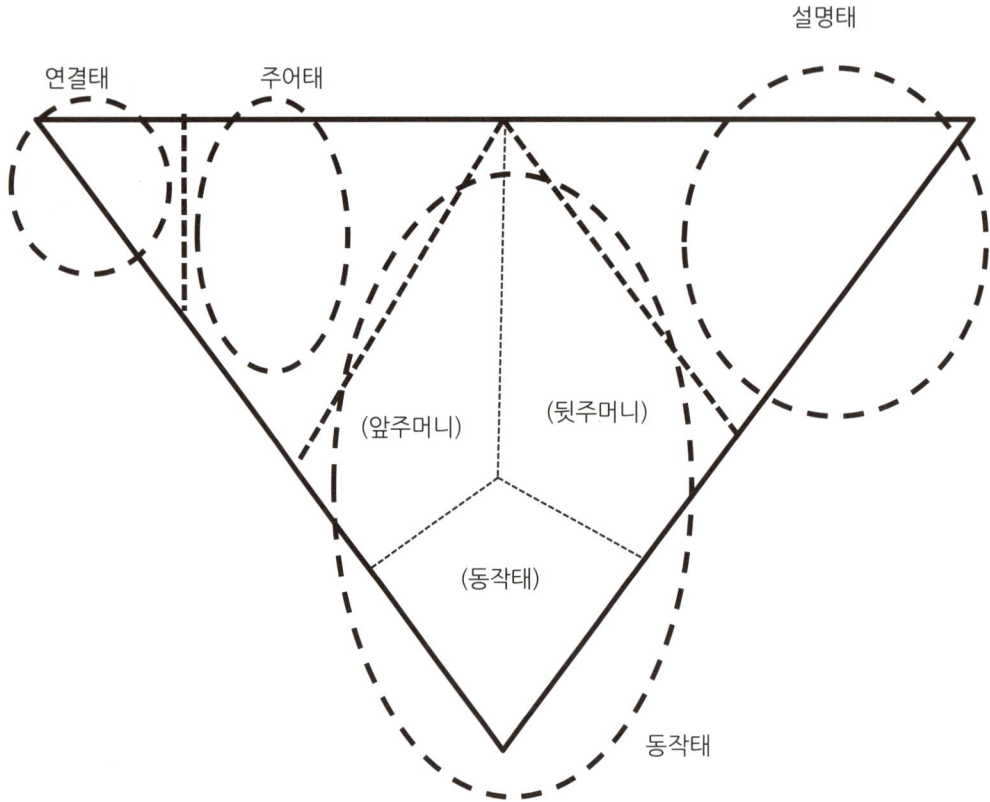

C. 다중구조 영문법 탐구

3. 주요 표기 및 도해

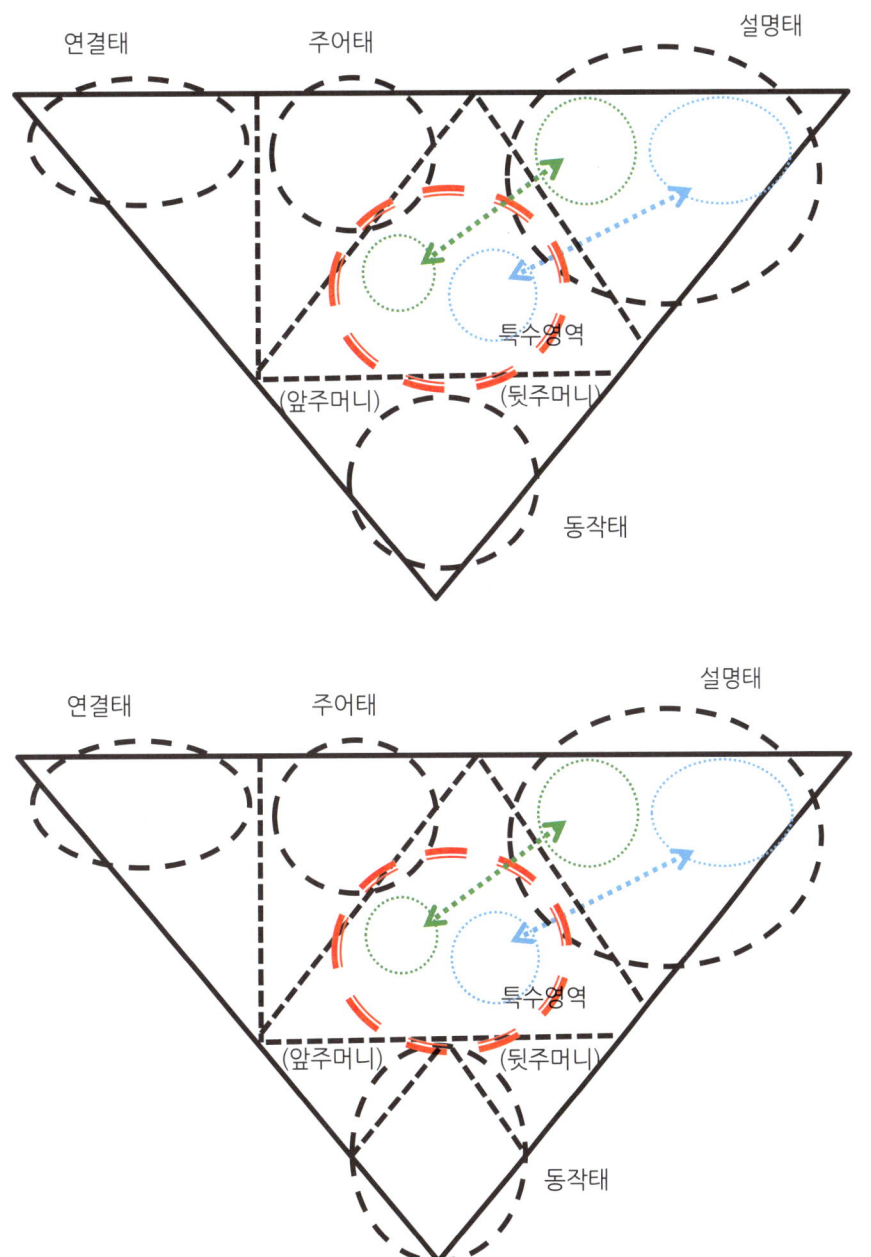

C. 다중구조 영문법 탐구

3. 주요 표기 및 도해

(3)-2 다중 삼각배열도

> 앞에서 설명한 다층 수직구성도는 문장태의 4개의 구성요소를 영역으로 구분하여 다중 삼각배열도로 표현이 가능합니다.
>
> 점선 타원은 순서대로 연결태, 주어태, 동작태, 설명태를 나열한 것입니다.
> 다중삼각배열도는 4개 요소의 영역을 전체적으로 표현한 것이며,
> 직선 또는 곡선 구획으로도 나누어 순서적으로 표기한 것입니다.
>
> 이렇게 문장태가 다중의 삼각배열도로 표현된 것을 '다중 삼각배열도' 또는 '삼각배열도'라고 칭합니다.

<문장태>

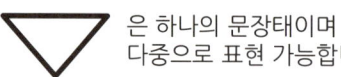 은 하나의 문장태이며 다중으로 표현 가능합니다.

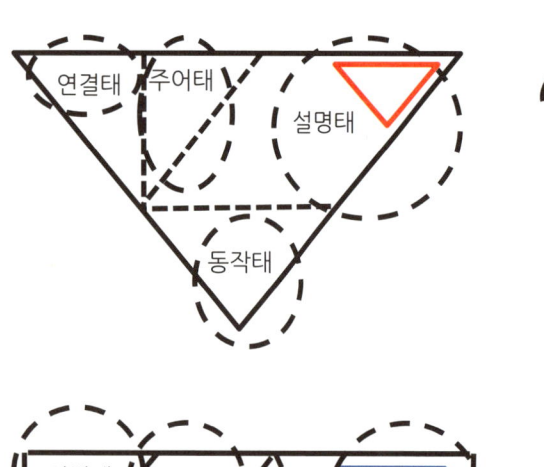

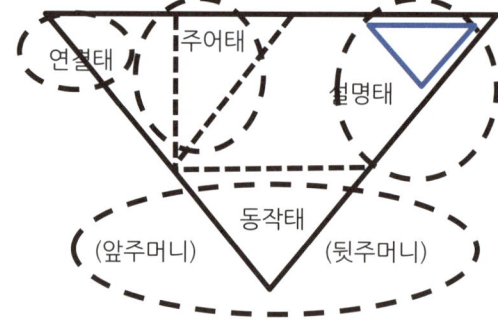

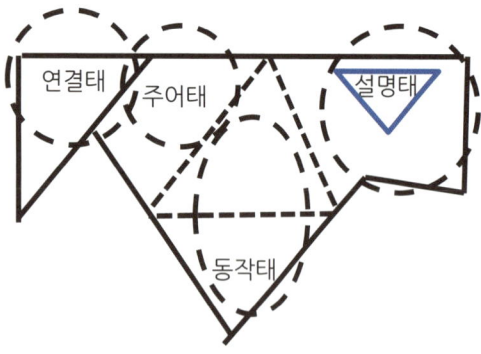

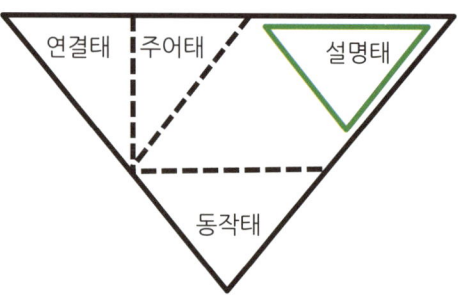

C. 다중구조 영문법 탐구

3. 주요 표기 및 도해

(3)-4 삼각배열도의 다양한 예

삼각배열도는 입체적으로 표현되는 '수직구성도'를 평면적으로 분해하여 반복적 다중적으로 도식적인 표현이 가능하도록 하였습니다.
예를 들면 설명태 안에 삼각배열도가 존재하여 전체적으로 다중삼각배열도를 이루고 있습니다.
아울러 다양하게 형태를 응용할 수가 있습니다.

〈문장태〉

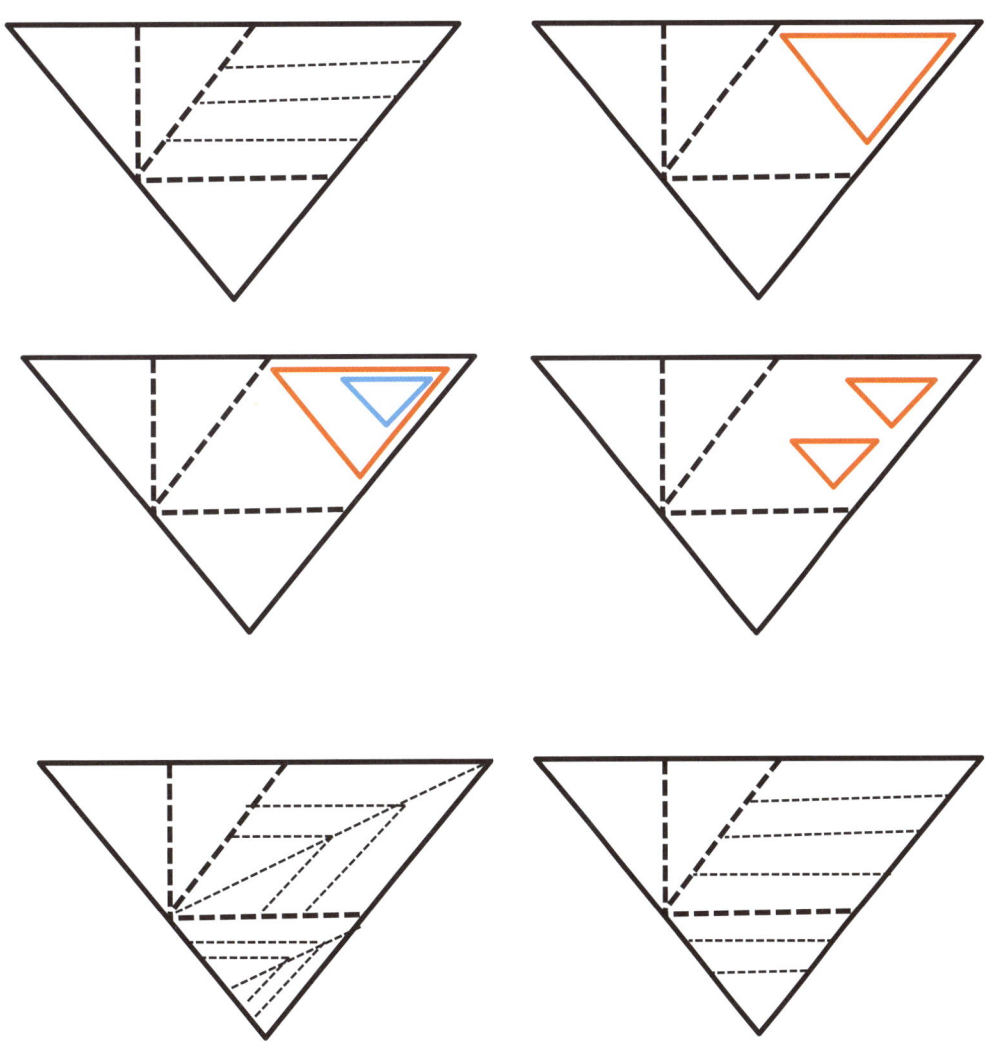

C. 다중구조 영문법 탐구

3. 주요 표기 및 도해

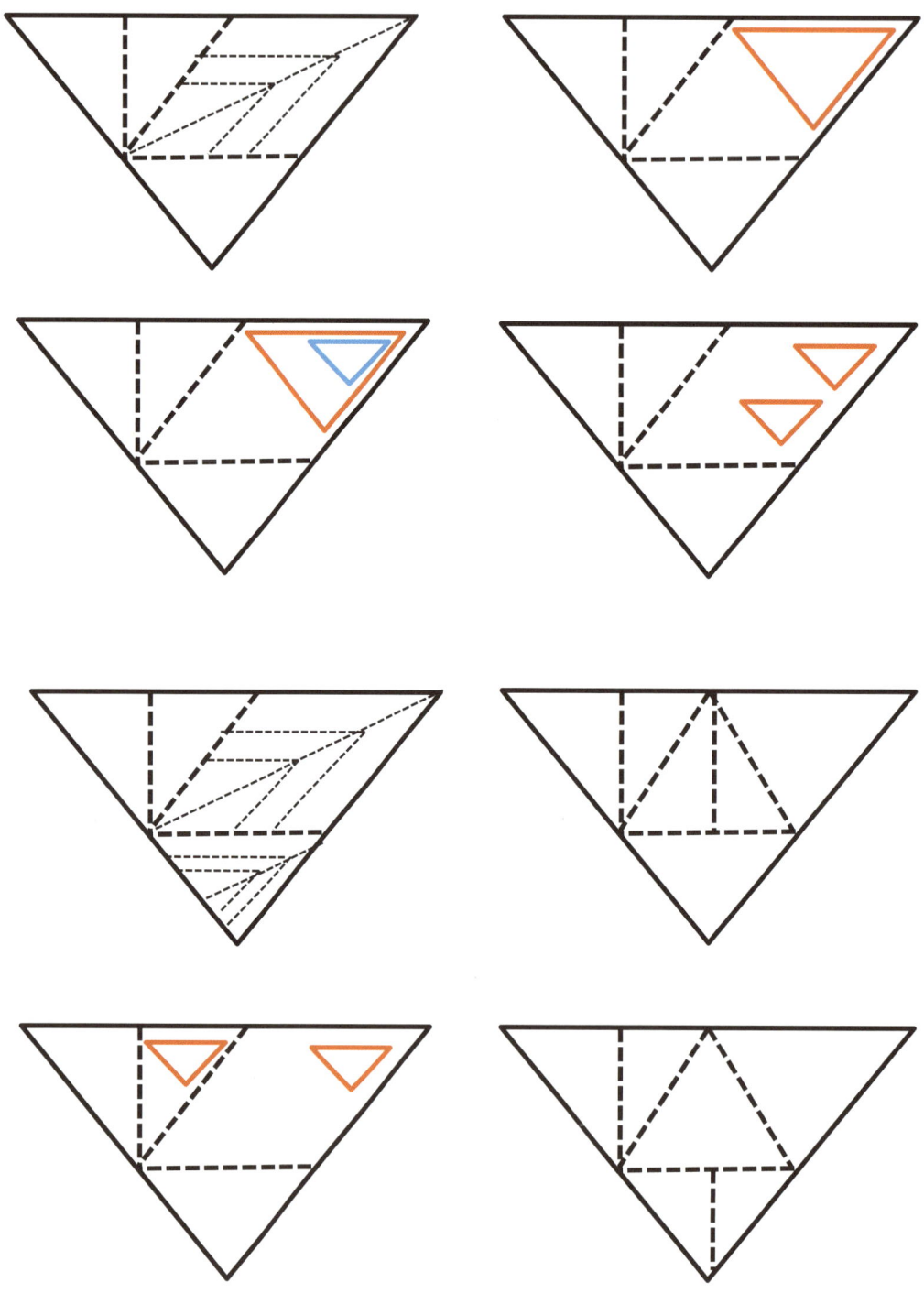

C. 다중구조 영문법 탐구

3. 주요 표기 및 도해

(3)-5 삼각배열도의 영어 한국어 동시 표기 방법 - 1

삼각배열도는 영어와 한국어 또는 두 가지 이상의 언어를 동시에 표기하여 언어 상호간에 어떻게 해석되어 지는 관련성과 나열 순서를 비교하여 이해를 쉽게 할 수 있도록 고안된 것으로서 다양하게 응용할 수가 있습니다.

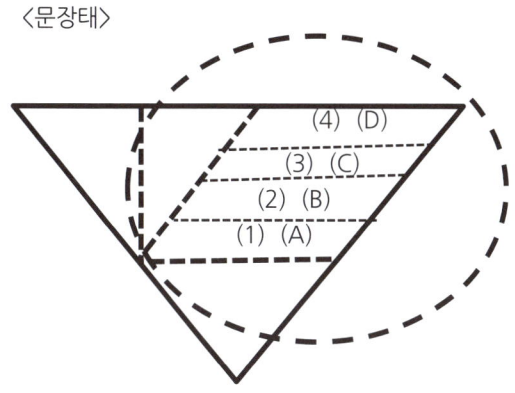

〈문장태〉

(4),(3),(2),(1)은 설명태 안에서 한국어의 나열 순서입니다.
(A),(B),(C),(D)는 설명태 안에서 영어의 나열 순서입니다.

한국어와 영어는 나열순서가 반대로 바뀐다는 의미입니다.

(1)과 (A), (2)와 (B), (3)과 (C), (4)와 (D)는 같은 내용의 한국어와 영어입니다.

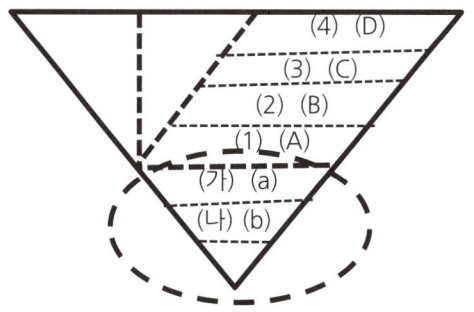

(가),(나)는 동작태 안에서 한국어의 나열 순서입니다.
(a),(b)는 동작태 안에서 영어의 나열 순서입니다.

(가)와 (a), (나)와 (b)는 같은 내용의 한국어와 영어입니다.

즉, 동작태 안에서 한국어와 영어는 나열순서가 반대로 바뀐다는 의미입니다.

동작태 안에 여러 개의 동사가 나열되는 것은 여러 개의 동작태를 축약하여 하나의 동작태로 통합한 것을 의미합니다.

C. 다중구조 영문법 탐구

3. 주요 표기 및 도해

(3)-5 삼각배열도 - 영어 한국어 동시 표기 방법 - 2

<문장태>

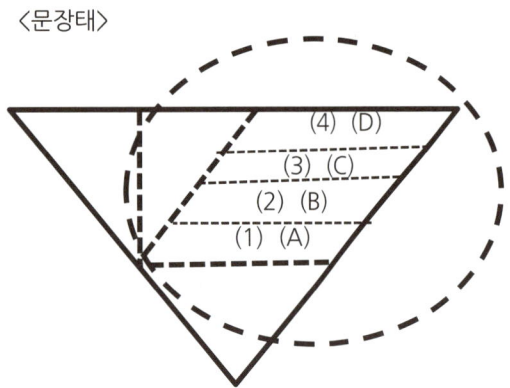

(4),(3),(2), (1)은 설명태 안에서 한국어의 나열 순서입니다.
(A),(B),(C), (D)는 설명태 안에서 영어의 나열 순서입니다.
한국어와 영어는 나열순서가 반대로 바뀐다는 의미입니다.

(1)과 (A), (2)와 (B), (3)과 (C), (4)와 (D)는 같은 내용의 한국어와 영어입니다.

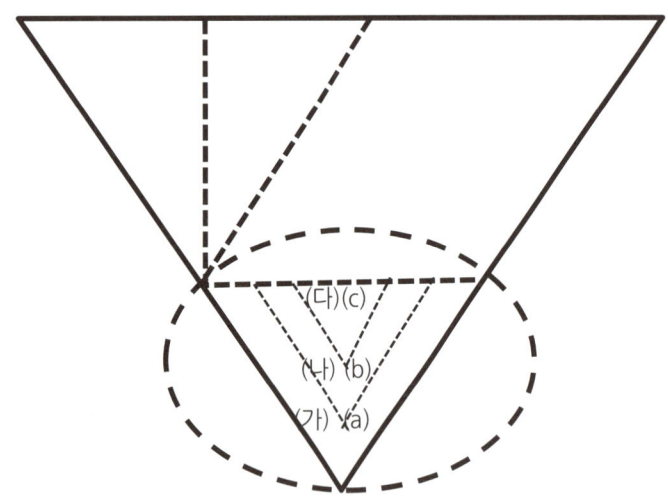

(다),(나), (가)는 동작태 안에서 한국어의 나열 순서입니다.
(a),(b)는 동작태 안에서 영어의 나열 순서입니다.
동작태 안에서 한국어와 영어는 나열순서가 반대로 바뀌게 됩니다.

(가)와 (a), (나)와 (b), (다)와 (c)는 같은 내용의 한국어와 영어입니다.

동작태 안에 여러 개의 동사가 나열되는 것은 인접한 여러 개의 동작태를 축약하여 하나의 다중동작태로 통합한 것을 의미합니다.

C. 다중구조 영문법 탐구

3. 주요 표기 및 도해

(3)-5 삼각배열도 - 영어 한국어 동시 표기 방법 - 3

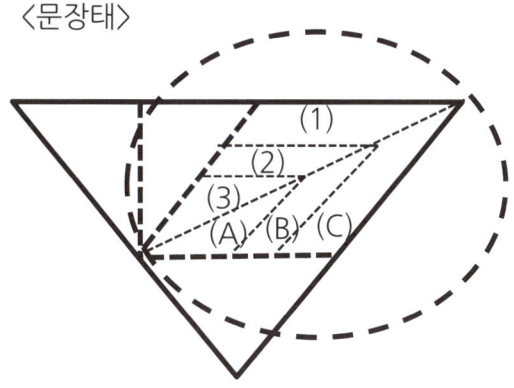

〈문장태〉

(1),(2),(3)은 설명태 안에서 한국어의 나열 순서입니다.
(A),(B),(C)는 설명태 안에서 영어의 나열 순서입니다.

(1)과 (C), (2)와 (B), (3)과 (A)는 같은 내용의 한국어와 영어입니다.

즉, 설명태 안에서 한국어와 영어는 나열순서가 반대로 바뀐다는 의미입니다.

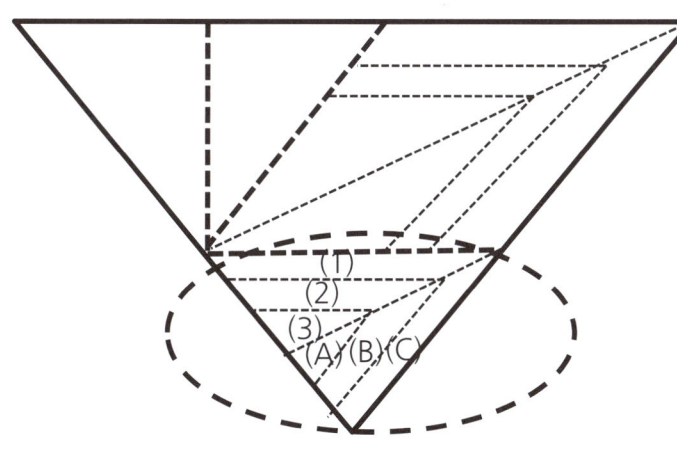

(1),(2),(3)은 동작태 안에서 한국어의 나열 순서입니다.
(A),(B),(C)는 동작태 안에서 영어의 나열 순서입니다.

(1)과 (C), (2)와 (B), (3)과 (A)는 같은 내용의 한국어와 영어입니다.

즉, 동작태 안에서 한국어와 영어는 나열순서가 반대로 바뀐다는 의미입니다.

동작태 안에 여러 개의 동사가 나열되는 것은 여러 개의 동작태를 축약하여 하나의 동작태로 통합한 것을 의미합니다.

C. 다중구조 영문법 탐구

3. 주요 표기 및 도해

(3)-6 다중 삼각배열도 설명 - 1

다중적인 삼각배열도를 계층적으로 분해하여 문장내에서 어떻게 분해되어 의미적으로 역할을 하는 지를 쉽게 이해할 수 있는 도해입니다.

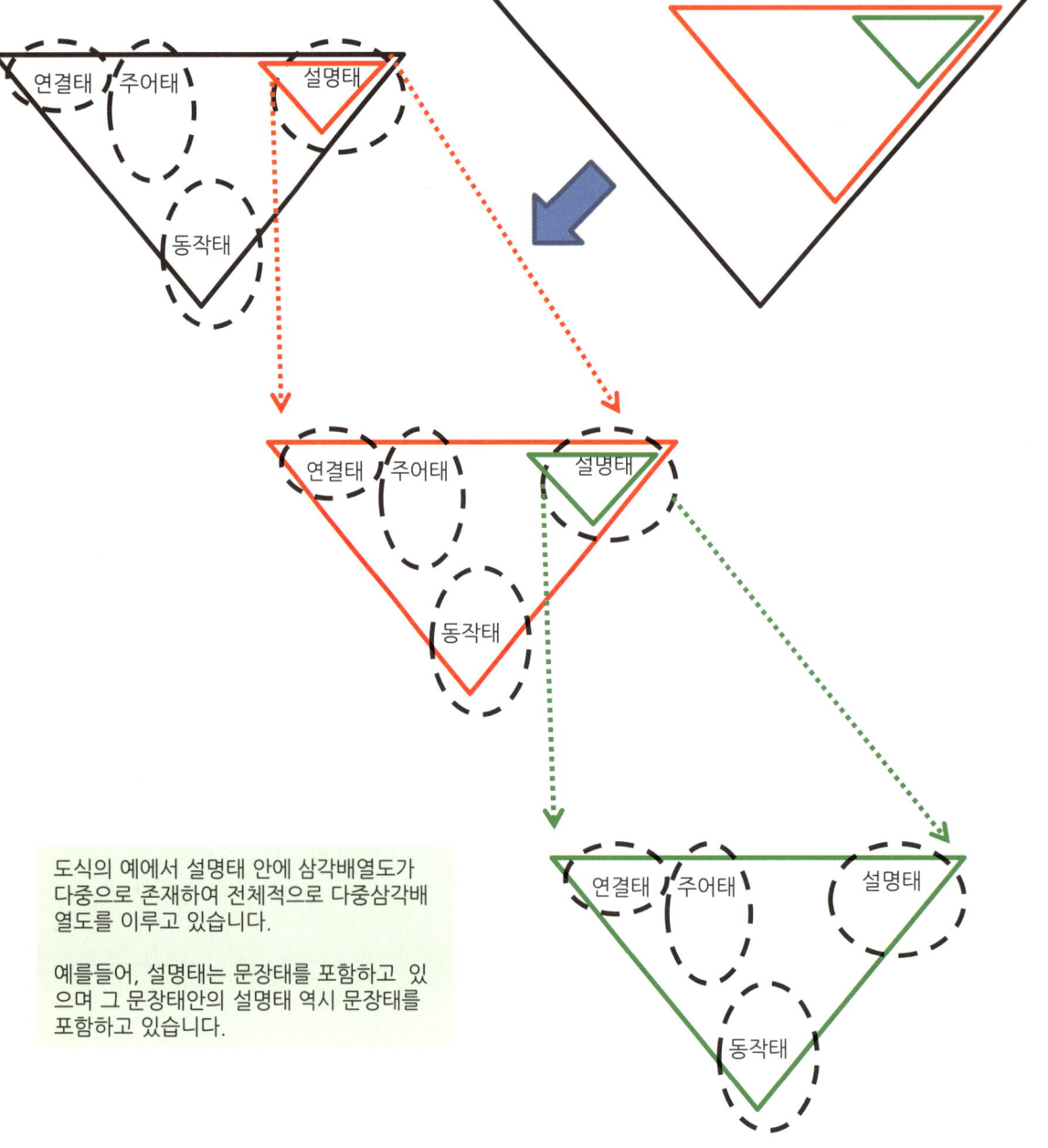

도식의 예에서 설명태 안에 삼각배열도가 다중으로 존재하여 전체적으로 다중삼각배열도를 이루고 있습니다.

예를들어, 설명태는 문장태를 포함하고 있으며 그 문장태안의 설명태 역시 문장태를 포함하고 있습니다.

C. 다중구조 영문법 탐구

3. 주요 표기 및 도해

(3)-6 다중 삼각배열도 설명 - 2

<문장태>

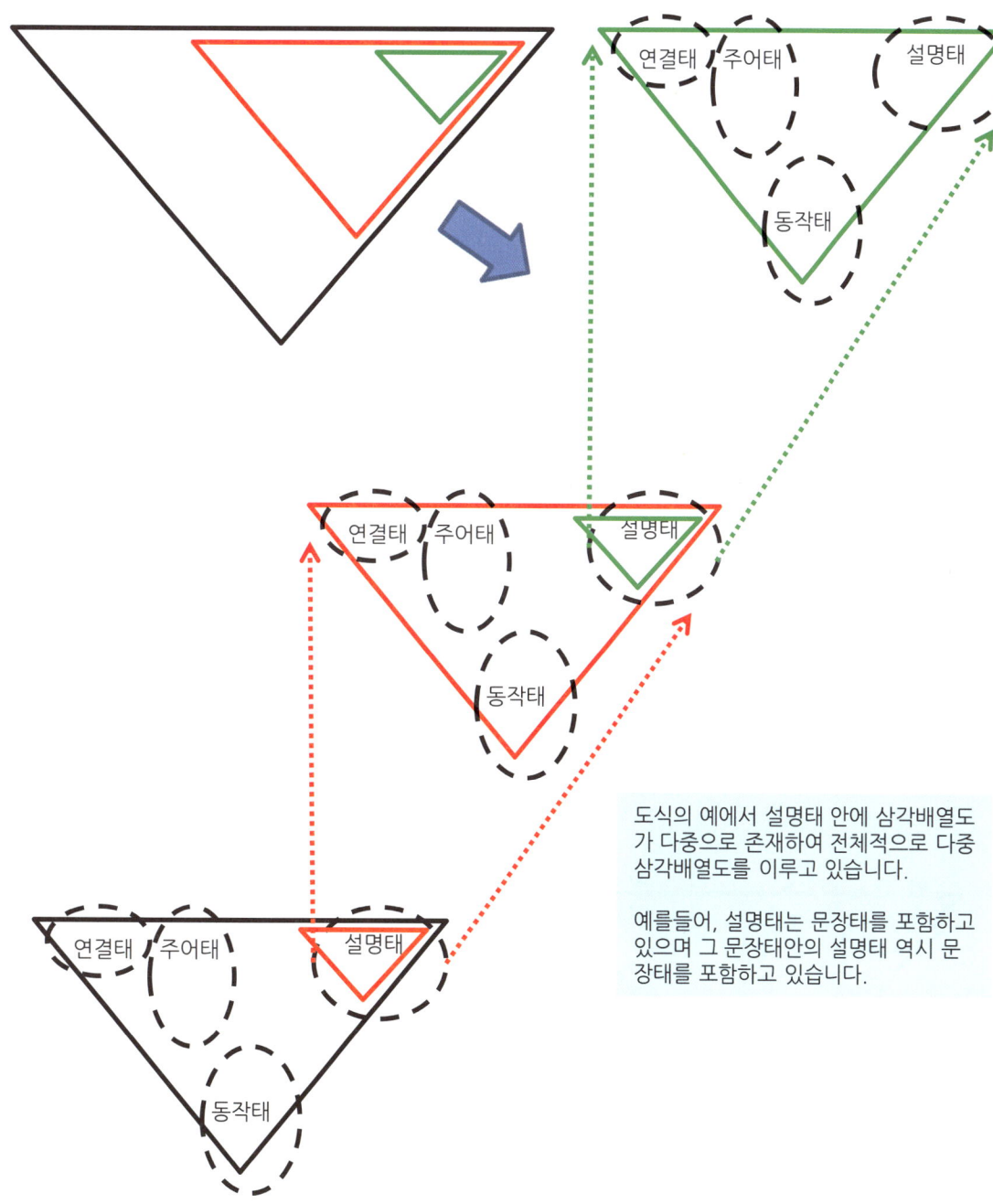

도식의 예에서 설명태 안에 삼각배열도가 다중으로 존재하여 전체적으로 다중 삼각배열도를 이루고 있습니다.

예를들어, 설명태는 문장태를 포함하고 있으며 그 문장태안의 설명태 역시 문장태를 포함하고 있습니다.

C. 다중구조 영문법 탐구

3. 주요 표기 및 도해

(3)-6 다중 삼각배열도 설명 - 3

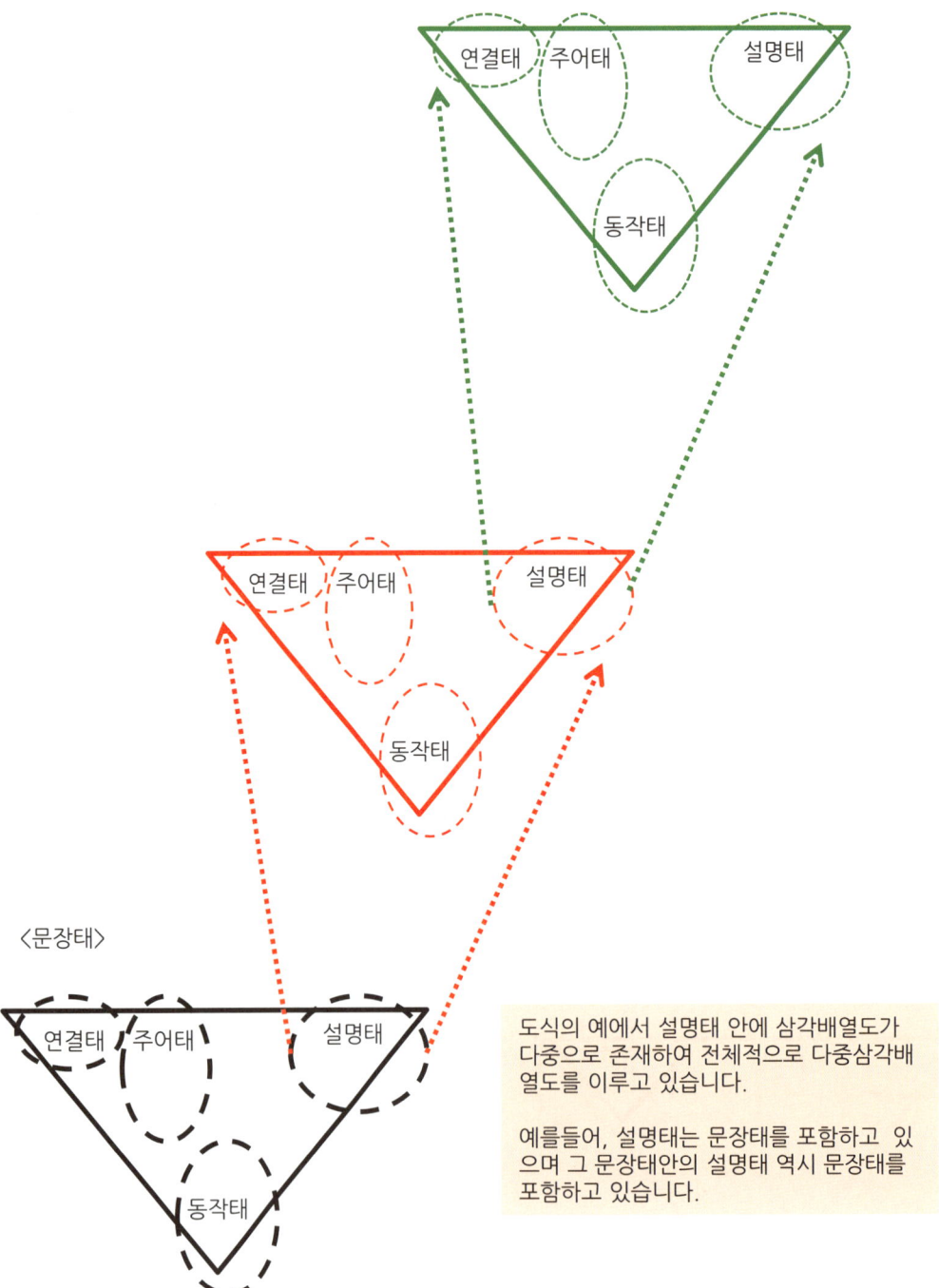

도식의 예에서 설명태 안에 삼각배열도가 다중으로 존재하여 전체적으로 다중삼각배열도를 이루고 있습니다.

예를들어, 설명태는 문장태를 포함하고 있으며 그 문장태안의 설명태 역시 문장태를 포함하고 있습니다.

C. 다중구조 영문법 탐구

3. 주요 표기 및 도해

(3)-6 다중 삼각배열도 설명 - 4

〈문장태〉

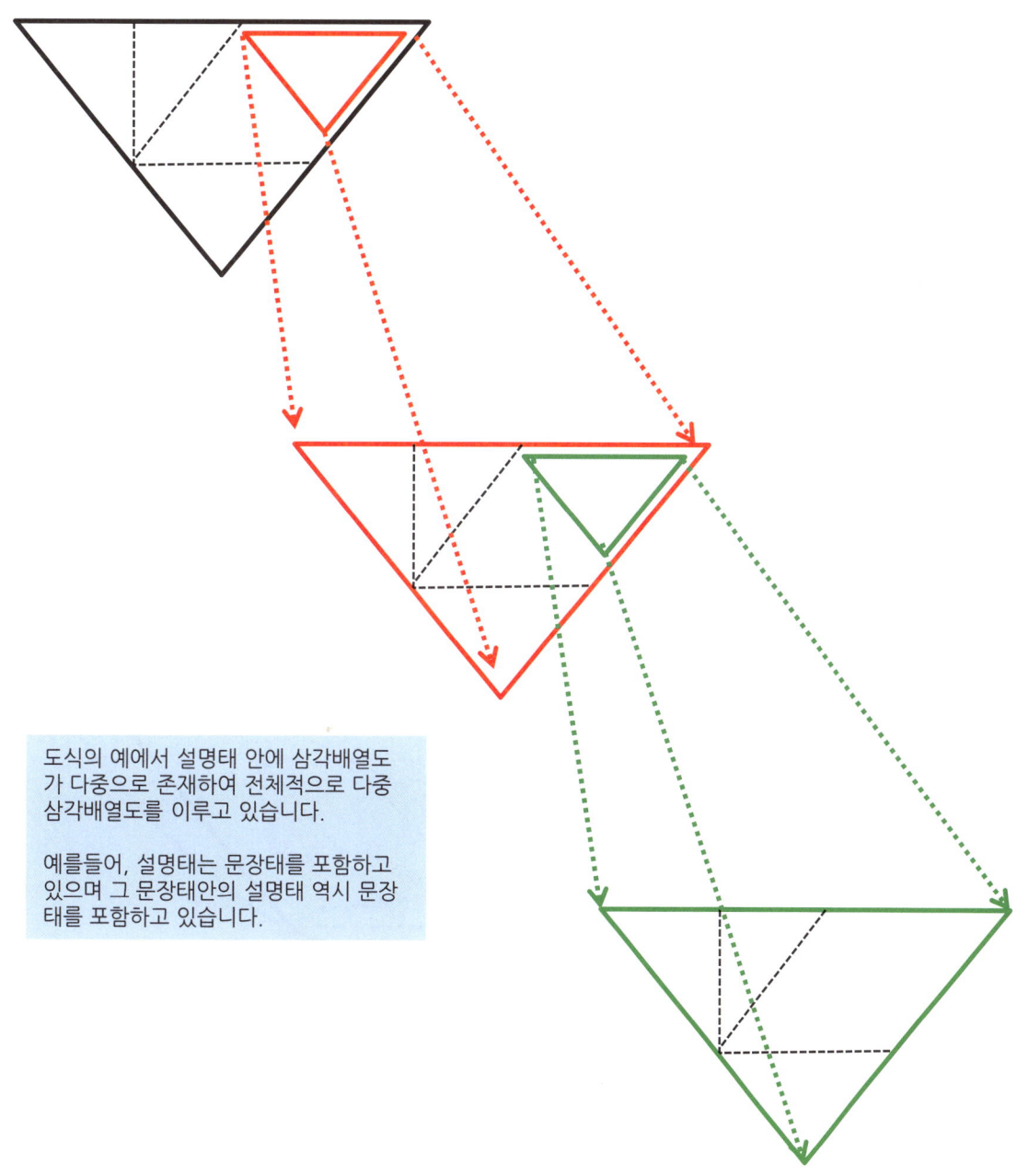

도식의 예에서 설명태 안에 삼각배열도가 다중으로 존재하여 전체적으로 다중 삼각배열도를 이루고 있습니다.

예를들어, 설명태는 문장태를 포함하고 있으며 그 문장태안의 설명태 역시 문장태를 포함하고 있습니다.

C. 다중구조 영문법 탐구

3. 주요 표기 및 도해

(3)-7 다중 삼각배열도 - 문장태의 4 요소

다중삼각배열도는 기본적으로 다음 도식과 같이 이차원적인 영역내에서 반복적 다중적으로 도식적인 표현이 가능합니다.

제1, 제2언어를 영어와 한국어로 정하고 이것을 예로 설명하면, 이 다중삼각배열도에 한국어 또는 영어 중 하나의 언어 문장을 구조 원리에 맞도록 순서대로 기입하고 제1언어로 기입된 위치에 제2언어로 바꾼 단어를 추가 기입한 후에 이 다중삼각배열도로부터 제2 언어의 나열 규칙에 의하여 문장을 순서대로 배열하면 제2언어에 의한 문장이 완성되게 됩니다.

이러한 방식으로 두 언어간의 구조 관계가 익숙하게 파악된다면 쉽게 두 언어를 넘나들 수 있게 될 것입니다.

설명태 안에서,
(한1) = (Eng3), (한2) = (Eng2), (한3) = (Eng1) 으로 같은 내용입니다.

동작태 안에서,
(한1) = (Eng2), (한2) = (Eng1) 으로 같은 내용입니다.

〈문장태〉

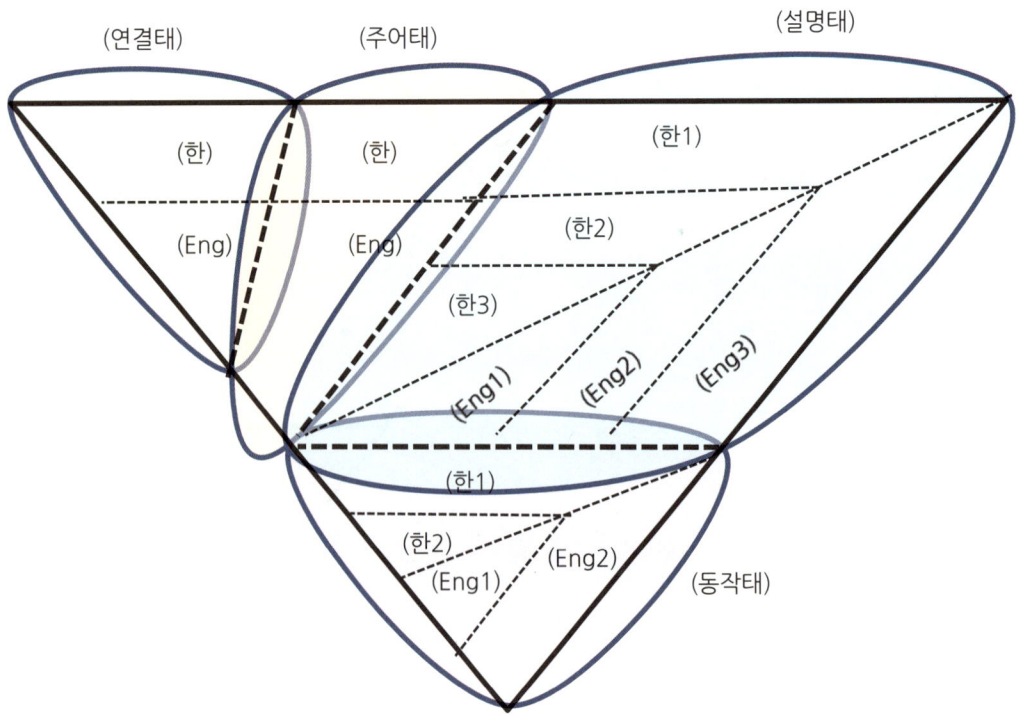

C. 다중구조 영문법 탐구

3. 주요 표기 및 도해

(3)-8 다중 삼각배열도 - 문장태의 4요소 나열 순서

영어 문장태 ----> (연결태), (주어태), (동작태), (설명태)
한국어 문장태 ----> (주어태), (설명태), (동작태), (연결태)

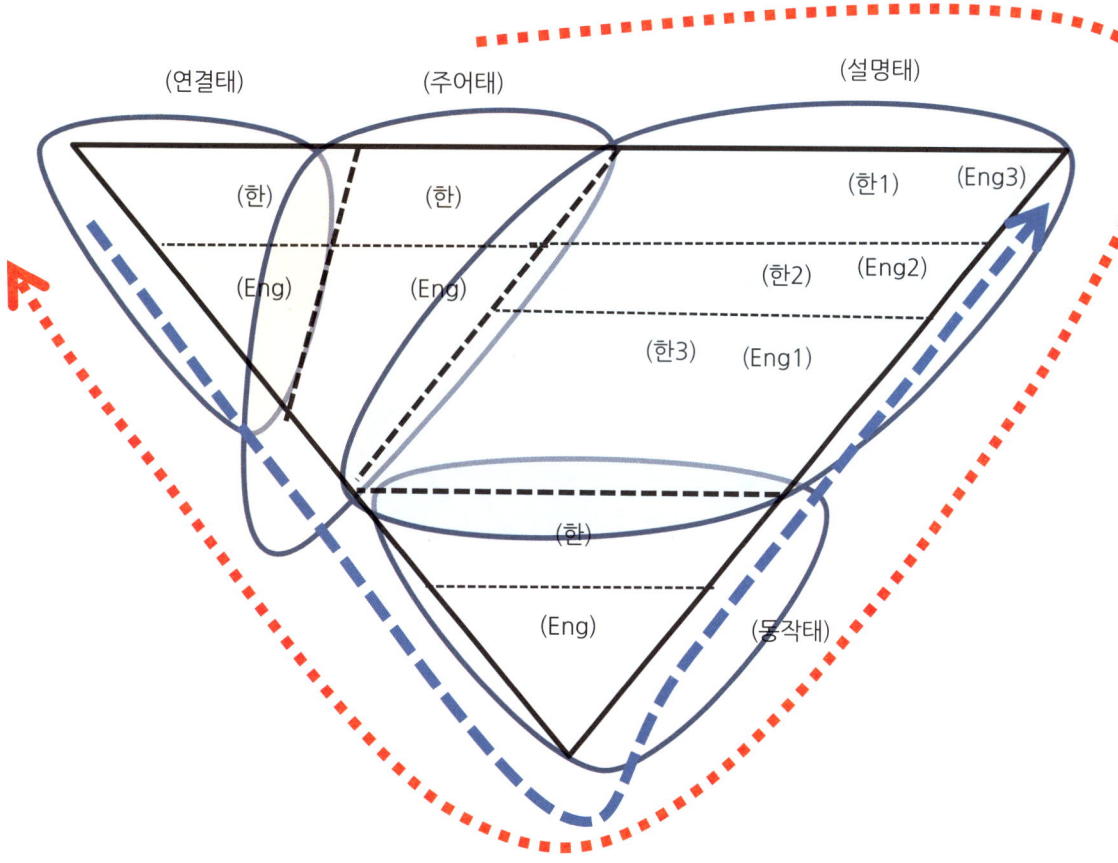

영어문장태는 연결태, 주어태, 설명태 그 다음에 동작태가 옵니다. 즉, V자로 반시계방향으로 돕니다.
한국어 문장태는 주어태, 설명태, 동작태 그 다음에 연결태가 옵니다. 즉, 시계방향으로 돕니다.

연결태는 영어에 있어서는 항상 맨 앞에 나오고,
한국어에 있어서는 맨 마지막에 옵니다.

C. 다중구조 영문법 탐구

3. 주요 표기 및 도해

(3)-8 다중삼각배열도 - 문장태의 4요소 나열 순서

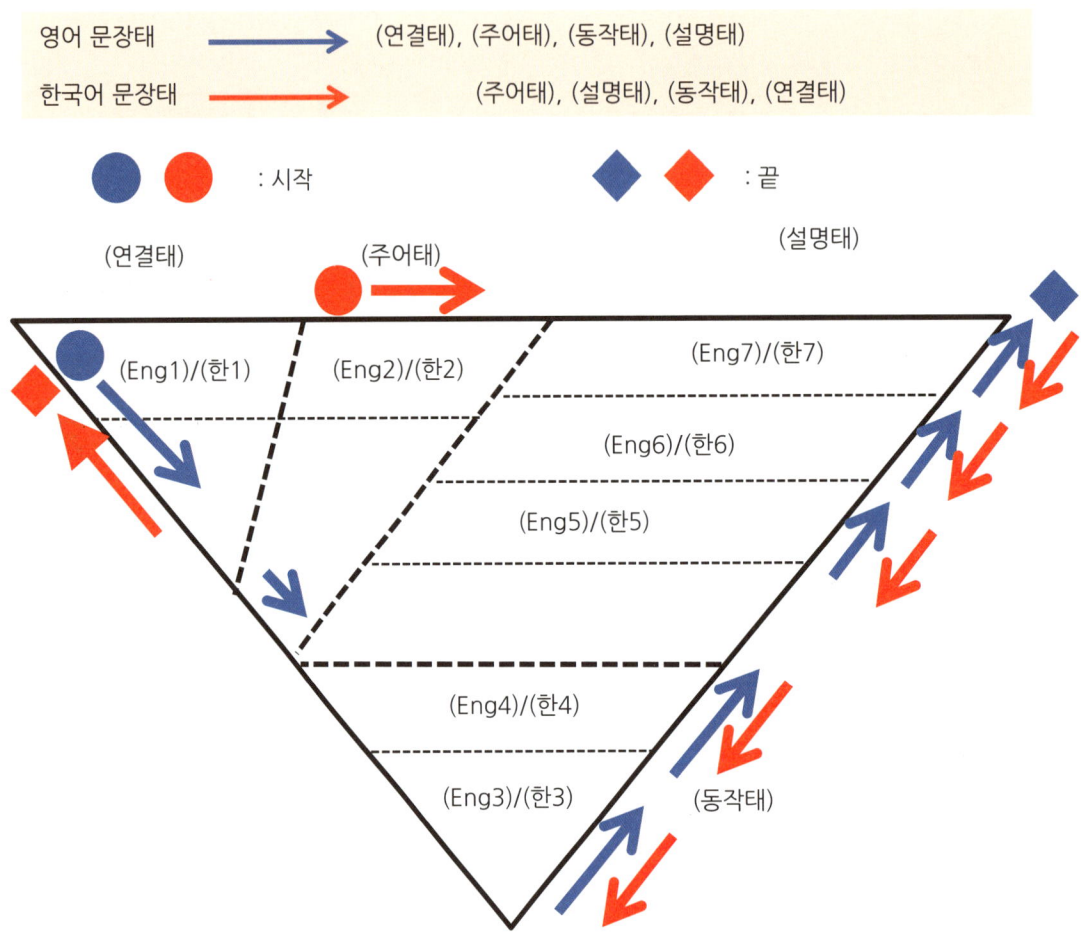

영어문장태는 주어태 다음에 설명태 그 다음에 동작태가 오지만,
한국어 문장태는 주어태 다음에 설명태 그리고 동작태가 그 다음에 옵니다.

연결태는 영어에 있어서는 맨 앞에 나오고,
한국어에 있어서는 맨 마지막에 옵니다.

영어   나열 순서: Eng1 -> Eng2 -> Eng3 -> Eng4 -> Eng5 -> Eng6 -> Eng7
한국어 나열 순서: 한2 -> 한7 -> 한6 -> 한5 -> 한4 -> 한3 -> 한1

You	go	to school	by bus.
(주어태)	(동작태)	(설명태)	

당신은	버스로	학교에	갑니다.
(주어태)	(설명태)		(동작태)

위에서 보듯이 설명태 안에서의 영어와 한국어는 나열되는 순서가 반대가 됨을 알 수 있습니다.

C. 다중구조 영문법 탐구

3. 주요 표기 및 도해

(3)-8 다중삼각배열도 - 문장태의 4요소 나열 순서

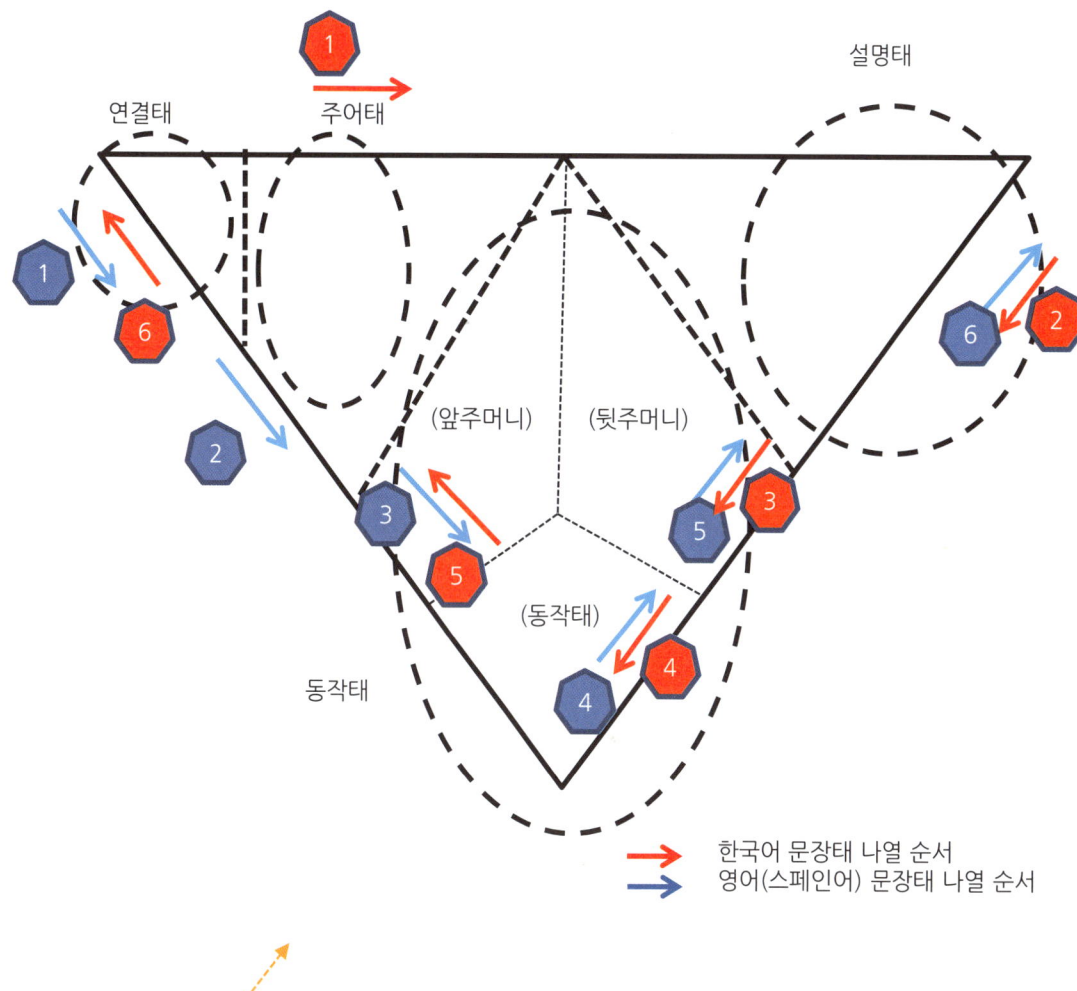

굴절어인 영어(스페인어, 독일어, 불어 등)의 문장태는 연결태, 주어태, 동작태 그리고 설명태 순서로 나열되어 문장태를 이룹니다.
교착어인 한국어(일본어)는 주어태, 설명태, 동작태 그리고 필요시 연결태가 나열되어 문장태를 이룹니다.
동작태의 앞주머니는 동작태가 나열될 때 앞에 나열되고 뒷주머니는 동작태의 뒤에 나열됩니다.

주어태 뿐만 아니라 연결태와 설명태에도 의미적으로 앞주머니, 뒷주머니가 올 수 있으며 동일한 규칙으로 나열됩니다.

C. 다중구조 영문법 탐구

3. 주요 표기 및 도해

(3)-8 다중삼각배열도 - 문장태의 4요소 나열 순서

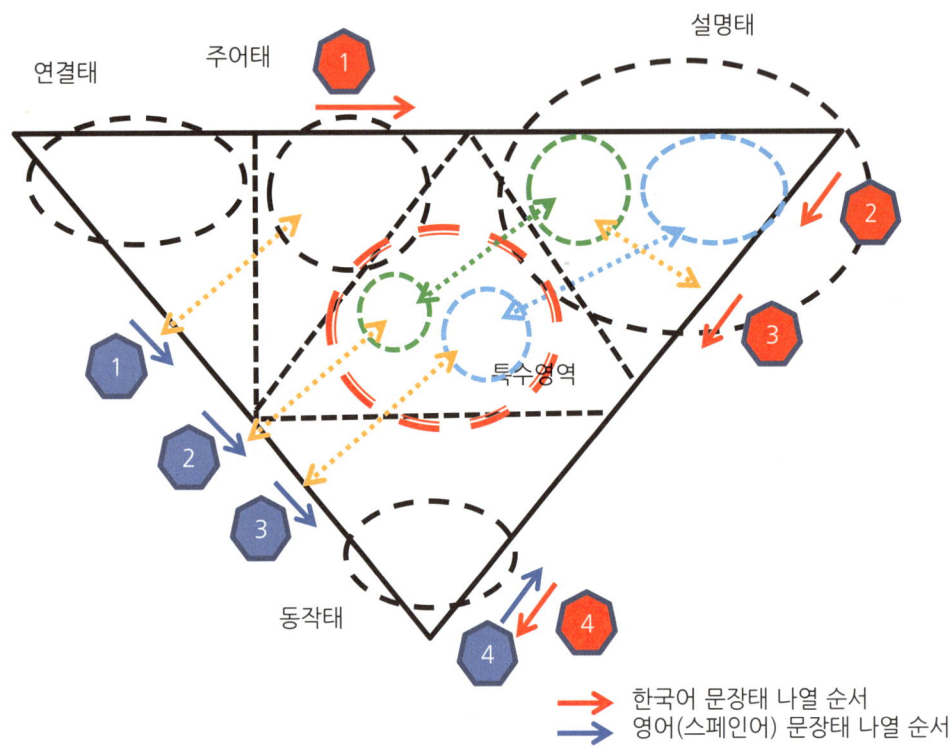

상기 삼각배열도에서 보면 굴절어 문장태의 설명태에 있는 내용이 특수영역으로 이동합니다.
이 가운데의 특수영역은 "연결태 + 주어태 + (특수영역) + 동작태 + 설명태"의 나열 순서를 가지고 문장을 이루게 됩니다. 이 특수영역은 마치 주어태와 동작태의 사이에서 주어태의 뒷주머니 또는 동작태의 앞주머니처럼 역할을 하기도 합니다.

스페인어와 같은 굴절어에서 문장태가 정상적인 구조를 이룬다고 볼 때 일반적으로 목적어는 설명태의 영역 안에 있어야 하지만, 대명사라는 이유로 특수영역으로 이동하여 나열 순서에 변형을 가져오는 것입니다.

이러한 경우에 한국어와 같은 교착어로 해석을 할 때에는 원래의 위치인 설명태 영역으로 이동하여야 일관성 있는 해석이 가능해집니다.

이러한 언어간의 변환과 해석을 위해서 특수영역을 사용합니다.

C. 다중구조 영문법 탐구

3. 주요 표기 및 도해

(3)-9 다중삼각배열도 - 설명태 안에서 수식어의 표현 마디 설정

위 예문에서 보듯이 설명태 안에는 다양한 수식어가 포함되기도 합니다.
영어 문장태와 한국어 문장태는 수식어의 순서가 반대로 이루어집니다.
그러므로 올바른 문장이 만들어지기 위해서는 수식어의 표현 마디를 어떻게 분리하느냐가 매우 중요합니다.

설명태는 주로 앞에 있는 동작태를 수식하는 부사의 역할을 합니다.
다수의 수식마디로 구성된 설명태에서는 동작태와 더 긴밀한 관계 순서, 가까운 곳에서 먼 곳으로의 순서로 나열됩니다.
장소, 방법 목적, 시간 순서로 나열하며, 때로는 강조하고자 하는 수식어는 맨 뒤에 표현하기도 합니다.

이렇게 표현마디가 각각 정해지면 영어와 한국어는 그 순서를 바꾸어 나열합니다.

C. 다중구조 영문법 탐구

3. 주요 표기 및 도해

(3)-10 다중삼각배열도 - (영어, 한국어) 문장태의 4요소 나열 순서 도해

〈영어 문장태 나열 순서〉

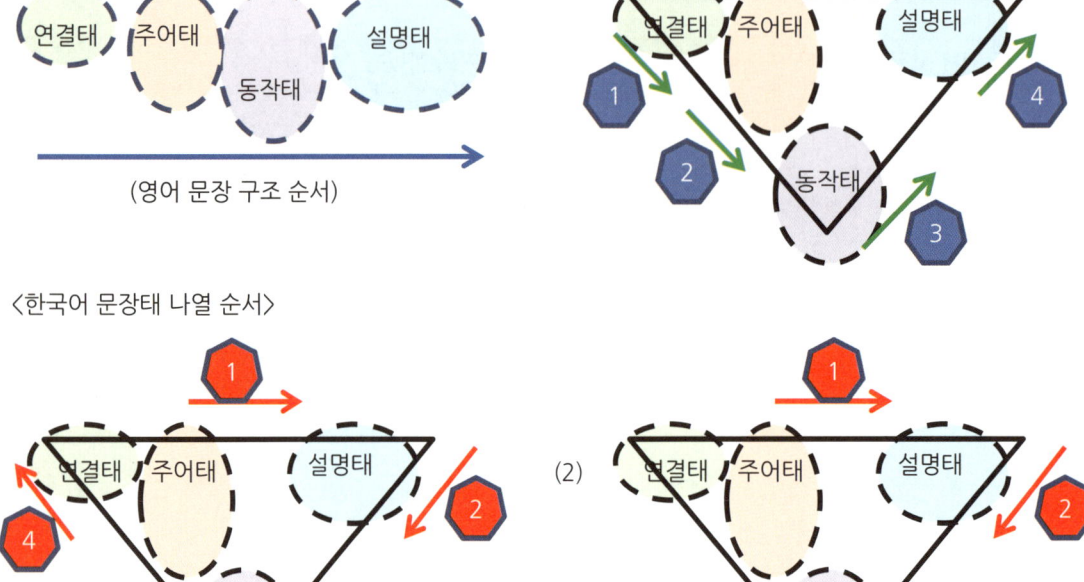

〈한국어 문장태 나열 순서〉

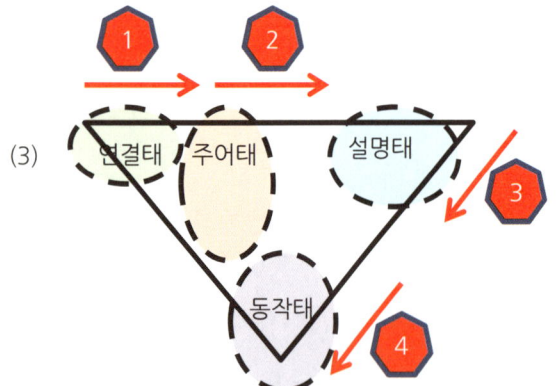

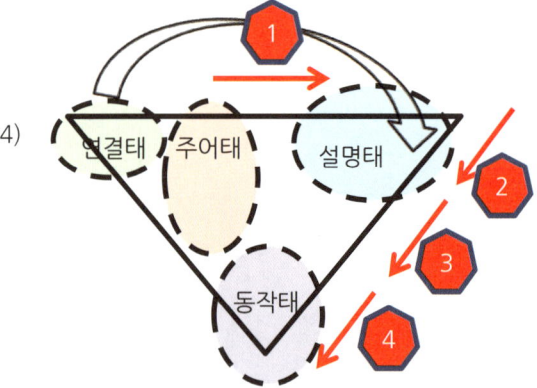

(1) 연결태가 동작태를 밀접하게 수식하는 경우는 주어태부터 시작하여 연결태는 마지막에 나열됩니다.
　　(예: ~하지마자)
(2) 연결태가 관계대명사 또는 관계부사일 때 선행사가 앞에 있는 경우는 연결태를 생략합니다.
　　(예: the place where ~(~한 장소))
(3) 연결태가 부사처럼 문장전체를 수식하거나 상황을 표현하는 경우에는 맨 앞에 위치합니다.
　　(예: 다행스럽게도 ~)
(4) 연결태가 의문부사일 경우에는 원래의 설명태안의 위치로 이동합니다.
　　(예: How(어떻게)~)

C. 다중구조 영문법 탐구

3. 주요 표기 및 도해

(3)-11 다중삼각배열도 - 영어 문장태의 4요소 나열 순서

〈영어 문장태 나열 순서〉

연결태 주어태 동작태 설명태

(영어 문장 구조 순서)

〈다중삼각배열도의 영어 문장태 나열 순서〉

다중삼각배열도에서 영어 문장태는 'V' 형태로 나열됩니다.

영어 문장태는 문장의 내용이 추가되어 복잡해질수록 삼각구조의 내부에 부속문장태인 새로운 삼각구조가 생성됩니다.
즉, 외부의 삼각배열도가 먼저 완성되면서 점차 내부의 삼각배열도가 완성되는 순서로 문장태가 만들어집니다.

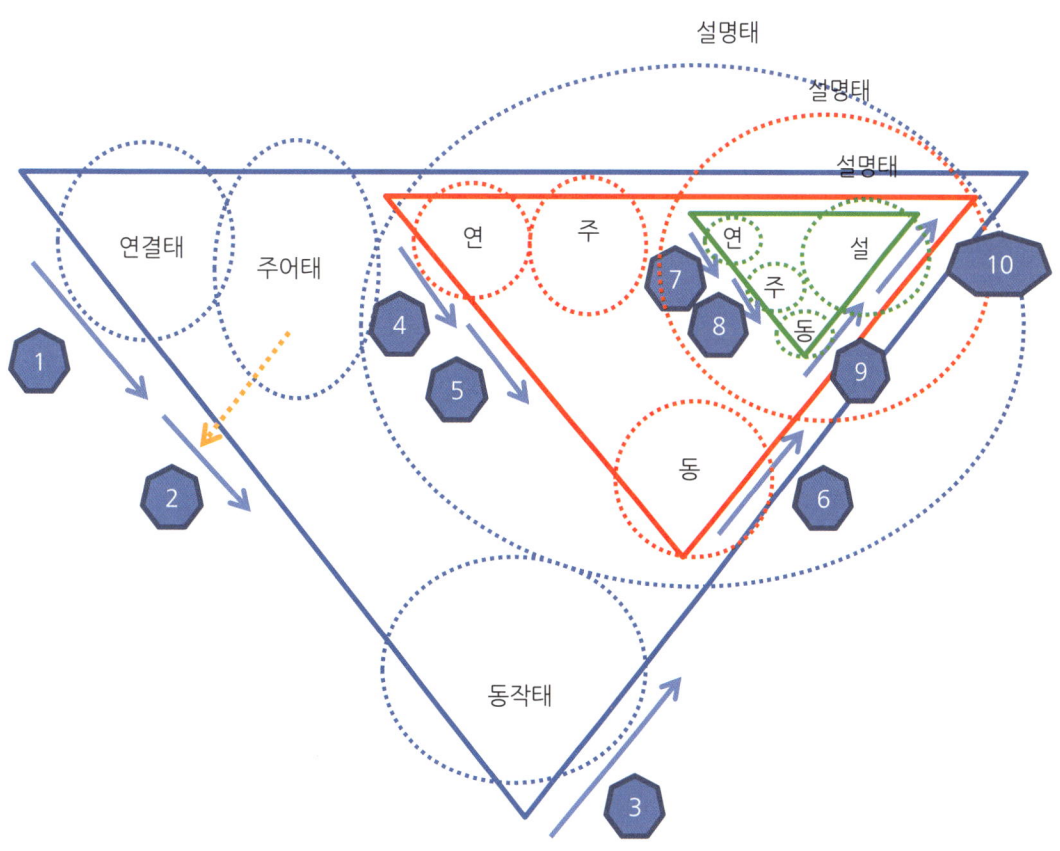

587

C. 다중구조 영문법 탐구

3. 주요 표기 및 도해

(3)-12 다중삼각배열도 - 한국어 문장태의 4요소 나열 순서

〈한국어 문장태 나열 순서〉

주어태, 설명태, 동작태, 연결태

〈다중삼각배열도의 한국어 문장태 나열 순서 한 예〉

다중삼각배열도에서 한국어 문장태는 연결태의 역할에 따라서 약간의 차이가 있지만 가장 내부의 다중삼각배열도부터 순차적으로 시계방향으로 도는 형태로 나열됩니다.

한국어 문장태는 문장의 내용이 추가되어 복잡해질수록 외부에 기존 삼각구조를 둘러싸는 새로운 삼각구조가 생성됩니다.
즉, 내부의 삼각배열도가 먼저 완성되면서 점차 외부의 삼각배열도가 완성되는 순서로 문장태가 만들어집니다.

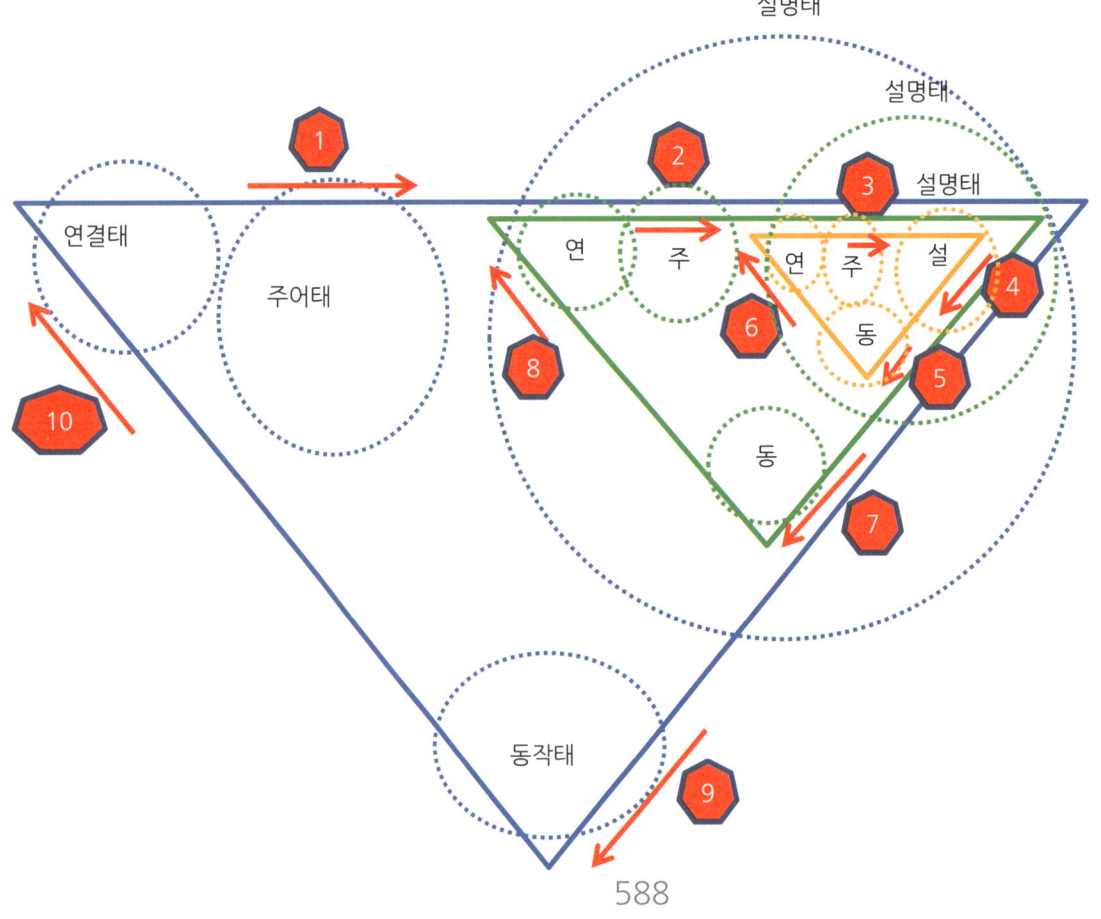

C. 다중구조 영문법 탐구

3. 주요 표기 및 도해

(3)-13 수직구성도, 삼각배열도, 입체분해도의 비교

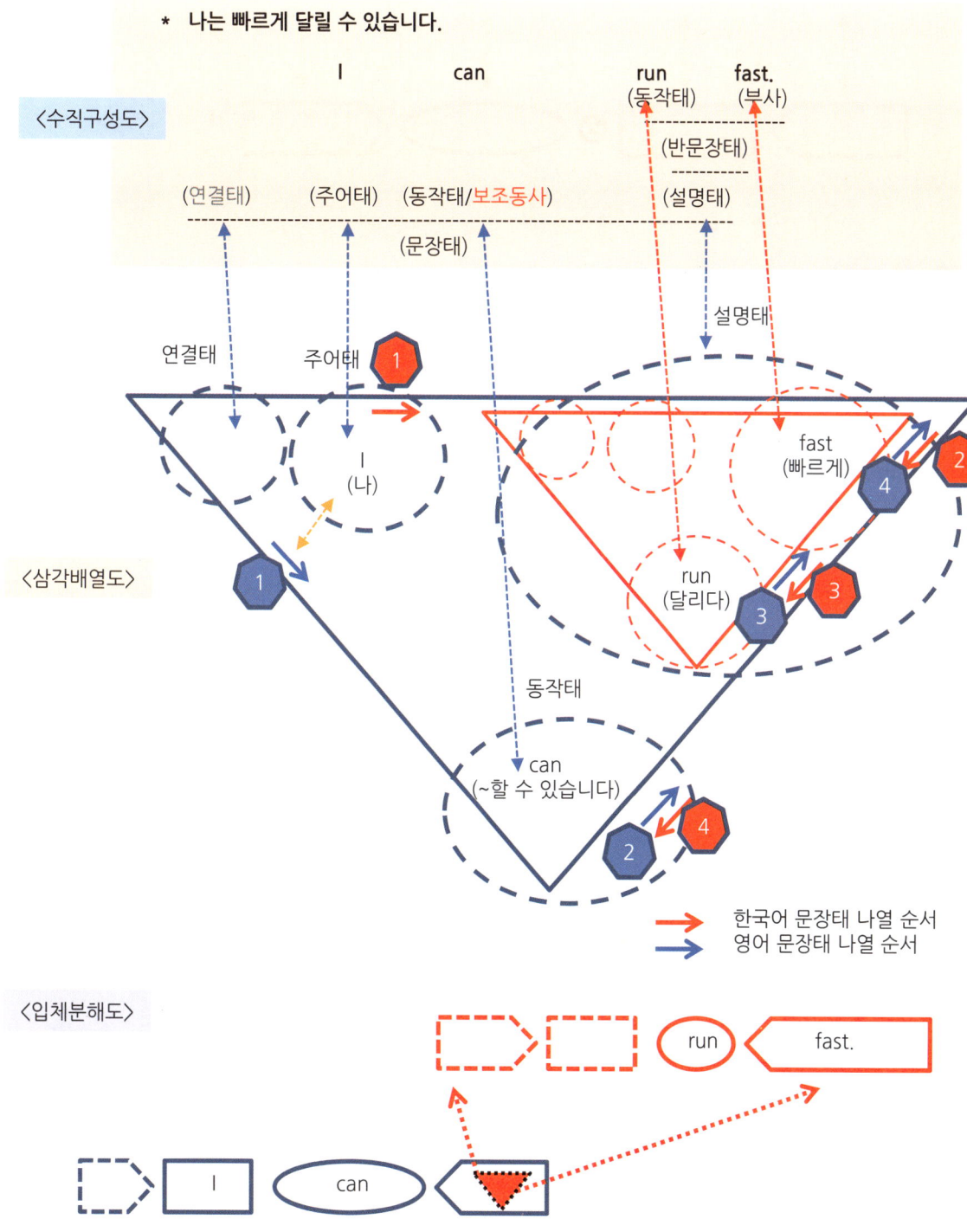

C. 다중구조 영문법 탐구

3. 주요 표기 및 도해

〈수직구성도〉

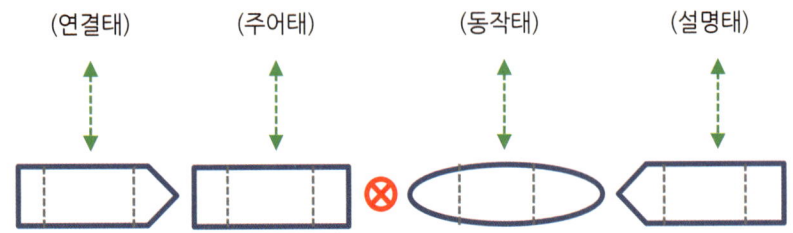

(앞뒤의 점선은 부사, 형용사와 같은 수식어 또는 도치되어 이동하는 단어가 올 수 있는 앞주머니와 뒷주머니입니다.)

〈입체분해도〉

(점선 테두리는 내용이 생략된 것을 의미합니다.)

〈삼각배열도〉

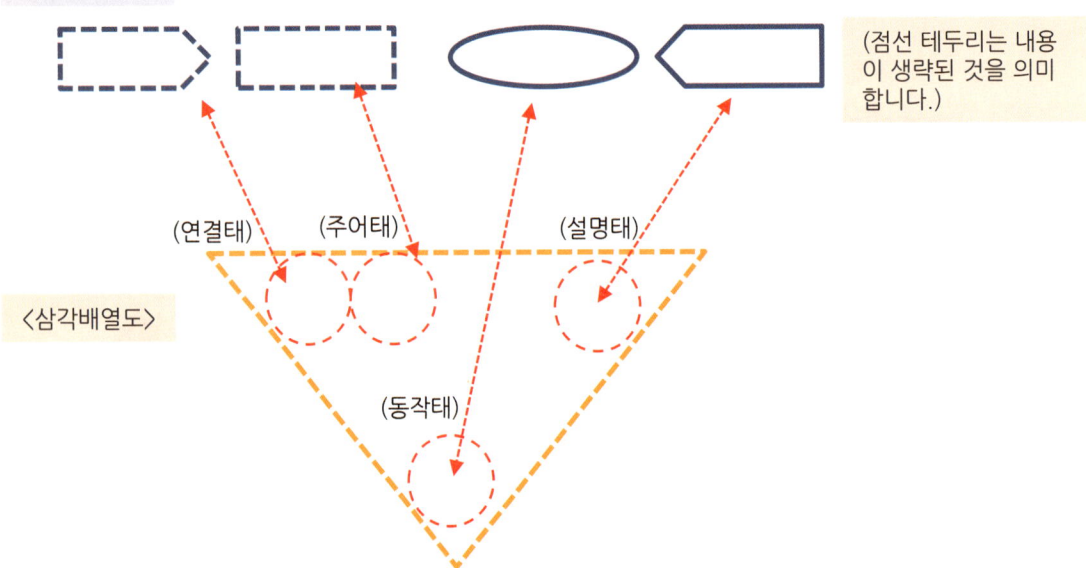

입체분해도에서,

 테두리가 점선으로 표시되는 경우는 그 내용이 생략된 것을 나타냅니다.
주어태가 생략되어 점선으로 표현된 것은 주어태의 내용이 없어도 주어가 무엇인지 알 수가 있기 때문입니다.
그리고 생략했을 경우에 주어가 무엇인지 모호한 경우에 적절한 형태로 주어임을 나타내게 됩니다.
즉, 'you' 대신 'of you'를 사용하기도 하는 것입니다.
앞뒤의 점선은 부사, 형용사와 같은 수식어 또는 도치되어 이동하는 단어가 올 수 있는 앞주머니와 뒷주머니를 나타냅니다. 의문문 또는 도치를 이용한 강조문에서 이동하는 장소로 사용됩니다.

⊗은 도치중심입니다. 이 점을 중심으로 양측의 단어가 이동하거나 서로 교환되어 표현됩니다.
즉, 의문문이나 강조문에서 어디를 중심으로 도치되거나 이동이 되는지를 알려줍니다.

C. 다중구조 영문법 탐구

3. 주요 표기 및 도해

(3)-14 다중삼각배열도에서 영어, 한국어 문장태 나열순서의 차이점

> 한국어 문장태와 영어 문장태에서,
> 구성 요소의 나열에 있어서의 차이는 바로 다중삼각배열도의 생성 순서라고 할 수 있습니다.
>
> 한국어 문장태에서 다중삼각배열도는 내부에서부터 생성되어 외부로 생성되어가는 순서이며,
> 영어 문장태에서 다중삼각배열도는 외부에서부터 생성되어 내부로 생성되어가는 순서가 됩니다.
>
> 이러한 현상의 이유는 두 언어간에 있어서 동작태와 설명태의 나열 순서가 서로 바뀌어 있기 때문입니다.

C. 다중구조 영문법 탐구

3. 주요 표기 및 도해

(3)-15 다중 삼각배열도 - 축약

다중삼각배열도에서 연결태와 명사태가 없는 삼각배열도는 축약하여 표현할 수 있습니다.
축약은 동작태에서만 이뤄집니다. (축약은 동작태의 축약을 의미합니다.)
아래 예에서 'shall'과 'be'는 동사태로서 각각의 삼각배열도를 이루고 있지만 축약하여 'shall be'
의 동사태로서 하나의 삼각배열도로 표현이 가능합니다.
이 때 설명태의 유무는 상관이 없습니다.

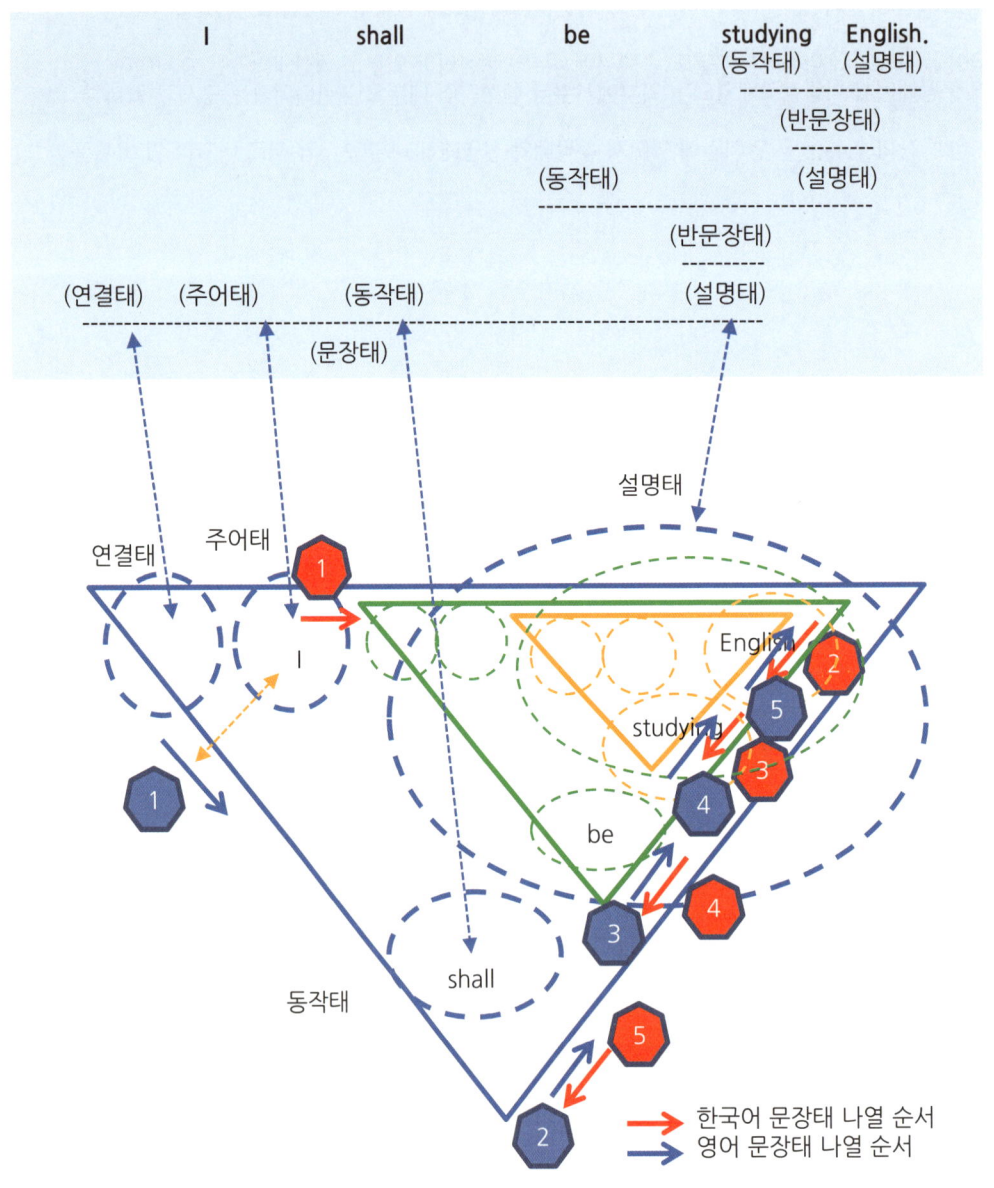

C. 다중구조 영문법 탐구

3. 주요 표기 및 도해

(3)-15 다중 삼각배열도 – 축약

1차 축약

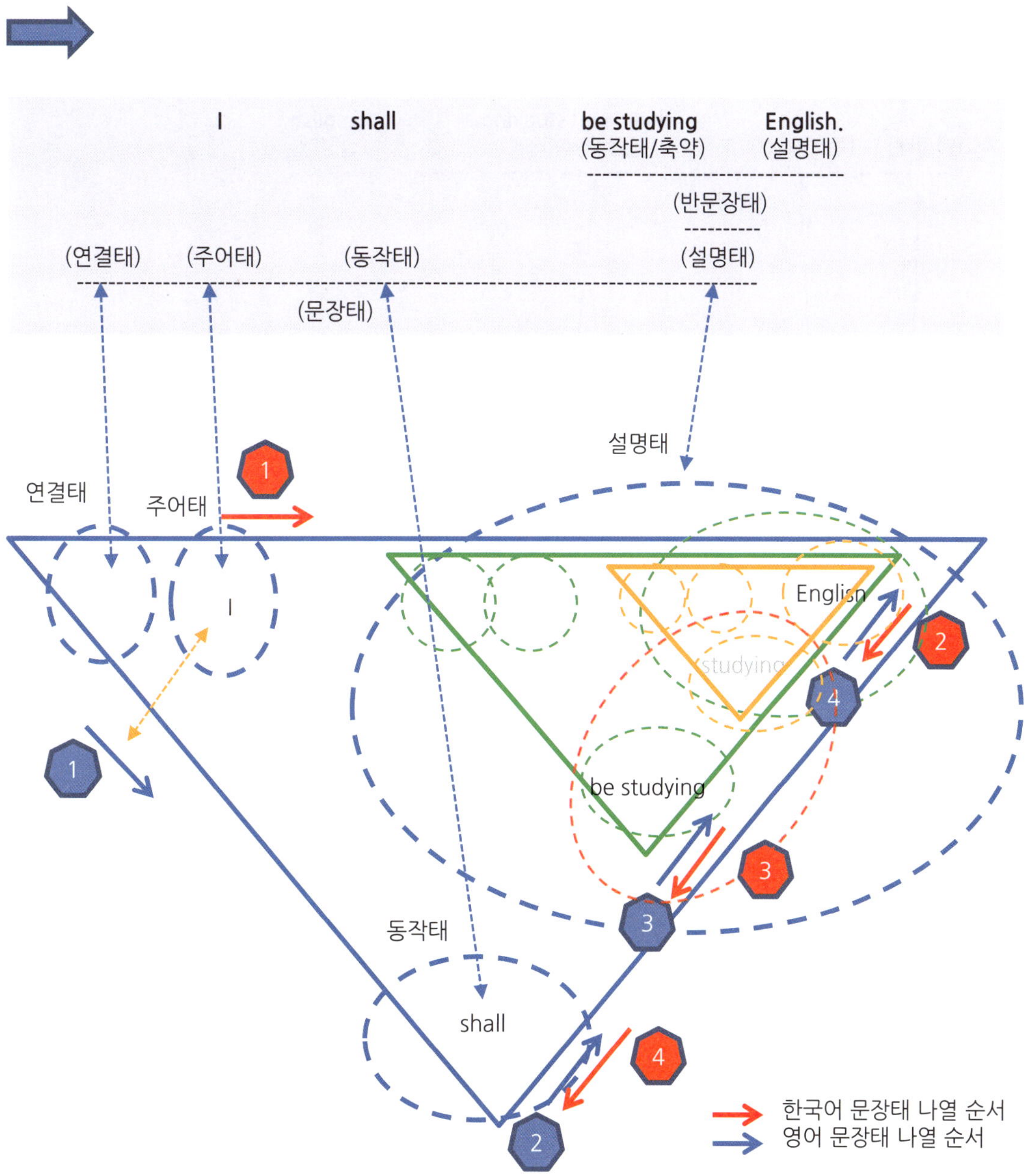

C. 다중구조 영문법 탐구

3. 주요 표기 및 도해

   (3)-15 다중삼각배열도 - 축약

2차 축약

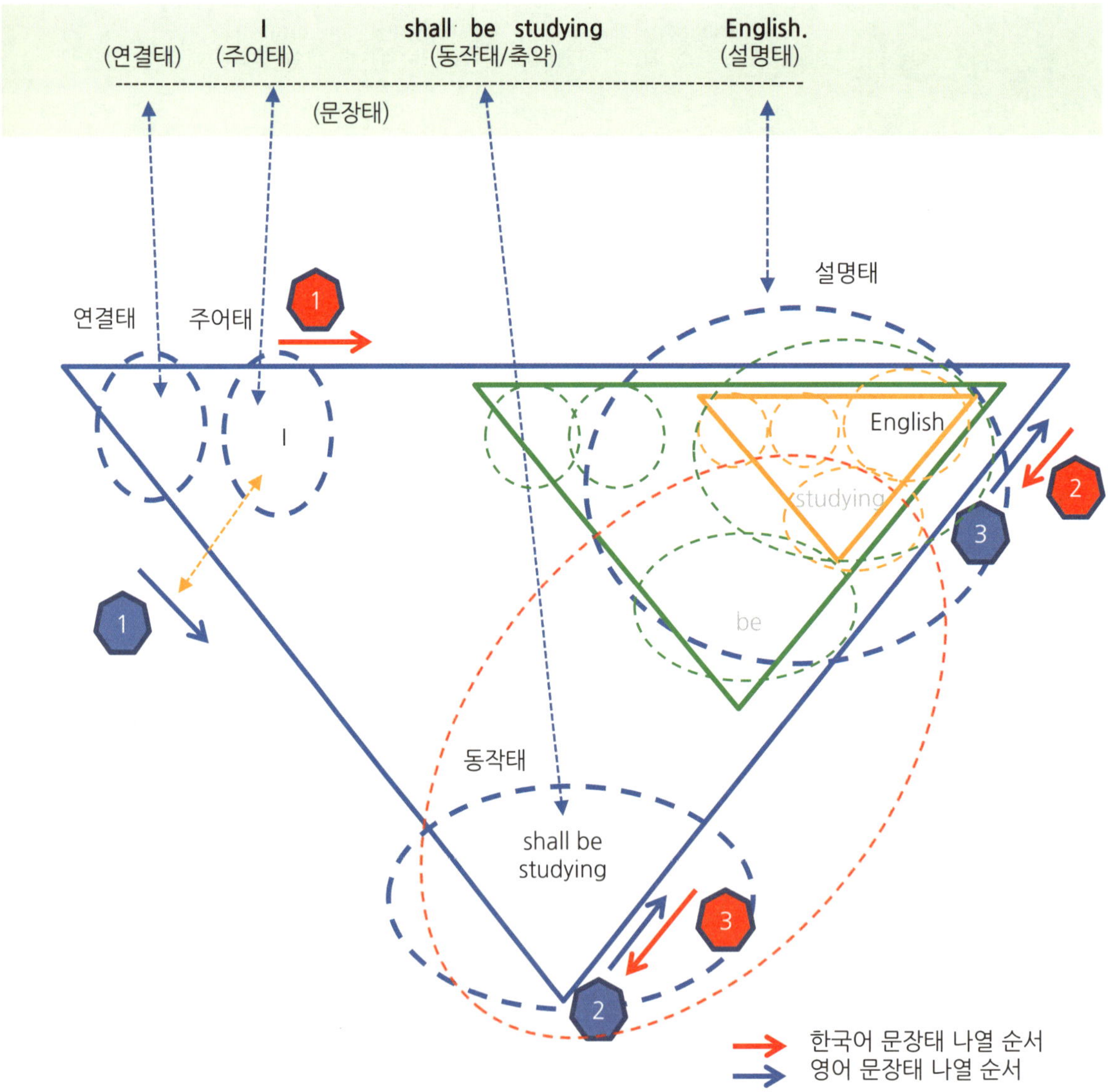

C. 다중구조 영문법 탐구

3. 주요 표기 및 도해

(3)-16 다층 입체분해도 - 축약

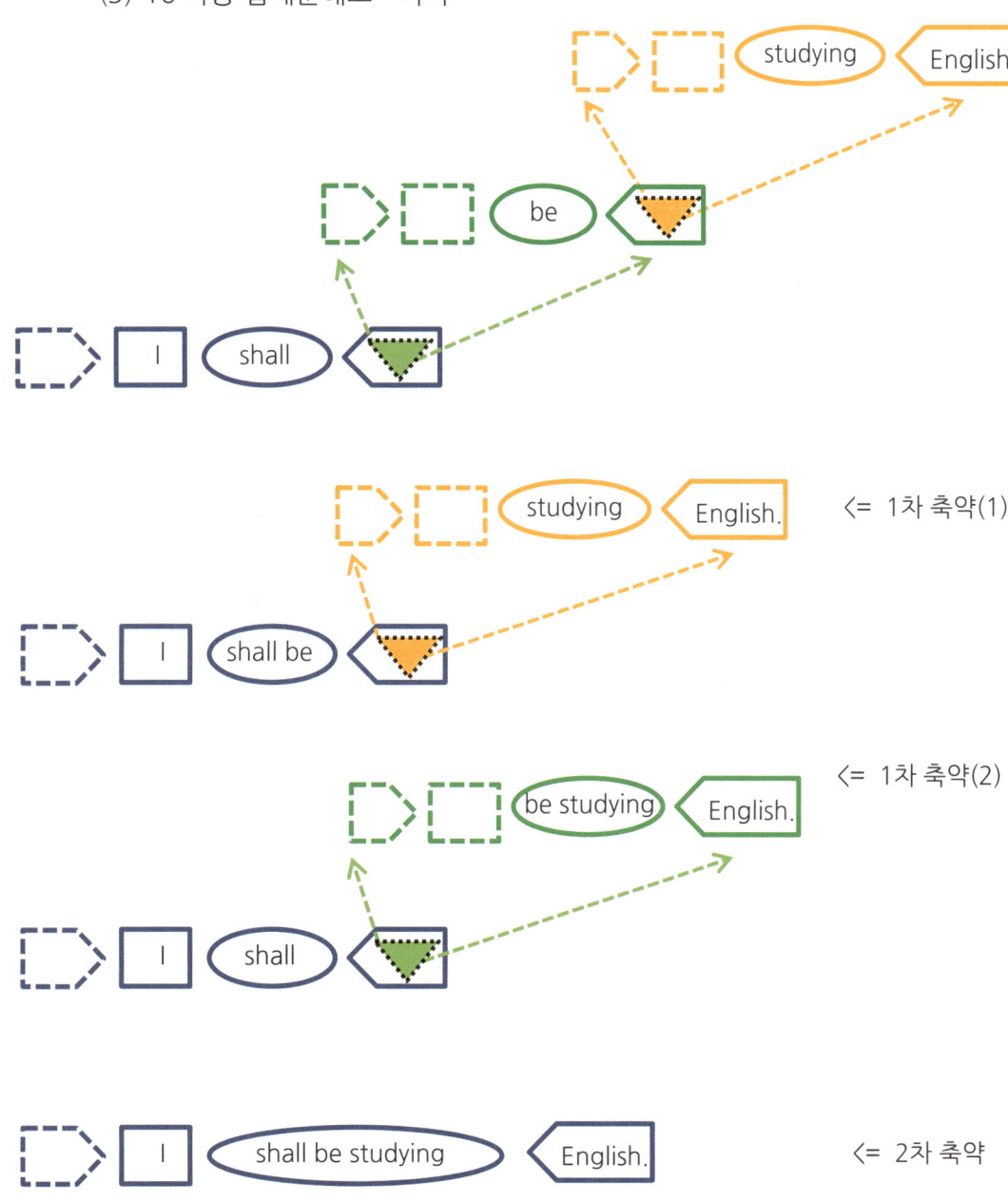

C. 다중구조 영문법 탐구

4. 다중 구조 영문법의 문장태

1) 구조 개요

다중 구조 영문법에서는 영어로 표현되는 모든 문장은 단 1가지 형식만 존재합니다.
즉, 모든 문장태는 동일한 구조를 가집니다.

4개의 요소는 적절하게 형태를 변형하며 역할을 합니다.

```
(연결태) + (주어태) + (동작태) + (설명태)
----------------------------------------
              (문장태)
```

```
(연결태) + (주어태) + (동작태) + (설명태)
----------------------------------------
              (진문장태)
----------------------------------------
              (문장태)
```

위에서 보는 바와 같이,
문장태는 4개의 요소로 구성되며, 연결태를 제외한 부분을 '진문장태'라고 합니다.

영어를 비롯한 모든 언어를 쉽게 익히고 말하고 듣고 사용하기 위해서는,
상기 문장태의 4가지 요소를 자연스럽게 구분하여 빠르게 표현하는 훈련을 지속적으로 해야 합니다.
단지, 경우에 따라서 일부의 요소가 생략되거나 전체적인 문장의 원칙을 위배하지 않도록 적절하게
변형하는 훈련을 역시 더불어 습득해야 합니다.

예를 들면, 'I, you, he, she, they'만 주어태가 되는 것이 아니라, "me, him, of us, them' 등도
주어태의 역할을 할 수 있다는 것입니다.

모든 언어의 표현은 4개의 구성 요소로 이루어져 있다는 것을 명심하고 익힌다면 어떠한 언어도
쉽게 사용하는 능력을 갖추게 될 것입니다.

C. 다중구조 영문법 탐구

4. 다중 구조 영문법의 문장태

* 문장태의 구성요소의 부분 명칭

4개의 요소는 앞주머니와 뒷주머니를 가질 수 있습니다. 설명태는 다양한 품사를 포함할 수 있으므로 표기는 생략합니다.
문장태에서 동작태를 이루는 동사는 중심동사입니다.

예를 들어 문장태는,

"<앞주머니>(**연결태**)<뒷주머니>+<앞주머니>(**주어태**)<뒷주머니>+<앞주머니>(**동작태**)<뒷주머니>+(**연결태**)"의 형식을 가집니다.

편의적으로 간간이 생략을 하지만 필요한 곳에서는 표기 및 설명을 하도록 합니다.

문장태는 사용된 상황에 따라서 아래와 같이 전체 또는 일부를 다양한 명칭으로 부를 수 있습니다.

```
           문장태 = 연결태 + 주어태 + 동작태 + 설명태


           문장태 = 연결태 + 주어태 + 동작태 + 설명태
                   --------------------------------
                            (진문장태)


           문장태 = 연결태 + 주어태 +   동작태 + 설명태
                                     ------------------
                   (접속부)  (주부)    (술부/서술부/서술태)
                            ----------------------------------
                                      (진문장태)


           문장태 = 연결태 + 주어태 + 동작태 + 설명태
                   ------------------------------------
                   (주문장태/연결문장태/부속문장태)


           문장태 = 연결태 + 주어태 + 동작태 + 설명태
                                     ------------------
                                       (반문장태)


           문장태 = 연결태 + 주어태 + 동작태 + 설명태
                   (접속사)  (주어)   (동사)   (보어)
```

C. 다중구조 영문법 탐구

4. 다중 구조 영문법의 문장태

연결태는 맨 앞에 위치하며 필요한 경우에만 사용됩니다.
연결태는 접속사, 관계사, 연결사, 반문장태(동사ing, to동사, 과거분사 등이 포함됨), 부사 등이 그 역할을 합니다.
연결태에 대한 상세 부연 설명 내용은 그 뒤에 나오는 진문장태(주어태+동작태+설명태)입니다.

대부분의 일반인 문장은 '(주어태) + (동작태) + (설명태)' 로 구성이 됩니다.
이것을 문장태라고 말하며 '(연결태)'가 앞에 추가되는 문장은 '문장태' 또는 '연결문장태'라고 부릅니다.

주어태는 주어이며 주부입니다.
주어 또는 주부는 명사적인 특성을 지녀야 합니다.

그 다음에 나오는 내용은 모두 술부이며 서술태라고 부릅니다.
서술태는 동작태와 설명태로 구성됩니다.

문장에는 대부분 동사가 존재하며 그 내용을 설명태에서 설명합니다.
설명태안에는 다양한 품사들이 포함되어 있으며 서로 수식을 하면서 다양하게 의미를 표현합니다.
주어태와 설명태 안에는 더욱 상세한 표현을 하기 위하여 그 안에 문장이 내포될 수 있습니다.

4개의 구성요소는 앞주머니와 뒷주머니를 가질 수 있습니다.

C. 다중구조 영문법 탐구

4. 다중 구조 영문법의 문장태

2) 문장태의 4요소와 3가지 특징

다중 구조 영문법에서의 문장 형식은 오로지 1가지이며, 인간 언어의 표현방식에 의거하여 오로지 4요소로 구성됩니다.
4요소는 형태라는 의미에서 '~태' 라고 칭합니다.

다중 구조 영문법은 결론적으로 오로지 한가지 형식만이 존재하며 이것을 문장태라고 합니다.

```
  (연결태) + (주어태) + (동작태) + (설명태)
                       -------------------
                            (서술태)
  --------   --------   -------------------
   연결부      주부              술부
```

이 4가지가 문장태를 구성하는 문장의 4요소입니다.

동작태와 설명태를 합하여 서술태라고도 칭합니다,

전달하고자 하는 내용에 따라 4가지의 요소는 각각 생략될 수 있고 반복될 수 있으며
문장태안의 각 요소는 다른 문장태를 그 안에 다층으로 포함할 수 있습니다.

본 다중 구조 영문법에서는 언어의 선택적 특징, 반복적 특징, 다층적 특징을 체계적으로
분석하여 영어 등의 언어 습득에 최대의 효과를 제공합니다.

선택적 특징이란, 문장 내용에 따라서 생략이 가능하다는 의미입니다.
반복적 특징이란, 동일한 구조가 연이어 반복될 수 있다는 의미입니다.
다층적 특징이란, 문장태 안에 또 다른 문장태가 포함될 수 있다는 의미입니다.

각각의 ~태가 어떻게 문장태 안에서 역할을 하는지 앞으로 계속 설명을 드리겠습니다.

즉, 언어는 이렇게 여러 다양한 방법으로,

주어라는 주체가 행동하는 내용 또는 가지고 있는 상태의 내용을 표현하는 것입니다.

C. 다중구조 영문법 탐구

4. 다중 구조 영문법의 문장태

3) 문장태 종류

(1) 문장태 / 주문장태 / 진문장태

다중 구조 영문법에서 문장태는 단순하게는 문장을 이르는 말이며, 전하고자 하는 내용을 문장태 형식으로 반복 사용하면서 다양한 문장을 구성합니다.

문장태는,
연결태, 주어태, 동작태, 설명태(명형부전문)의 4개 요소의 결합으로 구성됩니다.
내용상 중요한 표현을 이루는 중심되는 문장태를 문장태 또는 주문장태라고 합니다.

문장태는,
연결태+주어태+동작태+설명태 의 형식을 가집니다.
의문문에서는 연결태+동작태+주어태+설명태 의 형식을 가집니다.
도치문에서는 강조를 위하여 순서가 바뀌어집니다.

진문장태는.
연결태가 있는 연결문장태에서 연결태를 제외한 "주어태+동작태+설명태" 부분을 말합니다.
연결태가 없는 문장태에서는 문장태가 바로 진문장태 또는 주문장태가 됩니다.

* 나는 소년입니다.

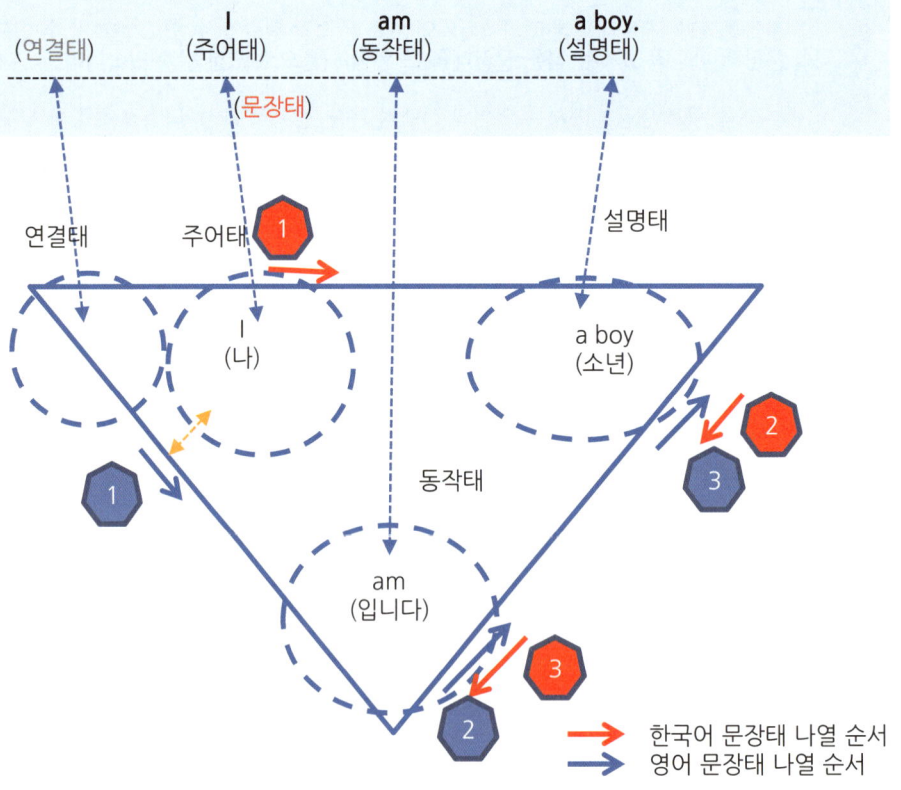

C. 다중구조 영문법 탐구

* 당신은 행복합니까? (의문문)

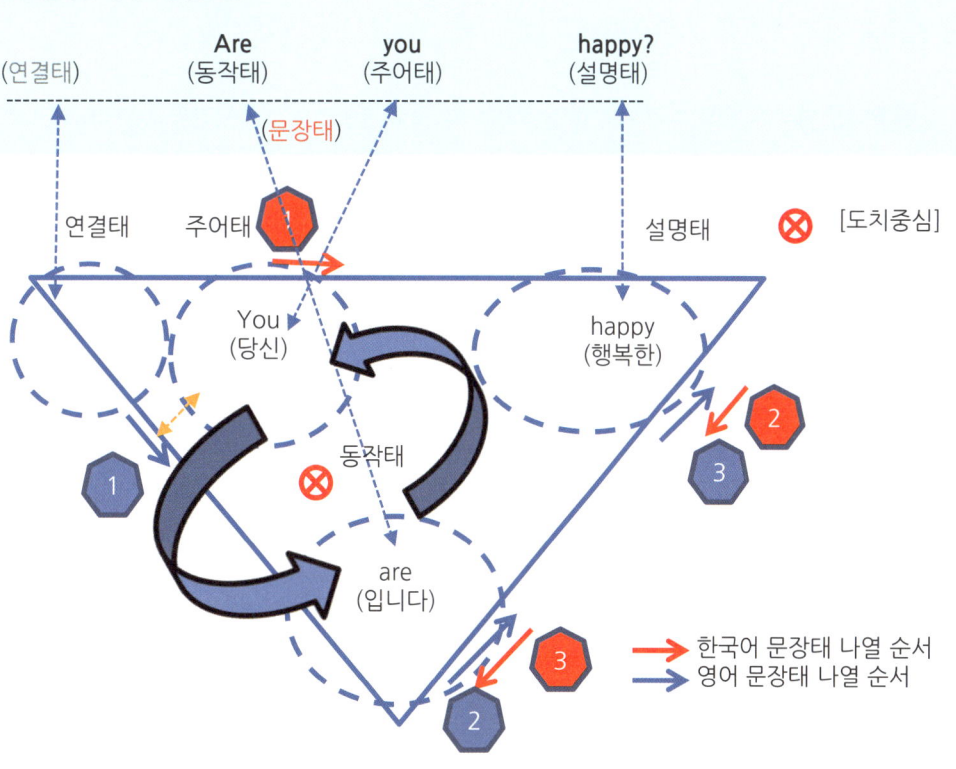

* 나도 그렇습니다. (도치문)

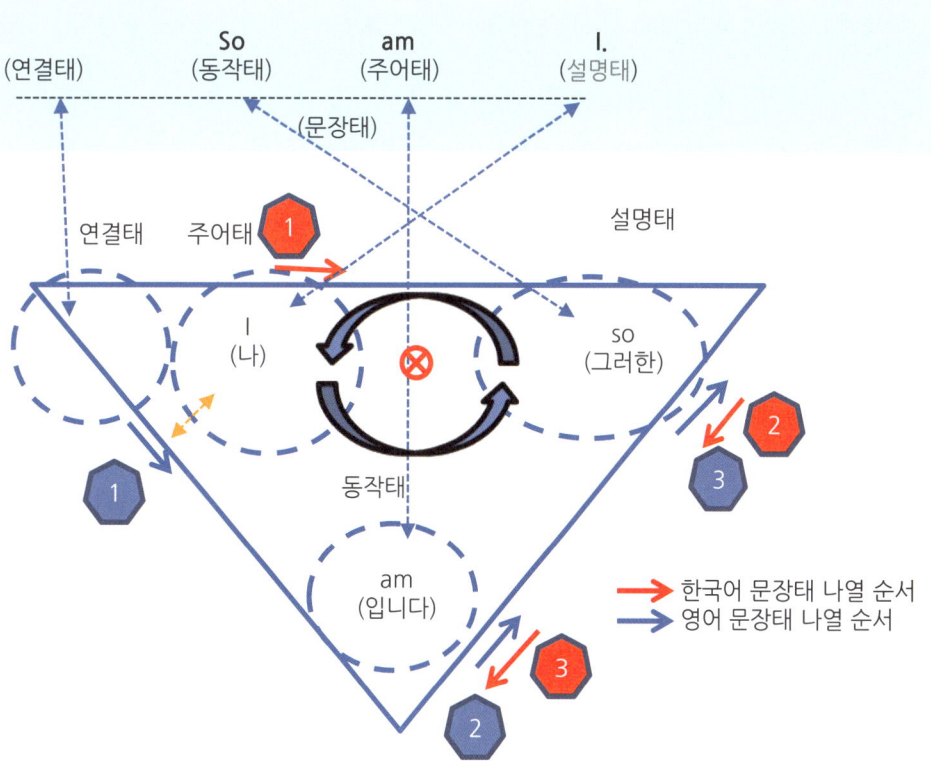

C. 다중구조 영문법 탐구

사용목적상 일부 요소(특히 주어태)를 생략하여 4요소 미만으로 구성된 문장을 반문장태라고 합니다.

4개의 요소는 모두 존재하거나 적어도 하나 이상이 존재합니다.
구성 요소의 개수와 관계없이 주문장태는 완전한 내용을 전할 수 있는 것을 말합니다.

이렇게 문장태는 독립적으로 존재하는 문장을 칭하며, 4개 요소의 선택적인 존재, 반복, 다중포함이 일어납니다.

의문문과 도치문에서는

4개의 요소가 순서가 바뀌는 경우도 발생합니다.

하지만 형식적으로만 도치가 된 것으로 분석할 수 있으며 실제로는 동일한 순서를 가진 것으로 해석을 할 수 있습니다.

사용목적상 일부 요소(특히 주어태)를 생략하여 4요소 미만으로 구성된 문장을 반문장태라고 합니다.

4개의 요소는 모두 존재하거나 적어도 하나 이상이 존재합니다.
구성 요소의 개수와 관계없이 주문장태는 완전한 내용을 전할 수 있는 것을 말합니다.

이렇게 문장태는 독립적으로 존재하는 문장을 칭하며, 4개 요소의 선택적인 존재, 반복, 다중포함이 일어납니다.

C. 다중구조 영문법 탐구

4. 다중 구조 영문법의 문장태

(2) 반문장태

4요소 가운데 적어도 하나 이상이 생략된 형태로 독자적으로 완전한 문장을 구성할 수 없는 문장태를 반문장태라고 합니다.

단, 반문장태는 독자적으로는 완전한 문장을 표현할 수가 없습니다.
반문장태 안의 동사는 동사가 변형된 파생동사(현재분사(동명사), 부정사, 과거분사)의 형식을 가집니다.

* 나는 한 남자가 거리를 달리고 있는 것을 보았습니다.
  (나는 거리를 달리고 있는 한 남자를 보았습니다.)

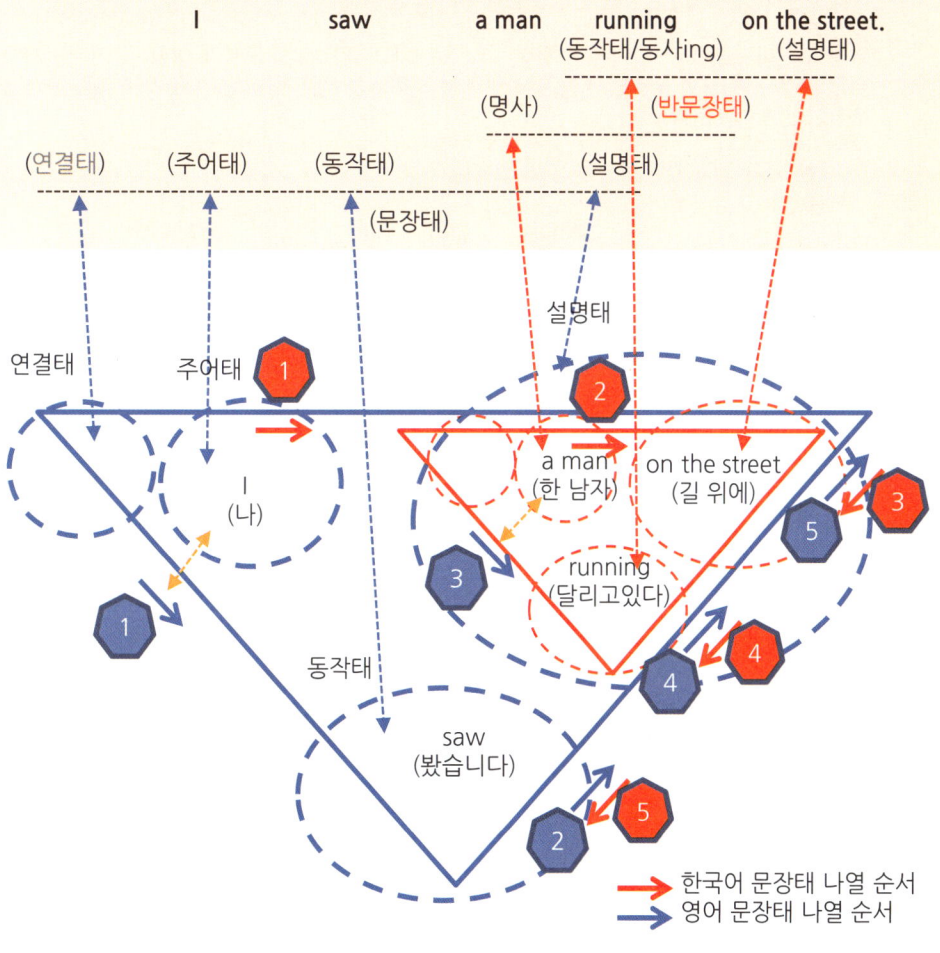

'running on the street' 는 동사의 변형인 'running' 을 포함하고 있어서
하나의 문장태를 형성합니다.
하지만 주어의 역할을 하는 '주어태' 가 생략되어 있습니다.
독자적으로 완전한 문장을 이룰 수 없는 문장태입니다.
이러한 문장태를 반문장태라고 부릅니다.
반문장태도 문장태에 포함됩니다.

C. 다중구조 영문법 탐구

4. 다중 구조 영문법의 문장태

(3) 부속문장태, 연결문장태

부속문장태는 문장태안의 4개 요소 안에 삽입되어 존재하는 문장태를 특별하게 칭하는 용어입니다.
문장태 또는 반문장태의 형식을 가집니다.

연결문장태는 문장태 안에 연결태가 존재하여 상황설명을 도입하기도 하고 또는 두 개의 문장을 연결하는 역할을 하는 문장태를 칭합니다.
연결태는 뒤의 진문장태가 연결태를 수식하는 형태를 가집니다.
진문장태 "he is at home'은 연결태인 'that'를 수식합니다.

아래 예문에서 부속문장태는 연결문장태이기도 합니다.

문장태의 어느 한 요소 안에 위치하여, 스스로 4개의 요소(적어도 1개 이상)를 가지면서 독자적으로 완전한 표현을 하면서 문장태 안에서 의미있는 역할을 하는 문장태 내부의 문장태를 부속문장태라고 부릅니다.

* 나는 그가 집에 있다는 것을 알고 있습니다.

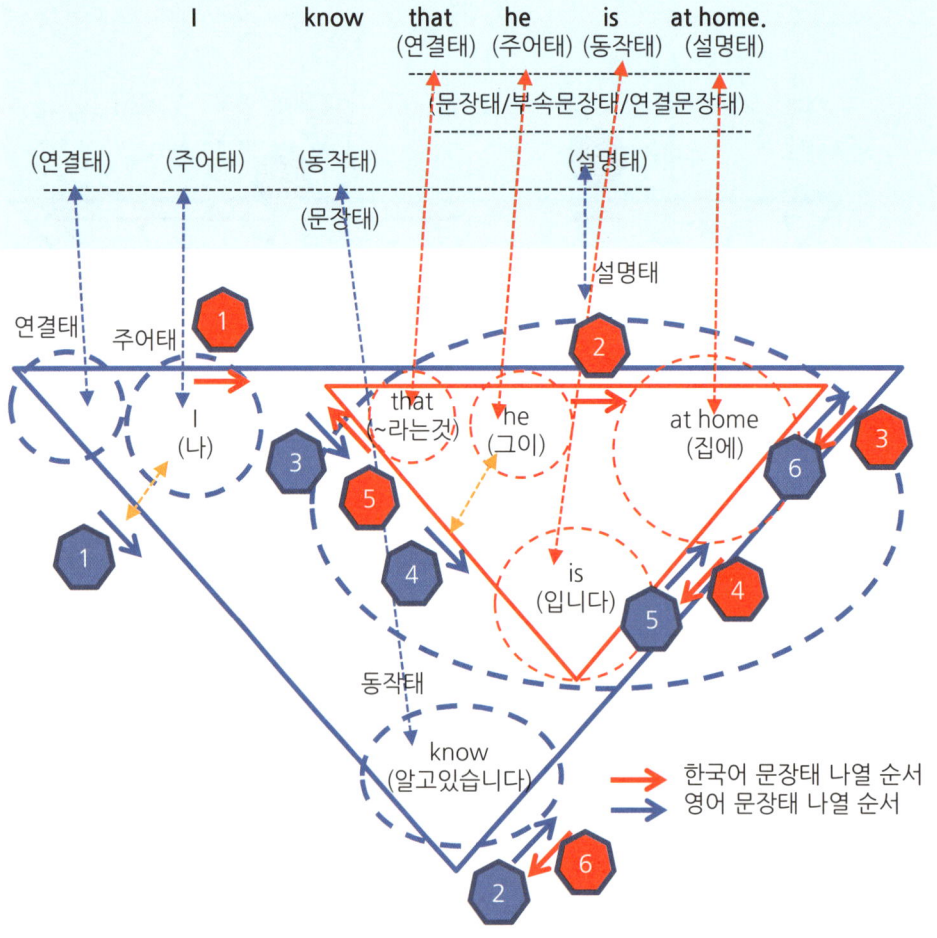

C. 다중구조 영문법 탐구

상기 예에서는, 부속문장태가 설명태 안에 위치하고 있습니다.
4요소의 안에 문장태의 형태로 존재하는 것을 부속문장태라고 부릅니다.
부속문장태는 문장태의 일종입니다.

다만, 어느 요소의 안에 형성되어 맡은 역할을 수행하는 것입니다.
특히 주어에 해당하는 명사태를 포함하고 있으며, 그 자체로 완전한 의미를 표현하고 있는 경우에 부속문장태라고 칭합니다.
완전한 형태의 문장태이지만 요소의 안에 부속되어 있기 때문에 부속문장태라고 부릅니다.

그래서 문장태는 주문장태라고도 부릅니다.

다중구조 영문법의 4요소는 각각의 내용을 상세 설명해주는 부속문장태를 가질 수 있으며 이 부속문장태는 문장태 또는 반문장태의 형태를 가질 수 있습니다.

반문장태와 부속문장태는 문장태의 다층적 구조를 잘 설명해주는 내용입니다.

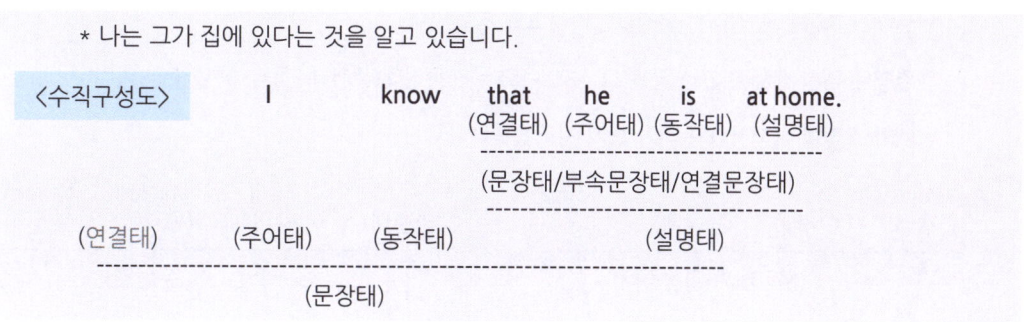

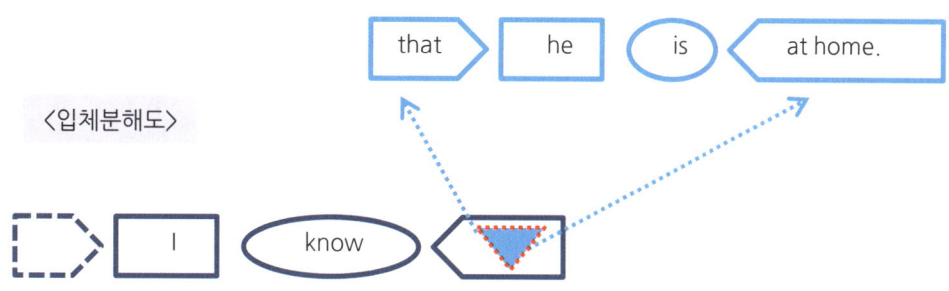

C. 다중구조 영문법 탐구

4. 다중 구조 영문법의 문장태

4) 문장태의 4요소

다중 구조 영문법에서 문장은 '연결태, 주어태, 동작태, 설명태'의 4 요소로 구성됩니다.
각각의 4개의 요소는 그 바로 뒤에 상세한 내용이 표현됩니다. 연결태는 주어태~설명태가 상세 설명하고, 주어태는 동작태가 상세설명하고, 동작태는 설명태가 상세설명을 합니다.

(1) 연결태

연결태는 문장을 처음 시작하는 것에 있어서 도입을 하는 매우 중요한 역할을 합니다.
연결태는 문장태의 맨앞에 위치하며 이것은 선택적입니다.
연결태가 있는 문장태를 연결문장태라고 합니다.
연결태는 문장이 도입되는 부분이며 다른 문장과 연계되거나 포함되는 수단이기도 하며, 단어를 상세설명 하거나 상황을 부연 설명하는 문장을 연결해주는 역할을 하기도 합니다.

우리가 보통 말을 할 때,
'그러니까', '말하자면', '생각해보니' … 등등의 표현을 먼저 하는 경우가 있습니다.
또는 ~하자마자, ~일지라도 등의 표현을 시작으로 원하는 문장을 말하기도 합니다.
이렇게 말을 시작하기 위한 연결부의 역할을 하는 것을 연결태라고 합니다.

연결태는 기존영문법에서는 접속사에 해당하며 관계사, 의문사가 그 역할을 합니다.
이 연결태를 다양하고 세련되게 사용하는 사람이 말을 잘하는 사람으로 평가 받는 요인이 됩니다.
연결태는 문장태과 문장태를 연결해주며 정확한 의미 전달에 기여합니다.

연결태는 하나 또는 몇 개의 단어로 구성되어 한 문장태의 앞머리에 위치하며 열거하거나 또는 다양한 상황 및 조건을 표현하는 기능을 수행합니다.
연결태가 사용된 문장태는 연결문장태라고도 칭합니다.

연결태에 대한 상세 부연 설명은 그 뒤에 나오는 진문장태(주어태+동작태+설명태)입니다.

* 내가 호텔을 나서자마자 비가 오기 시작했습니다.

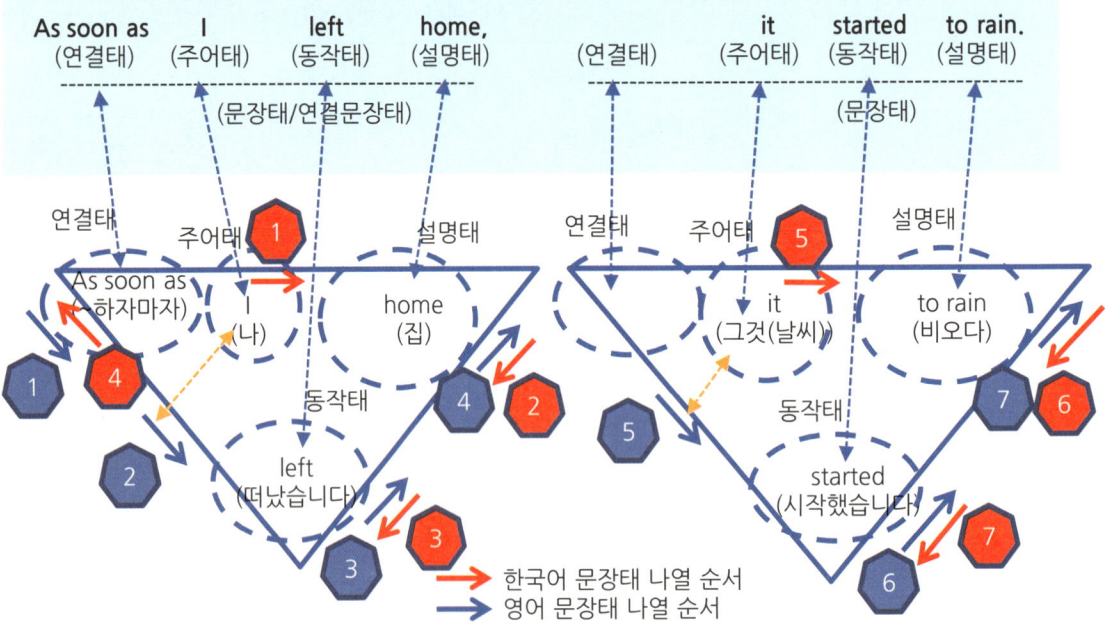

설명태 안의 단어가 강조를 위해서 주어태의 앞의 연결태의 위치로 이동하기도 합니다.
이렇게 이동된 것은 의미적으로 연결태는 아니며 한국어 해석 시에는 다시 제자리로 돌아가도 무방합니다.
여기에서 연결태 'As soon as'에 대한 상세 부연 설명은 진문장태인 'I left home'입니다.

C. 다중구조 영문법 탐구

4. 다중 구조 영문법의 문장태

(2) 주어태-1

주어태는 명사의 역할을 하므로,
구성 형식을 살펴보면 형용사태 + 명사태,
부사태+형용사태+명사태 등의 형식을 가집니다.

주어태는 세상의 모든 주체와 같이 문장의 주어 역할을 하며 명사태의 형식을 가집니다.

이 주어태로부터 문장의 동작은 시작됩니다.
즉, 주어태는 주어가 되는 유일한 요소입니다.

하나의 문장태도 명사태의 형식이면 주어태의 역할을 할 수 있습니다.
즉, 하나의 절이 명사의 자격으로 주어의 역할을 하는 것입니다.

이렇게 주어태 안에는 다양한 문장이 포함될 수도 있습니다.
(문장태, 반문장태, 부속문장태, 연결문장태)

명사의 역할을 하는 모든 것을 명사태라고 부를 수 있습니다.

동명사, to 부정사 등의 파생 동사로부터 형성된 명사태는 반문장태를 형성하며 이것은 주어태가 될 수 있습니다.

〈 주어태가 될만한 것들 〉

주어태가 될만한 것들을 빠르게 파악하는 것이 언어 쉽게 사용하고 표현하는 지름길입니다.

사람 이름: John, 철수
대명사: you, he, that
가족관계: father, mom, son
직장이나 조직: company, team
역사적 사실: invasion, establishment
행동의 주제: walking, movement
도서 또는 예술품의 제목이나 상품명: miracle, grammar
보이는 사물: book, TV
사람의 동작(~하기): to see, fighting
추상적인 명사(감성적인 명사): love, development, history

C. 다중구조 영문법 탐구

4. 다중 구조 영문법의 문장태

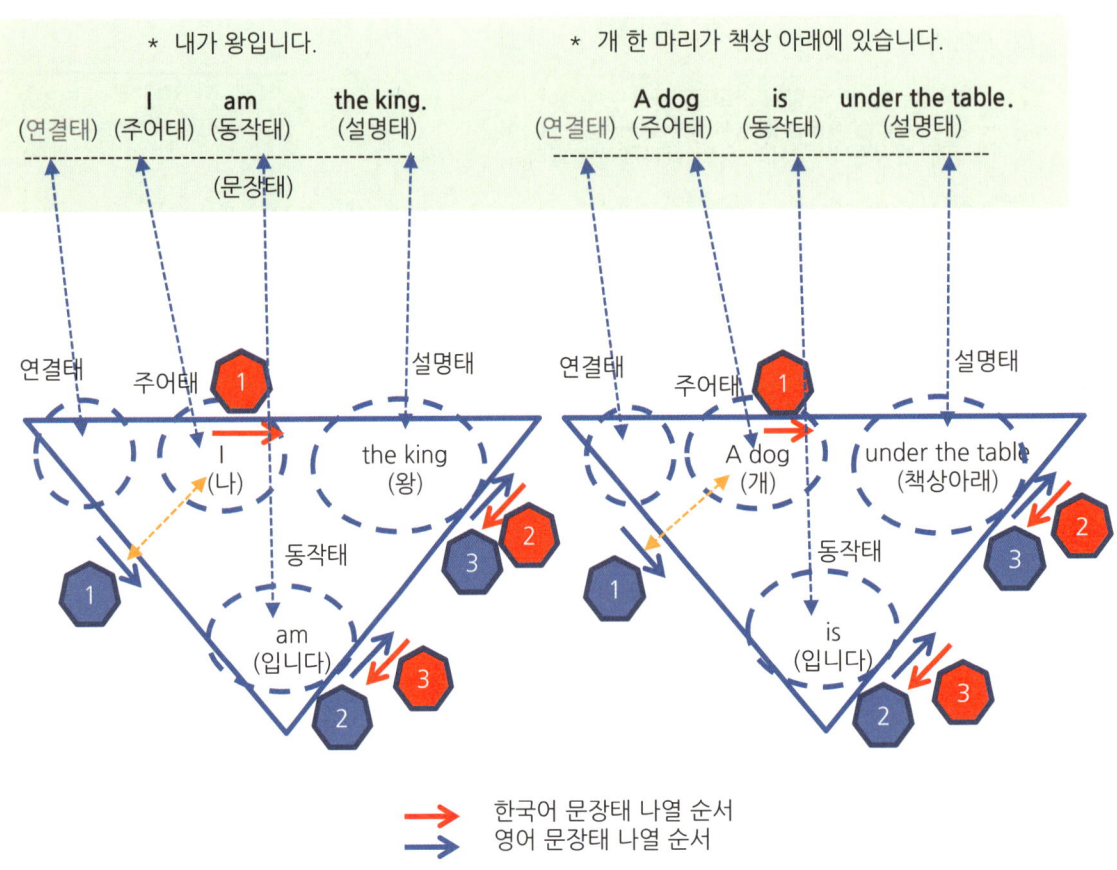

C. 다중구조 영문법 탐구

4. 다중 구조 영문법의 문장태

(2) 주어태-2

* 보는 것이 믿는 것입니다.

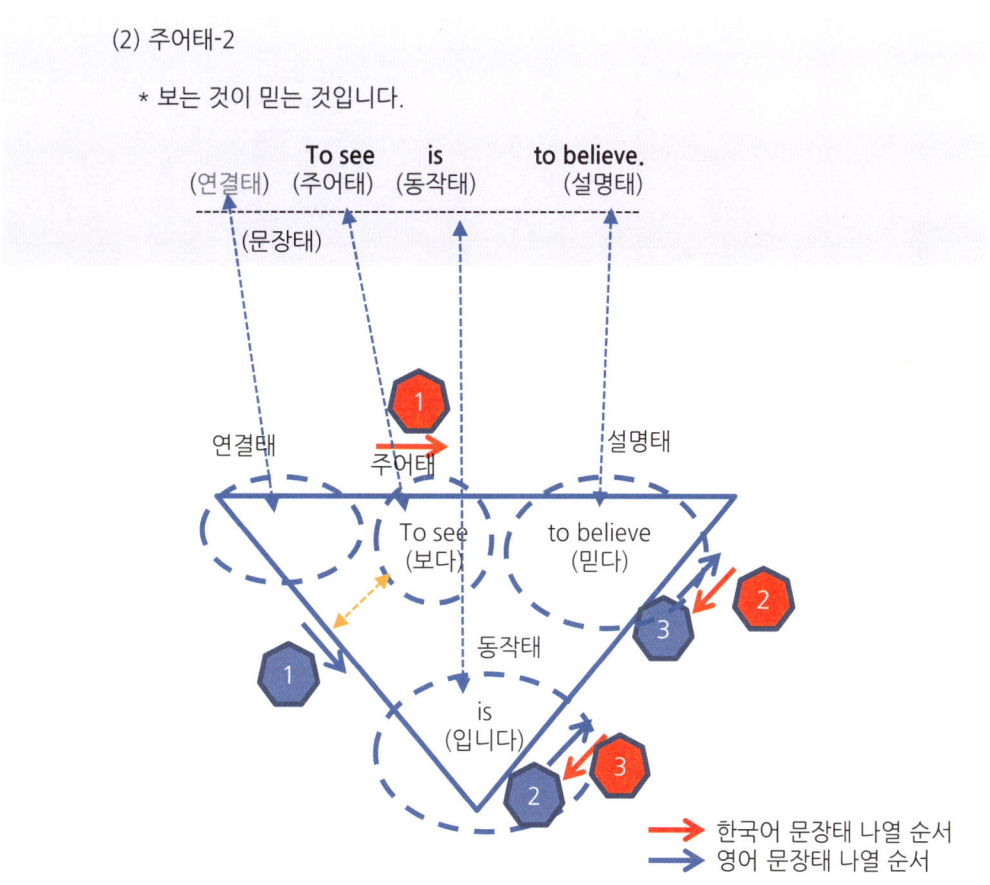

'To see'와 'to believe'를 명사형으로 간주하였습니다.

C. 다중구조 영문법 탐구

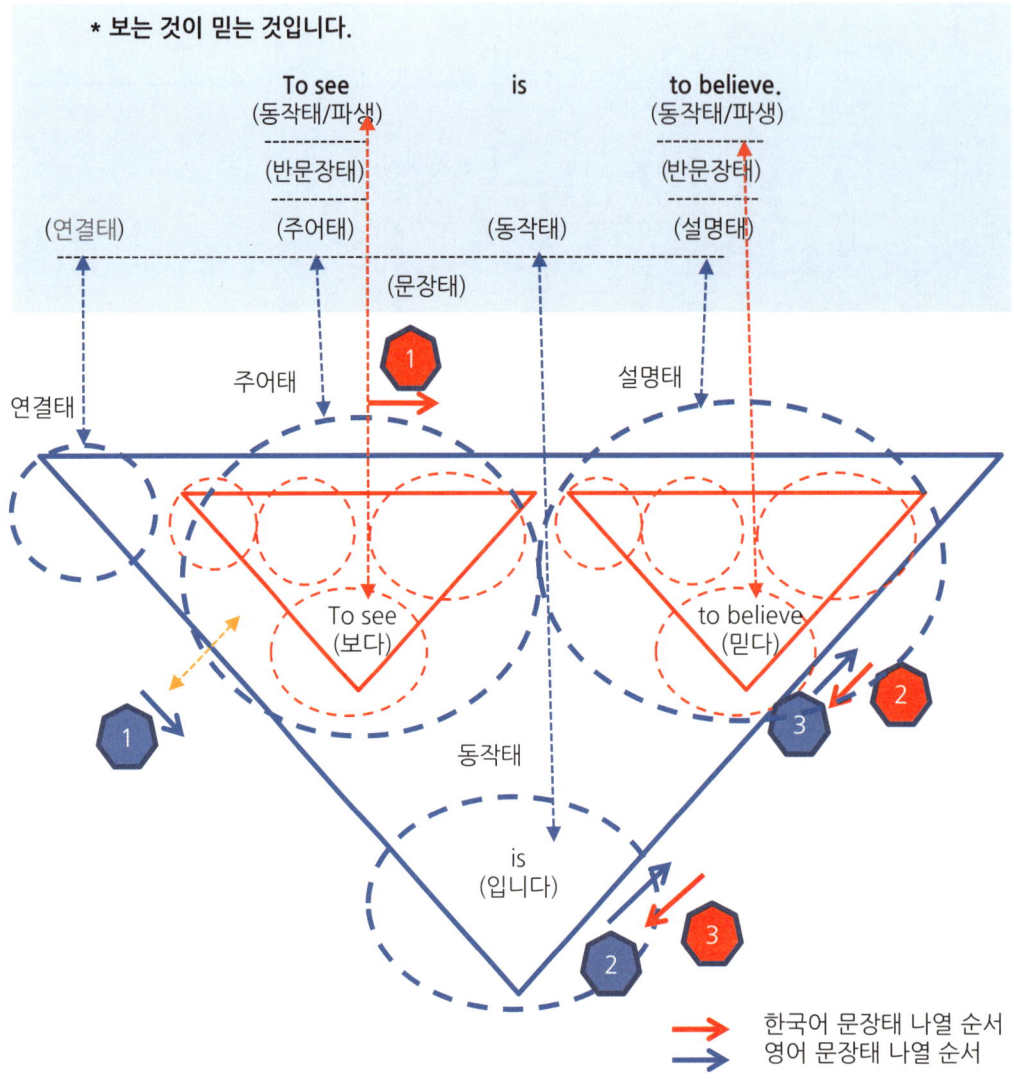

'To see'를 동사태를 포함한 반문장태로 간주하였습니다.

C. 다중구조 영문법 탐구

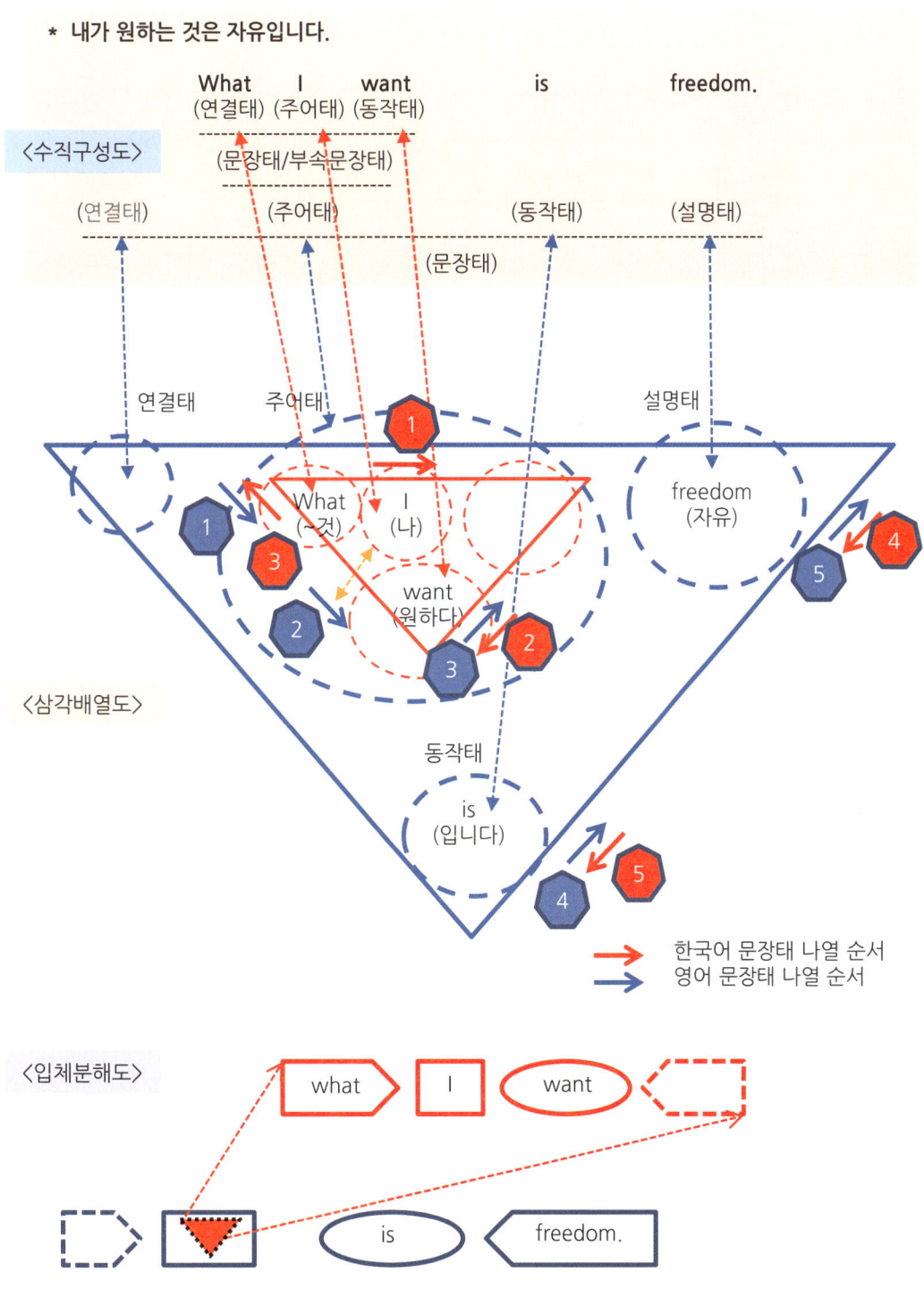

C. 다중구조 영문법 탐구

4. 다중 구조 영문법의 문장태

(3) 동작태-1

동작태는 동사의 역할을 하므로,
'부사태+동작태'의 형식을 가집니다.

동작태는 주어태인 주어가 상태 및 움직이고 변화하는 것을 표현해주는 동사의 역할을 합니다.
또한 주어의 행동의지를 표현하기도 합니다.
동작태는 동사의 의미를 갖는 여러 형태, 즉
보조동사(조동사),
보충동사(have),
원동사(동사의 기본형)
파생(의미)동사(been, 과거분사, 현재분사, to 부정사 등) 등이 나열 될 수가 있습니다.

이러한 반복은 동작태의 반복이며 러시아 인형인 '마트로시카 인형' 처럼 문장태의 다층적 구조를 형성합니다.

* **나는 빠르게 달릴 수 있습니다.**

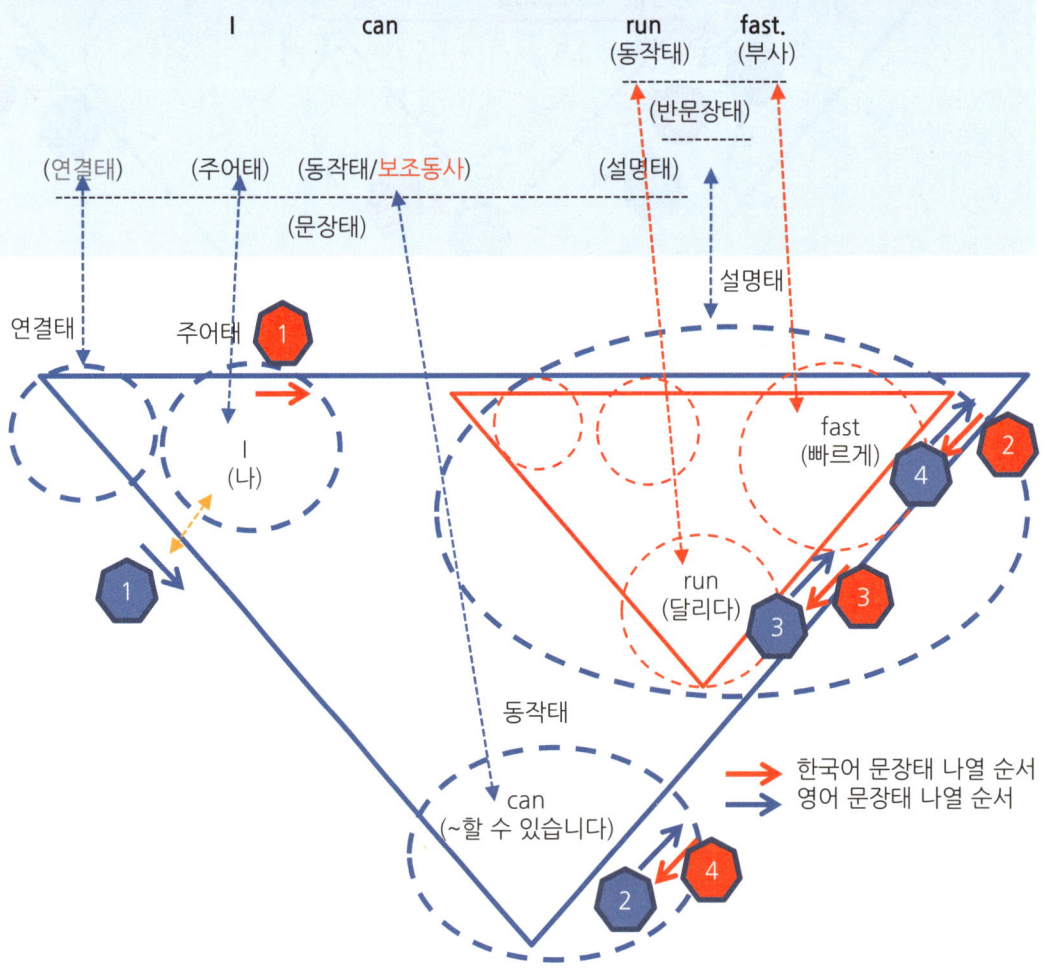

보조동사는 일반동사와 같이 고유의 의미를 가지고 있습니다.
'run fast'는 설명태 안에서 반문장태를 형성하고 있습니다.

C. 다중구조 영문법 탐구

4. 다중 구조 영문법의 문장태

(3) 동작태-2

* 나는 편지를 다 썼습니다.

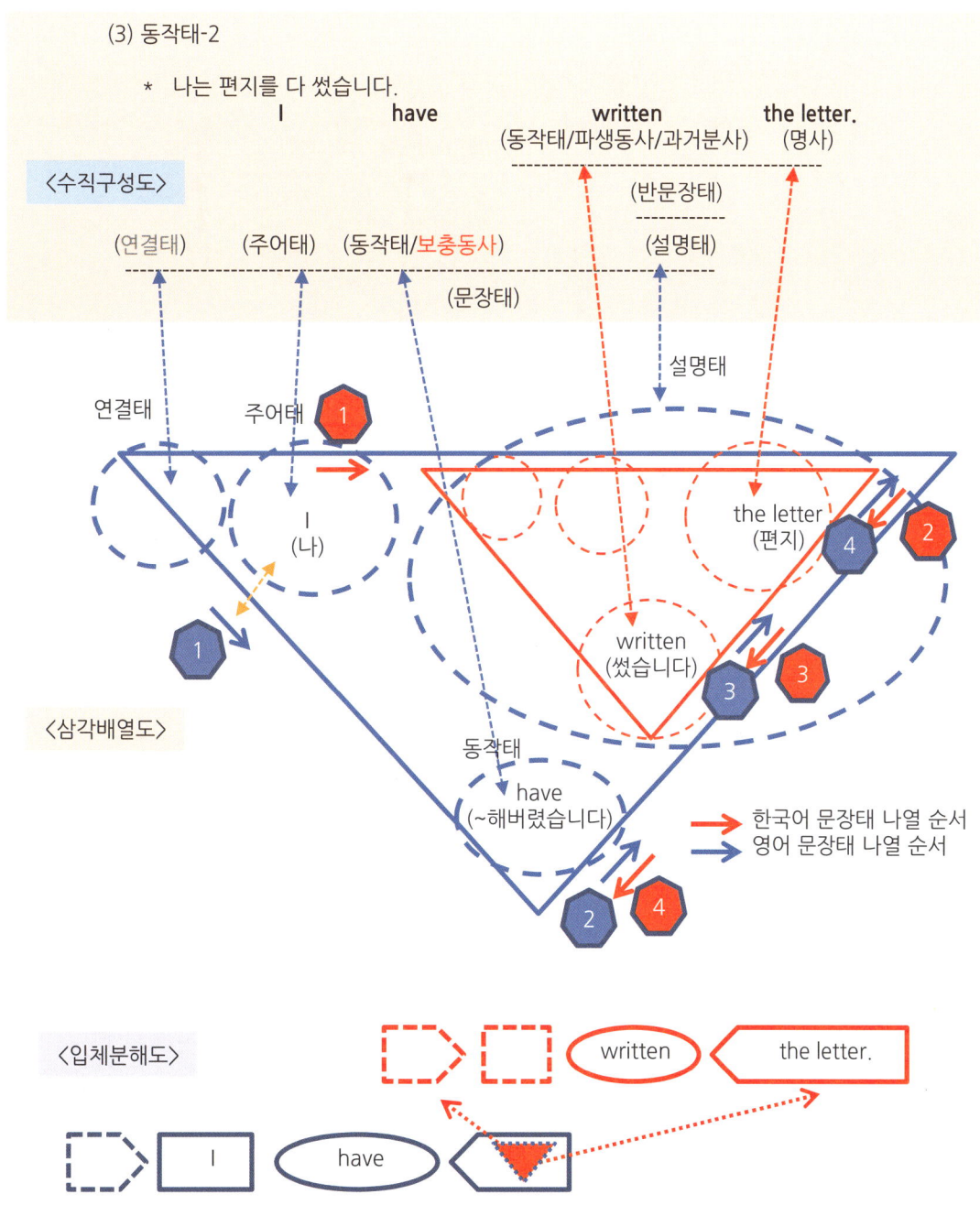

보충동사는 고유의 의미가 아닌 일반동사의 시제와 같은 내용을 보충적으로 표현하고 있습니다.
보충동사의 다음에는 원동사가 오지 않고 파생동사가 옵니다.
'written the letter'는 설명태 안에서 반문장태를 형성하고 있습니다.
'have ~' '~상태에 있게 하다', '~해버렸습니다'
'have written the letter' -> 'written the letter' 상태에 있게 하다.

C. 다중구조 영문법 탐구

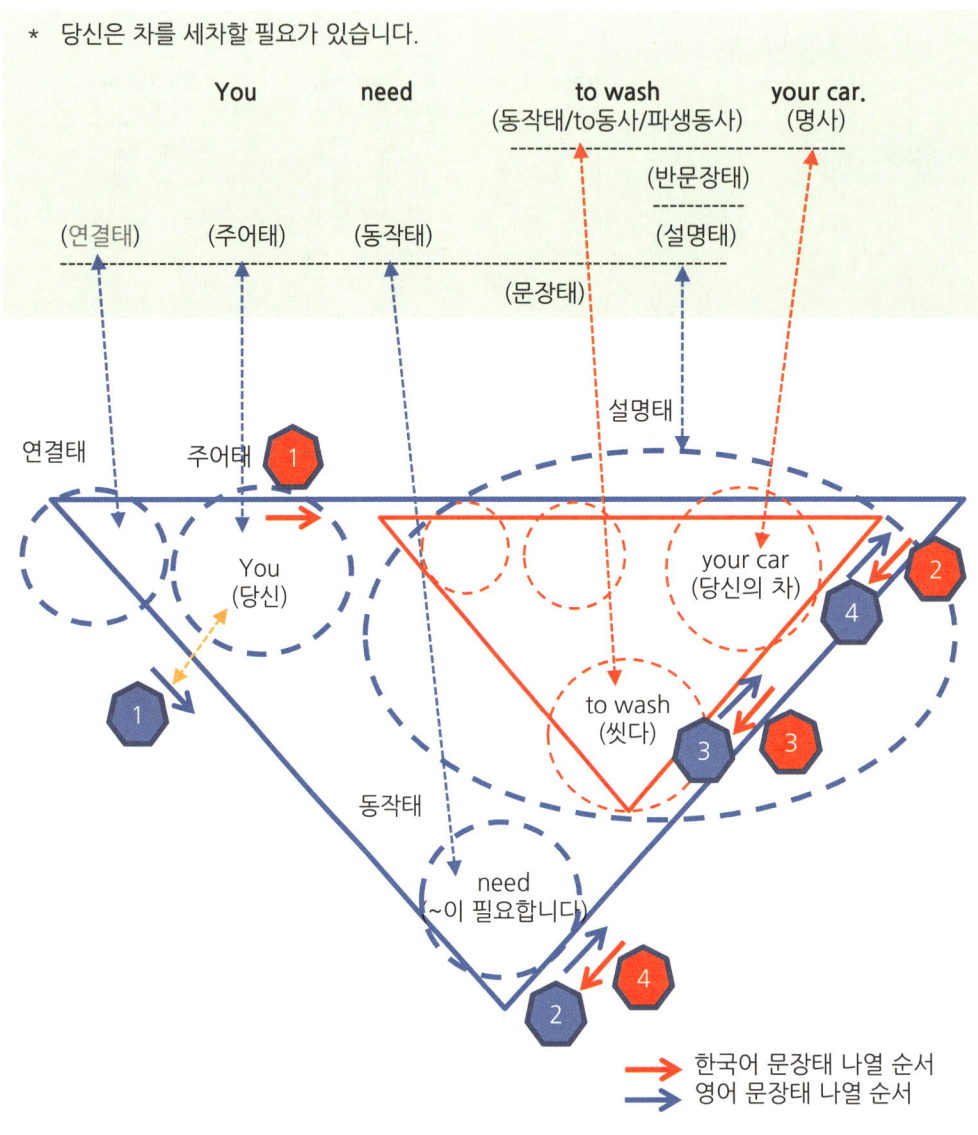

'need'는 '~할 필요가 있다' 라는 동사의 역할을 합니다.
'to wash'는 부정사로서 설명태 안에서 동작태의 역할을 하며 반문장태를 형성하고 있습니다.
'to'는 'wash'의 앞주머니이며 부정사를 만들고 있습니다.

C. 다중구조 영문법 탐구

4. 다중 구조 영문법의 문장태

(3) 동작태-3

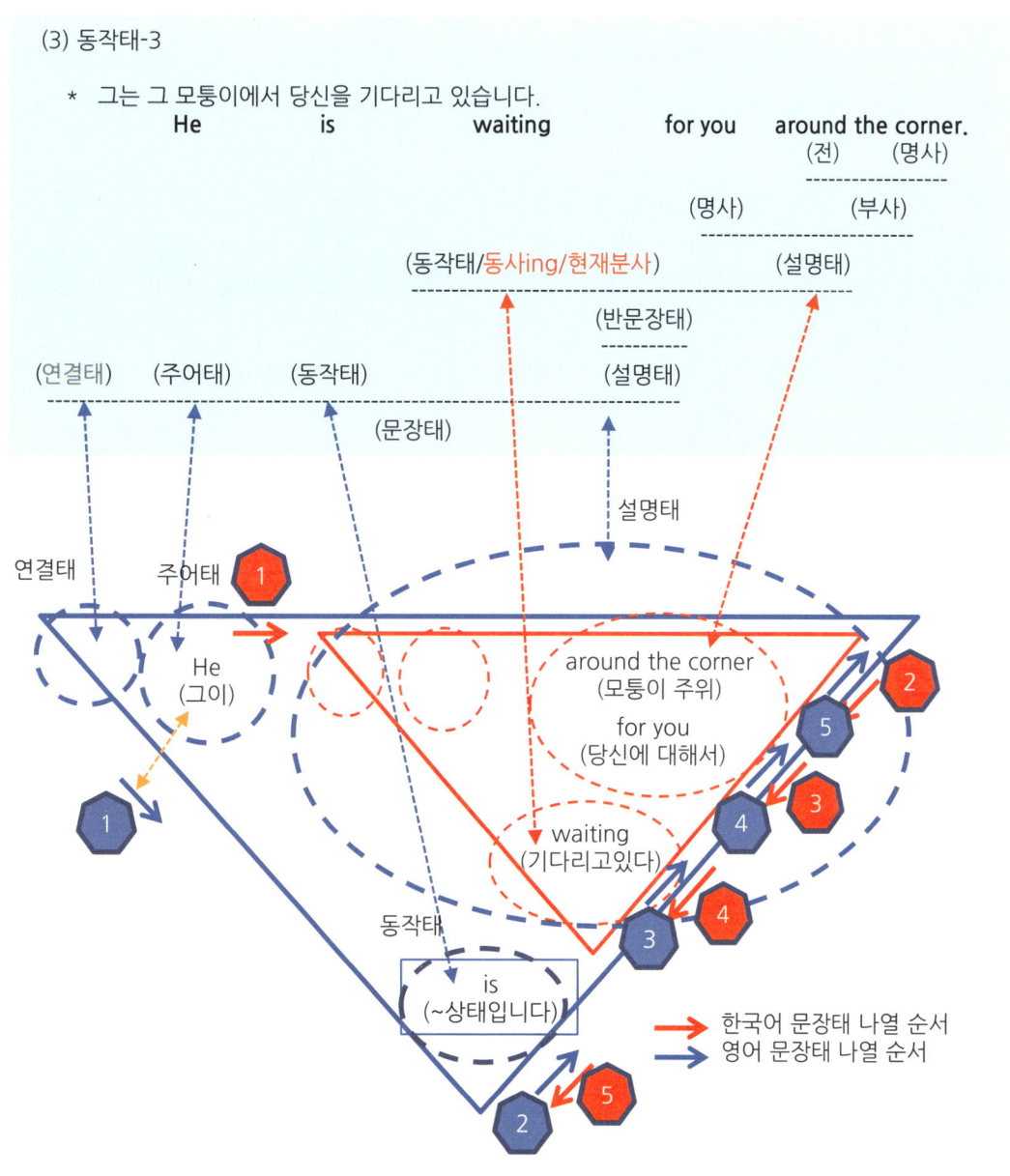

'is ~'는 '~ 상태 입니다' 라는 동사의 역할을 합니다.
'waiting'은 현재분사로서 설명태 안에서 동작태의 역할을 하며 반문장태를 형성하고 있습니다.
파생동사라고도 칭합니다.
'He is waiting ~ ' 그는 기다리고 있는 상태입니다.

C. 다중구조 영문법 탐구

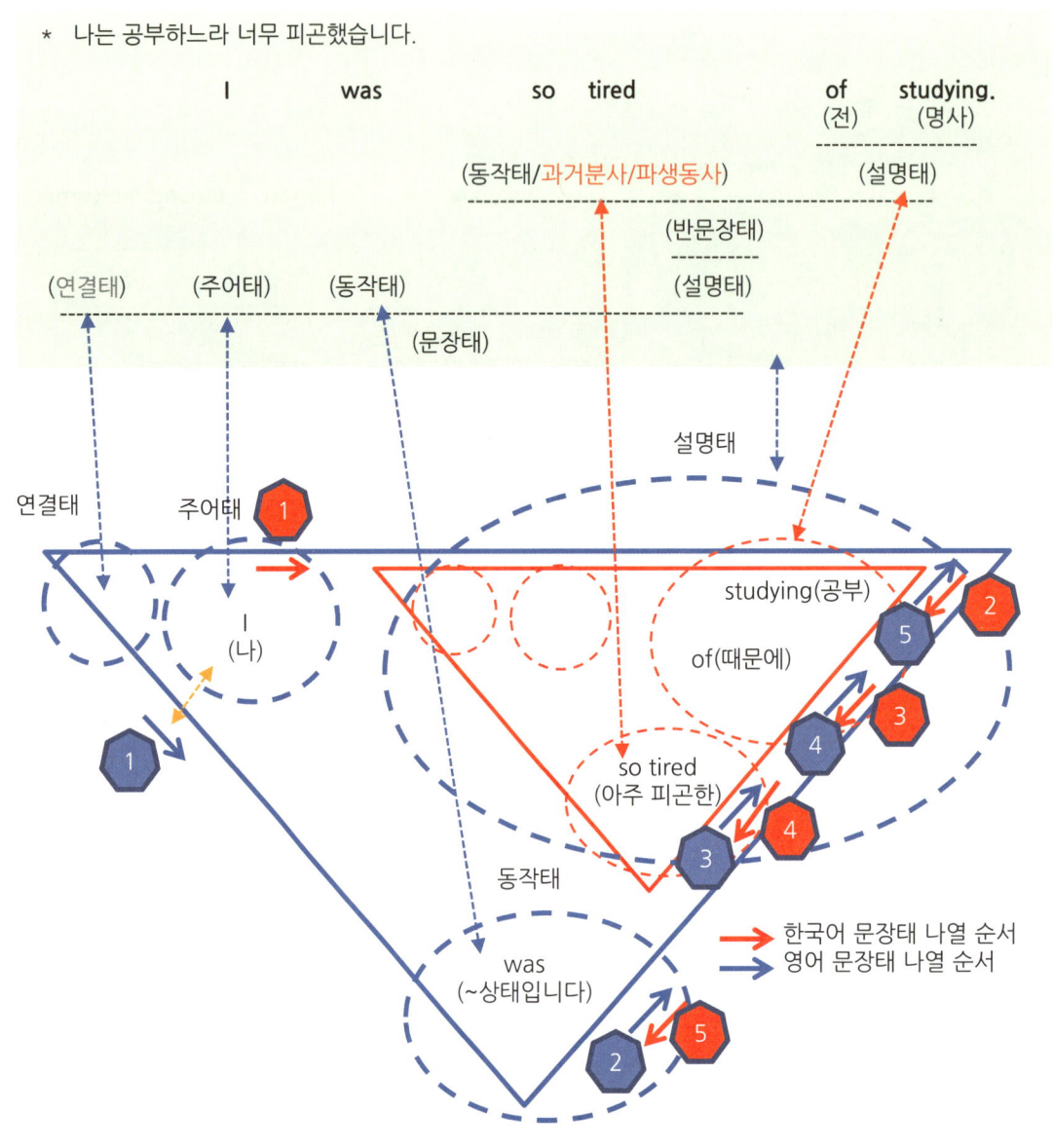

* 나는 공부하느라 너무 피곤했습니다.

'tired'는 과거분사로서 동사에서 파생되었으므로 파생동사라고 칭하며 반문장태를 형성합니다.
설명태안에서 문장태의 형식으로 표현되는 것은 더욱 정확한 표현이 가능해진다는 의미입니다.
'so'는 'tired'를 수식하는 부사입니다.

설명태안의 'studying'은 동명사입니다. 명사로 간주할 수도 있고 파생동사로서 반문장태를 형성한다고 볼 수도 있습니다.

'so tired'는 동작태 'tired' 앞에서 부사인 'so'가 수식하는 형태로서 'so tired'를 동작태라고 간주합니다.
'studying English in the library'라고 표현한다면 반문장태의 형식임을 쉽게 알 수 있습니다.

C. 다중구조 영문법 탐구

4. 다중 구조 영문법의 문장태

(3) 동작태-4

* 나는 유럽에 가본 적이 있습니다.

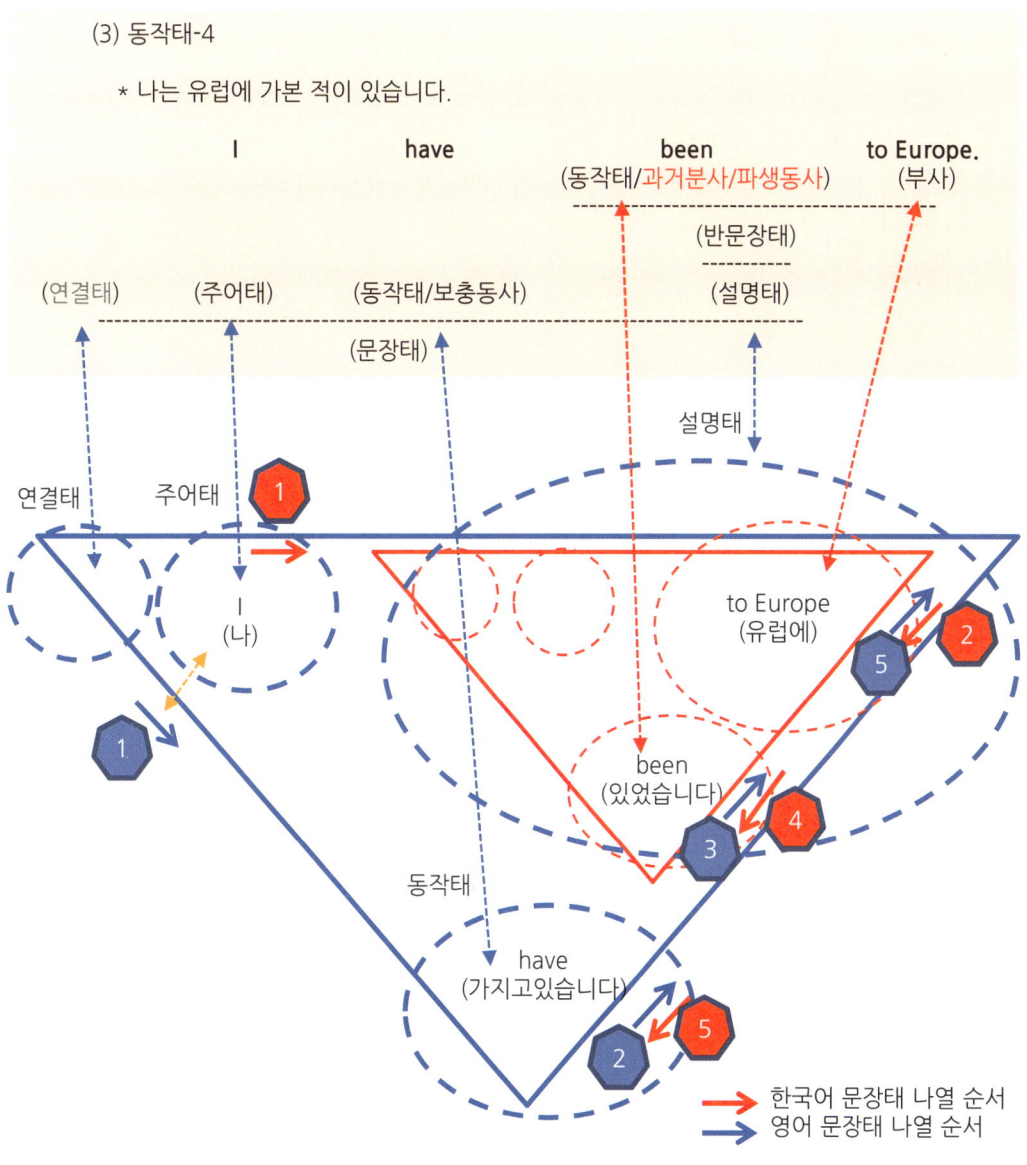

'been' 은 과거분사로서 파생동사입니다.
'have' 는 보충동사로서 '경험' 을 나타내는 역할을 하고 있습니다.
보충동사 다음에는 원동사가 오지 않고 파생동사가 옵니다.
'to Europe'은 전치사와 명사가 결합하여 부사의 역할을 합니다.

C. 다중구조 영문법 탐구

4. 다중 구조 영문법의 문장태

(3) 동작태-5

동작태는 반복적으로 사용될 수 있으며 반복 시, 보조동사(조동사), 보충동사, 부정사, 동사ing 또는 과거분사 형태를 가질 수 있습니다.

동사 + to 동사(부정사)는 형태구조상 동사태의 반복으로 보고 의미상으로는 to부정사의 용법으로 해석합니다.

동작태는 주체인 주어의 동작 또는 행동 또는 변화를 표현하며 동작 대상을 가질 수 있습니다.

동작태의 반복적 사용시 그 구조는,

보조동사+보충동사(have)+파생동사 의 형태를 가집니다.

부정을 표현하는 'not' 는 처음 나오는 동사의 다음에 위치합니다.

C. 다중구조 영문법 탐구

4. 다중 구조 영문법의 문장태

(4) 설명태-1

설명태는 동사태의 세부 설명 역할을 하므로, 명사태, 문장태의 내부에 포함되는 모든 요소를 가집니다.
설명태 안에 있는 문장태는 사실을 전달하기 위해서 표현하는 내용을 가집니다.
이 문장태는 전후의 요소와 연계하여 수식관계를 이룹니다.
기존 영문법에서의 목적어와 보어는 의미가 없는 표현입니다.
오직 설명태라고 정의되며, 동작태의 내용에 따라서 목적어와 보어로 판단하는 것에 불과합니다.

설명태는 동사태에 대해서 그 상세한 내용을 포함하고 있습니다.
'그는 던집니다' 라고만 말한다면 무엇을 던지는가를 알 수가 없습니다.
그래서 던지는 그 '무엇'을 설명태 안에 표현하는 것입니다.

* 그는 던집니다.

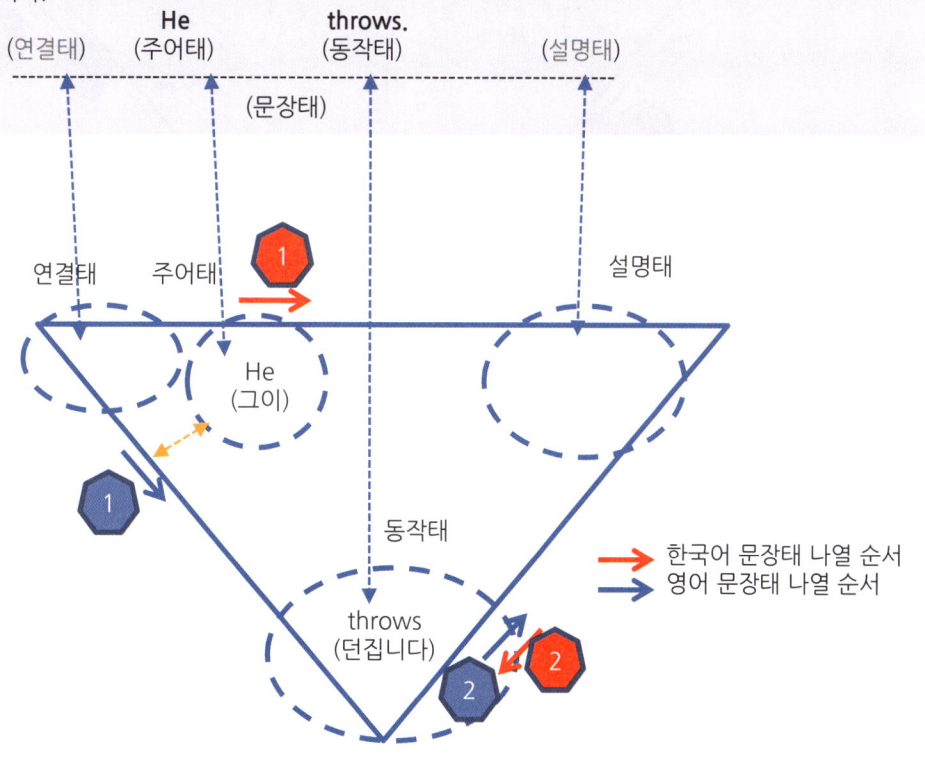

예문에서 설명태는 비어있습니다.
즉, 동사에 대한 상세 내용이 빠져있는 것입니다.

C. 다중구조 영문법 탐구

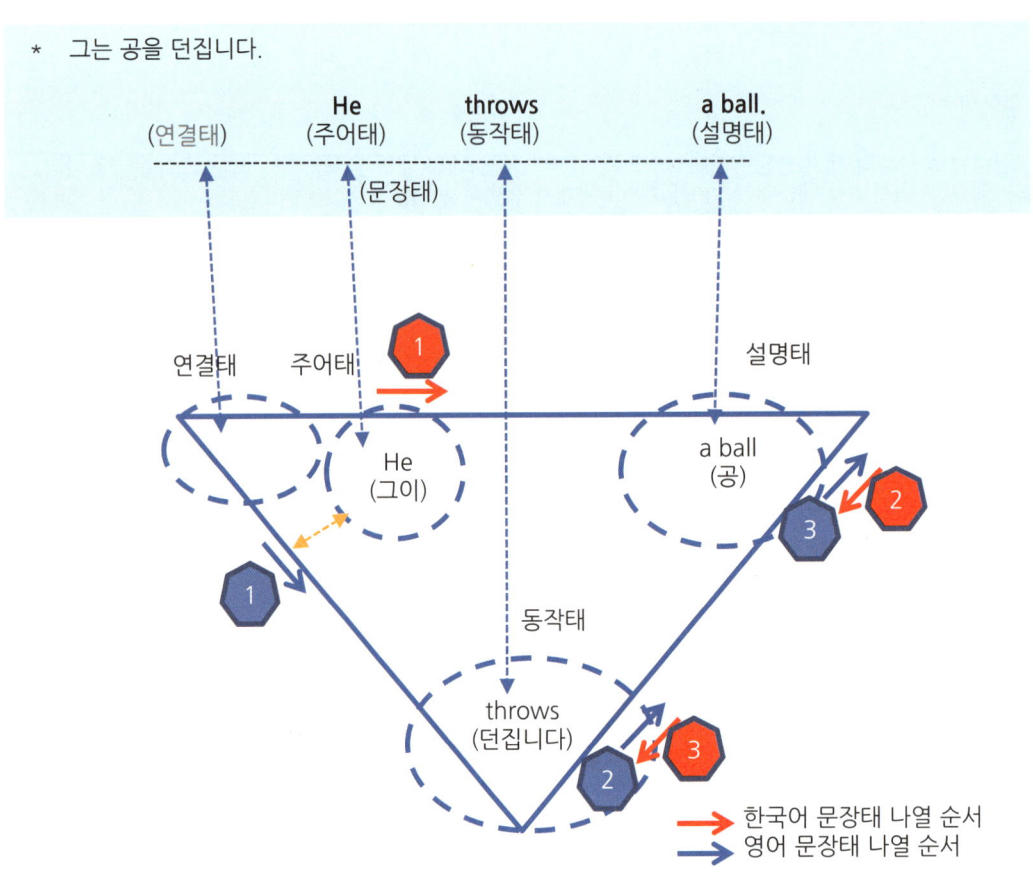

예문에서 설명태 안에 'a ball'이 표현되어 있습니다.
즉, 'throw' 라는 동사에 대한 상세 내용을 표현하고 있습니다.

이렇게 설명태는 중요한 역할을 하고 있습니다.
동사태는 문장에서 중요한 역할을 하고 설명태는 동사태에 대해서 중요한 역할을 하는 것입니다.

즉, 설명태는 동사태를 상세 설명합니다.

설명태는 다양한 내용을 표현하고 있기 때문에 설명태 안에는 많은 품사의 단어들이 표현되는 곳입니다.

명사, 형용사, 부사, 전치사, 문장태 등이 함께 어울려서 상세한 내용을 표현하고 있습니다.

그래서 다중 구조 영문법에서는 설명태를 '명형부전문'이라고도 칭합니다.

C. 다중구조 영문법 탐구

4. 다중 구조 영문법의 문장태

(4) 설명태-2

설명태 안에는 다양한 품사와 더불어 다양한 문장태(문장태, 반문장태, 부속문장태)가 포함될 수도 있습니다.

'동작태 + 설명태'를 서술태라고 칭합니다.
이것은 기존의 영문법과 마찬가지로 서술부의 역할을 하기 때문입니다.

하나의 문장(태)은,

"(주어인)주어태는 서술태의 내용을 가지고 있는 상태임"

을 표현하는 것이며,

상세하게는,

"주어태는 동작태를 통하여 상태를 나타내거나 행동하고, 그 상세 내용은 설명태에서 표현함"

이 되는 것입니다.

문장내의 "주어태 + 서술태(동작태+설명태)"에 있어서 주어태를 생략하고 서술태를 주어태처럼 변형하여 사용할 수도 있습니다.

이때에는 동사의 변형(파생동사)을 사용합니다,

즉, I study English. It is very hard. -> To study English is very hard.

이것은 주어태인 'I' 와는 무관하게 보여질 수도 있으며 일반적인 상황에서의 서술태로 이용할 수 있습니다.

'To study English' 는 주어태의 위치에 있으므로 '영어를 공부함'이라는 뜻이 됩니다.
만일 이것이 설명태 안에 있다면 '영어를 공부하기 위하여' 라는 의미가 될 수도 있는 것입니다.

위에서처럼 서술태 또는 동작태를 명사화하여 문장태 안에서 주어태의 기능을 하기도 합니다.

C. 다중구조 영문법 탐구

4. 다중 구조 영문법의 문장태

5) 품사태

다중 구조 영문법에서 문장은,
'연결태, 주어태, 동작태, 설명태' 의 4 요소로 되어 있으며 이것은 문장태를 구성합니다.
상기 4요소는 여러 단어들로 이루어져 있습니다.

여러 단어들은 8품사의 범주에 속합니다.
이러한 각각의 품사를 품사태라고 하며 명사태, 동사태, 부사태, 형용사태가 있습니다.
'~태` 는 형태를 의미합니다.

즉, 명사태는 명사의 역할을 하는 형태를 말하고, 동사태는 동사의 역할을 하는 형태를 말하고,
부사태는 부사의 역할을 하는 형태를, 형용사태는 형용사의 역할을 하는 형태를 말합니다.

(1) 명사태

　　다중 구조 영문법의 문장태 안에서 명사의 역할을 하는 품사입니다.
　　기존 영문법에서의 명사, 명사구, 명사절과 동일합니다.

(2) 동사태

　　다중 구조 영문법의 문장태 안에서 동사의 역할을 하는 품사입니다.
　　기존 영문법에서의 동사, 동사구, 숙어와 동일합니다.

(3) 부사태

　　다중 구조 영문법의 문장태 안에서 부사의 역할을 하는 품사입니다.
　　기존 영문법에서의 부사, 부사구, 부사절과 동일합니다.

(4) 형용사태

　　다중 구조 영문법의 문장태 안에서 형용사의 역할을 하는 품사입니다.
　　기존 영문법에서의 형용사, 형용사구, 형용사절과 동일합니다.

C. 다중구조 영문법 탐구

4. 다중 구조 영문법의 문장태

6) Be 동사의 역할

be 동사는 주어에 대하여 '~한 상태입니다'를 표현합니다.
그 상태가 형용사이거나 명사이거나 상관이 없습니다.

* 나는 행복합니다.

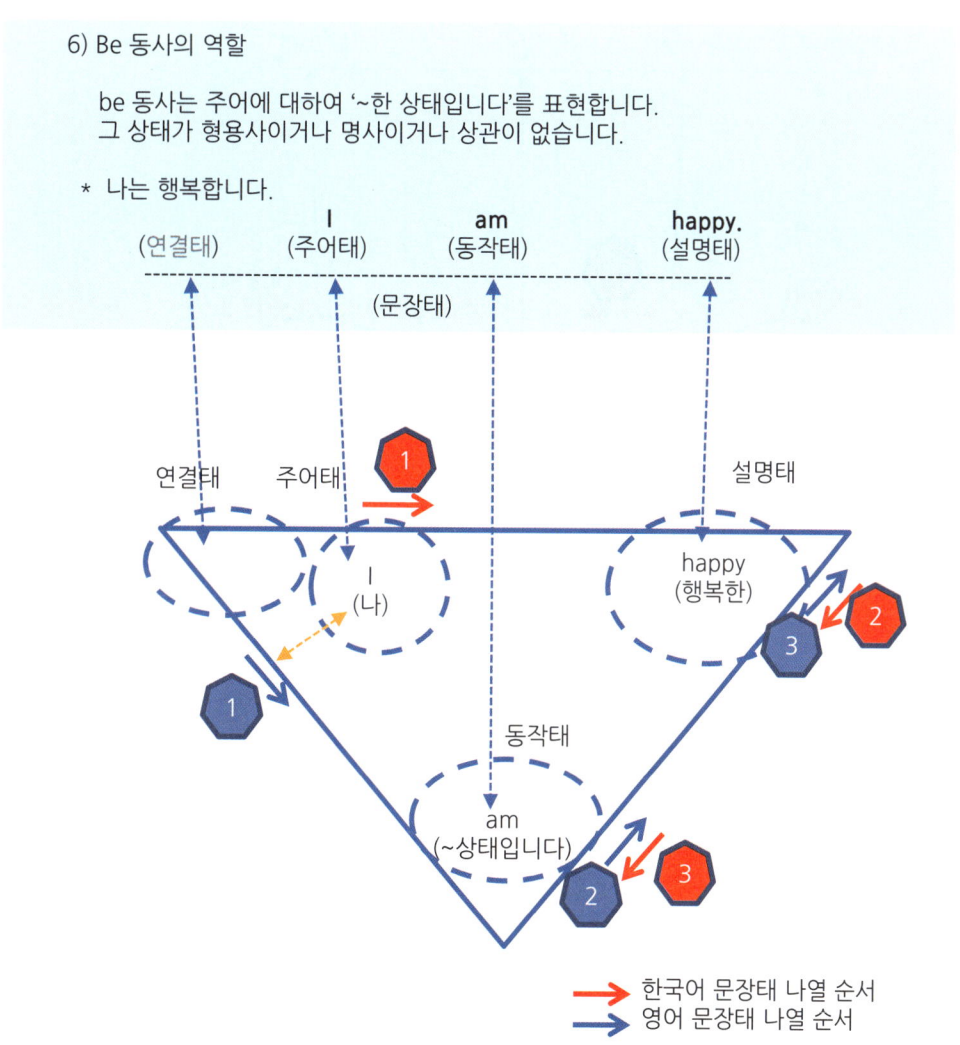

C. 다중구조 영문법 탐구

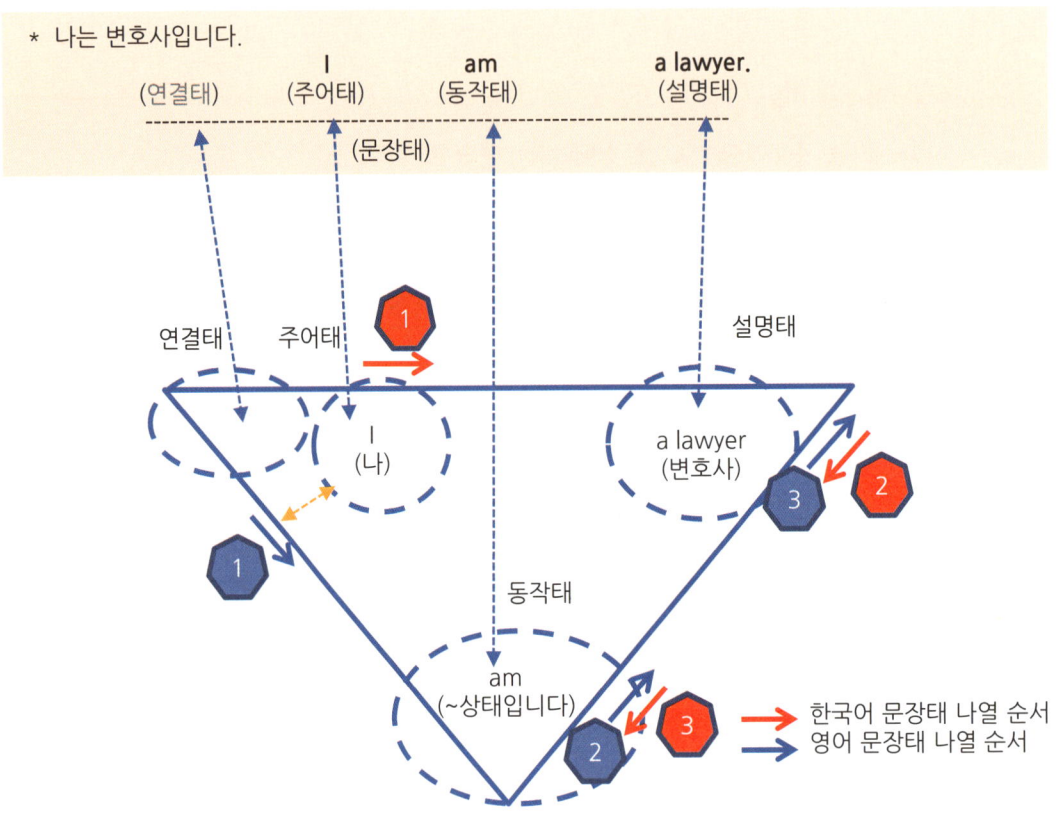

be동사는 주로 그 다음에 표현하고자 하는 내용이 나옵니다.

그 내용을 설명태라고 칭하며 설명태 안에는 많은 단어가 사용되기도 하며 표현하고자 하는 내용에 따라서 문장태 까지 포함되기도 합니다.

'a lawyer'는 명사의 형식이지만 동사인 'am'을 수식한다는 점에 있어서는 부사의 역할을 한다고도 볼 수 있습니다.

즉, 동사를 상세 설명하는 품사는 명사이건 형용사이건 부사이건 상관이 없다는 의미입니다.

C. 다중구조 영문법 탐구

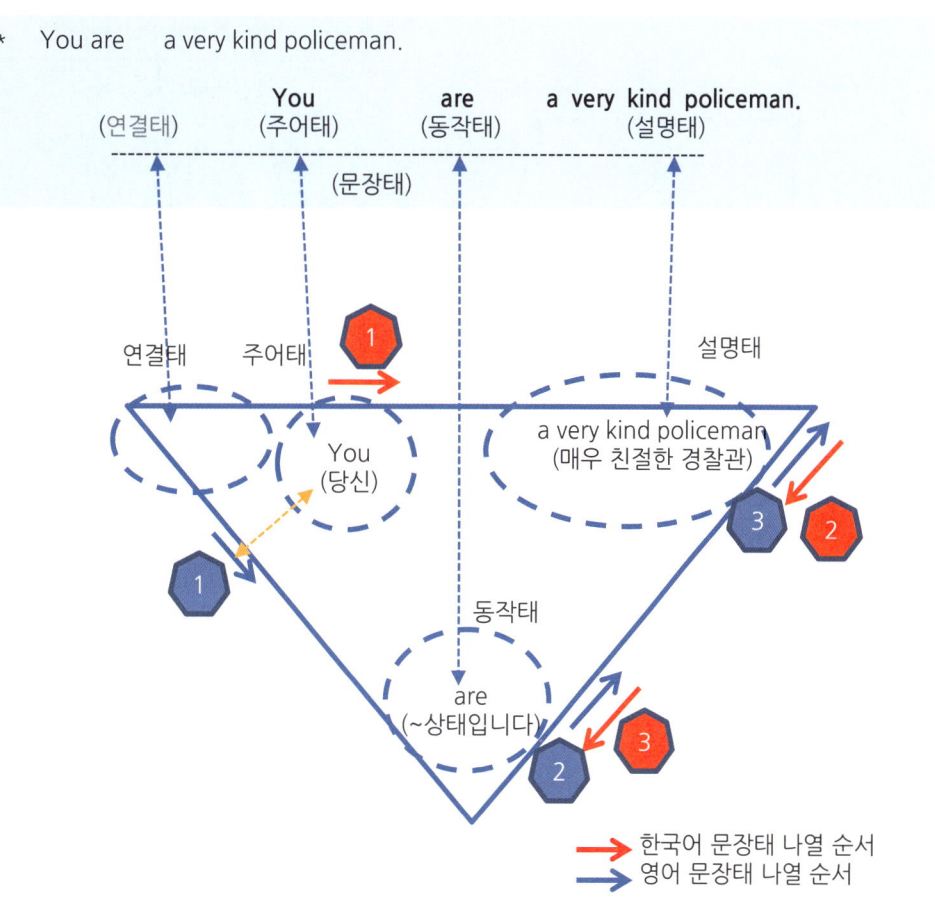

-> 당신은 매우 친절한 경찰관 상태입니다.
-> 당신은 매우 친절한 경찰관입니다.

C. 다중구조 영문법 탐구

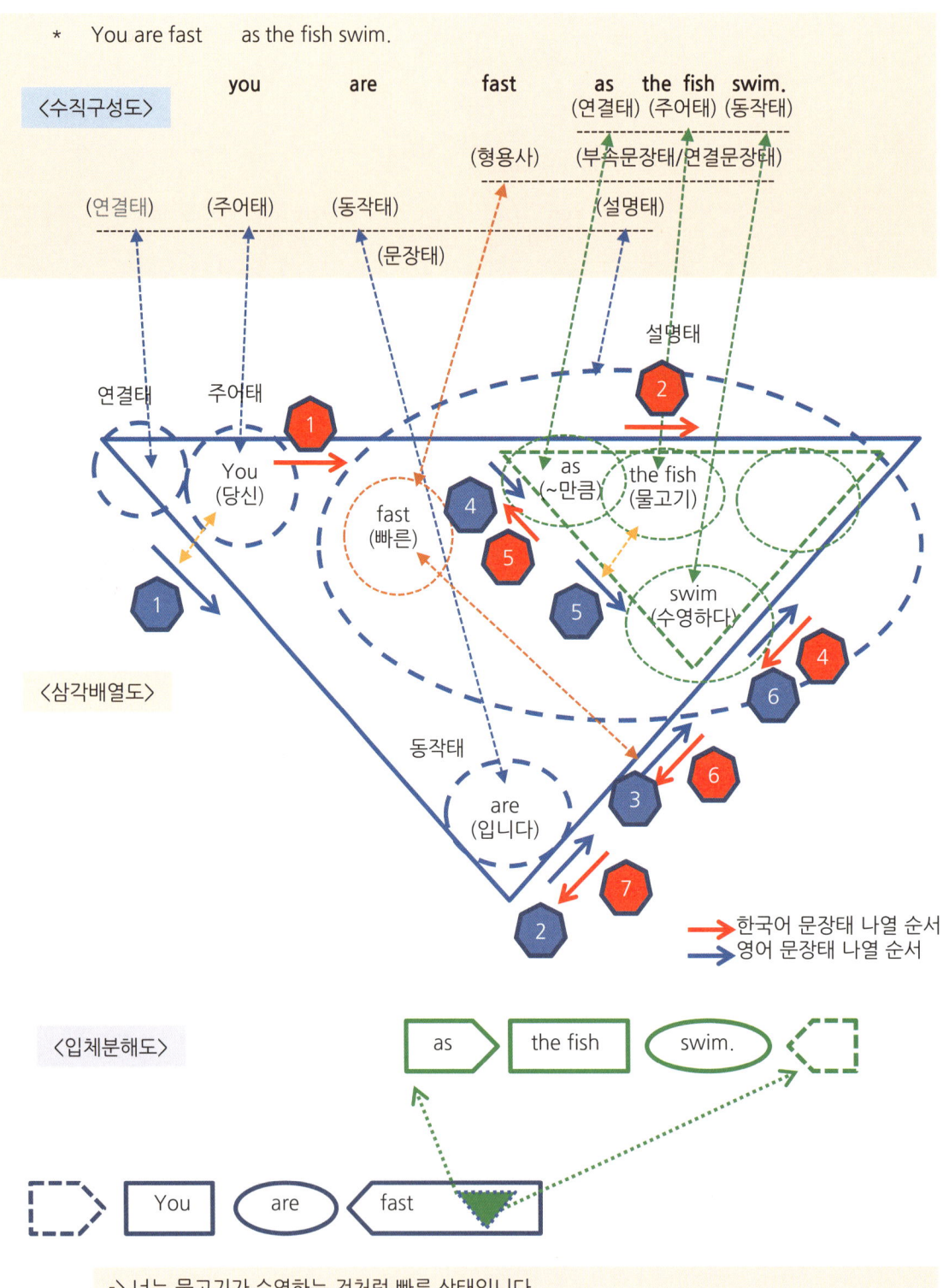

-> 너는 물고기가 수영하는 것처럼 빠른 상태입니다.
-> 너는 물고기가 수영하는 것처럼 빠릅니다.

C. 다중구조 영문법 탐구

4. 다중 구조 영문법의 문장태

7) 문장태 간의 상호 기능 - 1

다중 구조 영문법에서 문장의 4요소는 적절하게 반문장태와 문장태의 형식을 구성합니다.
문장태는 중심 문장을 일컬으며 온전한 문장이라고 말할 수 있습니다.
반문장태는 일부 요소가 생략되어 중심 문장 내부의 4요소에서 사용되는 문장을 말합니다.
반문장태는 문장태보다 좀 더 간략한 문장의 형식이며 어떠한 경우라도 문장태의 형식에 포함됩니다.
즉 모든 다중구조 영문법의 문형은 문장태로 표현이 됩니다.

또한 문장의 4요소(연결태, 주어태, 동작태, 설명태)는 각각의 역할이 필요할 때만 사용됩니다.

문장의 4요소는 러시아의 전통인형인 마트로시카 인형처럼 작용합니다.
마트로시카인형은 인형의 뚜껑을 열면 또 다른 인형이 그 안에 존재하듯이 그 속에 있는 동사는 문장의 핵심역할을 하며 여러 가지 형태로 동사의 역할을 합니다.
동사는 원동사, to 동사(부정사), 동사ing(현재분사), 과거분사의 형태로 변신합니다.
이렇게 변신된 파생동사는 한 문장 안에서 수 차례 이상 사용될 수 있습니다.

문장태안의 4요소 안에 부속적으로 위치한 문장태를 부속문장태라고 칭하며, 이것은 4요소를 더욱 상세하게 설명해주는 역할을 합니다.
부속문장태는 문장태 안에 포함된 문장태를 이르는 말입니다.

언어를 표현할 때, 문장간에 연결하거나 또는 문장에 수반되는 감정이 필요하면 연결태를 사용하여 표현할 수 있으며, 반복되는 주어를 사용할 필요가 없는 경우에는 주어의 역할을 하는 명사태를 생략하면 될 것입니다.

또한 상세한 내용을 부연하여 설명하고자 할 때에 반문장태를 사용할 수 있습니다.

이렇게 다중구조 문형의 흐름원리를 이용하여 문장을 만들어 내는 원리는, 어떠한 문장이라도 하나의 형식을 가진 문장태를 이용하여 다중 표현이 가능하며 다양한 생각에 맞도록 그 표현성은 무한한 확장성으로 내용 표현이 가능합니다.

영어는 먼저 문장의 주체인 주어를 생각하고 주어가 취하려는 움직임을 그 다음으로 생각하고 표현하며 그 다음에는 그 세부적인 대상과 내용을 서술해나가는 위로부터 아래로 행하는 방식의 표현인 것입니다.

우리말은 그 목적하는 대상과 세부 내용을 미리 이야기하고 마지막으로 움직임으로 결론 내리는 언어적 구조를 가집니다. 그러나 영어와 같이 알파벳을 사용하는 대부분의 언어에서는 먼저 뚜렷한 행동, 즉 움직임을 먼저 표현하고 나서 그 대상에 관하여 서서히 상세하게 기술해 나가는 방식입니다.

그러므로 영어를 잘 말하고 읽기 위해서는 주어가 무엇임을 알고 그 다음에는 움직임, 행동, 동사를 무조건 표현하고 그 다음에 상세한 내용이 나타나는 문장태의 반복적인 다중 구조를 잘 이해하고 사용해야 할 것입니다.

C. 다중구조 영문법 탐구

4. 다중 구조 영문법의 문장태

7) 문장태 간의 상호 기능 - 2

다중 구조 영문법의 문장에서의 반복원리와 생략원리는 하나의 문장이 마침표를 만나서 문장이 완성될 때까지 반복되고 이루어지는 것입니다.

좀 더 상세하게 말하면, 꼭 필요한 요소만을 선택하여 주체가 되는 주어에 해당하는 주어태를 우선 표현하고 그 주체가 하고자 원하는 움직임을 동작태로 표현합니다. 그리고 나서 그 동작태의 의미에 따라서 그 상세 설명 내용을 선택하면 됩니다. 이것은 명사, 형용사, 부사, 전치사 또는 문장태 등이 가능합니다.

연결태와 주어 역할을 하는 주어태를 생략하고 동작태를 변형하여 파생동사(부정사, 현재분사, 과거분사 등)로 표현하고 그에 따른 내용을 설명태에서 표현하면 쉽게 문장이 만들어집니다.

이러한 다중 구조 영문법의 원리는 다양한 영어 문장의 해석 방식에 적용하여 문장이 표현하고자 하는 정확한 의미를 다른 언어인 우리말로도 정확하게 표현하는 것을 용이하게 하여줍니다. 설명태안에 동사가 나오는 경우는 새로운 문장이 내부에 존재하는 것이며 그것이 바로 문장태의 다중 반복을 의미합니다.

그리고 영어를 매끄럽게 표현하는 데에 있어서 하나의 중요한 요소는 연결태입니다.

연결태는 생각을 끄집어내는 고리역할을 합니다. 그리고 그 고리에 붙어서 줄줄이 문장들이 이끌려 나오는 것입니다.

기존영문법에서처럼 조건절과 접속절은 접속사를 필두로 시작합니다. 이것이 바로 연결태이며, 관계사도 포함되며 부사구, 의문사, 나열사 등이 그 역할을 합니다.

또한 부연 설명하고자 하는 단어 다음에 적절한 연결태를 표현하고 그것에 연이어 문장태를 만들어 사용함으로써 내용을 더 상세하게 표현하는 것입니다.

C. 다중구조 영문법 탐구

4. 다중 구조 영문법의 문장태

8) 오로지 1 개 뿐인 문장 형식

다중 구조 영문법에서는 문장의 5형식을 구분하지 않습니다.
문장에는 단 1개의 문장 형식만 존재합니다.

오로지 "연결태 + 주어태 + 동작태 + 설명태"의 구조만을 가지고 있습니다.
그리고 이 구조가 나열되어 반복되거나 다중으로 반복되는 것입니다.

연결태는 문장태와 문장태를 연결하거나 문장내의 단어 및 문장의 내용을 부연설명하기 위하여 도입하여 연결하는 역할을 하거나 또는 강조하고자 하는 내용을 앞으로 이동하여 표현되는 형태입니다.

주어태는 동작태가 의미하는 행동 또는 동작을 수행하는 주체이며, 그 대상과 상태는 설명태안에서 그 상세한 내용을 추가로 부연 설명하는 것입니다.

주어태는 주어형태의 의미를 갖는 모든 것을 지칭하는 것이며, 동작태는 동사의 의미를 갖는 모든 것을 지칭하고, 설명태는 동작태를 상세 부연 설명하는 내용을 포함하고 있는 모든 것을 지칭하는 것입니다.

동작태는 목적어 또는 보어를 필요로 하는 것이 아니라, 동사의 내용을 매끄럽게 완성시키는 세부 내용을 상세 설명해주는 단어 또는 문장이 필요한 것입니다.
동작태의 내용에 따라서 결과적으로 목적어나 보어로 추후에 분석을 하는 것에 지나지 않습니다.

설명태는 세부내용을 설명하기 위해서 명사, 형용사, 부사 및 전치사 와 여러 문장태(부속문장태)를 포함하기도 합니다.

설명태를 칭할 때, 구성하는 품사들의 앞 글자를 따서 일명 '명형부' 또는 '명형부전문'이라고도 칭합니다.

C. 다중구조 영문법 탐구

4. 다중 구조 영문법의 문장태

9) 4 요소 각각의 표현 예시

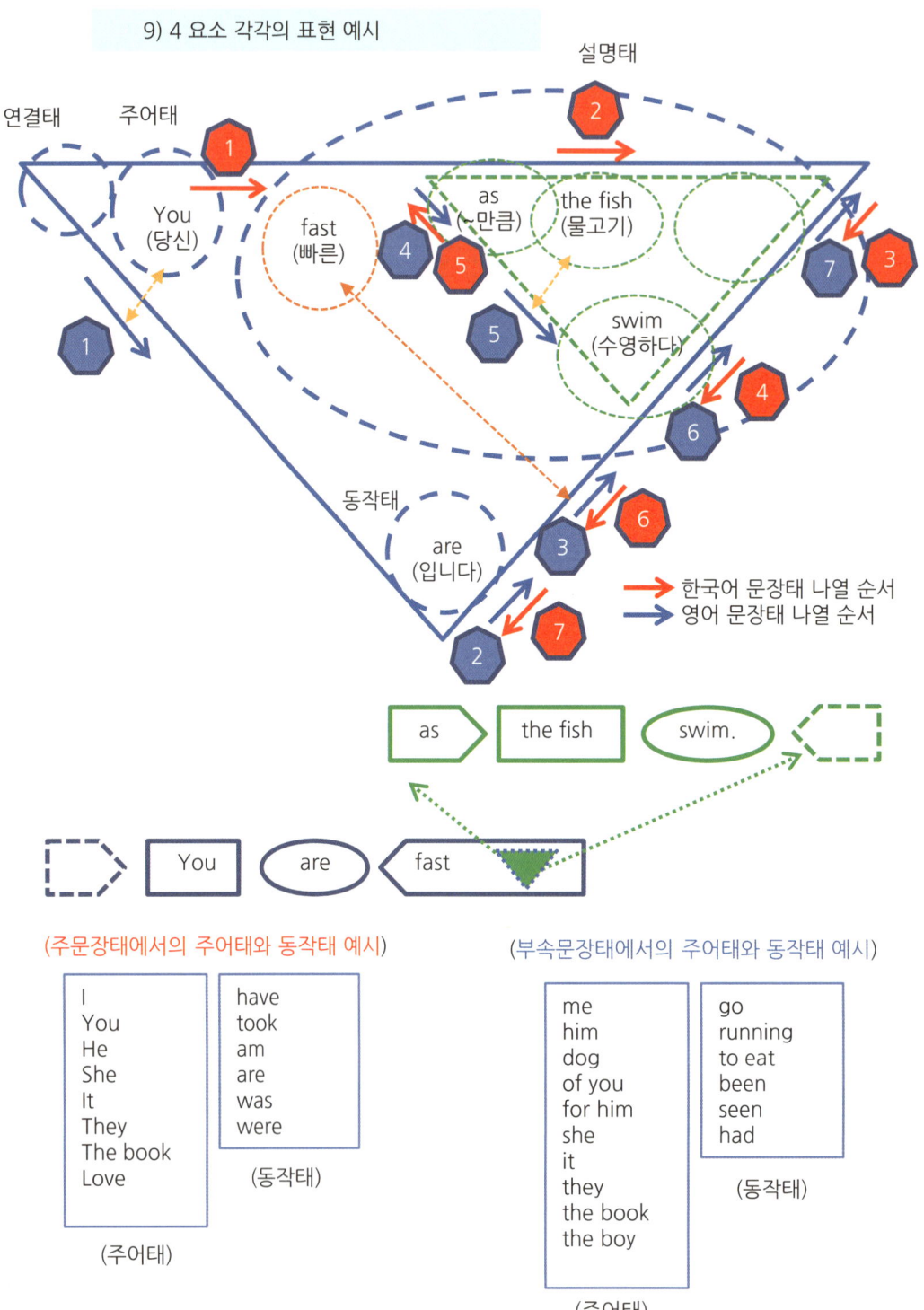

C. 다중구조 영문법 탐구

5. 영어 문장 구조 도해

(예제)

영어 문장은 "**(연결태)** + **(주어태)** + (동작태) + (설명태)" 의 순서입니다.

연결태의 상황에서 **주어태**가 **동작태**를 행하는데 그 상세 부연 내용은 **설명태**입니다.
* 나는 당신과 함께 항상 있겠습니다.

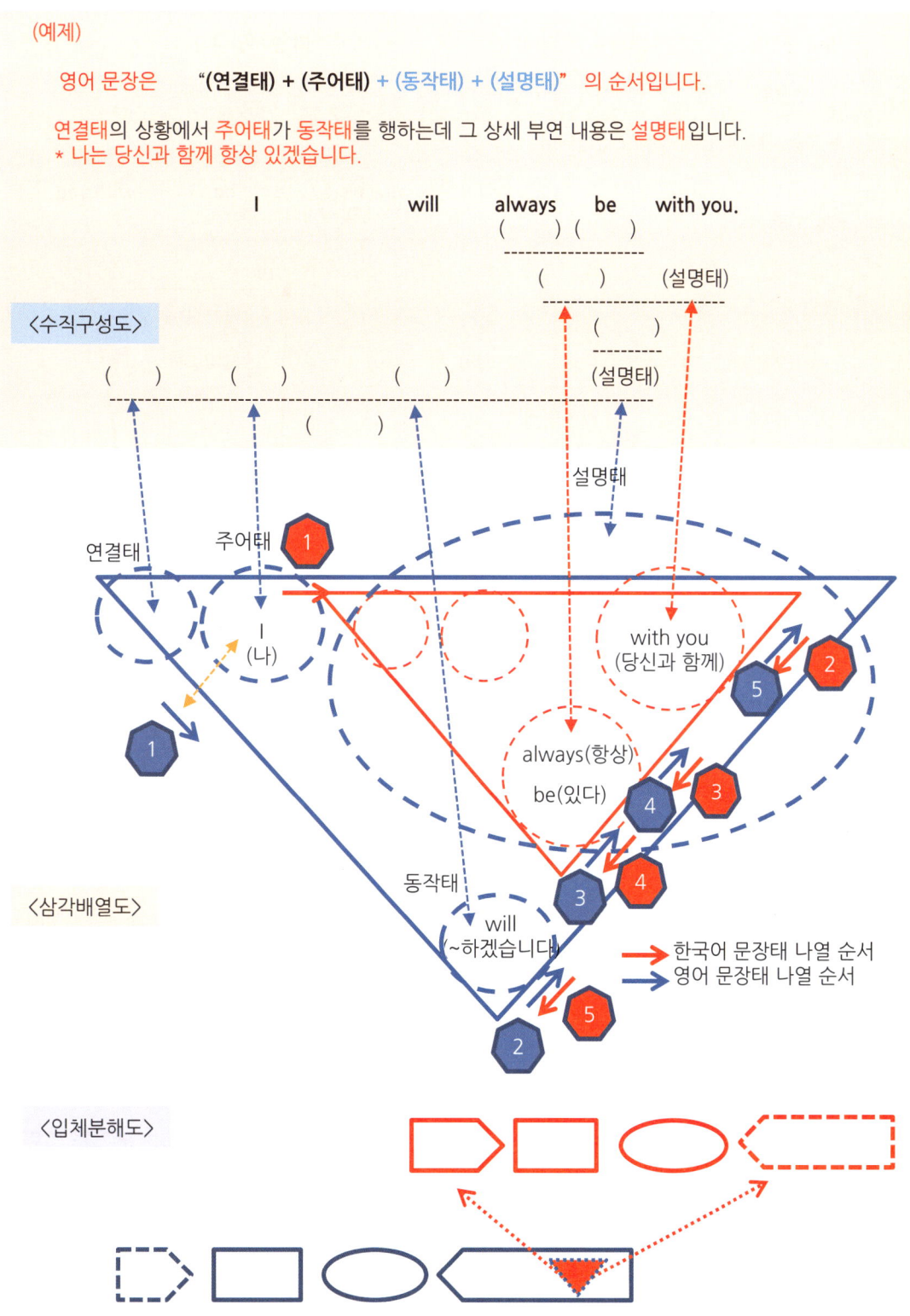

C. 다중구조 영문법 탐구

(풀이)

영어 문장은 "(연결태) + (주어태) + (동작태) + (설명태)" 의 순서입니다.

* 연결태의 상황에서 주어태가 동작태를 행하는데 그 상세부연 내용은 설명태입니다.

* 나는 당신과 함께 항상 있겠습니다.

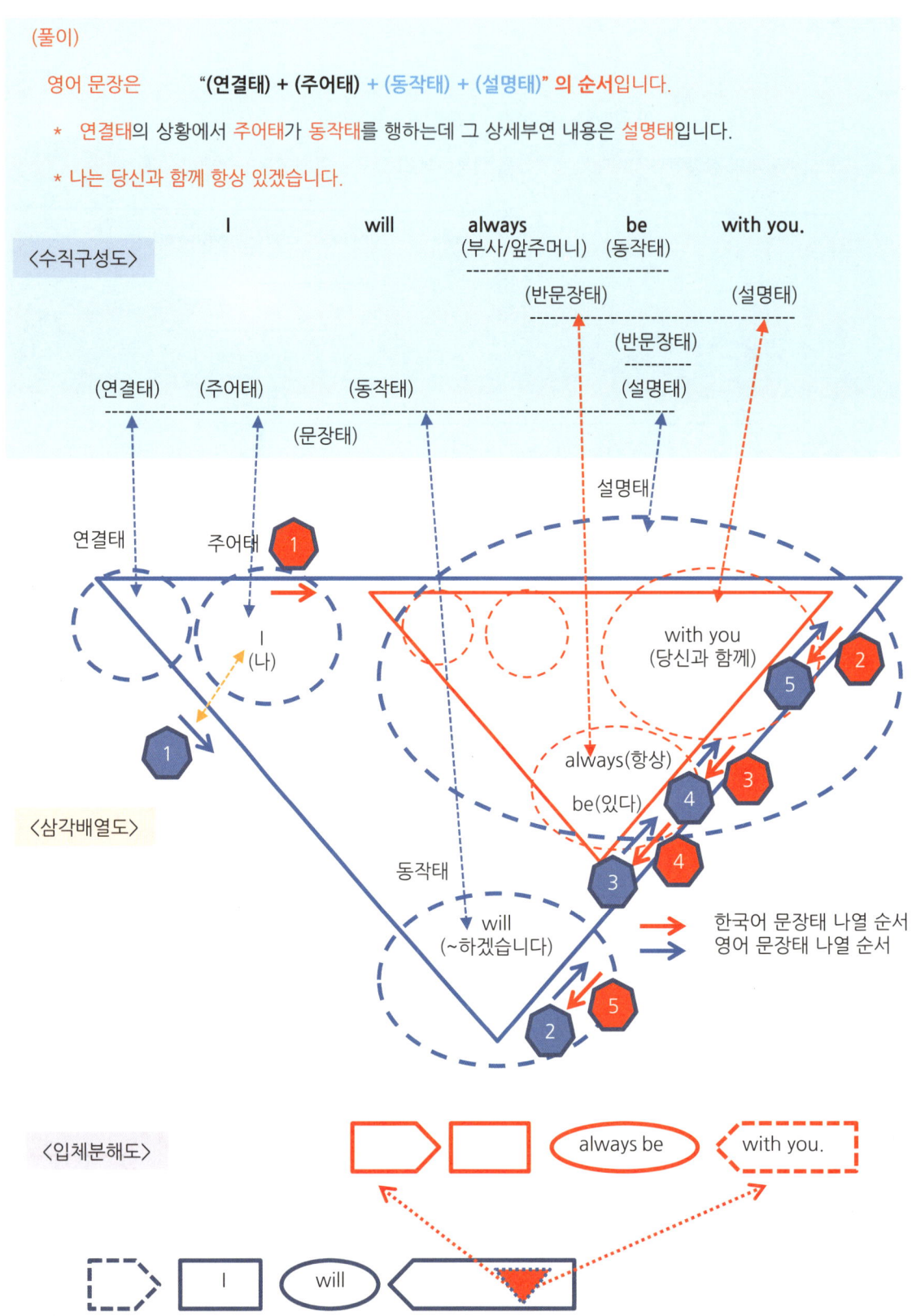

C. 다중구조 영문법 탐구

6. 삼각배열도를 통해서 본 한국어 문장에서 영어 문장으로의 번역 원리 설명

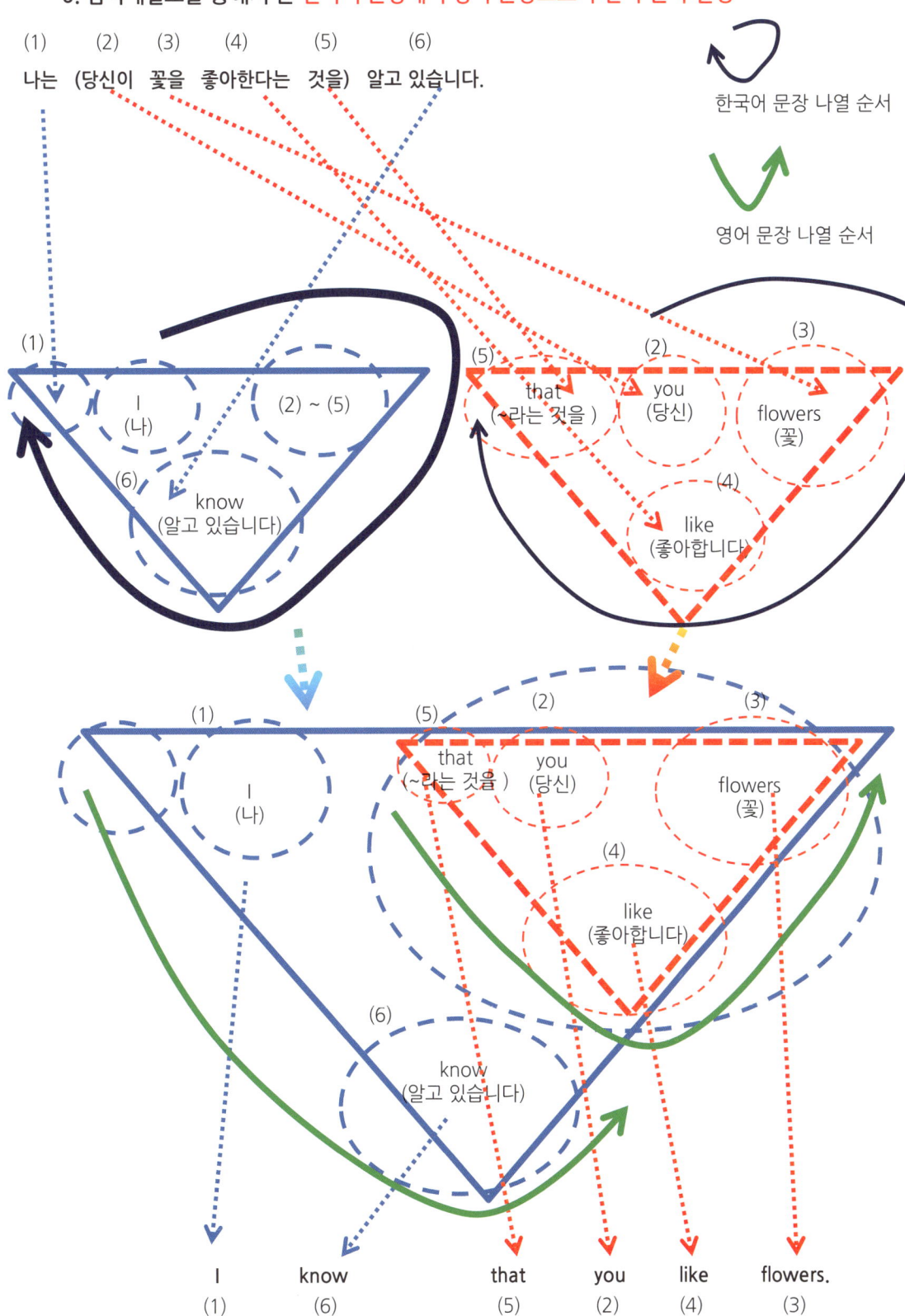

C. 다중구조 영문법 탐구

6. 삼각배열도를 통해서 본 한국어 문장에서 영어 문장으로의 번역 원리 설명

한국어 문장에서의 주어를 삼각배열도의 주어태로 옮기고 각각의 요소를 해당 요소에 배치합니다.
그리고 다른 주어나 동사가 나오면 새로운 삼각배열도의 해당 위치에 배치합니다.
그리고 처음의 주어에 해당하는 동사를 처음의 삼각배열도에 배치합니다.

모든 한국어 문장의 요소가 모두 배치가 된 후에, 삼각배열도의 영어 요소를 'V' 모양 순서로 나열합니다.
즉, 연결태, 주어태, 동작태, 설명태의 순서로 영어 단어를 나열합니다.

영어 문장은 각각의 요소를 왼쪽에서부터 순서대로 나열합니다.

이렇게 하면 영어 문장이 만들어집니다.
물론 해당 요소는 어법에 맞도록 변형을 해서 표현합니다.

C. 다중구조 영문법 탐구

6. 삼각배열도를 통해서 본 한국어 문장에서 영어 문장으로의 번역 원리 설명

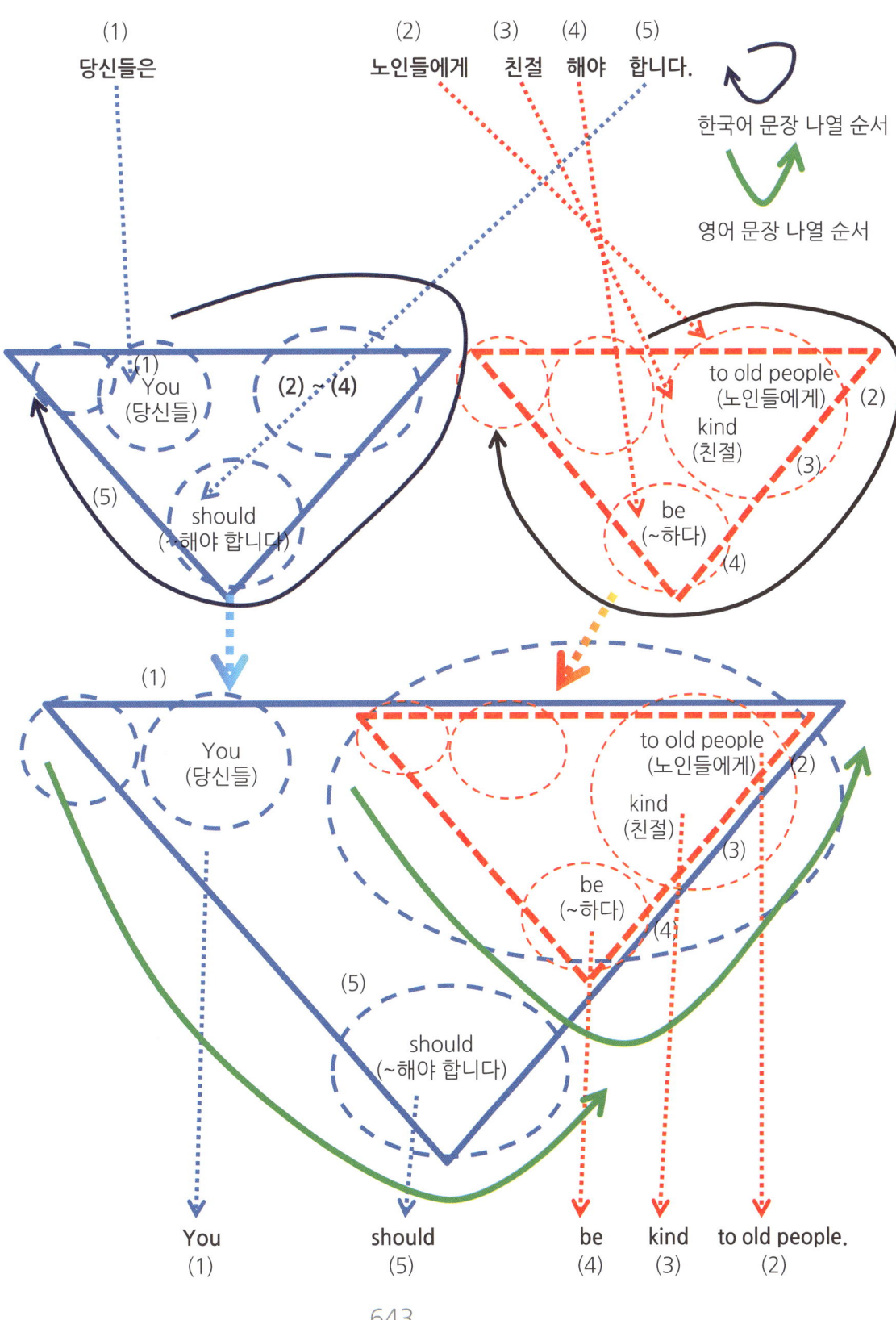

C. 다중구조 영문법 탐구

6. 삼각배열도를 통해서 본 한국어 문장에서 영어 문장으로의 번역 원리 설명

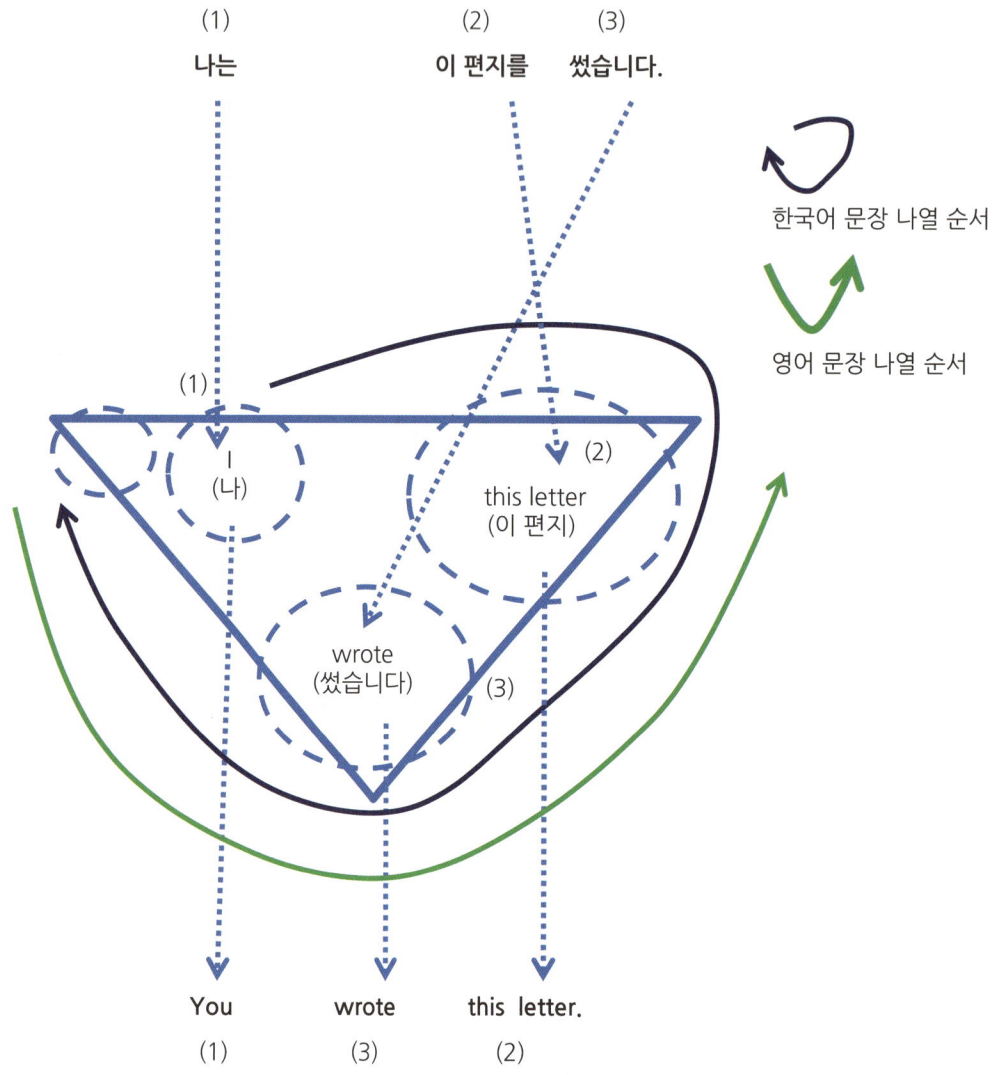

한국어 문장에서의 요소를 순서대로 주어태부터 시작하여 삼각배열도의 시계 방향으로 배열합니다.

영어 문장은 연결태부터 시작하여 'V'자 형태로 나열합니다.

이렇게 영어 문장이 완성됩니다.

C. 다중구조 영문법 탐구

7. 삼각배열도를 통해서 본 영어 문장에서 한국어 문장으로의 번역 원리 설명

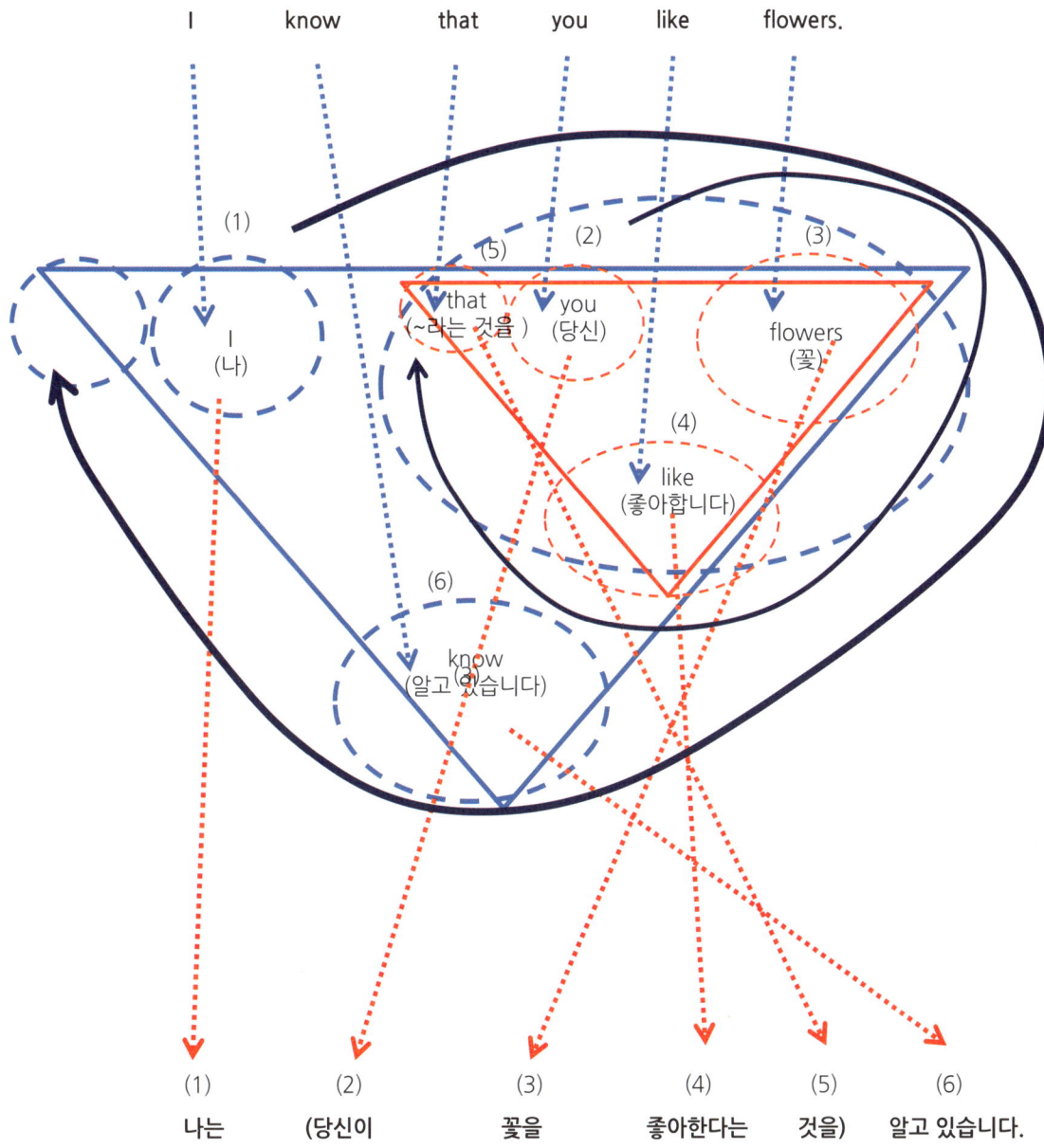

영어 문장에서의 요소를 순서대로 삼각배열도의 해당 위치에 옮겨 배치합니다.
동작태의 다음에 나오는 것은 모두 설명태에 해당하며 여기에서 연결태, 주어태, 동작태, 설명태를 잘 구분합니다.
새로운 주어나 동사가 나오면 그것은 새로운 삼각배열도에 표현해야 합니다.

모든 영어 문장의 요소가 모두 배치가 된 후에, 삼각배열도의 한국어 요소를 주어태, 동작태, 설명태, 연결태 순서로 나열합니다.

이렇게 하면 한국어 문장이 만들어집니다.
물론 해당 요소는 한국어 어법에 맞도록 변형을 해서 표현합니다.

C. 다중구조 영문법 탐구

7. 삼각배열도를 통해서 본 영어 문장에서 한국어 문장으로의 번역 원리 설명

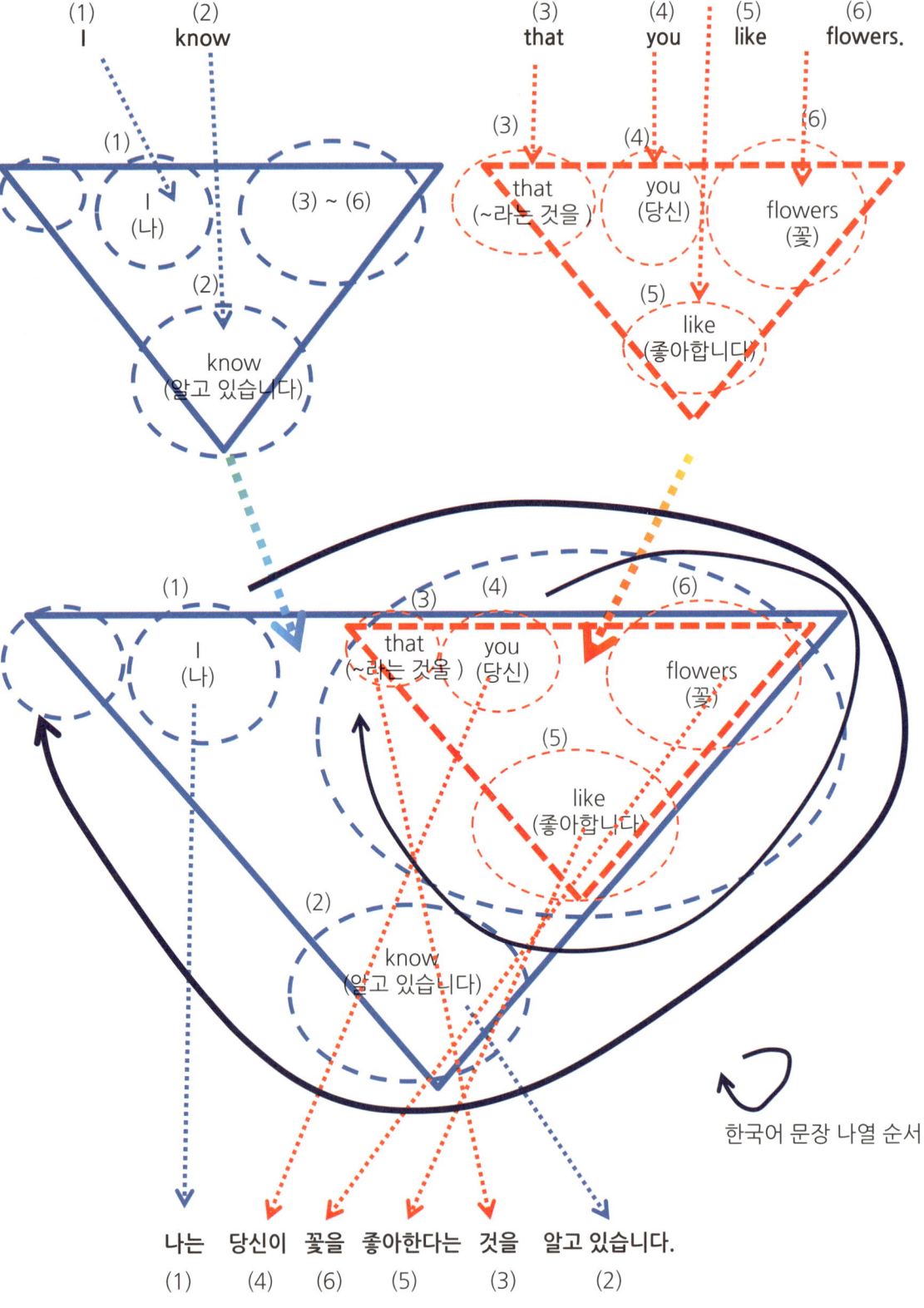

C. 다중구조 영문법 탐구

7. 삼각배열도를 통해서 본 영어 문장에서 한국어 문장으로의 번역 원리 설명

영어 문장에서의 요소를 순서대로 삼각배열도의 해당 위치에 옮겨 배치합니다.
동작태의 다음에 나오는 것은 모두 설명태에 해당하며 여기에서 연결태, 주어태, 동작태, 설명태를 잘 구분합니다.
새로운 주어나 동사가 나오면 그것은 새로운 삼각배열도에 표현해야 합니다.

모든 영어 문장의 요소가 모두 배치가 된 후에, 삼각배열도의 한국어 요소를 주어태, 동작태, 설명태, 연결태 순서로 나열합니다.

이렇게 하면 한국어 문장이 만들어집니다.
물론 해당 요소는 한국어 어법에 맞도록 변형을 해서 표현합니다.

C. 다중구조 영문법 탐구

8. 삼각배열도를 통해서 다중 복합문장태가 생성되는 원리 설명

나는 당신이 꽃을 좋아한다는 것을 알고 있습니다. <==> 나는 알고 있습니다 + 당신은 꽃을 좋아합니다.
I know that you like flowers.   <==> I know   + you like flowers.

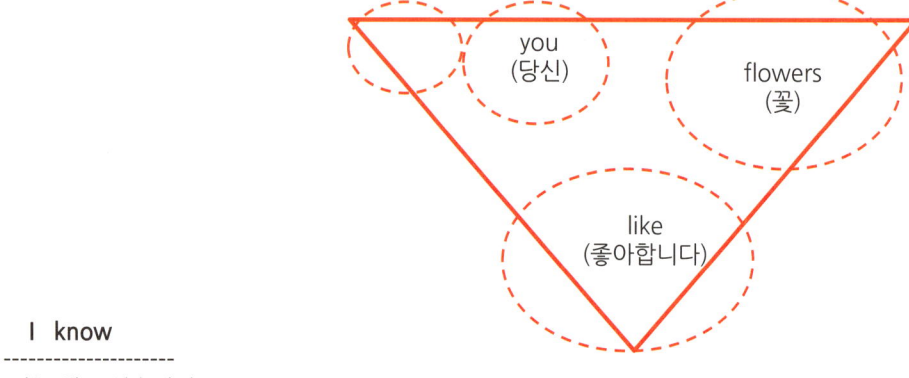

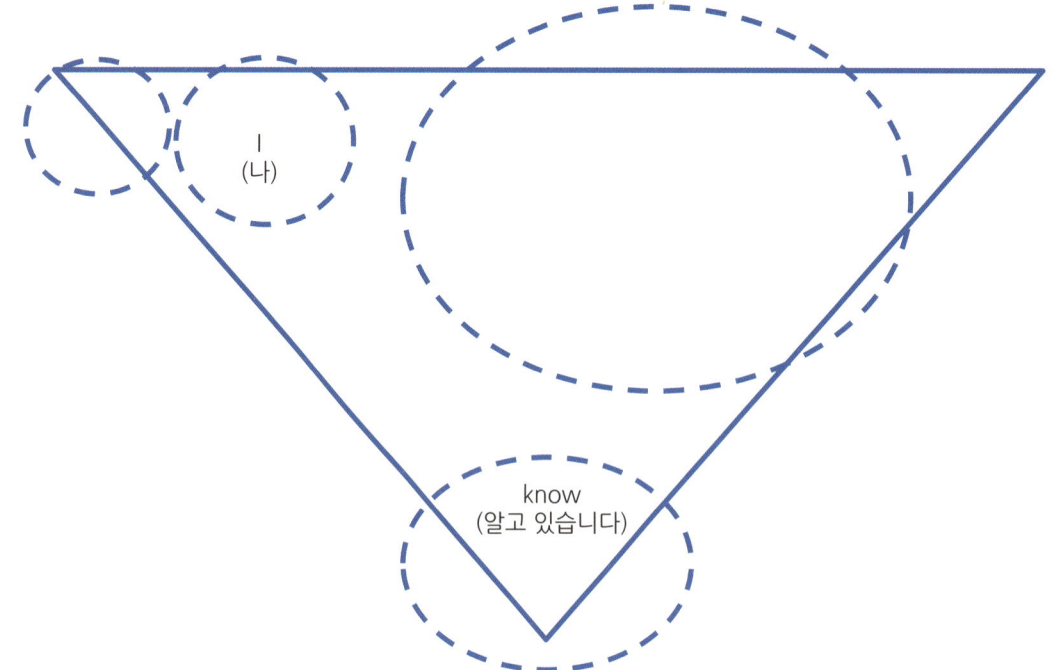

C. 다중구조 영문법 탐구

8. 삼각배열도를 통해서 다중 복합문장태가 생성되는 원리 설명

I know --------------------- 나는 알고 있습니다	+	you like flowers. --------------------- 당신은 꽃을 좋아합니다.

you like flowers.

당신은 꽃을 좋아합니다.

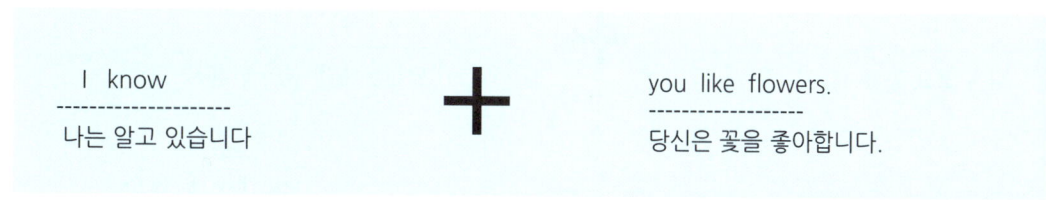

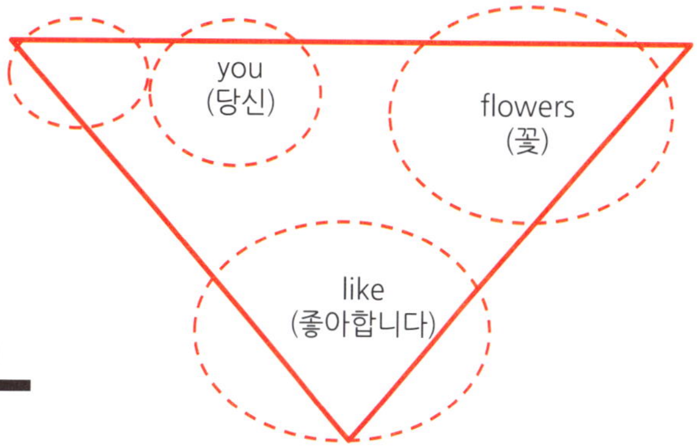

+

I know

나는 알고 있습니다

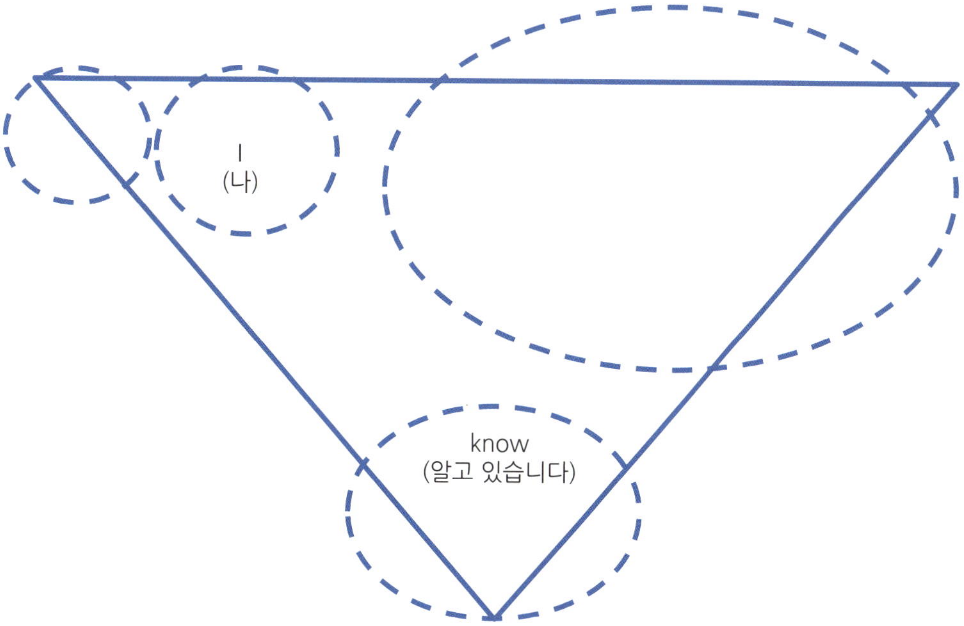

C. 다중구조 영문법 탐구

8. 삼각배열도를 통해서 다중 복합문장태가 생성되는 원리 설명

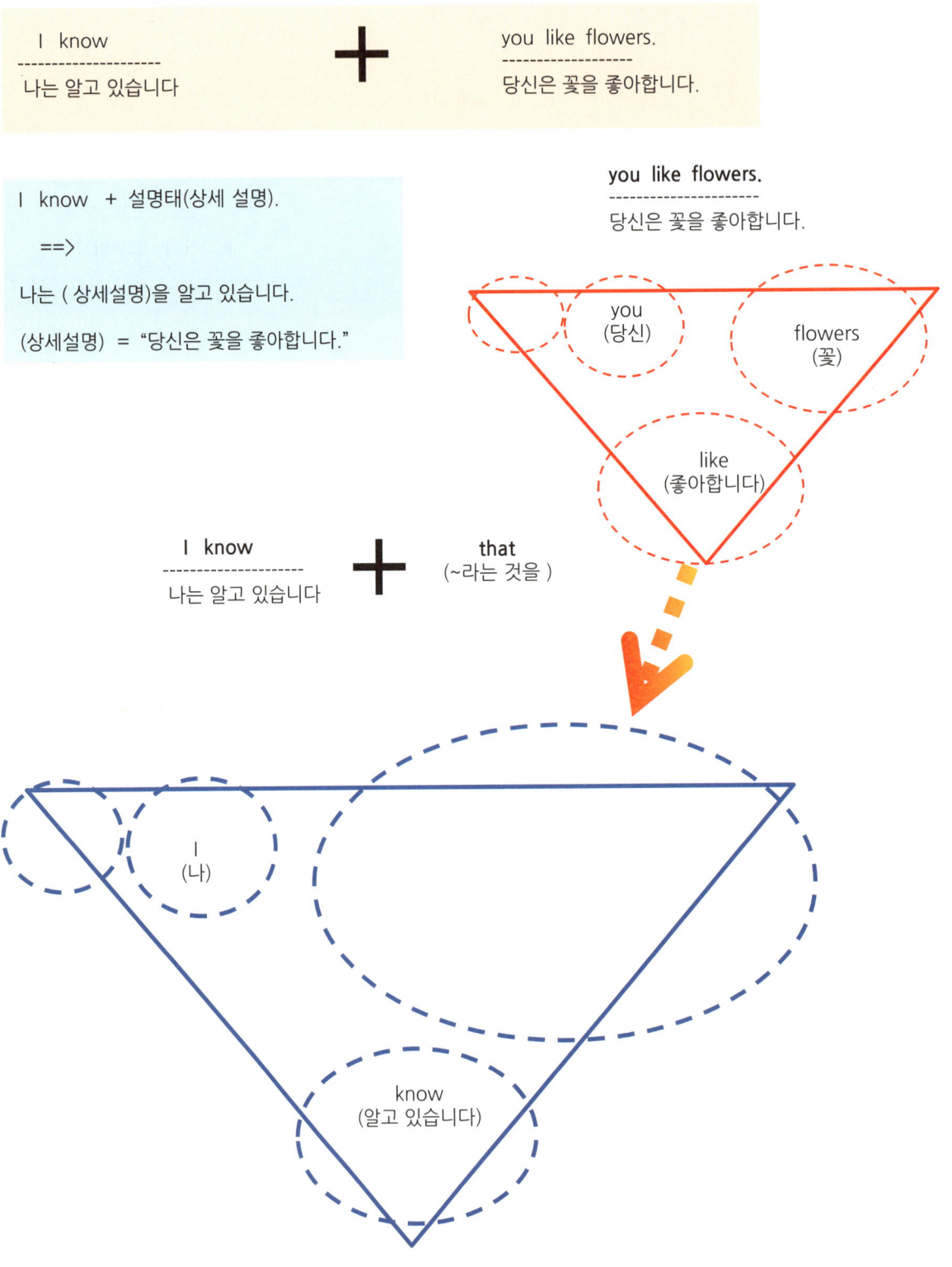

C. 다중구조 영문법 탐구

8. 삼각배열도를 통해서 다중 복합문장태가 생성되는 원리 설명

나는 당신이 꽃을 좋아한다는 것을 알고 있습니다.

==> I know that you like flowers.

I know. + you like flowers.
---------------------- --------------------
나는 알고 있습니다. (~것을) 당신은 꽃을 좋아합니다.

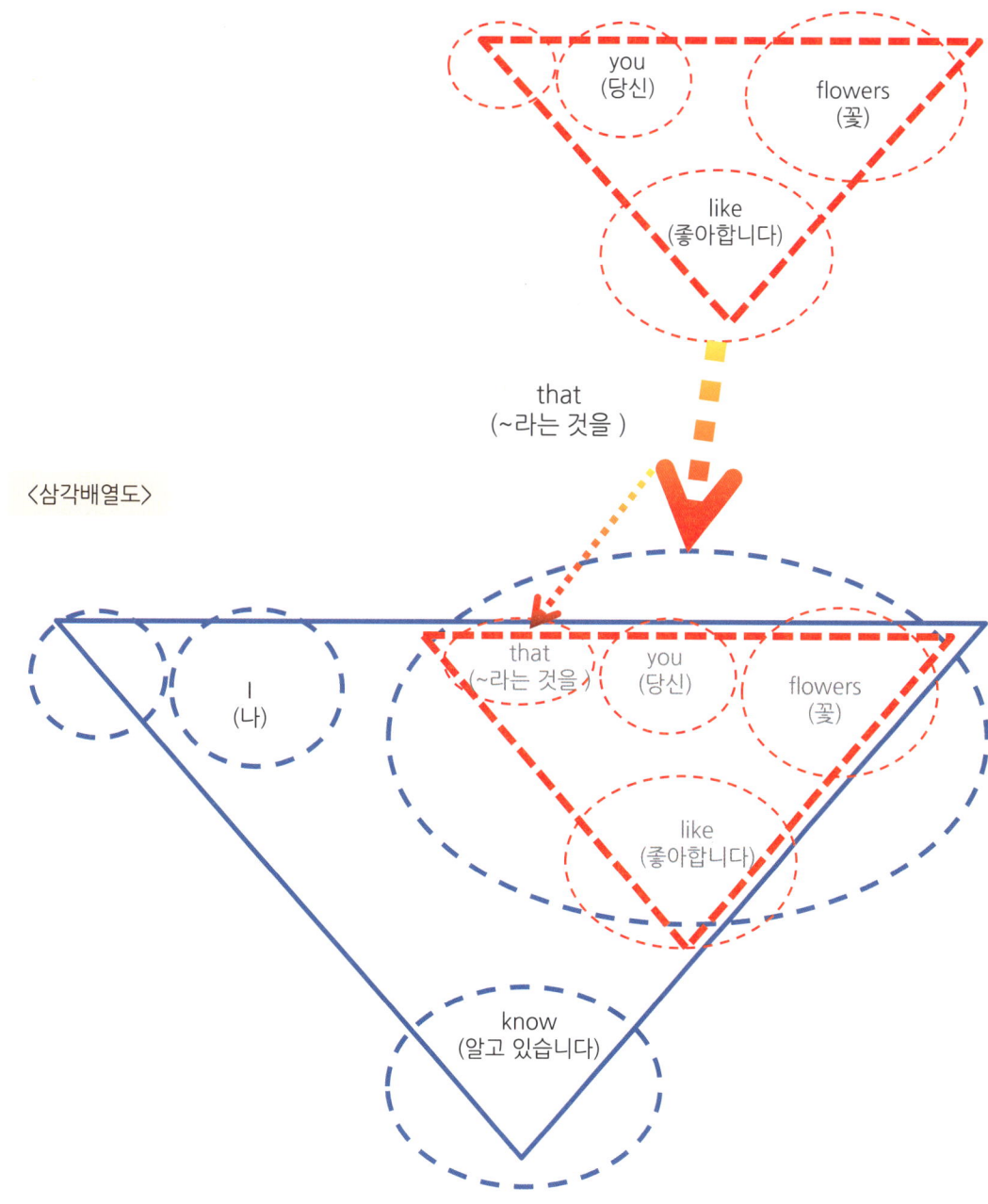

〈삼각배열도〉

C. 다중구조 영문법 탐구

8. 삼각배열도를 통해서 **다중 복합문장태가 생성되는 원리 설명**

나는 당신이 꽃을 좋아한다는 것을 알고 있습니다.
=> I know that you like flowers.

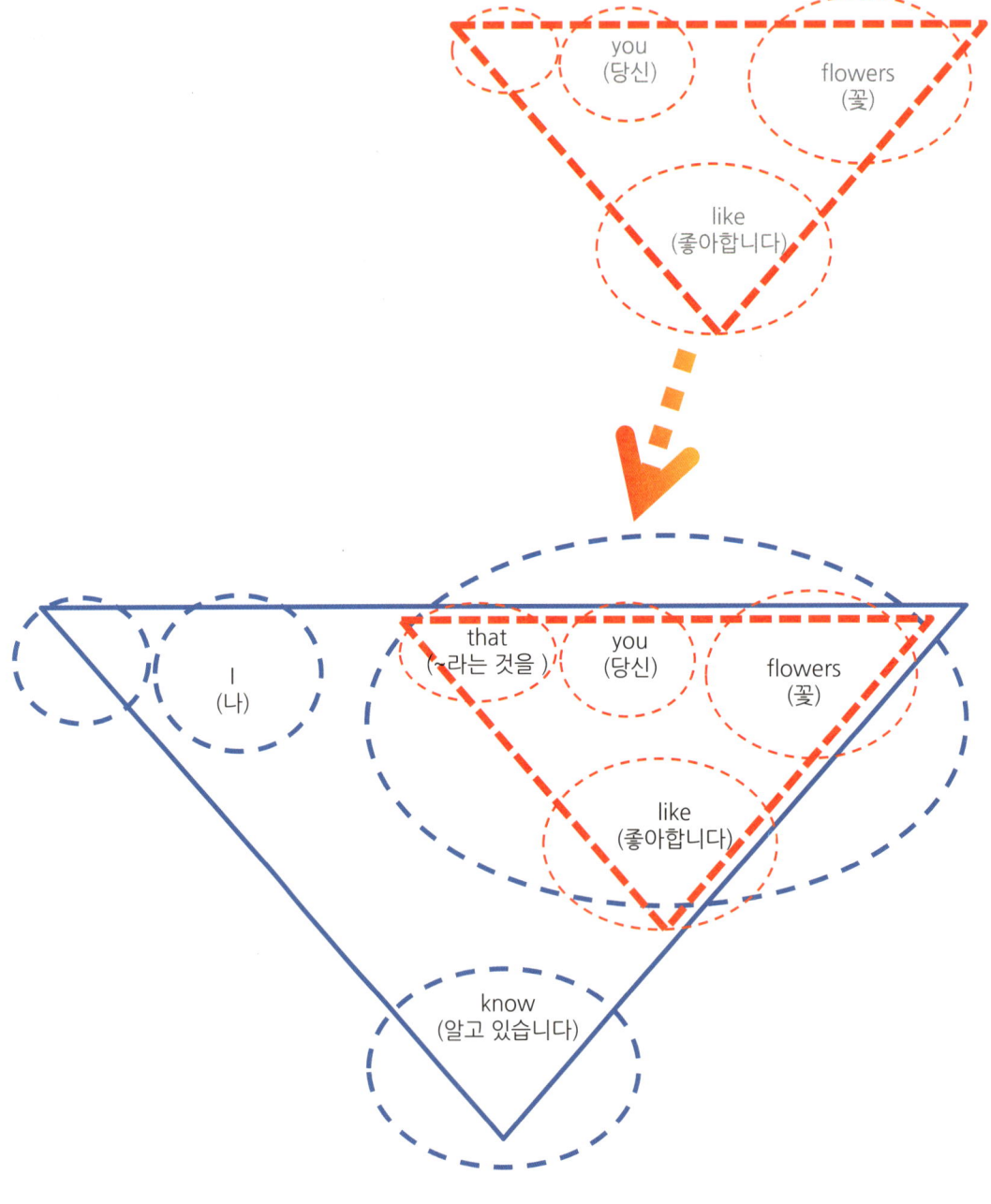

C. 다중구조 영문법 탐구

8. 삼각배열도를 통해서 다중 복합문장태가 생성되는 원리 설명

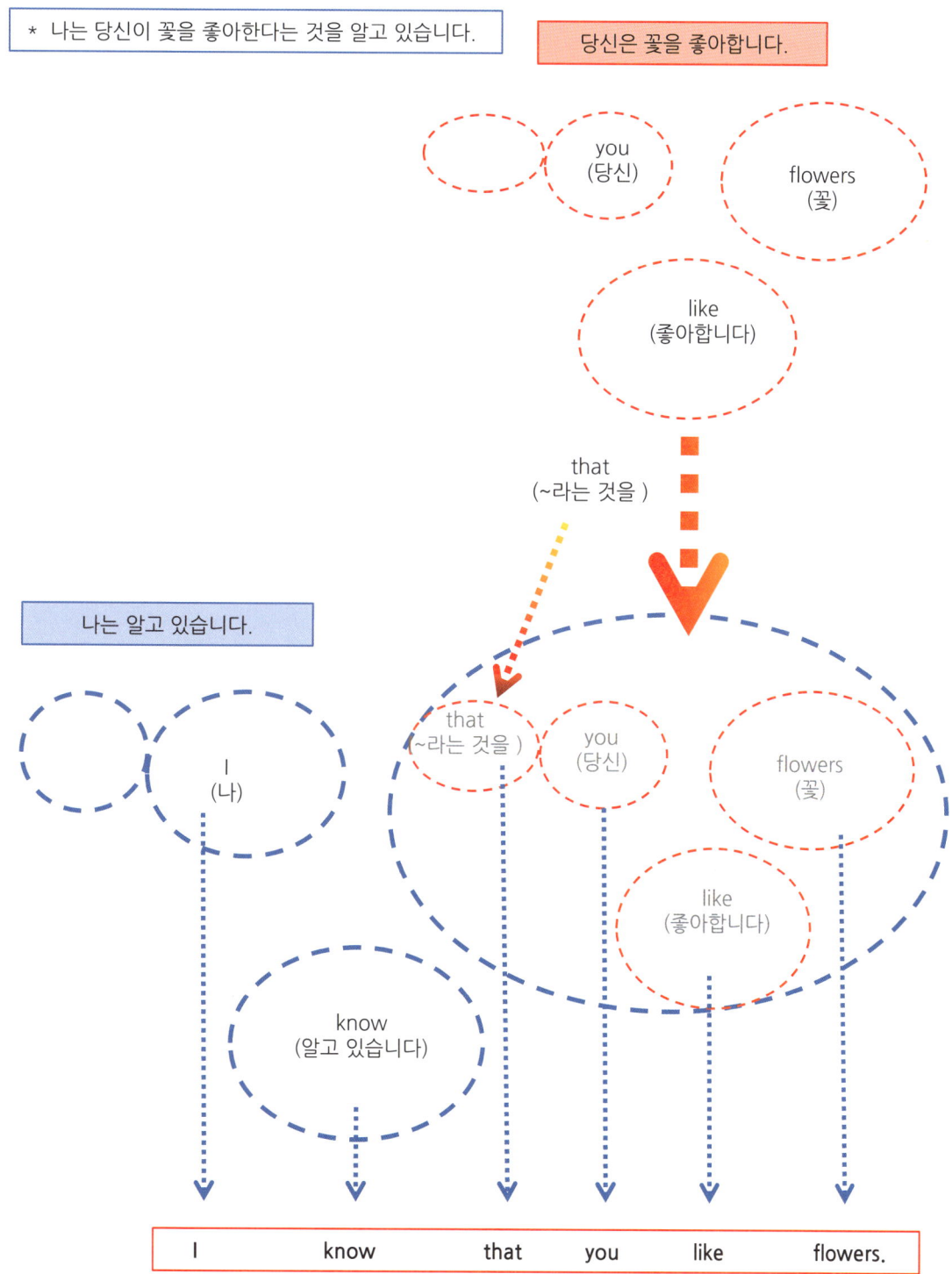

C. 다중구조 영문법 탐구

8. 삼각배열도를 통해서 다중 복합문장태가 생성되는 원리 설명

삼각배열도 개념

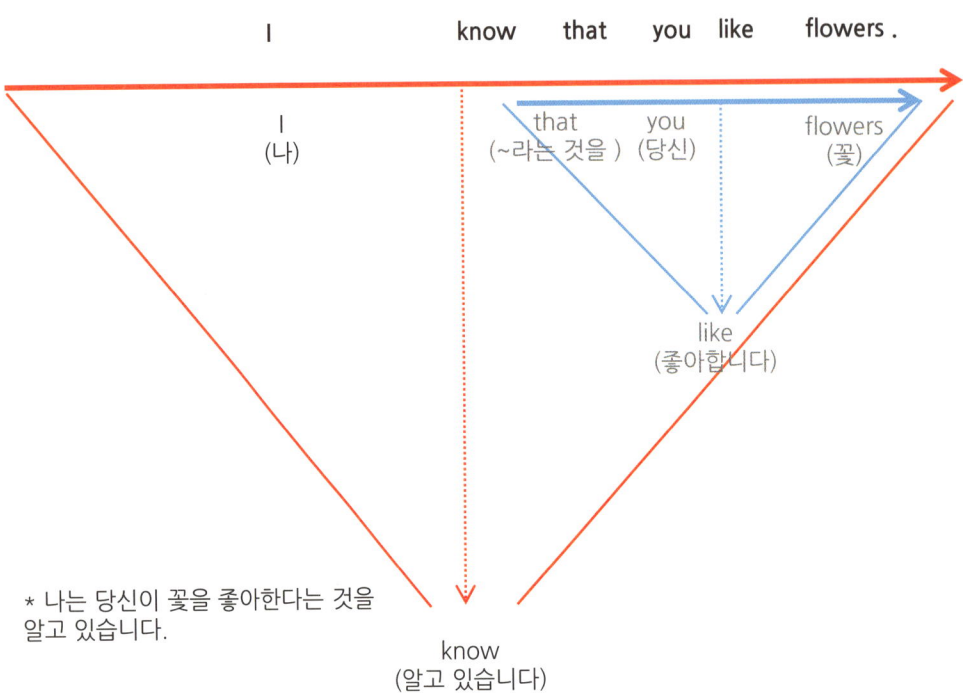

* 나는 당신이 꽃을 좋아한다는 것을 알고 있습니다.

삼각배열도 생성원리는 동작태를 찾아서 아래로 내려서 삼각형을 만드는 것입니다.
삼각형은 하나의 문장태 형식입니다.
문장태가 되는 부분에 밑줄을 긋고 그 안의 동작태를 찾아서 아래로 내려서 삼각형을 만듭니다.
삼각형 안에는 연결태, 주어태, 동작태, 설명태를 표현하는 위치가 정해져 있습니다.

C. 다중구조 영문법 탐구

8. 삼각배열도를 통해서 다중 복합문장태가 생성되는 원리 설명

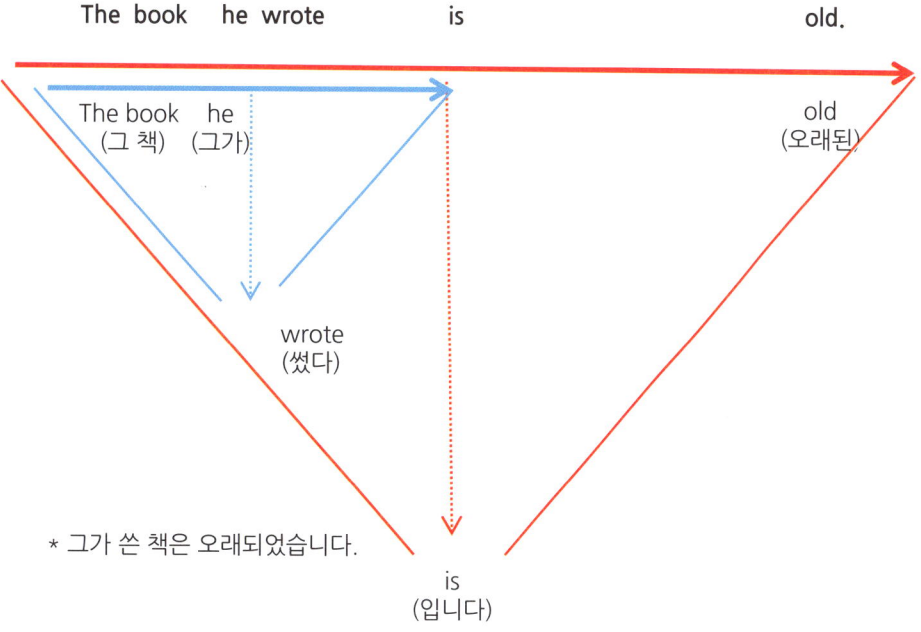

* 그가 쓴 책은 오래되었습니다.

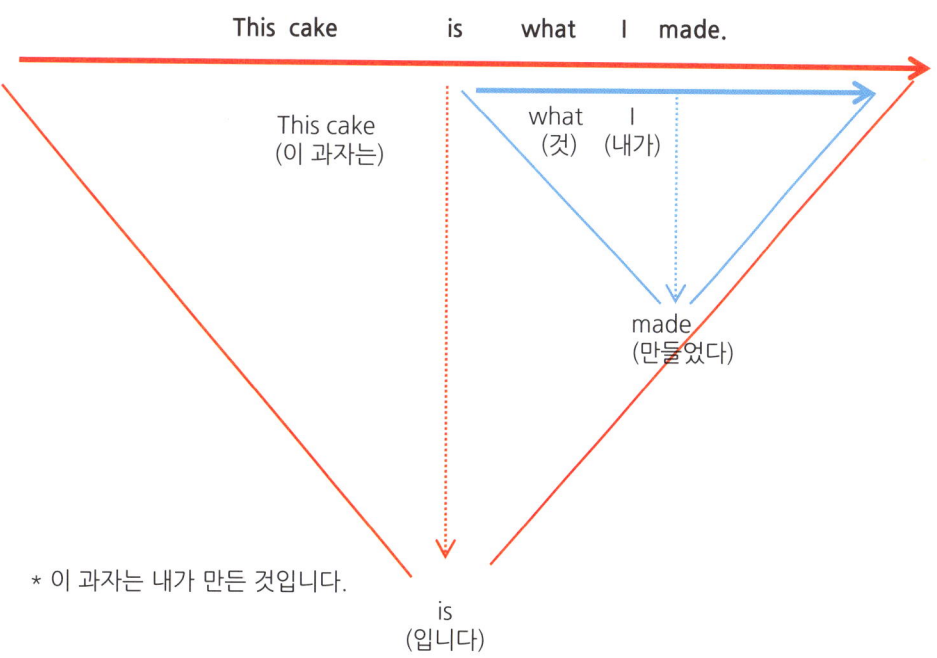

* 이 과자는 내가 만든 것입니다.

C. 다중구조 영문법 탐구

9. 다층 입체분해도를 통해서 영어 문장이 생성되는 원리 설명

예문1)

"나는 당신이 꽃을 좋아한다는 것을 알고 있습니다." 라는 영어 문장을 만들어 봅니다.

=> I know that you like flowers.

우선, "나는 알고 있습니다." 라는 문장을 표현합니다.
I know.

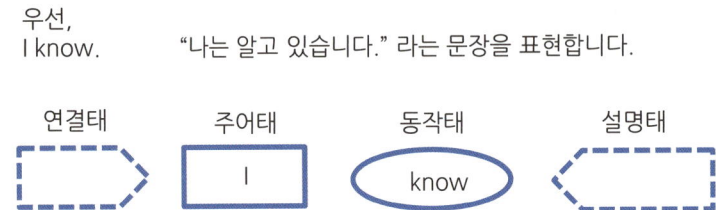

그리고 이제 "당신은 꽃을 좋아합니다"라는 "You like flowers" 문장을 추가하고자 합니다.
상세한 부연설명을 추가하고 싶은 곳에 문장태를 추가합니다.
여기에서는 'know'의 상세 설명이므로 설명태 안에 문장태를 추가합니다.
빨간색 삼각형은 추가되는 하나의 문장태를 표시하고 있습니다.

I know + You like flowers.

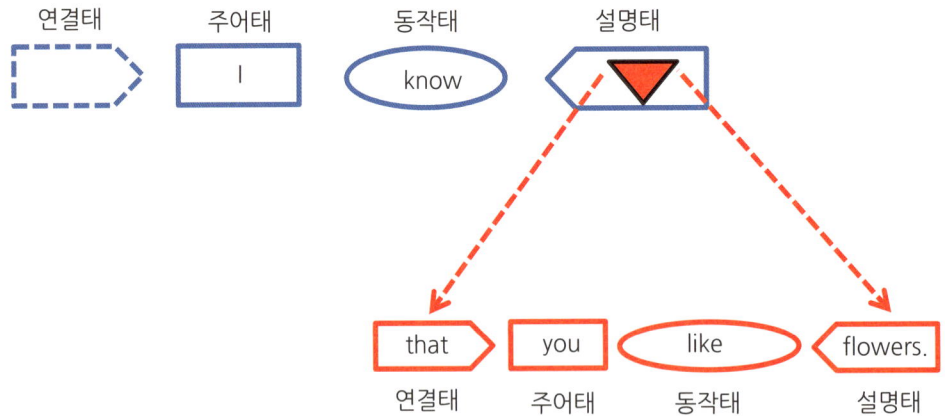

여기에서 'that'는 '~라는 것'을 의미하는 연결태입니다.
하나의 문장태가 설명태 안에 추가되었으므로 추가되는 문장태 전체를 대표하는 연결태가 사용되었습니다.

이렇게 영어 문장태에서는 추가하고자 하는 내용을 원하는 위치에 문장태로 추가 삽입합니다.

C. 다중구조 영문법 탐구

9. 다층 입체분해도를 통해서 영어 문장이 생성되는 원리 설명

예문2)

"저를 도와주셔서 대단히 고맙습니다." 라는 영어 문장을 만들어봅니다.

=> It is very kind of you to help me.

먼저,
It is very kind.   "매우 고맙습니다." 라는 문장을 표현합니다.

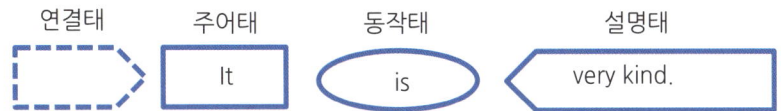

그리고 이제 원하는 상세한 부연 설명을 표현하기 위해서 "You help me" 를 추가합니다.
상세한 부연설명을 추가하고 싶은 곳에 문장태를 추가합니다.
여기에서는 'very kind'의 상세 설명이므로 그 다음에 문장태를 추가합니다.
빨간색의 삼각형은 추가되는 하나의 문장태를 표시하고 있습니다.

It is very kind   +   you help me.

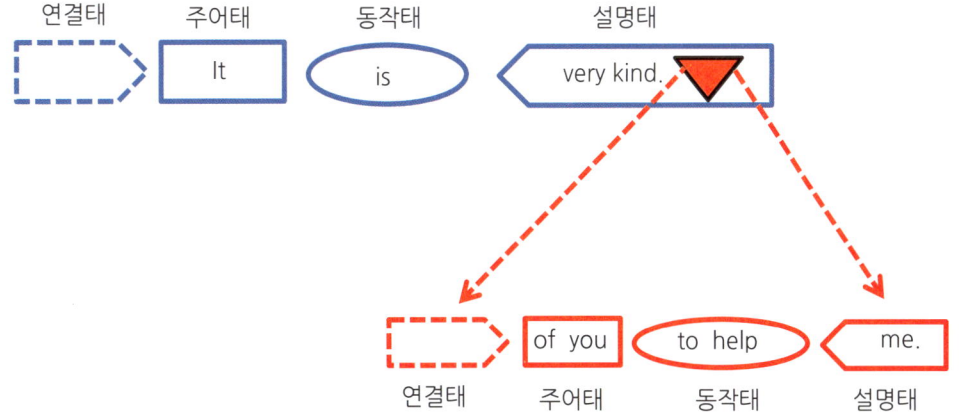

여기에서 'of you'는 'you'라는 주어태와 동일한 역할을 합니다.
'to help'는 'help'와 동일하게 동작태의 역할을 합니다.
'me'는 동작태 'to help'의 설명태입니다.
즉, 'of you to help me'는 'you help me'와 동일한 의미의 파생 표현으로서 하나의 문장태를 구성하면서 설명태 안에서 'very kind'를 뒤에서 부연설명하고 있습니다.

이렇게 영어 문장태에서는 추가하고자 하는 내용을 원하는 위치에 문장태로 추가 삽입합니다.

C. 다중구조 영문법 탐구

10. 영어 문장태 나열순서 - 다중 삼각배열도

Jane was not watching TV. (제인은 TV를 보고 있지 않았습니다.)

(삼각형의 왼쪽 모서리에서 아래 꼭지점으로 돌아 오른쪽 모서리로 나아갑니다)

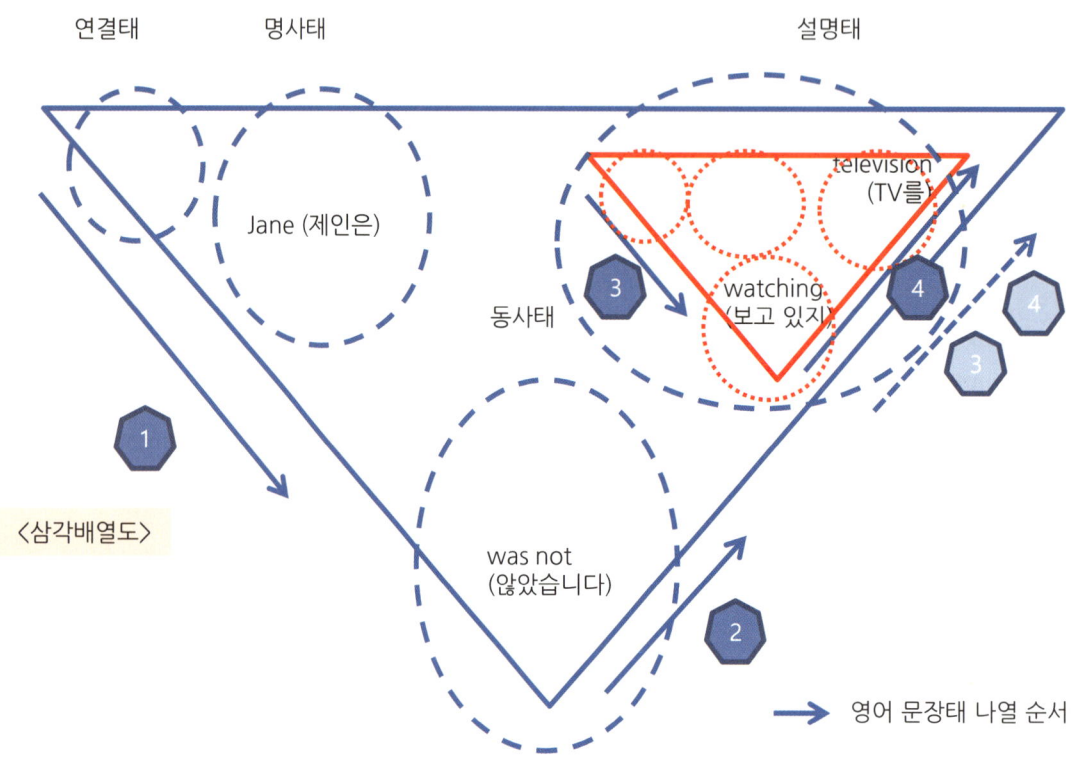

〈삼각배열도〉

삼각형의 왼쪽 모서리(연결태)으로부터 시작하여 명사태를 거쳐 아래 꼭지점(동사태)을 돌아서 오른쪽 모서리(설명태)까지 나아갑니다.

연결태 -> 명사태 -> 설명태 -> 동사태

이 때 내부에 또 다른 삼각형이 있으면 이것은 부속문장태 또는 반문장태입니다.
이것도 역시 같은 방식으로 돌아갑니다.

```
   *      Jane    was not   watching    TV.
                            (동사태)   (설명태)
                            ---------------------
                                 (반문장태)
                                 ---------
  (연결태) (명사태)  (동사태)          (설명태)
          ------------------------------------------
                          (문장태)
```

〈수직구성도〉

C. 다중구조 영문법 탐구

11. 한국어 문장태 나열순서 - 다중 삼각배열도

Jane was not watching TV. (제인은 TV를 보고 있지 않았습니다.)

(삼각형의 왼쪽 윗면으로 시작하여 아래 꼭지점으로 돕니다)

연결태 명사태 설명태

Jane (제인)

Television (TV를)

Watching (보고 있지)

동사태

was not (않았습니다)

한국어 문장태 나열 순서

〈삼각배열도〉

삼각형의 왼쪽 윗면(명사태)으로부터 시작하여 오른쪽 모서리(설명태)를 거쳐 아래 꼭지점(동사태)을 돌아서 왼쪽 모서리(연결태)까지 나아갑니다.

명사태 -> 설명태 -> 동사태 -> 연결태(동사태에 영향을 주는 연결태인 경우)
이 때 내부에 또 다른 삼각형이 있으면 이것은 부속문장태 또는 반문장태입니다.
이것도 역시 같은 방식으로 돌아갑니다.

```
*  제인은    TV를    보고 있지 않았습니다.

              (설명태) (동사태)
              ------------------
                  (반문장태)
                  ---------
 (명사태)    (설명태)        (동사태)
              ---------------------------------
                       (문장태)
```

연결태가 연결사로서 단순 부사의 역할을 하는 경우에는 연결태 -> 명사태 -> 설명태 -> 동사태 순서가 됩니다.

연결태를 한국어 문장태에서 나열하는 방법은 ,
관계대명사와 관계부사의 역할을 하는 연결태는 한국어의 나열에서는 생략합니다.
왜냐하면 원래 한국어에는 없는 표현이기 때문입니다.
다만 앞에 선행사가 없을 때는 관계대명사 또는 관계부사 는 표현을 해야 합니다.

C. 다중구조 영문법 탐구

12. 기타 외국어의 문장태 구조원리 적용 사례 - 스페인어

여기에서는 스페인어와 독일어를 예로 들어서,

'외국어의 문장태 구조원리 적용사례'를 통해서 '스페인어'와 '독일어'를 예로 들면서 다중 구조 영문법의 구조원리가 언어의 종류에 관계없이 언어 구조의 규칙을 체계화 할 수 있는 동일한 방법을 다중 구조 영문법의 구조가 제시하고 있다는 사실을 설명합니다.

(1) 삼각배열도 (영어문장과 동일한 일반적인 나열 순서) - 스페인어

제3외국어인 스페인어의 문장태 역시 영어의 문장태와 동일합니다.

예문) * 그녀는 은행에서 일합니다. ==> Ella trabaja en el banco.

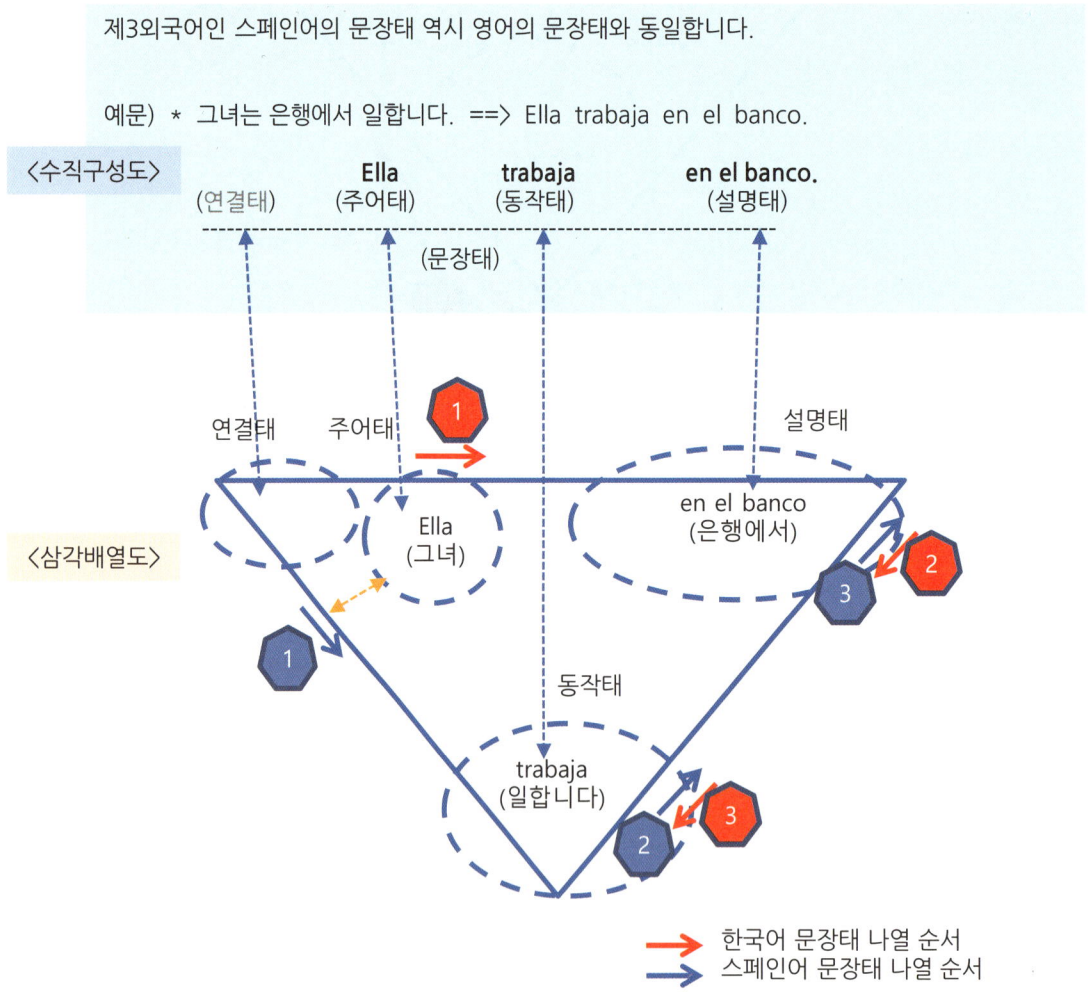

C. 다중구조 영문법 탐구

12. 기타 외국어의 문장태 구조원리 적용 사례 - 스페인어

(2) 삼각배열도의 특수영역 (주어태 변환 박스) - 스페인어

제3외국어인 스페인어를 예를 들면 문장태의 구조 역시 대부분 영어의 문장태와 동일하게 적용할 수 있습니다.
그렇지만 스페인어에서는 종종 동작태만 존재하고 주어태가 생략되는 문장을 사용하기도 합니다. 그래서 우리말로 해석할 때에 주어태를 만들어줘야 하는 경우가 생겨나게 됩니다.
이러한 경우에 삼각배열도는 동작태와 주어태 사이에 의미적으로 '주어태 변환 박스'를 배치하여 한국어로 해석할 때 자동으로 주어를 도출해주도록 합니다.

한국어에서도 대화시에 주어태의 생략이 이뤄지지만 스페인어에서 인칭에 따라 동사가 변화하면서 주어태는 생략이 되는 경우가 허다합니다.
이 때 스페인어에서는 동사의 형태가 변한다는 것이 중요합니다.
예를 들어 '~하고싶다'라는 동사인 'querer'는 1인칭 단수(나)에서는 'quero', 1인칭 복수(우리들)에서는 'queremos'가 됩니다. 그러면서 주어인 'Yo(나)'와 'Nosotros(우리들)'은 문장태에서 생략되기도 합니다.

이러한 상황에서 '주어태 변환 박스'는 양방향으로 작용하며 우리말의 주어태를 적절한 동사 즉, 동작태의 형식으로 변환해주는 역할을 하도록 하는 것입니다.

삼각배열도는 이러한 '주어태 변환 박스'의 영역을 두고 도해를 표현하는 기능을 담고 있습니다.

가운데 영역은 '주어태 변환 박스'가 표현되는 '특수 영역'으로서 언어의 다양한 표현 방식을 체계적으로 이해하고 적용하기 위해 상호 변환 역할 또는 예외적인 언어의 표현 역할을 담당하는 도해 영역입니다.

다중 구조 영문법은 단지 영어의 구조를 혁신적으로 밝혀내는 것 뿐만 아니라 모든 언어의 원리와 상호 변환에 관한 기준을 제공하고 있으며 모든 인류의 언어에 동일하게 적용할 수가 있는 원리입니다.

〈삼각배열도〉

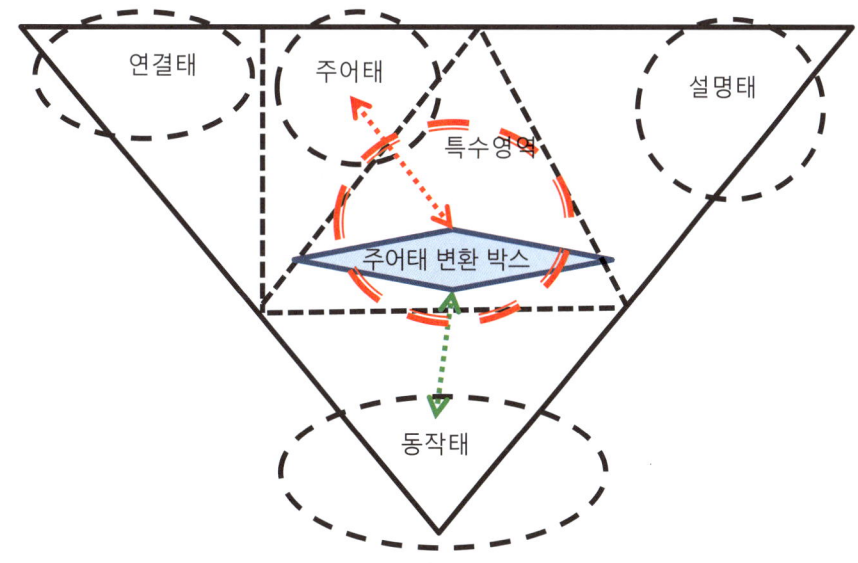

C. 다중구조 영문법 탐구

12. 기타 외국어의 문장태 구조원리 적용 사례 - 스페인어

(2) 삼각배열도의 특수영역 (주어태 변환 박스) - 스페인어

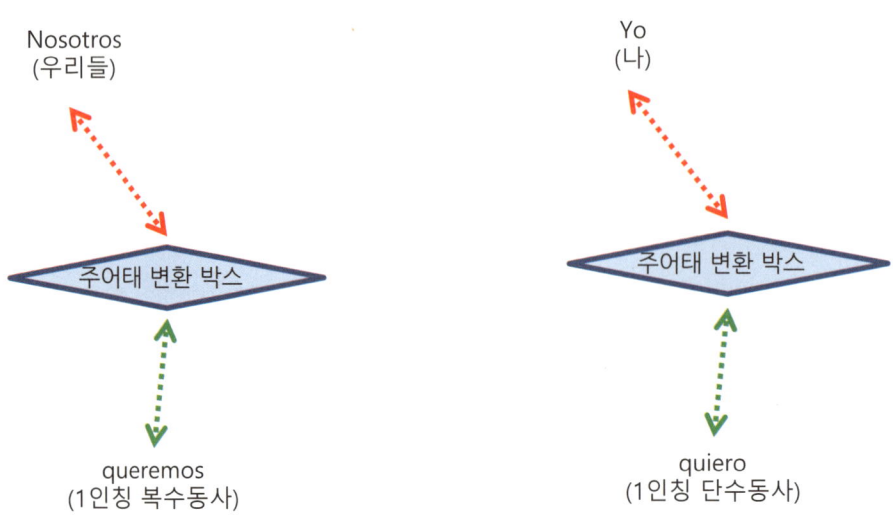

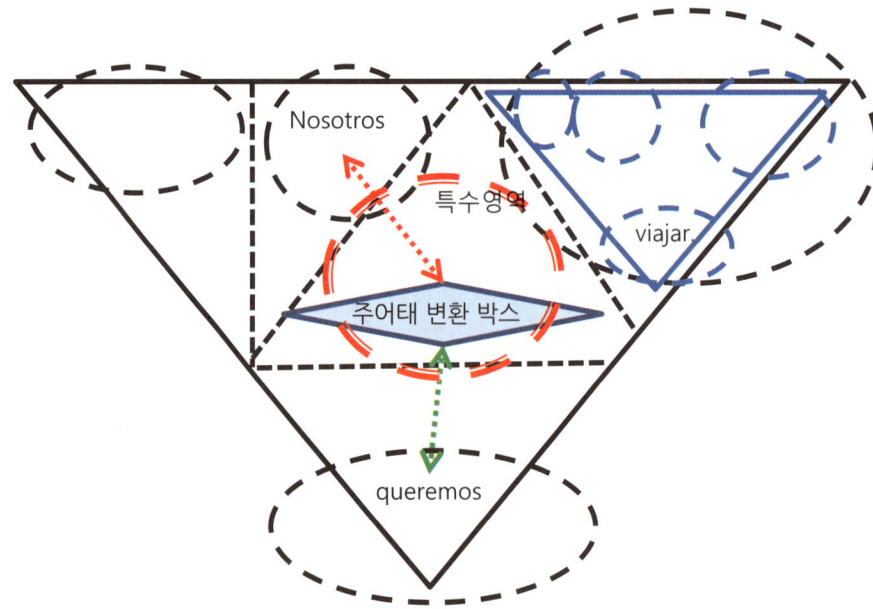

주어태 변환박스가 필요한 이유는 스페인어 문장태를 한국어 문장으로 해석할 경우에 필요합니다. 한국어에서는 주어태의 종류에 따라서 동사가 변하지 않기 때문입니다.
그리고 또한 한국어 문장태를 스페인어 문장으로 해석할 경우에 필요합니다. 한국어에서의 주어를 반영한 동사의 형태로 스페인어 동사를 표현해야 하기 때문입니다.
'viajar'는 '여행하다'라는 동작태로서 영어 문장태와 마찬가지로 설명태 안에서 반문장태를 이루며 동작태에 위치하고 있습니다.

이러한 동사 변형을 갖는 전세계의 모든 언어에 대해서 이 특수영역은 동일하게 필요합니다.

C. 다중구조 영문법 탐구

12. 기타 외국어의 문장태 구조원리 적용 사례 - 스페인어

    (3) 삼각배열도의 특수영역 (설명태에서 주어태와 동작태 사이로 이동) - 스페인어

스페인어에서는 어법적으로 설명태 안에 있어야할 대명사가 주어태와 동작태의 사이로 이동하여 표현되는 규칙을 가지고 있습니다.

이러한 이동 표현시에 대명사는 특수영역으로 이동한 후에 스페인어 문장의 나열 순서에 있어서 "연결태 + 주어태 + 동작태 + 설명태" 규칙이 지켜지도록 특수영역의 내용은 동작태의 앞주머니와 같은 역할을 하게 됩니다.

이렇게 하면 스페인어 문장에서 매끄러운 표현이 가능해집니다.
역으로 스페인어 문장을 한국어로 변환시에는 특수영역에 있는 대명사와 같은 단어들은 설명태 영역으로 이동하게 되어 한국어로 번역시에 매끄러운 표현이 가능하도록 합니다.

이렇게 특수영역은 임시적으로 4개 요소간에 임시적으로 이동 보관되었다가 언어에 따라서 적절하게 이동하여 해석되도록 하는 역할을 하는 것입니다.

C. 다중구조 영문법 탐구

12. 기타 외국어의 문장태 구조원리 적용 사례 - 스페인어

⟨삼각배열도⟩ 예문) Yo   le   digo   la verdad.   ==>   나는 당신에게 진실을 이야기합니다.
              (나) (당신에게) (이야기하다) (진실)

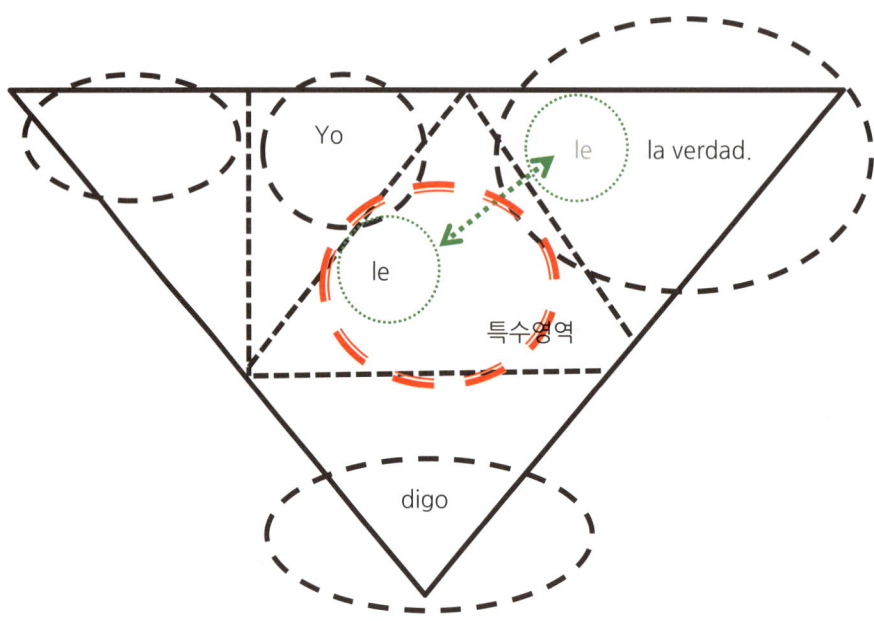

⟨삼각배열도⟩ 예문) Yo   se   la   digo.   ==>   나는 당신에게 그것을 이야기합니다.
              (나) (당신에게) (그것을) (이야기하다)

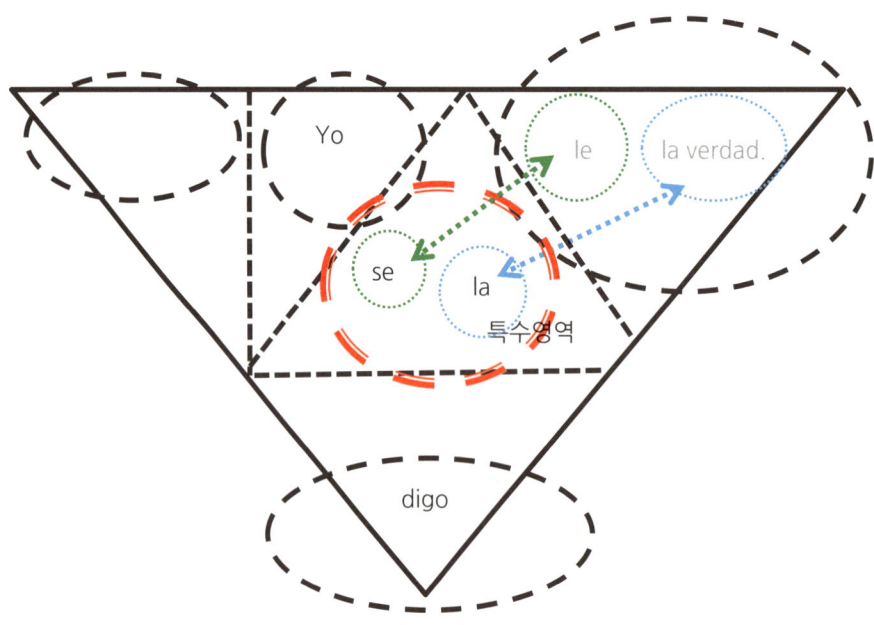

C. 다중구조 영문법 탐구

12. 기타 외국어의 문장태 구조원리 적용 사례 - 스페인어

〈삼각배열도〉 예문) 나는 당신에게 그것을 이야기합니다. ==〉 Yo se la digo.

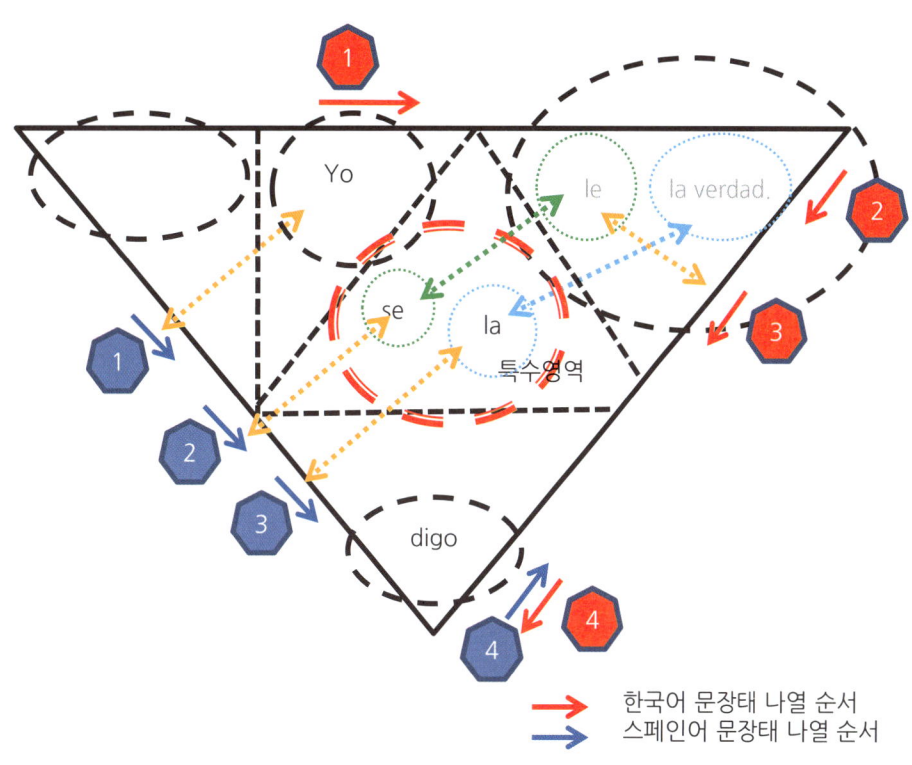

상기 예문에서 스페인어 문장을 한국어 문장으로 해석시에는 특수영역으로 이동했던 대명사(se, la)를 원래 있던 설명태로 이동합니다.

그렇게 하면 일관성 있는 규칙을 가지고 매끄러운 한국어 문장으로 해석하는 것이 가능하게 됩니다.

그러므로 스페인어 문장 나열 순서는,
"연결태 + 주어태 + (특수영역) + 동작태 + 설명태" 가 되며

한국어 문장 나열 순서는,
"주어태 + 설명태 + 동작태" 가 됩니다.

(연결태는 내용이 없으므로 모두 생략되었습니다.)

C. 다중구조 영문법 탐구

12. 기타 외국어의 문장태 구조원리 적용 사례 - 스페인어

(4) 삼각배열도 (설명태에서 동작태 앞주머니로 이동) - 스페인어

<삼각배열도> 예문) 나는 당신에게 그것을 이야기합니다. ==> **Yo se la digo.**

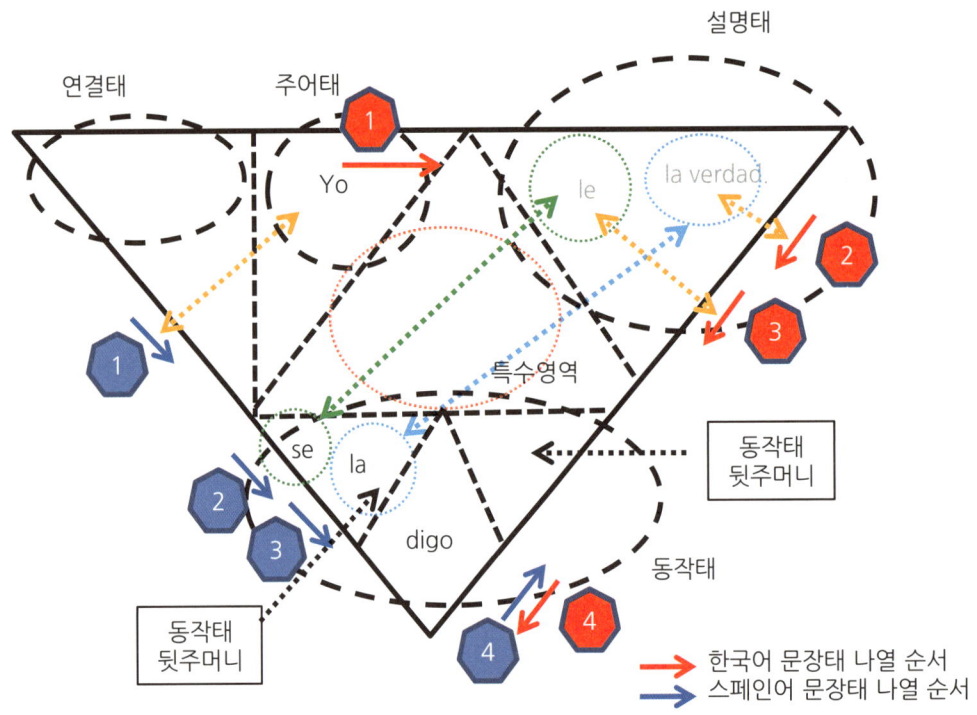

또는 상기 예문에서 특수 영역을 동사태의 앞주머니로 간주해도 동일한 규칙에 포함됩니다.

스페인어 문장에서 적절하게 앞주머니로 이동하여 동사의 앞에서 함께 나열되는 것입니다.

하지만 한국어 문장으로 해석시에는 특수영역으로 이동했던 대명사(se, la)를 원래 있던 설명태로 이동합니다.

C. 다중구조 영문법 탐구

12. 기타 외국어의 문장태 구조원리 적용 사례 - 스페인어

(4) 삼각배열도 (설명태에서 동작태 앞주머니로 이동) - 스페인어

〈삼각배열도〉 예문) 나는 당신에게 그것을 이야기합니다. ==> Yo se la digo.

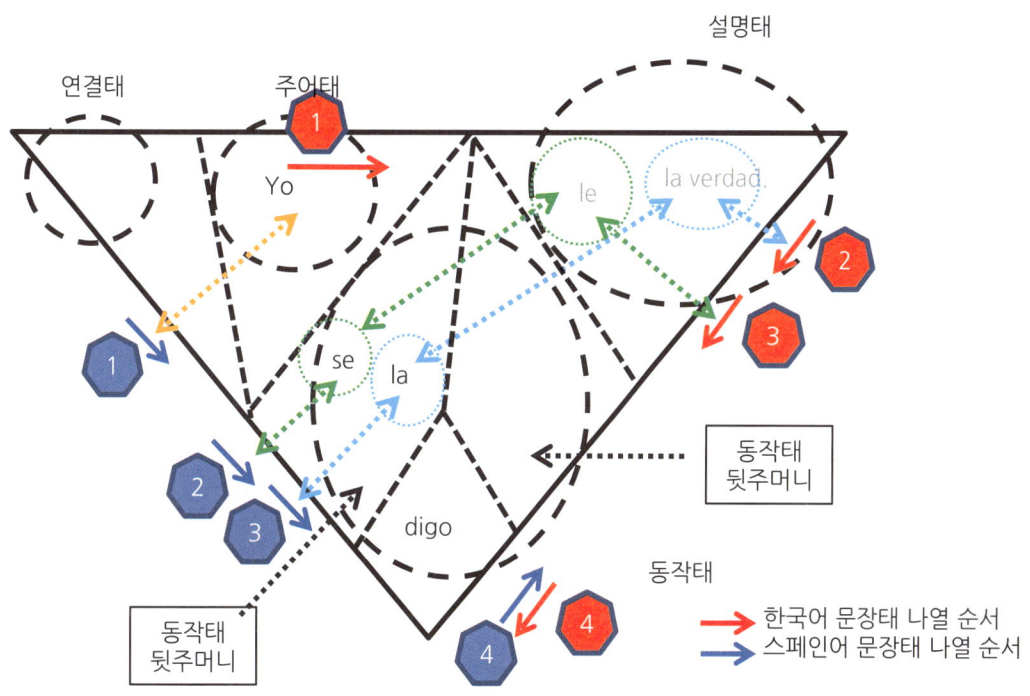

또는 상기 예문에서 특수 영역을 동사태의 앞주머니로 간주해도 동일한 규칙에 포함됩니다.

스페인어 문장에서 적절하게 앞주머니로 이동하여 동사의 앞에서 함께 나열되는 것입니다.
"연결태 + 주어태 + (동작태 앞주머니)(동작태)(동작태뒷주머니) + 설명태"

하지만 한국어 문장으로 해석시에는 특수영역으로 이동했던 대명사(se, la)를 원래 있던 설명태로 이동합니다.
"주어태 + 설명태 + 동작태 + 연결태"

이렇게 앞주머니와 뒷주머니는 어떤 언어의 문장에서도 중요한 그 역할을 하는 것입니다.

C. 다중구조 영문법 탐구

13. 기타 외국어의 문장태 구조원리 적용 사례 - 독일어

(1) 삼각배열도 (영어문장과 동일한 일반적인 나열 순서) - 독일어

제3외국어인 독일어의 문장태 역시 영어의 문장태와 동일합니다.

예문) * 우리들의 숙모는 너희들의 백부에게 편지를 씁니다.

==> Unsere Tante schreibt eurem Onkel einen Brief.

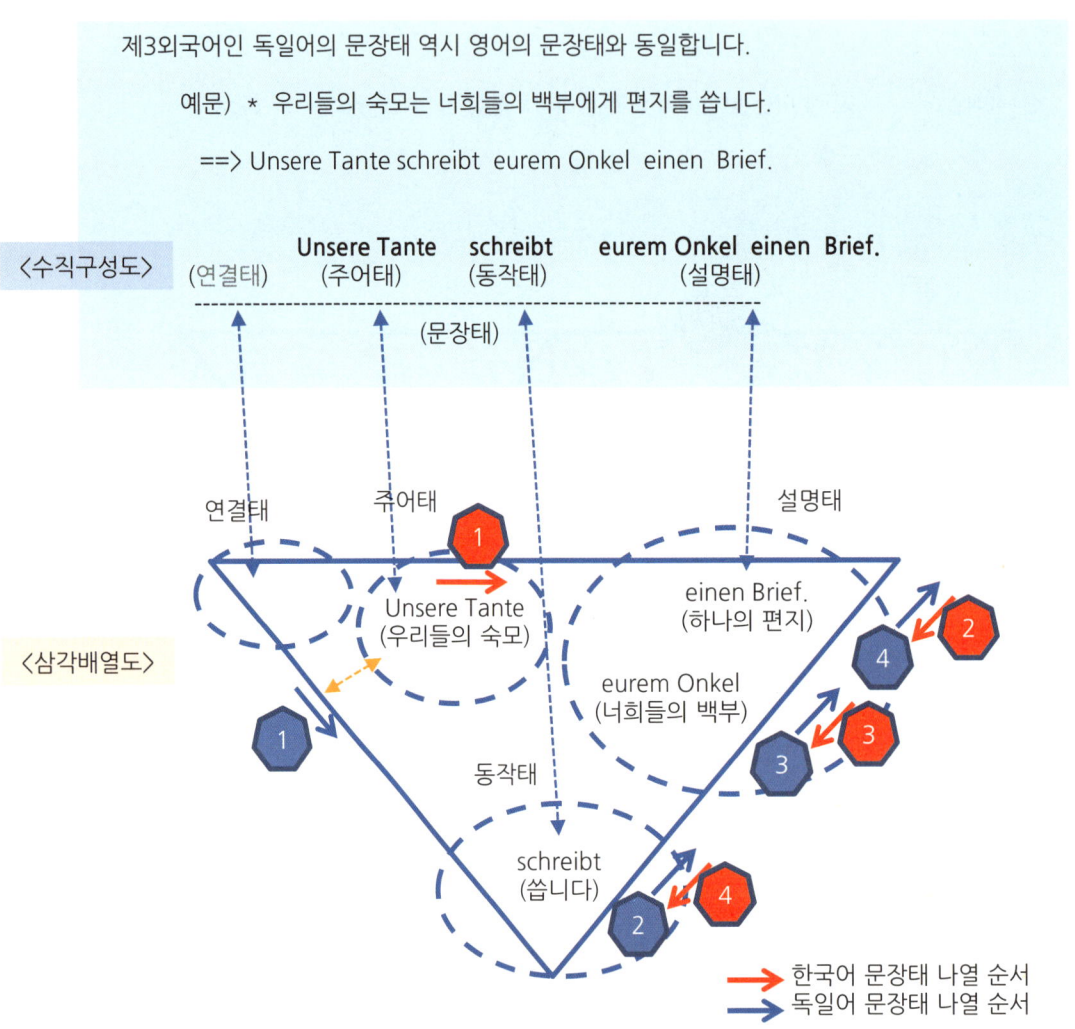

C. 다중구조 영문법 탐구

13. 기타 외국어의 문장태 구조원리 적용 사례 - 독일어

(2) 삼각배열도 (설명태 안의 부속문장태 안에서의 나열 순서) - 독일어

〈삼각배열도〉 예문) 그는 뮌헨에 살고 있는 친구를 방문합니다.
==〉 Er besucht seinen Freund, der in Munchen wohnt.

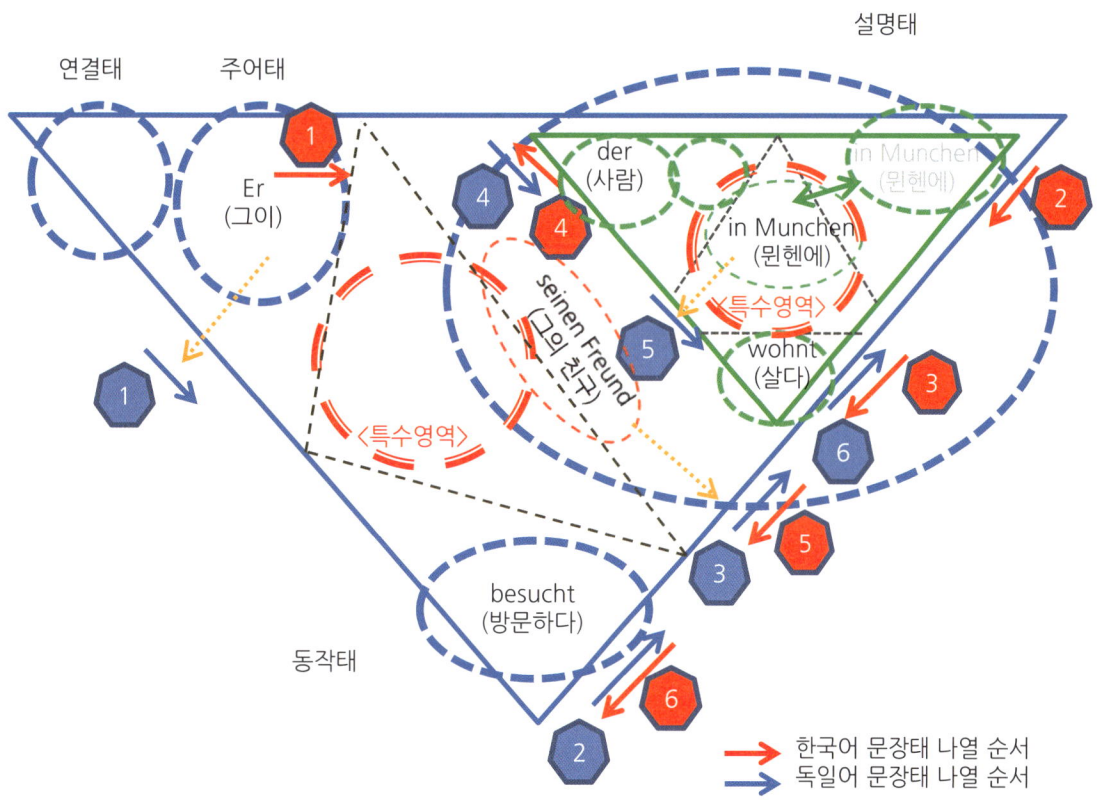

독일어 문장태의 구조 역시 4개의 요소로 구성됩니다.
주문장태는 나열순서가 정상적이지만 연결태가 사용된 종속적인 문장태이거나 또는 설명태에 위치한 부속문장태는 어순의 나열순서가 바뀌게 됩니다.
즉, "연결태 + 주어태 + 동작태 + 설명태"의 나열 순서가 "연결태 + 주어태 + 설명태 + 동작태" 로 바뀝니다.
즉, '설명태'와 '동작태'의 나열 순서가 바뀌게 되며 이것은 독일어 문장의 특성입니다.

설명태 안에 존재하는 부속문장태의 'in munchen'이라는 내용은 정상적인 주문장태 안에서 라면 설명태안에 나열되었어야 하는 것이지만, 부속문장태 안에 있으므로 인하여 나열 순서가 주어태와 동작태의 사이, 즉 특수영역으로 이동 배열되었습니다.
이 특수영역은 동작태의 앞주머니라고 간주해도 무방합니다.
독일어에서는 이러한 예외적인 이동이 정상적인 규칙인 것입니다.
바꿔서 말하면, 부속문장태 안에서는 "연결태+주어태+설명태+동작태"로 순서가 바뀌는 것이 정상인 것으로 볼 수 있다는 것입니다.

C. 다중구조 영문법 탐구

13. 기타 외국어의 문장태 구조원리 적용 사례 - 독일어

　　(2) 삼각배열도 (설명태 안의 부속문장태 안에서의 나열 순서) - 독일어

그러나 이 문장태를 한국어 문장으로 해석할 때는 매끄럽고 정확한 해석을 위해서 "연결태 + 주어태 + 동작태 + 연결태"가 되어야 하므로 연결태 'der'와 동작태 'wohnt'의 사이에 있는 내용을 모두 설명태로 이동하여 나열해야 합니다. 그 원리적 구조에 대한 해법을 다중 구조 영문법에서 제시하는 것입니다.
'seinen Freund'는 설명태에 속해 있으며 부속문장태가 그 내용을 상세 설명하고 있습니다.

이렇게 상세 설명해주는 부속문장태는 그 안의 설명태가 주어태와 동작태의 사이에 있는 특수영역으로 이동하여 나열되는 것입니다. 그래서 독일어를 한국어 문장으로 해석시에 부속문장태의 내용부분에서는 오히려 한국어의 나열 순서와 유사하다는 것을 알 수 있습니다.

주문장태, 즉 외부의 큰 삼각배열도의 내부에 있는 특수영역은 사용되지 않았지만, 설명태에 있는 부속문장태의 특수영역은 사용된 것을 알 수 있습니다.

이처럼 부속문장태의 경우를 유의하여 습득한다면 큰 무리는 없을 것이며, 대부분의 문장 구조는 다른 언어와 동일합니다.

이것이 영어와는 사뭇 다른 독일어의 언어적 특성입니다.

C. 다중구조 영문법 탐구

14. 수직구성도를 통해서 영어 문장이 한국어 문장으로 변환되는 원리 설명

1) 예제 1

《《 영어를 사용하는 원어민이 영어문장을 한국어 문장으로 번역하는 경우에 나열 방법입니다. 》》

한국어 문장은,

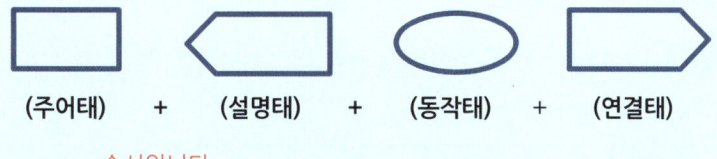

(주어태) + (설명태) + (동작태) + (연결태)

순서입니다.

=> 주어태가 상세부연 내용인 설명태로 동작태를 행하는 연결태 상황입니다.

* 나는 당신과 함께 항상 있겠습니다.

```
              I           will              always    be    with you.
                                         (연결태2)(주어태2) (동작태2)   (설명태2)
                                         --------------------------------------
                                                      (반문장태2)
                                                      -----------
(연결태1)   (주어태1)      (동작태1)                   (설명태1)
-----------------------------------------------------------------
                              (문장태1)
```

* 나는   당신과 함께   항상 있   겠습니다.

```
            (주어태2)     (설명태2)    (동작태2) (연결태2)
            -------------------------------------------
(주어태1)              (설명태1)           (동작태1)  (연결태1)
   I                   with you          always be    will
```

〈 한국어 문장태 나열 순서 〉

1. 맨 먼저 주어태를 레벨 순서로 나열합니다. (I)
2. 가장 높은 레벨부터   설명태   ->   동작태   ->   연결태 순서로 나열합니다.
   (2레벨)   with you   always be
   (1레벨)   will
3. 없는 경우는 생략합니다.

C. 다중구조 영문법 탐구

14. 수직구성도를 통해서 영어 문장이 한국어 문장으로 변환되는 원리 설명

2) 예제 2

<< 영어를 사용하는 원어민이 영어문장을 한국어 문장으로 번역하는 경우에 나열 방법입니다. >>

한국어 문장은   "(주어태) + (설명태) + (동작태) + (연결태)"   순서입니다.

=> (주어태가 상세부연 내용인 설명태로 동작태를 행하는 연결태 상황입니다.) 로 해석합니다.

* 나는 그에게 그 방을 청소하도록 하겠습니다.

```
                    I        will      have                him      clean    the room.
                                                         (주어태3) (동작태3) (설명태3)
                                                         ---------------------------------
                                                                   (반문장태3)
                                                                   ----------
                                              (동작태2)             (설명태2)
                                              ---------------------------------
                                                         (반문장태2)
                                                         ----------
  (연결태1)    (주어태1)   (동작태1)                       (설명태1)
              ---------------------------------------------------
                                    (문장태1)
```

=> 영어 문장을 한국어 문장으로 변경하기

```
 나는         그에게(그가)   그 방을    청소하       도록           하겠습니다.
             (주어태3)     (설명태3)  (동작태3)   (연결태3)
             -----------------------------------------
 (주어태2)                (설명태2)              (동작태2) (연결태2)
 -------------------------------------------------------
(주어태1)                 (설명태1)                        (동작태1) (연결태1)
--------------------------------------------------------------------

    I         him         the room    clean         have          will
   ----       ------      ---------   -----         ----          ----
   나는       그가         그 방을     청소하        도록          하겠습니다.
```

< 한국어 문장태 나열 순서 >

1. 맨 먼저 주어태를 레벨 순서로 나열합니다. (I , him)
2. 가장 높은 레벨부터   설명태   ->   동작태   ->   연결태 순서로 나열합니다.
   (3레벨)   the room   clean
   (2레벨)   have
   (1레벨)   will
3. 없는 경우는 생략합니다.

C. 다중구조 영문법 탐구

15. 입체분해도를 통해서 한국어 문장이 영어 어순으로 변환되는 원리 설명 - 단일 입체분해도

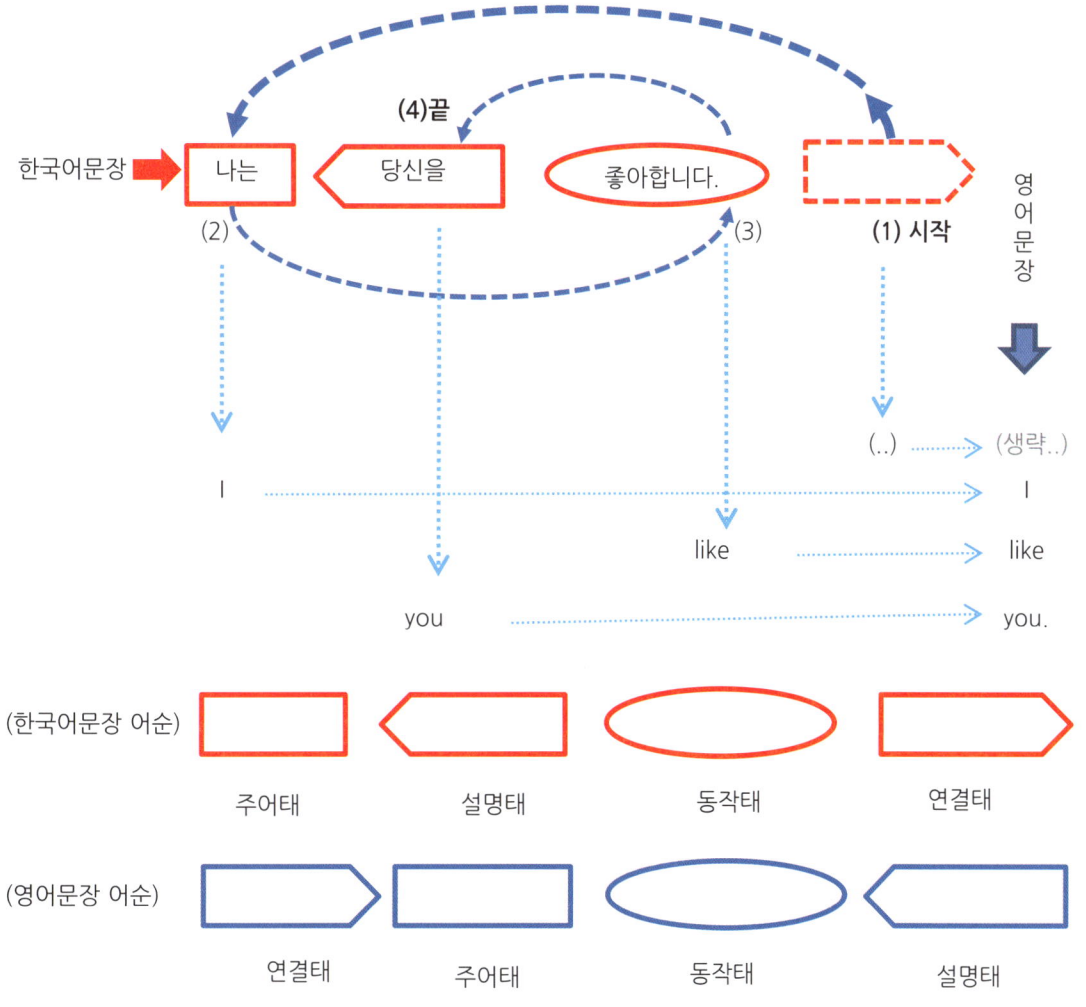

C. 다중구조 영문법 탐구

15. 입체분해도를 통해서 **한국어 문장이 영어 어순으로 변환되는 원리 설명** - 다층 입체분해도

나는 당신이 꽃을 좋아한다는 것을 알고 있습니다.

=> I know that you like flowers.

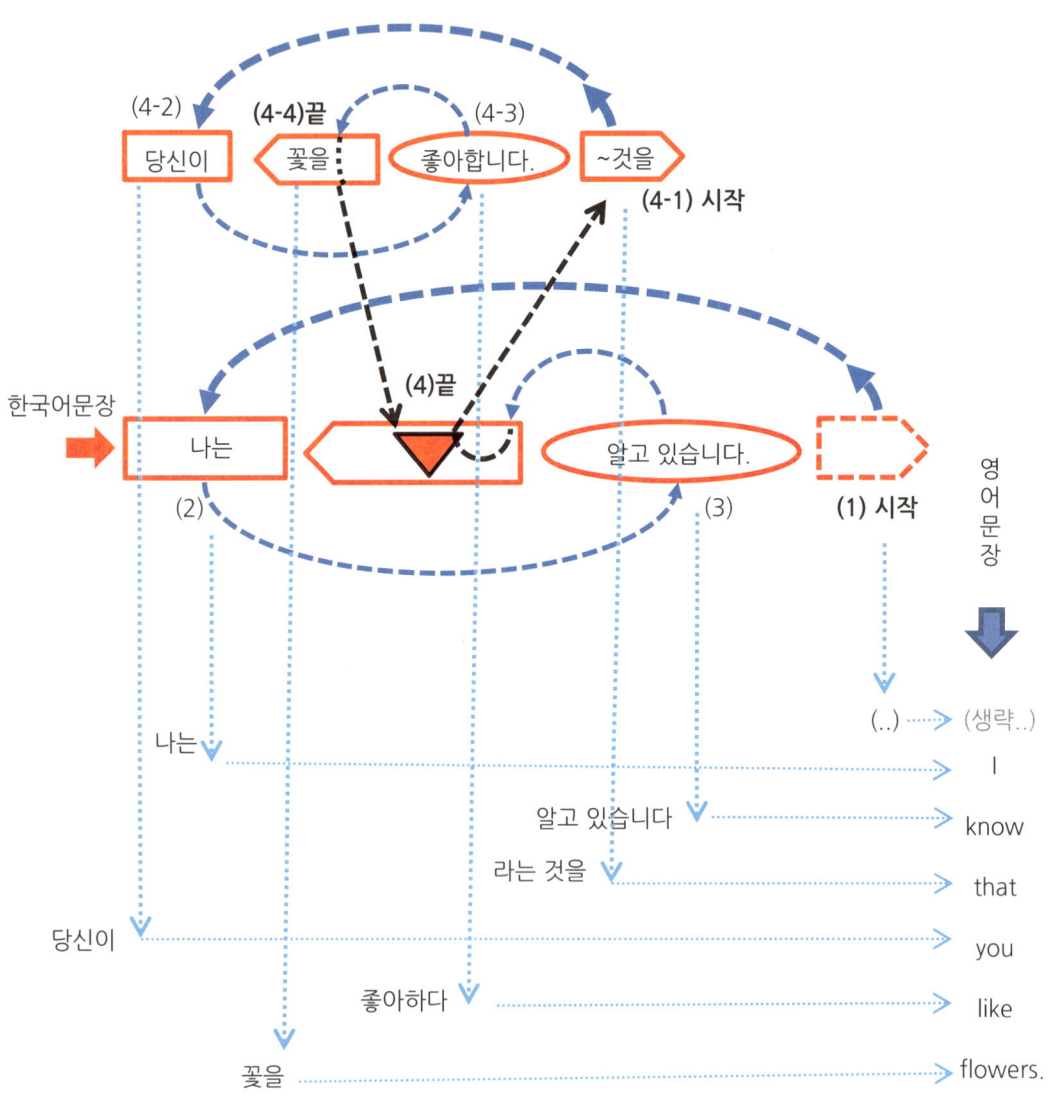

C. 다중구조 영문법 탐구

16. 입체분해도'를 통해서 **영어 문장이 한국어 어순으로 변환되는 원리 설명** - 단일 입체분해도

    I like you.

    => 나는 당신을 좋아합니다.

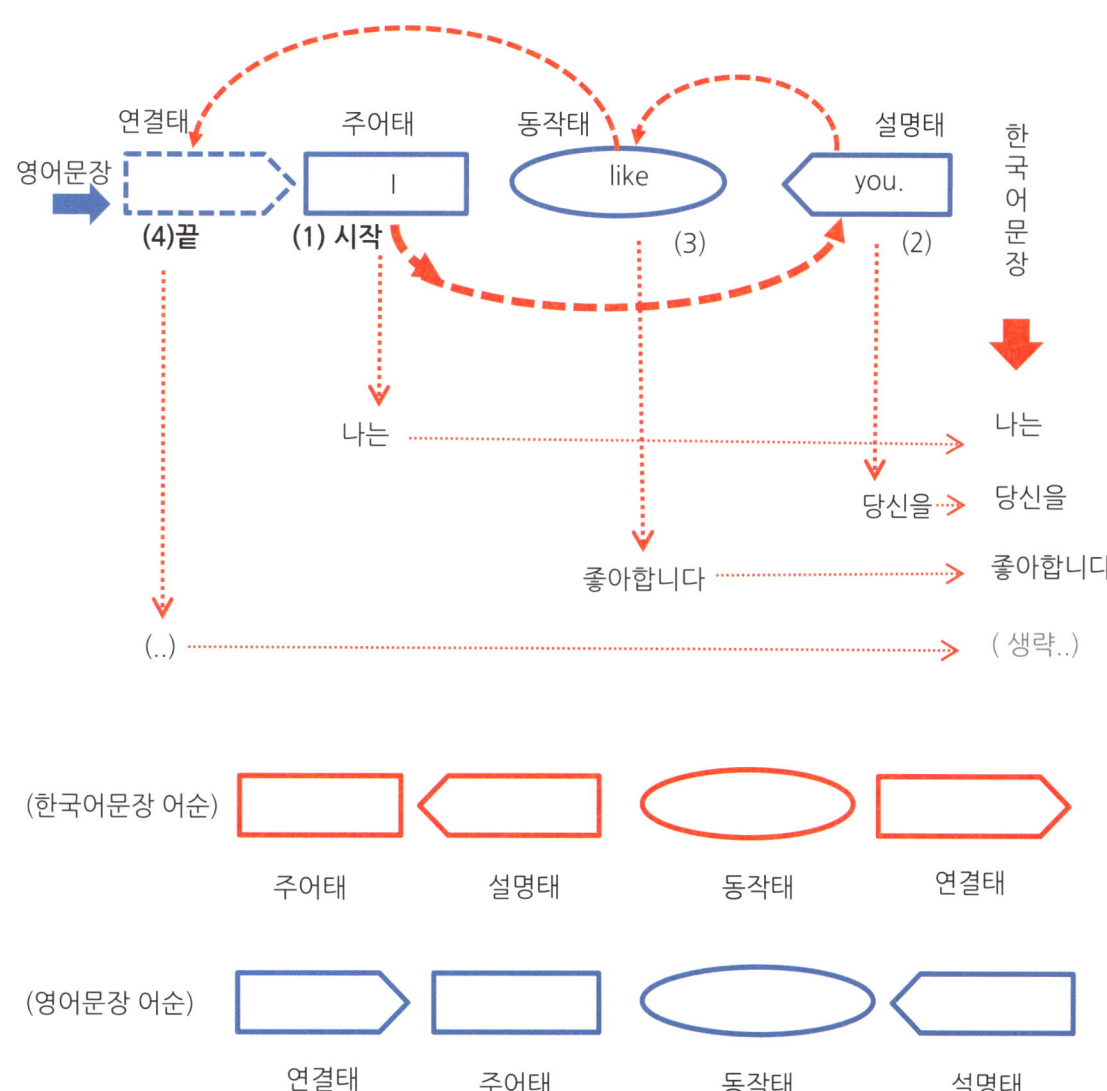

C. 다중구조 영문법 탐구

16. 입체분해도를 통해서 **영어 문장이 한국어 어순으로 변환되는 원리 설명** - 다층 입체분해도

나는 당신이 꽃을 좋아한다는 것을 알고 있습니다.

=> I know that you like flowers.

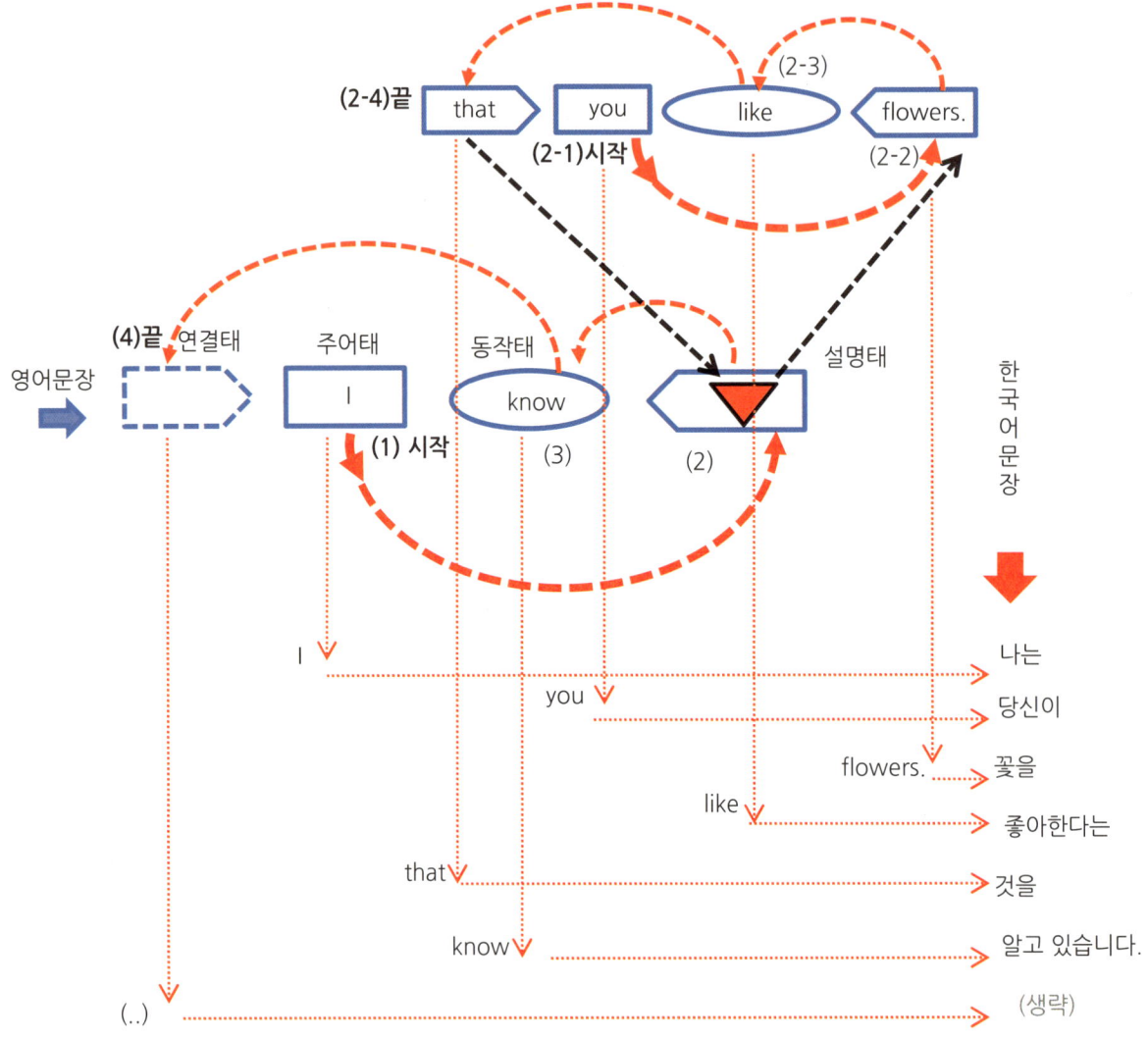

영어를 쉽고 편하게 듣고 이해하고 말하고 한국어 문장으로 변환하고 해석하기 위해서는 가장 중요한 능력을 습득해야 합니다.
그것은 영어 문장의 4개 구성 요소를 빠르게 파악하는 능력입니다.

"연결태 + 주어태 + 동작태 + 설명태"

우리가 습득해야 하는 어떠한 언어라고 할지라도 그 순서는 조금씩 차이가 있을 수 있지만 언어의 구조상 4개의 문장 요소는 동일하므로 쉽게 언어를 이해하고 정복할 수 있을 것입니다.
이 능력은 외국어를 듣거나 문장을 읽을 때, 동시에 구성요소를 찾아내는 능력을 집중 노력하여 반복하고 또 반복하여 결국 많은 시간을 쏟아 붓는다면 쉽게 자연스럽게 익혀질 것입니다.
여기에서 중요한 것은 끊임없는 반복적인 노력을 해야 한다는 사실입니다.

C. 다중구조 영문법 탐구

17. 입체분해도'를 통해서 본 한국어 문장과 영어 문장간 상호 변환 원리 설명

* 모든 한국어 문장을 영어 어순으로

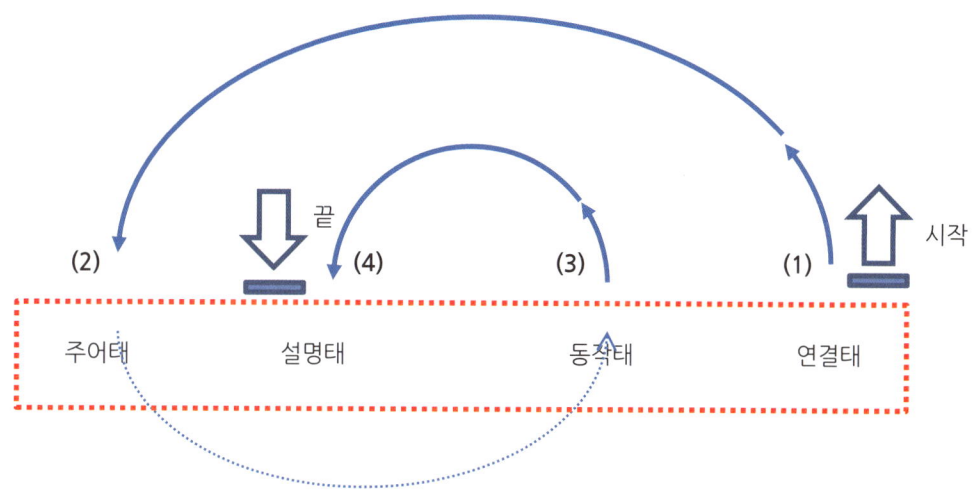

* 모든 영어 문장을 한국어 어순으로

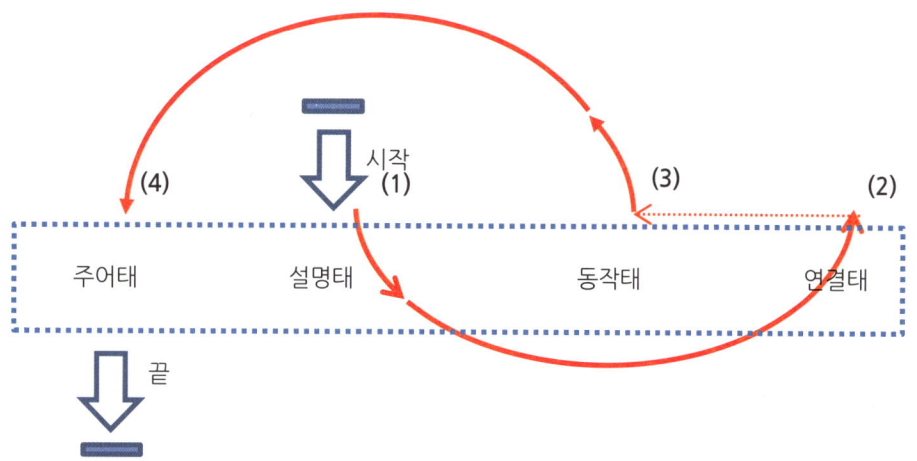

C. 다중구조 영문법 탐구

17. 입체분해도'를 통해서 본 한국어 문장과 영어 문장간 상호 변환 원리 설명

I like you. 〈---〉 나는 당신을 좋아합니다.

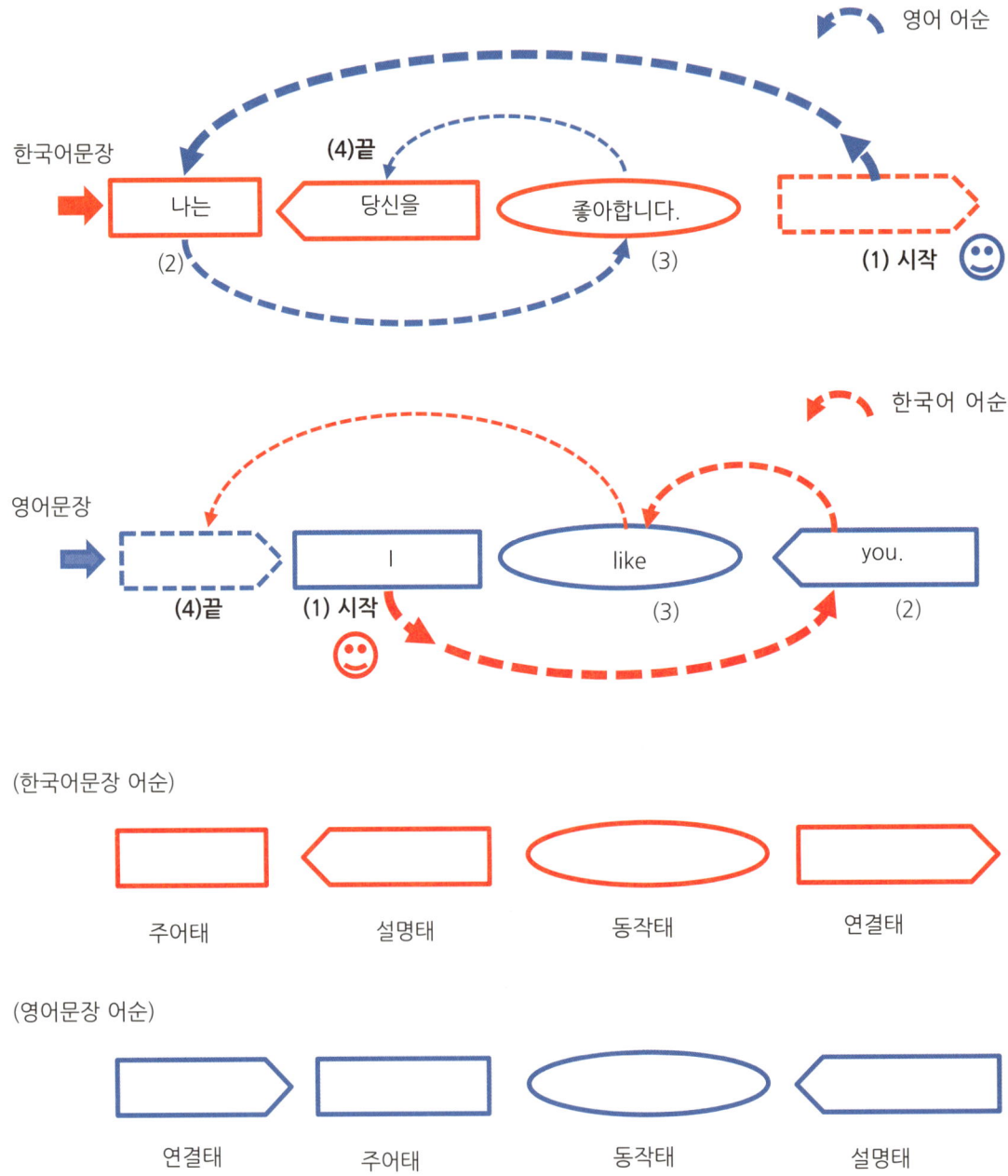

C. 다중구조 영문법 탐구

17. 입체분해도를 통해서 본 한국어 문장과 영어 문장간 상호 변환 원리 설명

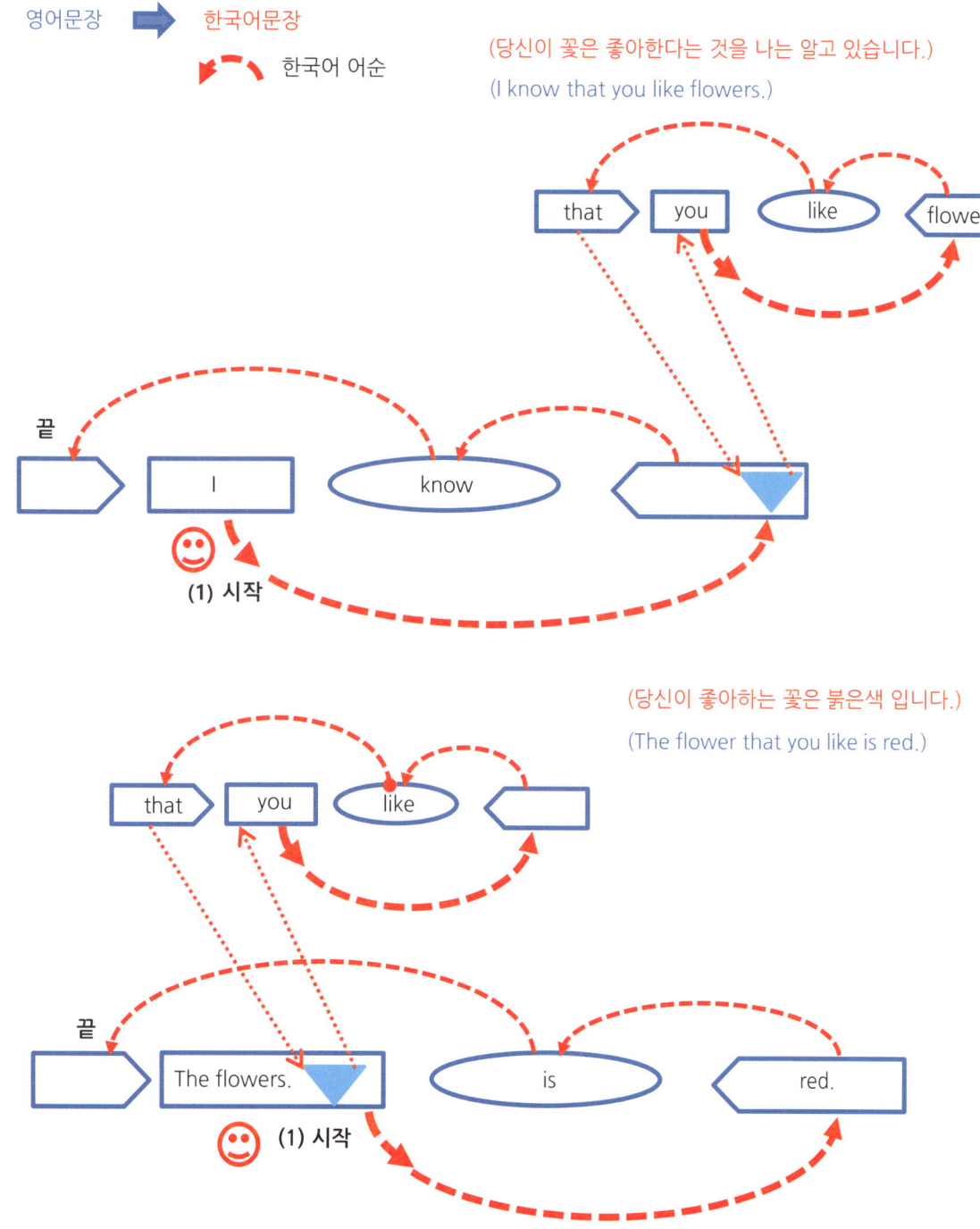

C. 다중구조 영문법 탐구

17. 입체분해도를 통해서 본 **한국어 문장과 영어 문장간 상호 변환 원리 설명**

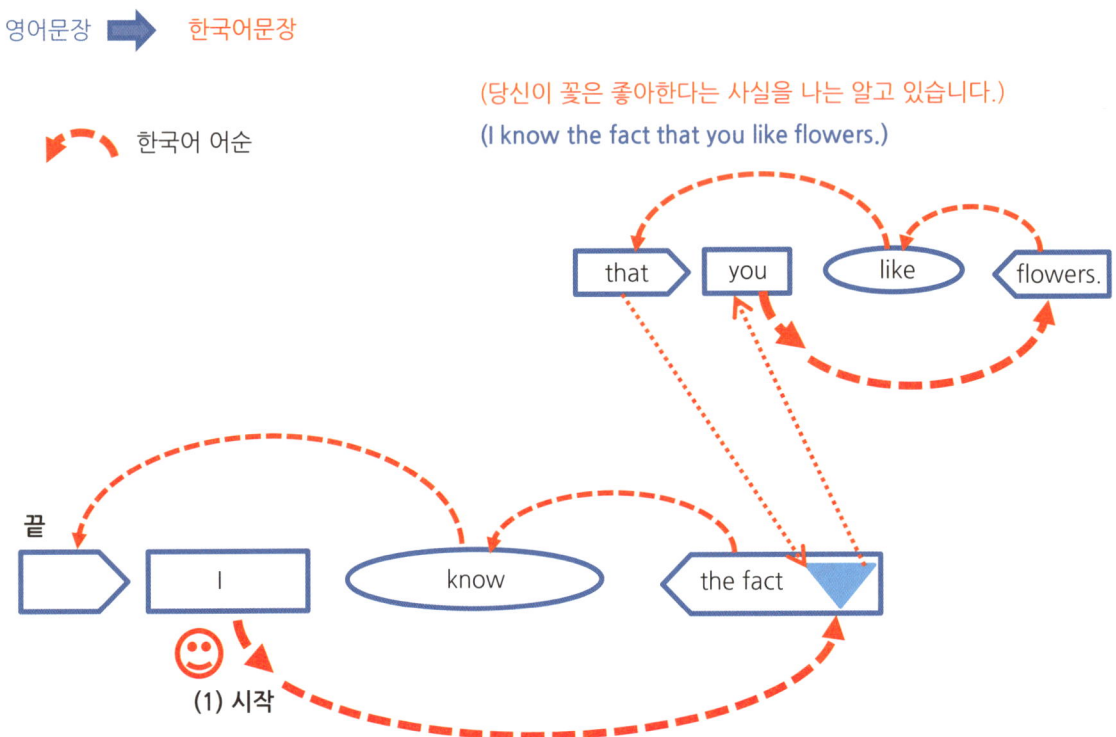

C. 다중구조 영문법 탐구

17. 입체분해도를 통해서 본 한국어 문장과 영어 문장간 상호 변환 원리 설명

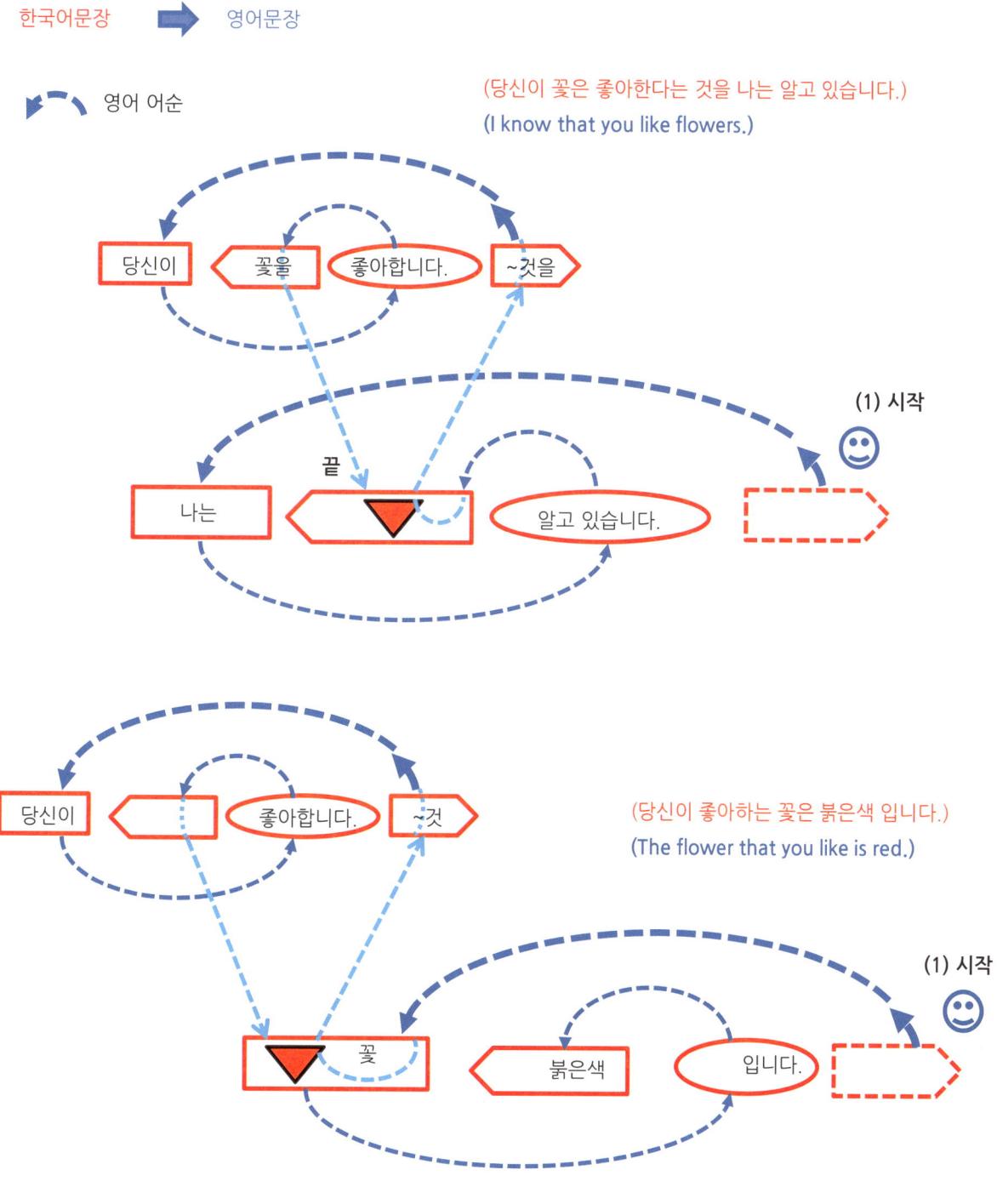

수고하셨습니다 !

건강과 행운을 빕니다.

다중 구조 영문법

지은이 류종열
펴낸이 류종열
펴낸곳 도서출판 류연

초판 1쇄 발행 2021년 07월 31일

출판신고 2021년 5월 13일 제 25100-2021-000043호

이 메 일 bookryuyeon@kakao.com
인스타그램 다중구조영문법(@bookryuyeon)
정가 ₩25,000원

ISBN 979-11-974807-0-6

이 책은 저작권법에 따라 보호를 받는 저작물이므로 무단전재 및 복제를 금지하며,
이 책 내용의 전부 및 일부를 이용하려면 반드시 저작권자의 서면동의를 받아야 합니다.

* 잘못된 책은 구입하신 서점에서 교환해 드립니다.